Meike Gutzweiler

Albanien

„Albanien ist eine wunderschöne Frau, nur in armen Kleidern."

Enver Isufi

Impressum

Meike Gutzweiler
REISE KNOW-HOW Albanien

erschienen im
REISE KNOW-HOW Verlag Peter Rump GmbH,
Bielefeld, Osnabrücker Str. 79, 33649 Bielefeld

© REISE KNOW-HOW Verlag Peter Rump GmbH 2012
**2., neu bearbeitete und
komplett aktualisierte Auflage 2014**
Alle Rechte vorbehalten.

Gestaltung:
Umschlag: G. Pawlak, P. Rump (Layout);
    M. Luck (Realisierung)
Inhalt: G. Pawlak (Layout); M. Luck (Realisierung)
Fotonachweis: die Autorin (mg); Hanoch Noki Segev
    (hns); Matthias Bickert (mb); Marianne Graf (gr);
    Elisabeth Gutzweiler (eg); Till Preis (tp); Endrit
    Shima (es); Mike Chewter (mc); Catherine Bone (cb);
    Marko Korza (mk); Steffen Grabisna (sg); Werner
    Müller (wm); Lindita Manga (lm); Ornela Bickert (ob);
    www.fotolia.de © nyiragongo
Titelfoto: die Autorin
    (Motiv: Die Vjosa südlich von Përmet, Südalbanien)
Karten: Th. Buri; C. Raisin

Lektorat: M. Luck
Druck und Bindung: D3 druckhaus GmbH, Hainburg

ISBN 978-3-8317-2442-0
Printed in Germany

Dieses Buch ist erhältlich in jeder Buchhandlung
Deutschlands, der Schweiz, Österreichs, Belgiens
und der Niederlande. Bitte informieren Sie Ihren
Buchhändler über folgende Bezugsadressen:

Deutschland
    Prolit GmbH, Postfach 9, D-35461 Fernwald (Annerod)
    sowie alle Barsortimente
Schweiz
    AVA Verlagsauslieferung AG
    Postfach 27, CH-8910 Affoltern
Österreich
    Mohr Morawa Buchvertrieb GmbH
    Sulzengasse 2, A-1230 Wien
Niederlande, Belgien
    Willems Adventure, www.willemsadventure.nl

Wer im Buchhandel trotzdem kein Glück hat,
bekommt unsere Bücher auch über unseren
**Büchershop im Internet:
www.reise-know-how.de**

Wir freuen uns über Kritik, Kommentare
und Verbesserungsvorschläge, gern auch
per E-Mail an info@reise-know-how.de.

Alle Informationen in diesem Buch sind von
der Autorin mit größter Sorgfalt gesammelt
und vom Lektorat des Verlages gewissenhaft
bearbeitet und überprüft worden.

Da inhaltliche und sachliche Fehler nicht
ausgeschlossen werden können, erklärt der
Verlag, dass alle Angaben im Sinne der
Produkthaftung ohne Garantie erfolgen
und dass Verlag wie Autorin keinerlei
Verantwortung und Haftung für inhaltliche
und sachliche Fehler übernehmen.

Die Nennung von Firmen und ihren Produkten und ihre Reihenfolge sind als Beispiel
ohne Wertung gegenüber anderen anzuse-
hen. Qualitäts- und Quantitätsangaben sind
rein subjektive Einschätzungen der Autorin
und dienen keinesfalls der Bewerbung von
Firmen oder Produkten.

Meike Gutzweiler

ALBANIEN

Vorwort

„Komm' und entdecke Albanien selbst!" – so lautet der Slogan, mit dem das staatliche Tourismusbüro Gäste aus aller Welt nach Albanien einlädt. Und es spricht damit immer mehr Neugierige an, die vielleicht schon viele Länder in Europa bereist haben, für die Albanien aber immer noch ein fehlender Mosaikstein auf der Landkarte Europas geblieben ist.

Albanien ist ein kleines sonniges Gebirgsland am Rand des westlichen Balkan, das zwischen Montenegro und Griechenland liegt. Nur 80 Kilometer sind es hinüber bis zur italienischen Adriaküste, und gerade zwei Flugstunden beträgt die Entfernung von mitteleuropäischen Flughäfen.

Fünf Jahrhunderte türkische Besatzung, eine ungeliebte Rolle als Spielball der europäischen Großmächte, eine späte erste Staatsgründung Anfang des 20. Jahrhunderts und fast fünf Jahrzehnte kommunistischer Diktatur in totaler Isolation von Europa endeten Anfang der 1990er Jahre mit einem rasanten Umwälzungsprozess. Kaum ein Land in Europa hat in so kurzer Zeit Jahrhunderte übersprungen, ein Straßennetz aufgebaut, sich mobilisiert und technisiert und so viele gesellschaftliche Umwälzungen erlebt wie Albanien.

Und jetzt, fast unbemerkt von der großen Öffentlichkeit, ist Albanien dabei, sich – als eines der letzten großen Geheimnisse Europas – zu einem der spannendsten europäischen Reiseländer zu entwickeln. Es sind vor allem die herrlichen Naturschönheiten der Berge und ihrer großen Flusstallandschaften sowie das wilde mediterrane Flair der Riviera-Küste, die Touristen faszinieren.

Für seine Landesgröße hat Albanien eine erstaunliche Fülle unterschiedlichster Naturräume, die noch darauf warten, vom Outdoor-Tourismus richtig entdeckt zu werden. Dazu bietet das Land eine überall frei zugängliche Natur und Bewegungsfreiheit, wie wir sie in Mitteleuropa und auch im Süden Europas kaum mehr vorfinden.

Fast alle Länder Mitteleuropas haben ihre Spuren in Albanien hinterlassen, die meisten als Besatzer, die das Land als Brückenkopf für weitere Expansionen nutzten. Sie hinterließen in dem kleinen Balkanland, in dem die allermeisten Menschen bis in die Neuzeit als Hirten und Bauern lebten, ihre Kulturen, die sich über Jahrhunderte mit der albanischen vermischten. So wird jeder, der sich für Geschichte und Archäologie interessiert oder einfach nur antike Spuren in großartigen Landschaften entdecken will, in Albanien ein Spiegelbild der gesamten europäischen Geschichte finden.

Im Land trifft man auf steinzeitliche Höhlenmalereien, die Reste griechischer und römischer Städte, antike illyrische Höhensiedlungen, großartige byzantinische Mosaike, orthodoxe Kirchen, die bis in die frühchristliche Zeit zurückgehen, mittelalterliche Burgen, osmanische Wohnhäuser, wunderschöne ethnografische Museen mit einer reichen Volkskultur und auf zahlreiche spannende Relikte aus der kommunistischen Ära.

Vielleicht werden es aber gar nicht alle diese Dinge sein, sondern die Reiseerfahrungen abseits der touristischen Wege, die Begegnungen mit unvoreingenommenen, herzlichen und gastfreundlichen Menschen und die Reflexionen über die erlebte Geschichte und die Unterschiede zur eigenen Gesellschaft zu Hause, die einen bereichert zurückkehren lassen.

Dieses Buch verdankt sein Entstehen dem Wunsch albanischer und deutscher Freunde, die bald 15 Jahre lang gesammelten Reiseerfahrungen in einem Reiseführer auch anderen Reisenden zur Verfügung zu stellen. Er ist sowohl für Rucksacktouristen geschrieben, die viele praktische Reisetipps finden werden, als auch für Individualreisende jeden Alters, die mit öffentlichen Verkehrsmitteln oder dem eigenen Fahrzeug unterwegs sind und sich mit diesem Führer umfassend informieren können.

Mit Ausflugsvorschlägen, Stadtrundgängen und Anregungen für Naturwanderungen, aber auch mit Hintergrundinformationen zu Geschichte, Kultur und Gesellschaft möchte Ihnen dieser Führer zur Hand gehen und helfen, dieses immer noch schwer einschätzbare Reiseland zwischen östlicher und westlicher Kultur auf eigenen Wegen zu erkunden und kennenzulernen. Nehmen Sie sich genügend Zeit – es gibt viel zu sehen und zu erleben!

Meike Gutzweiler

Exkurse

Nicht verpassen!

In jedem Kapitel sind einige (touristische) Highlights hervorgehoben – man erkennt sie an der **gelben Hinterlegung.**

TIPP Besonders empfehlenswerte Unterkünfte, Restaurants und sonstige besondere Tipps der Autorin sind als Tipp gekennzeichnet.

Der Schmetterling zeigt an, wo man **besonders gut Natur erleben** oder **Angebote im Bereich des nachhaltigen Tourismus** finden kann.

Hinweis

Die **Internet- und E-Mail-Adressen** in diesem Buch können – bedingt durch den Zeilenumbruch – so getrennt werden, dass ein Trennstrich erscheint, der nicht zur Adresse gehören muss!

Inhalt

1 Tirana und Durrës

2 Nordalbanien: Küstenebenen

3 Nordalbanien: Albanische Alpen

Karten

In den **Kopfzeilen** der Buchseiten erfolgt ein Verweis auf die jeweils in den Kontext passende Karte bzw. Stadtplan.

Regional-/Übersichtskarten

Stadtpläne und sonstige Karten

Hotelpreise im Buch

①	bis 10 Euro
②	10–15 Euro
③	15–20 Euro
④	20–40 Euro
⑤	ab 40 Euro

■ Die angegebenen Preise beziehen sich immer auf **zwei Personen im Doppelzimmer (DZ).**
■ Die Preisangaben bei **Campingplätzen** gelten für zwei Personen pro Nacht mit Auto.

8 Ostalbanien

9 Praktische Reisetipps A–Z

10 Land und Natur

11 Staat und Gesellschaft

12 Mensch und Kultur

13 Anhang

Das Land im Überblick

■**Landesname: Shqipërisë** = Land des Adlers (daher auch das Wort „Skipetaren" als Bezeichnung für die Albaner)

■**Hauptstadt: Tirana**

■**Landessprache:** Albanisch
(Shqip = Sprache des Adlers)

■**Währung: Albanischer Lek,**
1 Lek = 100 Qindarka, 1 Euro = ca. 140 Lek

■**Einwohnerzahl:** ca. 2,9 Mio.

■**Fläche:** 28.748 km²

■**Grenzen:** Montenegro, Kosovo, Mazedonien, Griechenland

■**Bodenschätze:** Petroleum, Gas, Kohle, Bauxit, Chrom, Kupfer, Eisen, Nickel, Salz, Holz, Wasser

■**Staatsform:** Demokratische Republik

■**Staatsoberhaupt:**
Staatspräsident *Bujar Nishani* (seit 2012)

■**Regierungschef:**
Premierminister *Edi Rama* (seit 2013)

■**Verwaltungsstruktur:** 12 Präfekturen, 36 Bezirke, 74 Städte, 310 Gemeinden

■**Nationalfeiertage:** 28.11. (Unabhängigkeit vom Osmanischen Reich), 29.11. (Ende der italienisch-deutschen Besatzung 1944)

■**Ethnien:** 90% Albaner (Skipetaren), 3% Griechen, 7% Sonstige

■**Religion:** 40% muslimische Sunniten, 20% muslimische Bektashi, 20% Orthodoxe, 10% Katholiken, 10% Sonstige

■**Zeit:** GMT 1 = MEZ, gleiche Zeitzone wie Deutschland, mit Sommerzeit

■**Städte:** Tirana ca. 625.000 Einwohner (Großraum 900.000), Durrës 208.000, Elbasan 126.000, Vlora 124.000, Shkodra 113.000, Korça 86.000, Berat 64.000, Pogradec 54.000, Saranda 35.000, Gjirokastra 23.000

■**Klima:** Adriaküste und Ionisches Meer mediterran mild, im Osten zunehmend kontinental, nassgraue regenreiche Winter, sonnig heiße, trockene Sommer

■**Natur:** Küste (362 km), längster Fluss: Drin (282 km), größter See: Shkodra-See, höchster Berg: Korab (2.764 m)

Highlights in Albanien

■**Nordalbanische Alpen** mit den Hochtälern Vermosh, Theth und Valbona

■**Antike Spuren in Butrint** und Umgebung

■**Osmanisches Stadtleben in Berat**

■**Riviera-Küste**

■Osmanische **Wehrturmhäuser** und die Festung in Gjirokastra

■Illyrische **Höhensiedlung Byllis**

■**Drei-Seen-Rundreise in Ostalbanien** vom Kleinen und Großen Prespa-See zum Ohrid-See

■**Trachtenfest Llogu i Bjeshkëve** im Këlmend/Nordalbanien oder das **Bierfestival** in Korça

■**Burg Petrela/Tirana**

■**Kruja** ist ein Muss: Burg, Ethnografisches Museum und Basar

Sehenswerte Museen

■**Archäologische Museen:**
Shkodra, Tirana, Korça, Durrës

■**Ethnografische Museen:** Shkodra, Kruja, Vlora, Gjirokastra, Përmet, Erseka, Berat

■**Foto-Sammlungen:** Shkodra, Korça

■**Historische Museen:**
Tirana, Kruja, Lezha, Vlora

■**Mittelalterliche Kunst, Ikonen:**
Korca, Berat, Gjirokastra

■**Kunstsammlungen Malerei und Plastik:**
Tirana, Korça

■**Asiatische Kunst:** Korça

■**Naturkundliche Sammlungen:** Tirana

Hinweise zur Benutzung

Aktualität

Albanien ist ein sehr **schnelllebiges Reiseland,** in dem man kaum einen Ort so antreffen wird, wie man ihn das letzte Mal verlassen hat. Neue Straßen entstehen, Städte und Dörfer verändern ihr Aussehen, überall werden Hotels und Restaurants eröffnet, während andere schließen, Campingplätze und Privatunterkünfte entstehen von einem Tag auf den anderen. Wenn man sich im Internet informiert, sollte man genau auf das Datum schauen. Wenn Informationen in diesem Buch nicht mehr stimmen oder Hinweise nicht funktionieren sollten, bitte ich das vor diesem Hintergrund zu entschuldigen. So oft wie möglich wurden Internetadressen und E-Mail-Anschriften angefügt, um aktuelle Infos zu ermöglichen. Ergänzende Hinweise, Berichtigungen, Tipps, Wünsche oder Nachrichten über Veränderungen sind sehr willkommen, denn nur so kann dieser Führer das sein, was er möchte: eine zuverlässige Hilfe für alle, die Albanien näher kennenlernen und verstehen möchten.

Ortsnamen

In Albanien haben Ortsnamen **zwei Schreibweisen;** dazu muss man wissen, dass Ortsnamen deklinierbar sind, d.h. es gibt sie in unbestimmter und bestimmter Form. Auf Landkarten und Straßenschildern, bei Adressen und Anschriften wird immer die unbestimmte Form des Namens verwendet (z.B. Shkodër), während im Sprachgebrauch – und in diesem Buch – die bestimmte Form maßgeblich ist (Shkodra). In diesem Reiseführer wird im Text auch die deutsche Variante (z.B. Qafa e Muzinës = Muzina-Pass) fett hervorgehoben.

In Gebieten mit griechischen und mazedonischen Minderheiten ist es inzwischen die Regel, dass auf den Straßenschildern die **Ortsnamen zwei- oder auch dreisprachig** angegeben werden. Um das Lesen nicht zu kompliziert zu machen, wird im Buch nur der albanische Name genannt.

Was man unbedingt wissen sollte

Informationen und Erwartungen

Albanien ist ein Land für Reisende, die ihren Urlaub gerne selbst gestalten wollen und einen gewissen Grad an **Flexibilität** mitbringen. Doch kann das seine Grenzen haben, wenn es bei den Ausgrabungen keine Informationen gibt, in den Museen keine Beschilderungen, oder man die Sehenswürdigkeiten gar nicht erst findet. Dieser Reiseführer möchte daher mit detaillierten Informationen und vielen Tipps helfen, den Urlaub in Albanien so einfach wie möglich zu gestalten.

Arm und Reich

Wohl kaum sonst in Europa wird man so **große Unterschiede** zwischen Arm und Reich, rasanter Entwicklung und Rückständigkeit, einer großartigen Natur und ihrer Zerstörung in den Ballungsräumen erleben. Die Hauptstadt Tirana hat eine ungeheure Dynamik, in der besonders die trendige und technik-orientierte junge Bevölkerung am Nabel der Zeit lebt, während in abgelegenen Bergregionen viele Familien noch ein von Traditionen geprägtes einfaches Leben führen.

Preis-Leistungsverhältnis

Albanien ist ein **günstiges Reiseland.** Die Kosten für Unterkünfte, Essen und Trinken liegen weit unter dem Niveau anderer europäischer Länder, auch wenn man gehobenere Hotels und Restaurants wählt. Gerade für Familien mit Kindern und auch für Backpacker ist Albanien ein preiswertes Urlaubsland.

Zeitbedarf

Trotz der langen Küste – Albanien bleibt ein **Bergland,** dessen Landschaften größtenteils aus langen, oft parallel liegenden Tälern bestehen. Und die brauchen sehr viel Zeit, um erkundet bzw. durchfahren zu werden. Genauso wie die gewundenen Bergstraßen, deren genauen Verlauf keine Autokarte wiedergibt. Gerade in Albanien sollte man nicht zu große Strecken planen und sich auch einmal Zeit für Abstecher oder für den ein oder anderen Halt zwischendurch nehmen, auch für Gespräche und

Begegnungen, denn die Menschen sind überall sehr freundlich.

Reisen im Land

Ohne Frage ist der **Pkw** die bequemste und einfachste Fortbewegungsart, um Albanien zu erkunden, vor allem dann, wenn man auch abgelegenere Ziele im Besichtigungsprogramm eingeplant hat. Aber gerade in Albanien kann man auch sehr gut und unschlagbar günstig mit **öffentlichen Verkehrsmitteln** reisen. Busse fahren zuverlässig und verbinden alle Städte/Orte. Auch die albanische Eisenbahn ist eine Alternative und ein Tipp für Reisende, die das Erlebnisreisen bevorzugen.

Biker haben das Land schon längst erobert. Sie schätzen besonders die grandiosen Berg- und Offroad-Strecken, ebenso das unkomplizierte Zelten in freier Natur.

Caravaner finden geradezu paradiesische Verhältnisse vor, denn bisher gibt es keine Einschränkungen für Übernachtungen und viele schöne Naturstellplätze.

Allein auf Reise

Albanien ist gut zum Alleinreisen geeignet. Albaner werden sich in der Regel niemals aufdrängen, sind aber **gesellig und kontaktfreudig.** Jede/r Alleinreisende wird auch mit einer gewissen Portion Neugierde betrachtet werden, denn in der immer noch sehr stark familiär geprägten albanischen Gesellschaft ist das Alleinreisen oder auch das alleine Essen nicht üblich.

Die Regionen im Überblick

 Tirana und Durrës | 19

Tirana (S. 22), die Hauptstadt des Landes, ist das kulturelle und wirtschaftliche Zentrum Albaniens. Die quirlige Metropole am Fuß des Dajti-Gebirges (Mali i Dajtit) dehnt sich immer weiter aus. Wie es aussieht, wird sie in nicht allzu ferner Zukunft mit dem etwa 30 Kilometer entfernten **Durrës (S. 71)** an der Küste zusammengewachsen sein, wo ausländische Touristen weniger vom Strand als von dem römischen Amphitheater angezogen werden.

 **Nordalbanien: Küstenebenen | 85**

In den nördlichen Küstenebenen, nicht weit vom Meer, locken unterschiedlichste Naturlandschaften. Hierzu gehören der riesige Shkodra-See, das **Buna-Delta (S. 119)** mit den großartigen Flusslandschaften von Kir, Drin und Buna, die ersten Gebirgslandschaften der Nordalpen, der beeindruckende Koman-Stausee, der felsige Durchbruch des Mat nördlich von Lac und die **Lagunenlandschaft von Patok (S. 94).** Das traditionell katholische **Shkodra (S. 94)** überrascht mit einer historischen Altstadt, die sehr gelungen restauriert wurde, **Kruja (S. 87)** am Fuße des Skanderbeg-Gebirges gehört zu den kulturellen und historischen Highlights eines Albanienbesuches.

3 **Nordalbanien: Albanische Alpen | 125**

Die Albanischen Alpen beeindrucken durch hochalpine Berglandschaften, die kaum erschlossen sind. Die drei großen Hochtäler dieser Bergregion, das **Vermosh-Tal (S. 134)** in der Malësia e Madhe im albanisch-montenegrinischen Grenzgebiet, das **Theth-Tal (S. 137)** im östlichen Dukagjin und das **Valbona-Tal (S. 150)** in der Malësia e Gjakovës, sind noch weitgehend unbekannte Wander- und Trekkingziele, wie es sie sonst auf dem Balkan in solch schroffer und wilder Schönheit kaum gibt. Für Mountainbiker bieten sich Rundtouren an, es gibt auch ausgezeichnete Möglichkeiten, um Forellen zu angeln.

4 **Nordalbanien: Südlich des Drin | 155**

Die albanischen Landesteile südlich des Drin gehören zu den am wenigsten erschlossenen, abgelegensten und auch wirtschaftlich weit rückständigen Regionen Albaniens. Die direkte Straßenverbindung von Tirana nach Dibër, die den Landesteil für Touristen interessant(er) machen würde, lässt weiter auf sich warten. Der Gebirgsort **Peshkopia (S. 169)** liegt nah am Korab, dem höchsten Berg des Landes, und hat als Ausgangspunkt für Berg- und Skitourismus auf jeden Fall Potenzial. Die Wasserlandschaften des Drin-Flusses böten vielfältige Freizeitmöglichkeiten. Die im Frühling blühenden Wildtulpenwiesen in den Korab-Bergen stehen für einen bisher unentdeckten Schatz in Flora und Fauna. In vielen Dörfern stehen noch alte Wehr-

turmhäuser oder Lehmbauten in traditioneller Bauweise. Kurz: Die Region ist ein vom Tourismus fast unberührtes Stück Albanien, in dem viele freundliche Menschen leben.

5 Mittelalbanien: Küstenebenen | 177

Die Küstenebenen Mittelalbaniens erstrecken sich über die Regionen Lushnjë, Fier und Mallakastra. Fährt man von Tirana auf der Autobahn südwärts in Richtung Vlora, durchquert man über eine Distanz von 80 Kilometern die große Myzeqe-Ebene, die außer zersiedelten landwirtschaftlichen Flächen wenig Interessantes zu bieten hat. An der Adria liegen das große **Karavasta-Lagunengebiet (S. 181)** und weiter südlich die Ausgrabungsstätte **Apollonia (S. 183)**. Zehn bis 20 Kilometer im Hinterland durchzieht parallel zur Küste eine Hügelkette die Ebene, die ganz im Südosten in das Bergland von Mallakastra übergeht.

6 Mittelalbanien: Bergland | 197

Noch sind die mittelalbanischen Bergregionen von Berat und Shkrapar nur schlecht an die großen Durchgangsstraßen angebunden. Das ändert jedoch wenig an der Tatsache, dass die UNESCO-Weltkulturerbestadt **Berat (S. 200)** großes touristisches Potenzial aufweist. Mit ihr als Stützpunkt lässt sich in der Region auf ideale Weise ein Kulturaurlaub mit Naturerkundungen in der Bergregion des **Mali i Tomorrit (S. 224)** und im **Osum-Canyon (S. 225)** verbinden.

7 Südalbanien | 229

Die südlich der Vjosa liegenden Regionen zählen zweifelsohne zu den begünstigsten Landesteilen Albaniens. Von besonderem Reiz ist die **Riviera-Küste (S. 266)** mit ihrem milden Klima und gebirgigen Hinterland. Hier findet man noch ursprüngliche mediterrane Landschaften, authentische Bergdörfer und kleinere Strandorte. Östlich der Küstenkette verbirgt sich das nur über Vlora zugängliche, sehr ursprüngliche **Shushica-Tal (S. 258)**. Im Osten der badetouristischen Hochburg **Saranda (S. 299)** geht es über den Muzina-Pass in das weite Flusstal des Drinos, wo das UNESCO-Welterbe **Gjirokastra (S. 337)** einen Besuch lohnt. Weiter nach Südosten gelangt man durch die Kelcyra-Schlucht ins Vjosa-Tal nach **Përmet (S. 362)**.

8 Ostalbanien | 373

Die abgelegene Region an der Grenze zu Griechenland ist ein Tipp für Liebhaber von Hochgebirgslandschaften. Auf der kurvenreichen Landstraße ab Përmet geht es nur langsam voran, doch das Bergpanorama ist großartig, genauso wie die Stadt **Korça (S. 382)** mit ihrem europäisch-osmanischen Flair. Kaum bekannt sind die **Prespa-Seen (S. 406)** und der **Ohrid-See (S. 404)**. Seit 2014 verbindet eine Fährlinie über den Ohrid-See die in Mazedonien liegende Stadt Ohrid mit **Pogradec (S. 410)** auf der albanischen Seeseite. Vom Shkumbin-Tal, in antiker Zeit ein Teil der Via Egnatia, kann man den **Shebenica-Jablanik-Nationalpark (S. 421)** und die Stadt **Elbasan (S. 427)** erreichen.

1 Tirana und Durrës

Entdecken Sie Tirana, die zurzeit vielleicht spannendste Hauptstadt Europas! In Durrës locken der Stadtstrand und das römische Amphitheater.

◁ Der Skanderbeg-Platz, das Herz von Tirana

ÜBERBLICK

Tirana ist die Hauptstadt des Landes und sein kulturelles und wirtschaftliches Zentrum. Die Metropole liegt in Mittelalbanien am Fuß des Dajti-Gebirges (Mali i Dajtit), das in zahlreichen Hügelketten in die Ebene rund um die Stadt ausläuft. Seit 25 Jahren dehnt sich die Stadt immer weiter und ungehindert aus. Wie es aussieht, wird sie in nicht allzu ferner Zukunft mit dem etwa 30 Kilometer entfernten Durrës an der Küste zusammengewachsen sein. Dorthin zieht es die meisten Touristen vor allem wegen der Überreste des römischen Amphitheaters.

NICHT VERPASSEN!

➥ **Tirana, Blloku:**
Bars, Klubs & Kulinarisches
in Tiranas Szeneviertel | 32

➥ **Tirana:**
auf den Spuren der Osmanen | 33

➥ **Historisches Nationalmuseum:**
Begegnung mit der
albanischen Vergangenheit | 39

➥ **Tirana, Mali i Dajtit:** mit der
Gondelbahn auf den Hausberg | 67

➥ **Skanderbeg-Burg Petrela:**
romantischer Treffpunkt
für ein Rendezvous | 69

➥ **Durrës und sein**
römisches Amphitheater | 71, 74

Diese Tipps sind gelb hinterlegt.

1

Tirana (Tiranë)

Wie viele Menschen in Tirana leben, ist schwer zu sagen: Schätzungen sprechen von bis zu 900.000 Einwohnern für den Großraum und etwa 625.000 für die Stadt an sich, aber eine 2011 durchgeführte Volkszählung kam nur auf etwas mehr als **421.000 Einwohner,** wobei Zehntausende von Zuwanderern illegal in den Vororten leben und nicht registriert sind. Welche Anziehungskraft und Dynamik die Stadt hat, zeigt sich daran, dass sich die Zahl der Einwohner in den letzten 40 Jahren verdreifacht hat.

Durch die Stadt fließt die **Lana,** der Hausberg Tiranas ist der 1.611 Meter hohe **Dajti,** für die Großstädter das nächstgelegene Ziel, um aus dem Ballungsraum ins Grüne zu kommen. Im Winter ist der Dajti oft verschneit, während die Temperatur in der Ebene kaum unter null Grad sinkt. Sobald die Tage nach den oft regnerischen Wintern wieder wärmer werden, machen sich Tiranas Einwohner auf den Weg nach Durrës, um am Strand Entspannung zu suchen. Im Sommer, wenn es in Tirana stickig und heiß ist, schieben sich an den Wochenenden endlos lange Autoschlangen bis zur Küste und wieder zurück.

Das Stadtzentrum

Tirana hat ein unverwechselbares Zentrum, das viele Touristen mit seiner spannungsreichen Architektur und einzigartigen Mischung westlicher und östlicher Kultur immer wieder aufs Neue in seinen Bann zieht. Inmitten eines dicht bebauten Ballungsraumes, der in seiner ganzen chaotischen Hässlichkeit schon wieder eine eigene Ästhetik entwickelt,

> Historisches Gebäude in Tiranas City

trifft man am **Skanderbeg-Platz** auf das Herz der Stadt mit der würdevollen osmanischen Moschee Et'hem Bey, dem weithin sichtbaren, venezianisch anmutenden Uhrturm Kulla e Sahatit und weiteren interessanten Gebäuden.

Das von den Stadtplanern der italienischen Faschisten in den 1930er Jahren angelegte Zentrum wurde im Kommunismus im Stil des **Sozialistischen Realismus** mit breiten Ausfallstraßen und großen öffentlichen Gebäuden erweitert, was Tirana viel öffentlichen Raum und seine großzügige Atmosphäre verschafft. Heute mischen sich moderne Hochhäuser, die üblichen Plattenbauten und die Reste der alten Stadtarchitektur mit großflächigen Grünanlagen.

Nirgendwo im Land stoßen **Armut und Reichtum** so unvermittelt aufeinander wie in der Hauptstadt: In luxuriösen Boutiquen wird elegante italieni-

alba012 mb

sche Abendmode verkauft, während um die Ecke fliegende Händler gebrauchte Schuhe und alte Handys anbieten. Die Menschen kommen aus allen Landesteilen Albaniens – und sind freundlich: Fragt man vier Passanten in der Innenstadt nach dem Weg, wird man vier engagierte Antworten bekommen, die jedoch alle in verschiedene Richtungen führen können – doch einem Gast nicht behilflich zu sein, ist ausgeschlossen.

Der **Verkehrslärm** ist enorm; immerhin: Seit das Hupen im Stadtzentrum (offiziell) verboten und viele der illegalen Kleinbusse gegen eine seriöse öffentliche Nahverkehrslinie ausgetauscht wurden, ist er um wenige Dezibel gesunken. Nicht zu überhören sind weiterhin die schrillen Trillerpfeifen der Verkehrspolizisten vor dem Kulturpalast, die jeden Tag von Neuem gegen Tausende kleiner Verkehrssünder vorgehen, die den Skanderbeg-Platz umkreisen, beobachtet von dem unverwüstlichen *Skanderbeg,* dem legendären Anführer gegen die Osmanen, auf seinem bronzenen Pferd inmitten des Platzes. Zu kommunistischen Zeiten, als es im ganzen Land keine privaten Pkws gab, hörte man am Skanderbeg-Platz tagsüber noch die Vögel zwitschern …

Die Stadt lebt: Ein Bettler wartet auf seine täglichen Zuwendungen, der Muezzin ruft von der Moschee Et'hem Bey zum Gebet, während Hauptstadt-Schönheiten neben Bäuerinnen aus Nordalbanien darauf warten, einen der breiten Boulevards halbwegs sicher passieren zu können. Das **europäisch-osmanische Flair** der Stadt entfaltet sich vor allem abends, wenn, wie es scheint, die halbe Stadt zum täglichen Spaziergang auf die Straßen kommt und man sich am bunt beleuchteten Springbrunnen am Café Taiwani im Stadtzentrum trifft, an dem Samstag abends klassische Musik zu den Wasserspielen ertönt. Kinder toben in den Parkanlagen und vergnügen sich mit billigem chinesischem Plastikspielzeug. Für die Älteren setzt sich der Abend dann im Blloku fort: Wo früher das abgeriegelte Regierungsviertel war, liegen heute die elegantesten Cafés und Bars der Stadt.

Nach der politischen Wende waren zunächst alle Bäume abgeholzt und die ehemaligen Parkanlagen am Ufer der Lana über und über mit illegalen Hütten und Gebäuden bebaut worden – keine Spur von Stadtplanung. Doch dann wurde der freischaffende Künstler **Edi Rama** Bürgermeister und rief das Projekt „Clean and Green" ins Leben: Illegal errichtete Kioske und Nachtclubs wurden abgerissen, die Ufer der Lana und die zentralen Parks wieder begrünt, die städtische Müllentsorgung neu organisiert. Dazu bekam Tirana einen neuen Anstrich, denn das publicityträchtigste Projekt *Ramas* bestand darin, unzählige Häuserfassaden mit einer poppig bunten Bemalung aus ihrem tristen Dasein zu befreien, um die Stadt in den schwierigen Zeiten wenigstens nach außen leuchten zu lassen. Heute warten viele Häuser bereits wieder auf neue Farbe. Weitere Maßnahmen des populären Bürgermeisters waren die Einführung einer Stadtreinigung, die bis heute gut funktioniert, und eines kommunalen Busnetzes, das die illegalen Minibusse ablöste. Eine japanische Firma realisierte ein Kanalisationsprojekt, und wie in den anderen großen albanischen Städten wurde 2010/11 ein neues Adresssystem eingeführt.

Nachdem der zentrale **Sheshi Skënderbej (Skanderbeg-Platz)** drei Jahre lang umgegraben worden war und viele Bewohner sich im Geiste schon in der modernisierten Stadt sahen, kippte der im Mai 2011 gewählte Bürgermeister *Lulzim Basha* erst einmal die Pläne des umtriebigen Stadtgestalters *Rama*. Der hatte zum Erstaunen vieler Bürger den gesamten Platz mit schlichtem Rasen einsäen und vor dem Historischen Nationalmuseum einen kleinen Stadtwald und erste Fahrradwege anlegen lassen. Das Straßenbauprogramm der Regierung bescherte der Stadt den Tunnel durch die Krraba-Berge, und auch die neue Osttangente um das Stadtzentrum nimmt weiter Form an. Die Hochhäuser TID-Tower und Green Tower gehören inzwischen zum Innenstadtbild.

Seit September 2013 ist *Rama* nun Albaniens Ministerpräsident und kommt wieder zum Zuge. Die neue Regierung arbeitet an einem **Verkehrskonzept** für die Innenstadt. Ein futuristisch designter Busbahnhof soll dezentral in Vorë entstehen und eine Straßenbahnlinie entlang der beiden großen innerstädtischen Verkehrsachsen realisiert werden. Ein Heer neu eingestellter Polizisten macht seit dem Frühjahr 2014 den Parkern in zweiter Reihe den Garaus. Insgesamt darf man wirklich gespannt sein, wie es mit der Entwicklung der Hauptstadt vorangeht – momentan ist alles im Fluss.

⌂ Trödelmarkt in der Hauptstadt

Stadtgeschichte

Die Geschichte der Region geht bis in die Altsteinzeit zurück, als die Karsthöhlen im Mali i Dajtit von steinzeitlichen Jägern besiedelt waren. Die ältesten Bauten, die sich in Tirana erhalten haben, stammen aus der Spätantike. Anfang des 6. Jahrhunderts ließ Kaiser *Justinian* eine steinerne **Festung** errichten, die bis in die osmanische Zeit immer wieder erneuert wurde. Da das nahe gelegene Durrës als Hafenort bedeutender war, blieben die Ansiedlungen auf dem Gebiet des heutigen Tirana klein; Tirana wird in dieser Zeit nicht mehr als ein Stützpunkt vor dem Krraba-Pass zwischen Nordalbanien und dem Shkumbin-Tal gewesen sein.

Die eigentliche **Stadtgründung** markiert das Jahr **1614** mit der Stiftung einer Moschee durch den militärischen Führer *Pascha Sulejman Bargjini* und dem Bau anderer öffentlicher Einrichtungen (Han, Hamam, Bäckerei). Die Moschee Et'hem Bey entstand Ende des 18., Anfang des 19. Jahrhunderts und steht noch heute am Skanderbeg-Platz. Im 18. und 19. Jahrhundert entwickelte sich die Ansiedlung am Kreuzungspunkt von Karawanenrouten zu einem kleinen **Marktort** mit etwa 15.000 Einwohnern, der ab 1816 von der Familie der *Toptani* aus Kruja verwaltet wurde. In den folgenden Jahrzehnten wurde auch Tirana von der Rilindja-Bewegung erfasst, die die Unabhängigkeit Albaniens forderte. 1889 entstand in der Stadt die erste Schule mit albanischsprachigem Unterricht, und wie in Vlora wurde auch hier **1912** die **Unabhängigkeit** ausgerufen und die albanische Fahne gehisst.

1920 war dann der große Moment gekommen: Tirana wurde auf dem Kongress von Lushnija zur **Hauptstadt** bestimmt und **1925** offiziell ernannt. Die Wahl fiel auf Tirana, weil die Stadt ungefähr in der Mitte des Landes liegt, dazu sehr verkehrsgünstig zur Hafenstadt Durrës, die das Tor zu Europa war, und mit ihren fruchtbaren Ebenen am Fuße des Mali i Dajtit sehr gute Siedlungsbedingungen bot – zudem war sie nicht von ausländischen Truppen besetzt.

In der unruhigen Zeit zwischen den Weltkriegen entmachtete **Ahmed Zogu 1928** mit Hilfe nordalbanischer Großgrundbesitzer und mit Rückendeckung Italiens die junge demokratische Regierung unter *Fan Noli* und ließ sich kurze Zeit später in Tirana zum König Albaniens krönen.

Das erste moderne Stadtzentrum Tiranas entstand in den 1930er Jahren mit Hilfe italienischer Architekten. Als die **Italiener 1939** in Albanien einmarschierten und König *Zogu* ins Exil schickten, ließ *Mussolini* an der damaligen Piazza Italia im Süden der Stadt, dem heutigen Sheshi Nënë Tereza, imperiale faschistische Prachtbauten errichten. Der große Boulevard, der sich nun von Norden nach Süden über die Lana hinweg durch die Stadt zog, war vor allem ein Aufmarschplatz, auf dem die Italiener große Militärparaden abhielten. Ab 1941 wurden die **Kommunisten** in der Stadt immer stärker und bauten Wi-

▷ Alt und neu in der Stadt

1

derstandsgruppen gegen die Besatzungsmächte (erst Italien, dann Deutschland)
auf. Nach tagelangen schweren Gefech-
ten zwischen albanischen Partisanen
und der Deutschen Wehrmacht wurde
Tirana am 17. November 1944 von den
deutschen Truppen befreit.

Nach 1944 setzte die kommunistische
Regierung unter *Enver Hoxha* den **Stadt-
ausbau** fort. In neuen Stadtvierteln außerhalb des Zentrums wurden große In-
dustriekombinate und Arbeitersiedlun-
gen errichtet. 1956 kam es zur Gründung der Universität Tirana. Ohne
Rücksicht auf gewachsene Stadtstruktu-
ren entstanden neue Kultur- und Bildungseinrichtungen, wie das Historische
Landesmuseum, das Kinostudio, verschiedene Theaterhäuser und der Kulturpalast, dem der alte Basar Tiranas
weichen musste. Das prominenteste
kommunistische Denkmal im Stadtzentrum war die kolossale Enver-Hoxha-
Bronzestatue vor dem Kulturpalast, die
am 20. Februar 1991 von Studenten gestürzt wurde.

Stadtrundgang

Wenn man keine Hauptstadtpracht wie
in Rom oder Paris erwartet und bereit
ist, sich auf **neue, andersartige Eindrücke** und eine fremde Lebens- und All-
tagskultur einzulassen, wird man in Tirana keine langweiligen Stunden verbringen. Die Besichtigung der Sehenswürdigkeiten hält sich zeitlich in Grenzen und wird niemanden überfordern,
zumal das Angebot an guten und günstigen Cafés, Bars und Restaurants und
das allgemeine Laisser-faire immer wieder zu ausgedehnten Pausen verlocken.

Die im Stadtrundgang erwähnten Museen, Parks und anderen Sehenswürdigkeiten werden weiter unten im Text ge-
sondert besprochen.

Skanderbeg-Platz
(Sheshi Skënderbej)

Auf albanische Art sollte man den Stadtrundgang am Morgen mit einem Kaffee
oder zweiten Frühstück am Skanderbeg-
Platz beginnen, wofür sich das **Ufo Café**
an der linken Ecke des Blv. Zogu I. sehr
gut eignet. Der Stadtrundgang orientiert
sich sinnvollerweise an der zentralen
Nord-Süd-Achse, die Blv. Zogu I., Sheshi
Skënderbej, der wichtigste Platz der
Stadt, und Blv. Dëshmorët e Kombit bilden. Von ihr lassen sich die wichtigsten
Sehenswürdigkeiten erreichen, für deren
Besichtigung (Museen!) man sich vorher
die manchmal eingeschränkten Öffnungszeiten notiert haben sollte.

Gleich hinter dem Ufo Café liegt der
kleine **Zirkus** aus kommunistischen Zeiten, in dem man sich über die nächste
Vorstellung informieren könnte. Doch
die meisten Besucher nimmt etwas ganz
anderes gefangen: In der Mitte des be-
grünten Platzes, dessen zukünftige Gestaltung ungewiss ist (s.o.), erhebt sich
das ehrwürdige **Reiterdenkmal des
Gjerg Kastrioti Skënderbej.** Das elf Meter hohe Standbild wurde 1968 zum 500.
Todestag *Skanderbegs* enthüllt und ist
ein Werk des bedeutenden albanischen
Bildhauers *Odhise Paskali* (1903–85).
Neben der als Großplastik auf dem Märtyrerfriedhof dargestellten „Mutter Albanien" und der weltbekannten Ordensschwester *Mutter Teresa* ist *Gjerg Kastrioti Skënderbej* immer noch die männliche

Identifikationsfigur der Nation. Zur Zeit der osmanischen Invasion in Europa gelang es ihm, die albanische Stämme zu einigen, die die Türken 25 Jahre lang bis zu seinem Tod in erbittertem Widerstand aufhalten konnten, Albanien zu besetzen und als Sprungbrett für die weitere Eroberung Italiens und Europas zu nutzen.

An der Nordseite des Skanderbeg-Platzes befindet sich das **National-museum,** leicht zu erkennen an dem großen Shqiptarët-Mosaik an der Fassade. Nach Süden hin wird der Platz von den in ocker-dunkelroten Farbtönen gehaltenen **Ministerien** eingerahmt, die zur Zeit der italienischen Besatzung in den 1930er Jahren im Stil italienischer Renaissance-Paläste von dem Architekten *Vittorio Morpurgo* konzipiert wurden. Im westlichen Flügel liegen Wirtschafts-, Landwirtschafts- und Verteidigungsministerium, im östlichen das **Rathaus,** Verkehrs-, Tourismus- und Innenministerium.

Bei dem großen roten Gebäude westlich des Platzes handelt es sich um die erst kürzlich architektonisch überzeugend erweiterte **Albanische Staatsbank,** von der es nicht weit zum ehemaligen **Palast König Zogus** ist, der heute als Theater für Kinder genutzt wird. Am Anfang der Rr. e Kavajës findet man die interessante Privatsammlung des Mezuraj-Museums, von dem man dann über den versteckt liegenden **Çamëria-Basar** zur **Neuen Orthodoxen Kirche** weitergehen könnte, mit ihrer fantasievollen Architektur sicher ein Highlight der Stadt. Gegenüber der Kirche, auf der anderen Seite der Rr. Ibrahim Rugova, ragt der im Jahr 2013 fertiggestellte **Green Tower** auf.

An der Ostseite des Platzes liegt der **Kulturpalast (Pallati i Kulturës),** dessen Bau als Geschenk *Chruschtschows* begonnen wurde, bis die albanisch-sowjetischen Beziehungen in die Brüche gingen. Im nördlichen Flügel befindet sich das Opernhaus mit dem Ballett und Volkstanz-Ensemble, im südlichen die Nationalbibliothek und der Adrion International Bookshop, die größte Buchhandlung der Stadt.

Vom Palast geht es ostwärts weiter zur alten **Moschee Et'hem Bey** und dem **Uhrturm Kulla e Sahatit,** in dem ein kleines informatives Museum untergebracht ist.

Vom Uhrturm die Rr. Murat Toptani hinunter kommt man zum **TID Tower,** der zum modernen Innenstadtentwurf gehört und wo man auch das osmanische, in unverkennbar albanischem Stil errichtete **Grabmal des Kaplan Pascha** und zwei Denkmäler aus der kommunistischen Ära findet.

Die Rr. Xhorxh W. Bush nach Süden (zur Lana) gehend, kommt man zum **Sheshi Fan Noli.** In der kleinen Grünanlage auf dem lebhaften Rondell am Pazari i Ri steht das **Denkmal für Fan Noli** (1882–1965). Der albanisch-amerikanische Politiker, Diplomat, Schriftsteller, Gelehrte und Gründer der unabhängigen albanischen Orthodoxen Kirche war in jungen Jahren in die USA gegangen, wo er in Harvard studierte und zum Priester geweiht wurde. Sein Herzblut galt der albanischen Unabhängigkeitsbewegung Rilindja, die er von den Staaten aus maßgeblich unterstützte; er konnte zahlreiche Exilalbaner für die Bewegung gewinnen. Ihm war es auch zu verdanken, dass US-Präsident *Wilson* die Staatsbildung Albaniens nach dem

1

1. Weltkrieg unterstützte und Albanien 1920 in den Völkerbund aufgenommen wurde. Als Bischof und Vertreter einer liberalen Partei zog *Fan Noli* ins albanische Parlament ein, wurde Außenminister und im Juni 1924 zum Ministerpräsidenten gewählt, Weihnachten 1924 jedoch von den konservativen Anhängern *Ahmed Zogus* gestürzt. In Albanien besonders bekannt sind *Fan Nolis* Shakespeare-Übersetzungen ins Albanische, die Grundlage vieler Theaterinszenierungen wurden. *Fan Noli* starb in hohem Alter in seinem Altersruhesitz im Exil in Florida.

Weiter die Rr. Xhorxh W. Bush abwärts laufend, gelangt man zur Rr. Murat Toptani, dem ersten Teil des 2011 fertiggestellten neuen **Fußgängerbereichs,** der bis zur osmanischen Brücke **Ura e Tabakëve** am Blv. Zhan D'Ark weiterführt und sehr beliebt ist; abends ist er farbig illuminiert.

Die hohen Natursteinmauern gehören zur **Kalaja,** der Burg von Tirana, die als Festung bereits zur byzantinischen Zeit im 6. Jahrhundert entstand. In der verkehrsberuhigten Seitenstraße schräg gegenüber liegt das **Stadttheater,** das eine schöne Innenausstattung hat.

alba004 mg

An der Rr. Xhorxh W. Bush ist noch das **Denkmal zu Ehren des Unbekannten Partisanen** zu erwähnen. 10.000 albanische Zivilisten und schätzungsweise 20.000 Partisanen ließen im Widerstandskampf gegen die italienischen und deutschen Besatzer zwischen 1939 und 1945 ihr Leben. In den ehemaligen Kampfgebieten steht heute noch in jedem Dorf ein Partisanendenkmal aus der kommunistischen Zeit. Das Denkmal in Tirana ist eines der expressivsten.

☑ Enver Hoxhas Piramida

Bulevardi Dëshmorët e Kombit (Märtyrer der Nation)

An dem breiten Blv. Dëshmorët e Kombit liegt der **Rinia Park** mit dem **Café Taiwani**, der schon zu kommunistischen Zeiten der beliebteste Treffpunkt in der Stadt war. Auf der anderen Seite befinden sich zwei wichtige Gebäude, die sehenswerte **Nationale Kunstgalerie** und das ehemalige, zur Zeit des Kommunismus sehr renommierte Turizmi-Hotel Dajti, das 2010 nach langem Leerstand für von der albanischen Zentralbank aufgekauft wurde und zu einem Büro- und Handelszentrum umgebaut wird. Unweit der Lana-Brücke könnte man am Blv. Zhan D'Ark noch die **Neue Katholische Kirche** mit ihrem harmonischen Innenraum besichtigen.

Falls die Ruine der **Piramida** südlich der Lana zum Besichtigungszeitpunkt noch steht, wäre sie auf jeden Fall ein Erinnerungsfoto wert. Drei Jahre nach dem Tod des Diktators **Enver Hoxha** wurde die Piramida 1988 als Memorialbau und Enver-Hoxha-Museum eingeweiht. Von *Pranvera Hoxha,* der Tochter des Diktators, entworfen, war sie der teuerste Bau, der jemals im Kommunismus verwirklicht wurde. Heute sie nicht viel mehr als eine traurige Ruine. Ihre Tage sind wohl gezählt, denn sie soll einem neuen Parlamentsgebäude Platz machen. Zur Zeit ist sie Gegenstand öffentlicher Debatten um einen angemessenen Umgang mit den Relikten des Kommunismus, zumal viele Einwohner an dem berühmten, das Stadtbild prägenden Gebäude hängen und sich einen Erhalt wünschen. Zuletzt diente die Piramida als Konferenz- und Messezentrum und ist vielen noch als Behausung

1

des legendären Mumy Clubs in guter Erinnerung. Die Friedensglocke vor dem Gebäude ist ein Geschenk der Kinder aus Shkodra und wurde aus Tausenden alter Patronenhülsen gegossen, die während der Aufstände der 1990er Jahre gesammelt wurden. Den früheren Glanz des Museums, in dem *Enver Hoxha* pharaonengleich verehrt wurde, veranschaulicht die russische Website www.enverhoxha.ru/enver_hoxha_photogallery_30.htm.

Den „offiziellen" Teil des Stadtrundgangs könnte der **Sky Tower** in der Rr. Ibrahim Rugova beenden, von dem man direkt auf das Viertel **Blloku** hinabschauen kann (s.u.).

Eine empfehlenswerte Alternative ist die Besichtigung der **Qyteti Studenti,** die ein kurzes Stück die Lana aufwärts an der Rr. e Elbasanit liegt (s.u.). Oder man läuft den Blv. Dëshmorët e Kombit weiter hinunter bis zum Sheshi Nënë Tereza (früher Sheshi Italia), an dem einige interessante Gebäude aus der italienischen Besatzungszeit und der kommunistischen Ära zu finden sind. Bei dem großen Gebäude, das den Nenë-Tereza-Platz abschließt, handelt es sich um die ehemalige **Casa del Fascio,** die 1938/39 von *Gherardo Bosio,* einem Stararchitekten *Mussolinis,* realisiert wurde und heute die Technische Universität Tiranas beherbergt. Mit seiner kühlen kubistischen Bauweise und der großen Freitreppe dominiert das Gebäude das gesamte Ende des großen Platzes. Zum Ensemble gehört auch der Bau des heutigen **Archäologischen Museums** und das wie ein römisches Forum gestaltete **Qemal-Stafa-Stadion.**

Ein Erbe der alten Freundschaft zur Sowjetunion sind die beiden **Regierungsgebäude** am Boulevard in reinstem Sozialistischen Realismus. An der Seite der verglasten **Twin Tower** befindet sich das ehemalige Gebäude des ZK der albanischen KP, in dem heute das **Kuvendi,** das albanische Parlament, tagt und das albanische Verfassungsgericht seinen Sitz hat. Schräg gegenüber, etwas zurückgesetzt, liegt die ehemalige sowjetische Botschaft, heute **Sitz der Regierung.** Wer Interesse an kommunistischer Architektur hat, sollte auch einen Blick auf den **Kongresspalast** neben dem Archäologischen Museum werfen, dessen der Straße zugewandter Bau auf zwei mächtigen Betonsäulen steht, was an persische Stilelemente denken lässt.

Südwestlich des Platzes liegt der Haupteingang zum **Grand Park** mit einem großen künstlichen Stausee (Liqeni), an dessen südlichem Ende sich der **Botanische Garten** und der **Zoo** von Tirana befinden. Für das weitläufige Gebiet rund um den See bietet sich ein Leihfahrrad an.

Blloku

In der kommunistischen Ära war Blloku (der Block) ein total abgeriegeltes, vom Militär Tag und Nacht **bewachtes Viertel,** in dem die Privatvilla *Enver Hoxhas* und die anderer Politbüro-Mitglieder lagen. Kein Albaner ahnte, dass man dort in Luxusvillen mit westlichem Standard lebte und auch feierte. Heute feiert hier vor allem die Jugend der Stadt: Blloku hat sich zu einem **quirligen Stadtviertel** voller Restaurants, Cafés, Bars und Clubs entwickelt und erwacht erst in den frühen Abendstunden so richtig zum Leben. *Enver Hoxhas* Villa hat die turbulenten Zeiten der Wende überlebt und steht nach wie vor leer. Eine Nacht in Blloku, wenn die Straßen voller Autos sind und die Gehwege voller Partygänger, die gesehen werden und was zu sehen bekommen wollen, gehört fast zum Pflichtprogramm eines Tirana-Besuchs. Das Viertel liegt knapp 1 km südlich vom Sheshi Skënderbej.

Qyteti Studenti

Seltsamerweise in keinem Reiseführer erwähnt, ist dieser Stadtteil unbedingt einen Besuch wert. Qyteti Studenti, die **Studentenstadt** der Staatlichen Universität Tiranas, liegt links der Rr. e Elbasanit auf einer Anhöhe südöstlich des Stadtzentrums und ist ein Campus, dessen Anlagen so aussehen, als hätten sie sich seit der kommunistischen Zeit nicht wesentlich verändert. Am besten erreicht man das Gelände, auf dem zur Zeit etwa 14.000 Studenten studieren, über die Rr. Mustafa Lleshi, die direkt an der Straßenkreuzung Blv. Bairam Curri/Rr. e Elbasanit auf der linken Seite abzweigt. Hier wandelt man bereits auf historischen Pfaden, denn es war an dieser Stelle, wo sich 1991 die großen Studentendemonstrationen formierten. Kurze Zeit später passiert man das **Kaloj Kafé,** ein kleines Studentencafé mit einem Inforegal und guten Ansprechpartnern für ausländische Studenten; weiter geht es in südlicher Richtung bis zum Campus. Auffällig viele kleine Läden, Friseure und Beauty-Studios haben sich hier auf die studentischen Bedürfnisse eingestellt. Die Zimmer in den sogenannten **Studentenhotels** werden auch stundenweise vermietet, denn in den Wohnhei-

men herrscht strenge Geschlechtertrennung und Ausweiskontrolle. Der Mix aus studentischen Wohnblocks und Universitätsgebäuden, zwischen denen noch ein alter eiserner Wasserturm mit Sowjetstern zu finden ist, sowie Grünanlagen und Bars mit Karaoke und Live-Musik verströmt ein lässiges Flair. Die Terrassenanlagen des **Sheshi i Demokratia,** auf denen die studentischen Kundgebungen vor dem Fall des kommunistischen Systems stattfanden, sind noch genau so erhalten wie man sie auf historischen Fotos sehen kann.

St. Lucia ist die größte Bar, in der sich über mehrere Stockwerke mit offenen Terrassen der studentische Alltag und die Misere des Arbeitsmarktes bei einem günstigen Bier vergessen lassen. Von vielen Seiten ist zu hören, dass Noten und Abschlüsse nach wie vor bei den Professoren bezahlt, oder besser gesagt, gekauft werden (müssen). Dozenten wiederum klagen, dass sie oft monatelang keinen Lohn vom Staat erhalten und – mit einer Familie, die zu versorgen ist – kaum eine Chance haben, aus dem System der Korruption auszusteigen.

In den zahlreichen privaten **Mensen,** die schlicht *gjëlletore* (Restaurant) genannt werden, kann man in der Mittagszeit sehr günstig essen.

Das Viertel ist übrigens auch Zuzugsgebiet mittelloser Migranten aus Nordalbanien.

Das osmanische Tirana

In der ersten Hälfte des 20. Jahrhunderts existierte der alte osmanische Basar noch neben den modernen Straßen. 1930 bemerkte ein Autor einer in Tirana erscheinenden Tageszeitung sinngemäß: Wenn Sie das alte Tirana kennenlernen wollen, gehen Sie einfach ins Stadtzentrum, wo alles seinem altgewohnten Rhythmus folgt. Weder die Straßen noch die Geschäfte haben sich verändert. Sie wandeln sich nur ganz allmählich zusammen mit dem Leben ihrer Bewohner. Haben Sie es bemerkt? Von den drei Hauptstraßen, die das alte Tirana umschließen, hat es die „Zivilisation" nicht gewagt, in das alte Tirana einzudringen. Wie weit ist der Platz vor dem Ministerium vom Alten Basar entfernt? Gerade einmal 100 Meter Luftlinie, aber zugleich mehr als 100 Jahre!

Heute liegen die **wenigen erhaltenen osmanischen Bauten** weit über das Gebiet der ehemaligen Altstadt nördlich des Skanderbeg-Platzes verstreut, und man muss nach ihnen in versteckten Hinterhöfen suchen.

Tipp: Xhamia e Et'hem Beut

Wenn die Stimme des Muezzin vom Minarett der **Moschee Et'hem Bey** zum abendlichen Gebet ruft und die Sonne schräg über dem Skanderbeg-Platz steht, wird Tirana für einen kurzen Moment ganz osmanisch – zumindest für Touristen. Die überaus reizvolle Einkuppel-Moschee ist das alte Herz der Stadt und der bedeutendste Überrest des osmanischen Tirana. Sie gehört zusammen mit dem Uhrturm Kulla e Sahatit (s.u.) zu den kunsthistorisch wichtigsten Denkmälern der Hauptstadt.

Laut einer Inschrift auf der Nordseite der offenen Vorhalle war es *Molla Bey* aus Petrela, der die große Kuppel 1794 errichten ließ. Sein Sohn *Ethem* ließ das Gebäude nach seinem Tod überdachen und fügte im Eingangsbereich und an der Nordwestseite eine großzügige offene Vorhalle an, die einen eigenen Mih-

alba14-003 sg

rab (Gebetsnische) erhielt. Erst 1821 wurden die noch sehr gut erhaltene Innenausstattung fertiggestellt. Über das kleine Minarett erreicht man den hölzernen Mimber über dem Eingangsbereich, von dem man den Mihrab und die **reiche Ausmalung** mit einer üppigen floralen Ornamentik besonders gut betrachten kann. Interessant sind die **fantasievollen Stadtansichten,** unter denen auch die von Istanbul sein soll. Zwei große Grabtomben des Stiftereehepaares standen ursprünglich im Eingangsbereich, sind aber nicht mehr erhalten.

Die atheistischen Kampagnen im Land überlebte die Moschee, da sie unter **Denkmalschutz** stand; die Ausmalungen wurden während der kommunistischen Zeit das erste Mal restauriert, die Moschee war aber nicht öffentlich zugänglich. In Erinnerung ist besonders der 18. Januar 1991, als das Gotteshaus noch vor dem Sturz der Enver-Hoxha-Statue ohne staatliche Genehmigung geöffnet wurde und Tausende von Menschen in die Innenstadt strömten, um die Moschee zu besuchen, und die Behörden dies geschehen ließen.

Öffnungszeiten: Für Touristen 8–11 Uhr, Tel. (042) 223 701, Lage: am Sheshi Skënderbej.

Kulla e Sahatit

Als Zeichen der modernen Zeit leisteten sich die Einwohner von Tirana nach der Fertigstellung der Moschee einen **öffentlichen Uhrturm,** der von reichen Kaufmannsfamilien finanziert wurde. Uhr- bzw. Stundentürme waren damals auf

◁ Decken- und Wandschmuck
in der Moschee E'them Bey

dem Balkan beliebt, ihre Vorbilder waren die Campanile, die freistehenden Glockentürme der italienischen Kirchen. So erhielt auch der Kulla e Sahatit einen Aufsatz, der dem des Markusturmes in Venedig sehr ähnlich ist, und dazu eine aus Venedig stammende Glocke, die dem nahen Marktplatz zu jeder vollen Stunde die Zeit schlug. 1928 wurde die Glocke durch ein modernes Uhrwerk aus Deutschland ersetzt, das dann im 2. Weltkrieg durch den Beschuss deutscher Truppen so stark beschädigt wurde, dass der Turm vorübergehend das Uhrwerk des Uhrturmes aus Shkodra erhielt. Die heutige Uhr ist ein chinesisches Fabrikat aus dem Jahr 1970. 2010 wurde der Turm mit Mitteln der US-amerikanischen Botschaft restauriert und auch ein kleines Museum eingerichtet.

Öffnungszeiten: Mo 9–13 Uhr, Di auch 16–18 Uhr, Eintritt: 100 Lek, Tel. (042) 243 292, Lage: am Sheshi Skënderbej. Falls nicht geöffnet ist, sollte eine Aufsichtsperson mit einem Schlüssel in der Nähe sein.

Teqeja Dervish Hatixhe

Etwas versteckt in einer kleinen Seitenstraße der Rr. Dervish Hatixhe findet man die kleine **Tekke der Heiligen Hatixhe,** um die sich zahlreiche Geschichten und Legenden ranken. Die mildtätige *Hatixhe* soll in diesem Stadtviertel in der ersten Hälfte des 18. Jahrhunderts aufopfernd und mit großem Charisma Kranke während einer schweren Cholera-Epidemie gepflegt haben. Als sie 1798 starb, wurde unweit ihres Grabes eine Tekke errichtet. Während der kommunistischen Zeit überdauerte das Heiligtum im Verborgenen; heute ist es **einer der meistfrequentierten spirituellen**

Orte der Stadt. Die Tekke heißt Besucher aller Religionen herzlich willkommen, die sich an die Hausregeln halten. Der kleine, dunkel verspiegelte Raum rechts des Eingangs dient dem Gebet und Gedenken, hier werden Kerzen entzündet, die man an dem Kiosk am Eingang erwirbt, Namen und Gedanken werden mit Fingern auf den verwachsten Wänden notiert. Der linke Raum ist ein Gebetsraum, der wie der Grabraum nur ohne Schuhe betreten werden darf. Im Hauptraum befinden sich neben dem Grab *Hatixhes* die Gräber ihres Bruders, ihres Sohnes und ihrer Tochter, die mit grünen Tüchern verhüllt sind. Viele Gläubige ehren die Gräber und auch die Bilder an den Wänden durch Küsse oder legen Kleidung in den dafür vorgesehenen Wandnischen ab, auf die sich die spirituelle Energie der Heiligen übertragen soll. Besuchern werden gerne Süßigkeiten zur Begrüßung gereicht. Den Zeremonialregeln gemäß sollte man den Raum den Gräbern zugewandt, also rückwärts gehend, verlassen.

Öffnungszeiten: Täglich bei Tageslicht bis zur frühen Dämmerung, da nach der Glaubensvorstellung im Dunkeln „schlechte Gedanken" übertragen werden; Lage: am Ende der Rr. Dervish Hatixhe auf der linken Seite in einem kleinen Gebäude gleich hinter einem Kiosk.

Shtëpia e familjes Buneci

Das große osmanische **Wohnhaus der Familie Buneci** aus dem 17. Jahrhundert weist schöne Holzverkleidungen auf. Hier arbeitet ein **Kupferschmied** in einer kleinen Werkstatt (auch Ausstellung). Das Gebäude war bereits in kommunistischer Zeit ein Museum.

Öffnungszeiten: Tägl. 12–16 Uhr, Eintritt: (stattliche) 500 Lek, Tel. (042) 383 43, Lage: in dem Stadtteil hinter dem Nationalmuseum in der Rr. Sulejman Pasha auf der linken Seite.

Shtëpia Dervish Khorosani

Etwas schwierig zu finden, aber sehenswert ist das hölzerne **Wohnhaus der Familie Khorosani.** Das einfache osmanische Gebäude aus dem 19. Jahrhundert, das sich in einem kleinen Hinterhof erhalten hat, hat einen schönen kleinen Balkon. In der Nähe befindet sich eine alte osmanische Türbe mit den Gräbern dreier Babas. Der Zugang erfolgt von der Rr. Barrikadave südlich der Sami-Frashëri-Schule (ein Gymnasium mit zwei deutschsprachigen Klassenzügen), ganz in der Nähe des Französischen Kulturinstituts.

Shtëpia e Sali Shijakut

Inmitten moderner Bebauung verbirgt sich hinter hohen Mauern das **Haus von Sali Shijaku,** ein großes, aus Stein erbautes Anwesen aus der osmanischen Zeit, in dessen stimmungsvollem Innenhof ein schönes **Gartenrestaurant** zur Einkehr einlädt. Heute ist Shtëpia e Sali Shijakut vor allem als Sitz des Künstlers *Sali Shijaku* bekannt, der in dem urigen Hauptgebäude aus dem Jahr 1600 einen Teil seines Werkes zeigt.

Der rustikale Innenraum hat sich noch nahezu original aus der mittelalterlichen **Stadtgründungszeit** Tiranas erhalten, als die osmanische Verwaltung auf dem Kodra e Kuqe (Roter Hügel) in strategisch günstiger Lage einen Garnisonsstützpunkt (Konak) errichtete, der die von Norden kommende Handelsstraße schützte. Später wurde das Gebäude auch als Spital und Frauengefängnis genutzt. Im Laufe der osmanischen Zeit kam das Anwesen in den Besitz der in Tirana ansässigen Kaufmannsfamilie *Shijaku,* deren Familiengeschichte aus den letzten 100 Jahren zahlreiche mit dem Haus verbundene Erzählungen kennt.

Im **2. Weltkrieg** wurde das Haus von der Deutschen Wehrmacht als Offizierskommando beschlagnahmt. Das in großen Amphoren im Gebäude vergrabene Olivenöl wurde von den Deutschen jedoch nicht entdeckt und von der Familie den Krieg über weiter genutzt. Der Großvater des heutigen Besitzers kämpfte während des Krieges auf der Seite der Partisanen im Balli Kombëtar. Zahlreiche Widerstandskämpfer, die das Gebäude vor der Besetzung durch die Deutschen als Unterschlupf genutzt hatten, wurden im Krieg hingerichtet, auch ein Sohn namens *Hamid,* den eines der Gemälde in der Galerie zeigt. Der Vater von *Sali Shijaku* wurde im Kommunismus enteignet und kam danach zu Tode. Nachdem das Gebäude unter den Kommunisten ein Museum war, sind heute Haus und Hof wieder im Besitz der Familie, aber der illegal bebaute Landbesitz ging unwiederbringlich verloren.

Im Inneren findet man einen beeindruckenden, nach oben ins Dachgebälk hin offenen Raum, der einem türkischen Han ähnelt und im ersten Stock eine offene Holzgalerie hatte, von der die einzelnen Zimmer abgingen. Zwei auf der Ost- und Südseite liegende Dachfenster sorgen für genügend Helligkeit. Im Untergeschoss gab es ursprünglich zwei große offene Wandkamine, von denen einer zum Kochen, der andere zum Heizen diente. Die Mauern des Untergeschosses wurden aus Lehmziegeln aufgemauert, um das Gebäude gegen Erdbeben zu sichern.

Sali Shijaku, der heute das Haus bewohnt, wurde 1933 in Tirana geboren und an der Hochschule für Künste in Leningrad ausgebildet. Sein Œuvre behandelt vor allem die Themen Krieg, Geschichte und Legenden, die er mit aktuellen Zeitbezügen verknüpft. Während der kommunistischen Periode setzte er sich stark mit dem Thema Kriegshelden auseinander. Er schuf visionäre, stark expressive Gemälde in kräftigen Farben, die oft grafisch gestaltet sind, aber auch plastische Werke und großformatige Skulpturen. Ein Teil seines Werkes ist auch in der Gemäldegalerie in Tirana ausgestellt.

Öffnungszeiten: Tägl. 9–17 Uhr, Tel. (042) 261 458, Lage: vom Zentrum auf der Rr. Siri Kodra kommend die letzte Seitenstraße links in der Rr. V. Lurasi.

■ **Guesthouse Sali Shijaku** ③, 6 großzügige, gehobene DZ in modern-traditionellem Stil mit Duschbad und AC. Aufenthaltsraum.

Tyrbja e Kapllan Pashës

Das **heilige Grab des Kaplan Pascha** aus dem Jahr 1817 gibt einen interessanten Einblick in die feudale osmanische Grabkultur des 19. Jahrhunderts. In der Mitte des von antiken Säulenarkaden mit kräftigen Kapitellen umschlossenen Oktogons dürfte einmal ein großer, steinerner leerer Sarg gestanden haben, in Erinnerung an *Kaplan Pascha* und zur Andacht. Der Tote wurde der Tradition gemäß mehrere Meter tief unter der Erde bestattet. Der Memorialbau gehörte ursprünglich zu einer Moschee mit fünf weiteren Türben, die im 2. Weltkrieg während der Kämpfe um Tirana zerstört wurde. Heute findet man das letzte Grabmal der Anlage im Schatten des TID Towers, dessen Nebengebäude extra eine tiefe konkave Aussparung erhielt, um das bedeutende Kulturdenkmal (und beliebte Fotomotiv) zu erhalten.

Das Monument ist am Ende der Fußgängerzone der Rr. 28 Nëntori, Ecke Rr. Barrikadave/Rr. Abdi Toptani zu finden.

Kalaja e Tiranës Rr. Murat Toptani

Die **justinianische Festung** entstand im 6. Jahrhundert auf dem Kreuzungspunkt zweier Handelswege unter der Herrschaft von Kaiser *Justinian,* als Albanien am westlichsten Ende des byzantinischen Reiches lag. Die Baureste, die heute zu sehen sind, stammen aus der zweiten Hälfte des 18. Jahrhunderts, aus der Zeit *Ahmet Pasha Bargjinis,* eines Nachfahren des Gründers von Tirana, *Suleiman Pasha Bargjini.* 1798 kam die Anlage in den Besitz der Familie *Toptani.* Ähnlich wie in Elbasan wurde die Festung während der osmanischen Periode laufend verstärkt, heute stehen an der Seite zur Fußgängerzone noch bis zu sechs Meter hohe Mauerreste.

Ura e Tabakëve

Die mit alten Natursteinen wieder aufgebaute romantische **Brücke** ist ein schöner Platz, um sich an die Geschichte dieses Stadtteils von Tirana zu erinnern, der in osmanischer Zeit sicher ein sehr belebter Platz gewesen sein dürfte: Hier endete die alte Handelsstraße, die von Ostalbanien in die Stadt führte, auf der die Viehhändler und Bergbauern ihre Schafe, Ziegen und Rinder zum Verkauf in die Stadt brachten. *Tabakane* nannte man die **Gerber** nach ihren von Wind und Wetter und der Gerbsäure gefärbten tabakbraunen Gesichtern. Sie gingen hier vor den Stadttoren an der Lana ihren Geschäften nach, wo der Gestank ihres schmutzigen Gewerbes niemanden störte. Familien aus Tirana mit dem Nachnamen *Tabaku* haben in diesem Stadtviertel ihre Wurzeln.

Als die Lana in den 1950er Jahren begradigt wurde, verlor die Brücke ihre Bedeutung und war lange Zeit eine mit Müll zugeschüttete Ruine, bis sie vor einigen Jahren restauriert und zu neuem Leben erweckt wurde.

Die Brücke liegt an der Einmündung der Rr. Xhorxh W. Bush in den Blv. Zhan D'Ark.

Museen/Ausstellungen

Muzeu Arkeologjik

Das **Archäologische Museum,** 1948 eingeweiht, war das erste Museum in Tirana und beherbergte zunächst eine ethnografische Sammlung. Heute präsentiert es vor vergilbten Tapeten und in verstaubten Vitrinen eine nur spärlich beschriftete Sammlung archäologischer Funde von der Altsteinzeit (ab 8.000 v.Chr.) bis zum Mittelalter. Neben den 2000 hier gezeigten Artefakten sollen etwa zehnmal so viele Fundstücke in den staatlichen Magazinen lagern.

Öffnungszeiten: Mo bis Fr 8–15 Uhr, Sa, So geschlossen, Eintritt frei, Tel. (042) 240 711, Lage: am Sheshi Nënë Tereza.

▷ Ausstellung im Haus des Künstlers Sali Shijaku

Galeria Kombëtare e Arteve

In den lichten Ausstellungsräumen der **Nationalen Kunstgalerie** wird ein guter Überblick über die albanische Malerei von der Zeit der Rilindja Ende des 19. Jahrhunderts bis zu zeitgenössischer Kunst gegeben. Dazu gibt es interessante Wechselausstellungen.

Öffnungszeiten: Di bis Sa 10–18 Uhr, letzter Einlass 17.40 Uhr, Mo, Di geschlossen, Eintritt: 200 Lek, Tel. (042) 233 975, www.gka.al, Lage: am Blv. Dëshmorët e Kombit.

- **Raum 1:** Die Anfänge der albanischen Malerei (1883–1930) in den Städten.
- **Raum 2:** Realismus und albanische Malschulen (1930–1950).
- **Raum 3:** Akademische Malerei mit historischen Themen (1950–1980).
- **Raum 4:** Sozialistischer Realismus und „Der Neue Mann".
- **Raum 5:** Sozialistischer Realismus und Abstrakte Malerei (1969–1974).
- **Raum 6:** Moderne Malerei (1960–1979) und Plastik (1960–1970).

Muzeu Historik Kombëtar

Das **Historische Nationalmuseum** wurde 1981 eingeweiht und ist durch sein großes Mosaik an der Vorderfront nicht zu verfehlen. Auf dem berühmten Bild, das **Shqiptarët** (Albaner) genannt wird, sind verschiedene Figuren dargestellt, die den Freiheitskampf des albanischen Volkes von der Antike bis zur Moderne symbolisieren. Links ein illyrischer Krieger, mittelalterliche Gefolgsleute *Skanderbegs* im Kampf gegen die Türken und

alba011 mg

Mutter Teresa (Nënë Tereza)

Das Wirken *Mutter Teresas* in den Slums von Kalkutta/Indien wurde Anfang der 1970er Jahre in Europa durch einen Film der BBC bekannt, in einer Zeit, als der kommunistisch regierte albanische Staat durch seine Isolationspolitik bereits völlig von der Bildfläche Europas verschwunden war. Als die Ordensschwester **1979** für ihre Arbeit den **Friedensnobelpreis** erhielt, war sie wahrscheinlich die einzige weltweit bekannte Albanerin.

Mutter Teresa (Nenë Tereza) wurde am 27. August **1910** als *Anjezë Gonxhe Bojaxhiu* und Tochter eines wohlhabenden Bauunternehmers in Skopje geboren, das damals noch im mazedonischen Teil des Osmanischen Reiches lag. Die katholische Familie stammte ursprünglich aus Nordalbanien und zählte sich zum albanischstämmigen Teil der Bevölkerung. Nach einem zielstrebigen Weg in die Missionstätigkeit eröffnete sie mit ihrem Orden **„Missionarinnen der Nächstenliebe"** in Kalkutta ein Kranken- und Sterbehaus für ausgesetzte Säuglinge, Kranke und Hungernde, in dem Zehntausende Menschen, die in schlimmstem Elend lebten, einfache Hilfe und Zuwendung fanden. Als *Mutter Teresa* **1997** starb, erhielt sie in Kalkutta ein Staatsbegräbnis.

Nach ihrem Tod gerieten die mangelnde Transparenz ihrer Ordensarbeit, die fehlende medizinische Ausbildung in ihrem Orden und vor allem ihre konservative Haltung zu Empfängnisverhütung und Abtreibung, in der sie immer die Linie des Vatikans unterstützte, in die **Kritik.** Jahrzehntelange Zweifel an der Existenz Gottes, die sie während ihrer Arbeit in den Slums plagten, machten die zierliche Frau, die zeitlebens mit fast überirdischen Kräften ausgestattet zu sein schien, nach ihrem Tod ein Stück menschlicher.

Heute gehören den „Missionarinnen der Nächstenliebe" über 3.000 Ordensschwestern und über 500 Brüder in mehr als 700 Ordensgemeinschaften in 133 Ländern an.

Noch Jahre nach der Wende konnten die meisten Albaner, vor allem die muslimischstämmige Bevölkerung, mit der Person *Mutter Teresas* nicht viel anfangen, denn ihr Wirken war im atheistischen Staat nicht zur Bevölkerung vorgedrungen. Heute trägt das größte staatliche Krankenhaus in Tirana ihren Namen und auch am Sheshi i Nenë Tereza vor der Alten Universität der Hauptstadt findet man eine Mutter-Teresa-Statue. In Shkodra, der Stadt, in der sie ihre Schulausbildung erhalten hatte, wurde einer der zentralen Plätze im Zentrum nach ihr umbenannt. Man wird kaum einen Andenkenladen finden, in dem es keine Statuen, Büsten oder Bilder von ihr gibt.

Die im Kommunismus völlig verwüstete Katholische Stadtkirche in Tirana wurde nach ihrer Restaurierung im Jahr 1991 während *Mutter Teresas* Albanien-Besuch von ihr eingeweiht. Als die Ordensschwester fünf Jahre nach ihrem Tod **2003** durch Papst *Johannes Paul II.* **seliggesprochen** wurde, erhielt der internationale Flughafen in Rinas/Tirana den Namen Nenë Tereza Airport. Und im Frühjahr 2012, als im Historischen Nationalmuseum eine Ausstellung über die Massaker und die Vernichtung der Intellektuellen gezeigt wurde, war zu Beginn der Ausstellung eine Foto-Dokumentation über ihre Bedeutung für Albanien aufgebaut, die sie auf einem großformatigen Foto von einer völlig neuen Seite zeigte: als junges Mädchen in einer albanischen Volkstracht, betitelt mit einem Originalzitat in albanischer Sprache: *Me origjinë dhe me gjak jam shqiptare* (Von Geburt und vom Blut her bin ich Albanerin).

der Politiker *Ismail Qemali* mit der Unabhängigkeitserklärung in der Hand. Die junge Kämpferin in der Mitte trägt nicht nur ihre Waffe, sondern auch eine weiße wollene Xhubleta, die Volkstracht des Nordens, die traditionell schwarz ist, hier aber modern und feminin neu interpretiert wird. Bemerkenswert, dass auf dem Mosaik, dem sozialistischen Frauenideal entsprechend, eine junge Frau die Schar der Helden anführt. Ein junger Arbeiter begleitet sie zu ihrer Linken, während rechts ein Partisan mit albanischer Fahne verschiedene Partisanenverbände aus dem 2. Weltkrieg anführt. Ein großer roter Stern in der Mitte des Bildes, das kommunistische Symbol für die klassenlose Gesellschaft, wurde 1994 entfernt.

Die teilweise englisch dokumentierte Ausstellung im Museum gibt einen guten Überblick zu folgenden **Themen:** Vor- und Frühgeschichte, Mittelalter, Zeit der Wiedergeburt, Unabhängigkeitsbewegung und Partisanenwiderstand während des 2. Weltkrieges. Sie ist unbedingt einen Besuch wert.

Öffnungszeiten: Di bis Sa 9–13 und 17–20 Uhr, So 10–14 Uhr, Mo geschlossen, Eintritt: 200 Lek, letzter So im Monat frei, Lage: am Sheshi Skënderbej, Tel. (042) 228 389, muzeutr@yahoo.com, deutschsprachige Führung auf Anfrage, Museumsladen mit Antiquitäten.

Muzeu i Shkencave Të Natyrës

Ausgestopfte Tiere, Hunderte von Insekten, eine wunderbare Muschelsammlung, ein riesiger Schildkrötenpanzer – die Sammlung ist aber momentan nicht zugänglich (Infos bei der Tourist-Info).

Mezuraj-Museum

Die **erste öffentliche Privatsammlung Tiranas** zeigt etwa 800 Stücke aus dem Besitz der Familie *Mezuraj*: prähistorische Werkzeuge, illyrische Keramik, Holzschnitzarbeiten und Gemälde.

Öffnungszeiten: Mo bis Sa 9–18 Uhr, So geschlossen, Eintritt: 300 Lek, Sun Business Center, Rr. e Kavajës, 1. Stock, Eingang rechte Gebäudeseite, Tel. (042) 267 196, www.mezuraj.museum.

Trojet

Eine kleine, sehr sehenswerte **Privatsammlung von Linda Spahiu** (spricht nur Albanisch) mit ausgesuchten Exponaten, z.B. originalen geschnitzten Vertäfelungen aus Shkodra an Wänden und Decke. Für Sammler und Fachleute eine wichtige Kontaktadresse. Die engagierte Kinderärztin gilt als die versierteste Kennerin und Sammlerin albanischer Volkstrachten und Kulturzeugnisse. Sie arbeitet auch als Kinderpsychologin im Rundfunk und fördert Hilfsprojekte in sozialen Brennpunkten.

Öffnungszeiten: ab 17 Uhr (*Luris Spahiu,* engl./franz./ital.), Rr. Ibrahim Rugova (kleine Metalltür nach der Abzweigung der Rr. Pjeter Bogdani).

Zeta Galeri

Zentrum der **aktuellen Kunstszene** in Tirana auf 150 m² Fläche.

Öffnungszeiten: Mo bis Sa 9.30–14 und 17–20 Uhr, Rr. Abdyl Frashëri 31, A4, Hekla Center, Tel. (042) 266 680, (068) 213 01 80, www.qendrazeta.com.

Tirana und Durrës

1

alba006 mg

Tirana Ekspres

Ausstellungen, Performances, Filme, Partys, sonstige Events.

Öffnungszeiten: 21–24 Uhr, Rr. Karl Gega, Blloku i Magazinave, Tel. (069) 360 38 75, www.tiranaekspres.com.

Mozaiku i Tiranës/ Kisha e Kroit të Shëngjinit

Tirana wurde zwar erst 1614 gegründet, das Gebiet war jedoch schon lange vorher besiedelt, was sich zeigte, als 1972

⌂ Historisches Nationalmuseum

weitere Fundstücke aus der Kirche zu sehen sind.

Kirchen

Kisha Ortodokse

Die 1964 im Kommunismus erbaute **Orthodoxe Kirche** wurde 1967 geschlossen und vom Sportclub Tirana als Turnhalle genutzt. Seit 1990 werden wieder Messen abgehalten.

Rr. e Kavajës 151, Tel. (042) 235 095, www.orthodoxalbania.org.

Katedralja e re Ortodokse

Die Kathedrale in der Rr. Ibrahim Rugova, das neue Zentrum der Orthodoxen Kirche in Albanien, wurde Ostern 2012 geweiht. Der **1.600 m^2 große Kirchenraum** ist schlicht gehalten. Mit ihrem 46 Meter hohen Campanile ist die Kirche von außen trotzdem ein Hingucker, erst recht nachts, wenn sie farbig beleuchtet wird.

Katedralja e Shën Palit

Die **Katholische St. Pauls-Kathedrale** hat einen schönen Andachtsraum mit viel Holz und modernen, klaren Formen. In den Glasfenstern *Mutter Teresa* und Papst *Johannes Paul II.,* die diese Kirche während ihrer Albanien-Aufenthalte besuchten.

Öffnungszeiten: im Sommer 6–12 und 14–19 Uhr, im Winter 8.30–12.30 und 17–19 Uhr, Blv. Zhan D'Ark, Tel. (042) 234 655.

bei Bauarbeiten eine Kirche aus byzantinischer Zeit gefunden wurde, deren gut erhaltenes **Fußbodenmosaik** mit geometrischen Mustern, Fischen und Vögeln heute die älteste Sehenswürdigkeit Tiranas darstellt (**Ruine der Kirche des Hl. Johannes).**

Öffnungszeiten: Mo bis Sa 8–17.30 Uhr, So geschlossen, Eintritt frei. Die Kirchenruine liegt in einer netten Grünanlage in der Rr. Naim Frashëri, in der

1

Kisha Zemra e Krishtit

Die 1939 im historistischen Stil erbaute kleine **Herz-Jesu-Kirche** ist die älteste katholische Kirche, die die Zerstörungen durch die Kommunisten überlebte. 1967 wurde sie zum Kino umgebaut und verlor ihre wertvollen Fresken. 1991 wiedereröffnet, erhielt sie 1999 eine neue Chorausmalung.

Rr. e Kavajës, linke Seite stadtauswärts, Tel. (042) 248 691.

Welt-Bektashi-Zentrum

Der **islamische Bektashi-Orden** (siehe dazu „Mensch und Kultur/Religionen") hat seinen Hauptsitz in Tirana (Kryehjyshata Botërore Bektashiane).

Rr. Dhimitër Kamarda, östlich des Stadtzentrums in Lagjia Ali Demi, Tel. (068) 205 03 97, www.komunitetibektashi.org, freier Zugang zu dem großen Gelände zu den Besuchszeiten: 10–13 und 17–19 Uhr.

Theater, Oper, Film

Die Etats sind klein und die Möglichkeiten begrenzt, unbegrenzt aber sind Kreativität und Fantasie, das Publikum ist umwerfend und die Vorstellungen (auch, wenn man vielleicht nicht alles versteht) auf jeden Fall sehenswert. Der Besuch einer Vorstellung könnte am ehesten daran scheitern, dass nirgendwo Programme erhältlich sind. Am besten, man achtet auf die Infoplakate vor den Spielhäusern.

Teatri Kombëtar

1940 anlässlich des Besuchs von *Mussolini* eingeweiht, wird heute im **Nationaltheater** das ganze Spektrum von den Klassikern bis zu zeitgenössischen Autoren geboten. Das kleine, feine Gebäude verfügt über rotes Plüschsamt-Interieur und viel Charme.

Hinter dem Pallati i Kulturës im Fußgängerbereich, Tel. (042) 223 022, www.teatrikombetar.gov.al.

Teatri Kombëtar i Fëmijëve

1917 als Offizierskasino für die österreichische Armee errichtet, ließ bereits *Enver Hoxha* den späteren Sitz der Marionettenregierung von König *Zogu* zum **Theater für Kinder und Puppentheater** umbauen.

Sheshi Austria, Tel. (042) 222 446, (042) 259 104, klaudjahila@gmail.com.

Teatri i Operas dhe Baletit dhe Ansamblit Popullor

In diesem Theater im Kulturpalast (Pallati i Kulturës) sind **Opern, Balletaufführungen** und das **Volkskunst-Ensemble** zu sehen.

Sheshi Skënderbej, Tel. (042) 224 753, (042) 227 471, toap@albaniaonline.net, Ticketkiosk im Haus, 9–12 u. 15–19 Uhr.

Teatri i Metropolit

Bühne für die regelmäßigen Aufführungen des **Metropolitan-Theaters,** für Auftritte der Kinderfolklore-Tanzgruppe, des Stadtorchesters und Zirkusensembles.

Rr. Ded Gjo Luli, Tel. (042) 257 528, q.metropolitane@gmail.com.

Black Box Teatre

Die Bühne für **experimentelles Theater** befindet sich im Gebäude der Kunstakademie am Sheshi Nënë Tereza, Tel. (042) 247 598.

Marubi Akademy of Film and Multimedia

Die Film- und Multimediaschule Marubi will es anders machen als die Filmstudios Shqipëria e Re (Neues Albanien), die in der kommunistischen Zeit als staatliche Monopolisten viele mehr oder weniger ideologisch durchtränkte Filme abdrehten, die heute noch im albanischen Fernsehen laufen. Marubi geht auf eine **Privatinitiative** des in Albanien sehr bekannten Regisseurs *Kujtim Çashku* zurück und hat ein internationales Lehrangebot, das auch von deutscher Seite durch die Filmfachschule in Köln unterstützt wird. Tipp: Jeden Do werden Klassiker der Filmgeschichte aufgeführt, meist um 19 Uhr, Eintritt frei.

Rr. Aleksander Moisiu, www.afmm. edu.al (Programm).

Parks und Gärten

Rinia Park (Jugendpark)

Der Rinia Park ist eine beschauliche große Grünfläche **mitten in Tirana,** die bei Jung und Alt gleichermaßen als Treffpunkt und Erholungsort beliebt ist. Die gute Atmosphäre liegt auch an dem zeitlosen **Café Taiwani,** das ein guter architektonischer Wurf der kommunistischen Stadtentwickler war, die der Bevölkerung ein Stadtcafé mit heiteren ostasiatischen Anklängen schenkten. Dazu gehört auch ein großer Springbrunnen, um den im Sommer die Tische voll besetzt sind, wenn die allabendlichen Wasser- und Lichtspiele mit Musikuntermalung beginnen.

Parku i Madh – Grand Park

Allzu große Erwartungen auf Naturerlebnisse sollte man sich nicht machen, aber der Grand Park **im Süden der Stadt** ist eine gute Möglichkeit, etwas frische Luft zu atmen. Einer der Haupteingänge liegt westlich des Sheshi Nënë Tereza. Die Wege sind breit und mit Natursteinplatten gepflastert. Am besten leiht man sich ein Rad aus, denn das Gelände ist sehr weitläufig; eine Leihstation von Ecovolis befindet sich günstig gelegen an der Nordwestseite des Parks. Im nördlichen Parkbereich lässt sich ein Friedhof für britische Soldaten entdecken, die im 2. Weltkrieg durch deutsche Truppen ums Leben kamen. Gleich daneben befinden sich Gedenksteine, auf denen alle deutschen Soldaten genannt sind, die während des Krieges in Albanien starben. Einige von ihnen sind auch im Park begraben. Auf einem Hügel unweit entfernt liegen die Gräber von *Abdyl* und *Naim Frashëri,* der dritte Bruder *Sami* ist in Istanbul begraben (siehe bei Përmet den Exkurs zu den Frashëri-Brüdern). Umrundet man den **künstlichen See Li-**

1

qeni i Tiranës im Westen des Parks mit dem Rad, gelangt man nach Südosten in Waldgebiete, die an den Präsidentenpalast an der Rr. e Elbasanit grenzen.

Die **neuen Stadtteile** südlich des Sees zählen zu den teuersten Wohngebieten der Stadt, aber einige Viertel haben bis heute noch keinen Wasseranschluss erhalten. Südwestlich des Sees liegt der **Zoo,** dessen Besuch man sich lieber erspart (s.u.). Dafür bietet der **Botanische Garten** in der Nähe besonders im Frühjahr Gelegenheit zu einem schönen Spaziergang. Weiter im Westen sind die vermüllten **Roma-Slums** zu erkennen, die nur wenige hundert Meter Luftlinie vom schicken Blloku-Viertel entfernt liegen.

Kopshti Zoologjik

Der **Zoo** in Tirana ist nur etwas für Menschen, die nach letzten Argumenten suchen, um sich im Tierschutz zu engagieren. Die finanzielle Situation erlaubt einfach keine Verbesserung der Tierhaltung. Für viele Familien ist er trotzdem eine beliebte Attraktion. Es heißt immer wieder, dass der Zoo für Renovierungen geschlossen werden soll.

Öffnungszeiten: Tägl. 9–18 Uhr, Eintritt frei, Lage: südwestlich des Liqeni-Sees und des Grand Park, am Ende der asphaltierten Straße, ohne Beschilderung.

Kopshti Botanik

Eine kleine Überraschung ist der **Botanische Garten** Tiranas, der auf einem 15 Hektar großen Gelände westlich des Grand Park liegt und ein schöner Ort ist,

um sich vom Lärm der Stadt zurückzuziehen. Er beherbergt mit etwa 1.400 Pflanzenarten die meisten in Albanien vorkommenden Pflanzen. Die naturwissenschaftliche Fakultät der Universität in Tirana forscht hier über alte Kulturpflanzen, Zier- und Heilpflanzen und beobachtet die Entwicklung bedrohter Lebensräume wie die der natürlichen Weiden und Hochgebirgsweiden mit ihrer großen Artenvielfalt und nutzt die Versuchsflächen zur Ausbildung von Studenten und für Lernangebote für Schulen. An Juli- und Augustwochenenden ist der Park auch deshalb sehenswert, weil er mit Brautpaaren bevölkert ist, die hier romantische Foto-Shootings machen.

Öffnungszeiten: 8–14 Uhr, Eintritt: 50 Lek, Lage: westlich des Zoos.

Fußballstadien

Auch wenn die albanische Nationalmannschaft nicht so erfolgreich ist, wie sich viele wünschen – Fußball ist auch in Albanien mit Abstand die beliebteste Sportart. Mindestens genauso beliebt wie die albanische Liga, die immer wieder von schweren Korruptionsskandalen erschüttert wird, ist die Bundesliga, die genau beobachtet wird. In Tirana gibt es gleich drei Fußballmannschaften, den **SC Tirana,** den **SC Partizani** und **Dinamo.** Der SC Tirana, der in weiß-blauen Farben antritt, ist mit 22 Meistertiteln der erfolgreichste Verein. Wann die Liga-Spiele stattfinden, erfährt man durch Mund-zu-Mund-Propaganda oder im Fernsehen; an den Stadien sind keine Spielpläne ausgehängt. Informationen auch unter www.kickers.de, man muss aber damit rechnen, dass Spiele sehr kurzfristig verlegt werden.

Das **Stadion Qemal Stafa** wurde von den Italienern während ihrer Besatzung Albaniens gebaut, das kleinere Dinamo-Stadion, das heute nach einem legendären albanischen Fußballspieler **Stadiumi Selman Stërmasi** heißt, entstand in den 1950er Jahren durch Zwangsarbeit von Gefängnisinsassen.

Friedhöfe

Es gibt zwei Friedhöfe, beide eng mit der Geschichte der Stadt verbunden und beide **außerhalb des Stadtzentrums.**

Varrezat e Dëshmorëve

Im Zentrum des mehrere Hektar großen, parkähnlichen **Märtyrerfriedhofs** steht eine zwölf Meter hohe expressive **Plastik der „Mutter Albanien"**, zu deren Füßen 880 in Reihen geordnete Gedenkplatten an die Namen der Gefallenen des 2. Weltkrieges liegen. Insgesamt sollen auf dem Gelände **28.000 Partisanen begraben** sein, die im 2. Weltkrieg ums Leben kamen. Die Betonskulptur, 1971 von den Bildhauern *Kristaq Rama, Mumtaz Dhrami* und *Shaban Hadëri* geschaffen, personifiziert das Land als Mutter, die über den ewigen Schlaf der Kämpfer wacht, die für sie ihr Leben gaben. In der Hand hält sie einen Lorbeerkranz als Siegeszeichen und den kommunistischen Stern. Auf dem Sockel findet man die Worte „Lavdi e përjetshme dëshmorëve të Atdheut", was so viel heißt wie: Ewig sei der Ruhm dem Märtyrer der Heimat.

Beachtung finden sollte auch eine kürzlich aufgestellte **Gedenkplatte** für eine Gruppe junger Antikommunisten, die 1951 ein Bombenattentat auf die sowjetische Botschaft in Tirana verübten und danach hingerichtet wurden. Die Gedenkstätte ist ein friedlicher und sehr gepflegter Ort, an dem allein 30 Gärtner beschäftigt sind. Der Blick auf Tirana und die Dajti-Berge ist beeindruckend.

Öffnungszeiten: Tägl. 8–17 Uhr; sollte das Eisentor geschlossen sein, benutzt man den offenen Torspalt zum Eintritt; Lage: an der Rr. e Elbasanit (Buslinie Sauk), dem Busfahrer wegen eines Extrahaltes Bescheid geben.

Varrezat e Sharrës

Enver Hoxha, 1985 zunächst auf dem Märtyrerfriedhof unter der Mutter-Albanien-Statue beigesetzt, wurde 1992, nach mehreren Grabschändungen, auf den **kommunalen Friedhof** von Sharrës umgebettet. Das unauffällige Grab, mit einem schmiedeeisernen Adler geschmückt, liegt am linken Rand des Friedhofes rechts des Weges. Auf dem Friedhof liegen noch weitere Ex-Politiker begraben. Lohnender als der Besuch von *Hoxhas* Grab könnte ein Spaziergang sein, um sich ein Bild von der sehr **emotionalen Friedhofskultur** der Albaner zu machen.

Zum Friedhof gelangt man wie folgt: Auf der Höhe des alten Backsteinturmes des ehemaligen Kohleheizkraftwerkes kurz nach dem Sheshi Garibaldi im Stadtteil Kombinati links in eine kleine Straße einbiegen, an der etliche Plastikblumen-Verkaufsstände liegen; die Straße führt direkt zum Friedhof.

1

Tirana und Durrës

Praktische Infos

Informationen/Nützliches

■ **Offizielle Hauptstadt-Touristeninformation Tirana,** Rr. Ded Go Luli, hinter dem Nationalmuseum mit etwas verspieltem Infoschild, links vom Ufo Café. Hilfsbereite und sehr freundliche Auskunft, aber leider selten gutes, oft veraltetes Infomaterial, kostenloser Stadtplan und das Magazin „Tirana in your pocket" (600 Lek) auf Anfrage. Mo bis Fr 11–17 Uhr, Sa 9–14 Uhr, So geschlossen.

■ **Kaloj Kafé Info-Point,** in der Qyteti Studenti, für alle neu in Tirana Angekommenen und die, die länger bleiben wollen (siehe „Studentencafés").

Tipp Stadtführungen (dt./engl.): **Ornela Bickert,** eine sympathische Albanerin, ist Geografin und freut sich auf (deutsche) Gäste und stellt auf Wunsch auch individuelle Führungen zusammen. Tel. (069) 933 59 61, www.iguidetirana.wordpress. com, iguidetirana@gmail.com, www.facebook. com/iguidetirana.

■ **Notfälle:** Polizei, Tel. 129, Feuerwehr, Tel. 127.

■ **Western Union,** www.westernunion.com, Anlaufstelle in Tirana (und allen größeren Orten des Landes) für schnelle Geldüberweisungen.

■ **Internet:** In **Cafés, Hotellobbys und Restaurants** gibt es überall die Möglichkeit, sich über WLAN (Wifi) einzuloggen. **Internetcafés** sind selten ruhig, weil sie meist Treffpunkt albanischer Kids zum Computerspielen sind.

Kontaktgruppen

■ **Tirana Woman's International Group,** www. twigtirana.com oder auch www.sites.google.com/ site/twigtirana/home, www.tiranahash.com. Sehr aktive Gruppe mit vielen Aktivitäten, hauptsächlich Wanderungen rund um die Hauptstadt, bei denen auch Gäste aus aller Welt gerne gesehen sind (englischsprachig). T.W.I.G. trifft sich Di und Fr zum Morgenkaffee.

■ **American Peace Corps** (eine auch in Albanien tätige NGO), www.peacecorpsjournals. com, www. developmentary.org, mit albanischer Seite, die einen guten Einblick über die Aktivitäten des Peace Corps gibt.

Deutsche Kulturzentren

In Albanien genießen deutsche Kultur und Sprache eine hohe Wertschätzung, zur Zeit gibt es neun Schulen im Land, in denen Deutsch unterrichtet wird (Grundschulen, Fremdsprachen-Mittelschulen und Gymnasien). In Tirana, Elbasan und Korça kann man zudem an den Fremdsprachenfakultäten der Universitäten Germanistik studieren. Infos unter www.spezial.de/Deutsch_lernen.html.

■ **Goethe-Institut Thessaloniki** Außenstelle Albanien, Rr. Abdyl Fraseri 11-9/4, Tel. (042) 272 759.

■ **Deutscher Lesesaal** Salla gjermane e leximit, Bibliotheken Kombëtare, Rr. e Elbasanit, Rr. Xhorxh Bush, Tel. (042) 222 017 und 234 50 42, www.goethe.de/lesesaele, www. bksh.al.

■ **Deutschzentrum Tirana** Rr. Ismail Qemali 30, Tel. (042) 245 510, dzinfo@ab-com.al.

■ **Institut für Internationale Zusammenarbeit des deutschen Volkshochschulverbandes in Albanien (PARSh)** c/o *Jochen Blanken,* Rr. Bogdani Pall 7, Shk. 1, Ap. 5A, P.O. Box 8153, Tel. (042) 257 477 und 225 94 94, office@parsh.org.al, www.inebis.org.

◁ „Mutter Albanien" auf dem Märtyrerfriedhof

1

■ **Deutsches Kulturzentrum**
Qendra e Kultures Gjermane, c/o *Skender Muço*, 9700 Saranda, Tel. (042) 732 29 79.
■ **Deutsches Kulturzentrum Saranda**
Repräsentanz in Tirana, c/o *Eva Kondi*, Ministry e Ekonomise Publike dhe Privatizimit, Sheshi Skenderbej 2, Tel. (042) 224 715, 222 471, 227 969.
■ **PALAIS JALTA**
Ost-/Westeuropäisches Studien- und Kulturzentrum, Offenbacher Landstr. 368, 60599 Frankfurt, Tel. (069) 618 285, www.palais-jalta.de.

Radio Tirana

Die Geschichte des Senders reicht zurück in die 1950er Jahre, als die Radiostation in zahlreichen europäischen Sprachen Propaganda über das freie und glückliche Leben im Kommunismus sendete. Der deutsche Sprecher (West) war damals von der KPD/ML abgesandt worden. Heute ist das Programm entideologisiert. Sendezeiten: Mo bis Sa 20–20.30 und 21.30–22 Uhr ME(S)Z auf 7465 KHz (Kurzwelle), livestream, podcast z.B. mit Tagesnachrichten, Pressespiegel, Sport und kulturelle Bildung unter **www.Radio360.eu.**

Post

■ **Hauptpostamt,** Rr. Çamëria, Tel. (042) 226 282, www.postasqiptare.al, 8–20 Uhr, Pakete 8–13 Uhr.
■ **DHL,** Schnellstraße Tirana – Durrës km 8, Tel. (042) 227 667, www.dhl.com, dhlalbania@dhl.com, 8–18 Uhr, Sa 8–12 Uhr. Der sicherste Weg, um wertvolle oder eilige Sendungen nach Hause zu schicken.

■ **UPS,** Rr. Ismail Qemali 32/1, Tel. (042) 259 742, www.ups.com, aloperations@unitrans.com.al, 9–17.30 Uhr, Sa 9–13 Uhr.

Medizinische Versorgung

Apotheken

In Tirana gibt es einige moderne Apotheken mit europäischem Sortiment und gutem englischsprachigen Personal.

■ **Farmacia 7-17,** Rr. Zogu I., Tel. (042) 222 241, neben der Tirana-Bank, bis 24 Uhr.
■ **Farmaci Regi dhe Bime Mjeksore,** Rr. Dëshmorët e 4 Shkurtit, Tel. (042) 226 759, 9–14 und 17–20 Uhr, 24-Std.-Notdienst.
■ **Farmatech,** Rr. Barrikadave, Tel. (042) 236 584, info@farmatech.net, Mo bis Sa 8.30–22 Uhr.

Krankenhäuser
■ **Spitali Amerikan,** neben dem Spitali Ushtarak, Stadtteil Laprak, neues modernes Krankenhaus mit Notaufnahme, Tel. (042) 357 535, 357 011, www.spitaliamerikan.com, im Notfall die erste Wahl.
■ **Hygeia Hospital,** Rr. Industriale km 1 (parallel zum Beginn der Schnellstraße nach Durrës), 2010 eröffnete Privatklinik mit Notaufnahme, 6-stöckiges weißes Gebäude, Tel. (042) 390 000, 323 00 00, www.hygeia.al, info@hygeia.al.
■ **ABC Klinik,** Rr. Qemal Stafa 260, zentrumsnah, Tel. (042) 234 105, (068) 260 04 05, (069) 409 60 78, www.abchealth.org. Klinik mit kirchlichem Träger, englischsprachig.

Zahnkliniken
■ **Prodent,** Rr. Abdyl Frashëri, Pall. Hekla, Kati 3, Tel. (042) 270 125, arkonda@yahoo.com, 8.30–14 und 16–20 Uhr, Sa 8–13 Uhr.
■ **Tirana Centre,** Rr. Bardhok Biba, Pallati i Kadarese, Kati 2, Tel. (042) 257 446, 231 564, www.cosmeticdent.al, info@cosmeticdent-al.com, 9–19 Uhr, Sa 9–12 Uhr.

▷ Aushang im Studentencafé Kaloj

Unterkunft

Hostels

Es gibt einige Unterkünfte, die sich Hostels nennen und gemischte Schlafräume anbieten, aber momentan nur vier echte Backpacker-Hostels; Infos und Buchungen auch über www.german.hostelworld.com.

TIPP **Hostel Albania**②, Rr. Beqir Luga 56, Tel. (067) 278 37 98. Sympathisches deutsch-albanisches Hotel in ruhig gelegener alter Villa mit vielen Vorzügen für einen gelungenen Tirana-Aufenthalt. Im Sommer toller Garten zum Chillen, mit Barbecue und Lounge, im Winterhalbjahr Zitrusfrüchte im Garten, im Mai ein unbeschreiblicher Blütenduft. Angenehme 4- bis 6-Bett-Dorms (Schließfächer, Leselampe), viel Platz, gutes Frühstück, öko-orientiert, auch im Winterhalbjahr zu empfehlen.

■**Millingona**②, Rr. Riza Cerova, 197/2. Etwas ab vom Zentrum, auf zwei Stockwerken mit Dachterrasse für das Frühstück. Barbecue-Garten, aufmerksame Hosts, 8 einfache Dorms, 42 Betten, viele gebrauchte Möbel, fehlende Steckdosen.

TIPP **Tirana Backpackers**②, erstes Hostel in Albanien, Rr. e Bogdaneve, Tel. (068) 468 23 53, (068) 313 34 51, www.tiranahostel.com, tiranabackpacker@hotmail.com, (wieder) in einer alten Villa! 48 Schlafplätze, 2 DZ, 2 Bäder mit guten Duschen (supersauber!), inkl. Frühstück, Fahrradverleih, tolle Ausflugsprogramme, lässige Atmosphäre zum Wohlfühlen.

■**Freddys Hostel**②, Rr. Bardhok Biba 75, östlich liegende Parallelstraße zum Blv. Zogu I., Tel. (042) 266 077, (068) 203 52 61 (engl.), www.freddyshostel.com. Kein Hostel, sondern kleines, freundliches Familienhotel mit Mehrbettzimmern, bewährter, unkomplizierter, günstiger Notnagel für alle Fälle, einfache Zimmer mit Duschbad und AC, Mini-Frühstück, gerne auch Flughafentransfer.

■**Propaganda Hostel**②, Rr. Pjeter Bogdani, zentral im Blloku, Tel. (068) 904 27 44, www.propagandahostel.com, info@propagandahostel.com.

■**Trip'n Hostel**②, Rr. Musa Maci, Tel. (068) 304 89 05, 205 55 40, tripnhostel@gmail.com. In einer italienischen Villa der 1920er Jahre auf drei Stockwerken, betrieben von den beiden Hosts *Gjergji* und *Erjion*, die selber einige Jahre als Backpacker unter-

alba005 mg

wegs waren, bevor sie nach Tirana zurückkamen und dieses Hostel im lässigen Retro-Vintage-Stil eröffneten. Platz für 36 Pers. im 6- bis 12-Bett-Dorm, 5 Bäder, große Küche, WLAN, gutes Frühstück und viel Eventprogramm.

Guesthouses

Tipp **Stephen Center B&B**③, private Gästezimmer im christlichen Missionszentrum, Rr. Hoxhin Tashim 1, Tel. (042) 253 924, stephencenter@stephencenter.com, www.stephencenter.com. 6 helle DZ mit Einzelbetten, frisch renoviert und liebevoll wohnlich modern eingerichtet, Duschbad, AC und Heizung, inkl. Frühstück, Restaurant im Haus, Flughafenservice.

■ **Pension Andrea**②, Rr. Jeromin Rada 103 (gleich hinter dem Parlamentsgebäude), Tel. (042) 256 947, (069) 209 49 15, pensionandrea@gmail. com. 4 einfache Zimmer mit Duschbad, AC, WLAN. Geselliger Treffpunkt ist die Gemeinschaftsküche zur Selbstversorgung.

Apartments/Wohnungen

Inzwischen gibt es zuverlässige und sehr informative Internetseiten zur Buchung. Dort finden sich sowohl **Anbieter,** die permanent vermieten, als auch Personen, die für kürzer oder länger im Ausland sind und ihre persönliche, meist modern eingerichtete Bleibe entsprechend zur Verfügung stellen. Das Angebot reicht vom EZ bis zu 9-Bett-Räumen, von separaten Schlafräumen und Bädern bis zu ganzen Wohnungen, meist mit Kochgelegenheit. Mietdauer ab einem Tag, aber auch Monatsmieten. Rückmeldungen der Anbieter erfolgen i.d.R. sofort oder innerhalb weniger Stunden. Ein Flughafen- Transfer kann immer angefragt werden.

■ **Albaniantrip** (engl.), Rr. e Dibres, Tirana, Tel. (068) 405 85 29, www.albaniantrip.com, contact@ albaniantrip.com.
■ **Salku Serviced Rooms** (engl.), Rr. Bardhok Biba 75, Tel. (068) 203 52 61, www.salkuserviced-apartments.com, alfredsalku@yahoo.com.

■ **www.airbnb.de** (deutsch), sehr professionelle und informative Plattform aus Kalifornien mit immer größerem Angebot auch in Albanien.

Wohnmobil-Stellplatz

■ **Hotel Restaurant Baron**②, Tel. (068) 208 51 15, www.hotelbaron.al, info@hotelbaron.al, 4 km östlich von Tirana rechts unterhalb der Rr. e Elbasanit – einzige offizielle Stellmöglichkeit für Wohnmobile. Gute Anbindung mit lokalem Bus, sehr begrenzter Stellplatz für 2–4 Womos, Strom, Nutzung separater guter Sanitäranlagen im Hotel, WLAN, DZ mit Duschbad für Parkplatznutzer 10 Euro.

Hotels (im Stadtzentrum)

■ **Guva e Qetë**②, Rr. Murat Toptani, Tel. (042) 235 491, guvaeqete@gmail.com. Älteres Stadthotel für Leute, die gerne mitten im Stadtleben sind, nachts bis 1 Uhr Live-Musik in der Tropfsteinhöhlen-Bar, 12 günstige, einfache DZ mit Kühlschrank und Duschbad, ohne Frühstück.
■ **Kalaja**②, Rr. Murat Toptani 9, Tel. (042) 250 000, direkt an den alten byzantinischen Burgmauern optimal im Zentrum. 8 schlichte DZ mit TV, Klimaventilator und einfachem Duschbad, ohne Frühstück.
■ **Parlamenti**②, Rr. Jeromin de Rada 75/ Xhorxh W. Bush, Tel. (042) 265 024, www. hotelparlamenti.com. Wohnliche, günstige DZ in albanischem Stil mit Duschbad, AC, WLAN, Parkplatz, inkl. Frühstück.
■ **Briker**③, Rr. Barrikadave 3/24, Tel. (042) 229 543, hotelbriker@hotmail.com. Modernes Stadthotel mit blau verglasten Fenstern, 9 gut eingerichtete günstige DZ mit Duschbad, Safe und WLAN.
■ **Bristol**③, Blv. Gjergj Fishta, Tel. (042) 229 537, info@hotelbristol.al, bristolhotel_al@yahoo.com, www.hotelbristol.al. Wohnliches Stadthotel mit geräumigen Zimmern in warmen Farben und schönen Bädern. 12 EZ, 8 DZ, AC, TV, WLAN, Parkplatz.
■ **City**③, Rr. Ismail Qemali 8/1, Tel. (042) 247 799, www.hotelcitytirana.com, reservations@hotelcitytirana.com. Kleines Stadthotel, komfortabel ausgestattete moderne DZ in wohnlichen Farben, schöne Duschbäder.

■**Firenze**③, Blv. Zogu I. 72/Rr. Spiro Dedja, Tel. (042) 249 099, www.firenzehoteltirana.com, reservation@hotelfirenzetirana.com. Gediegene DZ in italienischem Design, schöne großzügige Duschbäder, Balkon, Parkplatz, Bar, Restaurant mit albanischen Gerichten.

■**Ikea Hotel**③, auf antik-elegant getrimmtes Studentenhotel mitten in der Qyteti Studenti, Tel. (069) 202 08 81, www.ikeahotel.al. 22 ganz unterschiedliche DZ, Duschbäder z.T. mit Duschkabinen, im 1. Stock mit Tisch, Baumarkt-Doppelbetten, ohne Frühstück, auch stundenweise zu mieten.

■**Nirvana**③, Rr. e Kavajës 96/2, Tel. (042) 235 270, contact@hotel-nirvana.com, www. hotel-nirvana.com. Einfache, unspektakuläre DZ mit Duschbad, aber dafür ist das Hotel mit dunkelroten Wänden voll mit Originalgemälden einheimischer Künstler.

■**Nobel**③, Blv. Zogu I., neben Veve Business Center, rechte Seite vom Zentrum, Tel. (042) 256 444, reservations@hotelnobeltirana.com, www.hotelnobeltirana.com. 6 modernisierte DZ in starken Rot-und Gelbtönen, renovierte Duschbäder, AC, WLAN.

■**Villa 3**③, Rr. Lekë Dukagjini/Papa Gjon Pali II., italienische Villa der 1930er Jahre hinter der Pyramide, Tel. (042) 266 582, vila_3 @yahoo.com. Angenehmes und geschmackvolles Ambiente, 10 moderne DZ und Suiten mit guten Duschbädern, AC, TV, etwas nüchtern. Beliebtes Restaurant mit guten Pizzas.

■**Vila Tafaj**③, Rr. Mine Peza 86, Tel. (042) 227 581, info@tafaj.com, www.tafaj.com. Italienische Stadtvilla der 1930er Jahre, elegante, moderne DZ mit gutem WLAN, Duschbad, Laminatboden, besonders wegen des Flairs einen Besuch wert.

■**Brilant Antik**④, Rr. Jeromin de Rada 79, Tel. (042) 251 015, info@hotelbrilant.com, www.hotelbrilant.com. Feudale Adresse, renommiertes Familienhotel im antiken, rustikalen bis eleganten Stil, geräumige, wohnliche und komfortable DZ mit schönen Duschbädern, gehobenes albanisch-italienisches Restaurant, Kaminzimmer.

■**Green House**④, Rr. Variboba 6, Tel. (042) 222 632, info@greenhouse.al, www.greenhouse.al. Ruhiges kleines Businesshotel in alter Villa mit modernem Komfort, angenehm designte DZ, z.T. großzügige Bäder, gehobenes italienisch-albanisches Restaurant mit ausgesuchter Weinkarte.

🦋 **Theranda**④, Rr. Andon Z. Cajupi 6/7, Tel. (042) 273 766, 273 689, www.therandahotel.com, reservations@therandahotel.com. Kleines, sehr charmantes und sorgfältig geführtes Stadthotel in ruhiger optimal zentraler Lage, sehr wohnliche DZ mit allem Komfort, exzellentes Frühstücksbüffet und Restaurant.

■**Villa Park**④, Shetitorja Parku i Madh, Tel. (042) 256 597, info@vilaparkhotel.com, www.vilaparkhotel.com, Grand Park, direkt an seinem westlichen Eingang am Sheshi Nëne Tereza. Gehobenes Designer-Hotel mit großzügigen DZ, Flachbild-TV, geräumigen Bädern, Balkon mit Seeblick, hoteleigener Fitnessraum, Außenpool, amerikanisches Frühstücksbüffet 18 Euro.

■**Paris**⑤, Rr. Brigada e VIII, Tel. (042) 265 008, info@hoteldeparis.al, www.hoteldeparis.al. Sehr schönes, ruhiges kleines Stadthotel mit bestem Komfort und modern-schlichter Ausstattung in natürlichen Farben. Wohnliche Zimmer und Suiten, Frühstücksbüffet.

■**Sky Hotel**⑤, Rr. Ibrahim Rugova 5/1, Tel. (042) 415 995, info@skyhotel-al.com, www.skyhotel.com. Businesshotel in den zwei unteren Stockwerken des Sky Towers, sehr gutes Preis-Leistungsverhältnis für den gehobenen Standard, den die modern und angenehm ausgestatteten Zimmer bieten, Frühstück im Sky Club Panorama-Café.

■**Rogner**⑤, Blv. Dëshmorët e Kombit, Tel. (042) 274 707, info.tirana@rogner.com, www.rogner.com/tirana. 114 DZ, 28 Suiten, bekannt für guten Service, Lounge und Restaurant, angesagter, angenehmer Treffpunkt für geschäftliche Verabredungen. Wunderbare Grünanlagen zum Verweilen mit Tennis- und Spielplatz mitten in der Stadt.

1

Essen und Trinken

Ungewöhnlich schnell folgte die Regierung am 27. Mai 2007 dem allgemeinen europäischen Trend und verhängte ein **absolutes Rauchverbot** an allen öffentlichen Orten – wahrscheinlich, weil alle wussten, dass die Verordnung niemals wirklich umgesetzt werden würde. Heute prangt, ganz nach Vorschrift, an jeder Café- und Restauranttür ein Verbotsschild, während man sich drinnen mit dickem Qualm umnebelt …

Cafés

Cafés gibt es wie Sand am Meer, aber einige Adressen sind einfach aus „strategischen" Gründen wichtig und dazu eine gute Empfehlung.

■ **Aba Fifth (Coin Café),** Rr. Gjon Pali/Ecke Themistokli Gërmenji, im obersten Stock des Coin Centers mit Aussichtsterrasse über dem Qemal-Stafa-Stadion, angenehm ruhig und modern.

🦋 **Artist Lounge,** Rr. Ismail Qemali 12, Tel. (069) 404 02 96, www.lartistcatering.com, garantiert rauchfrei! Frische, liebevoll zubereitete kleine Gerichte, große Tapas-Auswahl, frische Säfte, guter Wein und Kaffee.

■ **Café Bar Pirro** (im Rogner Hotel), Blv. Dëshmorët e Kombit. Sehnsucht nach einer Stunde in schönem europäischen Ambiente? Hier kann man entspannt Zeitung lesen und im Garten eine Kleinigkeit essen, alles zu normalen Preisen und wie überall im Land ohne Dresscode.

■ **Sky Café,** Rr. Ibrahim Rugova. Für eine längere Kaffeepause geeignet, denn die Plattform dreht sich fast unbemerkt in 1 Stunde um 360 Grad, sodass man vom 17. Stock des Sky Towers sehr entspannt das Panorama der Stadt genießen kann. Guter Kaffee, leckere Torten und Eisbecher. Im Sommerhalbjahr Eintritt für Gruppen 1 Euro/Pers., wenn man nur zum Fotografieren kommt.

■ **Taiwani,** Blv. Dëshmorët e Kombit im Rinia Park, eine Adresse, die man auf keinen Fall auslassen darf, allein schon wegen der guten heißen Schoko-lade oder dem Tri Lecce. Von Mai bis Sept. abendliche Light Show am großen Springbrunnen mit klassischer Musik. Nirgendwo kann man so entspannt das tägliche Treiben in der Stadt genießen wie hier, im Keller Bowlingbahn und Billard.

■ **Ufo Café** (außen kein Name, nach der früheren Ufo-Universität), direkt an der Ecke auf der linken Seite zu Beginn des Blv. Zogu I., der zentrale Treffpunkt am Sheshi Skënderbej mitten in der Stadt; man beobachtet den Trubel etwas erhöht von der sonnigen Morgenterrasse. Draußen feine frische Crêpes, heiße Schokolade in vielen Varianten, guter Kaffee, innen die Desserts und Kuchen.

■ **Vila Palma,** Rr. Brigada VIII. Für die kurze Mittagspause ein idealer Platz, um mit einem guten Kaffee, tollen Eisbecher und leckeren Sandwiches oder Salaten unter Palmen das nächste Besichtigungsziel zu planen; innen mit afrikanischen Masken dekoriert.

■ **Café Pallati i Kulturës,** Sheshi Skënderbej. Gediegener ruhiger Treffpunkt und auch ein guter Ort, um das Geschehen auf dem Platz zu beobachten und auf sich wirken zu lassen.

■ **Epër7shme,** s.u. „Buchläden".

■ **Friends Book House,** s.u. „Buchläden".

Studentencafés

🦋 **Kaloj Kafé,** Rr. Mustafa Lleshi 41, www.kaloj41cafe.blogspot.com, 9–24 Uhr. Natürlich sind auch Deutsche bei *Blerina* aus Shkodra und *Kevin* aus Kanada willkommen, die mit ihrem Café und Info-Punkt eine beliebte Adresse vor allem für Amerikaner und Kanadier sind, die neu in die Stadt kommen. Das amerikanische Pub Food ist überraschend lecker, das Café ist 100 Prozent rauchfrei und hat WLAN, Gäste-PC und ein schwarzes Brett, an dem viele Informationen, günstige Zimmer oder ein Job mit albanischem Stundenlohn zu finden sind. Legendäre Spiele-Abende, Karaoke und vieles mehr.

■ **Radio Café,** Rr. Ismail Qemali. Für rauchresistente Menschen immer noch eine kleine, historisierende Kult-Bar mit alten Radiogeräten und Schreibmaschinen für ein gutes Bier oder einen Espresso.

■ **Tiki,** Rr. Perlat Rexhepi. Fantasievolles, alternatives, unkompliziertes kleines Café im Hawaii-Stil mit leckeren Sandwiches, Bruschettas und Tiki-Toasts.
■ Siehe auch weiter unten: „Ruhige Clubs und Bars" und „Buchläden".

Fast Food und Snacks
Kleine, oft fantasievoll zubereitete Snacks gibt es auch in Cafés und Bars, aber es macht Spaß, auch einmal die albanischen „Fast-Food-Ketten" zu testen, die witzige Fälschungen von McDonald's & Co. sind, aber sowohl im Erscheinungsbild als auch kulinarisch nicht so standardisiert.

■ **Big Bite,** Rr. Abdyl Frashëri 16, neben Librit Universitar, Tel. (042) 220 000; Rr. e Elbasanit, beim Liceu Artistik; Rr. Xhorxh W. Bush, Tel. (068) 205 66 00; 24 Std. Fish & Chips, Burger, Pizzas und Sandwiches.
■ **Kolonat,** Blv. Bairam Curri und Sheshi Nënë Tereza, 8–24 Uhr. Das McDonald's-Plagiat, mit riesigen Pizzen, Überraschungs-Menüs und großen Salaten zu kleinen Preisen.
■ **Korça Grill,** Sheshi Avni Rustemi. Qofte Korça, gegrillte Hühnchen und leckere Lammköpfe direkt vom Grill.
Tipp Zgare Korçare, Rr. e Kavajës, bei der alten katholischen Kirche. Jede Menge sehr leckerer traditioneller Grillspezialitäten auf Korçaer Art für Fleischfreunde, dazu kleine Salatauswahl, Wein und Bier, auch zum Mitnehmen.

Restaurants (albanisch)
Eine telefonische Reservierung ist abends bei den meisten Adressen zu empfehlen.

■ **Emblema,** Rr. Komuna e Parizit, Tel. (069) 205 05 99. Rustikales Insiderlokal mit gegrilltem Lamm, überbackenen Fleischgerichten und großen Salaten nebst Pasta und Pizza; kleiner gemütlicher Innenhof und mit Antikem dekoriertes Restaurant mit großer Feuerstelle. Einfache albanische Gerichte mit italienischem Einschlag lecker interpretiert.

■ **Floga,** Rr. Pjeter Budi 6, Tel. (068) 206 37 55. Alles, was die albanische Küche Leckeres zu bieten hat, wie „bei Mama" zubereitet, mit regionalen Spezialitäten, einfach und typisch albanisch.
■ **Juvenilja Castello,** Rr. Gjeneral Niko Pushkini, am Qemal-Stafa-Stadion, Tel. (042) 266 666, www.juvenilja.com, 10–24 Uhr. Nicht zu verfehlen ist dieses neu errichtete Burgrestaurant im Gand Park, bekannt für seine gute albanisch-italienische Küche, für gute Pizzen und schöne Sitzmöglichkeiten im Grünen und in den traditionell gestalteten Gasträumen sowie perfekten Service.
Tipp Kalaja e Petrelës Burgrestaurant, Tel. (069) 208 81 38, (068) 231 83 33. Das Essen will verdient sein: Der Weg zur Burg dauert 10 Minuten. Dann erwarten einen traditionelle Gasträume, am schönsten aber sitzt man mit wenigen Tischen im Burgturm, wo man an einer romantischen offenen Feuerstelle den Kaffee zu sich nehmen kann. Oder auf den schönen kleinen Außenterrassen mit weitem Ausblick bis nach Tirana. Beständig gut zubereitete traditionelle Küche, *pulë fshati,* gemischte Fleischplatten und leckere saisonale Gemüseteller. Immer einen Besuch wert, reservieren.
■ **Oda,** Rr. Luigj Gurakuqi, Tel. (042) 249 541, 11–23 Uhr. Eine gute Adresse in einem alten osmanischen Haus mit traditionellem Gästeraum mit niedrigen Tischen und familiärer Atmosphäre; viele alte Fotos, traditionelle Korça-Küche, köstlicher Lakror und hausgebrannter Maulbeer-Raki.
■ **Piceria Era 1,** Rr. Ismail Qemali 33735, Tel. (042) 578 05, (042) 274 949, info@era.al, www.era.al, 11–23 Uhr. Großzügige Vorspeisen, üppige, bestens zubereitete, geniale Pizzen, Bier vom Fass und viele gute Desserts, immer gleichbleibend gut und immer voll, abends unbedingt reservieren.
■ **Piceria Era 2,** Rr. Pieter Bogdani, neue Zweigstelle des Era 1 mit gleich guter Küche.
■ **Sarajet,** Rr. Abdi Toptani, Tel. (042) 421 284, rezervime@sarajet.com, www.sarajet.com. In einem traditionell erbauten Anwesen mit schönen Außenanlagen, innen traditionell elegant mit offener Feuerstelle.

1

● **Sofra e Ariut** (Bärenhöhle), Rr. e Elbasanit 54, Tel. (042) 303 030. Großzügiges Anwesen in lichtem Wäldchen, von der Straße zu sehen, mit höherem Anspruch. Liebevoll gestaltete Außenanlagen, Bedienung in Volkstracht und exzellente albanische Küche in sehenswert gestalteten Gasträumen. Mit Minizoo, in dem bedauerlicherweise auch ein Bär eingesperrt ist.

Tipp! Sokaku, am Anfang der Rr. Dibres, rechte Seite, gleich an der Kreuzung (Leuchtreklame), Tel. (069) 618 14 57. Kleine und große Spezialitäten aus Gjirokastra, der Heimat der freundlichen Besitzer, sehr schmackhaft und liebevoll zubereitet, dazu leckere Desserts, günstige Preise und eine angenehme, helle, freundliche und erholsame Atmosphäre. Das eher unauffällige und etwas versteckt liegende Restaurant ist ein Lieblingsrestaurant der Autorin im Stadtzentrum. Geöffnet 12–23 Uhr, So Ruhetag.

● **Vila 31,** Rr. Gjon Muzaka 31, Tel. (042) 278 141, 11–23 Uhr. Eine ländliche Überraschung mitten in der Großstadt mit schönen Sitzgelegenheiten im Innenhof; reichhaltige Speisekarte mit rustikalen Fleischeintöpfen und Überbackenem, Suppen, gegrilltem Lamm und guten Salaten.

Restaurants (italienisch)

● **Casa di Pasta,** Rr. Ibrahim Rugova, Taiwan Kompleks, Tel. (042) 251 175, 12–2 Uhr. Für den späten Abend geeignet, um in zentraler Lage und ruhiger Atmosphäre gut zu essen. Große Weinauswahl.

● **La Cantinella,** Rr. Brigada VIII, Tel. (069) 207 00 82. Elegantes Lokal mit Sofaecken. Italienisches und albanisches Gegrilltes und sonst. Spezialitäten.

● **La Perla,** Rr. Haxhi Dalia 29, Tel. (042) 230 163. Klassische albanische Küche, leckere Steinofenpizza und Gemüsegerichte.

● **La Voglia 1,** Rr. Reshit Çollaku 36, Tel. (042) 258 899. Treffpunkt der jungen Szene mit italienischem Flair und Live-Musik im Sommer.

● **La Voglia 2,** Rr. Ibrahim Rugova, Tel. (042) 258 899. Leckere kleine Gerichte wie Sandwiches, Bruschettas, Suppen, Omeletts und Pastas zu kleinen Preisen in Wohlfühl-Atmosphäre mitten im Blloku.

● **Mama Rosa,** Rr. Sami Frashëri 20/1, Tel. (069) 317 70 84. Großartige italienische Pasta, Steaks, Meeresfrüchte und vieles mehr.

● **Villa Logoreci,** Rr. Gjon Pali II. 9, Tel. (042) 471 90. Bekannt als Schlemmeradresse für italienische Gerichte; große Pizzaauswahl, leckere Desserts und gute Weinkarte. Stimmungsvolle Innenräume und angenehme Außensitzplätze.

Restaurants (international)

● **Brauhaus,** Rr. Reshit Collaku 38, linke Seite des Sheshi Sallavarët im Hinterhof, Tel. (042) 237 955, 7.30–3 Uhr. Restaurant mit eigener Brauerei im Haus, Küche albanisch-deutsch, lecker sind z.B. die Brauhaus-Platte, *Brinje Derri* (Spareribs), *Miks Salciqe Vendi* (gemischte dörfliche Würstchenplatte) oder auch Wiener Schnitzel, Bratwürste, Brezeln und Apfelstrudel. Live-Musik und Fußballnächte.

● **Far East,** Rr. Asim Zeneli 6, Tel. (042) 271 938, www.fareast.al, 10–1 Uhr. Elegante Einrichtung, große Karte mit chinesischen, koreanischen und japanischen Gerichten, großzügige Terrasse, von Sept. bis Anfang Juni großartiges Sonntagsbüffet, das keine Wünsche offen lässt.

● **Kaon,** Rr. Asim Zeneli (bei der ehem. franz. Botschaft). Frisch gezapftes Bier aus der eigenen Brauerei, eine fantastische Auswahltheke für Gegrilltes und eine umfangreiche Speisekarte mit albanischen und internationalen Speisen, vielen Salaten und Desserts, das Ganze in moderner unkomplizierter Atmosphäre.

● **Lulishte 1-Maji,** Rr. Xhorxh W. Bush, nahe der Ura e Tabakëve, Tel. (067) 208 26 68, info@lulishte1maji.com. Günstiger „Chinese", auch gute albanische, mexikanische, griechische, türkische und argentinische Gerichte.

● **Mrizi i Zanave,** Blv. Zhan D'Ark, nahe der Ura e Tabakëve, Tel. (042) 269 931. Typisch albanisches Restaurant mit guter albanisch-internationaler Küche, an den Wochenenden Live-Musik.

● **Pastarella,** Rr. Mustafa Matohiti 18, Tel. (042) 265 598, pastarella.alb@gmail.com. Ein neuer Stern der mediterranen Küchenszene Tiranas mit leckeren griechischen Gerichten und vielen schmackhaften Nachspeisen in angenehmer, heller südlicher Atmosphäre.

■ **Serendipity,** Rr. Dëshmorët e 4 Shkurtit 24, Tel. (042) 259 377, 8–23 Uhr. Sehr beliebtes gemütliches Restaurant mit vielen Bildern an den Wänden. Mexikanische, albanische und italienische Küche in immer neuen Kreationen; schöne Außenterrassen, auf denen man gerne länger verweilt.

■ **Shakesbeer's,** Rr. Brigada VIII 8, Tel. (042) 244 413, 11–23 Uhr, Facebook. Gemütlicher amerikanischer Pub mit rustikalem Stein- und Holzinterieur, Ledersofas und schönem grünen Innenhof, für ein ruhiges Bier oder ein Glas Wein genauso geeignet wie zum Essengehen. Günstige Karte querbeet durch die internationale Küche, natürlich auch große Burger, Gegrilltes, Pizza und Fisch.

■ **Steak House,** Rr. Ibrahim Rugova, Taiwan Kompleks, Tel. (042) 251 175, 12–2 Uhr. Gute Steaks genauso wie fleischlose Gerichte, schöne Terrasse.

■ **Stephen Center,** Rr. Hoxha Tahsim 1, Sheshi Avni Rustemi, nördliche Platzseite, Tel. (042) 234 748, www.stephencenter.com. Frisch zubereitete mexikanisch-amerikanische Gerichte, Burger und Desserts, auch B&B, Nichtraucher-Lokal! Guter Treffpunkt mit schnellem WLAN.

Tipp **Sofra Turke,** Rr. e Kavajës 170, Tel. (042) 226 818, 8–23 Uhr, www.turkishsofra.com. Die albanische Küche ist sehr von der türkischen beeinflusst, aber im Sofra isst man echt türkisch. Tradionell eingerichtet mit sehr günstigen leckeren Gerichten und süßen Kuchen. Keine alkoholischen Getränke!

■ **Vila 100,** Rr. Myslim Shyri 100, linke Seite, im Hinterhof, Schild, Tel. (068) 207 45 76, contact@vila1000.com, www.vila100.com. Eine grüne Oase zum Entspannen mitten in der Stadt unter Bananenstauden und Zitruspflanzen. Bambusinterieur, frische mediterrane Küche, leckeres Gemüse und Suppen, alles fantasievoll angerichtet.

Restaurants (Fisch- und Meeresfrüchte)

■ **Magic Blue,** Rr. Vaso Pasha, Blloku, Tel, (042) 273 555, magic.blue.restaurant@gmail.com. Fang-

frischer Fisch zur Auswahl oder Fisch und Meeresfrüchte als Menü, modernes Ambiente, Piano-Live-Musik am Mi, Fr und Sa, 12–24 Uhr.

■ **Pirati Fish,** Grand Park, am Zoo, Farka, Tel. (067) 409 00 77, piratifish@gmail.com. Fischgeschäft und -restaurant gleichermaßen – sehr gut und günstig.

■ **Rozafa,** Rr. Luigj Gurakuqi 2, Tel. (042) 222 786. Ein edleres und ein einfacheres Restaurant nebeneinander, beide mit einer paradiesischen Fischauswahl und Meeresfrüchten frisch vom Markt.

■ **Spagetti house & fish,** Rr. e Durrësit 240/ Sheshi Rilindja, Tel. (042) 247 923, 12–23 Uhr, So geschlossen. Italienisches Fischrestaurant, alle Fische und Meeresfrüchte frisch vom Markt, nach Kilopreis zu bezahlen und dann nach Wunsch zubereitet. Bewährte Adresse, punktet auch mit freundlichem Service.

Restaurants (mit Aussicht)

■ **Ballkoni Dajtit,** direkt an der Bergstation der Gondelbahn, Tel. (067) 401 10 21, marketing@ dajtiekspres.com, www.ballkonidajtit.com. Im Stil eines Alpin-Restaurants mit viel Holz und Stein gebaut, wundervoller Panoramablick, schmackhafte albanische Küche und aufmerksamer Service.

■ **Aba Fifth (Coin),** Rr. Gjon Pali II., Tel. (044) 501 717, 8–24 Uhr, twentyfirst@ababusinesscenter.al. Elegant-entspanntes Restaurant mit Lederinterieur, in dem man fast vergisst, in Albanien zu sein, wenn da nicht die verglasten Fassaden mit Blick auf das Qemal-Stafa-Stadion wären. Gebobene italienische Küche mit gutem Service, für albanische Verhältnisse etwas hochpreisiger.

■ **Sky Club,** Rr. Ibrahim Rugova 5, Tel. (042) 159 95, 11–23.30 Uhr. Elegantes, ruhiges Restaurant mit wohnlicher Atmosphäre und gleichbleibend exzellenter Küche, einige albanische Gerichte, hausgemachte Pasta, gute Fisch- und Fleischplatten, gut sortierte Weinkarte und spektakulärer Blick auf die ganze Stadt. Immer noch realistische Preise, trotz der tollen Lage. Nach dem Essen noch einen Kaffee im Sky Café einplanen.

Tirana und Durrës

1

Nachtleben

Tiranas Nachtleben ist fantasievoll, steckt **voller Überraschungen** und macht auch aufgrund der günstigen Preise (für Touristen) richtig Spaß! Viele Adressen sind tagsüber Cafés, abends Bars und werden ab 22 Uhr zu Clubs; es gibt **keine Türsteher,** die Leute aussortieren, und auch **keinen Dresscode** – was gefällt, ist erlaubt, und die Szene wird, besonders im Sommer, immer bunter. Das Abendprogramm beginnt mit dem Xhiro über verschiedene Parks und Cafés und verlagert sich dann in den Blloku, wo sich die Partyszene von Tirana konzentriert. Aber es gibt unzählige Adressen in Hinterhöfen oder angemieteten Wohnungen in höheren Etagen, sodass man entweder seinem Instinkt folgt oder nach den aktuellen Top-Adressen fragt, die man auf keinen Fall verpassen sollte. Manche Namen und Orte wechseln schneller als die Jahreszeiten, und kaum etwas ist im schnelllebigen Tirana so alt wie der letzte heiße Tipp. Viele Clubs sind auf facebook, YouTube und www.clubzone.al zu finden, manche ziehen im Juli und August an die Riviera-Küste an die angesagtesten Strände in Vlora, Dhërmi, Drymades oder Jala.

Bars

■**Caramel Lounge,** Rr. Ibrahim Rugova (ehem. Rr. e Dëshmorët e Shkurtit), im Twin Tower. Nicht nur für Salsa-Fans ist die sympathische, glamouröse rot gestylte Bar eine der beste Adressen; der Name kommt von dem etwas ungewöhnlichen Karamell-Cocktail, der im Lokal ausgeschenkt wird; lauter Pop und Latin Music.

■**Charl's Bistro,** Rr. Pieter Bogdani 36. Absolut beliebte Lounge Bar in alter Villa mit modernem Interieur, gutem Essen, Cocktail-Bar und kleinem Garten, Do bis Sa oft Live-Musik, sonst gute Mischung aus House und Soft-Rock aus den 1960er bis -80er Jahren, laut und szenig.

■**Checkpoint Charly,** Rr. Ismail Qemali (Hinterhof). Immer noch eine der besten Adressen zum Biertrinken, mit gemütlicher, alternativer authentischer Atmosphäre; viele alte Fotos von Tirana und Erinnerungen an die Berliner Mauer; witzig: verschiedene Screens an der Wand, die die Bierpreise anzeigen, die sich alle fünf Minuten je nach Nachfrage ändern; Hip Hop, Kuschelrock, Latin.

■**Hemingway,** Rr. Kont Urani 1, geöffnet 16–2 Uhr, Sept. bis Mai 7–2 Uhr. Viel Atmosphäre & wenig Plätze, Freitagabend Live-Musik, kubanische und andere südamerikanische Rhythmen.

■**The Code Bar Club,** Rr. Abdyl Frashëri, thecode. tirana@yahoo.com, Mo bis Do 7–2 Uhr (Lounge-Bar), Sa, So bis 4 Uhr (Club). Insgesamt ein bisschen schummrig, aber absolut authentisch; geräumige Bar und gemütliche Bücherecke zum Wohlfühlen, freundlicher Service und gutes Fassbier; gute Adresse auch wegen der Musik aus allen Richtungen.

■**Vogue Lounge (Vila vogue lounge-up),** Rr. Ibrahim Rugova, ehemaliger Sitz des Politbüros und der U.N.D.P., 7.30–2 Uhr. Eine der angesagtesten Adressen wegen des tollen Styles und der relaxten Atmosphäre, ewig lange Cocktail-Karte, Palmen-Terrasse mit romantischem Teich, viel Funk, House und auch Latin.

Clubs

■**Daily,** Rr. Ibraihm Rugova, Tel. (069) 204 27 00, www.daily.al. Heißer Szene-Club mit sehr jungem Publikum (Schüler und Studenten), schöne Bar im 1. Stock, 7–24 Uhr.

■**Folie (Folie Terrace),** Rr. Murat Toptani, foliebar @gmail.com, www.myspace.com/foliebar. Für viele die erste Adresse in Tirana und der perfekte Ort, warme Sommerabende durchzutanzen, neben dem Kino Millenium, auf drei Stockwerken extravagant glamourös designt mit traumhaft großzügigen Terrassen; tolle Cocktails, House, Electronic, Pop, R'n'B, ausgesuchte Titel, für jeden etwas, Di bis Sa 9–3 Uhr, So bis ca. 1 Uhr.

■**Lollipop,** Rr. Pjetër Bogdani 36. Club für die *crazy people* mit viel Funk, House und Electronic Music, aber auch Dance, ein bisschen wie das Folie, aber trendiger und jünger – auf keinen Fall verpassen! Im Sommer als Beach Club am Strand von Dryma-

1

des mit cooler Beach Lounge, immer voll und sehr laut.

■ **Mumy Club (Mumja Bar),** Rr. Murat Toptani, Tel. (068) 609 16 68, mumja.bar@gmail.com, rechts neben dem Hotel Kalaja, war ursprünglich in der Hoxha-Pyramide, daher der Name. Alter der Gäste 20–25, nur am Wochenende mit wechselnden DJs, absolut trendig und abgefahren, überwiegend House, Funk und Electro, Riesenbühne für DJs, abartige Lautstärke, Fr, Sa 23–4 Uhr.

■ **Sharm Sheshi Italia,** östlich vom Sheraton Hotel, www.sharm-club.net, Fr, Sa 22–3 Uhr. Disco-Club mit großer Terrasse, Dancefloor aus Glas und super Deko – sollte man/frau nicht verpassen!

■ **Si n'shpi,** Rr. Sami Frashëri, Tel. (066) 563 93 93. Große Gartenterrasse, schöne Sitzplätze, reichhaltige Cocktailauswahl.

■ **Wiskey Bar,** Rr. Ibrahim Rugova. Beliebtes Szene-Café mit breitem Alkohol-Angebot am Abend und großer Wiskey-Auswahl in allen Preislagen; hier ist immer viel los; gut zum Musikhören.

Rock

■ **Big Ben Irish Club,** direkt neben dem Folie (s.o.), einzigartige, eher alternative Atmosphäre zum Wohlfühlen und laute Musik zum Abtanzen, viel Rock und Songs aus den 1990er Jahren.

■ **Flares,** Rr. Brigada VIII, Tel. (069) 209 99 10, 7–13 Uhr, Do/Sa 7–3 Uhr, am Wochenende Karaoke und oft super Stimmung.

■ **Steelwings (Harley Davidson),** Rr. Pashko Vasa, Tel. (069) 525 36 23, 8–2 Uhr. Im Sommer erste Adresse für Biker aus aller Welt mit der Chance auf einige schöne Maschinen vor der Tür; US-amerikanisches Lederambiente, Motorräder, große und günstige Bierauswahl in freundlicher alternativer Atmosphäre, Do unplugged, am Wochenende Rock-Karaoke.

■ **Tirana Rock,** Rr. Abdyl Frashëri, 9–3 Uhr, Sa 17–3 Uhr. Verrückte Einrichtung mit viel Holz und sehr laut, aber einer der besten Plätze und die beste Live-Musik, Mi unplugged, Do neue Bands aus Tirana, Fr, Sa ausschließlich Rock, „Junkie"-Atmosphä-

re, bekannt für wilde Partys; die Tirana-Rock-T-Shirts sind beliebte Souvenirs.

Jazz

■ **Imagine,** Sheshi Skënderbej 8, International Hotel, Tel. (068) 206 10 88, Mi bis Sa 19.30–3 Uhr. Rock und Jazz, am Wochenende Live-Musik; *John Lennon* und andere Musiker sind auf Schwarzweiß-Fotos an den Wänden zu sehen.

■ **Rei,** Rr. Abdyl Frashëri 5, Vesa Center, www.vesajazzclub.com, info@vesajazzclub. com, 8–24 Uhr, Sa, So bis 2 Uhr. Drinks und gute Bierauswahl, Cocktails, Wein und Whisky, Fr, Sa Live-Jazz, Eintritt: 1500 Lek, ein Getränk inklusive.

■ **Take Five,** Rr. Albason, Tel. (068) 200 03 39, in der Nähe des Selman-Stërmasi-Stadions und der US-amerikanischen Botschaft. Gemütlicher Treffpunkt von Ausländern und Leuten aus Tirana, am Wochenende Live-Musik, gut sortiert.

Entspannte Clubs und Bars

■ **Alcora,** Rr. Dëshmorët e Kombit, hinter dem Twin Tower, Mo bis Di 12–1 Uhr, Mi 11–12 und 17–2 Uhr, Do 13–24 Uhr, Fr, Sa 11–14 und 18–3 Uhr, So 12–13 und 20–23 Uhr. Stilvolle Lounge-Bar rund um einen rosafarbenen Baum in der Mitte, perfekte Cocktails, guter Kaffee und Wein.

■ **City Lounge,** Rr. Mustafa Mahotati, direkt neben dem Meduza (s.u.). Cocktail-Bar mit fantasievoll-luxuriösem Ambiente in blauem Kristall-Design – zum Entspannen.

■ **Meduza,** Rr. Mustafa Mahototi, Pallati me birila. Touristische Location, denn das Penthouse der im Stil von *Niki de Saint Phalle* erbauten Wohnanlage ist die Privatwohnung des Premierministers *Sali Berisha*. Tagsüber empfehlenswert als Café oder Restaurant mit gehobener italienischer Küche mit libanesischem Einschlag, abends entspannter Club mit Pop und Soft Rock, Mi, Fr und Sa Live-Musik mit viel Salsa und guten DJs.

■ **Planet,** Rr. Ibrahim Rugova. Tagsüber ein Wohlfühl-Café und nachts eine Lounge-Bar mit House-Musik. Die Cocktails sind legendär günstig und gut.

■**Sky,** Rr. Ibrahim Rugova. Gediegener Club in der sich drehenden Panorama-Bar des Sky Towers, wegen der spektakulären Aussicht auf die Stadt eine gute und ruhige Adresse, um den Abend ausklingen zu lassen; Pop und ein bisschen Klassik-Mix, paradiesische Cocktails und Eisbecher.

Etwas ab vom Zentrum

■**Cavaliero Club,** Rr. e Kavajës, Nähe Birra Tirana, www.cavalieroclub.com, Fr bis So 22–5 Uhr. Großer (bis zu 500 Leute), authentischer albanischer Club zum Abfeiern bis in den frühen Morgen, super Live-Musik mit vielen albanischen und internationalen Titeln.

■**Crazy Calvin,** Rr. e Elbasanit 118/1, Tel. (066) 662 22 22. Groß und stark frequentiert mit super Balkanpop.

■**Poolbar Blur,** Rr. e Elbasanit, Lagjia Lundra, (Taxi). Beliebte Bar mit schöner Poolanlage, Bowling, Billard, Kinderspielplatz, Barbecue und Restaurant zum Relaxen im Grünen.

■**Venue Dance Club,** Rr. Sadik Petrela 20, www.venuedanceclub.com, nur Fr/Sa 22–4.30 Uhr. Heiße Party-Atmosphäre, günstige Drinks, im Juli/August geht's zum Abtanzen nach Durrës.

Kinos

■**Marubi Akademy of Film and Multimedia,** Rr. Aleksandër Moisiu 76, Tel. (042) 365 188, info-qafmm.edu.al, www.afmm.edu.al. Öffnungszeiten: 8–16 Uhr, Sa, So geschlossen, Filmvorführungen abends, Eintritt frei.

■**Imperial Cinemas,** Rr. Frang Bardhi, Kristal Center Mall, Tel. (044) 894 595, info@imperialcinemas.al, www.imperialcinemas.al. Sommerkino in der Art Akademy, Eintritt: 400–700 Lek.

■**Millenium 2,** Rr. Murat Toptani, Pall. I Pionierit, Tel. (042) 253 654, www.ida-millenium.com. Vorstellungen um 10, 12.30, 15, 18, 20.30, 23 Uhr, Öffnungszeiten: 9–23 Uhr, Eintritt: 200–500 Lek. Millenium 1 ist im Umbau.

Kasino

■**Regency Casino,** Rr. Ibrahim Rugova. Mit Ausweis (ab 18 Jahren) und „anständiger" Kleidung hat man Eintritt zu 20 Spieltischen und 250 Spielautomaten.

Autofahren in Tirana

Die große Stadtautobahn führt durch riesige Gewerbegebiete ins Stadtzentrum. In Tirana wird in der Regel wesentlich umsichtiger gefahren, als es den Anschein hat. Mit ein bisschen Fahrpraxis unter den ungewohnten Bedingungen wird sich schnell zeigen, dass auch im größten Chaos klare Regeln herrschen; mit **Geduld, Umsicht und Durchsetzungsvermögen** zum richtigen Zeitpunkt kommt man sicher ans Ziel. Vorsicht vor großen Limousinen mit verdunkelten Scheiben, oft schwere Geländewagen, die ihr „natürliches Vorfahrtsrecht" ohne Rücksicht auf Verluste durchsetzen. Außerdem muss man darauf achten, an den mehrspurigen Kreisverkehrssystemen nicht die Richtung zu verlieren, da dort von allen Seiten laufend neue Fahrzeuge hinzustoßen.

Innenstadtverkehr

Da man beim Autofahren als Fremder in Tirana durch das vorherrschende Einbahnstraßensystem leicht die Orientierung verlieren kann, sollte man sich vorher mehrere gute Orientierungspunkte einprägen, die ein entspanntes Vorankommen sehr fördern. Das gesamte Stadtzentrum wird von Nord nach Süd von einem großen Boulevard durchschnitten, der im Norden am Bahnhof als **Blv. Zogu I.** beginnt, den zentralen Skënderbeg-Platz umkreist und südlich des Zentrums an der alten Universität als **Blv. Dëshmorët e Kombit** am Grand Park endet. Die Ost-Westverbindung verläuft **entlang der Lana,** die den Hauptboulevard im unteren Drittel schneidet. Die Stadtgebiete nördlich der Lana sind von der **Stadtumfahrung (Unaza)** umschlossen,

1

Tirana und Durrës

die im Süden noch nicht ausgebaut ist, grundsätzlich jedoch südlich der beiden Fußballstadien verläuft und im Osten auf die Rr. e Elbasanit trifft.

Vom Zentrum stadtauswärts

Von der westlichen Erweiterung des Sheshi Skënderbej gehen zwei wichtige Straßen **Richtung Westen** ab.

Die erste ist die Straße nach Durrës, die zuerst **Rr. e Durrësit** heißt. Sie führt schnurgerade auf den Kreisverkehr des Sheshi Zogu i Zi (Schwarzer König) zu, der auch Unaza e Vogël (kleine Umfahrung) genannt wird, weil der Platz dort von dem kleinen Innenstadtring gekreuzt wird. Von dort geht es geradeaus weiter bis zur Unaza e Madh (große Umfahrung), dem zweiten großen Kreisverkehr Richtung Westen, auf den die große Stadtumfahrung von der Rr. e Kavajës kommend trifft. **Unaza e Madh** ist oft völlig verstopft, denn hier geht es in verschiedene Richtungen: weiter geradeaus auf die Stadtautobahn Richtung Rinas und Durrës, rechts biegt die wichtige Nationalstraße Richtung Norden in den Stadtteil nach Bathore und weiter nach Fushë Kruja und Lezha ab.

Die zweite wichtige Straße, die vom Sheshi Skënderbej abgeht, folgt unmittelbar nach der Rr. e Durrësit und heißt **Rr. e Kavajës.** Sie ist die alte Landstraße nach Durrës und Kavaja, die in Durrës südlich des Stadtzentrums am Beginn des großen Strandboulevards noch vor der Stadtautobahnbrücke endet. Sie ist in schlechtem Zustand, wird aber von vielen Autofahrern am Wochenende genutzt, um die staureiche Strecke über die Stadtautobahn nach Tirana zu vermeiden.

Vom Stadtzentrum **nach Süden** über den Krraba-Pass nach Elbasan führt die dritte wichtige Straße, die **Rr. e Elbasanit,** die an der rechten Lana-Seite hinter dem großen Blv. Dëshmorët e Kombit abzweigt. Für den von Westen kommenden Durchgangsverkehr Richtung Elbasan ist gerade der südliche Teil der Stadtumfahrung im Bau, ebenso ein 8 km langer Tunnel durch die Krraba-Berge, der Tirana mit Elbasan verbinden wird.

Parken

Über 300.000 Pkws sollen in Tirana angemeldet sein, die Pendler von außerhalb noch gar nicht mitgerechnet. Einen Parkplatz zu finden ist das ganze Jahr und zu jeder Tages- und Nachtzeit überall in der Stadt ein echtes Problem. Es gibt nur **ein einziges Parkhaus,** das sich im Blloku in der Rr. Abdyl Frashëri befindet. Ein größerer zentrumsnaher **privater Parkplatz** liegt am Blv. Bairam Curri gegenüber der Neuen Katholischen Kirche. Relativ gute und stressfreie Chancen hat man eventuell entlang der großen Boulevards, um den Sheshi Nenë Tereza und bei den beiden Fußballstadien. Empfehlung: Das Auto auf dem Hotelparkplatz stehen lassen.

Taxis

Tagsüber sind die Stadtbusse die beste Option, weil sie so billig sind. **Nach 22 Uhr** geht es nur noch mit dem Taxi weiter. Die gelben Taxis fahren lizensiert und sollten ein Taxameter haben und Quittungen ausstellen. Eine Kurzstrecke in der Innenstadt (2–3 km) darf nicht mehr als 300–400 Lek kosten, zum Flughafen 15–20 € je nach Tageszeit.

■ **Atex (Airport Ekspres Taksi),** Tel. (067) 208 01 91, 200 88 73, lisejda.boshnjaku@atex.com, www.atex.com, 21–7 Uhr.

■ **Radio Taksi,** Tel. (042) 244 444, (068) 224 44 44, taxikorrekt@hotmail.com.

■ **Tirana Taksi,** Tel. (068) 212 55 75, 605 55 31.

Mietwagen

■ **www.avis.al,** Blv. Dëshmorët e Kombit, Hotel Rogner Park, Hotel Sheraton, Tel. (042) 235 011, avis@avis.al, 8.30–19 Uhr, Sa 8.30–14 Uhr (auch am Flughafen).

■ **www.europcar.com,** Rr. e Durrësit 61, Tel. (042) 227 888, (068) 209 39 22, europcar@abissnet.com.

1

■ **www.hertz.com,** Sheshi Skënderbej, Hotel International, Tel. (042) 262 511, (069) 205 87 75, hertz@albaniaonline.net, 8–19 Uhr, Sa 8–16 Uhr (auch am Flughafen).

■ **www.e-sixt.com,** Rr. e Kavajës, Tel. (042) 259 020, 8–17 Uhr, Sa 8–14 Uhr (auch am Flughafen).

■ **www.tirana-car-rentals.com,** Rr. Dëshmorët e 4 Shkurtit, P. 11, Sh 4, Tel. (042) 240 511, (069) 205 10 72, info@tirana-car-rentals.com, 8–19 Uhr, Sa 8–16 Uhr, Sa geschlossen.

■ **www.toptour-albania.com,** am Anfang der Rr. Pashko Vasa (Nr. 2), Tel. (042) 249 819, (069) 203 70 77. *Alban Sheri* spricht fließend Deutsch, 10% Rabatt bei Vorlage dieses Reiseführers.

Reisen/Transport

Bahn

Der **Hauptbahnhof** wurde im September 2013 **abgerissen** und soll einer Erweiterung des Blv. Zogu I. nach Norden hin Platz machen. Der neue Bahnhof entsteht in Laprak im Nordwesten Tiranas und ist als Drehscheibe für den gesamten öffentlichen Nahverkehr geplant, einschließlich neuem Straßenbahnnetz, das die Außenbezirke mit dem Zentrum verbinden soll. **Züge fahren zuverlässig ab Durrës** (siehe dort).

Stadtbusse

Es gibt inzwischen **elf Stadtbuslinien,** die Haltestellen erkennt man an den blau-weißen Schildern, die Endhaltestelle sollte an der Scheibe des Busses angezeigt werden. Nur Mut beim Einsteigen, die Busse ersparen lange Laufstrecken und eignen sich sehr gut, um einen (unvergleichlich günstigen) Überblick über Tirana zu bekommen. Ein **Ticket** kostet 30 Lek (ca. 22 Cent) für beliebig viele Stationen; es wird im Bus beim mitfahrenden Personal gelöst. Fahrzeiten 6–22 Uhr im 10- bis 15-Minuten-Takt, danach mit dem Taxi (s.o.).

Umfahrung des Stadtbereichs nördl. der Lana:
■ **Linie 1,** Unaza: Blv. Zhan D'Ark – Blv. Gjergj Fishta – Rr. Muhamet Gjollesha – Asim Vokshi – Rr. Reshit Petrela – Rr. Ferit Xhajko – Rr. Bardhyl.

Verbindung von Norden nach Westen:
■ **Linie 2,** Uzina e Re Dinamo – Qënder-Sharrë: Ab Ish Uzina Dinamo e Re – Rr. Siri Kodra – Blv. Zogu I. – Sheshi Skënderbej – Rr. e Kavajës – Rr. Llazi Miho – Kombinati.

Stadtzentrum Richtung Osten:
■ **Linie 3,** Porcelani: Ab Uhrturm – Rr. Luigj Gurakuqi – Rr. Hoxha Tashim – Rr. Qemal Stafa – Porcelani (ehem. Keramik-Kombinat).
■ **Linie 4,** Qendër – Qënder Industriale – Vorë: Ab Uhrturm – Rr. Luigj Gurakuqi – Rr. Hoxha Tahsin – Rr. Qemal Stafa.
■ **Linie 5,** Tufinë: Ab Sheshi Skënderbej – Rr. e Barrikadave – Rr. e Dibrës (Richtung Nordosten).

Stadtzentrum Richtung Süden:
■ **Linie 6,** Ish – Uzina e Autotraktorëve: Ab Uhrturm – Rr. Luigj Gurakuqi – Richtung Elbasan – Bradashesh/Uzina (ehem. Stahlkombinat).
■ **Linie 7,** Sauk – Sanatorium: Ab Rr. e Barrikadave – Rr. 28. Dhjetori – Rr. Punëtoret e Rilindjes – Rr. e Elbasanit – Stadtteil Sauk.

Stadtzentum Richtung Westen:
■ **Linie 8,** Tirana e Re: Ab Bahnhof (Blv. Zogu I.) – Blv. Dëshmorët e Kombit – Sheshi Nenë Tereza/Rinia Park – Rr. Abdyl Frashëri – R. Sulejman Delvina – Blv. Bajram Curri – Rr. Teodor Keko – Tirana e Re (Unaza e Madh).

Stadtzentrum Richtung Südwesten:
■ **Linie 9,** Kinostudio – Kombinat: Ab Kinostudio (Richtung Osten, Dajti) – Rr. e Dibrës – Zentrum – Rr. e Kavajës – Rr. Lazi Miho – Kombinat (altes Textilkombinat, Sharrë).

Tirana und Durrës

Stadtzentrum Richtung Norden:
■ **Linie 10,** Kamëz – Vorë: Ab Rr. e Durrësit (Stadtzentrum) – Blv. Blu – Kamëz – Vorë.
■ **Linie 11,** Laprakë: Ab Muzeu Historik Kombëtar – Rr. e Durrësit – Rr. Dritan Hoxha – Rr. Lord Bajron – Laprakë Biblioteka.

Überland-/Minibusse

■ **A: Abfahrt an der Rr. Mine Peza/Rr. e Durrësit:** Rinas Express (Flughafen) 7–18 Uhr (250 Lek/30 Min.).

■ **B: Abfahrt am Busdepot Rr. Muhedin Llagani** (zwischen Rr. Gjergj Fishta und Rr. e Kavajës, westl. des Zentrums; Busse Richtung Mittel- und Südalbanien): Berat 6.30–18 Uhr alle 30 Min. (400 Lek/3.15 Std.); Çorovoda 5, 13, 14.30, 16 Uhr (600 Lek); Delvina 10.30, 12.45 Uhr (1.200 Lek/7 Std.); Fier 6.30–17.30 Uhr, alle 30 Min. bis 15.45 Uhr (300 Lek/2.30 Std.); Gjirokastra 6, 8, 9, 10, 12, 14.30, 18.30 Uhr (1.000 Lek/6 Std.); Himara 6.15, 12.30, 18.30 Uhr (900 Lek/6 Std.); Kavaja 1, 12.30, 13.30 Uhr (200 Lek/1.30 Std.); Kruja 11, 12.30, 13.30 Uhr; Konispol 11 Uhr, nur Di, Fr (1.200 Lek/8 Std.); Kuçova 8.40, 9.40, 10.45, 11.30, 12.15 Uhr (300 Lek/2.30 Std.); Lushnja 6.30–15.30 Uhr alle 30 Min. (250 Lek/2.30 Std.); Mallakastra 6, 13 Uhr; Orikum 12.45 Uhr (600 Lek/4 Std.); Përmet 6.30, 14 Uhr (1.000 Lek/6 Std.); Poliçan 8, 10.35, 12, 14 Uhr (500 Lek/4 Std.); Saranda 5.15, 7, 8.30, 9.30, 12.30 Uhr (1.200 Lek/7.30 Std.); Shkrapar 6, 11, 13, 14.30, 16 Uhr (600 Lek/5 Std.); Tepelena 13.30 Uhr (800 Lek/5 Std.); Vlora 5.30–16.30 Uhr alle 30 Min. (500 Lek/3.30 Std.).

■ **C: Abfahrt am Blv. Zhan D'Ark** (rosa Hochhaus am Außenministerium, rechte Lana-Seite): Saranda 16, 22 Uhr (1.300 Lek/7.30 Std.); Librazhd 14 Uhr (250–300 Lek/2 Std.).

■ **D: Abfahrt an der Rr. Dervish Hima/Stadion Qemal Stafa:** Pogradec 8–19 Uhr stündl. (600 Lek/3 Std.); Kruja 7, 10, 12, 15, 18 Uhr (150 Lek/1.15 Std.); Korça 7–16 Uhr (600 Lek/2 Std.).

■ **E: Abfahrt an der Rr. Dritan Hoxha/Zogu i Zi** (Kreisel zur Stadtautobahn Richtung Durrës; Busse Richtung Nord- und Nordostalbanien): Kukës 7–12 Uhr stündl. (1.000 Lek/6 Std.); Peshkopia 7 Uhr (600 Lek/6 Std.); Has 7–12 Uhr (800 Lek/8 Std.); Burrel 6.45 Uhr, 9–14 Uhr stündl. (300 Lek/3 Std.); Puka 13, 14 Uhr (400 Lek/4 Std.); Rreshen 8–14 Uhr stündl., 15.30 Uhr (400 Lek/2 Std.); Rubik 8–14 Uhr stündl., 15.30 Uhr (400 Lek/2 Std.); Shkodra 5–20 Uhr stündl. (400 Lek/2 Std.).

■ **F: Abfahrt an der nördlichen Zogu i Zi/Rr. Asim Vokshi:** Minibusse Richtung Kruja 6–16 Uhr.

■ **G: Abfahrt in Nësherak/Rr. 21 Dhjetori:** Fier 6–19 Uhr alle 30 Min. (400 Lek/1.45 Std.); Gjirokastra 5–18.30 Uhr (800 Lek/6 Std.); Përmet 6.30, 14 Uhr (500 Lek/4 Std.); Saranda 4, 5.15, 7, 8.30, 9.30, 16, 22 Uhr (1.200 Lek/6 Std.); Vlora 5.30–16.30 Uhr alle 30 Min. (700 Lek/2.30 Std.). An die Riviera-Küste Bus nach Saranda oder in Vlora umsteigen.

■ **H: Abfahrt an der Rr. 28. Nëntori:** Bairam Curri (Koman-Stausee, Valbona) 6, 8, 14 Uhr (1.000 Lek/6 Std.) Ausweis erforderlich, Reservierungs-Tel. (068) 202 72 76, (068) 672 01 80 06.

■ **I: Abfahrt in Laprak,** eine Ampel vor Blv. Zogu I.: Peshkopia 6–14 Uhr (800 Lek/5 Std.).

■ **J: Abfahrt Rr. Elbasanit:** Elbasan 7–20 Uhr alle 30 Min. (300 Lek/1.30 Std.).

■ **K: Abfahrt am Blv. Zogu I.:** ab Tirana 15.30 Uhr, an Athen 6.30 Uhr; ab Tirana 4 Uhr, an Athen 19 Uhr; ab Athen 8 Uhr, an Tirana 20 Uhr; ab Athen 9 Uhr, an Tirana 21 Uhr (Balkania & Albania Interlines, 25 Euro).

■ **L: Abfahrt am Historischen Nationalmuseum:** ab Tirana 4 Uhr, an Athen 19 Uhr; ab Athen 20 Uhr, an Tirana 8 Uhr (Drita, 35 Euro); ab Tirana 18 Uhr, an Peja (Kosovo) 22 Uhr; ab Peja 6 Uhr, an Tirana 10 Uhr; ab Tirana 18 Uhr, an Prishtina 23 Uhr; ab Prishtina 6 Uhr, an Tirana 10 Uhr (Sondor, Monopol, Drita, 20 Euro); ab Tirana 8 Uhr, an Thessaloniki 19 Uhr; ab Thessaloniki 19 Uhr, an Tirana 8 Uhr (Drita, 25 Euro); ab Tirana 18 Uhr, an Skopje 2 Uhr; ab

1

Skopje 18 Uhr, an Tirana 5 Uhr (Sondor, 20 Euro); ab Tirana 21 Uhr, an Tetova 5 Uhr; ab Tetova 21 Uhr, an Tirana 5 Uhr.

Busgesellschaften

■ **Balkania & Albania Interlines,** Blv. Zogu I., Tel. (042) 222 272, www.albaniainterlines.com, albania.interlines@hotmail.com. Linie Shkodra – Tirana – Athen, 9–21 Uhr.

■ **Drita,** Rr. Ded Gjon Lulli, Tel. (042) 257 663, 235 444, www.dritatonline.com, eurodrita@yahoo.com. Busse nach Prishtina, Athen, Thessaloniki, Budva etc. Online-Buchung möglich.

■ **EuroInterlines,** Blv. Zogu I. 39, Tel. (042) 251 866, (068) 407 66 07, eurolines39@ymail.com. Busse nach Griechenland, 4–21.30 Uhr.

■ **Sondor,** Blv. Zogu I., Tel. (042) 225 063, www.sondortravel.com, info@sondortravel.com. Busse nach Kosovo, Mazedonien, Montenegro, 8.30–20.30 Uhr, Sa geschlossen.

■ **Tirana Metropol,** Blv. Zogu I., Tel. (042) 253 639, (069) 348 02 05, Prishtina Tel. (044) 614 814, Peja Tel. (044) 683 878, www.tiranametropol.com, tirana-metropol@live.com, 8–18 Uhr.

Fahrrad

Während in Shkodra und Korça das Fahrradfahren zur Stadtkultur gehört, sagt man den Hauptstadtbewohnern nach, auch für kürzeste Distanzen das Auto zu benutzen. Inzwischen aber kapitulieren immer mehr Einwohner vor dem Verkehrskollaps, und seit die Stadtverwaltung im Rahmen der neuen Innenstadtgestaltung gleich mehrere kombinierte **Bus- und Fahrradstreifen** von den Boulevards abtrennte und um den Sheshi Skënderbej Radwege anlegte, ist Radfahren stark im Kommen.

In der Regel läuft der Innenstadtverkehr sehr langsam und Autofahrer sind es gewohnt, auf alle möglichen Hindernisse Rücksicht zu nehmen; trotzdem kann man das Leihfahrrad in Tirana nur geübten Großstadtfahrern empfehlen. Radfahren auf den sehr breiten Gehwegen und in falscher Richtung in Einbahnstraßen wird toleriert, aber man sollte unbedingt auf **Hindernisse** achten, etwa fehlende Kanaldeckel, hohe Bordsteine, Schäden an Gehwegen und mehrspurige unübersichtliche Kreuzungen; auch die Busspur wird immer wieder von Pkw-Dränglern benutzt. Insgesamt bietet das Rad eine sehr gute Möglichkeit, weite Teile der Stadt in Eigeninitiative zu erkunden.

Leihstationen von Ecovolis

🦋 **Ecovolis,** Rr. Ibrahim Rugova (Rinia Park), Tel. (067) 204 91 64, Fahrradverleih 60 Lek/Std., mit Ecovolis Card (200 Lek) 100 Lek/Tag. Es gibt zahlreiche Rückgabestationen im Zentrum. 8–21 Uhr. Auch MTBs. Ecovolis ist ein Zusammenschluss mehrerer Initiativen für das Fahrrad als gesundes und ökologisches Verkehrsmittel in Tirana. Neben dem Fahrradverleih ist die Idee mit vielen Aktivitäten verbunden, darunter autofreie Aktionstage, eine kostenlose Fahrradwerkstatt, ein Radgeschäft, Unterstützung der gesellschaftlichen Randgruppe der Roma, besonders der Roma-Kinder, u.v.m. Es lohnt sich, die Website **www.ecovolis.com** (englisch) anzugucken.

■ **Verleih von MTBs** auch im Tirana Backpackers Hostel, geführte **MTB-Touren** z.B. nach Dajtit durch Outdoor Albania (www.outdooralbania.al).

Einkaufen

Basare (Märkte)

Bis zur kommunistischen Stadterweiterung besaß Tirana ein großes osmanisches Basarviertel, das in den 1950er Jahren dem Neubau des Historischen Nationalmuseums zum Opfer fiel. Aber der Basar lebt fort und hat sich mit unterschiedlichen Angeboten auf verschiedene Ecken der Stadt verteilt.

🦋 **Pazari i Ri (Neuer Basar),** Sheshi Avni Rustemi. Dieser kleine Basar gehört zu den schönsten und umtriebigsten Plätzen der Stadt. Hier findet man eine wunderbare Auswahl: frisches Obst und Gemüse, Oliven (alle durchprobieren), Mandeln, Nüsse, Schafskäse und andere Milchprodukte, Fisch, Fleisch, Tabak, Tee und vor Festtagen viel Gefügel.

■**Çamëria (Wohngebiet der Çamen),** dieser sehr beliebte Markt ist von außen gar nicht zu sehen, denn er liegt versteckt in einem dicht bebauten verwinkelten Wohngebiet westlich des Sheshi Skënderbej mitten in der Stadt zwischen zwei Straßenzügen. Hier gibt es vor allem Kleidung, Schuhe und Haushaltswaren, viel Gefälschtes und zumeist von minderer Qualität.

■**Pazari Stacioni i Trenit,** dieser Basar ist ein vielfältiger und spannender Handelsplatz jenseits der Unaza (Umgehungsstraße) gegenüber dem ehemaligen Bahnhof, wo man viele Altkleiderstände, gebrauchte Bücher, Honig, Kräuter und überdachte Hallen für Milchprodukte, Fleischwaren, Obst und Gemüse und Haushaltsartikel findet.

■**Pazari Medreses (Roma-Markt),** am Vormittag ist hier so viel los, dass die Straßen rund um diesen etwas hektischen Basar regelmäßig verstopfen. Matratzen, Möbel, Decken, Landhandels- und Haushaltswaren sowie bunte billige Bekleidung meist minderwertiger Qualität werden direkt an der Kreuzung Rr. Ferid Xhajko/Rr. 1. Maji und den angrenzenden Gebieten angeboten.

Bio-Produkte

■**www.organic.org.al** (Organic Agriculture Association, OAA) und **www.bioadria.com** (BioAdria Association), die beiden Pionierverbände für Bio-Anbau in Albanien, 1997 und 2006 gegründet.

■**www.garanciashqiptare.org,** die Mitglieder produzieren nach Bio-Richtlinien Früchte und Gemüse, Trauben und Wein, Oliven und Olivenöl, medizinische und aromatische Kräuter, Honig, Raki, Tee, Pilze; auch Wildsammlungen von Beeren und Kräutern.

Natyral & Organik, Rr. Pashko Vasa Ecke Rr. Abdyl Frashëri. Schöner Laden mit einer kleinen Auswahl heimischer Bio-Produkte, ein paar Handarbeiten, Wein, Raki und Kognak. Drehscheibe,

Treffpunkt und Infocenter für alle Fragen zum Bio-Anbau in Albanien. Tägl. geöffnet, *Lavdosh Feruni* (engl.) ist dort meist ab 17 Uhr anzutreffen.

Albanisches Bio-Olivenöl ganz besonderer Qualität und mit vorzüglichem Aroma aus der Ölmühle von Shpresa Shkalla, immer wieder international ausgezeichnet, erhält man im Laden von *Lavdosh Feruni* (s.o.) oder nach Terminvereinbarung direkt in der Fabrik: **Shpresa Shkalla SH,** www.shpreashkalla.com (dt.), info@shpresashkalla.com, Tel. (069) 229 89 24. Die Ölmühle ist leicht zu finden, sie liegt gegenüber dem großen Kreisel direkt beim TEG-Einkaufszentrum am Ende der Rr. e Elbasanit (auch mit guter Busanbindung).

Souvenirs

TIPP: Kruja Souvenir, Sheshi Avni Rustemi/Rr. Hoxha Tahisim, rechte Seite. Liebenswerter Laden mit großer Auswahl an Silberwaren, Teppichen, Holz- und Kupferwaren u.v.m., gemischt mit viel Kitsch – zum Stöbern.

■**Kruja Souvenir,** Sky Tower, Erdgeschoss. Wertvolle Trachten, Silberarbeiten, Orden, Münzen und immer wieder schöne Einzelstücke, vermischt mit dem üblichen Kitsch; in beiden Kruja-Läden Rabattpreise bei Vorlage dieses Reiseführers.

■**Nji MAR Nji Wrapsht – Handmade Shop,** Rr. Kont Urani/Ende Rr. e Durrësit, Tel. (069) 400 55 42, njimarnjiwrapsht@gmail.com. Kunst(handwerk), Souvenirs und Geschenke.

■**Albania Top Souvenir,** Rr. Myslym Shyri, Tel. (068) 208 22 40. Viel Handgemachtes, Antiquitäten, Teppiche und Kleidung.

Einkaufszentren

■**QTU,** 2003 als erstes Einkaufszentrum im Land eröffnet, stadtauswärts in Richtung Durrës auf der rechten Seite, Shuttle-Bus ab Nationalmuseum, mit kleineren Pendants im Stadtzentrum/Rr. Abdyl Frashëri und in Fier.

■**City Park,** größer und eleganter, 180 Shops, aber nicht unbedingt eine bessere Auswahl als im QTU. Viele Geschäfte haben nur sehr begrenzte Sor-

1

timente. Schöne **Eislaufhalle** (Patinazh ne Akull) im OG und modernes Kinocenter. Stadtauswärts Richtung Durrës, km 12, Gjokaj, linke Seite mit eigener Ausfahrt, Shuttle-Bus ab Nationalmuseum.

■ **TEG Tirana East Gate,** riesige Mall, stadtauswärts an der Rr. e Elbasanit, mit großem französischen Carrefour-Markt. Shuttle-Bus ab Kulla e Sahatit (Uhrturm) tägl. 9–21 Uhr alle 20 Min.

■ **Coin,** sehr elegantes italienisches Edelmarken-Kaufhaus in der Rr. Gjon Pali II.

■ **ABA Business-Center,** auf der Höhe der Rr. Themistokli Gërmenji; im 5. Stock Panoramacafé.

Buchläden

■ **Adrion International Books,** Sheshi Skënderbej, im Kulturpalast neben der Raiffeisenbank, Tel. (042) 226 256, www.adrionltd.com, books@adrionltd.com. Die beste und größte Auswahl an Literatur und Zeitschriften in Tirana, z.T. auf Englisch, Zweigstellen auch am Flughafen. 9–21 Uhr.

■ **Libraria Albania,** Rr. Sami Frashëri, Tel. (042) 271 749, www.albaniabook.com. Auch Literatur zum Thema Albanien.

■ **Shtëpia e Librit,** Rr. Barrikadave, Galeria Nasional, 1. Etage, Tel. (044) 503 262, www.shtepiaelibrit.com. Buchladen mit kleiner englischsprachiger Abteilung. 9–21 Uhr.

■ **Epër7shme,** Rr. Jul. Variboha, Tel. (042) 271 288, (066) 207 42 99. Nur mit einigen englischen Titeln, aber mit einer guten Kaffee- und Teeauswahl zum Entspannen. 8–22.30 Uhr.

■ **Friends Book House,** Rr. Sami Frashëri, Tel. (042) 266 777, friendsbookhouse@yahoo.com. Mix aus Buchladen mit einigen ausländischen Titeln und Intellektuellen-Kellercafé.

Diverses

■ **Mulliri i Vjeter,** Rr. Pjeter Budi, Pallati Classic Construction, Tel. (068) 202 17 40. Köstliche albanische Kaffeemischungen.

■ **Neranxi,** Rr. Muhamet Gjollesha, Tel. (042) 252 449, neranxi@adanet.net. Trockenfrüchte, Samen, getrocknete Kräuter, Tees u.v.m.

■ **Galeria Edmond Rira,** Blv. Gjergj Fishta/ Ecke Rr. Ibrahim Rugova, Tel. (068) 209 41 54. Nette Galerie mit künstlerischen Keramikarbeiten in verschiedenen Stilrichtungen.

■ **Galeria Mira Kuçuku,** Blv. Gjergj Fishta/ Ecke Rr. Ibrahim Rugova, mirakucuku@yahoo.com. Sehenswerte kunstvolle Keramik (hochpreisig!).

🦋 **Le Futur Amazing Gifts Store,** *Blerina Berneri* vom Kaloj Kafé bringt Kunst und Alltagsprodukte zusammen und hat ein Shirt und eine Stofftasche (Projekt zur Müllvermeidung) mit einem kubistischen Motiv des albanischen Malers *Ibrahim Kodra* (1918–2006) designt.

■ **Krienko Factory Outlet,** Rr. Hajredin Kumbaro, nahe Rr. e Elbasanit/Unaza e Madhe. Jeansfabrik, in der für große Labels genäht wird. Verkauf bzw. Shops in allen QTU-Einkaufszentren.

Feste, Festivals, Veranstaltungen

■ **14. März:** Sommertag
■ **Mai:** Tirana Jazz Festival
■ **21. Juni:** Internationaler Musik-Tag
■ **16. September:** Peza-Festival
■ **2. November:** Herbst in Tirana, verschiedene Kammermusikkonzerte
■ **29. November:** Weiße Nacht
■ **Dezember:** Internationales Filmfestival
■ **Jährliche Veranstaltungen ohne festes Datum:** Internationale Buchmesse, Internationale Fotoausstellung Marubi, Internationaler Kunst-Wettbewerb, Internationales Opern-Festival Marie Kraja, Tirana Biennale (zweijährig stattfindende Ausstellungen, Festivals und Schauen im Stadtzentrum)

Sonstiges

Friseur (Floketore)

Manche Dienstleistungen sind für uns **unfassbar günstig,** dazu gehören Haareschneiden, Maniküre, Pediküre und die perfekt glatte Männerrasur mit

Pinsel, Schaum und Messer beim „Berber". Ein moderner Frauenhaarschnitt ist für 600 Lek (4 Euro), ein Männerhaarschnitt für 300 Lek zu haben.

Tipp **Frida,** Rr. Hoxha Tashim, Richtung Osten, rechte Seite 100 m vor der Kreuzung Rr. Bardhyl/ Arkitekt Karsimi. Friseurin mit gutem Gespür für den richtigen Schnitt und neue Trends; mit Verwöhn-Nagelstudio.

■**Berber,** Rr. Bardhok Biba, gleich auf der linken Seite, Richtung Norden. Babypopo-glatte Haut dank gekonnter Messerrasur (immer frische Klingen) und Haareschneiden für fast umsonst. „Berber" heißen alle Männerfriseure, dieser liegt zentral und freut sich immer über deutsche Besucher.

Außerhalb von Tirana

Mali i Dajtit

Mit dem großen Bergmassiv des Mali i Dajtit hat Tirana die **Bergwelt direkt vor der Haustür.** Die Aussicht über die Hauptstadt, die einem in ihrer ganzen Ausdehnung über die Ebene zu Füßen liegt, ist ein beeindruckendes Erlebnis. In den Sommermonaten sind die bekannten Ausflugsrestaurants auch abends ein schönes Ziel, wenn Tirana zu einem großen weiten Lichtermeer wird. Das seit 1966 als **Nationalpark** ausgewiesene Berggebiet um den 1.613 Meter hohen Dajti-Gipfel und den Maja Priska wurde 2006 auf fast 30.000 Hektar erweitert. Die unteren Bergregionen sind mit ausgedehnten Steineichen- und Buchenwäldern bestanden, in höheren Lagen findet man dann Bergkiefern, bis die

baumlose Gipfelregion folgt, auf deren Bergwiesen zahlreiche seltene Pflanzen wachsen. Bergstation und Restaurants liegen auf einer großen, etwa zwei Kilometer langen und bis zu 800 Meter breiten natürlichen Terrasse, die **Ballkoni i Dajtit** genannt wird. Der Hausberg ist vor allem als Ziel für Familien und Schulklassen beliebt, die bis ins Frühjahr hinein Ausflüge in den Schnee machen oder im Sommer auf den ausgedehnten Wiesen und in den Eichenwäldchen picknicken oder eines der Panorama-Restaurants besuchen. Im Gebiet befindet sich auch das heute leer stehende frühere kommunistische Feriencamp Kampi Pioniri Dajt. Der Dajti selbst ist **militärisches Sperrgebiet** und weiträumig eingezäunt. Eine besondere Attraktion ist die 2005 errichtete **Gondelbahn,** die in 15 Minuten die Terrassen von Ballkoni i Dajtit erreicht. Oder man wählt die Anfahrt über eine gewundene schmale Bergstraße ab dem Stadtteil Porcelani in Tirana.

Praktische Informationen

■**Ballkoni i Dajtit,** direkt an der Bergstation der Gondelbahn, Tel. (067) 401 10 21, marketing@dajtiekspres.com, www.ballkonidajtit.com. Im Stil eines Alpin-Restaurants mit viel Holz und Stein erbaut, wundervoller Panoramablick, schmackhafte albanische Küche und aufmerksamer Service.

■**Dajti Ekspres,** Mai bis Okt. 9–21/22 Uhr, Nov. bis April 9–19 Uhr, Berg- und Talfahrt 700 Lek, einfache Fahrt 400 Lek, Tel. (042) 237 91 11, marketing@dajtiekspres.com, www. dajtiekspres.com.

■**Anfahrt: Bus** der Linie Porcelani ab Uhrturm bis Rr. 28 Nëntori, dann mit dem Shuttlebus zur Bergstation oder 10 Min. zu Fuß. **Pkw:** Rr. Qemal Stafa Richtung Porcelani stadtauswärts, Rr. Hoxha Tashim bis Linza, nach Surrel immer in östlicher Richtung, dann links auf die Straße zu den Dajti-Terrassen abbiegen, an der zahlreiche Panorama-Restaurants liegen. **Taxi:** vom Zentrum bis zur Bergstation für ca. 600 Lek.

Outdoor

Noch viel zu wenig bekannt sind die abwechslungsreichen Wandermöglichkeiten rund um das Bergmassiv, die spektakuläre Weitblicke auf die mittelalbanische Bergwelt bieten. Richtung Norden liegen der **Liqeni i Bovillës,** der Trinkwasserspeicher Tiranas, und die **Malësia e Skënderbeut** (Skanderbeg-Berge) bei Kruja, auf der Ostseite des Massivs das **Quellgebiet des Tirana,** im Südosten schaut man auf die **Täler des Erzen-Flusses.**

Kaum zehn Minuten von der Bergstation über die Bergwiesen der großen Terrasse in nordwestlicher Richtung gehend, hat man den Zivilisationsmüll hinter sich gelassen und ist in der großartigen Bergwelt für sich allein. Am Ende der Wiesen beginnt eine **Bergwanderung,** auf der man das Massiv auf Waldwegen und kleinen Fahrstraßen etwa 30 Kilometer weit umrunden könnte. Eine zweite Wanderung bzw. Pfad führt hinter dem Gelände des alten Feriencamps über die gut sichtbare Scharte des Massivs zum äußeren Gipfel. Dajti ist auch ein beliebter Gipfel für **Gleitschirmflieger** und eignet sich im Winter gut für Schneeschuhwanderungen. Wie in allen albanischen Nationalparks ist **Zelten erlaubt.** Es gibt aber außer einer alten Kar-

▽ Gondelbahn Dajti Ekspres

alba008 mg

te in der Nähe der Bergstation keinerlei Ausschilderungen.

Shkalla e Tujanit

Sehr lohnend ist der Ausflug zu dieser etwa einen Kilometer langen Schlucht des Tirana-Flusses, die am steilen Nordabhang des Massivs an der alten Landstraße von Tirana nach Dibër zwischen Brar und Zall-Dajt liegt. Sie hat fantasisch schöne Kalkauswaschungen und im Sommer tolle Badestellen und eignet sich auch gut für einen Mountainbike-Ausflug ins Dajti-Gebiet.

Anfahrt: Vom Zentrum Tiranas über die Rr. e Dibrës auf die Rr. Myslim Keta nach Norden abbiegen und weiter über Tufinë nach Brar.

Richtung Elbasan

Kalaja e Petrelës

Die **Burg Petrela,** eine der romantischsten im Land, liegt wie ein Adlernest auf einem hohen weißen Kalkfelsen über dem Erzen-Tal und kontrollierte einst den Zugang in die Ebene über den Krraba-Pass. Die kleine Festung geht auf Kaiser *Justinian* zurück, der den Felsen befestigen ließ, um Dyrrhachium (Durrës) von dieser Seite zu schützen. Das älteste Gebäude ist der Turm, dessen untere Teile bis ins 5. Jahrhundert zurückgehen. Im Mittelalter gehörte Petrela zu einer Kette von Burgen, die *Skanderbeg* ausbaute, um die Festung Kruja zu sichern. An klaren Tagen kann man von Petrela bis zur Burg von Kruja hinüberschauen.

TIPP **Kalaja e Petrelës Burgrestaurant,** siehe „Essen und Trinken" bei Tirana.

Shpella e Pëllumbasit

Die Wanderung zur **Pëllumba-Höhle,** die auch Shpella e Zi (Schwarze Höhle) genannt wird, ist ein interessanter Ausflug ins obere Erzen-Tal und bietet dazu eine einfache, sehr spannende Höhlenerkundung. Ausgangspunkt ist das idyllische Dorf Pëllumba, von dem ein 2,5 Kilometer schmaler Fußpfad oberhalb der südlichen Flussseite bis zur Höhle führt. Da sich eine örtliche Initiative vor einigen Jahren der Erschließung angenommen hat, ist der Weg optimal ausgeschildert und gesichert und auch für kleinere Kinder ohne Probleme ohne Hilfe begehbar. In einer guten Stunde hat man die Höhle erreicht, unterwegs gibt es mehrere Aussichtsbänke und Picknickplätze, von denen man den Blick auf den Erzen, der im oberen Abschnitt Skoranës heißt, genießen kann.

Besichtigung der Höhle: Da es in der Höhle nach den ersten 40 Metern schlagartig dunkel wird, braucht man unbedingt eine gute Taschenlampe, auch Bergschuhe sind angeraten, da der Boden zahlreiche Verwerfungen und kleinere Karstlöcher hat. Für die Erkundung der 360 Meter langen und bis zu 38 Meter hohen Karsthöhle sollte man ein bis zwei Stunden veranschlagen, da es viele Stalagtiten und Stalagmiten zu bewundern und fotografieren gibt. Archäologische Funde wie Steinschaber und Feuersteinklingen und Keramik belegen eine Besiedlung der Höhle von der Altsteinzeit bis ins Mittelalter. Auch Bären haben sie lange Zeit zum Winterschlaf genutzt! **Führungen:** Wer einen örtlichen Führer engagieren will, wendet sich am besten an *Behar Duqi,* Tel. (068) 360 78 43, oder *Gent Mati,* Tel. (068) 20 09 08 89 (allg.

Tirana und Durrës

1

Informationen), die auch Ausrüstungen ausleihen.

🎋 Shkorana-Schlucht

Von Pëllumba kann man auch zum Fluss hinuntersteigen und das abwechslungsreiche **Flussbett** mit zahlreichen Karstauswaschungen bis zur Staumauer am Ende der Schlucht erwandern – im Hochsommer toll zum Baden!

Auf der anderen Talseite gibt es einen weiteren Weg oberhalb der Schlucht, der sich zur Erkundung des Stausees **Liqeni i Bovillës** eignet.

Anfahrt: Mit dem Bus nach Elbasan oder dem Minibus nach Bërzhitë; Pkw: Pëllumba liegt 27 km nordöstlich von Tirana, kurz nach der Burg Petrela auf dem Weg nach Elbasan, und ist von der Hauptstraße aus ausgeschildert.

Richtung Südwesten

Kombinati

Kombinati war zur kommunistischen Zeit **eines der größten Textilkombinate im Land,** in dem 2.000 Arbeiter beschäftigt waren, die jährlich zwei Millionen Quadratmeter Baumwolltuch und Textilwaren aller Art für den Inlandsmarkt und Export fertigten. Die im Verfall befindlichen Anlagen liegen etwa sechs Kilometer südwestlich des Stadtzentrums, der Eingang befindet sich am **Sheshi i Garibaldi,** an dem früher Rathaus, Klub und Kinotheater lagen und ein Stalin-Denkmal stand. Zu dem riesigen Gelände gehörte auch ein großes Kohlekraftwerk, das die Energieversorgung des Be-

triebs sicherte. Coca-Cola und Birra Tirana haben hier ihre Niederlassungen, auch nordalbanische Migranten leben auf dem Areal.

Anfahrt: Das Gelände auf der rechten Seite ist gut zu finden, indem man die Rr. e Kavajës stadtauswärts bis nach Kombinati fährt (Endpunkt der Busse der Linie 2).

Richtung Nordwesten

Kamza, Bathore, Paskuqan

Als die Diktatur 1991 endgültig zusammengebrochen war, kam es in Albanien zu einer großen Landflucht, bei der Zehntausende von Familien, die hauptsächlich aus den abgelegenen Bergregionen Nordalbaniens stammten, in Tirana „einfielen" und auf Arbeit und einen besseren Lebensstandard hofften. Sie besetzten die Flächen der Landwirtschaftlichen Universität in **Kodër-Kamza** und die Felder der 500 Hektar großen Agrar-Kombinate von **Bathore** nordwestlich von Tirana, die sich mit 60.000 bis 80.000 Einwohnern zu den größten Elendsvierteln des Landes entwickelten. In Bathore lebten 20.000 Einwohner ohne jede Infrastruktur, es gab keine Wasserleitungen, keine Kanalisation, Straßen und sozialen Einrichtungen. Strom liefern bis heute illegal gelegte Leitungen. Allein ein Drittel der Bewohner waren Kinder, die weder Kindergärten noch Schulen besuchten. Die Region wurde als gefährlicher **sozialer Brennpunkt** bekannt, wo nach den Regeln des aus dem Norden mitgebrachten islamischen Gewohnheitsrechtes gelebt wurde und die staatlichen Behörden keinerlei Kon-

1

trolle mehr ausübten. Die Einwohner Tiranas nennen die Gegend nach wie vor Kukës i Ri (Neues Kukës, nach der Stadt in Nordalbanien). Heute kann man sich bei einer Rundfahrt durch Kamza und Bathore ein Bild von der Arbeit machen, die internationale und private Hilfsorganisationen, zahlreiche Stadtentwicklungsprogramme und sonstige Fördermaßnahmen in den letzten 15 Jahren geleistet haben.

Anfahrt: Bei dem Kreisverkehr vor der Stadtautobahn nach Durrës rechts nach Kamza abbiegen und der Hauptstraße Richtung Nordalbanien folgen, die früher mit dem gesamten Schwerverkehr mitten durch die Elendsgebiete führte.

Interessant ist auch ein Abstecher zur Anlage des ehemaligen kommunistischen Agrarinstituts in **Paskuqan** (links der Hauptstraße), wo sich heute zahlreiche neue private Universitäten finden.

Durrës

Die meisten nicht-albanischen Touristen kommen nach Durrës, um die Reste des **römischen Amphitheaters** zu besichtigen. Durch den ungesteuerten (illegalen) Bauboom in der Innenstadt Anfang der 1990er Jahre gibt es heute keine Möglichkeit mehr, andere Teile der antiken Stadt auszugraben, denn sie wird heute vollständig von der modernen Bebauung bedeckt.

Die **Altstadt** erstreckt sich beidseitig des noch mit alten Handelshäusern erhaltenen Blv. Epidamni (früherer und weiter üblicher Name: Rr. Tregtare), der

vom Rathausplatz direkt zum Eingangstor des Fährhafens Porti i Durrësit führt. Westlich des Hafengeländes befindet sich der großzügig angelegte **Strandboulevard,** die Shetitorja Taulantia. Östlich des Hafens gelangt man über den Bahnhof (Stacioni i Treni) zur Rr. i Plazhit, an der die großen **Stadtstrände** liegen. Auf dem Stadthügel oberhalb der Altstadt befindet sich die ehemalige Villa König *Zogus.*

In den letzten Jahren entwickelt sich das alte Stadtzentrum mit seinen vielen neuen Gebäuden und modernen Wohntürmen nördlich des Hafens immer mehr zu einer **positiven Überraschung.** Die großzügige Uferpromenade mit dem weiten freien Blick aufs Meer gibt der Stadt Luft und Großstadtflair. Die Fassaden der Geschäftshäuser am Blv. Epidamni im italienische Stil der 1920er Jahre sind frisch restauriert, die lange Einkaufsstraße wird am Abend zur Fußgängerzone erweitert, die Grünanlagen und Straßen der Stadt sind gepflegt.

Stadtgeschichte

Durrës gehört zu den ältesten Städten im Mittelmeerraum und verdankt seine drei Jahrtausende während Siedlungskontinuität dem großen Naturhafen, der seit der Antike ein Verbindungstor von Mitteleuropa nach Kleinasien war. Sämtliche Nachbarländer führten Kriege um die Vorherrschaft über diesen strategisch wichtigen Handelsplatz.

Um 627 v.Chr. gründeten griechische Kolonisatoren aus Korinth und Korfu auf dem Gebiet der Taulantier die Stadt **Epidamnos** und begannen mit dem rohstoffreichen illyrischen Hinterland Handel zu treiben. 435 v.Chr. führten politische Streitigkeiten in Epidamnos zum Peloponnesischen Krieg. Unter dem Einfluss der griechischen Kultur und wechselnder makedonischer, illyrischer und griechischer Herrschaft wurde die Stadt zu einem blühenden Hafenort und unter dem neuen römischen Namen **Dyrrhachium** dann richtig bedeutend, nachdem die Römer 229 v.Chr. die Stadt eroberten und die illyrischen Handelswege zur **Via Egnatia** ausbauten, die von Rom über Brindisi die Adria entlang über den Balkan nach Konstantinopel (Byzanz) in Kleinasien führte. Im römischen Bürgerkrieg besetzte *Pompeius* den Hafen und schnitt so *Caesar* die Nachschubwege ab.

Kaiser *Augustus* siedelte in Dyrrhachium Veteranen an, erhob die Stadt zu einer Colonia mit römischem Recht und ließ das große Amphitheater errichten. Im 3. Jahrhundert n.Chr. gehörte Dyrrhachium zur römischen **Provinz Epirus Nova;** damals entstanden die wichtigsten Stadtbefestigungen, von denen große Teile am Plazhi të Currilave nur wenige Meter unterhalb der heutigen Hafenmauer im Meer versunken liegen.

Christliche Missionare erreichten Dyrrhachium als einen der ersten europäischen Häfen. Die Regionen entlang der Via Egnatia und ihrer Nebenrouten in Mittel- und Südalbanien zählen zu den am frühesten christianisierten Gebieten Europas. Nach dem Zerfall des Römischen Reiches war die Stadt für **Byzanz** der nördlichste Außenposten und wichtigste Stützpunkt am Mittelmeer. Im 4. Jahrhundert erlebte die Stadt mehrere Einfälle der **West- und Ostgoten** und ein schweres Erdbeben. Der oströmische Kaiser *Anastasius I.* ließ seine Geburtsstadt neu befestigen und machte Durrës zu dem am besten gesicherten Hafen der Adria. Ab dem 9. Jahrhundert weiteten die **Bulgaren** ihr Großreich bis an die Küste aus; schwere normannische Belagerungen folgten.

Anfang des 13. Jahrhunderts kam die Stadt in Besitz der Republik Venedig, später gehörte sie zum Königreich Neapel. **Durrazzo** wurde katholisch und erneut befestigt und immer wieder von den Sizilianern und den Serben belagert. Der große Stadtturm und die Reste der Stadtmauer am antiken Theater stammen aus dieser Zeit.

Als die **Türken** 1510 die Herrschaft übernahmen, war die Stadt von einer zunehmenden Versumpfung der Umgebung und Malariaepidemien betroffen. Zwischen den antiken Ruinen entstand eine türkische Siedlung, der Hafen verlor seine zentrale Bedeutung. Die strategische Lage von Durrës wurde erst wieder in den Balkankriegen interessant. 1914 wurde Durrës unter der Herrschaft Prinz *Wilhelms zu Wied* für kurze Zeit Hauptstadt Albaniens. Während des 1. Weltkrieges und bei einem Erdbeben 1928 entstanden viele Schäden, sodass die italienische Regierung half, die Innenstadt neu aufzubauen. Die großen Boulevards, zahlreiche Geschäfte und neue Gebäude wurden errichtet, darunter das Rathaus, die Tabakfabrik und zahlreiche Villen am Südstrand. Der albanische **König Zogu** bezog seine Residenz auf dem Stadthügel, ließ den Hafen ausbauen und siedelte lebensmittelverarbeitende Industriebetriebe an.

▷ Blick auf Hafen und Innenstadt

Als **Mussolini** am 7. April 1939 das unbewaffnete Land mit seiner militärischen Übermacht überfällt, leisten die Partisanenverbände so großen Widerstand, dass die italienischen Faschisten in Durrës überraschend große Verluste erleiden. Das Denkmal für *Mujo Ulqinaku* an der Uferpromenade erinnert an diese Tage. Nach *Mussolinis* Kapitulation lässt die Deutsche Wehrmacht aus Furcht vor Sabotageakten 1943 Hunderte verdächtiger Personen deportieren, eine Begebenheit, die in der kommunistischen Ära heroische Spionagefilme inspiriert. Über 440 Albaner landen im KZ Mauthausen in Österreich, nur 23 überleben. Als die **Deutschen** am 14. November 1944 Durrës verlassen, verminen sie die Strände. Zur Räumung setzen die Albaner dann deutsche und italienische Kriegsgefangene ein, von denen sehr viele ihr Leben lassen müssen.

Unter den **Kommunisten** wird Durrës zu einem Industriezentrum ausgebaut und erhält einen Eisenbahnanschluss nach Peqin und Tirana.

Stadtrundgang

Bester **Ausgangspunkt** ist das große **venezianische Tor** schräg gegenüber der Hafeneinfahrt. Die zehn Meter hohen Zinnen kann man besteigen. Hinter den fünf großen Kanonenöffnungen verbirgt sich auf der Rückseite ein originelles Café. Die Venezianer verstärkten mit diesem Turm die Westseite der byzantinischen Stadtbefestigung aus dem 4. Jahrhundert, an deren gut erhaltener Ziegelwand man nun bis zum Eingang des Amphitheaters entlangläuft. Dort sind nochmals zwei der großen fünfeckigen antiken Tore zu sehen.

alba009 mg

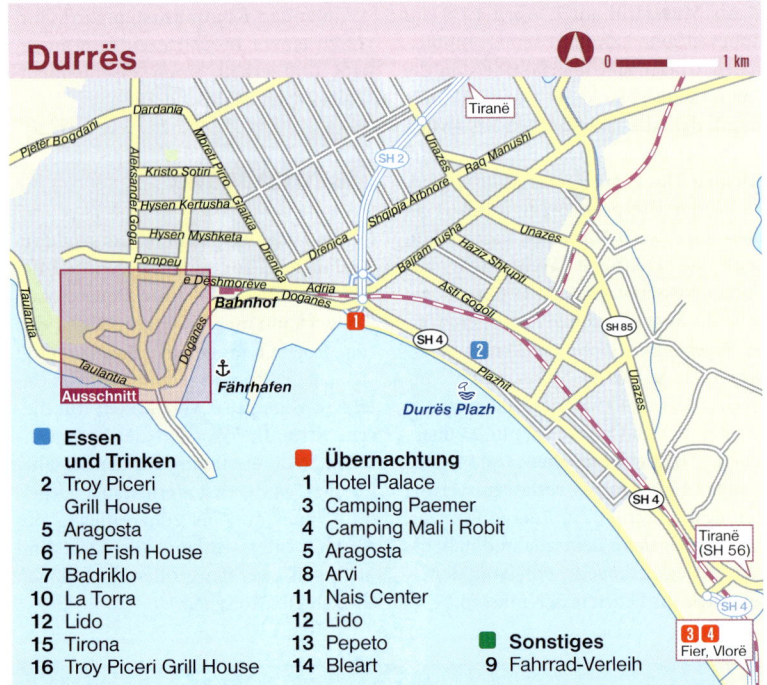

Durrës

Essen und Trinken
2 Troy Piceri Grill House
5 Aragosta
6 The Fish House
7 Badriklo
10 La Torra
12 Lido
15 Tirona
16 Troy Piceri Grill House

Übernachtung
1 Hotel Palace
3 Camping Paemer
4 Camping Mali i Robit
5 Aragosta
8 Arvi
11 Nais Center
12 Lido
13 Pepeto
14 Bleart

Sonstiges
9 Fahrrad-Verleih

Das Amphitheater

Das Amphitheater wurde Anfang des 2. Jahrhunderts unter Kaiser *Hadrian* erbaut. Bis zu 15.000 Zuschauer konnten sich hier an Gladiatorenkämpfen und anderen Schauveranstaltungen ergötzen. Wahrscheinlich wurden auch hier Christen wilden Tieren zum Fraß vorgeworfen. Die Anlage, das größte Amphitheater im westlichen Balkan, konnte aufgrund der heutigen Bebauung nur etwa zur Hälfte freigelegt werden. Ursprünglich hatte sie Ausmaße von **127 x 103 Meter,** die Arena war 63 x 39 Meter groß, an der Westseite lag sie im Stadt-

mauerbereich und in Felsen, im Osten war sie ursprünglich bis auf eine Höhe von etwa 25 Meter aufgemauert. Im unterirdischen Bereich kann man sich eine gute Vorstellung von den Zuständen in früheren Zeiten machen. Der ursprüngliche Ausgang für die Gladiatoren ist noch erhalten, ebenso die Verließe in den Wänden, in denen die Löwen und die Gefangenen warteten. In den unteren Galerien hat sich eine **byzantinische Kapelle** erhalten, die im 5. Jahrhundert von der christlichen Gemeinde eingebaut wurde, als die Gladiatorenkämpfe längst verboten waren und die Arena als Friedhof genutzt wurde. Das **Wandmo-**

1

Tirana und Durrës

Ausschnitt

0 ——— 200 m © Reise Know-How 2014

Albanien_01

Hajder Dushi

Märtyrer-Gedenkstätte

e Déshmorëve

16 **Bahnhof**

Seshi Demokracia

Kristaq Rama

Zeqal Sqhalu e Arbeve

Deshmoret e Shanit

e Moisie

Aleksandër Goga

M. Yaroshi

Bulevardi Dyrrah

Hafiz Podgorica

Autostrada Egnatia

Topia

Kol

14 15

Villa König Zogu I.

Kont Urani

G. Komnino

12 **Antikes Forum**

Filonid Durrsaku

13 **Aleksandër Moisiu Theater / Kulturpalast**

Mibreti Monum

Steiler Hügel

K. Topia

Xhamia e Re

Grigor Durrsaku

Anastas Durrsaku

Amphi-theater

● **Rathaus**

5 6 **Archäologisches Museum (geschlossen)**

Kalase

Bulevardi Kolonla

Doker Margariti

Doganes

Epikadeve

Taulania

M

7

8 **Fatih-Moschee**

Xhamia

11

Epidamni

Kreuo

Monson

M

Stadt-mauer

10

9 ★ **Venezianisches Tor**

Ausstellung Aleksandër / Ethnografische Sammlung

Taulantia

---

saik gehört zu den sehr seltenen frühchristlichen bildlichen Darstellungen und ist eine der kunsthistorisch bedeutendsten Sehenswürdigkeiten des Landes. Die südliche Figur mit den erhobenen Händen stellt den ersten christlichen Märtyrer, den Hl. Stephan, dar. Daneben steht Maria als Himmelskönigin in kaiserlichen Gewändern mit den Herrschersymbolen Krone, Zepter und Himmelskugel, begleitet von den Erzengeln *Michael* und *Gabriel* und einem

Stifterehepaar. Auf einer Stifterinschrift heißt es: „Gott schütze deinen Diener Alexander." Die schlechter erhaltenen Figuren werden als zwei Engel mit zwei Stiftern interpretiert, die einen nicht mehr vorhandenen Christus begleiten. In einem Gang bei der Kapelle steht ein steinernes Wasserbecken, was allgemein für das Taufbecken der hier ansässigen Gemeinde gehalten wird. Bei Ausgrabungen fand man auch ein großes Grab in der Nähe und 40 Skelette mit gebro-

1

chenem Genick, wahrscheinlich christliche Märtyrer. Die Sitzstufen auf den Zuschauerrängen wurden im Laufe der Zeit als Baumaterial an anderen Orten verwendet.

Öffnungszeiten: 8–20 Uhr, das Gelände ist komplett eingezäunt und kann außerhalb dieser Zeit nicht betreten werden; Eintritt: 200 Lek.

Weitere Sehenswürdigkeiten

Das **Muzeu Arkeologjik,** ein terrassenförmig angelegtes Gebäude aus kommunistischer Zeit direkt am Strand, bleibt nach weiteren Verzögerungen bei der Sanierung (das Salzwasser hat die Betonkonstruktion angegriffen) auf unbestimmte Zeit geschlossen. Hinter dem Grundstück finden sich byzantinische Mauern aus dem 6. Jh., entstanden nach der Invasion der Westgoten 481 n. Chr.

Die perlmuttfarbene elegante **Xhamia e Re,** die neue Moschee von Durrës, oberhalb der Rr. Tregtare ist ein ausgesprochen schöner Bau; es lohnt sich ein Blick ins Innere. Daneben liegt die monumentale halbkreisförmige Anlage des **Heldenfriedhofs** von 1949.

Das **Märtyrermuseum** von 1969 im 2. Stock in der Bücherei (eine Stiftung von *Lady Di*) ist nur klein, aber ein Rundgang über die Außenanlage entlang der Märtyrer-Gedenktafeln ist eindrucksvoll.

Das restaurierte **Rathaus** aus dem Jahr 1929 ist ein seltenes Beispiel für den neoklassizistischen italienischen Architekturstil aus der Zogu-Zeit. Jenseits des Rathausplatzes mit dem Aleksandër-Moisiu-Theater aus den Jahren 1962–64

⌄ Das Amphitheater war einst das größte auf dem westlichen Balkan

alba129 mc

befindet sich an der Rr. Shefqet Beja ein runder Platz mit antiken Säulen und einigen Ruinen: Dies ist der **alte Markt** der Stadt aus dem 5. bis 7. Jahrhundert, der 1987–90 ausgegraben wurde. Einst in Form eines Portikus angelegt, hatte er einen Durchmesser von etwa 40 Metern und war rundum von Säulen umstanden und mit Marmorplatten gepflastert. In Privathäusern der Stadt wurden zahlreiche Fußbodenmosaike, Reste einer Therme, Fundamente von Wohnbauten und römische Wasserleitungen gefunden. Staatlich überwachte Grabungen sind in Albanien nicht üblich, sodass viele Funde nicht dokumentiert wurden und unwiederbringlich verloren gegangen oder auch in Privatbesitz verschwunden sind.

Vom „Marktplatz" geht es wieder zurück über den **Blv. Epidamni,** die vornehmste Haupt- und Geschäftsstraße der Stadt mit europäischem Flair. Die frisch restaurierten Wohn- und Geschäftshäuser wurden in den 1920er und -30er Jahren von einflussreichen Familien und zugezogenen Kaufleuten erbaut. Auf der rechten Seite passiert man die **Fatih-Moschee,** erbaut 1502/03 und damit in der ersten Zeit der osmanischen Eroberung.

An der Rr. Koloneli Tompson liegt das **Schulhaus,** in dem der bekannte albanische Schauspieler **Aleksandër Moisiu** (1879–1923) die Grundschule besuchte. Zwei Räume stellen biografische Erinnerungsstücke aus. Die kleine **ethnografische Ausstellung** nebenan zeigt traditionelle Handarbeiten aus der Region Durrës und mittelalbanische Trachten.

Öffnungszeiten: Di bis So 8–13 Uhr, Mo geschlossen, Tel. (052) 23 15, anrufen, wenn geschlossen ist.

Die Villa von König Zogu I.

1927 im Stil des **italienischen Neoklassizismus** erbaut, erhebt sich die Villa König *Zogus* auf dem Stadthügel am Rande des Rinia-Parks auf einem 5.400 m² großen ummauerten Privatgelände. Das monumentale Anwesen war ein persönliches Geschenk der Kaufleute von Durrës als Zeichen ihrer Verehrung. Der symmetrische Grundriss imitiert die Form des albanischen Wappenvogels. Kopf und Körper erkennt man in dem hoch aufragenden Hauptbau mit seinem Adlerhorst-ähnlichen Balkon und dem sich dahinter anschließenden offenen Treppenhaus. Die Seitenflügel mit den luftigen Gartensälen stellen die Flügel dar. Die Villa liegt auf dem höchsten Punkt der Stadt, hoch über dem Hafen, und bot, bevor der Pinienwald die Sicht versperrte, einen weiten Blick über das Meer nach Italien. Bis zu seiner Flucht ins Exil 1939 nutzte *Zogu* das Anwesen als Sommerresidenz. Es ist eine Ironie der Geschichte, dass das zweite Werk der sonst unbekannten Architekten in Durrës, die Heldengedenkstätte im Stadtzentrum, gerade die Männer ehrt, die später als Antiroyalisten gegen *Zogu* aktiv waren und durch ihn ums Leben kamen.

1943/44 besetzten Italiener und Nazis das Gebäude und nutzten es als Hauptquartier. Auch *Enver Hoxha* gefiel die Lage. Er machte die Villa zu seiner **Residenz** und empfing dort Staatsgäste wie den chinesischen Präsidenten *Tschou En Lai, Nikita Chruschtschow* und König *Sihanouk* aus Kambodscha. Auch die späteren albanischen Präsidenten *Alia* und *Berisha* residierten in der Villa.

Die großzügigen Säle, die große Freitreppe und der Aussichtsbalkon mit

1

König Zogu I.

König *Zogu I.*, auf Albanisch *Zog i Parë,* ist mit Abstand die schillerndste Figur der albanischen Geschichte. **1895** als *Ahmet Bej Zogolli* und Sohn eines reichen muslimischen Großgrundbesitzers auf der Burg Burgajet im Kreis Mat geboren, wurde er auf einer der bedeutendsten Universitäten der Türkei **in Istanbul ausgebildet** und kehrte 1912 16-jährig nach dem frühen Tod seines Vaters nach Albanien zurück. Dort erlebte er die Anfänge des neuen demokratischen albanischen Staates. In der Regierung unter *Sulejman Bej Delvina* war er ab 1920 Verteidigungs- und Innenminister und kam rasch zu Einfluss. Schon 1922 wurde er Ministerpräsident, nach einer kurzen Unterbrechung, in der *Fan Noli* regierte, kam er 1925 mit Hilfe Jugoslawiens erneut an die Macht. Als Gegenleistung wurde die albanisch-jugoslawische Grenze am Ohrid-See ein paar hundert Meter nach Norden verrückt, sodass das orthodoxe **Kloster Sveti Naum** zu Jugoslawien gehörte. *Zogu* räumte seine politischen Gegner ohne Skrupel aus dem Weg, überlebte etwa 600 Blutfehde-Verfolgungen und zahlreiche Attentate, auch dadurch, dass er zurückschoss. Am 1. September **1928** krönte er sich selbst in der Nachfolge *Skanderbegs* zum **König aller Albaner** und erklärte das Land zu einer konstitutionellen Monarchie.

Das Problem des Königs war vor allem die Geldnot, nicht nur, weil seine üppige Lebensführung riesige Summen verschlang. Albanien war nach 500 Jahren türkischer Besatzung ausgeblutet, ohne jede Infrastruktur, mit einer völlig verarmten Bevölkerung, die fast zu 100 Prozent aus Analphabeten bestand. Die intellektuelle Elite war nach dem kurzen Demokratie-Experiment *Fan Nolis* ins Exil geflüchtet. Und die reichen Bejs auf dem Land konnte *Zogu* kaum mit hohen Grundsteuern belegen, denn sie waren seine Gönner, auf die er sich stützte. So wandte er sich

dem italienischen Diktator **Mussolini** zu. In den **1930er Jahren** wurden mit italienischer Unterstützung in Albanien die ersten Sümpfe entwässert und moderne Militärstraßen und Brücken gebaut, auch die Verwaltung wurde modernisiert. Politische Gegner ließ *Zogu* in seine Foltergefängnisse in Burrel und Gjirokastra werfen. 1938 heiratete der König in den ungarischen Hochadel ein, seine ungarisch-amerikanische Braut *Geraldine Apponyi* war allerdings verarmt; Sohn *Leka* wurde am 5. April 1939 geboren.

Nur zwei Tage später marschierte *Mussolini* in Albanien ein, das Land wurde zum italienischen Protektorat. Die Familie *Zogu* floh nach Griechenland, mit einem Mercedes Benz Kompressor 540K Cabriolet, einem Hochzeitsgeschenk *Adolf Hitlers*. Die Familie hatte einen beträchtlichen Teil des albanischen Staatsschatzes mitgenommen und lebte zuerst im Ritz in Paris, floh dann aber, nachdem Frankreich von den Deutschen besetzt worden war, nach London. Die 1950er Jahre verbrachte die Familie in **Ägypten** im gastfreundlichen Haus König *Faruks,* der albanische Wurzeln hatte. Nach dessen Sturz zog *Zogu* nach **Frankreich,** wo er **1961** in einem Pariser Krankenhaus an einem Magenleiden starb. Beerdigt liegt er auf dem Cimetière parisien bei Paris. Die große Prachtstraße Bulevard Zogu I., die in Tirana vom Sheshi Skënderbej zum Bahnhof führt, trägt heute seinen Namen. Eine Einreise nach Albanien wurde ihm jedoch bis zu seinem Tod nicht gestattet. Prinz *Leka I.* wurde 1993 in Albanien verhaftet, nachdem er mit einem selbst gedruckten Reisepass eingereist war. 1997 scheiterte er mit einem Referendum zur Einführung der Monarchie in Albanien, erhielt aber immerhin 40% der Stimmen. *Leka I.* starb am 30. November 2011 in Tirana. Der 1982 geborene Kronprinz *Leka II.* lebt heute in Tirana und arbeitet im Innenministerium.

Rundblick über die Bucht sind beeindruckend. Im Jahr 1997 kam es zu **Plünderungen;** alles, was nicht niet- und nagelfest war, wurde entwendet. Doch schon zuvor entsprach die Innenausstattung keineswegs der Pracht anderer mittel- und südeuropäischer Villen oder Landschlösser. 2009 trennte sich die albanische Regierung von der Immobilie und gab sie an die Erben König *Zogus* zurück. Es gibt das Gerücht, ein bedeutender Investor wolle das Gebäude irgendwann sanieren.

Besichtigung: Zuletzt (Juni 2014) war eine Besichtigung der Villa nicht mehr möglich.

Anfahrt: Immer der antiken Stadtmauer (Rr. Anastas Dursaku) folgen. Eines der schönsten Gebäude der Stadt, das historische Bankhaus im italienischen Stil aus der Zeit zwischen den beiden Weltkriegen, befindet sich wenige Schritte östlich am Ende der Rr. Doktor Margariti gegenüber der orthodoxen Kirche und des Hafens. Über dem aufwendig gestalteten Portal thront eine überlebensgroße Victoria mit Schild und hoch aufgerichtetem Speer. Am Abend, wenn die elegante klassizistische Fassade beleuchtet wird, erstrahlt sie als Wahrzeichen des Hafens.

Strände

Durrës Plazh

Wenn man in Durrës unterwegs ist, wird man unweigerlich auch an der **Rr. i Plazhit** südlich des Hafens vorbeikommen. Als mitteleuropäischer Tourist steht man eher fassungslos vor der massiven Bebauung an der Küste, die den Blick auf die Bucht komplett versperrt. Schon in kommunistischer Zeit war der breite, naturbelassene und mit Kiefern bewaldete Sandstrand von Durrës eines der größten Feriengebiete des Landes. Hier standen Erholungsheime für Familien, Holzbungalows *(kabinas)* und komfortable Apartments bereit. Drei große Hotels waren ausländischen Gästen vorbehalten, in Ferienvillen residierten Angehörige der privilegierten Politikerschicht, die Hafenzone war weiträumiges Sperrgebiet.

Anfang der **1990er Jahre** kam es an den hauptstadtnahen Stränden zu einem unbeschreiblichen **Bauboom:** In die (illegal errichteten) Hotelbauten investierten die Mafia, ausländische Geldgeber und albanische Politiker. Heute ist die Rr. i Plazhit südlich des Hafens eine kilometerlange sechsspurige Strandavenue, die beidseitig mit mehrreihigen Apartmenthochhäusern bebaut ist und am Ende direkt in den Autobahnanschluss Richtung Süden mündet.

Nach Durrës Plazh – es könnte auch Tirana Plazh heißen – kommen viele Hauptstadtbewohner, um hier das Wochenende zu verbringen. Im Sommer sind die Strände vor allem für Kosovo-Albaner, albanische Mazedonier und Heimaturlauber aus dem Ausland das **beliebteste Urlaubsziel,** von vielen Albanern als der schönste Platz im ganzen Land idealisiert. Die neueste italienische Bademode sieht man hier genauso wie Frauen mit Kopftüchern und langen Kleidern in Großfamilienverbänden. Clubs, Restaurants und Strandgeschäfte von sehr einfach bis mondän machen die Rr. i Plazhit zur **Shopping- und Partymeile.**

Im Sommer bzw. in der Hochsaison staut sich auf der kilometerlangen Rr. Adria abends der Verkehr. Der Bus ins Zentrum braucht lange. Die breite Straße zu überqueren, kann für Fußgänger mitunter lebensgefährlich sein.

Nördlich von Durrës

Baden verboten! Nach einer 2007 vom albanischen Institut für Öffentliche Gesundheit veröffentlichen Studie über die Wasserqualität übersteigt die Verschmutzung der Strände in Durrës, Kavaja und Golem die EU-Grenzwerte um das Doppelte. Ursache sind Abwässer, die ins Meer geleitet werden, zudem befindet sich der große Fährhafen in unmittelbarer Nachbarschaft. Die albanischen Urlauber lassen sich durch diese Ergebnisse nicht abschrecken.

Als Alternative zu den überlaufenen und zugebauten Stadtstränden bieten sich weiter entfernte Strände wie **Plazhi Portëz, Bishti i Pallës, Plazhi Rrushkull**

und der **Plazhi Shën Petrit** kurz vor dem Kepi i Rodonit.

Südlich von Durrës

Entlang der Autobahn gibt es immer wieder Abfahrten zu den südlichen Stränden, die weniger überlaufen sind. Die bekanntesten Strände sind **Golem, Qerret, Plazhi i Carinës** und **Plazhi Spilë**.

Praktische Infos

Nützliches

- **Polizei,** Tel. 129.
- **Taxi,** Tel. (052) 555 555.
- **Fahrrad-Verleih,** einen Ecovolis-Fahrradverleih gibt es im Stadtzentrum vor dem Rathaus und direkt auf der großen Strandpromenade, weitere Stationen sollen folgen.

⌄ Am Stadtstrand Durrës Plazh

alba115 mb

Unterkunft

■**Arvi**③, Strandhotel an der Promenade, Tel. (052) 230 403, www.hotelarvi.com. Modern und geschmackvoll eingerichtete geräumige DZ und Suiten mit Duschbad, AC, TV, WLAN und Balkon mit gutem Blick auf Bucht.

■**Lido**③, angenehmes kleines Stadthotel an den römischen Thermen, Rr. A. Goga, Tel. (052) 227 941, lidohotel@albmail.com. Schöne DZ mit allem Komfort.

■**Nais Center**③, sympathisches Hotel, Rr. Naim Frashëri 46, Tel. (052) 230 375. Freundlicher Service (englisch) mit guten Infos zum Ort, 16 moderne, ruhige und angenehm möblierte DZ mit Blick auf die Stadtmauer, Duschbad, AC, WLAN, gutes Frühstück.

●**Pepeto**③, gut geführtes zentrales und ruhiges Stadthotel, Rr. Mbreti Monum, Tel. (052) 241 90. 9 solide DZ, AC, TV, z.T. Balkon, inkl. Frühstück.

TIPP **Palace**③-④, sehr angenehmes Strandhotel am Beginn der Rr. i Plazhit, Tel. (068) 405 55 41, www.palacehotel.al, info@palacehotel.al. Sehr gutes Frühstücksbüffet, schöne DZ und Duschbäder.

■**Aragosta**④, gut geführtes Strandhotel am Plazhi i Curilla an der Rr. Taulantia, Tel. (052) 226 477, (068) 205 80 70, www.aragosta.al, reception@aragosts.al. Komfortable und geräumige DZ mit umfangreicher Ausstattung, z.T. mit Whirlpool, sehr schöne Duschbäder, AC, Balkon, WLAN. Angenehmer Privatstrand, sehr gutes Frühstücksbüffet und Service, deutschsprachig, Restaurant.

■**Bleart**④, Rr. i Plazhit, am Shkembi i Kavajës 10 km außerhalb, Tel. (052) 263 711, www.hotelbleart.com. Großes, gut geführtes Strandhotel, moderne DZ mit Duschbad, Flachbild-TV, AC, Gemeinschaftsbalkone, große Poolanlage, gutes Restaurant, Privatstrand.

Camping/Wohnmobile

TIPP **Camping Mali i Robit**①, GPS 41.23291, 19. 51734, 300 m von der Hauptstraße Durrës – Kavaja, Golem (Durrës), Tel. (057) 862 313 und (069) 213 91 51, www.hotelcampingmr.webs.com, www.facebook.com/Hotel.Camping.Mali.i.Robit, luan-isufi @hotmail.com. Auf einem eingezäunten Grundstück hinter Hotel zwischen Bebauung. Strom (2 € pro Tag), Ver- und Entsorgung für Womos, einfache Sanitäranlagen (Dusche 1 € pro Tag), WLAN, ganzjährig geöffnet.

■**Camping Pa emer**③, GPS 41.18101, 19.47691, 16 km südlich von Durrës (Holzschild „Kamping"), 8 km Schotterpiste nach Karpen, naturbelassener Platz (ehem. Militärgelände) an Hügeln für 30 Zelte und Womos überdacht direkt am Strand. Strom, Ver- und Entsorgung für Womos, moderne sanitäre Anlagen, Waschmaschine, einfaches Restaurant, flacher Strand (ideal für Kleinkinder), künstliche Lagune, großer Steg. Ganzjährig geöffnet.

Essen und Trinken

Auf der Vergnügungsmeile **Rr. Adria** und auch auf der **Strandpromenade** wird man sicher nicht verhungern, denn es reiht sich ein Restaurant an das andere.

■**Aragosta,** elegante und angenehme VIP-Adresse an der Strandpromenade, Tel. (052) 226 477, sehr gute Meeresfrüchte-Gerichte.

■**Badriklo,** besonders von Italienern wegen der guten Holzofenpizza frequentiertes Restaurant an der Promenade mit schönen Räumen, Tel. (052) 225 650.

■**La Torra,** ideal gelegene Terrasse zwischen der alten Stadtmauer und dem Strand mit durchschnittlicher Küche, Tel. (052) 225 522.

■**Lido,** beliebtes Restaurant/Pizzeria, Rr. A. Goga, Tel. (052) 227 941, gute Fischgerichte und Pizzen, wie das Hotel (s.o.) gutes Preis-Leistungsverhältnis.

●**Troy Piceri Grill House,** Rr. Adria (Landseite), unübersehbar dort, wo der Kopf eines riesigen trojanischen Pferdes aus dem Dach ragt. Angenehm zum Sitzen, nette Bedienung, leckere Pizza, frischer

Fisch und Meeresfrüchte zu überraschend günstigen Preisen.

■ **The Fish House,** eine der besten Adressen, um in Durrës Fisch zu essen, Plazhi i Currilave an der Promenade, Tel. (068) 202 00 98.

■ **Tirona,** beliebtes gutes Fischrestaurant an der Rr. i Plazhit am Shkembi i Kavajës (Felsen von Kavaja) mit schöner Außenterrasse und großer Auswahl.

Bahnverbindungen

■ **Durrës – Elbasan** (145 Lek): ab 7.20 Uhr, an 10.05 Uhr, ab 15.10 Uhr, an 17.55 Uhr; Elbasan – Durrës: ab 6 Uhr, an 8.45 Uhr, ab 13.05 Uhr, an 15.33 Uhr.

■ **Durrës – Librazhd** (190 Lek): ab 7.20 Uhr, an 11 Uhr; Librazhd – Durrës: ab 12.15 Uhr, an 15.53 Uhr.

■ **Durrës – Shkodra** (160 Lek): ab 13 Uhr, an 17.05 Uhr; Shkodra – Durrës: ab 5.45 Uhr, an 9.40 Uhr.

■ **Durrës – Vlora** (205 Lek): ab 13.25 Uhr, an 18.15 Uhr; Vlora – Durrës: ab 5 Uhr, an 9.45 Uhr.

Nördlich von Durrës: Kepi i Rodonit

Das **Kap Rodon** und seine naturbelassene Umgebung an der **Gjiri i Lalzit** gehören zu den schönsten Ausflugszielen im Großraum Tirana. Man erreicht das Gebiet nur von Süden über die Stadtautobahn Durrës – Tirana, von der man über die Ausfahrt Maminas nach Norden fährt. Die neu ausgebaute Landstraße verläuft über Shkallë direkt nach **Draç,** wo sich ein Abstecher an den mit Pinien bestandenen Strand der **Lalzi-Bucht** anbietet. Die Fahrt bis zur Spitze der Halbinsel führt durch eine komplett mit Steineichen bewaldete, reizvolle Hügellandschaft, die sich wohl in erster Linie deshalb erhalten hat, weil sie in Kirchenbesitz ist. Kurz vor dem Kap geht die Asphaltstraße in eine Naturpiste über.

Auf einer großen Wiese, die sich zum Meer hin erstreckt, wird man zuerst auf die malerisch gelegene **Kirche Shën Antonit** aus dem 13. Jahrhundert aufmerksam. Sie war Teil eines Klosters, das die Schwester *Skanderbegs* stiftete. Einige wenige Gebäudeteile haben sich erhalten. Das komplette Kap war zur kommunistischen Zeit Sperrgebiet und ein wichtiger militärischer Stützpunkt an der Küste, wovon die zahlreichen Bunker und Tunnel in der Umgebung zeugen. Die Kirche wurde als Lagerraum genutzt, ist heute aber sehenswert restauriert und am St. Antons-Tag, dem 13. Juni, ein beliebter Wallfahrtsort. Interessant ist, dass die Kirche sowohl für den byzantinischen als auch für den katholischen Ritus genutzt wurde.

Zum Kap Rodon gelangt man am besten zu Fuß über einen Wiesenpfad, der bereits vor dem Kloster zur linken Seite abzweigt. Der Zugang zum Kap liegt etwas versteckt, ist dann aber ein Fußpfad mit großartigen Ausblicken über den Grat bis zur äußersten Kap-Spitze, an der die alte Festung Rodon halb im Wasser liegt.

2 Nord-albanien: Küsten-ebenen

Im traditionell katholischen Norden locken nicht nur die geschichtsträchtigen Städte Shkodra und Kruja, sondern auch großartige Naturlandschaften.

◁ Blick über Shkodra

Nordalbanien: Küstenebenen

© REISE KNOW-HOW 2014   0 —————— 10 km

Albanien K02

ÜBERBLICK

Kruja (Krujë)

Der Reiz der viel befahrenen SH1, die durch die nördlichen Küstenebenen verläuft, liegt in der Möglichkeit zahlreicher lohnender Abstecher, die man zu den unterschiedlichsten Naturlandschaften unternehmen kann. Hierzu gehören der riesige Shkodra-See, der Nationalpark Bojana-Buna-Delta mit den großartigen Flusslandschaften von Kir, Drin und Buna, die ersten Gebirgslandschaften der Nordalpen bei Razma und Boga, der immer wieder beeindruckende Koman-Stausee, der felsige Durchbruch des Mat nördlich von Lac, die Lagunenlandschaft von Patok oder die romantische Steilküste von Kepi i Rodonit.

Das traditionell katholische Shkodra überrascht mit einer historischen Altstadt, die sehr gelungen restauriert wurde, Kruja am Fuße des Skanderbeg-Gebirges gehört zu den kulturellen und historischen Highlights eines Albanienbesuches.

Die **Burg von Kruja** sollte man gesehen haben, nicht nur weil die Albaner sie als absolutes „Nationalheiligtum" betrachten. Auf einem steilen Felsen gelegen, der jede Befestigung überflüssig macht, überragt sie die Stadt vor der **Bergkulisse der Malësia e Skënderbeut.** Ihr Wahrzeichen ist der sogenannte Uhrturm, der zur Zeit *Skanderbegs* dazu diente, sich mittels Feuersignalen mit anderen Burgen zu verständigen.

Die **Kleinstadt Kruja** ist Hauptort des gleichnamigen Kreises und liegt etwa 20 Kilometer nordöstlich von Tirana. Die Angaben zur Einwohnerzahl schwanken zwischen knapp 12.000 und 16.000. Der

---

NICHT VERPASSEN!

◳ **Ethnografisches Museum Kruja:**
ein schönes Sammelsurium
an Volkskunst | 88
◳ **Sari Salltëk:**
Bektashi-Heiligtum | 90
◳ **Lagune von Patok:**
mediterrane Wasserlandschaften | 94
◳ **Burg Rozafa (Shkodra):**
wo bei Regen Milch
aus den Burgmauern fließt | 98
◳ **Shkodra:**
Rundgang durch die Innenstadt | 103
◳ **Marubi-Fotothek in Shkodra:**
Fotografien aus der
Vergangenheit des Landes | 110

Diese Tipps sind gelb hinterlegt.

Ort war bereits im 9. Jahrhundert Bischofssitz und spielte eine wichtige Rolle bei der Abwehr der Osmanen durch *Skanderbeg.* Kruja ist der einzige Ort in Albanien, der sich touristisch professionell präsentiert.

Geschichte

Die Geschichte der **Kalaja e Krujës,** der Burg von Kruja, reicht bis in die illyrische Zeit des 5. und 6. Jahrhunderts n.Chr. zurück, doch die wesentlichen Teile stammen aus dem 12. Jahrhundert, als Kruja das Herrschaftszentrum von **Arbanon,** dem ersten von Albanern gegründeten Fürstentum, war. Ihren großen Namen als „**Nationalheiligtum der Albaner**" machte sich die Burg zur Zeit *Skanderbegs,* als sie den fortwährenden Belagerungen durch die Osmanen standhielt und Albanien sich über Jahrzehnte gegen das übermächtige osmanische Großreich behaupten konnte. Erst nach *Skanderbegs* Tod im Jahr 1478 konnten die Türken ganz Albanien besetzen und bis Ende des 19. Jahrhunderts beherrschen. Ein überlebensgroßes bronzenes Reiterstandbild *Skanderbegs* grüßt den Besucher bereits im Stadtzentrum auf dem Weg zur Burg, 1950 von dem im Land bekannten Bildhauer *Janaq Paço* geschaffen.

Sehenswertes

Basargasse

Der Weg zur Burg führt durch eine schmale, traditionell gepflasterte Basargasse, in der die hölzernen Verkaufs-läden ihre großen verschließbaren Fenster geöffnet haben und mit einem bunten Angebot an Antiquitäten und altem und neuem Kunsthandwerk locken. Früher arbeiteten hier Kupfer-und Silberschmiede, heute kann man Teppichweberinnen zuschauen. Wer gerne stöbert, kann hier im größten Sortiment kunsthandwerklicher **Souvenirs** im Land überraschende Funde machen.

Skanderbeg-Museum

Das Skanderbeg-Museum am Burgeingang wurde 1982 von *Pranvera Hoxha,* der Tochter des Diktators *Enver Hoxha,* entworfen. Hinter der mittelalterlich-maurisch angehauchten monumentalen Fantasiefassade verbirgt sich einer der zentralen Orte, an denen im Kommunismus der **Personenkult** um *Gjerg Kastrioti Skënderbej* aufgebaut wurde. Zahlreiche große Wandgemälde und sakrale Raum-Inszenierungen zeigen die wichtigsten Etappen im Kampf gegen die Osmanen. Die meisten Ausstellungsstücke wie *Skanderbegs* Helm und Schwert und etliche Dokumente sind Repliken.

    Öffnungszeiten: Mai bis Sept. 8–13 und 16–19 Uhr, Okt. bis April 9–13 und 15–18 Uhr, Mo ganzjährig geschlossen; Tel. (051) 122 25; Eintritt: 200 Lek; www. muzeukombetarskenderbeukruje.com.

Ethnografisches Museum

TIPP! Das Ethnografische Museum im ehemaligen Wohnhaus der Familie *Toptani* aus dem Jahr 1764 ist ein liebevoll gepflegtes Schatzkästchen, das den kompletten **Haushalt** einer höhergestellten

Familie aus Kruja vor 200 Jahren präsentiert. Eine alte Ölmühle, eine Raki-Brennerei, ein Raum zur Wollverarbeitung und viele Arbeitsgeräte zeigen, wie autark die Lebensverhältnisse in diesem Haus waren. Zum Inventar des Wohnbereiches gehören kunstvoll geschnitzte Decken und Wandverkleidungen in reich ausgestatteten Frauen- und Männerwohnräumen, ein original eingerichteter türkischer Hamam und über 1000 Einzelstücke, von denen einige über 500 Jahre alt sind.

Öffnungszeiten: Mai bis Sept. 8–13 und 16–19 Uhr, Okt. bis April 9–13 und 15–18 Uhr, Mo ganzjährig geschlossen, tägl. englische Führungen; Tel. (051) 122 25; Eintritt: 200 Lek; www.muzeukombetarskenderbeukruje.com.

Burg und Dolma-Tekke

Wie in Berat ist auch die **Burg** in Kruja heute noch von einigen Familien bewohnt, was ihr neben den zahlreichen Verkaufsständen von Handarbeiten auf dem Innenhof zusätzlich einen lebendigen Eindruck verleiht. Die kleinen Wohnhäuser aus osmanischer Zeit schließen sich im unteren Burgbereich an. Hier liegen auch die ehemalige Moschee, das ehemalige türkische Bad, das später zu einer Kapelle umgebaut wurde, und, etwas versteckt, die **Dolma-Tekke.** Unter einem alten Olivenbaum, der

☑ Die Burg von Kruja

Nordalbanien: Küstenebenen

Fotolia_46626386_nyiragongo

schon zur Zeit *Skanderbegs* gestanden haben soll, liegen zwei steinerne Gräber hoher Bektashi- Geistlicher. Die Tekke hat sehenswerte Ausmalungen; wenn der Derwisch Zeit hat, empfängt er seine Gäste gerne im traditionellen Besucherraum.

Praktische Infos

Unterkunft

Kruja ist ein tagestouristisches Ziel, daher ist die Auswahl an Hotels nicht überwältigend; im Zentrum hat man die Wahl zwischen drei Häusern.

■ **Grand Hotel Zeni**②, großes, aber wenig frequentiertes Touristenhotel am Eingang zum Zentrum, Tel. (051) 124 557, (069) 206 37 21. Großzügige DZ mit Duschbad, TV, AC, z.T. mit schönen Außenbalkons, Blick auf die Ebene. Dachterrasse und Restaurant, nicht wirklich auf ausländische Touristen eingestellt.

■ **Klomidur**②, dem Grand Hotel benachbart, in der gleichen Art, mit vergleichbarem Service und Restaurant, nur schlichter, Tel. (051) 124 294, (068) 207 11 33.

■ **Panorama**③, die beste Wahl in Kruja, zentral gelegen, Rr. Kala, Tel. (051) 123 092, (069) 203 45 33, 209 85 28, www.hotelpanoramakruje.com, hotelpanoramakruje@hotmail.com. Angenehme moderne Zimmer in verschiedenen Größen und Kategorien plus Suite, moderne Bäder mit abgetrennter Dusche, Balkon mit Blick auf Kruja bis zum Meer, WLAN. Hotelrestaurant, auch für große Gruppen geeignet. Flughafentransfer 15 Euro.

Camping/Wohnmobile

■ **Nord Park**②, an der SH 1 bei Fushë Kruja, Tel. (069) 203 51 23, info@nordpark-kompleks.com, www.nordpark.al. 3.000 m² großer Durchreiseplatz mit Standardanschlüssen, Pool, Hotel und Restaurant. Ganzjährig geöffnet.

Essen und Trinken

■ Die drei **Hotels** verfügen über Restaurants (s.o.).
■ **Auf dem Burggelände** gibt es drei kleinere Restaurant-Cafés mit albanischer Küche.
TIPP Auf der linken Straßenseite vor der Burg gibt es eine **Bäckerei**, in der das leckere traditionelle Kulaç in einem großen Steinofen gebacken wird.

Außerhalb von Kruja

Sari Salltëk

Auf dem Gebirgszug oberhalb der Stadt befindet sich der **Bektashi-Wallfahrtsort** Sari Salltëk, der zu den meistbesuchten touristischen Zielen Albaniens gehört. Für viele Familien aus Kruja ist es Tradition, einmal im Jahr am 22. August gemeinsam mit Verwandten über einen steilen Bergpfad von der Stadt auf den **Mali i Krujës** zu pilgern, was Glück bringen soll. Zum Ritus gehört, das man gemeinsam im Freien übernachtet, am Grab des wundertätigen *Sari Salltëk* betet, heiliges Wasser aus der unteren Höhle trinkt, Geld spendet und am Morgen glücksbringende Blumen in die aufgehende Sonne wirft. Die Wallfahrt auf den Mali i Krujës kann bis ins Mittelalter zurückverfolgt werden. Die Tekke, 1967 von den Kommunisten fast vollständig zerstört, wurde 1991 restauriert.

In Kruja als Bektashi-Heiliger verehrt, ist **Sari Salltëk** wahrscheinlich eine **mythologische Gestalt.** Einer Legende zufolge wurde er von Sultan *Orhan* (1326–60) mit 70 Anhängern nach Europa geschickt, um die Lehre der Bektashi zu verbreiten. Dabei soll er von der Bergspitze des Mali i Krujës mit vier großen Sprüngen nach Korfu gesprungen sein. Die erste Fußspur ist an der Straße zwischen Fushë Kruja und der Stadt Kruja in einem kleinen Mausoleum zu sehen. *Sari Salltëk* starb zwar auf Korfu, hat aber insgesamt sieben Gräber, in jedem dieser Gräber soll ein Körperteil von ihm begraben sein, so z.B. in Sveti Naum am Ohrid-See (siehe im Kapitel zur Prespa-Ohrid-Region/Sveti Naum). Im Ritus der orthodoxen Kirche ist er mit dem Hl. Spiridon gleichzusetzen.

Parku Kombëtar Qafë Shtamë

Auf der schmalen **Bergstraße nach Nojë** ist man in wenigen Minuten mitten im Skënderbeg-Gebirge. Auf der kurzen Strecke in das Bergdorf tun sich unterhalb der Straße steile Schluchten und tiefe Einblicke in das Hochgebirge auf. Die Straße führt mit schönen Aussichten weiter bis zum **Nationalpark** Qafë Shtamë, erfordert allerdings immer wieder langsames Fahren. Die Abfüllanlage für das bekannte Qafë-Shtamë-Mineralwasser befindet sich an der Strecke. Am Ziel gibt es nur eine äußerst bescheidene touristische Infrastruktur aus kommunistischer Zeit. Auf das waldreiche Hochplateau führen zahlreiche Wegspuren (keine Schilder).

Anfahrt: Oberhalb des Zentrums von Kruja an der Straße nach Nojë fährt ein Minibus täglich gegen 13 Uhr nach Qafë Shtamë (ca. 90 Min.).

Lezha

Lezha, Hauptort des gleichnamigen Kreises, ist ein **Handelszentrum** an der Schnellstraße nach Shkodra etwa 50 Kilometer nördlich von Tirana. Bei der Volkszählung 2011 wurden knapp 16.000 Einwohner erfasst. Auf der Rückseite des Burgbergs stehen noch einige alte Häuser, aber die meisten Gebäude der osmanischen Stadt wurden bei dem großen Erdbeben von 1979 zerstört. Schon immer profitierte die Stadt von ihrer Lage als **Verkehrsknotenpunkt** zwischen Dyrrhachium (Durrës) und Shkodra und der Ostroute in Richtung Kosovo. Heute hat Lezha hohe Zuwanderungsraten aus den albanischen Alpengebieten. Der größte Wirtschaftsfaktor ist der Sommertourismus in der **Bucht von Shëngjin,** der durch die neue Autobahn aus dem Kosovo nochmals stark zugenommen hat. Auf dem Hügel über der Stadt befindet sich die beeindruckende Burg, die als **größte Festung des Landes** gilt. Wer es einrichten kann, besucht die **Kalaja e Drilonit** in den frühen Abendstunden, wenn die Sonne über der Adria und der Zadrima-Ebene untergeht und die Burgmauern stimmungsvoll ins Abendlicht taucht. In der Antike war die Akropolis durch eine starke Mauerfestung mit der unteren Stadt und dem Hafen verbunden, die mit 2,5 Kilometern Länge und 32 Türmen ei-

Nordalbanien: Küstenebenen

2

nen imposanten Anblick abgegeben haben muss.

Stadtgeschichte

Seine große historische Bedeutung erhielt Lezha in der Zeit *Skanderbegs:* Am 2. März **1444** fand hier die Versammlung statt, auf der die albanischen Feudalfürsten unter der Führung *Skanderbegs* die legendäre **„Liga von Lezha"** ins Leben riefen, die die Stammesführer im Kampf gegen die Türken vereinte. Die große Gedenktafel auf einer illyrischen Steinen aufgesetzten Mauer im Stadtzentrum mit den Insignien der Fürsten erinnert an dieses Ereignis. Als die Fürsten 1468 ein zweites Mal zusammenkommen wollten, um dieses Bündnis zu festigen, starb *Skanderbeg* kurz vorher am Malariafieber und wurde in der Stadtkirche des Hl. Nikolaus begraben. Um alle Erinnerungen an diesen Platz auszulöschen, zerstörten die Türken das Grab zehn Jahre später bei der Eroberung von Lezha, die Gebeine des christlichen Helden nahmen die Soldaten als Talismane an sich, die Kirche wurde in eine Moschee umgewandelt.

Gedenkstätte Skanderbeg-Grab

Über den Fundamenten der Kirche des Hl. Nikolaus ließ die (atheistische) kommunistische Regierung 1966 anlässlich des 500. Todestages des Nationalhelden

alba116 mg

einen Memorialbau errichten, der mit einer **tempelartigen Stein-Glas-Konstruktion** überdacht wurde. Im Inneren wirkt das Ganze wie eine mittelalterliche Grabkapelle. Dort befinden sich 25 Adlerschilde, die die 25 Schlachten symbolisieren, die *Skanderbeg* gegen die Türken führte und von denen er nur zwei verlor. Die **Büste Skanderbegs** auf dem altarähnlichen Arrangement stammt von *Odhise Paskali* (es handelt sich um den Kopf, der sich in allen Varianten in jedem Souvenirshop des Landes finden lässt). Davor sind das Schwert und der Helm *Skanderbegs* symbolisch am Boden niedergelegt. Die Originale befinden sich im Kunsthistorischen Museum in Wien in der Schatzkammer. Auf den Grabungskampagnen, die auf dem Gelände des antiken Lissos unterhalb der Gedenkstätte in Zusammenarbeit mit albanischen Archäologen seit 2004 laufen, sind auch Sommerteams des Deutschen Archäologischen Instituts anzutreffen. Freigelegt wurde auch die große Kaimauer des ehemaligen Hafens am Drin, die zeigt, dass der Ort in der Antike ein bedeutender Flusshafen war. Am sehenswertesten ist eines der noch komplett erhaltenen unteren Stadttore aus dem 4. Jahrhundert v.Chr. aus mächtigen polygonalen Steinblöcken, die bisher größte bekannte illyrische Toranlage.

Anfahrt: Abfahrt Lezha-Zentrum, erste Straße links nach der Drin-Brücke, großer Parkplatz direkt am Memorial; Öffnungszeiten: tägl. 8–20 Uhr; Eintritt: 200 Lek.

◁ Die Skanderbeg-Gedenkstätte in Lezha

Außerhalb von Lezha

Shëngjin und Kune-Vain

In Nordalbanien ist **Shëngjin** mit seinem breiten Sandstrand neben Velipoja der **beliebteste Badeort** und hat großen Zulauf von albanischen Urlaubern aus dem Kosovo und Montenegro. Allerdings: Weder die bis in den Sand gebauten Hochhäuser noch die Nähe zum Hafen und auch nicht die Mündungen der Flüsse Buna, Drin und Mat laden wirklich zum Baden ein. Im Hochsommer sind die Strände dazu extrem überfüllt.

Viel interessanter, wenn auch nicht zum Baden, aber für Naturbeobachtungen, ist die südlich angrenzende **Lagune von Kune-Vain.** Am eindrucksvollsten ist der Abschnitt südlich der Flussmündung des Drin-Nebenarmes zwischen dem Strand und dem Limani i Çekës.

■ **Camping/Wohnmobile: Riviera Shengjin**②, Shëngjin, GPS 41.785929, 19.628062, Tel. (021) 523 792, (069) 241 98 34, reservations@rivierashengjin. com, facebook (Camping-Pishina-Riviera), großer, professioneller Platz, im Sommer fest in albanischer Hand, Grasplatz für Womos mit allen Standards, möblierte Zelte und Holzhütten für bis zu 6 Pers, AC, Duschbad, WLAN, Poolanlage, Partys.

Laç

Laç ist in Albanien ein äußerst bekannter **Wallfahrtsort.** Der bedeutendste Tag im Jahr ist der Namenstag des Hl. Antonius *(Shën Antoni),* wenn nach 13 aufei-

Nordalbanien: Küstenebenen

2

nanderfolgenden dienstäglichen Abendgebeten am 13. Juni Tausende von Gläubigen aller Religionen zum Beten in der Kirche zusammenkommen, um den Ritus des Heiligen in einer bewegenden Gebetsnacht zu feiern. Jedes Jahr soll es über Nacht zu Wunderheilungen kommen. Das kommunistische Regime konnte die Wallfahrten nur dadurch aufhalten, indem sie den ganzen Berg samt Kirche zum militärischen Schutzgebiet erklärte.

Anfahrt: Abfahrt in Laç/Patok von der Nationalstraße, an Wochenenden viele Staus; die Kirche liegt oberhalb des Ortes und ist über eine etwa 4 Kilometer lange Zufahrt gut erreichbar.

Lagune von Patok

Die Lagune von Patok in der **Bucht von Rodonit** ist eine der nettesten Möglichkeiten, um auf der Nord-Süd-Strecke eine Pause am Meer einzulegen. Von Fushë Kuq führt ein Damm mitten durch eine **bizarre Lagunenlandschaft.** Einmalig in Albanien ist die große Ansammlung von windschiefen Fischerhütten und kleinen Schilfhüttencafés auf hohen Stelzen mitten im Wasser, die durch lange hölzerne Stege zu erreichen sind. Am Ende des Dammes gelangt man über eine Aufschüttung zu Fuß zu dem zur Adria hin offenen Zufluss der Lagune, den eine brüchige Brücke mit dem anderen Ufer verbindet.

Die Lagunenlandschaft ist durch Überflutungen ständigem Wandel unterworfen. Am **Mündungsgebiet des Mat** haben sich große Sandbänke gebildet, durch die gerade eine zweite Lagune entsteht. Hier halten sich oft Krauskopf-

pelikane und auch Karettschildkröten auf. Die Strände südlich der Lagune sind naturbelassen, aber nicht gepflegt.

Shkodra (Shkodër)

Shkodra ist mit ca. 114.000 Einwohnern (nach Angaben der Stadt, gemäß Volkszählung von 2011 nur 75.000) die **drittgrößte Stadt des Landes** und das **wirtschaftliche Zentrum Nordalbaniens.** Mit über 2500 Jahren Geschichte gilt Shkodra als älteste Stadt Albaniens und war bis zum wirtschaftlichen Aufschwung Tiranas auch die bedeutendste. Shkodra, früher auch **Shkutari** – alb.: goldene *(ari)* Ecke *(skut)* – genannt, breitet sich heute großflächig auf der südöstlichen Seite des Shkodra-Sees aus.

Als Zuzugsgebiet der Bevölkerung aus den Bergregionen, die sich hier eine bessere Existenz und Arbeit erhoffen, ist die Stadt in den letzten Jahrzehnten zu einem der größten Ballungsräume Albaniens geworden. Das **Einzugsgebiet** von Shkodra reicht von der fruchtbaren Zadrima-Ebene an der Adria über die Berggebiete des Dukagjin mit den drei großen Tälern Kir, Shala und Theth bis zur Maja e Jezercës, dem höchsten Berg Albaniens (2.692 m), an der albanisch-montenegrinischen Grenze.

▷ Vor den Toren der Stadt liegt die Festung Rozafa auf einem Hügel

Die **Festung Rozafa** am Stadteingang ist die bedeutendste Sehenswürdigkeit der Region, ansonsten ist Shkodra vor allem ein Transitort an der Grenze zu Montenegro bzw. der großen Nord-Südverbindung.

Stadtgeschichte

Die historische Altstadt und der alte Basar mussten Ende des 19. Jahrhunderts wegen wiederholter **Hochwasser des Drin** aufgegeben werden; die Stadt wurde etwa drei Kilometer weiter nördlich auf großzügig bemessenen Gartengrundstücken neu aufgebaut. In den ersten drei Jahrzehnten des 20. Jahrhunderts entstand ein europäisch geprägtes Stadtzentrum mit kleinen Kaufmannshäusern im italienisch-dalmatinischen Stil, dessen überwiegend **katholische** **Bürgerschaft** Shkodras kulturelles Leben in allen Bereichen zu großem Glanz brachte. Shkodra gehörte zu den Städten, in denen die Ideen der Unabhängigkeitsbewegung auf sehr fruchtbaren Boden fielen. In dieser Zeit kam die lange Tradition der Theologie in der Stadt zur Blüte, aber auch der Musik und Literatur, der Fotografie und Filmkunst, die bis zum 2. Weltkrieg große Bedeutung hatten. Verglichen mit anderen albanischen Städten war Shkodra damals eine außergewöhnlich **kulturreiche Stadt.** Die wechselvolle Geschichte der Stadt spiegelt sich heute in der einzigartigen Fotosammlung der Marubi-Fotothek wieder, die man im Stadtzentrum besichtigen kann.

Mit der Machtübernahme der **Kommunisten** kam es im katholisch-bürgerlich-intellektuellen Milieu der Stadt zu schlimmsten Verfolgungen, die zu den

alba14-059 mg

Shkodra

0 ▬▬▬▬▬ 1 km

1 2 3 4 E 762
Hani Hotit (Grenze), Montenegro

3
Ura e Mesit, Drisht

Dasho Shkreli

Hodo Beg Sokoli

Lëvizja e Postribës

Pogei

Lin Delia

Nazmi Kryeziu

B. Bujar Bishanaku

F. Draðani

L. Rugova

Isuf Sokoli

Vilazërit Frashëri

Studenti

B. Shëndeðenu

Martin Bicikemi

Daut Boriçi

Edith Durham

Teni

Bulevardi Zogu I

B. Mehmet Pashë Plaku

Tepe

Pal Engjëlli

Kolë Prela

Shtate Shaljanet

Gjon Buzuku

Ausschnitt

5 6 7
Pazari i Vjetër
(altes Basarviertel) /
Artizanati i Shkodrës ★

Buna

SH 24

8
Zogaj

E 762

Pazari

Dracin

Tepe

Bahnhof

14

Rruga e Thorës

★ **Varrezat e**
Deshmorëvë

9
Burg
Rozafa P

◉ **Xhamia e**
Plumbit

SH 1

ℹ **Kisha e Zojës**

Ura e Bunës

e Ulqinit

11   **10**

Agroni

Drini

Kir

12 , Ulqin, Muriçan (Grenze)

13 , Lezhë, Tiranë

---

traurigsten Kapiteln der albanischen Geschichte gehören. Sehr viele Geistliche aller Konfessionen, Lehrer, Wissenschaftler und Künstler wurden aus politischen Gründen in Arbeitslagern interniert oder kamen durch Scheinprozesse zu Tode (siehe im Kapitel zur Region Mirdita). Die **atheistische Kampagne** von 1967 richtete in der katholischen Region Shkodra mit der Zerstörung von Hunderten von mittelalterlichen Kirchen Schäden in einem Ausmaß an wie kaum irgendwo sonst im Land. Die Kathedrale und die Franziskanerkirche der Stadt wurden zu Sportpalast und Kino umgebaut und verloren beide ihre hohen

Ausschnitt — ©REISE KNOW-HOW 2014 — 0 — 200 m — Albanien-02

■ **Übernachtung**	27 Kaduku	11 2 Lumenjte
1 Camping Albania	28 Hotel Rozofa	15 Villa Bektashi
2 Lake Shkodra Resort	30 Mondial	18 Bar Zvizra
3 Florian Shkodra	31 Hostel Mi casa	21 Palma
Guesthouse	es tu casa	22 Country Club
4 Guesthouse	37 Tradita Geg & Tosk	23 San Francisco
Zvizra B&B 2	38 Guesthouse	25 Muzeu
8 Park Hotel Marku	Rajmonda Vasa	29 Piazza Park
11 2 Lumenjte		33 Idromeno
12 Meteor	■ **Essen und Trinken**	34 Centro
13 Camping Albania	5 Da Hilma (Real)	35 Chikago
14 Brindi	6 Panorama	36 Vivaldi
16 Unit Hostel	Seerestaurant	37 Tradita Gege
17 Ideal	7 Taberna Shkodrane	& Toske
19 Kolping	8 Park Hotel Marku	
20 Otedis Shkodra Viola	9 Rozafa	■ **Sonstiges**
24 Colosseo	Burgrestaurant	32 Reiseagentur
26 Rozafa	10 Shqiponja	Rosa Rrupa

Rozafa

Der klangvolle Name Rozafa leitet sich von einer Legende her, wie sie auf dem ganzen Balkan als Erzähltradition verbreitet ist und auch von den Gebrüdern *Grimm* im 19. Jahrhundert als **„Einmauerungs-Legende"** aufgezeichnet wurde.

In Shkodra geht die Legende so: Drei Brüder begannen mit dem Bau einer Burg. Sie setzten die Fundamente und nahmen die Mauern in Angriff, doch immer, wenn sie die Burg abends verließen, zog starker Nebel auf und am nächsten Morgen fanden sie die Mauern zusammengebrochen und ihre Arbeit zunichte gemacht. Als sie schon aufgeben wollten, erschien ein alter Mann. Er sagte ihnen voraus, dass die Burg niemals mehr fallen würde, wenn sie diejenige ihrer Bräute, die als erstes an der Burg erschiene, in der Burgmauer lebendig einmauern würden. Die drei Brüder versprachen, das Schicksal entscheiden zu lassen und mit ihren Frauen nicht über diese Begebenheit zu sprechen. Doch die zwei älteren brachen ihr Wort, sodass am nächsten Tag nur die Frau des jüngsten Bruders an der Burg erschien. Bevor sie eingemauert wurde, äußerte sie einen Wunsch, denn sie hatte einen kleinen Sohn, den sie noch säugte: Beim Bau der Mauer sollte ihr rechtes Auge, ihr rechter Arm und ihre rechte Brust außerhalb der Mauer bleiben; das Auge, um nach dem Sohn zu schauen, der Arm, um ihn zu wickeln, und die Brust, um ihn zu säugen. So wurde sie eingemauert, und seit diesem Tag steht die Burg von Shkodra an Ort und Stelle.

Im Volksmund nennt man das Regenwasser, das milchig trüb von der Burgmauer rinnt, **Rozafas Milch.** Es soll ein Heilmittel sein, wenn Mütter nicht genug Milch zum Stillen haben, und auch bei unerfülltem Kinderwunsch helfen.

Glockentürme, zuvor waren schon die Moscheen abgerissen worden.

1979 verursachte ein verheerendes **Erdbeben** in Nordalbanien große Schäden; auch viel der alten Bausubstanz in Shkodra wurde vernichtet. Trotz zahlreicher öffentlicher Mahnungen und Eingaben im Land ließ die kommunistische Regierung von Tirana aus ganze Stadtviertel in Shkodra niederreißen und mit Einheitswohnblocks und breiten Ausfallstraßen neu aufbauen. Nur ein kleiner Teil des alten Zentrums um das Stadtviertel Gjuhadol blieb erhalten. Und auch das berühmte Basarviertel unterhalb der Burg, das sich bis dahin substanziell ganz gut gehalten hatte, ging in dieser Zeit unwiederbringlich verloren. Nach der politischen Wende wurde die Stadt zum Durchgangsort Richtung Montenegro – und litt lange unter den staubigen Straßenbaustellen und dem Ausbau der Umgehungsstraße.

Aber nun ist das Wunder doch noch passiert: **Shkodra ist wiederauferstanden!** Der Stadtkern wurde verkehrsberuhigt, Fahrradfahrer dominieren die Straßen der Innenstadt, zwei große, traditionell gepflasterte Fußgängerbereiche mit Cafés, Bars und Geschäften sind entstanden. Die schönste Straße im Stadtviertel Gjuhadol ist restauriert. Gelungen ist auch die Abendbeleuchtung, die die schönen Fassaden und historischen Gebäude besonders gut zur Geltung bringt.

Kështjella e Rozafës

Kommt man aus dem Süden nach Shkodra, hat man schon von Weitem den großen **Hügel der Burg Rozafa (Kalaja e Rozafës)** vor Augen, einen felsigen Kalk-

Nordalbanien: Küstenebenen

steinberg, der 135 Meter aufragt und auf dessen Rücken sich die mächtigen Burgmauern über der Stadteinfahrt erheben. Die Burg ist auf natürliche Weise durch die zwei wasserreichen **Flüsse Kir und Buna** geschützt, die den Hügel umfließen und sich an seinem südlichen Fuß vereinen. Durch diese einmalige Lage galt die Festung als eine der stärksten Burgen des Balkan. Im Laufe der Jahrhunderte fanden an diesem Ort unzählige Belagerungen und Kriege statt.

Geschichte

Der Hügel war bereits seit der frühen Bronzezeit (2100 v.Chr.) besiedelt. In der illyrischen Zeit, zu der die Burg entstanden sein soll, herrschten die Labeaten, ab dem 3. Jahrhundert v.Chr. konstituierte sich hier ein **Königtum.** König *Agron,* die sagenumwobene Königin *Teuta* und der letzte illyrische König *Gentius* regierten von einer großen Akropolis aus, bis die Stadt nach jahrzehntelangen Kämpfen 168 v.Chr. von den **Römern** eingenommen und ins Römische Imperium eingegliedert wurde. Während der römischen Kaiserzeit dehnte sich die Stadt bis weit in die südliche Ebene aus. Dieser Teil liegt heute wie auch andere römische Siedlungen in der Region unerforscht unter der Erde.

Im 4. Jahrhundert n.Chr. war die Festungsstadt erstmalig Sitz eines Erzbischofs. Mit dem 6. Jahrhundert begannen die über Jahrhunderte andauernde **Attacken fremder Völker.** Erst fielen die Slawen in Shkodra ein, im 11. Jahrhundert kamen die Bulgaren. Ende des 11. Jahrhunderts war die Stadt eine wichtige Station für die Kreuzfahrer aus Süd-

frankreich auf dem Weg nach Jerusalem. Mit Unterbrechungen byzantinischer Herrschaft gehörte die Stadt bis 1360 zum Königreich Serbien. Ende des 14. Jahrhunderts wurde die Burg zum Zentrum der Familie der *Balsha,* die ihren Herrschaftsbereich von der Burg Drisht bis nach Budva und Tivar ausdehnte. Shkodra wurde damals, wie andere europäische Städte auch, nach römischem Recht regiert und erlebte eine Blüte.

Wegen der immer größeren Bedrohung durch die **Osmanen** übergaben die *Balsha* Shkodra 1396 an die mächtigeren Venezianer. Die Festung Rozafa wurde der Mittelpunkt eines weitreichenden Befestigungssystems an der Küste, zu dem auch ein Ring kleinerer Burgen in der Umgebung gehörte, die die Ebenen an der Küste und den Shkodra-See kontrollierten. Aus dieser Zeit stammen die meisten heute erhaltenen Bauten auf der Burg. 1448 vertrieb **Skanderbeg** die Venezianer und übernahm die Kontrolle der Region. 1468, kurz vor seinem Tod, besiegten die albanischen Stämme die aus Bosnien einfallenden Osmanen hier ein letztes Mal, bis die Türken am 24. April 1479 endgültig die Herrschaft über die Burg übernahmen. 434 Jahre sollte es dauern, bis die türkischen Besatzer im April 1913 Shkodra wieder verließen.

Die Türken bauten die Burg unter Pascha *Mehmet II.* als Festung und Militärbasis weiter aus, die christlichen Wohnviertel wurden geräumt und die Kirche Shën Stefanit in eine Moschee umgewandelt. Bis Mitte des 19. Jahrhunderts durfte keine Kirche in der Stadt errichtet werden. Aufgrund seiner wirtschaftlichen Stärke war Shkodra in der osmanischen Zeit **politisch unabhängiger** als die übrigen Regionen, wurde von relativ

2

autonomen Familienclans nach dem islamischen Gewohnheitsrecht regiert und unterhielt als überregionales **Zentrum der Seidenverarbeitung** Kontakte bis nach Venedig. Ende des 17. Jahrhunderts entwickelte sich die Siedlung am Fuße der Burg zu einer prosperierenden Handelsstadt mit einem bedeutenden Basarviertel. 1865 musste auch die osmanische Besatzung den Burghügel wegen der Hochwasser des Drin endgültig verlassen. Viele Steine im Inneren der Festung fanden für den Bau der neuen Stadt in der Ebene Verwendung. Mit der albanischen Unabhängigkeit 1912 verlor die Burg endgültig ihre militärische Funktion.

Rundgang

In der seit der illyrischen Zeit über 1.000 Jahre immer weiter ausgebauten Burg sieht man heute vor allem Teile aus der venezianischen und türkischen Herrschaftszeit. Den schwer geschützten **Zugang** betritt man über einen mächtigen Zwinger und zwei Gänge, die die äußeren Burgtore verbinden. Die großen asymmetrischen Steinböcke stammen noch von der illyrischen Befestigung aus dem 4. Jahrhundert v.Chr. Dann gelangt man auf das riesige, etwa vier Hektar große **Burggelände,** das von hohen Mauern umschlossen ist. Von den acht mächtigen Verteidigungstürmen haben sich noch die auf der Nordseite erhalten. Der erste Burghof war Teil der Verteidigungsanlage, auf dem zweiten, dem größten, Burghof war die Garnison stationiert. Hier lebten und schliefen die Soldaten. Die romanisch-gotische **Kirche Shën Stefan** aus dem Jahr 1319 wurde im 15. Jahrhundert von den Venezianern im dalmatischen Stil vergrößert und dann 1479 unter Sultan *Mehmet II.* nach der türkischen Eroberung in eine Moschee umgebaut. Dabei wurde der Glockenturm bis auf seine Basis abgetragen und als Minarett neu aufgemauert, das heute nur noch als Stumpf zu sehen ist. Westlich davon liegt der sogenannte **Kerker** mit alten Zisternenanlagen. Der dritte Burghof ist am höchsten gelegen und war der militärische Stützpunkt. Im Falle einer längeren Belagerung bzw. Verteidigung oder als letzte Fluchtmöglichkeit bei einer Erstürmung gab es hier zahlreiche geheime Ausgänge, die in die umliegenden Hügel führten.

Von der Burgmauer hat man einen **großartigen Ausblick** auf den Shkodra-See, aus dem die Buna in die Ebene strömt, und auf das große Flussgebiet, in dem der Kir und der Drin unterhalb der Burg zusammenfließen.

Burgmuseum

Auf der linken Seite des Burghofes liegt ein dreistöckiger grauer militärischer Zweckbau mit dicken Mauern und kleinen Fenstern, die sogenannte **Kapitaneria** aus der venezianischen Zeit des 15. Jahrhunderts. Auch aus diesem Gebäude führt ein geheimer (heute geschlossener) Gang aus der Burg hinaus. In dem ehemaligen Waffendepot ist heute ein interessantes kleines Museum untergebracht, rechts davon liegt das **Burgrestaurant.** An einem schönen Platz gegenüber der Eingangstür befindet sich das bekannte und schöne Gipsrelief mit der Sage von Rozafa (siehe Exkurs oben).

Die **historische Ausstellung** gibt einen kurzen Überblick über die Besiedlungsgeschichte von der Eisenzeit bis ins 19. Jahrhundert. Neben vielen originalen Ausstellungsstücken ist das große Schaurelief der mittelalterlichen Burgsiedlung, das die geografische Situation sehr anschaulich vorstellt, bemerkenswert – ein Relikt aus dem Kommunismus, das zum Glück die Plünderungen von 1997 und auch die Modernisierung überlebt hat. Zu erwähnen sind ferner eine Sammlung französischer politischer Karikaturen mit dem Thema Albanien und die erste albanische Fahne Shkodras.

Praktische Informationen

■ **Öffnungszeiten:** 8–18 Uhr, Eintritt: 200 Lek; in der Burg gibt es einen kleinen Laden mit Postkarten und Literatur.

■ Das **Burgrestaurant** ist in einem restaurierten Teil der ehemaligen Katakomben untergebracht, ein Raum ist traditionell eingerichtet, ein schöner Platz ist die verglaste Veranda außerhalb der Burgmauern mit Blick auf den Drin. Umfangreiche Karte, gute albanisch-italienische Küche, Pizza, 10–22 Uhr (nur in den Sommermonaten und an Wochenenden zuverlässig geöffnet).

■ **Anfahrt:** Es gib eine nördliche und eine südliche Burgzufahrt, die beide von der hinteren östlichen Seite über eine steile Pflasterstraße auf die Burg führen.

■ **Tipps:** Mit einer **Taschenlampe** kann man sich alte Teile der Burg anschauen; große **Vorsicht mit Kindern** bei den Zisternen und tiefen Gängen, es gibt keinerlei Sicherungen.

Xhamia e Plumbit

Nachdem der stellvertretende kuwaitische Premier- und Justizminister *Rashid Al-Hammad* bei einem Besuch in Shkodra im Frühjahr 2011 Hilfe für diesen außergewöhnlichen Bau zugesagt hat, darf man gespannt sein, ob sich an diesem Ort in der nächsten Zeit etwas bewegen wird. Die wundervolle **Bleimoschee** wurde 1773/74 von *Mehmet Pascha Bushatlli* erbaut, der in dieser Zeit Wesir des Paschaliks (Provinz) Shkodra war und sich damals wohl wünschte, etwas Glanz aus seiner weit entfernten Heimat Istanbul nach Shkodra zu bringen. Heute gilt die Moschee als die einzige größere und aufwendig gebaute, die sich in Albanien erhalten hat, und das, obwohl die überwiegende Zahl der Be-

Nordalbanien: Küstenebenen

☑ Eingang zur Bleimoschee (Xhamia e Plumbit)

völkerung muslimischen Glaubens war. Anfang des 20. Jahrhunderts kamen bereits die Bleiplatten der großen Kuppel abhanden, 1967 wurde das Minarett durch ein Erdbeben stark beschädigt, die Zeit der atheistischen Regierung überlebte die Moschee wohl nur dank der Erklärung zum **Kulturdenkmal** aus dem Jahr 1948. In den Wintermonaten stand das Gotteshaus immer wieder unter Wasser und wurde verschlammt, eine weiträumige Drainage des Gebietes soll dem nun abhelfen. Auch die katholische Kirche von Shkodra engagiert sich stark für die Sanierung. Den Besucher erwartet ein äußerst reizvoller, innen bereits restaurierter Bau mit einem schönen quadratischen Vorhof, der nach allen Seiten von einem Umgang umgeben und insgesamt mit 14 kleinen Kuppeln überdacht ist. Besonders schön ist der Zugang durch ein mit floralen Reliefmustern verziertes Eingangstor.

Anfahrt: An der südlichen Zufahrt zur Burg (Rr. Bexhëne) nach ca. 800 Metern rechts.

Kisha e Zojës

Gleich am Ortseingang von Shkodra befindet sich unterhalb des Rozafa-Felsens direkt an der Straße die bei der Bevölkerung sehr beliebte **Kirche Unsere Liebe Frau des Guten Rates.**

Das Gotteshaus hat eine **seltsame Geschichte:** Im 14. Jahrhundert wurde hier das wundertätige Marienbildnis der Muttergottes des Gutes Rates verehrt, die bis heute die Schutzpatronin Shkodras ist. Der Legende nach löste sich das schöne Fresko in der Zeit der türkischen Besatzung im Jahr 1467 von der Wand der Kirche, verschwand in einer Wolke und tauchte wundersamerweise in der Kirche Santuario Madonna del Buon Consiglio in Genazzano in der Nähe von Rom wieder auf, wo es bis heute als Muttergottes von Shkodra verehrt wird. Um dieses Geschehen ranken sich unendlich viele Varianten und Ausschmückungen, besonders im Zusammenhang mit dem „Retter des Christentums", *Gjergj Kastrioti Skënderbej*. 1993 war Papst *Johannes Paul II.* hier und legte den Grundstein der neuen Kirche; der Vorgängerbau der 1930er Jahre hatte den Kommunismus nicht überlebt. 1998 wurde die Kirche neu geweiht. Seit Kurzem besitzt sie auch wieder das Marienbild, zumindest als Kopie. Für Fachleute ist das Fresko in Italien zweifelsfrei eine umbrische Arbeit, was der Verehrung in Shkodra jedoch nicht den geringsten Abbruch tut; zahlreiche Kirchen der Region wurden nach der Kisha e Zojës benannt.

Das ehemalige Basarviertel

Zu Füßen der Burg hatte sich im Laufe der Jahrhunderte an der alten Handelsroute zwischen Mittelmeer und Kosovo ein **bedeutender Handelsort** entwickelt. Neben sechs großen Moscheen, Verwaltungsgebäuden und unzähligen Kaffeehäusern gab es etwa 2.500 Basargeschäfte, in denen Muslime und Christen friedlich nebeneinander ihr Handwerk ausübten. Im 18. und 19. Jahrhundert war das **Handwerk** in Shkodra derart spezialisiert, dass man bis zu 45 verschiedene Berufe in der Stadt zählte. Die Haupterwerbszweige waren Seidenverarbeitung, Silberschmiedekunst, Waffenherstellung (Eisen- und Kupferverarbeitung), Textilverarbeitung und das Holzschnitzhandwerk. Das **Bexhisten-Viertel** war ein abgeschlossener Stadtteil mit 60 Häusern, in dem nur exklusive Waren verkauft wurden, sozusagen der Vorläufer einer luxuriösen Shopping Mall – wer etwas Besonderes benötigte oder anfertigen lassen wollte, kam nach Shkodra. Auf dem Basar handelte man auch die Erzeugnisse der fruchtbaren Ebenen der Stadt, die früher bis nach Podgorica reichten. Vieh und Milchprodukte kamen aus den Bergen, der Shkodër-See war bekannt für seinen Fischreichtum. Der See und die bis Shkodra schiffbare Buna waren für den Handel wichtige Wasserwege. Der nächste größere **Seehafen Ulcinj** lag in unmittelbarer Nähe. So pflegte Shkodra zu dieser Zeit Handelskontakte bis nach Venedig, Triest und Ragusa (Dubrovnik).

Der Niedergang der alten Stadt begann mit den großen **Erdbeben** von 1815 und 1837. Bodenabsenkungen südlich der Stadt veränderten den Lauf der Drin, der von nun an nicht mehr in die Adria mündete, sondern direkt bei Shkodra in die Buna floss. Als in den Wintermonaten immer wiederkehrende Überschwemmungen auftraten, die die Existenzen der Kaufleute gefährdeten, entschloss man sich, die Siedlung weiter in die Ebene hinein zu verlegen, sodass die Stadt von nun an aus zwei Teilen bestand. Als sich Ende des 19. Jahrhunderts die großen Handelswege verlagerten und durch die politischen Veränderungen Ulcinj und Podgorica von der Stadt abgeschnitten waren, ging die Bedeutung Shkodras als Handelsstadt zurück und der Basar endgültig verloren.

Zuletzt wurden die Häuser der Bexhisteni im Kommunismus als **Kuhställe** genutzt. Die letzten Reste des ehemals so großen Basars machte man 1954 kurz vor einem offiziellen Besuch *Enver Hoxhas* dem Erdboden gleich. Heute liegt am Buna-Ufer bei der alten Brücke auf der linken Seite stadteinwärts die *magjirë,* eine große Roma-Siedlung.

Artizanati i Shkodrës

Im Anschluss an das ehemalige Bexhisteni-Viertel entstand in den letzten Jahren der **neue Kunsthandwerkerbasar,** der sich allerdings eher wie ein leeres Einkaufszentrum auf der grünen Wiese präsentiert, ohne Parkplätze und durch die große Einfallstraße von der Stadt abgeschnitten. Das ist auch die Adresse des Artizanati i Shkodrës, eines Zusammenschlusses von Kunsthandwerkern, der unbedingt einen Besuch wert ist.

Tipp: Einen guten Überblick über das Angebot und albanisches Kunsthandwerk insgesamt gibt die Website **www.artizanati.com.**

Die Innenstadt von Shkodra

Der Platz der Fünf Helden (Sheshi i 5 Heronjve) trägt seit 2011 wie zahlreiche Straßen und Plätze in Shkodra einen neuen Namen und heißt jetzt **Sheshi Demokracia** (Platz der Demokratie). Vom Platz entfernt wurde das monumentale Bronzedenkmal 5 Heronjve të Vigut, das jetzt auf dem Varrezat të Dëshmoret, dem Heldenfriedhof, steht.

Nordalbanien: Küstenebenen

Gestaltet von *Shaban Hadëri,* zeigt es fünf junge Männer aus dem Dorf Vig in Mirdita, die am 20. August 1944 in einem aussichtslosen Partisanenkampf getötet und im Kommunismus als Helden des Volkes verherrlicht wurden. Auf die Frage, ob man das Heldendenkmal im Zentrum nicht vermisse, heißt es in der Touristeninformation: Es sei lange genug an die schlechte Zeit erinnert worden, jetzt wolle man nach vorne Richtung Europa schauen, und das Denkmal stehe auf dem Heldenfriedhof genau am richtigen und dazu ehrwürdigen Platz. Das allerdings bezweifeln manche Kriegsveteranen, die 2011 gegen die unwürdigen Zustände auf dem Friedhof protestierten, wo die Stadtverwaltung größere Müllmengen abgelagert hat.

Ob mit Helden oder einem kaputtsanierten Springbrunnen im Zentrum – der Sheshi Demokracia ist der zentrale Platz, und er ist so groß, dass die vielen Fahrradfahrer auf dem Weg zur Arbeit ihn frühmorgens einfach diagonal queren. Ein beliebter Treffpunkt ist das große Café an der Ecke, hier wartet man auf die Busse oder trifft sich zum täglichen Vormittagskaffee. In dem postmodernen schlichten gelben Rundbau schräg gegenüber ist seit Ende der 1980er Jahre **Radio Shkodra** zu Hause.

Das Gebäude mit der pinkfarbenen neoklassizistischen Fassade aus der Sowjetära ist das beliebte **Teatri Migjeni.** Zurzeit wird hier nur ein kleines Programm gespielt, dem großen Haus mit 560 Sitzplätzen fehlt der Etat, um große

⌃ Am Sheshi Demokracia, dem zentralen Platz

Bühnenwerke, Opern und Konzerte zu realisieren. Rechts des Eingangs steht die Büste des in Shkodra geborenen und viel zu früh verstorbenen Poeten *Millosh Gjerg Nikolla* (1911–38), der zu den herausragenden Dichterpersönlichkeiten Albaniens gehört. Unter dem Künstlernamen **Migjeni** (gebildet aus den jeweils ersten zwei Buchstaben seines Geburtsnamens) schrieb er 24 Prosaskizzen und 44 Gedichte mit melancholischem Anklang. Seine „Freien Verse" und eine Sammlung seiner Skizzen liegen auch auf Deutsch vor.

Die mit Billigwaren und Altkleidern bestückten Basarstände an der **Rr. e Pazarit** sind ein schwacher moderner Ersatz für den alten Basar. Hier geht es auf der linken Seite entlang der Bushaltestellen zum **Muzeu Historik,** das zwischen Hochhausklötzen im ehemaligen Wohnhaus der Familie *Oso Kuka* untergebracht ist (siehe „Museen").

Der große schlanke **Uhrturm** auf der anderen Platzseite war schon zur Zeit seiner Erbauung im 19. Jahrhundert eines der Wahrzeichen der Stadt. Gleich daneben befindet sich das 1889 erbaute Wohnhaus eines Engländers namens **Lord Paget,** der von Shkodra aus den Protestantismus in Albanien verbreiten wollte. Er war unter anderem deshalb so bekannt, weil er Gottesdienstbesuchern Geld für den Besuch der Predigt bezahlt haben soll – jedoch ohne Erfolg. Heute ist in dem Gebäude das **Café-Restaurant Sahati i Inglizit** untergebracht, im Inneren mit dunklen hölzernen Decken und neo-gotischen Fenstern im ersten Stockwerk.

An einer Seitenstraße der Rr. Qemal Draçini, der alten Durchgangsstraße Richtung Montenegro, befindet sich die bekannte **Fototeka Kombëtare Marubi** (siehe „Museen"). Eine kleine Ausstellung präsentiert Fotografien aus einem der größten und bedeutendsten Fotoarchive Europas. Für eine Pause bietet sich der kleine **Park** zwischen der Rr. Vaso Kadija und der Rr. Hasan Riza Pasha an. Vom Sheshi Demokracia geht es am Rozafa Hotel, das man in Shkodra kurz Turizmi nennt, zum **Sheshi Nënë Tereza.** Von hier lohnt sich ein Abstecher in südwestlicher Richtung zum **Park Lulishtja e Parrucës** mit einem Denkmal zur Rozafa-Legende. Über die Rr. 28 Nëntori (28. Nov., Tag der nationalen Unabhängigkeit Albaniens) passiert man auf der rechten Seite das **Rathaus** im italienischen Stil.

Die **Rr. 13 Dhjetori** wird auch Venezianische Straße genannt oder ist noch besser als **Dugajet e Reja** bekannt (Straße der neuen Läden). Sie wurde Anfang des 20. Jahrhunderts von dem Architekten *Kole Idromeno* im italienischen Stil angelegt, mit der Idee, dem alten Basar hier ein neues Gesicht zu geben. Das stilvolle alte **Café Grand** aus dem 19. Jahrhundert wartet noch auf seine Wiedereröffnung, das imposante Gebäude im italienischen Stil ist der **Präfekturpalast,** schräg gegenüber befindet sich das **Alte Gymnasium** aus dem Jahr 1880, das unter König *Zogu* eine der besten Schulen des Landes war.

Eine sehenswerte Plastik aus weißen Kalksteinplatten des Shkodraer Künstlers *Pierin Kolnikaj* befindet sich gegenüber der Präfektur. Sie würdigt den albanischen Franziskaner, Poeten und Übersetzer **Gjergj Fishta** (1871–1940), der zu den wichtigsten kulturellen Persönlichkeiten und Literaten Albaniens in der ersten Hälfte des 20. Jahrhunderts gehört. *Fishta* wurde in Zadrima (im heutigen Mazedonien) geboren und studierte in Bosnien Theologie und Philosophie. Er war tief in die Nationalbewegung des 19. Jahrhunderts involviert und wirkte in der Klosterschule der Franziskaner in Shkodra viele Jahre als Lehrer der albanischen Sprache. Seine Liebe galt den volkstümlichen Dichtungen, der Poesie und traditionellen Musik, die er auf ausgedehnten Reisen in Nordalbanien sammelte. Seine über 30 Jahre fortgeführten Aufzeichnungen sind oft die einzigen Zeugnisse der ausschließlich oral überlieferten Stoffe und für die Wissenschaft eine unersetzbare Quelle zur nordalbanischen Volkskultur. Sein bekanntestes Werk „Lahuta e Malcis" (Die Laute des Hochlandes) ist eine Nachdichtung der Heldensagen Nordalbaniens, die meist in Begleitung einer Laute *(lahuta)* vorgetragen wurden.

Am **Sheshi i Parruces** steht die neue **Parruce-Moschee,** eine identische Kopie des alten Gebäudes und genau 40 Jahre nach der Zerstörung der alten Moschee durch die Kommunisten im Jahr 2006 eingeweiht.

Etwa 400 m weiter nordöstlich liegt inmitten eines umzäunten Gartens mit großzügigen Rasenanlagen die **Moschee Ebu Bekir** (auch Moschee Al-Zamil) mit zwei prunkvollen Minaretten und auffällig großen, modern gestalteten Fenstern. Die Hauptmoschee Shkodras wurde 1994/95 mit dem Geld des saudi-arabischen Scheichs *Zamil Abdullah Al-Zamil* im osmanischen Stil neu erbaut und bietet Platz für 1300 Gläubige. Sie steht auf dem Platz der berühmten Fushë-Çelës-Moschee, die über Jahrhunderte eine bedeutende Koranschule war und von den Kommunisten abgerissen wurde.

Der lange schmale Glockenturm im italienischen Stil des 19. Jahrhunderts, der von überall im Stadtzentrum zu sehen ist, gehört zur beliebten **Kisha e Freteneve** (Franziskanerkirche). Sie liegt hinter dem Hotel Colosseo auf der Rückseite der Moschee und wurde 1990 rekonstruiert, nachdem sie die Zeit des Kommunismus als große Lagerhalle überlebt hatte.

Rechter Hand des Rozafa Hotels erinnert ein Denkmal an **Luigj Gurakuqi** (1879–1925). Der Politiker aus Shkodra führte in Vlora an der Seite *Ismail Qemalis* den Nationalkongress an, als die albanische Unabhängigkeit ausgerufen wurde. *Gurakuqi* wurde Erziehungsminister der ersten albanischen Regierung, war dann nach der vorübergehenden Vertreibung des späteren Königs *Zogu* Finanzminister und wurde nach *Zogus* Rückkehr auf der Flucht nach Italien von dessen Gefolgsleuten ermordet. Seine politischen Verdienste liegen in der Sprach- und Bildungspolitik.

Zuletzt sei noch ein Denkmal am **Sheshi Perash** südöstlich des Sheshi i Parruces erwähnt: Die überlebensgroße Bronzeplastik von *Shaban Hadëri* stellt **Isa Boletini** (1864–1916) dar, einen der wichtigsten Anführer der kosovarischen Unabhängigkeitsbewegung gegen die Osmanen. Er wurde 1916 zusammen mit seinen Söhnen und Enkeln in Podgorica hingerichtet.

Stadtviertel Gjuhadol

Shkodra hat zwei gut erhaltene Stadtteile aus dem 19. Jahrhundert: Serrec und Gjuhadol. Letzteres befindet sich zwischen der Rr. 31. Dhjetori und der Rr.

Branko Kadia und ist mehrheitlich von Katholiken bewohnt. Hier findet man noch ein geschlossenes altes Wohngebiet mit traditionell gebauten Häusern, die von schönen Gärten und hohen Mauern mit alten Hoftoren umgeben sind. Die **Rr. Kolë Idromeno** ist Shkodras farbigste und am besten restaurierte Prachtstraße, Haus an Haus reihen sich hier Geschäfte des 19. Jahrhunderts mit großen Fensterfronten aneinander. Einige traditionelle Silberschmiede, Buchgeschäfte und Kunstgalerien haben sich angesiedelt. Ironisch wird die Fußgängerzone auch Caféstraße genannt, denn in der Mitte steht ein Sonnenschirm neben dem anderen. Die schönsten Geschäfts- und Wohnhäuser aus dem 19. Jahrhundert befinden sich, wenn auch teilweise in verfallenem Zustand, in der **Rr. Gjuhadol.** Einige sehen aus wie Kopien kleiner italienischer Adelspaläste, einige Gebäude wurden bereits originalgetreu restauriert. Auch die beschaulichen Seitenstraßen Rr. Murgeshave und Rr. Gurakuqevë lohnen einen Blick.

Stadtviertel Serrec

Dieses Stadtviertel liegt am Ende der Rr. Gjuhadol. Hier kann man die **Kisha e Madhe** besichtigen, die **katholische Kathedrale,** von 1856 bis 1898 als größte katholische Kirche des Balkan erbaut. Das elegante Gebäude im italienischen Stil neben der Kirche ist der Sitz des heutigen Erzbischofs. 1967 wurde die Innenausstattung der Kirche verwüstet

und das Gotteshaus danach zum Sportpalast umfunktioniert. Auf den eingerissenen Emporen baute man Tribünen ein, von denen man Basketball- und Volleyball-Spiele verfolgen konnte; einzig die Decke blieb erhalten. Heute ist davon nichts mehr zu sehen. Die Kirche wurde zum Symbol der Auferstehung des katholischen Glaubens in Albanien und von italienischen Spezialisten bis 1991 restauriert. *Mutter Teresa* weihte die Kirche bei ihrem Besuch in Albanien ein. *Pater Frana Ella,* wegen seines Glaubens im Kommunismus lebenslänglich verurteilt und 25 Jahre im Gefängnis, weihte die Kirche als neuer Erzbischof zusammen mit Papst *Johannes Paul II.* Sein Bildnis befindet sich im Inneren. Touristisch ist die Kirche vielleicht noch aus einem anderem Grund interessant: Zur

> ⌐ Shkodras Prachtstraße Kolë Idromeno

Sonntagsmesse und an kirchlichen Feiertagen trifft man hier auf viele Familien aus den verschiedenen Gebirgsgegenden Nordalbaniens, die nach Shkodra gezogen sind und am Sonntag noch ihre nordalbanischen Trachten tragen.

Museen

Muzeu Historik

Das ehemalige **Wohnhaus der Kaufmannsfamilie Kuka,** in dem sich das **Historische Museum** befindet, weist viele charakteristische Merkmale eines traditionellen Shkodra-Hauses aus der Zeit des 19. Jahrhunderts auf. So waren diese Häuser nicht nur Wohnort, sondern auch Arbeitsstätte. Entsprechend groß waren die Häuser, die Fassade nach Westen zum Licht hin ausgerichtet. Zu einem solchen Betrieb gehörte ein Garten, der die Familie und die Angestellten versorgte, einige Familien hatten Vieh, andere lebten zusätzlich vom Fischfang oder übten ein Handwerk aus. Dafür diente das große Untergeschoss mit einem offenen Bereich, dem *hajati*. Die kleineren geschlossenen Räume, die *ahuret,* waren durch ein großes Tor zugänglich und wurden als Ställe oder Speicher genutzt. Selbstverständlich hatte jedes Haus auch eine eigene Quelle. Das obere Stockwerk erreichte man über eine solide gemauerte und überdachte Steintreppe. Die Frauen hatten eine wichtige Stellung in der Familie, denn sie leisteten mit kunstvollen Handarbeiten und Seidenweberei einen wichtigen Beitrag zum Familienerwerb. Sie arbeiteten in einem vom Wohnbereich abgetrennten Raum im ersten Stock mit vielen

Fenstern. Wie üblich hatte so ein Haus einen *çardak* (Pergola) für den Sommer, eine zentrale Küche mit einem großen Brotbackofen und Holzherd, private Räume nach Geschlechtern getrennt, mit Toiletten, und einen Gästeraum mit besonders wertvoller Ausstattung.

In dem 1990 restaurierten Gebäude befindet sich im Untergeschoss eine liebevoll präsentierte sehenswerte **Ausstel-**

lung, die auf einer Sammlung der Franziskanischen Kirche basiert und immer wieder erweitert wurde. Anhand der ausgesuchten Fundstücke lässt sich die **Siedlungsgeschichte der Region** sehr gut nachvollziehen. Im Museumsarchiv befinden sich weitere 2700 originale, gut erhaltene Stücke, etwa 5.000 Originaldokumente und 40.000 pädagogische Schriften.

Im Obergeschoss zeigt die ethnografische Ausstellung unter anderem eindrucksvoll die Unterschiede der katholischen und muslimischen traditionellen **Trachten.**

☑ Kathedrale Kisha e Madhe –
im Kommunismus zur Sporthalle umfunktioniert

alba14-007 mg

Nordalbanien: Küstenebenen

An diesem Ort wird auch die Erinnerung an den Freiheitskämpfer **Oso Kuka** (ca. 1820–62) gepflegt, der in diesem Haus geboren wurde und sich 1862 im erbitterten letzten Widerstand gegen die montenegrinischen Streitkräfte auf der Insel Vranina im Shkodra-See mit seinen Kameraden in die Luft sprengte. Seine Geschichte thematisieren traditionelle Lieder und das Heldenepos „Die Laute des Hochlandes" von *Gjergj Fishta*.

Öffnungszeiten: Mo bis Fr 9–12 Uhr, am Wochenende geschlossen, Eintritt: 100 Lek, Rr. Oso Kuka, Tel. (022) 243 213, Führungen auf Französisch, Englisch und Italienisch, deutschsprachige Infotafeln.

Fototeka Kombëtare Marubi

Durch glückliche Umstände und die große Sorgfalt von drei Generationen einer Familie hat sich in Shkodra eine **einzigartige Sammlung von über 150.000 Fotoplatten** unterschiedlicher Formate erhalten, die eine der wertvollsten Fotosammlungen Europas darstellen. Die Ausstellung zeigt 50 ausgesuchte Vergrößerungen aus den Jahren 1858 bis 1959, die den Betrachter in eine längst vergangene Zeit zurückversetzen.

Den Anfang der Sammlung machte *Pietro Marubbi* aus dem italienischen Piacenza, der Italien 1856 aus politischen Gründen verließ und sich in dem liberalen Klima Shkodras unter dem Namen **Pjetër Marubi** als Künstler und Architekt niederließ. Der Pionier der Fotografie eröffnete 1858 das erste Fotostudio des Landes und fotografierte bevorzugt die großbürgerlichen Familien der Stadt und Freiheitskämpfer. Sein angenommener Sohn **Kel Marubi** (1870–1940) lernte das Handwerk des Ziehvaters und interessierte sich für ein breites Themenspektrum. Er fotografierte das Alltagsleben in und um Shkodra und beteiligte sich an der albanischen Unabhängigkeitsbewegung. Seine Fotografien mit ethnografischen Studien, von kirchlichen Festen, Menschen vieler Nationalitäten aus der Zeit der beiden Weltkriege, Kulturdenkmälern, Landschaften mit der einfachen Landbevölkerung, aber auch wichtiger Persönlichkeiten des kulturellen und öffentlichen Lebens sind einzigartige Zeitdokumente. Der Enkel **Gege Marubi** (1907–84) studierte in Lyon bei den berühmten Gebrüdern *Lumière* Fotografie und Filmtechnik und arbeitete dann bis zur Übernahme durch die Kommunisten im Betrieb der Familie. Aus Sorge um den Erhalt der Sammlung gab er 1974 die Negative in die Hände des albanischen Staates.

Durch **Schenkungen** vergrößerte sich die Sammlung um 70.000 Glasplatten und Celluloid-Filme des Shkodra-Fotografen *Shën Paci,* genannt *Shani,* aus der Zeit von 1924 bis 1962, um 50.000 Negative des Jugendfotografen und Fotoreporters *Dede Jokovas* von 1930 bis 1959, um 3000 Negative mit Kinderfotografien und städtischen Feiern von *Pjeter Rraboshta* aus der Zeit von 1959 bis 1975 und um 250.000 Negative von *Angjelin Nenshati,* der von 1959 bis 1984 den Alltag des kommunistischen Albaniens auf 24x36-mm-Leika- und Kodakfilmen festhielt.

Die einzigartige Sammlung überstand zum Glück auch die Unruhen von 1979, ging nicht nach Tirana, sondern blieb in Shkodra und steht heute unter dem Kuratorium einer französischen NGO und der UNESCO. Für die Zukunft besteht der Plan, eine größere Auswahl an Bildern in einem **neuen Museum** in dem ehemaligen staatlichen Bankgebäude in der Rr. 13 Dhjetori zu zeigen.

Öffnungszeiten: Di bis Fr 8–16 Uhr, Sa/So/Mo geschlossen, Rr. Muhamet Gjollesha (Hinterhof, Zugang durch Torbogen in Backsteingebäude), Tel. (022) 243 487, fotomarubi2004@yahoo.it. Eintritt: 100 Lek; im Büro (ital., franz.) werden Postkarten und Kalender verkauft, A3-Vergrößerungen aus dem Ausstellungsbestand auf Anfrage (ca. 2 Tage, ca. 20 Euro).

Tipp Die Website **www.albanianphotography. net** des Historikers *Robert Elsie* zeigt eine sehenswerte und liebevoll arrangierte (englisch kommentierte) Auswahl der frühen albanischen Fotografie.

Praktische Infos

Informationen/Nützliches

■ Die gut informierte Mitarbeiterin im **Informationskiosk** des Çelesi-Verlages vor dem Rozafa Hotel in der Rr. Studenti spricht fließend Englisch und ist ein Lichtblick unter allen Touristen-Informationen im Land. Ein kleines Sortiment an Reiseführern, Stadtplänen, Karten und Postkarten unterstreicht den guten Eindruck. Öffnungszeiten: 9–17 Uhr im Sommerhalbjahr, 9–16 Uhr im Winterhalbjahr, Sa/So 9–14 Uhr.

■ Immer sehr hilfsbereit und tatkräftig bei allen Reise- und Transportwünschen ist die **Reiseagentur Roza Rupa** am Blv. Skënderbeu nach dem Millenium-Kino, Tel. (068) 200 33 93, rorupaog@yahoo.com, www.nordalbania.com.

■ **Geld:** Im Zentrum gibt es ausreichend Bankautomaten. Geldwechsler warten an der Straße vor der Moschee Ebu Bekir.

■ Das **Postamt** befindet sich zentral am Sheshi Nënë Tereza, Tel. (022) 243 901, 243 731.

■ **Internet:** Viele Internetcafés finden sich im Zentrum, WLAN in der Bar Zvizra oder im Restaurant Shqiponja unterhalb der Burg direkt am Drin.

■ **Notfälle:** Med. Hilfe, Tel. 127, (022) 243 347; Polizei, Tel. 126, 127; Feuerwehr, Tel. 128, (022) 243 333, (022) 247 070.

Unterkunft

Hostels

■ **Mi casa es tu casa**①-②, Blv. Skënderbeu (gegenüber Kino Millenium), www.hostelworld.com, hostelshkodra@gmail.com, Tel. (069) 381 20 84. Wohnlich eingerichtete alte Villa mitten im Zentrum auf großem, abgeschlossenem Grundstück, alb.-ital. Besitzer, Gästeküche, große Veranda, WLAN, 4-Bett- und 8-Bett-Dorm, DZ, Zeltmöglichkeit im Garten, Fahrradreparaturen und Radverleih, organisierte Radausflüge in die Region.

■ **Otedis Shkodra Viola**②, Rr. Murgeshave 28 (Gjuhadol). 3- und 6-Bett-Dorm, EZ, DZ und 3-Bettzimmer, kein Frühstück, Gästeküche, Radverleih.

■ **Tradita Geg & Tosk, Gjon Dukgilajt**③, Rr. Edith Durham 4, Tel. (022) 240 537, (068) 208 60 56, www.hoteltradita.com. 7 DZ, zwei 2-Bett und ein 3-Bettzimmer, funktionale moderne Duschbäder, zwei Aufenthaltsräume, WLAN. Guesthouse oder Hotel? Auf jeden Fall ein Erlebnis, da man im Ambiente eines über 300 Jahre alten restaurierten Hauses lebt, das fast schon einem ethnografischen Museum gleicht. Die Besitzer vermitteln auf professionelle Weise albanische Gastfreundschaft. Im urigen, gut geführten Restaurant mit großem offenen Kamin wird gegrillt. Jahreszeitlich orientiertes Eventprogramm, Ausflugstipps.

■ **Unit**②, Rr. Hysej, Tel. (069) 725 00 20, www.unithostel.com, info@unithostel.com. 2-Bett- und 4-Bettzimmer mit Duschbad, mit und ohne Frühstück, helle, freundliche Einrichtung, WLAN, Barbecue im Hof.

2

Guesthouses

■ **Guesthouse Rajmonda Vasa**②, Rr. Pashko Vasa, Tel. (068) 208 60 56 (alb.), Kontakt auch über die Touristeninformation. Historisches Gebäude mit alter Ausstattung, liebevoll eingerichtet und gepflegt, schöner Garten in ruhiger Lage, 4 EZ, 2 DZ, inkl. Frühstück.

■ **Guesthouse Zvizra B&B 1**②, im OG über der gleichnamigen Bar, Rr. Kardinal Mikel Koliqi, Tel. (069) 408 15 52, ueli.s.landolt@gmail.com (dt.). 5 Zimmer mit Stockbetten, 3 Bäder, WLAN, AC, inkl. Frühstück, große Dachterrasse mit schönem Blick über die Stadt. Geöffnet nur im Juli/August!

■ **Guesthouse Zvizra B&B 2**③, 500 m nach dem Kreisel Richtung Koplik, 100 m nach der JukOil-Tankstelle auf der linken Seite (Schild), modernes, frisch renoviertes Wohnhaus in der zweiten Reihe in ruhiger Lage, Tel. (069) 408 15 22, ueli.s.landolt@gmail.com (dt.). 4 DZ, ein Familienzimmer, mit Duschbad, WLAN, AC, inkl. Frühstück, Balkon und große Terrasse. Begleitung und Vermittlung von Ausflügen nach Nordalbanien, Flughafentransfer nach Tirana und Podgorica.

■ **Florian Shkodra Guesthouse**③, Repart Ushtarak, Shtoj i Ri, gut 2 km nördlich des Zentrums, Tel. (068) 233 59 21, fokodra@hotmail.com (*Florian*). Privates Gästehaus auf einem dicht mit Wein bewachsenen Gartengrundstück; hier arbeiten Frauen zum Wohl des Gastes und kochen Köstliches (nicht nur) aus dem Garten. Viel Austausch mit anderen Reisenden, Tipps für die Reiseplanung. Kommen Gäste, macht die Familie ihre Schlafzimmer frei, was sicher nicht jedermanns Sache ist. Gutes Duschbad. Buchungs-, Preis- und Zimmerabsprachen sehr wichtig! Mit dem ersten Hahnenschrei beginnt der Tag. Anfahrt: Vom Sheshi Demokracia Richtung Montenegro (Schild) immer geradeaus auf der E 762 nach Shtoj i Ri, rechte Straßenseite am Ortsende (nur kleines Schild).

Hotels in der Stadt

■ **Bicaj**②, Rr. Besnik Ceka, günstiges, einfaches Stadthotel, Tel. (067) 311 31 00, 240 00 68, www.hotelbicaj.com, info@hotelbicaj.com. 18 EZ, 12 DZ, eine Suite, moderne Duschbäder.

■ **Brindi**②, Hotel in Bahnhofsnähe in der Rr. Revolucioni Antikomunist Hungarez, Tel. (069) 262 02 39. Kleine DZ mit Duschbad, Preis ohne Frühstück. Restaurant und Bar, Parkplatz im Hinterhof.

■ **Ideal**②, kleine Privatpension an der Rr. Daniel Matila nördlich der Rr. Kol Idromeno, über einem Café, Tel. (069) 235 37 38. Winzige Zimmer mit Duschbad, ohne Frühstück.

■ **Kaduku**②, zentrale Adresse rechts hinter dem Rozafa Hotel in einem älteren rosafarbenen Backsteinhaus mit gemütlicher Dachterrasse über dem Park, Sheshi Demokracia, Tel. (022) 222 24 22 16, (069) 255 12 30, www.hotel-kaduku.com, info@hotel-kaduku.com. 1 EZ, 3 DZ, 4 2-Bett-Zimmer, 1 3-Bett-Zimmer, neue, helle Zimmer mit einfachem Komfort, Duschbad, Sat-TV, Zentralheizung, Aufenthaltsraum, inkl. Frühstück, eingezäuntes Grundstück, 6 Parkplätze, Restaurant.

■ **Rozafa**②, das ehemalige Turizmi-Hotel ist eines der dominierenden Gebäude im Zentrum, Rr. Studenti, Tel. (022) 243 590, (068) 207 15 79, rozafa_hotel@yahoo.com. Preisgünstige Alternative mit abgewohnter Zimmerausstattung (original im kommunistischen Stil), funktionierendes Duschbad, teilweise auch Gemeinschaftsbäder auf dem Flur, Internet im Foyer, bewachter Parkplatz vor dem Hotel. Nur der Empfangsbereich ist neu, es wird renoviert. Im Sommer Lärmbelästigung durch Live-Musik im Park.

■ **Kolping**③, ruhiges Hotel nördlich der Kathedrale, Rr. Hile Mosi, Tel. (022) 245 492, (069) 211 82 64, kolpingshkoder@yahoo.it. 10 Min. zu Fuß vom Zentrum, kleine DZ mit Duschbad und guten Betten, z.T. AC, kleines Frühstück, große Veranda.

■ **Colosseo**④, Mittelklasse-Hotel in albanischmodernem Stil in zentraler Lage, Rr. Kolë Idromeno, Tel. (022) 247 513/14, (068) 296 01 30, www.colosseohotel.com, info@colosseohotel.com. 5 DZ, 7 EZ, 2 Suiten, elegant ausgestattet, Duschbad, Zentralheizung, AC, Sat-TV, Zimmer z.T. mit Balkon, Internet, Parkplatz, gutes italienisches Restaurant.

■ **Mondial**④, das Pendant zum Colosseo, aber neuer und angenehmere Zimmer, 14 DZ, z.T. mit Balkon, 3 schöne Suiten (Tipp!), Rr. Kol Idromeno, Tel. (022) 240 194, (068) 229 22 38, hotelrestaurantmondialshkoder@hotmail.com. Schön ist die nicht zu laute Dachterrasse. Nichtraucherzimmer.

Hotels außerhalb

■ **2 Lumenjte** (2 Flüsse)③, gegenüber der Burg, 500 m von der Buna-Brücke entfernt, Rr. për Muriqan, Tel. (068) 220 98 02. Rotes Gebäude mit 4 angenehm eingerichteten Zimmern mit Duschbad, AC, TV; Balkons mit romantischem Flussblick; gutes Restaurant mit traditionellen Gerichten, Fleisch- und Fischspezialitäten.

■ **Park Hotel Marku**③, ruhiges, kleines Familienhotel in schattigem Kiefernwald am Tarabosh, mit Blick über den See und die Stadt, 200 m nach der Buna-Brücke rechts (Schild), Tel. (022) 241 771, (068) 204 96 90. 4 komfortable DZ mit Duschbad, AC, TV; wer keine Zeit hatte, die Burg Rozafa richtig zu besichtigen, kann sich das tolle maßstabsgetreue Modell im Gartenrestaurant ansehen.

■ **Meteor**③, 5 km außerhalb von Shkodra an der Straße nach Han i Hotit, 4 DZ, 10 EZ, komfortabel, mit Duschbad, AC, TV, bewachtem Parkplatz, Restaurant mit traditioneller albanischer Küche.

Camping/Wohnmobile

[TIPP] **Camping Albania**②, GPS 41.98237, 19. 49123, 12 km südlich von Shkodra, 4 km nach Barbullush ausgeschildert mitten auf dem Land, Tel. (067) 380 72 07 (Fam. *Wesselingh*), www.camping-albania.eu, info@camping-albania.eu. Erster wirklich professioneller und sehr beliebter Campingplatz mit allen Standards in Albanien. Sehr gastfreundliche Atmosphäre, freundlicher niederländischer Betreiber mit drei heranwachsenden Kindern, guter Ausgangsort für die Erkundung des Nordens. Gepflegter Platz mit 60 Stellplätzen, saubere Sanitäranlagen, kleiner Hotelbetrieb, einfaches Restaurant, Pool, vielseitiges Ausflugsprogramm in die Berge, zum Koman-See, nach Kruja, Tirana, Shkodra, Velipoja. ADAC Card.

[TIPP] **Lake Shkodra Resort**②, GPS 42.13852, 19. 46616, 7 km nördlich von Shkodra zwischen Omare und Grile, Tel. (069) 275 03 37, (067) 411 79 47, www.lakeshkodraresort.al. Hoch gelobter Platz und guter Ausgangsort zur Erkundung des Nordens. Mit allem Komfort und Einrichtungen, WLAN, vorbildliche Sanitäranlagen. 2,5 ha großes Gelände mit eigenem Strand und direktem Seezugang. Unterschiedlich große, schön möblierte Zelte, Cottage bis zu 4 Personen. Sehr freundliche englisch-albanische Besitzer, gutes Restaurant, Frühstück, Angel- und Grillmöglichkeit, Boots- und Radverleih, gutes Ausflugsprogramm: Theth, Valbona, Koman-See, Shkodra. ADAC Card.

Essen und Trinken

Spezialitäten

Aus dem Shkodra-See *tavë karpi* (gebackener Karpfen) und *qefull në tjegull* (Meeräsche auf einem Dachziegel gebacken), ferner *jahni i Shkodres* (Gemüseeintopf mit Fleisch), *qofte me leng* (Fleischbällchen mit Soße), *fergez* (Hackfleisch mit Innereien vom Lamm mit Käse), *cacciamak* (Fladenbrot aus Maisgries), *tespixhe* (süßer Nudelpudding).

In der Region werden zwei fruchtige purpurrote **Rebsorten** angebaut, die, als junger Wein getrunken, einen hohen Gehalt an Alkohol haben und nach denen der Wein benannt ist: die lokale Kallmet- und die montenegrinische Vranac-Rebe.

Restaurants und Cafés in der Stadt

[TIPP] **Bar Zvizra**, hier zu sein heißt: „Jam te Zvizra – ich bin in der Schweiz" – und am richtigen Ort für die Erfüllung aller nur denkbaren Kaffeewünsche. Modern gestyltes Café mit großen Fotos aus der Schweiz an den Wänden. Schweizerisch-albanisches Besitzerduo, WLAN und auch empfehlenswerte Übernachtungsmöglichkeiten.

■**Villa Bektashi (Çoçja),** 1920er-Jahre-Villa im Gjuhadol-Viertel, Rr. Vaso Kadia, Tel. (022) 224 07 99, (069) 286 74 45. Im Erdgeschoss großes Café mit klassischer Theke und kleinen Räumen, im Sommer Gartencafé, im 1. Stock speist man großbürgerlich in den denkmalschutzgerecht restaurierten, hohen hellen Räumen. Lecker sind die traditionellen albanischen Suppen und die große Auswahl italienischer Vorspeisen, viel Fisch findet sich auf der Karte, aber auch Rindfleischgerichte mit Tomaten, Spinat und Käse. Der offene Wein und der gute Raki stammen von den Reben des Besitzers. Service und Qualität wechseln.

■**Centro,** gute italienische Küche im Qender Tregtare (Einkaufszentrum) in der Rr. Mjeda, Tel. (068) 238 89 72.

■**Chikago,** gemütliches Restaurant-Café und Bar im Dachgeschoss des Qender Tregtare mit großer Ausichtsterrasse und dem besten Blick auf die Stadt, Rr. Ndre Mjeda, kleine Gerichte italienisch-albanisch, gute Salate, Kuchen, eigenes Eis und viele Desserts. 6–23 Uhr geöffnet.

■**Country Club,** in einer der ältesten Straßen der Stadt in einem Haus im venezianischen Stil, Rr. Kolë Idromeno, Tel. (068) 219 78 81. Innen typischer Country-Look, einfache Grillgerichte, die gut schmecken.

Tipp ■**San Francisco,** Rr. Kolë Idromeno, gehobene Küche, gute Desserts, aufmerksamer Service, sehr schöne Terrasse.

Tipp ■**Idromeno,** gehobene Küche zu einem guten Preis in der Rr. Jorgji Karamitri (bei der Präfektur), Tel. (022) 225 02 63, info@idromeno.com. Durch ein großes elegantes Café gelangt man in das großzügig möblierte italienisch-albanische Restaurant; vielfältige Fischkarte, traditionelle Grillgerichte und Kebabs, alles frisch und gut zubereitet, Wein aus Montenegro.

■**Muzeu,** zentrales, vom Verkehr abgeschirmtes Restaurant am Sheshi Demokracia, Tel. (069) 226 42 49. Mit großem Garten und dunkler, etwas „musealer" Gaststube in schönem alten Haus. Albanisch-italienische Küche, Pizza, aber nichts Besonderes.

■**Palma,** bekannter Studententreffpunkt an der Uni auf zwei Stockwerken einer gelben Villa, Rr. Kolë Idromeno, Tel. (022) 224 08 64. Spezialitäten aus Albanien, Montenegro und Italien.

■**Piazza Park,** direkt am Blv. 28 Nëntori, Tel. (022) 224 90 90. Zentraler Treffpunkt mit netter großer Terrasse mitten im Zentrum, gemütlich, umfangreiche italienische Speisekarte, Pizza, albanische Salate und guter Käse. Abends Musik.

■**Rozafa-Burgrestaurant,** tolle Aussicht auf die Flusslandschaft vom Nebenraum, Tel. (069) 206 60 44, 254 31 89. In der Sitzecke fühlt man sich wie vor Jahrhunderten; gute traditionelle Küche, Pizza.

■**Tradita Gege & Toske,** Eintritt durch ein kleines Heimatmuseum, das das Leben der nordalbanischen Bauern und Hirten dokumentiert. Toller großer Feuerplatz, an dem das Feuer den ganzen Tag brennt, wo gegrillt und Fladenbrot gebacken wird. Rr. Skenderbeu 4, Tel. (022) 224 05 37, (068) 208 60 56, www.tradita_gt@yahoo.com. Traditionelle nordalbanische Küche, Eventprogramm, Ausflüge in die Alpenregion auf Anfrage. 7–1 Uhr.

■**Vivaldi,** kleines Familienrestaurant 100 m abwärts von der Kathedrale in Gjuhadol, Tel. (022) 242 052. Fisch nach Shkodra-Art, Pizza vom Holzofen und viele albanische Grillgerichte. Kleine Terrasse hinter dem Haus, jeden Fr und Sa Live-Musik mit viel Lebenslust. Chef *Alfred* arbeitete als Ingenieur in Kanada und verwirklicht seine Lebensidee in Shkodra. Die Wochenendeinnahmen kommen bedürftigen Mitbürgern zugute, die hier unter der Woche Mittagessen bekommen.

Restaurant außerhalb

■**Shqiponja,** modernes Flussufer-Restaurant unterhalb der Burg mit schöner, erholsamer Außenterrasse direkt am Drin, Tel. (068) 216 25 07, (069) 209 46 43, www.restaurantshqiponja.com, info@restaurantshqiponja.com. Ambitionierte albanisch-italienische Küche aus Shkodra, frische Fischgerichte, elegantes Café, zuverlässiges WLAN, Spielplatz – bis auf den Minizoo mit bedauernswerten Bären und einem Affen eine Topadresse.

Nordalbanien: Küstenebenen

Restaurants und Cafés
an der Straße von Shkodra nach Zogaj

Tipp **Restaurant Pizzeria Illyria,** Rr. për Muriqan, 700 m nach der Buna-Brücke, großes, ruhig gelegenes Ausflugsrestaurant mit schönen Außenanlagen und Terrassen mit Blick auf Buna und Drin, gutes und sehr günstiges Angebot regionaler Gerichte, große Pizzen.

■ **Da Hilma (Real),** hier legt der Chef selbst Hand an und kocht hausgemacht und gut, während der Gast den Blick von der Terrasse auf den See genießt. Tel. (068) 225 44 96.

■ **Park Hotel Marku,** das schönste Restaurant in Shiroka, oberhalb des Shkodra-Sees, Tel. (022) 241 771, (068) 204 96 90. Großzügige Gartenterrasse im Schatten großer Kiefern, vielfältige Speisekarte von traditionellen Fleischgerichten bis zu typischen Fischgerichten (frischer Fisch aus Fluss und See).

■ **Panorama-Seerestaurant,** an einer kleinen Bucht mit Privatstrand unmittelbar vor Zogaj, Tel. (068) 294 10 50. Während der Fisch aus dem Becken (Forelle, Aal, Karpfen, Äsche) frisch zubereitet wird, kann man im Pool baden oder eine Runde im See schwimmen gehen (eine der wenigen guten Möglichkeiten am albanischen Seeufer). Zelten im Garten. Shuttleangebot für Gruppen.

Tipp **Taberna Shkodrane,** sehr gute Adresse zum Fischessen auf einer perfekten Seeterrasse in Zogaj, Tel. (068) 294 10 50, taverna@shkodra.info. Sa ab 12 Uhr traditionelle Live-Musik, außerhalb der Saison aus der Konserve. Tipp für alle Musikfreunde! Reservieren!

Nachtleben

■ **Colosseo P.V.N.,** Rr. 13 Dhjetori, Hotelbar.

■ **D'Dore,** Univiertel L. Gurakuqi.

■ **Enigma,** neben dem Hotel Colosseo mit schöner Terrasse und guten Cocktails, beliebter Treffpunkt, 6–22 Uhr.

■ **Extasy Club,** am Nordende der Rr. 13 Dhjetori, Tel. (069) 263 48 87, Studententreff, 8–22 Uhr.

■ **Jadore Club,** im Univiertel am Sheshi 2 Prilli, Tel. (069) 221 66 66, viel Balkanpop, 8–24 Uhr, Sa bis 2 Uhr.

■ **Orient,** Bul. Zogu I., 800 m vom Sheshi Demokracia links in der Rr. Banje e Vogël. In den kleinen Räumen des noch richtig gut erhaltenen alten Hamam aus dem 18. Jahrhundert sitzt man traditionell auf dem Boden in kleinen Sitznischen vor rot gestrichenen Wänden; Studententreff, am Wochenende abends Party, sonst 9–21 Uhr.

■ **Piazza Park,** direkt am Bul. 28 Nëntori.

> Fassadendetail der Kisha Ortodokse

Taxi

■ **Zentraler Taxistand** am Sheshi Demokracia, ferner entlang der Straßen stadtauswärts nach Süden. Kurzstrecke 100–300 Lek, zur Burg und zurück 500 Lek, nach Shiroka 600 Lek, zum Rinas Airport Tirana 40 Euro.

Fahrrad

Wegen des Verkehrs und der Baustellen auf der Nationalstraße Richtung Norden ist Radfahrern von und nach Montenegro unbedingt die Strecke über den Grenzübergang Muriqan zu empfehlen, die für Lastwagen gesperrt ist.

☑ Unterwegs in Shkodra

Reisen/Transport

Entfernungen

■ **Mit der Fähre:** Shëngjin 60 km (40 Min.), Durrës 105 km, Vlora 224 km, Bar 46 km.

■ **Mit dem Pkw:** Tirana 100 km, Lezha 37 km, Kukës/Morina 176 km, Ohrid 280 km, Fier 160 km, Han i Hotit 37 km, Muriqan 16 km, Velipoja 32 km, Skopje 235 km, Podgorica 60 km.

Bahn

■ Der **Bahnhof** ist ein restauriertes Gebäude im Osten der Stadt am Ende der Rr. Antikommunist Hungarez. Von dort sind es zu Fuß etwa 15 Min. ins Stadtzentrum immer geradeaus über den Bul. Skënderbeu zum Sheshi Demokracia (mit dem Taxi 300–400 Lek).

■ Es gibt einmal täglich eine **Verbindung nach Durrës/Tirana:** Shkodra ab 5.40 Uhr, Tirana an 9.28 Uhr; Tirana ab 13.10 Uhr, Shkodra an 17 Uhr. Richtung Montenegro fahren nur Güterzüge.

alba121 mg

Stadtbus

■ Es gibt nur eine Linie zwischen der **Drin-Brücke** an der Straße nach Tirana und dem **Industriezentrum** im Norden, die durch das Zentrum verläuft; Abfahrten alle 10–20 Min.

Überland-/Minibusse

■ **Tirana/Durrës:** Busse jede volle Stunde 6–17 Uhr, Minibusse nach Bedarf.

■ **Theth:** Minibusse um 6 Uhr, im Juli/August zeitweise auch um 12 Uhr.

■ **Vermosh:** Minibusse um 7 und 14 Uhr.

■ **Koman:** zwischen 6.30 und 8 Uhr morgens; nur der erste Bus erreicht die Linienfähre in Koman um 9 Uhr, die private Fähre ab Koman *(Mario Molla)* geht um 9.30 Uhr, Taxis fahren den ganzen Tag über.

■ **Puke:** Minibusse um 7 und 11 Uhr.

■ **Koplik:** Minibusse täglich bis ca. 15 Uhr.

■ **Minibusse nach Ulcinj (Montenegro)** starten rechts vor dem Rozafa Hotel: an Ulcinj 9 und 15 Uhr, ab Ulcinj 6 und 13 Uhr. Podgorica (Flughafen) auf Anfrage, Preis ca. 40 Euro; besser die Strecke über Ulcinj und Budva wählen. Tickets nach Ulcinj und Pogradec (Flughafen) gibt es nur bei Samsel Travel, Rr. Vaseli Shanto, Rozafa Hotel, Tel. (026) 471 57, (068) 205 93 21, samsel_travel@yahoo.it, oder Rr. Don Bosco, Tel. (026) 501 41, Öffnungszeiten: 7.30–15 u. 17–20 Uhr.

■ **Nach Athen:** Tickets bei Balkania Lines, Rr. Marin Barletti, Tel. (069) 261 24 55, in Tirana Bul. Zogu i Parë, tägl. ab Shkodra 1.30 Uhr, an Athen 18 Uhr, 25 Euro, über Ioannina (20 Euro), Patra (23 Euro), Stopps auch an der Autobahnbrücke in Durrës (2.45 Uhr), Tepelena und Gjirokastra.

Einkaufen

■ **Qendra Artizanit,** Rr. Pazarit (Kunsthandwerkermarkt, siehe oben „Das ehemalige Basarviertel").

■ **Silberarbeiten,** mehrere kleine Läden in der Fußgängerzone Rr. Kole Idromena.

Feste, Feiertage, Veranstaltungen

■ **Februar:** Karneval

■ **6. Mai:** Fest der Blumen

■ **Juni:** Dita e Liqenit të Shkodrës (Tag des Shkodra-Sees)

■ **August:** Shkodra Festivali Jazz; Logu e Bjeshkëve, Këlmend (Trachtenfest), am 2. Augustwochenende (Samstag)

■ **September:** Giffoni Film Festival

■ **1. Januar:** Neujahrsfest

■ **Festival Mbarëkombëtar i Këngës Popullore Qytetare** (Nationales Folkfestival), der Termin wechselt.

Außerhalb von Shkodra

Westlich von Shkodra

Liqeni i Shkodrës

Im Gegensatz zu den drei anderen großen Seen im Osten des Landes ist der **Shkodra- bzw. Skutari-See** relativ jung: Er entstand erst während der letzten großen Eiszeit vor etwa 18.000 Jahren und ist eigentlich nichts anderes als eine riesengroße Bodensenke, die sich beim Abschmelzen der Gletschergebiete in den Hochgebirgsregionen mit Schmelzwasser füllte. Der Wasserspiegel des bis zu 60 Meter tiefen Sees liegt deutlich unterhalb des Meeresspiegels. **Auch heute noch schwankt sein Wasserstand** jährlich um 5 bis 10 Meter, wenn im Frühjahr die Schneeschmelze aus dem Gebirge, hauptsächlich durch die Morača in Montenegro, in den See abfließt. So verändern sich auch die Ausdehnung des Sees und die Wasseroberfläche, die je nach Wasserstand bis zu 540 km² einnimmt – fast die Fläche des Bodensees. Der See hat zahlreiche Zuflüsse und unterirdische Quellen, die durch den karstigen Untergrund kaum zu verfolgen sind. Einer dieser Quellen entspringt die **Buna,** die den einzigen Abfluss des Sees bildet, sich bei Shkodra mit dem Drin vereint und dann nach 40 Kilometern in die Adria fließt. Kurioserweise wird die Buna zwei bis drei Monate während der Frühlingsschneeschmelze in den Albanischen Alpen durch die großen Wassermengen des Drin in den See zurückgedrängt und ändert für diesen Zeitraum ihre Fließrichtung. Vor den Umweltauflagen für die Industrieanlagen am oberen Lauf des Drin kam es so immer wieder zu großen Schadstoffeintragungen in den See. Heute entspricht die Wasserqualität im See EU-Standards.

Tipp: Die wenig befahrene **Straße über das Rumija-Gebirge** (1.600 m) oberhalb des abgelegenen südlichen Seeufers von Virpazar über Ostros nach Vladimir (auf der **montenegrinischen Seite,** Grenzübergang Muriqan) ist nur geschottert und entsprechend langsam befahrbar. Sie ist ein einzigartiges Erlebnis für jeden Naturliebhaber und zählt zu den schönsten, wenn auch nicht gerade bekanntesten Panoramastraßen Europas. Von oben überschaut man die riesige Seefläche des Skutari-Sees mit ihren riesigen grünen Teppichen weiß blühender Seerosen, mit gelben Teichrosen und Wassernuss-Pflanzen, ein Paradies für Fische, Amphibien, Insekten und Wasservögel. Zu den schönsten Plätzen am See gehören die uralten Esskastanienwälder beim Dorf Ostros.

Auf der anderen Seeseite, an den nördlichen, flachen und regelmäßig überschwemmten **albanischen Uferzonen,** hat sich bei **Koplik** eine ca. 20 km² große, auf Torf schwimmende Röhrichtlandschaft mit Weidendickichten ausgebildet. Hier lebt noch eine sehr kleine Kolonie des Krauskopfpelikans auf ihrem westlichsten Vorposten in Europa.

Zu Zeiten des Eisernen Vorhangs war der See als **Grenzgebiet** in weiten Teilen Sperrzone, sodass die Natur keinen wesentlichen Eingriffen des Menschen ausgesetzt war. Für **Zugvögel** ist der See bis heute einer der wichtigsten Rast- und Futterplätze auf ihren weiten Flügen quer durch Europa. Für die Menschen der Region und die vielen getrennten Familien auf beiden Seiten des Sees war die politische Öffnung ein überaus glückliches Ereignis, während die Natur, besonders die Vogelwelt, ein Opfer der unkoordinierten Entwicklung rund um den See wurde. Während vor der Wende 1991 bis zu 300.000 **Wasservögel** am Skutari-See brüteten, sind die Bestände inzwischen gewaltig geschrumpft. In den beiden letzten Jahrzehnten haben hier vor allem deutsche NGOs (GIZ und EuroNatur) sehr viel für den **Naturschutz** bewegen können. In Zusammenarbeit mit der Nationalparkverwaltung in Montenegro, dem Naturhistorischen Museum in Podgorica und der albanischen Organisation Apawa wurden umfassende Bestandsaufnamen der Brutvogelkolonien gemacht und ein grenzüberschreitendes Nutzungskonzept für einen gelenkten sanften Naturtourismus mit abgestuften Schutzzonen entwickelt. Ranger werden ausgebildet und die Bevölkerung über die ökologische Bedeutung des Sees aufgeklärt. Dazu werden illegale Jagdgäste gezielt mit Flugblättern angesprochen. Seit 1983 ist der montenegrinische Teil des Sees **Nationalpark,** 2005 kam der mit 40 Prozent etwas kleinere albanische Seeanteil dazu. Damit wurde der Skutari-See auch ein sehr wichtiger Baustein des Biotopverbundes „Grünes Band Europa". Ein wichtiger Erfolg war die Durchsetzung eines Jagdverbotes für Zugvögel für den gesamten See im Jahr 2011.

Shiroka (Shirokë) und Zogaj

Das albanische **südliche Ufer** unterhalb der Tarabosh-Berge ist noch sehr beschaulich, ländlich und naturbelassen. Der weite Blick auf die riesige Wasserfläche des Shkodra-Sees mit den Bergen im Hintergrund gehört unbedingt zu einem Eindruck von Shkodra dazu. Rund um die beiden **Fischerdörfer** Shiroka (alb. warmer Wind) und Zogaj (alb. Vögel) gibt es einige gute Möglichkeiten, günstig und sehr gut Fisch zu essen. Wenn man mit dem Auto unterwegs ist, sind die ruhig gelegenen Übernachtungsmöglichkeiten am See durchaus eine gute Alternative zu den städtischen Hotels. In Zogaj gibt es auch einige private Unterkünfte (auf Anfrage vor Ort), die allerdings in der Hochsaison im Juli und August mit Sicherheit ausgebucht sind. Einige wilde, dafür aber nicht überlaufene Badestellen sind vorhanden, besonders am vorderen und hinteren Abschnitt des Seeufers; die Albaner bevorzugen die Adriastrände. Im Hochsommer hat der See mit 27 Grad fast Badewannentemperatur!

Anfahrt: Mit dem Pkw nach Querung der Buna-Brücke rechts abbiegen. Minibusse täglich ab Sheshi Demokracia oder Taxi (Shiroka 3 km, Zogaj 10 km vom Stadtrand). Zur Grenze nach Montenegro existiert ein Fußpfad, es gibt aber keine Übergangsmöglichkeit, der nächste Grenzübergang ist in Muriqan.

Südlich von Shkodra

 Delta e Bunës

Die Buna, oder montenegrinisch **Bojana,** entspringt im Skutari-See und mündet nach 40 Kilometern mit drei Flussarmen in einem riesigen urwüchsigen Flussauengebiet in die Adria. Das **Buna-Delta** lag 40 Jahre in grenznahem Sperrgebiet. An den Stränden und Uferzonen, in den Sumpfgebieten und im Schilfdickicht konnten sich so Rückzugsgebiete und Rastplätze für Wasservögel entwickeln. Die wenigen Fischadlerbrutpaare aus Brandenburg, Würgfalken aus Ungarn und Schelladler aus Polen machen hier Station, entlang der Buna brüten zahlreiche seltenen Wasser- und Watvögel, die vom Aussterben bedrohte Moorente hat hier ihr einziges albanisches Brutgebiet. Die deutsche Naturschutzorganisation EuroNatur, die sich seit vielen Jahren auch am Bujana-Buna-Delta in zukunftsweisenden Projekten für den Erhalt der Vogelwelt einsetzt, nennt das Gebiet sehr treffend die „**Arche Noah der Adria".**

Doch nicht alle Touristen kommen in friedlicher Absicht zum Baden oder aus Faszination für diesen einmaligen Lebensraum. Wie am Shkodra-See ist auch hier die **illegale Vogeljagd** (von Veranstaltern organisiert oder privat) in den Wintermonaten eine jährlich wiederkehrende Katastrophe. Es sind besonders viele italienische Jäger und Wochenendtouristen in großen Pkws mit Kennzeichen aus Tirana, die auf alles zu schießen scheinen, was sich am Himmel bewegt. Das Gemetzel sorgt nicht nur in Naturschutzkreisen jedes Jahr für weltweite Negativschlagzeilen.

Im Flussdelta liegen zwei große **Inseln: Ada** auf der montenegrinischen Seite und die kleine **Franz-Joseph-Insel (I. Franc Jozefit)** in Albanien. Sie entstand erst 1881 durch Ablagerung von Schwemmsanden, zur selben Zeit, als die russische Kriegsflotte ein österreichisches Schiff gleichen Namens versenkte, um den Berliner Kongress unter Druck zu setzen, das albanische Ulcinj Montenegro zuzuschlagen – daher der Name der Insel. Die fünf Hektar große Insel Ada war schon zu jugoslawischen Zeiten ein riesiges FKK-Badeparadies.

Im **albanischen Teil** des Auenwaldgürtels liegt das **Velipoja-Schutzgebiet.** In dem großen Schwemmsandgebiet finden sich große sumpfige Tümpel und ausgedehnte sandige Kiefernwaldgebiete, die sich besonders in den frühen Morgenstunden gut für Tierbeobachtungen und Strandwanderungen eignen. An dem hellgrauen Naturstrand wuchert mediterrane Vegetation wie kaum noch sonst am Mittelmeer, mit wildem Buschwerk und Weidengestrüpp bis dicht ans Wasser. Im Sommer eignet sich das Gebiet ideal für Erkundungen mit dem Mountainbike.

Anfahrt: Die albanische Seite des Deltas erreicht man über die Straße nach Velipoja; am besten, man bleibt gleich am Ortseingang und parkt dort, wo die schnurgerade Straße Richtung Küste eine scharfe Linkskurve macht, durchquert die Kiefernwaldzone und läuft dann etwa 4 km Richtung Norden bis zur Franz-Joseph-Insel; über den Plastikmüll an der Flussmündung ist nur schwer hinwegzusehen. In der Hochsaison im Sommer ist das Naturschutzzentrum in Velipoja besetzt und erhebt 150 Lek Parkgebühr und 50 Lek Eintritt.

Velipoja (Velipojë)

Wo vor zehn Jahren noch ein einfaches Fischerdorf inmitten sandiger Kiefernwälder lag, erreichbar nur über eine holprige Piste durch das flache Marschland, sind heute Hunderte meist illegal errichteter Häuser entlang der Küste entstanden, die man von Shkodra nach 35 Kilometern auf einer bestens ausgebauten Landstraße erreicht. Der zentrale Strandzugang (ohne Ausschilderung) liegt im alten Zentrum, ansonsten gibt es inmitten der **wilden Bebauung** kaum eine vernünftige Infrastruktur.

Velipoja wird touristisch stark beworben, ist der **beliebteste Strand Nordalbaniens** und wird im Sommer vor allem von Kosovaren und Nordalbanern besucht. Im Juli und August reiht sich über Hunderte von Metern Sonnenschirm an Sonnenschirm und der Strand ist völlig überfüllt. Doch wie überall in Albanien bleiben die Einheimischen gerne dort, wo man bequem mit dem Pkw hinkommt – die reizvolle Umgebung ist zur selben Zeit fast genauso menschenleer wie in der Vorsaison. Im Hochsommer ist das Verkehrschaos immens und

Parken trotz des zentralen Strandparkplatzes (1 Euro) eine chaotische Angelegenheit. Übernachtungsmöglichkeiten finden sich genügend, permanent entstehen neue Hotels und Apartmenthäuser.

Anfahrt: Ab Shkodra verkehren den ganzen Tag Minibusse im Pendelverkehr.

Laguna e Vilunit

Wenn man Velipoja ignoriert und die zentrale Küstenstraße immer weiter nach Süden fährt, überquert man einen größeren Entwässerungskanal und folgt einem sandigen Fahrweg nach links durch einen Kiefernwald bis zum Eingang der **Lagune von Vilun**. Das abgeschiedene, von Marschen umgebene Brackwasser ist etwa 300 Hektar groß, nur drei Meter tief und ein Paradies für Fischotter, die hier einen idealen Lebensraum vorfinden. Über 200 Zugvogelarten sind hier gezählt worden. Die Lagune eignet sich hervorragend zum Angeln und für Ausflüge mit dem Boot.

Rëra e Hedhur

Tipp: Den landschaftlich vielleicht interessantesten Küstenstreifen der Region erreicht man über eine 300 Meter lange Holzbrücke (nur für Fußgänger und Zweiräder), die den natürlichen Zufluss der Lagune überquert und zum Fischerdorf **Baks-Rjoll** führt. Nach einer etwa acht Kilometer langen Wanderung entlang der noch völlig unberührten Küste Richtung Süden erblickt man Rëra e Hedhur (**Geworfener Sand**), eine zwei Kilometer breite, steil aus dem Meer aufsteigende Düne, die am Fuß der Renc-Berge angeweht wurde (daher der Name). Ein heftiger steiler Aufstieg führt weiter auf die **Maja e Zezë** (Schwarzer Berg), ein landschaftlich faszinierendes Plateau mit wilden Obstbäumen und Kornellkirschen, von dem man einen unvergleichlichen Blick auf die Adria-Küste genießt. Baks-Rjoll erreicht man auch über eine sehr ausgefahrene Piste von der Landstraße, die Düne auch vom Hafen von Shëngjin aus.

Östlich von Shkodra

Ura e Mesit

Die beeindruckende **Mesi-Brücke über den Kir** ist die am besten erhaltene und größte Steinbrücke aus der osmanischen Zeit. Sie wurde unter *Mehmet Pascha Bushati* als Verbindung zwischen Shkodra und Drisht in der Mitte des 18. Jahrhunderts gebaut und lag auf dem alten Handelsweg über das Dukagjin in den Kosovo. Die Brücke ist 108 Meter lang, drei bis vier Meter breit und weist 13 steinerne Brückenbögen auf; der mittlere Bogen überspannt den Kir auf einer Länge von 13 Metern. Die moderne Brücke über den Fluss liegt direkt daneben.

Anfahrt: Vom Sheshi Demokracia in Shkodra auf der Rr. Qemal Draçini Richtung Montenegro 1 km geradeaus, am Sheshi Rus i Madh nicht durch die schattige Allee (Rr. Europa), sondern rechts die Rr. Lëvizja e Postribës 6 km geradeaus dem Flusslauf des Kir folgen bis nach Mes.

2

Drisht

Das **antike Divastium** liegt etwa sechs Kilometer weiter talaufwärts östlich von Mes in der Nähe des Dorfes **Kale,** ist aber nur mit Allradfahrzeug erreichbar. In der Spätantike gehörte die bekannte Burg zu einer Kette von Burgen, die die Festung Shkodra schützten. Bis zur osmanischen Eroberung war Drisht von großer strategischer Bedeutung für die Region.

Nördlich von Shkodra

Entlang der flachen, verschilften Ufer des Shkodra-Sees führt die neue Nationalstraße gut ausgebaut bis zur Grenze nach Montenegro (Grenzübergang Han

alba14-008 sg

i Hotit). Man überquert den **Kir** und den **Rjoll,** die riesige Erosionsflächen aufgeschwemmt haben und in den Shkodra-See abfließen. Leider werden die Ebenen zunehmend durch planlose Bebauungen zersiedelt. Doch sobald man von der Hauptstraße in Richtung Gebirge abfährt, kommt man in den Genuss großartiger Landschaftseindrücke. Hier, wo das Gebirge unvermittelt aus den Schwemmlandebenen aufsteigt, liegen die Zufahrten zum **Kir-Tal** (mit dem Pkw nur bis Prekal), über Boga nach **Theth** und durch das Vermosh-Tal über Tamara nach **Vermosh** (siehe im nächsten Kapitel).

☑ Ura e Mesit, erbaut im 18. Jahrhundert

3 Nordalbanien: Albanische Alpen

Immer mehr Naturliebhaber, Wanderer und Alpinisten entdecken die bezaubernde Bergwelt einer abgelegenen Region, die bis vor Kurzem kaum jemand in Europa kannte.

⊲ Çifteli-Ensemble auf dem Llogu i Bjeshkëve im Kelmend

3

ÜBERBLICK

Die Albanischen Alpen (auch Prokletitje genannt) stehen für unberührte Natur und traumhaft schöne hochalpine Berglandschaften, deren geringe Erschließung heute einen großen Zauber auf die Besucher ausübt. Die drei großen Hochtäler dieser Bergregion, das Vermosh-Tal in der Malësia e Madhe im albanisch-montenegrinischen Grenzgebiet, das Theth-Tal im östlichen Dukagjin und das Valbona-Tal in der Malësia e Gjakovës, sind noch weitgehend unbekannte großartige Wander- und Trekkingziele, obwohl es wohl nirgendwo sonst auf dem Balkan ein vergleichbares hochalpines Gebirge von solch einer beeindruckenden schroffen und wilden Schönheit gibt. Für Mountainbiker ist die Region sehr gut für Rundtouren geeignet, es gibt auch ausgezeichnete Möglichkeiten, um Forellen zu angeln.

Dieses große Grenzgebiet zwischen Albanien, Montenegro und Kosovo reichte früher bis in das Bergvorland bei Tuzi südöstlich von Podgorica, war aber immer ein umstrittenes Grenzland zwischen Serben und Albanern. Endgültig getrennt wurde die Region erst 1949, als sich Albanien gegen Jugoslawien durch große Sperrgebiete auf den Bergkämmen abriegelte. Das Projekt Balkans Peace Park verfolgt seit vielen Jahren die Idee, die Menschen der verschiedenen Staaten in grenzüberschreitenden Aktionen wieder zusammenzubringen, und ist eine Investition in die Zukunft (www.balkanspeacepark.org).

Reisetipps für die Albanischen Alpen

Wandern, Trekking

Die Täler Vermosh, Theth und Valbona bieten **sehr gute Möglichkeiten** für Wanderungen und Trekking. Zu den drei Regionen gibt es gutes Kartenmaterial und deutsch- oder englischsprachige Wanderliteratur. In allen drei Gebieten ist ein weitläufiges Wanderwegenetz durch Steinmarkierungen ausgezeichnet. Professionelle örtliche Führer stehen an allen Orten zur Verfügung, auch unter der Dorfjugend gibt es im Sommer treue Begleiter in größerer Auswahl. Die Ausschilderungen sind generell gut. Die Bergrettung ist schlecht, umso wichtiger ist es, bei Wanderungen in Eigenregie eine Notapotheke mitzuführen.

Skitouren

Da es im Winter sehr häufig lang andauernde Schneefälle und oft tagelangen Nebel gibt, gilt das **Frühjahr** als die besser geeignete Jahreszeit. Die Schneehöhen sind in den letzten Jahren sehr unterschiedlich gewesen, bei konkreten Planungen sollte man kurzfristig per Mail Anfragen zu den Passübergängen, offenen Unterkünften und Straßenverhältnissen machen.

Tagesausflüge (Pkw ab Shkodra)

Wer nur auf der Durchreise ist oder nur Zeit für einen allerersten Eindruck hat, könnte auf dem Weg nach Vermosh zumindest bis **Tamara** fahren, dort eine längere Pause einlegen und dann am selben Tag zurückfahren. Die Schotterpiste ist mit dem Pkw befahrbar und wird regelmäßig ausgebaut und instand gehalten. Auch ein Abstecher nach **Boga,** das auf dem Weg nach Theth liegt, bietet bereits große landschaftliche Reize und könnte noch mit einem Besuch von **Razma** erweitert werden.

Malësia e Madhe

Die Malësia e Madhe, das Große Bergland, ist das **nördlichste Gebiet der Albanischen Alpen.** Das wild zerklüftete karstige Bergland erstreckt sich vom Shkodra-See und von Rjoll im Westen entlang der montenegrinischen Grenze vom Kir-Tal zum Vermosh-Tal und grenzt im Süden an den Dukagjin.

Geschichte

In der Vergangenheit waren die Bewohner der Malësia e Madhe als Bergvolk bekannt, das sich jeder Einflussnahme staatlicher Herrschaft und Gewalt widersetzte, sodass abgelegene Gebiete wie der Kelmend während den ganzen 500 Jah-

> Aufruf zum Natur- und Umweltschutz

Nordalbanien: Albanische Alpen

MONTENEGRO

Morakovo
2199
Medjuriječje
Granika
Tuzi
Andrijevica
Luge
Spaleviči
Konjuhe
Bojoviče
Ulotina
9
Lazine
Murino
V.Kamenik
1784
Jablan
Lijeva Rijeka
Brezojevica
Polič̌e
Bresku
Plavsko
jezero
Kuti
E80
E65
2
Pelev
Brijeg
Vermosh
Vermosh
Das Vermosh-Tal
134
Gusinje
Kopilje
Kržanja
M. e Vilës
2097
Lëpushë
131
Bioče
Der Kelmend
(Malesia e Kelmendit)
Bjeshkët e Namuna
Velje Bardo
Vraničke Njive
Kozor
Korita
Vukël
SH20
127
149
Valbonë
Gorica
2
18
Cijevna
M. e Radohimës
2568
137
Parku
Kombëtar
Lugina e
Valbonës
E80
Podgorica
18
Trabojin
Rrapshë-
Stare
Bogë
137
Parku
Kombëtar
Thethit
139
Treth
Rragam
L.Kuqi
E65
2
Cijevna
E762
Tuzi
Hot
Razëm
M. e Mardomit
2179
Ndërlysë
L.Pajë
Aэρ e r
Podhum
18
Vukpalaj-
Bajzë
Bzhetë-Makaj
Bzhetë
Curraj i Epërm
L.Vogël
Lekbibaj
Ivanaj
SH1
E762
Gjuraj-Boks
D u k a g j i n
137
Nacionalni park
Skadarsko jezero
Kamicë-
Flakë
Repisht
Shalë
Brashtë
Sermë-Toplanë
Koplik
Kurt-Kurtaj
Prëkal
Lesnnica
Telumë
Kiloqjen
146
Skadarsko jezero
117
Liqeni i Shkodrës
Boboviste
Grilë
Ura e
Shtrenjtë
122
Drisht
Mali i Cukalit
Liqeni i Komanit
Millë
Ostros
Ckla
Shtoji i Ri
121
Ura e
Mesit
Koman
Zogaj
119
Shiroka
(Shirokë)
Dobraç
94
Kir
Shkodra (Shkodër)
SH25
Karmë
164
Puka
(Pukë)
Rumija
Malī i Golishit
SH24
Vidhgar
SH5
Liqeni i Vaut të Dejës
M. e Gzhoprës
848
Dush
SH5
Krute
2-4
SH41
SH27
SH1
Ashte
Shirq
Juban
Sheldi
SH5
E851
Bjeshkët e Tërbunit
2-4
Ambula
Šasłojez.
Belaj
SH28
Mnela e
Madhe
Consige
Vrith
Ulcinjska
Solana
Čas
Gomsiqja e Re
SH29
SH1
E762
Mabë
Nënshat

Drejle
Kučište
9
Čakor
Banjica
Djurakovac
Vitomirica
Peć
9
Zlokućane
Klina
Koznjar jezero
Lješane
PećkaBistrica
Duge Njuve
Grebnik
9-1

Nacionalni park Prokletije
▲ Bogdas 2530
Plav
Hridsko jezero
Streoci
Bralići
DečanskaBistrica
9-1
Čekič
Gjeravica ▲ 2656
Strugs
Dešani
KOSOVO
Llapuqeva
Liqenii Sulbicës
Liqenii Shkjaut
Janxhikut jezero
Rakoc
Crmljan
Čerem
Junik
Babajloc
9-1
Reservat Strikt Natyror Lumi Gashit
Osek Hill
Krena
Orahovac
Dragobi
150
Gedaj
Ponoševac
Djakovica
Das Valbona-Tal
Kasaj
Žub
Zrze
V. Kruša
Valbona (Valbonë)
147
SH22
Sopot
M. e Begajt ▲ 1237
M. e Zanit ▲ 1062
Lipovec
Bajram Curri
SH22
Bujan
Prush
SH23
Mali i Kunorës
Zjum
Bytyç
Kepenek
M. e Plasit ▲ 1044
Golaj
Vlahën
Našek
Gash
Fierzë
SH22
Leniq
SH23
Liqeni i Fierzës
Krumë
Gorožub
M25
R7
Suka e Arstit ▲ 1242
Mëzi
Bok-Mirakë
Hasit
R113
Mali i Koritnikut
M. e Malit ▲ 1668
SH22
Vau i Spasit
Liqeni i Kuq
SH23
Mali i
Domaj-Has
Morinë
SH5
E851
Plava
Megullë
SH5
E851
Gjinaj
Gjegjan
Kalimash
164
Kukës
SH26
Dragaš
163
Fushë Arrëz
A1
Bele
Blinisht
Rrapë
M. e Runës ▲ 1856
E851
SH31
Borje
SH30
Lumëzi
Mollëkuqe
Nangë
Gjalzica
Topojan
SH26
M. e Suçelit ▲ 1476
Hebe
Dardhanë
Domaj
Tërshënë
Lumës
Gjegjan
Malësia e Shenjtit
Arrën
M. e Kallabakut ▲ 2125
Rras
A1

Mali i Gjakovës
Mali i Munellёst
Martanesh
Lepro
Thatë
Drini i Zi
Borje

ren osmanischer Besatzung niemals ganz von den Türken kontrolliert werden konnten. Im **Kommunismus** galten die Bewohner des Großen Berglandes als Feinde des albanischen Volkes und waren zudem als Katholiken schweren Verfolgungen ausgesetzt. Trotz der schweren Klimabedingungen in der von der Außenwelt fast ganz abgeschnittenen Region waren die kommunistischen Landwirtschaftsprogramme darauf ausgelegt, der karstigen Landschaft Höchsterträge abzuringen. Als der kommunistische Staat 1991 zusammenbrach, drohten ganze Täler zu entvölkern, weil die Menschen vor den harten Lebensbedingungen und langen Wintern flüchteten. Heute gehört die Malësia e Madhe immer noch zu den **ärmsten Regionen des Landes** mit dem geringsten Landbesitz von 0,18 Hektar pro Familie. Verschiedene NGOs und kirchliche Träger sind mit Förderprogrammen auch heute noch in den Dörfern tätig, um den wirtschaftlichen Aufbau der Region zu unterstützen.

In harten Wintern sind Schneehöhen bis zu vier Metern nicht ungewöhnlich. Ganze Dörfer und abgelegene Höfe sind dann über Wochen und Monate durchgehend von der Außenwelt abgeschnitten, immer wieder auch ohne Stromversorgung. Gebiete abseits des Tourismus waren im Jahr 2012 besonders betroffen. Dächer stürzten ein, Hunderte von Tieren verendeten wegen Futtermangel, den Menschen fehlt es immer wieder an guter, warmer Winterkleidung. Alles Dinge, die man sich als Tourist kaum vorstellen kann, wenn man im Sommerhalbjahr in dieser herrlichen Natur unterwegs ist. Die Menschen, die sich heute für ein Leben in den Bergen entschieden

haben, wissen, dass eine Verbesserung ihrer Lebensverhältnisse nur durch Hilfe von außen erreicht werden kann. Vor allem die Entwicklung des Bergwandertourismus ist einer der größten Hoffnungsträger.

Reisezeit und Klima

Wer wandern will, sollte seinen Aufenthalt in die Zeit zwischen Ende Juni und Mitte September legen. Die Malësia e Madhe gilt als **regenreichstes Gebiet Albaniens.** Hier stauen sich die warmen Luftmassen, die von der Adria kommen, mit der Folge oft tagelanger ergiebiger Regenfälle.

Im **Sommer** kann das Wetter sehr schnell umschlagen, sodass man immer geeignete Schutzkleidung dabeihaben sollte. Der trockenste Monat ist der August, aber auch dann kann es mal regnen oder stark bewölkt sein. Auch im Juni kann es nachts noch empfindlich kalt werden.

Im **Winter** können die Bergregionen von Theth, Vermosh und Valbona über Wochen oder Monate von der Außenwelt abgeschnitten sein, denn die Region ist überreich mit Schnee gesegnet. Einige Zufahrten, die über schattige Nordhänge führen, können durchaus erst Mitte Mai bis Anfang Juni wieder ganz eisfrei sein. Hier muss man sich kurz vor der Reise erkundigen, wie die Lage ist. Wegen des hohen Schnees im Winter können Höhen ab 1500 Meter erst ab dem 1. Juli si-

> Sommer im Kelmend

3

Nordalbanien: Albanische Alpen

cher begangen werden, da in der Tauperiode das Einbrechen in von Schnee bedeckte Karstlöcher sehr gefährlich ist.

Anreise nach Vermosh

Vom Shkodra-See geht es über die **Ebene von Hoti** mit deutlich montenegrinisch geprägten Häusern auf die **Hochebene von Rrapsh-Starja.** Nach karstigen Blockformationen endet die Hochebene an dem Steilabfall der oft gefilmten einzigartigen **Serpentinenstraße Leqet e Hotit,** die mit großartigen Ausblicken 500 Meter tief ins wilde **Cem-Tal** hinunterführt. Die Strecke verläuft dann weiter am Cem entlang, an ausgesetzten Fußgängerhängebrücken und einzeln stehenden großen grauen Steinhäusern vorbei, auf beiden Seiten begleitet von

steil aufragenden Bergwänden. Nach Brojë und **kurz vor** der Brücke von **Tamara** teilt sich die Straße: nach Nikç (östlich), und nach Norden ins Vermosh-Tal.

Der Kelmend

Der Kelmend, die **„Perle der Albanischen Alpen",** ist eine Landschaft der großen Gegensätze, die auf jeden Besucher einen ganz besonderen Reiz ausübt. Die Römer nannten diese Bergwelt Climens, was so viel wie ruhig und friedlich heißt. Im Zentrum dieser kleinen **Bergregion zwischen Theth- und Cem-Tal** liegen die **Bjeshkët e Namuna,** die Verwunschenen Berge, in denen man extrem felsige Karstlandschaften findet. Hier liegen die über 2.000 Meter hohen

alba14-009 sg

alba016 hns

Gipfel des Mali i Çardakut, des Mali i Bridashës und des Mali i Radohimës. In dem trockenen Berggebiet gibt es **über 100 Karsthöhlen,** von denen nur wenige erforscht sind. Im **Cem-Tal** durchquert man felsige, stark zerklüftete Bergschluchten, in die mächtige, quergestellte Steilwände in das Flusstal hineinragen. Die Perlen des Kelmend sind die lieblichen Almwiesen von Lepusha und das waldreiche Hochtal von Vermosh.

Das Bergdorf **Tamara** liegt auf einer kleinen Talebene in einer 1.000 Meter tiefen Senke, wo der obere Cem von Selca und der Cem von Nikç zusammenfließen. Ein türkischer Wesir aus Shkodra ließ im 19. Jahrhundert eine **Brücke über den Cem** bauen, die er nach seiner Frau *Tamara* benannte und die dann der Siedlung den Namen gab. Das Dorf hat heute 500 Einwohner, ist seit 1935 Verwaltungszentrum der Region Kelmend

⌃ Trachtenfest Llogu i Bjeshkëve –
Wer wird die schönste Braut?

unterhalb des Mali Grude, wandernd zu erreichen, die 310 Meter lange und bis zu 25 Meter breite **Shpella Make Grud,** eine der größten und bedeutendsten Karsthöhlen des Kelmend.

Landschaftlich sehr lohnend ist der Abstecher über Koshinja und Vukli nach **Nikç,** wo eine gigantische Steilwand das Tal versperrt.

Die **Piste nach Vermosh** führt nördlich von Tamara direkt am Flussbett des Cem in eine wilde karstige Region, wo sich immer wieder riesige Blockwände in die Schlucht stellen. Die Bergwelt rund um das Tal hat eine Fülle von fantastischen Karstformationen, Höhlen und Wasserfällen aufzuweisen. Einen der schönsten Wasserfälle der Albanischen Alpen kann man wandernd von Selca aus zwischen Mregu und Grega in der **Gryka Shkallës Peroçicës** erreichen. Ebenso bekannt ist der **Canyon von Selca,** der so schmal ist, dass sich die Bäume auf beiden Seiten des Abgrundes berühren. Stetig ansteigend geht es von Selca durch die Steinwüsten des Cem-Tals hinauf zur **Qafa e Predelecit.** Hier führt der Weg ins **Lepusha-Tal,** wo sich auf 1.260 Metern eine paradiesische Wiesenlandschaft ausbreitet. Mächtige Berge rahmen mit ihren tief bewaldeten Hängen saftige, glazial überformte Weiden, auf denen sich die großen grauen Steinhäuser von Lepusha mit ihren tief heruntergezogenen Dächern in vier kleinen Dörfern weit über das Tal verteilen. Mit 4,20 Metern ist Lepusha der Ort mit der höchsten gemessenen Schneehöhe in Albanien. Im Frühjahr nach der Schneeschmelze ist das Tal gelb von Sumpfdotterblumen, die albanisch *lepusha* heißen und dem erst im 20. Jahrhundert besiedelten Ort den Namen gaben.

und hat durch seine extreme Lage unter den steilen Bergmassiven genug Potenzial, vielleicht einmal ein neuer Kult-Ort der Backpackerszene auf dem Weg nach Valbona zu werden. Die zwei einfachen Bar-Restaurants, ein Landhandel, ein kleiner Minimarket mit einer Ecke für lokale Produkte und einfachem Kunsthandwerk sind ein Grund zum Anhalten. Ein Tipp sind der farbige, mit Likör versetzte Raki und die frisch zubereiteten Forellen, für die das Cem-Tal bekannt ist. Nordwestlich von Tamara liegt

3

Praktische Infos

Informationen

◼ **Zyra e Informacionit Turistik Tamarë,** Kelmend, Malësia e Madhe, Tel. (069) 472 46 58, www.kelmend-shkrel.org, Website einer italienischen NGO, 2012 z.T. noch im Aufbau, Vermittlung von lokalen Führern über info@Kelmend-shkrel.org.

◼ **www.kelmend.info,** Website der Kommune Kelmend (englisch). Hier findet man viele Vorschläge für Tages- und Rundwanderungen und vier Karten zum Downloaden. Tipp: Die vier Fotogalerien über die Naturschönheiten, Menschen und die Kultur des Kelmend anschauen.

◼ **Wanderkarte:** www.kelmend.info/pics/pdfs/touristicmapkelmend.pdf.

Unterkunft

◼ **Adriatik Cekaj,** Tamara, Tel. (069) 301 98 10, 6 Personen, ganzjährig.

◼ **Luigj Cekaj,** Lepusha, Tel. 00382 (0)69 455 603, 4 Betten, ganzjährig.

◼ **Mark Pepaj,** Tamara, gazzea@hotmail.com, ganzjährig.

◼ **Gjon und Lina Turkaj,** Nikç, Tel. (069) 243 54 66, 5 Betten.

◼ **Kelmendi Guesthouse,** Lepusha, Qafë Predeleci, Dodë und Vera Dragu, Tel. 00382 (0)69 202 36 81, 26 Betten, dazu 8 Betten im Privathaus.

◼ **Ilir & Gjystina Grizhaj,** Lepusha, Tel. 00382 (0)69 272 630 und 00382 (0)69 659 158, 4 Betten.

Volksfest

◼ Wer im August im Kelmend ist, sollte die Gelegenheit nicht versäumen, dort **eines der schönsten Trachten-Volksfeste Albaniens** zu besuchen. Es nennt sich **Llogu i Bjeshkëve,** was so viel wie „Wiese der Bergbewohner" heißt. Tatsächlich ist der Austragungsort eine weite Hochalm mit einem herrlichen Bergpanorama oberhalb der Qafa e Predelecit beim Dorf Lepusha. Ursprünglich geht das Fest auf das Kirchfest des Hl. Premdes zurück, zu dem die Bewohner der umliegenden Dörfer einmal

im Jahr zusammenkamen, um die schönste Braut der Region zu bestimmen. Als 1998 die Tradition wieder auflebte, nahm zuerst nur eine Handvoll junge Frauen an dem Wettbewerb teil. Heute ist die Veranstaltung mit ihren farbenprächtigen Trachten und Tanzvorführungen ein überregionales Ereignis, zu dem auch immer mehr ausländische Gäste den Weg finden. Das Fest findet jedes Jahr am zweiten August-Wochenende (Samstag) statt.

Das Vermosh-Tal

Der ausgedehnte weite Talboden des Vermosh-Tals liegt von über 2.000 Meter hohen, zerklüfteten Bergketten umgeben, erhaben auf 1.055 Metern Höhe. Mit seinen großen alpinen **Hochweiden,** waldreichen **Bergen,** zahlreichen **Bergbächen, Wasserfällen und Höhlen** ist das Tal ein idealer Ausgangsort für einen längeren Wanderaufenthalt. Aufgrund der langen Abgeschiedenheit im albanisch-montenegrinischen Grenzgebiet haben sich auf den Bergwiesen bis heute über 30 verschiedene Heilpflanzen, endemische Pflanzenarten und eine artenreiche Tierwelt erhalten. Von den Höhen eröffnen sich weite Blicke hinüber nach Montenegro. Das Tal wurde erst Ende des 19. Jahrhundert vom Cem-Tal aus besiedelt, daneben gibt es auch Familien aus Peja, Gusinje und Plav, die zum katholischen Glauben übertraten und katholische Nachnamen annahmen. Traditionell lebt man hier nach Montenegro und Kosovo orientiert, nicht zum entfernten Shkodra.

Vermosh ist das nördlichste Dorf Albaniens, das sich mit fünf Weilern weitläufig über elf Kilometer entlang der breiten Schotterfelder des Vermosh ausbreitet. Die Franziskanerkirche, eine Grundschule, ein Gesundheitszentrum, einfache Bar-Restaurants, ein einfaches Hotel und zahlreiche Zimmer-Anbieter fanden sich bis vor Kurzem an der ausgefahrenen Schotterstraße. Doch Vermosh hat sich wie kaum ein anderer Ort in den Bergen in den letzten Jahren rasant verändert. Seitdem das Tal bis zum Ende breit durchasphaltiert wurde, sind neue Gebäude wie Pilze aus dem Boden geschossen, Grundstücke wurden abgegrenzt – Vermosh ist im Aufbruch!

Anfahrt

Minibusse

Ab Shkodra fahren Minibusse vom zentralen Abfahrtsplatz Richtung Norden, 1,3 km vom Stadtzentrum an der Straße (evtl. Taxitransfer), ab 6 Uhr nach Tamara und Vermosh, Rückkehr nach Shkodra ab 13 Uhr von Vermosh.

Pkw

Ab Shkodra sind es knapp 40 Kilometer über Koplik nach **Han i Hotit,** wo unmittelbar vor dem Grenzübergang am Ende des **Liqeni Hotit** rechts durch eine Unterführung die kleine Straße nach Tamara abzweigt; bis Vermosh sind es dann noch einmal 65 Kilometer. An der Unterführung stehen oft Anhalter, da die Busse nur in großen Abständen fahren. Alternative: Bei einer Anreise von Norden her kann man das Gebiet auch über den kleinen Grenzübergang von Gusinje (24 Std. geöffnet) aus Montenegro erreichen. Fahrzeit: 1 Stunde ab Shkodra bis zur Abzweigung, 1 Stunde nach Tamara, je nach Fahrzeug etwa 2 Stunden nach Vermosh.

Straßenzustand

Asphalt nur die ersten 10 Kilometer hinter Han i Hotit durch die Ebene bis zum Anstieg auf die Höhe, dann 25 Kilometer Naturpiste bis Tamara, die auch an den steilen Abfahrten breit ausgebaut ist. Ab Tamara mit dem Pkw über 30 Kilometer streckenweise nur langsam und bedingt befahrbar, aber machbar, ab dem Zusammentreffen der Straße vom Grenzübergang Gusinje/Montenegro bis Vermosh breit geteert.

Unterkunft in Vermosh

In Vermosh finden sich inzwischen so viele Unterkünfte, dass man vor Ort eine **gute Auswahl** hat. Namen und Telefonnummern auf einfachen Schildern erleichtern die Orientierung. Im Hochsommer empfiehlt sich auch hier eine **Buchung im Voraus,** was online auf www.albanian-mountains.com am einfachsten geht. Doch auch, wenn man spontan kommt, bleibt man nicht ohne Bett – Anbieter, die noch einen Schlafplatz haben, schauen oft selber nach Gästen, oder jemand telefoniert in der weitläufigen Verwandtschaft, bis sich etwas findet.

Outdoor

■ **Fahrrad:** Die ganze Bergstrecke ab Hoti mit ihren sehenswerten Nebentälern bietet sich sehr gut für eine mehrtägige Mountainbike-Tour an.

■ **Wandern:** Zwei-Tages-Wanderung von Theth über die Qafa Pejës, Qafa e Drobraçes und Qafa e Koprishti nach Lepusha und Vermosh.

Nordalbanien: Albanische Alpen

3

Mary Edith Durham (1863–1944)

Mary Edith Durham war eine der ersten westlichen Frauen, die in britischer Tradition auf **ausgedehnten Reisen** den **Balkan** besuchte. Eine besondere Zuneigung entwickelte sie dabei für Albanien, das damals zu den unbekanntesten und abgeschiedensten Regionen gehörte. Unter ihren sieben Büchern über den Balkan wurde **„High Albania"** der bekannteste Titel. Mit einem immer dem Menschen zugewandten Blick machte sie unzählige Aufzeichnungen und Skizzen über Sitten und Gebräuche, die von großem anthropologischen Wert sind.

„… Wir stiegen durch das Flussbett hinab nach Gimaj, einem Dorf von Shala, und folgten dem Tal hinauf. Der Fluss wurde zum reißenden Strom, von Fels zu Fels springend, an beiden Seiten von mit Kiefern bewachsenen Bergen überragt, alle Häuser waren als Kullas gebaut – mit Schießscharten für Gewehre. Ein letzter Aufstieg brachte uns in die Ebene von Theth, ein großartiger wilder Ort, an dem sich das Tal öffnet. Das Land ist dort kultiviert und durch raffinierte kleine Kanäle gut bewässert. Große einzelne Felsenbrocken liegen verstreut umher, auf denen Kullas stehen. Es hat einmal jemand gesagt, dass Augen die Fenster der Seele sind. Wenn ein

Mann Rot sieht und zuschlägt, werden seine Pupillen zu schwarzen Flecken. Genauso wie die leeren fensterlosen Wände der Kullas, mit ihren winzig kleinen Schlupflöchern, die immerzu bedrohlich sind. Ich glaube, kein Platz der Welt hat jemals einen so starken Eindruck von majestätischer Abgeschiedenheit auf mich gemacht. Es ist ein Ort, an dem Jahrhunderte in einem Moment vorbeiziehen; der Fluss wirkt wie ein Quellborn der Welt, seine Ufer sind der wahre Ort elementarer Instinkte – und plötzlicher heftiger Leidenschaften. Ein großer, quadratischspitzer Felsen zur Linken war mit zerbrochenen Fichtenstämmen bedeckt, von einem schweren Schneebruch im Winter heruntergerissen. Weiß und ausgebleicht von der Sonne lagen sie da wie die Knochen von Toten. Andere standen aufrecht und hager. ‚Das ist Gottes Altar mit Kerzen darauf', rief einer der Männer, der bei mir war. Am allerletzten Ende des Tales erhebt sich eine Bergkette, die Prokletije (Die verfluchten Berge) genannt wird. Die Berge werden so bezeichnet, wie mir in Shala und im unteren Pula erzählt wurde, weil die Türken über sie nach Nordalbanien kamen. Andere Routen erscheinen zwar wahrscheinlicher, aber für meinen Teil glaube ich an lokale Überlieferungen. Zumal es eine bittere Wahrheit ist, dass über dem ganzen Land noch der Fluch des türkischen Einflusses liegt. (…) Die Kirche und das Pfarrhaus stehen in der Mitte der Ebene – ein solides, schindelgedecktes Gebäude mit einem Glockenturm. Es ist vor allem dem Einfluss der Franziskaner zu verdanken, dass Theth nahezu frei von Blutrache ist. In etwas mehr als vier Jahren sind hier nur zwei Fälle aufgetreten."

(*E. Durham,* High Albania, Übersetzung der Autorin aus dem englischen Original)

alba017 mg

3

Der Dukagjin

Der Dukagjin umfasst das abgelegene **Tal der Shala** und das **Kir-Tal** mit seinen Seitenflüssen, die beide noch nicht mit befestigten Straßen erschlossen sind. Wegen seiner besonderen landschaftlichen Schönheit ist vor allem das **Theth-Tal** bekannt, das ganz im Osten des Dukagjin liegt. Theth ist nicht einfach zu erreichen, was den Reiz des Ortes vielleicht sogar noch steigert. Verlässt man Koplik am Shkodra-See in Richtung Nordosten, hat die Anfahrt nach Theth begonnen (zur genauen Beschreibung siehe weiter unten bei Theth). Die asphaltierte Straße führt schnurgerade an den ersten großen Lavendelfeldern Albaniens entlang und direkt auf die großen Bergketten der Malësia e Madhe zu, die unvermittelt aus der topfebenen **Mbishkodra-Ebene** wie auf einem riesigen Tablett aufgestapelt emporsteigen. Durch Wachholder und Koniferenbuschwald geht es durch eine überaus idyllische Bergwelt mit steinumfassten alpinen Weiden und Siedlungen mit alten Steinhäusern.

In **Dedaj** erreicht man die Abzweigung nach **Razma** (1.066 m), das sich bei einem Tagesausflug nach Boga als zweites Ziel anbietet. Die Natur um das Dorf **Vrith** wurde bereits im 19. Jahrhundert von dem deutschen Geologen Baron *Nopska* als Erholungsort entdeckt und war ab den 1920er Jahren die Sommerfrische der Kaufleute von Shkodra. 1953 wurde das Gebiet verstaatlicht und diente als Jagdrevier der Parteibonzen und ihrer Gäste. Heute ist das im Winter meist schneefreie Berggebiet mit vier

Hotels und einigen Restaurants ein beliebtes Ausflugsziel.

■ **Hotel Misardi**①, in Koplik an der Hauptstraße am Ortsende. Einfache DZ mit Duschbad, ohne Frühstück.

■ **Razma Resort**④, Landhotel und Wellness-Resort, www.natyralrazmaresort.com, info@natyralrazmaresort.com, Tel. (068) 604 54 57. Modern-rustikale DZ mit hellem Holz und Duschbad, AC, Balkon, WLAN, inkl. Frühstück. Pool.

■ **Bar Kafe Restaurant Zef Gjek Nikaj**②, Boga, Tel. (069) 380 34 57. 2 einfache, albanisch eingerichtete Gästezimmer im Restaurantanbau mit Duschbad; gute Campingmöglichkeit auf angrenzender Wiese.

Auf dem Weg von Boga nach Theth überquert man den Gebirgspass **Qafa Buni e Thorës** (1.786 m). Von hier sieht man in das weit entfernt liegende obere Shala-Tal und hat die steinigen Zacken der Zweitausender-Gipfel des oberen Theth-Tals vor sich. 1936 kam mit dem Bau der Straße das erste Auto nach Theth. Das Denkmal am Pass erinnert an die in Albanien sehr geschätzte englische Forscherin *Edith Durham,* die auch Theth bereiste (siehe Exkurs).

Parku Kombëtar i Thethit

🦋 Der 1976 gegründete, 2.639 Hektar große **Theth-Nationalpark** ist ein einzigartiges Ensemble einer **bäuerlichen** altertümlichen **Kulturlandschaft,** die sich etwa zehn Kilometer über den weiten Talboden des oberen Shala-Tals erstreckt, umgeben von einem Kranz großartiger Berge, alten Bergwaldbeständen und alpinen und subalpinen Weiden. Landschaftliche Höhepunkte

3

alba132.es

im wahrsten Sinne des Wortes sind die mächtigen Gipfel der zahlreichen zerklüfteten **Zweitausender,** die das Tal mit ihren zackigen Spitzen aus weißem und rosafarbenem Dolomit- Kalk rundum bekränzen. Auf den zwei der Maja e Jerzercës (2.692 m) vorgelagerten Gipfeln Maja Alijës (2.118 m) und Maja Papllukës (2.569 m) auf der Nordseite des Tals sind meist das ganze Jahr über große Firnfelder zu sehen. Im Osten ragen die Maja Valbonës (1.965 m) und Maja Zezë (1.923 m) empor, im Süden der Gipfel der Maja Zorgjit (1.663 m). Im Westen sind die Maja Shtegut (2.104 m) und Maja Radohimës (2.568 m) zu sehen.

Zwei Drittel der Nationalparkfläche sind von Wald bestanden. In den tieferen Berglagen von 750 bis 850 Metern dominieren **Mischwälder** aus Kaukasusfichten, Mannaeschen und Haselbüschen. In den Wäldern der höheren Lagen stehen noch beeindruckende alte Baumriesen. Hier sieht man vor allem Rotbuchen, Espen- und Bergahorn-Mischwald, aber auch Weißtannen, Eiben, Schwarzkiefern und die seltene endemische Schlangenhautkiefer, die die felsigen Erosionszonen bei Okoli und die Osthänge des Theth-Tals bevorzugt. An der Übergangszone zur Baumgrenze wachsen undurchdringliche Dickichte von niedrigen Krummholzkiefern. Unter den **1.600** gezählten **Pflanzenarten** sind zahlreiche bedrohte Arten, von denen einige nur in diesem Alpengebiet

⌂ Badespaß bei Theth

vorkommen, und über **100 Heilkräuterarten** wie Bergbohnenkraut, Bergtee *(Çaj i Malit)* oder Bergthymian. Besonders bekannt sind die gelbe Albanische Lilie, das Dukagjin-Veilchen, die Albanische Glockenblume, aber auch europäische Arten wie verschiedene Enziane und Edelweiße.

Zu den kleineren seltenen **Tieren** der Bergwelt gehören der Schwarze Alpensalamander, Bergmolche, Gelbbauchunken, Eidechsen in den verschiedensten Farbschattierungen und mehrere Natternarten. In den Wäldern leben zahlreiche Spechtarten, in den Felsenzonen Falken und andere Raubvögel, in den Beerenstrauchgebieten auch das nur selten zu beobachtende Auerhuhn.

Theth

Der **Theth-Bach** entspringt im obersten Talbereich bei Okoli und durchquert das Tal mit einem breiten Flussschotterbett, bis er sich bei Ndërlysaj mit dem Lumi i Zi zur Shala vereint. Hier liegt auch der Weg zum Grunas-Canyon und zur Blauen Quelle bei Kapreja. Die großen grauen Steinhäuser von Theth mit ihren mächtigen Walmdächern liegen weit verstreut auseinander. Das **fruchtbare Tal** besteht aus einer großen Wiesenlandschaft, in der sorgfältig eingezäunte Mais- und Getreidefelder liegen; jede Familie versorgt sich aus dem Gemüsegarten, in dem üppiges Gemüse gedeiht. Die Nachbarn erreicht man über Wiesenpfade und zahlreiche Weidezaunleitern.

Wenn man vom Gebirgspass Qafa Buni e Thorës kommend die Holzbrücke über den Bach überquert, liegt das **Dorfzentrum** nicht weit entfernt in südlicher

Richtung bei der Dorfkirche. Die Straße führt am Talrand entlang in Richtung Süden.

Anfahrt

Allrad/Pkw

Der **kürzere Weg** führt von Shkodra über Koplik nach Boga und dann über die Qafa Buni e Thorës (1.786 m) nach Theth (ca. 50 km). Wegen Schnee und Vereisung ist der Pass nur von Mitte Mai bis Ende September sicher befahrbar. Im Mai 2014 war die Straße bis zum Pass geteert, nach dem Pass aber definitiv nur mit einem Allradfahrzeug zu befahren. Abholung durch Guesthouse-Betreiber auf Anfrage oft möglich.

Die **längere Variante** (130 Kilometer) führt durchs Kir-Tal über Prekaj, Kiri und dann weiter durchs Shala-Tal über Nikaj-Shala nach Ndërlysaj und Thethi. Diese Strecke ist in der Regel ganzjährig befahrbar, da im Kir- und Shala-Tal im Winter nur wenig Schnee liegt.

Minibusse

Im Sommer bestehen tägliche Verbindungen von Shkodra ab 6 Uhr morgens von der zentralen Abfahrtsstelle nach Norden im Stadtteil Lagjia Rus (evtl. Taxitransfer) etwa einen Kilometer nördlich vom Sheshi i Flamurit. Die genauen Abfahrtszeiten erfährt man in der Bar schräg gegenüber der Abfahrtsstelle, die Betreiber sind aus Theth. Der letzte Bus fährt im Sommer ab Theth um 16 Uhr, der Preis beträgt etwa 350 Lek (2,50 Euro). Das Reiseunternehmen Outdoor Albania (www.shkodra-albanian-alps.com) bietet bei Buchung einer Gästehaus-Unterkunft die Vermittlung eines

Nordalbanien: Albanische Alpen

3

Busplatzes zum Preis von 20 Euro pro Person und Wegstrecke an. Für ein **Taxi** ab Shkodra muss man mit ca. 80 Euro rechnen. **Trampen** (oft gegen eine kleine Kostenbeteiligung) geht ab Koplik gut, die Strecke nach Theth ist viel befahren. Fahrzeit ab Shkodra über Koplik zurzeit mindestens 3–4 Std. wegen der Baustellen auf der SH1.

Sehenswertes

Kulla e Ngujimit

Der Steinturm in der Nähe der Dorfkirche von Theth wurde über vier Jahrhunderte lang für die Rechtsprechung im Shala-Tal genutzt; über 300 Streitfälle sollen hier gelöst worden sein. Er wird heute noch **Turm zum Einschließen** genannt – anders als in der Mirdita, wo Männer oft über Jahre von der Außenwelt in sogenannten Blutrachetürmen abgeschnitten waren, war es dem angeklagten Mörder erlaubt, sich 15 Tage lang geschützt in diesem Turm aufzuhalten. Diese Zeit war dazu gedacht, die Umstände des Mordes zu klären und eine Art Schöffengericht aus Dorfältesten aufzustellen, das dann ein verbindliches Urteil für die Konfliktparteien fand. Das Obergeschoss des Turms war nur über eine Leiter zugänglich, die zum Schutz eingezogen werden konnte, das auf dem nackten Fels gebaute Untergeschoss diente als Vorratslager. Den Kulla besichtigte auch *Edith Durham,* als sie 1917 nach Theth kam. Heute ist der Turm ein eingetragenes Kulturdenkmal und kostet 200 Lek Eintritt.

Shën Gjon

Ein Anbetracht der großen Kirchenzerstörungen in Nordalbanien ist es ein Wunder, dass die **1892 erbaute Kirche** von Theth dem Tal erhalten blieb. Im Kommunismus ließ man den Turm der Kirche als christliches Wahrzeichen abtragen und nutzte den Bau als Gesundheitszentrum und Hebammenstützpunkt. 2004 bis 2006 wurde die Kirche

alba14-010.sg

> ▷ Shën Gjon

3

mit Spenden mehrerer in die USA emigrierter Familien einfühlsam restauriert und der Turm auf den alten Fundamenten wieder errichtet.

Einer der bedeutendsten Priester war **Pater Shtjëfen Gjeçovi,** der in Theth bereits 1917 albanischsprachigen **Schulunterricht** erteilte. Schon 1919 wurde das erste Schulgebäude mit Unterstützung des amerikanischen Roten Kreuzes errichtet. Der spätere König *Zogu* stellte 1921 die Summe von 100 Goldkronen für die Ausbildung der Kinder von Theth zur Verfügung. Heute erhalten die Kinder, die im Winter im Tal bleiben und nicht wie die älteren Geschwister auf die Höhere Schule nach Shkodra gehen, in der topmodern ausgestatteten Dorfschule Schulunterricht von einem englischsprachigen Muttersprachler und

Guesthouse-Projekt Theth

Es ist gerade zehn Jahre her, dass in Tirana Postkarten von Theth verkauft wurden und kaum jemand wusste, ob und wie es möglich war, dorthin zu kommen. Inzwischen ist für den Tourismus im Norden eine neue Zeit angebrochen. Die Zufahrten in die abgelegenen Hochtäler werden jedes Jahr verbreitert und instand gesetzt. Bisher halten die schwierigen Straßenverbindungen aber noch größere Besucherströme ab. Seit dem Jahr 2005 fördert die Gesellschaft für Internationale Zusammenarbeit (GIZ) zusammen mit dem Fond für Kleinstprojekte (GEF) der Vereinten Nationen die **Entwicklung des sanften Tourismus** in dieser Region, um den Bewohnern eine langfristige Einkommensmöglichkeit zu geben und eine weitere Abwanderung in die Städte zu verhindern. Es war ein großer Glücksfall, auf eine Bevölkerung zu treffen, die trotz relativ großer Armut erkannte, dass nur durch eine langsame und bewusst nachhaltige Entwicklung des Tourismus das Potenzial ihrer einzigartigen Heimat erhalten werden kann. Die GIZ fördert den **Ausbau traditioneller Wohnhäuser zu Gästehäusern;** das geschieht, indem die Häuser einen zusätzlichen Trakt mit ein oder zwei Mehrbettzimmern mit bis zu vier Betten erhalten. Die Zimmer sind einfach, aber komfortabel und immer liebevoll nach den Möglichkeiten der jeweiligen Familie eingerichtet. Die zusätzlichen Badezimmer sind nach europäischem Vorbild renoviert.

Der **Preis** pro Bett mit Vollpension liegt bei etwa 20–25 Euro, natürlich kann man auch nur Halbpension vereinbaren. Selbst gebackenes Brot, frische Eier, Obst und Gemüse aus dem eigenen Garten, Fleisch und Geflügel vom Hof und natürlich auch Raki oder selbst gemachter Landwein gehören immer dazu.

Als das Projekt 2007 startete, standen den Besuchern sechs Gästehäuser mit insgesamt 63 Betten zur Verfügung, **2013** gab es schon **mehr als 120 Übernachtungsplätze.** Viele Familien bieten dazu die Möglichkeit an, auf dem Gelände mit vereinbarter Verpflegung zu campen und die sanitären Anlagen zu benutzen. Traditionelle Gästehäuser gibt es **auch in Tamara, Lepusha, Vermosh und Valbona.** Das Projekt in Theth ist bewusst so angelegt, dass Idee und Konzept überall im Bergland kopiert werden können.

Informationen

■ Auf **www.albanian-mountains.com** finden sich viele Informationen über (Berg-)Gasthäuser sowie Touren in Albanien, Montenegro und Kosovo. Die Website wird laufend erweitert und auf den neuesten Stand gebracht.

■ *Zindel*, Christian u. *Zimmermann, Barbara:* **Nordalbanien: Thethi und Kelmend.** Huber Verlag. Der Reiseführer beschreibt die Region und insgesamt 17 Wanderungen auf im Gelände markierten Wanderwegen.

■ **Wanderkarte Nordalbanien: Thethi und Kelmend.** 1:50.000, Huber Verlag.

■ Zum Weiterlesen bietet sich **Edith Durham** an, die den Kelmend und seine Bewohner ausführlich beschreibt (siehe Exkurs und Literaturtipps im Anhang).

überraschen mit fließendem Englisch. Wer länger in Theth ist, wird auch den zwölfjährigen *Francesco Harusha* kennenlernen, der jetzt schon sicher weiß, dass er sich nach seinem Studium für einen „sanften" Tourismus in Theth einsetzen wird – der größte Teil der Jugend im abgelegenen Theth-Tal absolviert ein Studium.

Muliri i Kolavë

Am Dorfeingang steht bei der Brücke eine voll funktionsfähige Maismühle (**Kolas Mühle**), die aussieht, als sei sie genau so schon im Mittelalter benutzt worden. Im Spätsommer wird hier der Mais gemahlen.

Grunas-Canyon

Südlich des Dorfes **bei Ndërlysaj** gelangt man zum Canyon von Grunas und nach 40 Minuten Fußweg zu einem fast paradiesischen Ort, an dem sich ein imposanter **Wasserfall** aus 25 Metern Höhe in ein natürliches Felsenbecken ergießt.

Praktische Infos

Unterkunft in Theth

An den Dorfeinfahrten befinden sich große Orientierungstafeln, die die Übernachtungsmöglichkeiten in den verschiedenen Weilern von Theth angeben. Wer vorbuchen möchte (im Juli und August!), findet auf www.albanian-mountains.com neben einem Foto der Unterkunft alle Details zur Kontaktaufnahme. In Theth selbst sind die Unterkünfte gut ausgeschildert.

Camping

■ **Auf Anfrage** bieten die Familien eine Zeltmöglichkeit mit Mitbenutzung der sanitären Anlagen bei Buchung von Frühstück, Halb- oder Vollpension

an. Der Preis beträgt in der Regel ca. 5 Euro pro Person und Nacht ohne Essen.

■ **Prek Harusha Camping**①, GPS 42.3959, 19.77338. Das gleichnamige Guesthouse wirbt offiziell auch als Campingplatz, doch auch andere Guesthouses bieten Zeltmöglichkeiten im hauseigenen Garten an, mit Badbenutzung und HP oder VP nach Vereinbarung. Ab 5 Euro pro Person.

Outdoor

■ **Wandern:** Nach Theth gibt es sechs Passübergänge, die **auf historischen Saumpfaden** schon lange begangen werden: **1.** vom Kelmend im Nordwesten über die Qafa e Drobraces und Okol; **2.**

Zanen

In der **albanischen Mythologie** sind Zanen die **Feen des nordalbanischen Hochlandes,** die an Bergquellen und Bächen leben, wo sie nachts zum Vorschein kommen, schöne Gesänge hören lassen, tanzen und nackt baden. Weswegen es früher im Hochland üblich war, etwas Lärm zu machen, wenn man sich einem Gewässer näherte, damit die Zanen Zeit hatten, sich zu verstecken. Früher war es üblich, dass jeder Stamm des Hochlandes seine eigene Zana mit besonderen Eigenschaften hatte. Wenn man heute in den Bergen unterwegs ist, trifft man häufig noch auf alte Bezeichnungen wie Honi i Zane (Abgrund der Feen), Qafa e Zane (Feen-Pass) oder auch auf Höhlen (Shpella e Zane), denn jede Zana hatte innerhalb der Stammesgebiete ihre eigenen Plätze. Zanen sind aber nicht nur liebliche Nymphen, sie stimmen auch die Klagelieder an, wenn ein Held getötet wird, und schützen auserwählte Krieger. Lange Zeit war *Zana* in Albanien auch ein beliebter Vorname, der seiner Trägerin Mut und Tapferkeit verleihen sollte.

3

Der Kanun des Lekë Dukagjin

Der Kanun des Lekë Dukagjin besteht aus **mündlich überlieferten Gesetzen,** die Anfang des letzten Jahrhunderts von dem Franziskanerpater *Shtjëfen Gjeçovi* (1874–1929) durch Gespräche mit Stammesältesten zusammengetragen und schriftlich fixiert wurden.

In den abgelegenen Bergregionen Albaniens lebten die Stämme nach eigenen Rechtssystemen, die **an das harte Leben in den Bergen angepasst** waren und mit denen sie lebenswichtige Grundlagen des gemeinschaftlichen Zusammenlebens regelten. Der Kanun hatte dort Vorrang vor allen anderen Regeln. Das gesamte Rechtssystem beruhte auf der Großfamilie von mehreren Generationen eines Hauses, in der meist der älteste Mann die Führungsrolle übernahm. Zwölf Kapitel regelten alle Grundfragen des täglichen Lebens zu Familie, Ehe, Kirche und Arbeit, zu Fragen des Grundeigentums und des Schuldrechts.

Die **Wahrung der Ehre** der Betroffenen und die Einhaltung des gegebenen Ehrenworts waren die zentralen Richtlinien der Gesellschaft. Im Albanischen steht dafür der Begriff der *besa,* die in der albanischen Kultur als heilig galt. Der Bruch des Ehrenwortes, besonders, wenn es um die Ehre des Mannes ging, wurde als schwerste Stufe des Verbrechens gehandelt und verlangte **(Blut)rache** für den Geschädigten. Ein einmal gegebenes Wort hat in der albanischen Gesellschaft bis heute eine hohe Bedeutung. Im Falle einer Mordanklage hatte der Mörder bis zu seiner Verfolgung 24 Stunden Zeit und Gelegenheit, unbehelligt die Beerdigung des Opfers zu besuchen. Das Sühne-Opfer und der Vergeltungszeitraum wurden dabei von der Familie festgelegt. Knaben und Frauen waren von der Blutrache ausgenommen, aber auch Vergewaltigungen und Entführungen waren als Vergeltungsmaßnahmen verbreitet. Die Blutrache konnte auch zeitlich befristet sein oder durch ein ausgehandeltes **Blutgeld** abgegolten werden. Sobald die Bedingungen ausgehandelt waren, gab es einen öffentlichen Schwur, der mit einem gemeinsamen Fest endete. Im Falle einer Verfolgung lebten die betroffenen Männer in ihren Häusern oft in jahrelanger Isolation. Dicke Mauern, fensterlose Untergeschosse und kleine, schießschartenähnliche Lichtöffnungen, die kaum Sonnenstrahlen in die Häuser ließen, zeigen das Schutzbedürfnis ihrer damaligen Bewohner.

Für die albanischen Stammesgesellschaften war es eine große Tragödie, dass sich die Blutrachefehden zu einer nicht enden wollenden **Spirale von Vergeltungsmorden** ausdehnten, bis in den betroffenen Stämmen kaum mehr männliche Mitglieder existierten.

Frauen hatten vor dem Gesetz einen – ohne jeden Vergleich – **minderwertigen Status.** Sie galten als „Schlauch, in dem die Ware transportiert wird" (so steht es im Kanun), das heißt, sie waren dazu bestimmt, die Kinder eines blutsfremden Mannes auszutragen, hatten aber keine Rechte am Besitz der Schwiegerfamilie. Infolge dieser Stellung waren sie auch von jeglichen gesellschaftlichen Pflichten entbunden, was sie zusätzlich isolierte. Im Falle einer Blutrache mussten Frauen zusammen mit den Kindern die ohnehin schon schwere wirtschaftliche Last alleine tragen. **Kinder** wurden aus Furcht vor Racheakten oft isoliert. Dazu kamen die harten schweren Winter, in denen die Regionen oft monatelang von der Außenwelt abgeschnitten waren. Noch bis in das letzte Jahrhundert wurden durch Blutrache ganze Familienlinien ausgelöscht oder in den wirtschaftlichen Abgrund getrieben.

In Nordalbanien kam es **nach 1990** – und bis heute andauernd – durch einen Mangel an Vertrauen in das herrschende Rechtssystem und daraus begründeter Selbstjustiz zu einem erneuten Aufflammen von Blutrache-Konflikten, die teilweise auf Streitfälle vor dem 2. Weltkrieg zurückgehen. Heute geht man davon aus, dass in Nordalbanien mehrere Tausend Menschen von Blutrachefehden betroffen sind. Besonders kirchliche Organisationen versuchen zu vermitteln, indem sie Versöhnungstreffen für die Betroffenen organisieren.

Für den Tourismus von Bedeutung ist das im Kanun verankerte **Gastrecht.** Nach den Gesetzen des Kanun gehört das Haus eines Albaners „Gott und dem Gast". In Berggegenden ohne jede Unterkunftsmöglichkeit war das eine sehr sinnvolle und lebensnotwendige Vereinbarung, auf die alle Teile der Gesellschaft gleichermaßen angewiesen waren. Der Gast wird im Kanun als *mik* bezeichnet, was aber nicht mit dem albanischen Wort für Freund gleichgesetzt werden kann. Denn das Recht des Gastes war nur zeitlich auf den Aufenthalt bei der Gastfamilie beschränkt. So stand auch Feinden das Gastrecht zu. Es trat in dem Moment in Kraft, in dem der Begleiter den Gast in die Hände des Gastherren übergab. Früher legte der Gast beim Übertreten der Schwelle auch die Waffen ab. Dadurch war der Hausherr von nun an auch für die Verteidigung und Ehre, aber auch für die Verfehlungen des Gastes zuständig. Der Aufenthalt des Gastes musste so angenehm wie möglich gestaltet werden und seine Verpflegung hatte selbstverständlich immer mit dem größtmöglichen Aufwand zu geschehen. War der Gast ein Fremder und ohne Begleitung, hatte sich der Gastgeber um sein Geleit bis zur nächsten Unterkunft zu kümmern. Zum Wesen des Gastrechtes gehört, dass es ein Recht ohne Gegenleistung ist.

von der montenegrinischen Seite im Norden von Gusinje/Plav über die Qafa e Pejës und Okol; **3.** von Osten her aus dem Valbona-Tal über Rragam und die Qafa e Valbonës; **4.** von Südosten über Curraj i Eperm über die Qafa e Derrasës; **5.** der Talweg über das Kir- und das Shala-Tal nach Ndërlysaj; **6.** von Osten von Boga über die Qafa Buni e Thorës und den Shtegu e Dhënve. Für alle Touren unbedingt den Wetterbericht einholen.

Im Hochsommer kann man vom Tal aus viele leichtere Wanderungen unternehmen, die auch für Kinder sehr gut geeignet sind.

Auf **www.albanian-mountains.com** sind Rundtouren, Bergwanderungen und Anregungen zum Bergsteigen mit den wesentlichen Grundinfos gelistet.

■ **Mountainbike:** Als Rundtour ist die 200 km lange Strecke Shkodra – Koplik – Boga – Theth – Ndërlysaj und zurück über das Shala- und das Kir-Tal zu empfehlen. Abstecher nach Valbona und Vermosh können angeschlossen werden.

■ **Höhlentouren:** Insgesamt sind im Gebiet Theth bisher über 170 Höhlen und Halbhöhlen bekannt, von denen zehn der internationalen Höhlenkategorie entsprechen. Die bekanntesten sind die Shpella e Rratheves und die Shpella Harapi.

■ **Baden:** Entlang der Shala gibt es mehrere Wasserfälle, die bei sonniger Lage mit 20 Grad warmem Wasser paradiesische Erfrischungsplätze sind. Die bekanntesten Badestellen sind die Gletschermühlen von Ndërlysaj und der blaue Quelltopf von Kapreja – da kann kein Wellness-Hotel mithalten.

■ **Angeln** ist uneingeschränkt erlaubt.

Sonstiges

■ **Bar-Café:** Das Steinhaus bei der Kirche ist Restaurant, Bar, Info-Center, vermittelt Tour-Guides aus der Verwandtschaft und hat auch Platz für ein paar Zelte.

■ **Minimarket:** Nördlich des Zentrums, bietet ein auf Touristen abgestimmtes Sortiment an.

■ **Internet:** In verschiedenen Orten WLAN, in manchen Gästehäusern geplant.

Malësia e Gjakovës

Wie es im Namen anklingt, war das alte Zentrum dieser Region der Ort **Gjakova,** der seit 1913 außerhalb der albanischen Grenzen und heute als Djakovica im Kosovo liegt. Vor allem zur Zeit der nationalen albanischen Wiedergeburt war Gjakova das wirtschaftliche und auch kulturelle Zentrum dieser Region, die heute auch als **Tropoja** bezeichnet wird. Die Malësia e Gjakovës gilt als **ärmste Region Albaniens:** Über die Hälfte der Menschen verdient nicht mehr als 25 Euro im Monat.

Seit der Drin in den 1980er Jahren aufgestaut wurde, ist die sehr abgelegene Region mit der **Fähre über den Koman-Stausee** erreichbar. Inzwischen ist die neue **Autobahn nach Kukës** die schnellere Alternative, die Fahrt mit der Fähre gilt jedoch als eines der großen touristischen Highlights in Nordalbanien.

Liqeni i Komanit

Der **Koman-Stausee** ist der mittlere Stausee eines riesigen Energiegewinnungsprojektes, das in den 1970ern und -80ern teils mit Hilfe der Chinesen am Drin entstand und bis heute den größten Teil des albanischen Stroms produziert. Bei Fierza liegt die größte Staumauer Albaniens, die mit dem Koman-Stausee auch den größten Stausee im Land staut. An dem kleineren **Stausee Vau i Dejes** südwestlich kommt man auf dem Weg nach Koman vorbei.

Bis zur Eröffnung der Autobahn nach Kukës 2008 war die **Fährverbindung** (mit anschließendem Bustransfer) **von Koman** nach Fierza und Bajram Curri in der Region Tropoja die schnellste und schönste Möglichkeit, um in der abgelegenen Bergwelt ohne durchgehende Straßenverbindungen in den Kosovo zu kommen. Die Fahrt mit der Fähre durch die felsigen Schluchten des Drin war eine echte Touristenattraktion. Doch als im November 2011 mit dem kleineren Passagierboot „Tropoja" einer der beiden alten Seelenverkäufer sank – die Passagiere konnten sich alle schwimmend an das Ufer retten –, wurde auch die alte Autofähre stillgelegt, und so verkehrt bis heute keine Autofähre mehr über den See. Es ist jedoch eine stabile Personenfähre in Betrieb, die Motorräder und Fahrräder mitnimmt.

Hat man am Koman-Stausee einen Schlechtwettertag erwischt, stehen die Wolken mit extrem hoher Luftfeuchtigkeit dumpf und tief in den engen Schluchten, an heiteren windstillen Sommermorgen türmen sich nach jeder Schluchtbiegung neue großartige Spiegelbilder im türkisfarbenen Wasser auf, sodass die zwei Stunden lange **Fahrt** wie im Flug vergeht. Außer den Fahrgästen, die an den einsamen Anlegern aufgepickt werden, ist unterwegs kaum eine Menschenseele an den Ufern zu sehen. Im Sommer wird an den steilen Berghängen Eschenbuschwald geschnitten und zu hohen Garben aufgeschichtet, die als Viehfutter für den Winter getrocknet werden. Ein beliebtes Wallfahrtsziel ist die Muttergottes in der großen Felsenhöhle beim Fähranleger in Koman. Auf der Mitte der Fahrt passiert man eine kleine Insel mit einem bunten

Regenbogen und einem Kreuz, die von den Einheimischen „Friedensinsel" genannt wird.

Rundfahrt in den Shala-Canyon

Von Koman fährt man um 9.30 Uhr mit dem Boot nach Fierza (2 Std.), hat dort 90 Minuten Zeit für eine Mittagspause, dann geht es um 13.30 Uhr weiter in den Canyon; Badepause im eiskalten türkisfarbenen Wasser, auf der Rückfahrt nach Koman Stopp im Elternhaus des Betreibers zur Kaffeepause mit Pfannkuchen und Raki, Ankunft in Koman 17.30 Uhr mit anschließendem Bustransfer nach Shkodra (5 Euro/Person). Täglich von April bis Sept. (wetterabhängig) buchbar über die Website von *Mario Molla* (s.u.).

Praktische Infos

Informationen

🔲 **www.komanilake.com,** Tel. (068) 202 26 86 *(Mario Molla),* mariodethi@hotmail.com.

Anreise/Fahrt mit der Fähre

Minibus ab Shkodra/Hotel Rozafa 6.30 Uhr oder Taxi (ca. 30 €), am Infokiosk fragen, offizielle **Personenfähre** ab Koman i.d.R. 9 Uhr, an Fierza ca. 11 Uhr, dort direkte Busverbindung nach Bairam Curri (45 Min.), evtl. Transport nach Valbona mit dem Hotel Rilindja (s.u.) vereinbaren. Fähre in Fierza ab 6 Uhr. Die Fähre nimmt bis zu sechs Motorräder (inkl. Verladung 20 €) und auch Fahrräder mit.

Die aktuellen **Fährzeiten** unter Tel. (068) 202 26 86, mariodethi@hotmail.com (M. Molla), faye@lakeshkodraresort.com, Tel. (069) 27 50 337 (Camping Lake SH Resort) oder Tel. (067) 380 72 07, info @camping-albania.eu (Camping Albania).

Camping/Wohnmobile

Über die Website von *Mario Molla* auch Informationen über einen einfachen Campingplatz an der Brücke kurz vor Koman.

Bajram Curri

Für Touristen ist Bajram Curri in der Grenzregion zum Kosovo das Trittbrett nach Rragam und Valbona. Wer beim Umsteigen noch etwas Zeit hat, findet in dem **weitläufigen Landstädtchen** im ehemaligen kommunistischen Kulturpalast ein kleines Heimatmuseum, am Hauptplatz ein Ladenzentrum, ein bescheidenes Hotel und einen sehenswerten mittelalterlichen Kulla am Ortsrand mit ethnografischem Museum. Die alten kommunistischen Bauten und das große Bronzedenkmal stammen aus den 1950er Jahren, als der Ort als neues Verwaltungszentrum der Region Tropoja nach dem bekannten kosovarischen Freiheitskämpfer *Bajram Curri* umbenannt wurde. Kurz vor Valbona kann man zu der Stelle wandern, wo er sich das Leben genommen haben soll, als Soldaten König *Zogus* ihn umzingelt hatten. Ein schlechtes Image bekam die Stadt in den 1990er Jahren durch kriminelle Schmuggelbanden und endlose Blutrachefehden. Auch hier ist die Arbeitslosigkeit erdrückend. Fern von Tirana konzentrieren sich Leben und Versorgung auf den Kosovo, wo fast alle Familien einen Teil ihrer Verwandtschaft haben.

Jedes Jahr im Juli findet in Bajram Curri das **Festival Sofra Dardane** statt, ein großes, überregional bekanntes Folklore-Festival.

Praktische Infos

Unterkunft

■ **Vllazimi**③, im Zentrum von Bajram Curri, dreistöckiges rosafarbenes Gebäude im Kosovo-Stil, Tel. (068) 260 28 25, 15 einfache DZ mit Duschbad und AC, z.T. mit Balkon; Restaurant, Frühstück auf Anfrage.

Minibusse

■ **Abfahrtsplatz im Zentrum,** 300 m südlich des Heimatmuseums.

■ Minibusse **nach Tirana** über die Strecke Gjakova/Djakovica, Prizren, Kukës auf der neuen Autobahn, Fahrzeit 5–6 Std. (1000 Lek), 6–16 Uhr. Dazu gibt es eine tägliche Verbindung von Durrës über Tirana (ab Tirana vom Sheshi Sulejman Pasha) nach Bajram Curri (Ankunft zwischen 11 und 12 Uhr); zurück nach Durrës 19 Uhr (1.200 Lek).

Weiter nach Kukës

Von Bajram Curri gibt es **zwei Möglichkeiten,** nach Kukës zu fahren: entweder zurück über Fierza, Qafa e Shijakut und oberhalb des Drin Richtung Osten oder die Variante über das Bergland von Has (s.u.). Bei der ersten Option ist die Straße schmal, aber gut ausgebaut und relativ kurvig. Es kann sein, dass man stundenlang keinen Gegenverkehr hat. Die Fahrt bietet bei klarer Sicht weite Panoramaansichten der in der Ferne liegenden Alpenspitzen, aber kaum Einblicke in die Täler des Drin. Durchquert werden fast ausschließlich menschenleere offene Kiefern-, Buchen- und Eschen-Berglandschaften. Gegen Ende kommt man durch **Kalimash,** eine Siedlung, die aus den Arbeiterhütten einer alten kommunistischen Chrom-Förderanlage hervorging.

Über die Malësia e Has nach Kukës

Über drei Jahre waren im **Bergland von Has** schwerste Baumaschinen unterwegs, jetzt ist die etwa 90 Kilometer lange Verbindung von Bajram Curri nach Kukës endlich durchgehend asphaltiert. Wie in allen bisher komplett abgeschnittenen Grenzregionen bis hinunter nach Librazhd spürt man die **Armut und Rückständigkeit.** Traditionelle Kleidung ist bei Frauen und Männern noch oft zu sehen, die Frauen sind Fremden gegenüber extrem zurückhaltend, werden bei der Feldarbeit oft von Männern aus der Ferne im Auge behalten. Die Siedlungen oberhalb und unterhalb der Straße sind nur über schlechteste Wege erreichbar. Mittelalterlich anmutende traditionelle Steinbauten, Wehrturmhäuser und Holzhütten sieht man in dieser Region wie kaum irgendwo sonst, meist jedoch in einem erbarmungswürdigen Zustand. Wird im albanischen Fernsehen von schlimmen Lebensumständen berichtet, handelt es sich sehr oft um Fälle aus den Regionen Kukës, Has, Dibër, Mat oder Bulqizë.

Auf der Fahrt durchs Bergland ist der zwischen den Hängen fließende Drin nur selten zu erspähen. Kurz nach der Abzweigung zum Grenzübergang nach Kosovo bietet sich in **Golaj** eine Kaffeepause an. Auch im geschäftigen neuen Zentrum der ehemaligen Bergwerkssiedlung **Kruma** sollte man stoppen, um einige Eindrücke mitzunehmen. Den landschaftlichen Höhepunkt erreicht man auf den letzten 10 Kilometern mit

> ▷ Unterwegs in den Albanischen Alpen

3

Nordalbanien: Albanische Alpen

einer beeindruckenden Aussicht auf den Drin-Stausee, dann öffnet sich der Blick auf Kukës (siehe im Kapitel „Nordalbanien: Südlich des Drin/Region Kukës").

Parku Kombëtar Lugina e Valbonës

Der 1996 gegründete **Valbona-Nationalpark** wird nicht ohne Grund das „Wunder der Albanischen Alpen" genannt. Das 8.000 Hektar große Gebiet wurde niemals wesentlich von der Zivilisation berührt, sodass sich die Natur hier über Jahrtausende ursprünglich entwickeln konnte. Im Valbona-Tal breitet sich der alpine Bergmischwald noch bis auf den Talboden aus, wo auf felsigem Terrain Buchen, Walnussbäume, Mazedonische und Schlangenhautkiefern, Wildäpfel und Esskastanien wachsen. Die Bergalmen gelten als das artenreichste Gebiet für Wildpflanzen und endemische Arten in den Albanischen Alpen. In den höheren Bergregionen leben noch Wölfe, Bären, Luchse, Wildziegen und Rehe. In den Felsregionen gibt es Brutvorkommen des Keilschwanzadlers, im Altholz der Bergwälder finden viele Arten von Spechten und Höhlenbrütern optimale Brutbedingungen. In der Valbona kommen Fischotter und seltene Forellenarten vor.

Im Westen grenzt der Park mit dem Valbona-Pass und der Maja Jezercës (2.691 m) an den Theth-Nationalpark. Zu den bedeutendsten **Gipfeln** der Region zählen (von Westen nach Osten) Maja e Rosit (2.524 m), Maja e Kollatës (2.553 m), Kunji i Armevë (2.266 m), Maja e Çeta-Harushës (2.421 m) und Maja e Peçmarës (1.996 m).

alba131 es

Das Valbona-Tal

Von Bajram Curri folgt die inzwischen gut ausgebaute Schotterstraße der mit großen Steinblöcken durchsetzten wilden Valbona stetig talaufwärts. Bei **Margegaj** und **Shoshan** passiert man zwei größere Wasserfälle und erreicht dann **Dragobia.** Hier weitet sich das Tal zum ersten Mal zu fruchtbaren Bergwiesen, an denen weit verstreut noch zahlreiche typisch nordalbanische Kulla liegen. Tropoja war eine der Gegenden, in der die **Blutrache** eine große Rolle spielte. Die fensterlosen ersten Stockwerke und die sparsam angebrachten kleinen Öffnungen an den wenig einladenden grauen Steinhäusern zeigen, wie groß das Si-

cherheitsbedürfnis der Menschen hier gewesen sein muss.

Die nächsten 13 Kilometer bis Valbona sind noch gut zu fahren, die letzten 13 Kilometer nach **Rragam** geht es im Sommer teilweise durch das Flussbett nur noch mit Allradfahrzeug, Mountainbike oder zu Fuß weiter. Die halb verfallenen Steinhäuser mit ihren aus

großen Holzschindeln gedeckten und tief heruntergezogenen Dächern scheinen aus einer längst vergangenen Zeit zu stammen.

Die felsigen Wände des Theth-Tals, in denen der **Valbona-Pass** liegt, bieten ein großartiges Bergpanorama. Durch die tiefe Bewaldung und die vielen Felsen ist das Valbona-Tal von einer einmaligen Urwüchsigkeit. In trockenen Sommern versickert der Fluss mehrere Kilometer im Karst des Talgrundes und tritt erst im unteren Bereich wieder an die Oberfläche.

Im ehemaligen Abflussgebiet des Jezërca-Gletschers liegen im **Kukaj-Tal** die großartigen Almwiesenlandschaften Lëndina e Shelegut und die sehenswerte Schneehöhle Shpella e Borës. Schöne Ziele in der Region sind die Windhöhle Shpella e Erës, die Dufthöhle Shpella e Aromës und die Höhle von Dragobia, auch Bajram-Curris-Höhle genannt. In der Nähe dieser Höhle liegt der verwunschene kleine See **Liqeni i Xhemës.**

Eine extreme Region, die nicht mehr im Gebiet des Nationalparks liegt, ist das **Gashi-Tal,** in das bis heute nur Hirtenpfade führen.

Geschichte

Das Valbona-Tal wurde erst sehr spät dauerhaft besiedelt. Durch die Grenzlage, die ausgiebigen Schneefälle im Winter, die die Bewohner über Monate von der Außenwelt isolierten, und die dichte

alba133.cb

◁ Blick ins Valbona-Tal

3

Bewaldung war **Landwirtschaft wenig attraktiv.** Auch heute können von der etwa 200 km² großen Fläche des Talbodens nur 170 Hektar bewirtschaftet werden, also gerade einmal ein Prozent. Über viele Jahrhunderte wurde das Tal als traditionelle Sommerweide der Region Vuthaj/Vubanje auf der Nordseite des Kollata-Massivs genutzt. Besiedlungsversuche Anfang des 19. Jahrhunderts schlugen immer wieder wegen großer Frühjahrshochwasser fehl. Erst in den **1930er Jahren** ließen sich einige Familien dauerhaft im Tal nieder, und die ersten Steinhäuser und Wirtschaftsgebäude wurden gebaut. Der Besitz einer Familie reichte immer von den Almweiden in der Höhe bis in den Talgrund. Das Leben in Valbona war hart, alles, was man zum Leben brauchte, musste in mühsamer Plackerei eigenhändig produziert werden. Im Kommunismus waren die Menschen gezwungen, ihr Land an den Staat abzutreten, das dann 30 Jahre lang in einer großen Kooperative bewirtschaftet wurde. Die durch den frühen Bruch mit Jugoslawien stark gesicherte **Grenze** trennte viele Großfamilien für fast eine ganze Generation von den Verwandten auf der jeweils anderen Bergseite. Auch die traditionelle Sommerweidewirtschaft wurde weitgehend eingestellt.

Durch ein großes staatliches Ferienhotel wurde Valbonas Naturschönheit in Albanien weithin bekannt. *Valbona* ist bis heute ein beliebter Mädchenname, das Hotel allerdings wurde 1991 in die Luft gesprengt. Von den 3.000 ehemaligen Einwohnern leben momentan nur etwa 800 im Tal, das nach den großen Migrationswellen, Plünderungen und dem Wiederaufleben der Blutrache zeit-

weise zu entvölkern drohte. Seit 2005 mit großem Engagement ein privates **Bergtourismus-Projekt** mit markierten Wanderwegen und einfachen Unterkünften aufgebaut wurde, geht es für viele Familien in Valbona wirtschaftlich wieder etwas bergauf.

Landraub – eine alte Geschichte

2010 erfuhren die Einwohner von einem Großprojekt der Regierung, die mit einem Investor mitten im Valbona-Tal eine moderne **Ferienanlage** mit einer Kapazität von 500 Betten plant. Wobei es sich um ein Grundstück von 4.000 Hektar Fläche handelt, das sich seit Generationen im Besitz einer Familie des Dorfes befindet. Als quasi die Baufahrzeuge über Nacht auffuhren und die ersten Vorarbeiten begannen, formierte sich die Dorfgemeinschaft zum geschlossenen **Widerstand.** Jeder Einwohner bezeugte den rechtmäßigen Besitz der Familie und damit die Unrechtmäßigkeit der frisch gedruckten Papiere aus Tirana. Wie fast überall auf dem Land in Albanien besitzt auch in Valbona niemand Eigentumspapiere für sein Grundeigentum. Bei der ersten Landrückgabe nach dem Kommunismus 1991 wurden die Verfahren von den Behörden verschleppt. Hinzu kam, dass 1995 kaum jemand gewillt oder finanziell in der Lage war, sein Land gegen eine „Gebühr" von der Kommune Bajram Curri zurückzukaufen, für Papiere, die dann bei einem Regierungswechsel sowieso für ungültig erklärt worden wären. Auch wenn hier David gegen Goliath zu kämpfen scheint, ist man sich in Valbona einig, dass Landwirtschaft zusammen mit

Agro-Tourismus genau der richtige Weg für eine gute wirtschaftliche Entwicklung sind – zumal das Tal ja in einem der bedeutendsten Nationalparks des Landes liegt. Seit der Taleingang von der entschlossenen Bevölkerung kurzzeitig zur Warnung blockiert wurde, sind die Baumaßnahmen gestoppt worden.

Praktische Infos

Unterkunft/Essen und Trinken

■ **Rilindja**②, Valbona-Margekaj, Tel. (067) 301 46 38, www.journeytovalbona.com. Kleines Berghotel, dessen Name für die Wiedergeburt des Ortes steht: *Alfred Selimaj,* der Besitzer, kehrte 2005 aus dem Ausland nach Hause zurück. 5 kleine DZ, z.T. mit Balkon, Gemeinschaftsbad, in der Hauptsaison ein sehr lebhafter Treffpunkt. Rabatte für längere Aufenthalte und in der Vor- und Nebensaison. Restaurant mit nordalbanischer Küche: lokale Spezialitäten in großen Portionen wie zu Hause gekocht – allein ein Grund, nach Valbona zu kommen. Reichhaltiges Frühstück, große Gartenterrasse, frische Forellen und Weinauswahl.

■ **Guesthouse Fusha e Gjese,** Valbona-Rragam Mirash Lamthi, Tel. (067) 201 80 05, weitere Infos auf www.albanianmountains.com. Mit Restaurant.

■ **Ademi,** Valbona, Tel. (067) 309 34 46.

■ **Bashkim Biberaj,** Valbona, Tel. (068) 406 49 09.

■ **Lazër Çardarku,** Rragam-Margekaj, Tel. (069) 231 14 99, 2 Zimmer, 8 Betten.

■ **Kol Gjin Jubani,** Rragam-Margekaj, Tel. (069) 264 08 63, 2 Zimmer, 20 Betten.

■ **Ilirjam Lamthi,** Valbona-Rragam, Tel. (067) 289 70 46, 1 Zimmer, 12 Betten.

■ **Mark Lamthi,** Valbona-Rragam, Tel. (067) 250 39 41, 6 Zimmer, 24 Betten.

■ **Quku i Valbones,** Valbona, *Alfred Selimaj,* Tel. (067) 301 46 38, 16 Betten.

■ **Sherifi,** Valbona-Rragam, *Sherif Selimaj,* Tel. (067) 301 45 67, 5 Zimmer, 18 Betten.

■ **Skënderi,** Valbona, *Skënder Selimaj,* Tel. (067) 289 70 29.

■ **Valbona Restaurant-Kamping,** Valbona, *Artur Selimaj,* Tel. (069) 255 70 61.

■ **Valbona Tip,** Valbona, *Rexhe Biberaj,* Tel. (067) 276 41 57.

■ **Kola Rragam,** Valbona-Kol Gjoni, Tel. (067) 302 28 76, 2 Zimmer, 20 Betten.

❀ Outdoor

Die beste Unterstützung für jede Art von Alpinsport (Wandern, Klettern, Kajaktouren) findet man im **Berghotel Rilindja,** egal ob man einen Führer sucht oder selbstständig unterwegs ist. *Alfred Selimaj,* dessen Familie zu den ersten dauerhaften Siedlern von Valbona zählt, und *Catherine Bohne* aus Brooklyn setzen ihre mutige Vision einer erfolgreichen Zukunft Valbonas gemeinsam mit der Dorfgemeinschaft um. Im Hotel ist auch eine Übersichtskarte mit **20 Wanderwegen** erhältlich (5 Euro). Zwei einfache Rundwege, sechs leichte, sieben schwierige und fünf als sehr schwer eingestufte Rundwanderungen sind inzwischen im Valbona-Tal markiert. Im Winter/Frühjahr ist es möglich, **Skitouren** zu gehen oder **Schneeschuhwanderungen** zu unternehmen. **Kajaktouren** auf der Valbona sind ab Dragobia bis Ende Mai möglich.

3

4 Nord-albanien: Südlich des Drin

Einsame, lange Berg-Panoramastraßen und Grenzregionen abseits touristischer Wege laden zu Entdeckungen auf eigene Faust ein.

◁ Altes Wehrhaus in der Region Mirdita

4

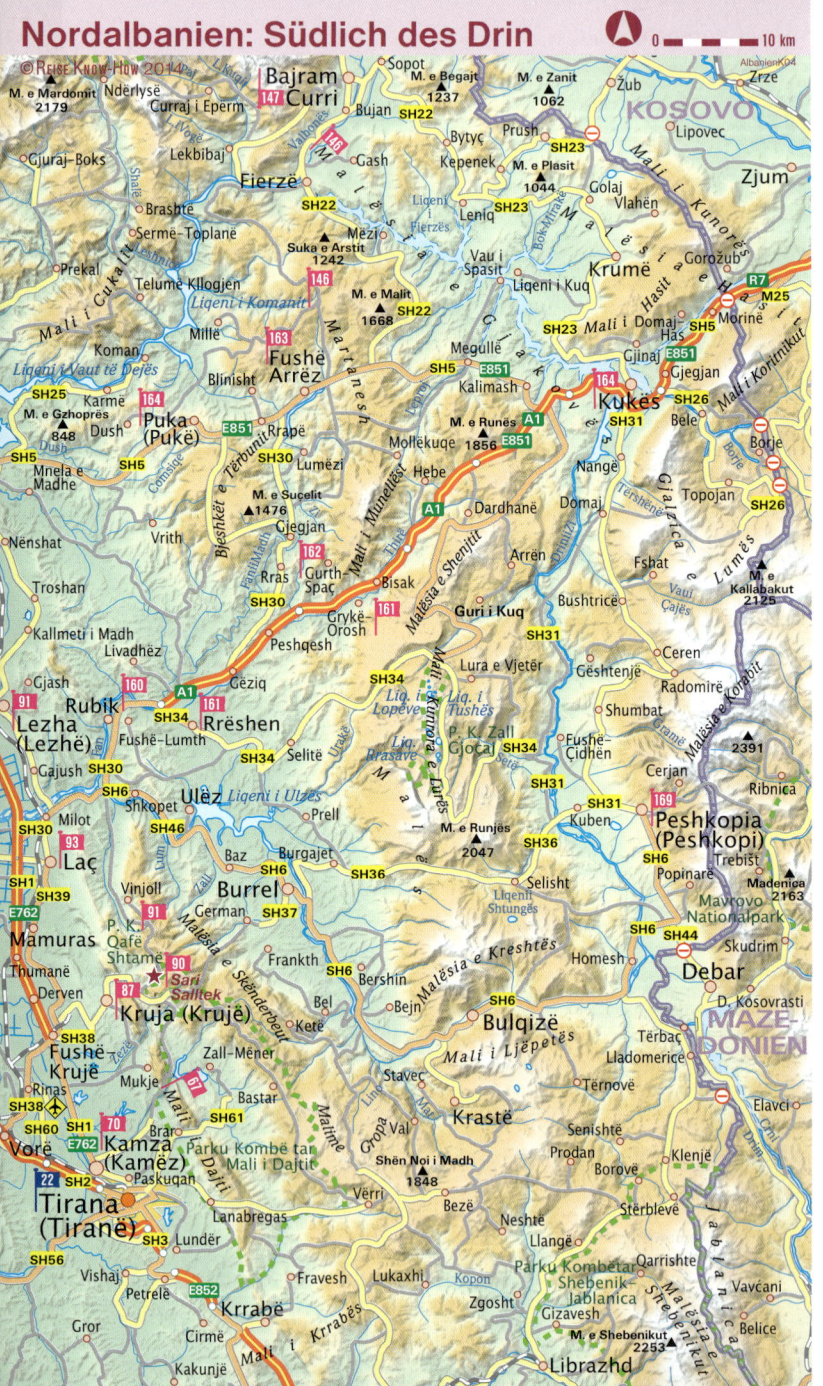

Nordalbanien: Südlich des Drin

0 ━━━━ 10 km

© REISE KNOW-HOW 2014

ÜBERBLICK

D ie albanischen Landesteile südlich des Drin entlang der Grenze zum Kosovo und nach Mazedonien und bis nach Mittelalbanien hinein gehören bisher zu den am wenigsten erschlossenen und auch wirtschaftlich weit zurückliegenden Regionen Albaniens. Das vor 100 Jahren blühende Gebiet wurde nach dem Verlust der östlichen Landesteile zur abgelegensten Region Albaniens.

In den letzten Jahren waren Ausbau und Asphaltierung der Durchgangsstraßen ein wichtiger Entwicklungsschritt für die von Armut und Migration geprägte, vorwiegend muslimische Region. Die direkte Straßenverbindung von Tirana nach Dibër, die den Landesteil für Touristen interessant(er) machen würde, lässt allerdings noch auf sich warten.

Der Gebirgsort Peshkopia liegt nah am Korab, dem höchsten Berg des Landes (im mazedonischen Teil inzwischen ein bekannter Nationalpark), und hat als Ausgangspunkt eines grenzüberschreitenden Berg- und Skitourismus auf jeden Fall Potenzial. Die Wasserlandschaften des Drin-Stausees böten vielfältige Freizeitmöglichkeiten. Die im Frühling blühenden Wildtulpenwiesen in den Korab-Bergen stehen für einen bisher unentdeckten Schatz in Flora – und Fauna, denn hier brütet auch der albanische Steinadler, das Wappentier des Landes. In zahlreichen Dörfern stehen noch alte Wehrturmhäuser oder Lehmbauten in traditioneller Bauweise. Kurz: Die Region ist ein vom Tourismus fast unberührtes Stück Albanien, in dem viele freundliche Menschen leben.

Straßenverbindungen und -verhältnisse

Zwischen Laç und Lezha gehen an der Mündung des Mat in den Fan seit dem Bau der Kosovo-Autobahn **drei große West-Ost-Verbindungen** ab, die die nordalbanischen Berggebiete südlich der Albanischen Alpen erschließen.

Die **erste Strecke,** die **alte Bergstrecke Richtung Kosovo,** verläuft nördlich des Mat am Fan i Vogël und Fan i Madh entlang durch die Region Mirdita, wo sie bei Fushë Arës in der Region Puka die von Shkodra über Puka kommende Straße aufnimmt. Kurz darauf hat man die Option, weiter nach Norden Richtung Fierza am Koman-Stausee bzw. in die Region Tropoja zu fahren oder Richtung Osten nach Kukës. Alle diese Straßen

NICHT VERPASSEN!

⇒ **Mirdita:** Wehrhäuser aus gerade vergangenen Blutrachezeiten | 159
⇒ **Region Puka:** einsame, endlos scheinende Bergstraßen | 163
⇒ **Mali i Korab:** Wandern im höchsten Berggebiet des Landes | 167
⇒ **Peshkopia:** Berge und albanische Ursprünglichkeit | 169
⇒ **Bulqiza:** Begegnungen mit der traditionell lebenden Landbevölkerung | 173
⇒ **Mat-Durchbruch/-schlucht:** das Tor zur Ebene | 174

Diese Tipps sind gelb hinterlegt.

4

sind entweder neu ausgebaut oder in einem gut befahrbaren Zustand und werden regelmäßig gewartet. Seit dem Bau der Autobahn nach Kukës kann es passieren, dass man auf der ehemals Tag und Nacht viel befahrenen alten Kosovo-Strecke von Shkodra nach Kukës stundenlang keinem Auto begegnet. Die Straße durch das Bergland von Has und die durch das Bergland von Kukës und Dibra entlang der nordöstlichen Landesgrenze nach Peshkopia in der Region Dibër wurden von 2011 bis 2013 ausgebaut. Beide mit dem Pkw befahrbaren Strecken verlaufen landschaftlich relativ unspektakulär oberhalb des Drin-Tals durch rein landwirtschaftlich genutztes Gebiet mit weiten Feldern und noch sehr ursprünglichen Dörfern. Der südlichere Abschnitt von Kukës nach Peshkopia ist bewaldeter und gibt immer wieder tiefe Einblicke in das Drin-Tal frei.

Die **zweite Strecke** Richtung Osten zieht sich in die Länge: Sie verläuft von der Mündung des Mates zwischen Laç und Lezha **über Burrel und Bulqiza** durch die große Mat-Senke nach Peshkopia. Die Abkürzung von Burrel im Süden der Lura-Berge nach Peshkopia ist in katastrophalem Zustand und war 2013 nicht mit dem Pkw befahrbar. Auf der nicht asphaltierten Straße von **Cerenec** in den Süden nach **Librazhd** hat man die Möglichkeit, von der nördlichen Seite her in das kleine Nationalpark-Gebiet des Shebenika-Jablanica an der Grenze zu Mazedonien zu gelangen.

Der **schnellste Weg** in den Osten geht über die neue **Autobahn A1**, die von Rrëshen bis Kukës ausgebaut ist. Da die Autobahn eine teils atemberaubende Streckenführung durch eine Hochgebirgslandschaft hat, sollte man sie auf jeden Fall mit in die Tourenplanung aufnehmen, auch um Rundtouren zu planen. Der Zeitbedarf für die kleinen Nebenstraßen sollte auf keinen Fall unterschätzt werden. Es ist immer besser, morgens so früh wie möglich aufzubrechen, um abends nicht in die (finstere) Dunkelheit zu kommen. Autobahnabfahrten befinden sich in Rrëshen, Reps (Tankstelle), Mamëz, Kukës und Morinë. Der 5,6 km lange Kalimash-Tunnel ist nur einspurig ausgebaut! Auf der insgesamt sehr leeren Autobahn ist auf jeden Fall auch mit Personen auf der Fahrbahn und unbeleuchteten Fahrzeugen zu rechnen und auch an die Möglichkeit von Geisterfahrern zu denken.

Die Mirdita

Mirdita heißt auf Deutsch so viel wie „Guten Tag"! In Albanien erklärt man den ungewöhnlichen Namen dieses Landstrichs zwischen den **Flüssen Fan und Mat** mit einer **Legende:** Es war vor langer Zeit, da starb der Vater dreier Söhne, und alles, was es zu vererben gab, waren ein Sattel (*shala*) und ein Sieb (*shosha*). Der Älteste nahm den Sattel, der nächste das Sieb, sodass dem Jüngsten nichts anderes übrig blieb, als den beiden Brüdern einen guten Tag zu wünschen und sein Brot in der Ferne zu suchen. Seitdem tragen die drei großen Stämme des Landes die Namen Shosh, Shala und Mirdita.

> Vorsicht auf unbefestigten Straßen!

Die wenigen Häuser der kleinen Siedlungen verlieren sich in den zerklüfteten Tälern, und der eisenhaltige rote Boden des karstigen Landes ist zu sauer, um auf den kleinen Flächen große Erträge abzuwerfen. Ein Sprichwort sagt auch, Mirdita, das heißt: Zu schlecht, um zu leben, und noch viel schlechter, um zu sterben. Seit dem Niedergang der kommunistischen Bergwerkindustrie in der Region gibt es **kaum wirtschaftliche Perspektiven,** die Arbeitslosigkeit ist sehr hoch, es herrscht soziale Not, die Menschen wandern in die Küstenstädte ab.

In den Dörfern trifft man noch auf viele alte **Wehrhäuser,** die mit ihren hohen, abweisenden grauen Fassaden und kleinen Fenstern eher Mini-Festungen als Wohnhäusern gleichen. Ähnlich wie die Handwerkerhäuser in Berat oder die Wehrhäuser in Gjirokastra bilden sie einen ganz eigenen Haustyp und erinnern an die Zeit, als Mirdita als Kernland der albanischen Stämme in osmanischer Zeit autonom verwaltet war und hier ausschließlich die Gesetze des Kanun galten. Das älteste Zentrum Mirditas war **Shën Pal,** wo bei den großen Eichen unterhalb des Berges Kopil die 13 Stämme aus dem Bergland von Puka und der Mirdita zusammenkamen. Die Mirdita gehört auch zu den Regionen, die im Einzugsbereich des *Lekë Dukagjin* mit am stärksten von Blutrachefehden betroffen war. Ganze männliche Linien sind hier durch die **Blutrache** ausgestorben. Im Kommunismus setzte man alles daran, den Gebrauch des alten Gewohnheitsrechtes zu unterbinden, um den Clans die politische Macht zu nehmen.

alba153 gr

Das tägliche Leben war und ist sehr stark vom **katholischen Glauben** geprägt, über 90 Prozent der Mirditen sind katholisch. Die Mirdita gehörte zu den am stärksten betroffenen Gebieten der Atheismus-Kampagne 1967. Von Hunderten alter Kirchen in Mirdita wurden fast alle vernichtet, nur eine Handvoll ist heute noch erhalten.

Will man das Bergland zwischen dem Mat und dem Großen und Kleinen Fan mit seinen im Osten angrenzenden Berggebieten kennenlernen, muss man **weite Strecken** zurücklegen. Die zahlreichen Seitentäler mit reizvollen kleinen Canyons, Karstquellen, seltenen Felsformationen und Höhlen kann man bis heute nur auf Schotterpisten erreichen; abseits der Hauptstraßen ist die Infrastruktur mehr als dürftig. In Nordalbanien eine Fahrt in Richtung Osten zu unternehmen, ist auch immer eine Reise ein Stück weit in die Vergangenheit; im Vergleich zu den Küstenregionen und Südalbanien und je weiter man nach Osten kommt liegen diese Bergregionen viele Jahre in der Entwicklung zurück.

Den südwestlichen Eingang zur Region Mirdita stellt die große **Brücke Ura e Zogut** dar, die mit fünf weiten Bögen den **Mat** überspannt. Als sie 1927 nach den Plänen eines italienischen Ingenieurs von einer albanischen Firma aus Puka mit 585 Metern Spannweite im Auftrag König *Zogus I.* gebaut wurde, galt sie als modernste Brücke des Balkan. Das breite Flussbett des Mat weist beeindruckende Schotterfelder auf und weitet sich am Zusammenfluss mit dem Fan zu einer riesigen Flussschotterebene, die ein unerschöpfliches natürliches Kieswerk ist und im Sommer gerne zum Baden genutzt wird. Die trockenen Bänke dürfen nicht täuschen, im Winter sind die Flussebenen riesige Überschwemmungsgebiete, die die Siedlungen durch große Hochwasser bedrohen. Auf der nördlichen Flussseite verläuft die sehenswerte Schlucht des unteren Mat-Tals, wo es einige schöne Ausflugsrestaurants gibt.

Rubik

Unübersehbar, auf einer weißen Felsenklippe, hoch über einer Engstelle des Fan-Tals, liegt in Rubik die bekannte, in großen Teilen wiederaufgebaute **Franziskanerkirche Shelbuemi** (Auferstehung Christi) aus dem 13. Jahrhundert. Die Plattenbauten und Industrieanlagen stammen aus der Zeit, als Rubik ein bedeutender Industrieort war, in dem Buntmetalle verarbeitet wurden. Heute sind die Böden am Fluss stark mit Altlasten belastet.

Informationen

Zahlreiche kleine Hilfsorganisationen arbeiten in dieser Region. In Rubik und Umgebung verdankt die Bevölkerung viele Verbesserungen ihrer Lebenssituation der Marianne-Graf-Stiftung; Infos unter www.albania-austria.com/wasgeschah.htm.

Unterkunft

🦋 **Eko Hotel Marub**②, Autobahn Abfahrt Rubik, südlich von Rubrik auf die Rr. Katund i Vjetër abbiegen, 2 km das dicht bewaldete Tal hinauf; Tel. (068) 207 74 24, 246 40 09, (028) 450 013 (*Gjovalin* und *Violeta Prenga*), info@hotelmarub.com, hotelmarub@yahoo.com, www.hotelmarub.com (dt.), auch auf www.booking.com. Erbaut nach zeitgemäßen Öko-Standards, regionale (Bio-)Produkte. Große, gepflegte Außenterrasse in sehr ruhiger Lage. 19 neue geräumige, einfach gehaltene DZ, 2-Bett- und 3-Bettzimmer mit Duschbad, helle Holzmöbel, TV, AC, WLAN, Balkon, gute Ausflugtipps.

Rrëshen

Rrëshen ist mit 8.000 Einwohnern der **größte Ort der Region** und Sitz des Bistums Rrëshen mit der 2002 geweihten Kathedrale, die den Namen Jesus Heiland der Welt trägt und die 1967 zerstörte mittelalterliche Kathedrale von Orosh ersetzt. Ein kleines regionales kulturelles Highlight ist das nach 23 Jahren wiedereröffnete Ethnografische Museum im Stadtzentrum.

Rrëshen ist auch der Ausgangspunkt für die momentan einzige Zufahrt nach **Fushë Lurë,** um in das Seengebiet von Lura zu gelangen. Auch wenn die Verwüstungen durch den illegalen Holzeinschlag inzwischen überall bekannt sind, geistert der **Lura-Nationalpark** immer noch als Ausflugsziel durch die Literatur. Doch der Zauber, der von den sieben Bergwaldseen einmal ausging, ist verflogen. Überall im Kreis Dibra sind die Schäden durch Kahlschläge zu sehen. Bis Fushë Lurë kommt man im Sommer mit dem Pkw, dann geht es nur noch mit Mountainbike oder Allradfahrzeug weiter. Betrachtet man jedoch den Aufwand und die lange Anfahrt, gibt es für Bergwanderer wesentlich lohnendere Ziele, die nur noch nicht bekannt sind, zum Beispiel den **Shebenik-Jablanica-Nationalpark** weiter südöstlich mit einem erst 2011 eröffneten Wanderwegenetz in unberührter Natur.

Unterkunft

■ Private Unterkünfte in Lura sind auf der Seite **www.albanian-mountains.com** gut beschrieben (mit Foto) und buchbar.
■ **Lura②**, Berghotel oberhalb von Fushë Lurë, Rr. Borie Lurë, Tel. (068) 904 47 70, 218 74 97, www.lurahotel.wix.com/lura-hotel, lurahotel@gmail.com. Geräumige DZ mit Duschbad, Terrasse oder Balkon, AC. Mit Restaurant, geöffnet ab Mai oder auf Anfrage.
■ **Kaçorri②**, ehemaliges Turizmi-Hotel im Zentrum von Rrëshen, Tel. (069) 234 09 86. Zimmer einfach renoviert, mit Duschbad.

Grykë-Orosh

Das alte politische Zentrum Mirditas war bis zu den Zerstörungen im Kommunismus das etwa 40 Kilometer weiter nordöstlich liegende Orosh (heute Grykë-Orosh). Dort befand sich seit Jahrhunderten der Stammsitz des Stammesführers der Mirditen, ebenso die einst bedeutende Benediktinerabtei **Shën Lezhderit,** die der traditionelle Versammlungsort der zwölf Bayraks, der Clanoberhäupter der Stämme, war. In dem Roman „Der zerbrochene April" von *Ismail Kadare* wird Orosh zum düsteren Handlungsschauplatz einer alten Blutrachegeschichte. Rund um Grykë-Orosh findet man noch viele zwei- oder dreistöckige **Wohnturmhäuser** in uriger Umgebung, in der sich solche Blutrachetragödien zugetragen haben mögen, zum Beispiel in Shpal, Kurbnesh, Ndërshëne oder Ndërshenjt. Die Klosteranlage von Orosh wurde 1967 während der kommunistischen Kampagne gegen die Religionsgemeinschaften vollständig zerstört. Heute ist sie in der Kreisstadt

Nordalbanien: Südlich des Drin

4

Rrëshen in moderner Form „wiederauferstanden".

Gurth-Spaç

Etwa 20 Kilometer nördlich von Orosh
erreicht man die Abzweigung nach
Gurth-Spaç, das sehr abgelegen am Ende
eines langen Seitentals liegt. In Gurth-
Spaç befand sich ein **Lager für politische Gefangene,** einer der grausamsten
Orte der kommunistischen Geschichte.
Die alten Lagergebäude sind halb zerstört, in einem verwahrlosten Zustand
und frei zugänglich. Die Besichtigung
des Geländes ist extrem beklemmend.
Die Gefangenen mussten hier unter un-

⌄ Die Mirdita ist eine sehr
ursprüngliche und archaische Region

menschlichen Bedingungen hausen und
wurden in den umliegenden Minen und
auch in den Industrieanlagen von Rubik
als Zwangsarbeiter eingesetzt. In den 50
Jahren kommunistischer Herrschaft kamen hier Tausende von Gefangenen ums
Leben.

In einer Ausstellung, die seit dem
Frühjahr 2012 im Historischen Nationalmuseum in Tirana zu sehen ist und
sich den albanischen Intellektuellen und
ihrer **Verfolgung** widmet, werden folgende Zahlen genannt: Zur Zeit des
Kommunismus gab es 988 Gefängnisse
für Männer und sieben für Frauen, insgesamt waren 26.788 männliche und
7.367 weibliche Insassen inhaftiert, darunter auch 1.215 männliche und 38
weibliche Ausländer. 5.037 Männer und
450 Frauen wurden in dieser Zeit in den
Gefängnissen exekutiert. Die Zahl derer,
die durch schwere Zwangsarbeit und die

alba154 gr

Verhältnisse in den Lagern ums Leben kamen, ist nicht bekannt. Die meisten Lager und Gefängnisse sind mehr als 20 Jahre nach dem Kommunismus aufgelöst worden. Es ist in der politischen Diskussion, in Gurth-Spaç eine nationale Gedenkstätte zu errichten (zum Weiterlesen siehe Literaturtipps im Anhang).

Region Puka

Ab **Gjegan** (ca. 50 km nordöstlich von Rrëshen) verläuft die Straße entlang des **Fani i Madh,** mit weiten Aussichten und tiefen Einblicken ins umliegende Bergland und auf die Streckenführung der neuen Autobahn A1. Unterwegs sind immer wieder Aufforstungsflächen und junger Wald zu sehen, die daran erinnern, dass in der Region Mirdita Tausende Hektar Waldfläche illegalem Holzeinschlag zum Opfer gefallen sind.

Fushë-Arrëz

Inmitten großartiger Landschaft liegt Fushë-Arrëz, eine triste Bergarbeitersiedlung mit vielen heruntergekommenen Plattenbauten, die in langen Reihen entlang der felsigen Berghänge stehen. Die **Kupfermine** wird heute von einem türkischen Unternehmen betrieben, ein großer Teil der Belegschaft soll aus der Türkei kommen. Umweltschutz spielt offensichtlich keine Rolle, das Flusswasser ist von Kupferschlämmen verseucht. Durch den Bau des Kalimash-Tunnels ist Fushë-Arrëz weiter an den Rand gedrängt worden, denn Durchgangsver-

kehr gibt es kaum noch. Besuchenswert ist die neue **Kathedrale Shën Jozefi,** die zu dem Missionszentrum der österreichischen Caritas oberhalb des Ortes gehört, die hier seit Jahren versucht, die größte soziale Not zu mildern.

Auf der **Weiterfahrt** nordwärts nach Kukës hat man bei gutem Wetter einen einmaligen Fernblick auf die gezackten Bergketten von Theth und die Gipfel des Valbona-Tals. Davor liegt das hügelige Bergland von Puka mit den Seitenarmen des Fierza-Stausees. Die schmale Straße ist kurvenreich und erfordert viel Konzentration beim Fahren. Weiß bemalte Steinbrocken markieren immer wieder Straßenabbrüche. Autos begegnen einem auf der alten Kosovo-Strecke kaum. Der Verkehr läuft heute durch den Kalimash-Tunnel der Autobahn.

Informationen

■ Einblicke in das Leben entlang der Reiseroute durch die Mirdita bietet der Text **„Fünfzehn Dächer für 15x8 Geschwister",** ein Inspektionsbericht der Stiftung Hilfswerk deutscher Zahnärzte (HDZ), zu finden unter www.stiftung-hdz.de/projekte/europa/albanien.

Unterkunft

■ **Hamit Mustafa**①, Dedaj Fushë-Arrëz, Tel. (068) 235 77 74. 7 Zimmer mit 12 Betten, auf kleiner Landwirtschaft.
■ **Zek Curri**①, Fshat Fushë-Arrëz, Tel. (068) 407 346. 4 Zimmer mit insgesamt 3 Betten, auf schönem kleinen Hof.
■ **Zef Ndoc**①, Fushë-Arrëz, Tel. (068) 409 64 00. 3 Zimmer mit insgesamt 6 Betten, großes Bad, modernes Haus.

Nordalbanien: Südlich des Drin

4

Puka

Puka (885 m) gehört zu den höchstgelegenen Orten Albaniens und hat seine gute Zeit schon lange hinter sich. Der Ort (römisch Picarea) geht in die illyrische Zeit zurück und war bis in die Neuzeit ein kulturelles Zentrum. Anfang des 20. Jahrhunderts wurde Puka als Militärbasis ausgebaut und hatte eine bekannte katholische Schule. In Puka liegt im Winter viel Schnee; es ist ein **beliebtes Skigebiet**. Bekannt ist auch das gute regionale Bier.

Im Stadtzentrum kann man die **Schule** besichtigen, an der der Dichter *Migjeni* (siehe bei Shkodra) unterrichtete und seine Prosatexte und Gedichte verfasste. Dringend renovierungsbedürftig ist der dreistöckige **Karakoll-Wohnturm** in Puka-Kokdodë, den bereits *Edith Durham* 1908 als sehenswert beschreibt; er soll der einzige noch erhaltene so hohe Kulla Albaniens sein.

Unterkunft

■ **Buchung** über www.albaniahotelsbooking.com.
■ **Hotel Turizm**②, unübersehbar im Zentrum von Puka, www.albania-hotel.com. 33 Zimmer (EZ bis 3-Bettzimmer), 1 Apartment. Gut geführtes Hotel, einfache, saubere Zimmer und Duschbäder, TV, WLAN, Hotel-Restaurant.
■ **Guesthouse**①, *Përparim Laçi*, Laçaj-Pukë, Tel. (068) 205 64 72. 11 Räume, 34 Betten, in einem modernen schönen Neubau.

Kukës

Vielleicht ist das Wichtigste bei einer Fahrt nach Kukës für viele Reisende das Erlebnis, hier am „Ende" Albaniens, dicht **an der kosovarischen Grenze** angekommen zu sein – Prishtina liegt nur 40 Kilometer entfernt. Auf den ebenen Flächen außerhalb der Stadt lagen 1999 die UN-Flüchtlingscamps, in denen damals monatelang 100.000 Kosovo-Flüchtlinge lebten. In Anerkennung der Bewältigung dieser schwierigen Aufgabe wurde die Stadt ein Jahr später für den Friedensnobelpreis vorgeschlagen.

Kukës ist eine Stadt, die mit der rauen **Hässlichkeit** ihrer großen Plattenbausiedlungen, den roten, nackten Ufern des **Drin-Stausees** und dem massigen Gjalica-Massiv fast schon wieder etwas Anziehendes an sich hat. Eine Altstadt sucht man vergebens, denn das alte Kukës liegt überflutet im Stausee. Die **Umsiedlung** in die heutige Neustadt, die ursprünglich einmal für 30.000 Einwohner ausgelegt war und heute von knapp 17.000 Menschen bewohnt wird, begann 1962 mit dem Staudammbau, 1978 wurde dann das Drin-Tal geflutet und das Kraftwerk „Licht der Partei" in Betrieb genommen.

Das **Stadtzentrum,** das keines ist, besteht aus einem rechteckigen Straßensystem und wirkt bedeutend angenehmer und wohnlicher, seitdem Teile der Straßen zu Fußgängerzonen umgestaltet wurden. Auf dem überdimensional großen und immer leeren Platz im Zentrum dominiert das Gebäude von Radio Kukës mit einem Partisanenrelief. Auch das Postgebäude und das Rathaus im Stil des sowjetischen Realismus verströmen viel kommunistische Atmosphäre. Abends treiben die Bewohner ihre Kühe und Schafe in die Innenstadt. Ein neues **Historisches Museum** gibt es gegenüber dem Rathaus – offiziell bereits eröffnet, war es im Juni 2014 trotzdem nicht zugänglich …

Arbeitsplätze sind Mangelware, etwa 1.000 Frauen haben ihr Auskommen in einer Schuhfabrik. Ein chinesisch-türkisches Unternehmen lässt in den alten Bergminen weiterhin Chrom abbauen. Wie schon vor dem 2. Weltkrieg konzentriert sich das Leben auf **Prizren** jenseits der Grenze, wo Handel und Wirtschaft blühen. Bis jetzt hat man nicht den Eindruck, die neue Autobahn hätte einen Zuwachs an Chancen für Kukës gebracht – was die Menschen nicht davon abhält, sehr gastfreundlich zu sein.

Praktische Infos

Unterkunft/Essen und Trinken

■**Kastrati**①, kleines, modernes Hotel im Zentrum, Tel. (024) 227 19. 16 einfache DZ, teilweise Gemeinschaftsbäder. Im Restaurant schmackhaft zubereitete albanische Gerichte.

■**Amerika**③, Hochhaus mit moderner Glasfront in einer Seitenstraße im Zentrum, Tel. (024) 223 278, www.baramerika.com. Gastfreundliches Hotel, 50 Zimmer und Apartments, in allen Varianten und Ausstattungen auf acht Stockwerken, geschmackvoll gestaltet in albanisch-kosovarischem Stilmix, auch mit Whirlpool. Treffpunkt aller Ausländer und Geschäftsleute, die nach Kukës geraten. Bei kleinerem Budget kann man nach einem günstigen Zimmer fragen. Parkplatz. Bar-Restaurant mit fantasievoll gestalteter Außenterrasse, serviert wird gute regionale Küche bis 22.30 Uhr.

Busse

Linienbusse nach **Tirana** tägl. 7, 9, 13, 16 Uhr (400 Lek/2½ Std.). Minibusse nach Tirana tägl. 6–16 Uhr (600 Lek/2 Std.); nach **Krumë** tägl. ab dem frühen Morgen (200 Lek/½ Std.); nach **Shkodra** tägl. 7 Uhr (500 Lek/3 Std.); nach **Durrës** tägl. 8 Uhr (400 Lek/2½ Std.); nach **Shishtavec** tägl. ab dem frühen Morgen (300 Lek/2 Std.). Abfahrt am Basar nördlich des Zentrums.

Außerhalb von Kukës

Die ersten zehn Kilometer entlang des Stausees Richtung Bajram Curri sind asphaltiert und eine beeindruckende **Panoramastrecke** gen Osten mit Blick auf Kukës und das Gjalica-Gebirge, nach Westen bei guter Sicht bis nach Tropoja und zu den gezahnten weißen Bergspitzen von Theth. Nach etwa 20 Minuten kommt man zu dem beeindruckenden Geländesporn im Stausee.

Shishtavec ist ein Hochplateau mit acht sehr ursprünglichen Dörfern einer goranischen Minderheit östlich von Kukës am **Gjalica-Gebirge** (2.480 m). Die landschaftlich sehr reizvolle ländliche Region ist eines der bekanntesten albanischen Skigebiete, allerdings ohne jede Infrastruktur.

Shaikh Zayed International Airport

Die arabischen Länder sind in der Vergangenheit in Albanien immer wieder als großzügige Geldgeber aufgefallen. Die neue Innenstadt Tiranas sollte mit Investitionen aus Kuwait realisiert werden, in zahlreichen Moscheen stecken arabische Gelder, und im benachbarten

4

Kosovo fallen moderne Religionsschulen auf, die in den ländlichen Regionen zentrale Bildungseinrichtungen errichtet haben. Zu den Kuriositäten in diesem Zusammenhang gehört der komplett funktionstüchtige Flughafen Shaikh Zayed International Airport bei Kukës, der 2009 dank einer **Privatspende eines Scheichs** aus den Vereinigten Arabischen Emiraten gebaut und nach dem ersten Präsidenten der Emirate benannt wurde. Er konnte bisher nicht in Betrieb genommen werden, da die deutsche Hochtief AG mit der albanischen Regierung bis 2024 exklusive Landerechte auf dem Flughafen von Rinas/Tirana ausgehandelt hatte.

Region Dibër

Geschichte

Die ersten Siedlungsspuren in der Region stammen aus dem 6. vorchristlichen Jahrtausend. Für das 3. und 2. Jahrhundert v. Chr. belegen archäologische Ausgrabungen in **Grezhdan** 14 km südlich von Peshkopia die **illyrische Stadt Uskana,** die mit einer Fläche von insgesamt 34 Hektar als eine der größten antiken Festungen des Balkan gilt. Ans Tageslicht befördert wurden Mauerreste von 3 Metern Dicke und 4,50 Metern Höhe mit 40 Wachtürmen sowie ein mächtiges Südtor mit 9 Metern Breite und 14 Metern Höhe. Die antiken Autoren *Polybius* und *Titus Livius* beschreiben neben Uskana noch 13 weitere Orte und zehn befestigte Anlagen in der Region. Im römisch-illyrischen und römisch-mazedonischen Krieg (172–168 v.Chr.) werden die in der Region ansässigen illyrischen Stämme der Penestianer geschlagen. In der folgenden Zeit wird die Region über einen Seitenarm der **Via Egnatia** an die nördlichen Gebiete um Prizren im Kosovo und Gostivar in Mazedonien angeschlossen. Drei Jahrhunderte später erwähnen Quellen eine Stadt namens **Doberos,** mit der der heutige Name Dibër in Zusammenhang gebracht wird. Im 6. Jahrhundert entstehen unter Kaiser *Justinian* (527–565) weitläufigen Befestigungsanlagen, die in der Zerfallsphase des Römischen Reiches die Landnahme durch slawische Stämme aufhalten sollten. Der spätantike Schriftsteller *Prokopius* erwähnt in diesem Kontext eine befestigte illyrische Stadt namens **Stephaniac,** deren etwa 1,5 Hektar großes Gebiet Archäologen südlich der Thermalquellen von Peshkopia verorten. Bulgarische Karten aus dem 11. Jahrhundert bezeichnen den Ort als **Presolengrad.** 1120 erwähnen Quellen in der Region Dibër einen Bischofssitz und bedeutendes geistiges Zentrum, dem die heutige Kirche Shën Shqefnit (Hl. Stephan) in Dobrovë, einem Vorort von **Peshkopia,** zugeordnet wird. Dort liegen heute die Plattenbausiedlungen der Stadt. Ab dem frühen 15. Jahrhundert wird dann die ganze Siedlung als Bischofssitz (lat. *episcopatus*) bezeichnet, was Peshkopia seinen heutigen Namen gab.

Von Kukës nach Peshkopia

Die 2013 erstmals asphaltierte, etwa 70 Kilometer lange Strecke bietet eine **Panoramafahrt mit Blick auf die großen Bergketten Nordostalbaniens.** Nach

Westen hin sind es das Malësia e Shengjit und das mächtige Massiv der Kurora e Lurës mit seinen Ausläufern, im Osten die Gipfel des Gallica e Lumës und des Mali i Korabi, die immer neue landschaftliche Eindrücke vermitteln. Die Straße teilt sich etwa 15 Kilometer nach dem ersten Pass.

Die untere Variante auf einer **Schotterpiste entlang des Drin** ist nur als Offroad-Variante zu empfehlen. Auch Kalaja e Dodes, ein sehr ursprüngliches Bergdorf mit alten Kullas und steinernen Gebäuden auf der anderen Seite des Drin, die Stauseen des Vau i Çajës oder der Velëshicë oberhalb von Radomirë am Korab-Massiv sind nur auf unbefestigten Straßen zu erreichen.

Die **Strecke für normale Pkws** führt durch abwechslungsreiche Bergpanoramen über unzählige Serpentinen immer wieder bergauf und bergab bis auf eine eindrucksvolle Hochflächenlandschaft mit weiten Blicken in die Region. Große Erosionsflächen und junger Buschbestand auf ehemaligen Aufholzungsflächen wechseln sich ab mit kleinen Feldern, Äckern und Wiesen, die in Terrassen hoch oberhalb des Drin-Ufers liegen. Immer wieder durchfährt man Dörfer mit aus Stein gemauerten einfachen Wohnhäusern mit kleinen Fenstern. Manchmal sind sie weiß gestrichen, meist jedoch grau und oft nur notdürftig erhalten. Auch strohgedeckte Nebengebäude, aus dickem Buschwerk geflochtene Hütten und Lehmbauten findet man hier noch. Viele Dächer sind inzwischen jedoch mit Wellblech und nicht mehr mit Ziegeln oder Stroh gedeckt. Die älteren, oft gebeugt gehenden Frauen und Männer mit tief faltigen Gesichtern tragen hier noch traditionelle schwarze Kleidung. Die muslimischen Frauen sind sehr zurückhaltend, aber natürlich auch neugierig. Häufig tragen sie noch schöne, mit Perlen eingefasste weiße oder farbige Kopftücher und bunte Kleider und Schürzen. Ältere Männer sieht man noch mit der traditionellen weißen Filzkappe und in der Dorfkneipe lange türkische Pfeifen rauchen.

Das Dorf **Kastriot** kurz vor Peshkopia ist der ehemalige Stammsitz des Adelsgeschlechts der *Kastrioti* und des Nationalhelden *Gjergj Kastrioti*, besser bekannt als *Skënderbej*. Die mächtige Sippe beherrschte bis zur Besatzung durch die Türken die Region von den Bergen der Malësia e Hasit über das Drin-Tal bis zum Mat.

Kurz vor Peshkopia bietet sich die Besichtigung des **Kulla e Zunës** in Sohodoll an.

Rund um den Mali i Korab, welcher der höchste Berg Albaniens und Mazedoniens ist (2.764 m), liegt eine bekannte **Wanderregion**. Ausgangsort ist das am Fuße des Massivs liegende **Bergdorf Radomir.**

Unterkunft

Als Alternative zur Übernachtung in Kukës bieten sich auf dem Weg nach Peshkopia zwei gute Unterkunftsmöglichkeiten an.

■ **Guesthouse Korabi**①, Tel. (069) 253 81 72, (068) 439 21 87 *(Haxhi Hima)*. Anfahrt: ca. 10 km südlich von Kukës nach Osten abbiegen (Straße 2013 asphaltiert) und dann noch etwa 35 km über die sehenswerten Dörfer Bishtrice (große Hydrostation), Ploshtan und Ceren fahren.

■ **Hotel Gjoka**①, 2013 eröffnet, an der Hydrostation in Bishtrice, Ura e Lapaj, Besichtigung für

Die Wehrturmhäuser in Dibër

Die Region Dibër ist die **Heimat der Kullas.** In den letzten Jahren des Osmanischen Reiches, besonders um das Jahr 1910, wurden viele dieser einmaligen Wohnhäuser systematisch zerstört, da sie der **aufständischen Bevölkerung** Schutz boten. Daher haben meist nur abgelegene Exemplare überlebt, oft wegen der schlechten Wege nur zu Fuß oder mit einem Allradfahrzeug zu erreichen.

Die Mauern dieser meist vierstöckigen Trutzbauten mit quadratischem bzw. rechteckigem Grundriss waren **aus Natursteinen und Kalkmörtel** gemauert, in den oberen Stockwerken verwendete man auch Lehmziegel, die mit Holz verschalt wurden. Das erste Geschoss wurde gewöhnlich als Stall und Lagerraum genutzt, was Fußbodenwärme für das zweite Stockwerk bedeutete, in dem die Familie wohnte. Gästen wurde das dritte Stockwerk gegeben, im vierten Stock schlief man und hatte gleichzeitig die Umgebung im Blick. Die schmalen Fensteröffnungen sorgten für Luftzufuhr und ausreichende Beleuchtung, im Notfall dienten sie auch als Schießscharten.

Diese einfachen bäuerlichen Bauten sind das Gegenstück zu den feudalen großen Häusern mit ihren doppelten Wohnturmfassaden in Gjirokastra und anderen Orten, die in der Regel Großgrundbesitzern, Beamten oder vornehmen Familien gehörten, die sie als repräsentative Wohnhäuser, Wirtschaftsbetriebe und Produktionsstätten nutzten. Doch auch in den einfachen Kullas finden sich zahlreiche Zierformen: Steinarbeiten an den Tür-und Fensterrahmen, manchmal antiken illyrischen Ursprungs oder diesem Vorbild nachempfunden; geschnitzte, farbig gefasste Holzdecken in den Gasträumen; traditionelle farbige Flokatis und Handwebteppiche mit kontrastreichen Mustern, wie sie für die Region Dibër typisch sind.

Folgende **Kullas** sind besonders gut erhalten und bekannt: Kulla e Zunës in Sohodoll, Kulla e Salë Markës in Zogje, Kulla e Perlekës dhe Tollës in Lurë, Kulla të Kaloshëve in Kandër (Kastriot) und Kulla të Hoxhëve in Hotesh, Mitte des 19. Jahrhunderts erbaut und schön gelegen auf einem Geländesporn über dem Drin (nur offroad zu erreichen).

⌄ Kullas boten den albanischen Kämpfern Schutz im Kampf gegen die Türken

alba14-064 mb

Gäste möglich, Tel. (068) 207 72 00 (engl.), gjoka-bashkim@yahoo.com. Günstige moderne DZ mit Duschbad, WLAN, auch für größere Gruppen (20–25 Personen) gut geeignet, traditioneller Oda mit Matratzen, Selbstversorgerküche, Apartment unter dem Dach.

Peshkopia

Peshkopia unterscheidet sich deutlich vom katholischen Norden und dem orthodoxen Süden. Die meisten der 13.000 Bewohner sind wie an der ganzen östlichen Grenze **Muslime.**

Das Städtchen liegt inmitten einer **lieblichen Berglandschaft** oberhalb des Tals des Schwarzen Drin. Im Osten ragen die Bergketten des Mali i Korab auf, an die sich der Lura-Nationalpark anschließt. Im Sommer kann es bis zu 35 C° heiß werden, im schneereichen Winter sind bis zu -25 C° möglich. Die Gegend bietet gute Voraussetzungen für den Anbau von Obst und Nüssen. Neben dem Mali i Korab (s.o.) erheben sich fünf weitere **Gipfel** über 2000 Meter: Maja i Velevarit (2.374 m), Maja e Kërçinit (2.345 m), Maja e Dejës (2.246 m), Kunora e Lurës (2.121 m) und Maja e Sorokolit (2.178 m). Die abgeschiedene Region hat ein großes **touristisches Potenzial,** doch die Erschließung hat gerade erst begonnen – noch ist die Infrastruktur schlecht. Immerhin: In Peshkopia gibt es seit 2013 ein bescheidenes Tourismusbüro. Naturliebhabern und Freunden unverfälschten ländlichen Alltagslebens hat die Region viel zu bieten.

Das **Korab-Gebiet** schützt den Steinadler, das Wappentier Albaniens, auch Balkanluchse und Braunbären haben hier eine geschützte Heimat. Einzigartig sind die weiten Wildtulpenwiesen. Der **Schwarze Drin** bietet als längster Fluss des Landes zahlreiche Naturerlebnisse, Peshkopia könnte in Zukunft mit seit der Römerzeit bekannten heilkräftigen Thermalquellen punkten, daneben gibt es unzählige Kulturdenkmäler, die noch kaum bekannt oder dokumentiert sind. Für Albaner wichtig ist der Umstand, dass die Region Dibër-Mat das alte Stammland der Familie des Nationalhelden *Skënderbeu* ist.

Nach der Grenzziehung im Jahr 1912 wurde Peshkopia von den heute mazedonischen Gebieten abgeschnitten und verlor damit seine überregionale Bedeutung. Langfristig ist eine neue **Straßenverbindung nach Tirana** geplant, die die Hauptstadt mit Mazedonien verbinden soll. Momentan braucht man für die 190 Straßenkilometer in das Luftlinie nur etwa 60 Kilometer entfernt liegende Tirana zwischen dreieinhalb und vier lange Stunden auf kurvigen Straßen.

Die wichtigsten **Durchgangsstraßen** und einige Verbindungen in die Dörfer an der Hauptstraße sind inzwischen geteert, ein „Geschenk" aus dem letzten Wahlkampf *Sali Berishas.* Doch wie in den Regionen Kukës und Bulqiza gibt es immer noch keine Ortsschilder oder Straßenbezeichnungen. Was inzwischen zu greifen beginnt, sind die Maßnahmen zur Förderung des Anbaus von Obst, Nüssen und Kräutern – in früheren Zeiten war die Region einer der Obstgärten Albaniens! Besonders um Peshkopia breiten sich frisch angelegte Obstplantagen, Nussbaum- und Esskastanien-Anpflanzungen sowie Lavendel- und Salbeifelder aus.

Stadtgeschichte

Anfang des 16. Jahrhunderts hieß der ehemalige Bischofssitz unter osmanischer Verwaltung **Dere-i-Zir,** „Unteres Debar". Der Hauptort der Region, das „große Debar", liegt heute jenseits der albanisch-mazedonischen Grenze. Keine hundert Jahre später (1583) war der größte Teil der Bevölkerung des kleinen Handelszentrums muslimisch geworden – die jahrhundertelange christliche Tradition in der Region gehörte damit der Vergangenheit an.

1863 wurde Peshkopia zum **osmanischen Verwaltungszentrum.** Neue Ladengeschäfte entstanden entlang des Flusses. Von Debar (türk.: Oranik) legte man die erste Telefonleitung. Im Zuge der Zerfallserscheinungen des Osmanischen Reiches musste die Stadt 1873 8.000 Soldaten aufnehmen. 1910 begannen die ersten offenen **Proteste** gegen die türkische Verwaltung, am 16. August 1912 wurde Peshkopia von **albanischen Partisanenverbänden** eingenommen. Im Dezember desselben Jahres eroberten die Serben die Stadt, bis sie im Herbst des Folgejahres wieder in albanische Hand kam. Anfang des Jahres 1916 nahm die **bulgarische Armee** die Stadt ein, die, unterstützt von verbündeten österreichisch-ungarischen Truppen, durch Hinrichtungen und Brandschatzungen den lokalen Widerstand zu brechen versuchte. 1918 wurde Peshkopia endgültig unterworfen.

Im Zweiten Weltkrieg besetzten zunächst italienische Truppen Peshkopia. Am 9. September 1943 brachten kommunistische Partisanen die Stadt unter ihre Kontrolle, ein gutes Jahr später dann die **Partisanen** der Balli Kombëtar. Nach einem kurzen Zwischenspiel deutscher Truppen und zähen Kämpfen blieb in der ganzen Region letztendlich die kommunistische Ushtria Nacionalçlirimtare (Nationale Befreiungsarmee) siegreich.

Sehenswertes

Sehenswert ist in der „Stadt der Linden", wie Peshkopia auch genannt wird, der geschäftige **Markt** an den Ausgangsstraßen, der täglich stattfindet und für die ganze Region eine große Rolle spielt. Man sieht hier noch zahlreiche Eselskarren, Ziegen hängen frisch geschlachtet an der Hauptstraße zum Verkauf, Geflügel wartet in Säcken auf Abnehmer, und Berge von frischem Obst und Gemüse türmen sich an den Ständen. Der große, von hohen alten Linden beschattete **Boulevard Elez Isufi,** der das Stadtzentrum in zwei Hälften teilt, ist Fußgängern vorbehalten. Bis 14 Uhr ist es hier sehr belebt, wenn jeder seinen Geschäften und Einkäufen nachgeht. Dann wird es ruhiger, bis man sich am Abend zum täglichen Xhiro wiedersieht. Am Boulevard befinden sich die wichtigsten Gebäude der Stadt: das Rathaus, ein Museum (s.u.), eine kleine Universität, das Gymnasium, das Hotel Korabi, die Präfektur, das Skanderbeg-Denkmal und zahlreiche Läden und Cafés. Oberhalb des Flusstals des Peroi liegt der älteste Teil der Stadt mit der 2009 mit Unterstützung von *Saud Abdul Gani* (Katar) erbauten Moschee Xhamia e Re und vielen alten im Verfall begriffenen Häusern aus der türkischen Zeit. Die Straßen im Stadtzentrum sind sauber und gepflegt, einige Häuser wurden bereits wieder in traditioneller Weise aufgebaut.

Nordalbanien: Südlich des Drin

Museum

Direkt am Blv. Elez Isufi, in einem restaurierten gelb-weißen klassizistischen Gebäude, befindet sich ein kleines Museum mit einer interessanten **archäologisch-historischen Sammlung,** die noch aus kommunistischer Zeit stammt. Der Saal wird auch als Stadttheater genutzt. Öffnungszeiten: tägl. 9–14 und 17–19 Uhr, Tel. (068) 627 29 68.

Das Ethnografische Museum in einem anderen historischen Gebäude ist seit 2008 geschlossen.

Moschee Xhamia e Vjetër

Die sogenannte Alte Moschee im alten Basarviertel am Fluss ist sehenswert und kann auch von innen besichtigt werden – der gastfreundliche alte Imam *Mensur Shehu* schließt die Tür auf und führt durch die Räume. Die muslimische Gemeinde Peshkopias gehört zur Glaubensrichtung der Kadri, die 1461 in Albanien gegründet wurde und eine Mischung aus islamischer und Bektashi-Kultur ist. Die schön in Holz restaurierte Tekke auf der Wiese nebenan beherbergt die entsprechenden Memoriale, andere historische Gräber liegen etwas abseits. Die Moschee wurde 1938 neu aufgebaut, 1967 wie so viele andere religiöse Kulturgüter zerstört und gleich im Jahr der Wende 1991 wiedererrichtet.

Die **Xhamia e Re** oberhalb der Straße, das neue Gegenstück zur Alten Moschee, hat zwei Minarette und wurde 2009 als Schenkung von *Said Abdul Gani* (Katar) erbaut.

In der Umgebung

In der Umgebung von Peshkopia ist eine kleine slawische Minderheit bis heute orthodox geblieben und spricht noch einen sehr alten slawischen Dialekt. Es haben sich in abgelegener Lage nur sehr wenige alte religiöse Bauten erhalten, zum Beispiel östlich des Dorfes Burim, 1,5 Kilometer ab der Straße nach Tirana, die Moschee **Xhamia e Allajbegisë** aus dem Jahr 1585, Kulturdenkmal seit 1967, eine der ältesten Moscheen in der Region. Die Außenfassade aus dekorativem Schächtelmauerwerk aus gebrannten Ziegeln und Natursteinen zieren zehn mit spitzen osmanischen Ziegelbögen verzierte Fenster. Die **Kisha e Shpërfytyrimit** (Kirche der Verklärung Christi) liegt in Herbel 1,5 Kilometer östlich der Straße nach Tirana (vor der Abzweigung nach Grazhdan), erbaut im späten 13. und frühen 14. Jahrhundert vor der osmanischen Eroberung. Sowohl die Kirche als auch die Moschee sind Nationale Kulturmonumente, ebenso die einfache, schiefergedeckte Kirche **Shën e Mitrit** aus dem Jahr 1892, ausgeschmückt mit Fresken im byzantinischen Stil, und die aus Natursteinen errichtete Kirche **Cveti Spas (Shën Sofia)** von 1270 (die Fresken im Inneren müssten dringend restauriert werden), beide in Kërçisht i Siperm bei Maqellarë gelegen (20 km von Peshkopia entfernt).

An der Straße von Peshkopia nach Tirana, in der Nähe von Maqellarë auf einem Gelände rechts der Straße (Hinweisschild), liegt **Kalaja e Grazhdanit.** Die spätantike Siedlung an einem Seitenarm der Via Egnatia wird ins 4. Jahrhundert datiert und zählte zu den größten befestigten Städten auf dem Balkan, da ihre Lage in der offenen Ebene wenig Schutz bot. Der konstantinischen Zeit werden in der Umgebung noch mindestens 18 Burgen zugeordnet. Die gesamte Stadtfläche, auch heute noch mit einem

4

Wall umgeben, beträgt 34 Hektar. 44 hufeisenförmige Türme im Abstand von 40 bis 80 Metern verstärkten die knapp drei Kilometer lange Stadtmauer. Drei mit je zwei Wehrtürmen geschütze Eingänge sind bekannt.

Praktische Infos

Unterkunft
■**Korabi**①, Blvd. Elez Isufi, linke Seite zum Fluss hin, Zugang durch Gartenrestaurant, Tel. (068) 207 01 07. Ehem. Albtourist, mit Flair saniert, 18 DZ mit Duschbad, AC, WLAN, gute lokale Küche.

Camping/Wohnmobile
■**Kamping Oasi alla Chiesa**①, GPS 41.60806, 20.01091, oberhalb der SH 6 Richtung Burrel, 9 km nach Klos, Tel. (067) 275 58 22, www.campingallachiesa.com. Mit Unterstützung einer italienischen katholischen Mission geführter kleiner Campingplatz auf dem Gelände der Kirche Shën Koll. Stellplatz für 2–3 Wohnmobile, auch beschattet, Strom, Wasser, einfache Sanitäranlagen, ital. TV, weiter Blick auf die Landschaft des Mat, Restaurants in der Nähe. Bitte keine Badekleidung auf dem Platz tragen! 6–23 Uhr, ganzjährig geöffnet.

Busverbindungen
■**Abfahrt Basar:** Linienbus nach Tirana 8, 13 Uhr; Maqellare/mazedonische Grenze: Minibus 6, 8, 14 Uhr; Bulqize, Burrel: Minibusse bis etwa 16 Uhr.
■**Abfahrt Fußgängerzone westliche Seite:** Arras, Kastriot, Muhurr: tägl. bis zum Abend.
■**Abfahrt Shkolla Nazmi Rushiti:** Luzni, Doboshisht, Selane: tägl. bis zum Abend.
■**Abfahrt Basar an der Straße nach Lixhat:** Lixhat, Bellovë, Rabdisht, Zagrad, Cerian: tägl. bis zum Abend.
■**Abfahrt Beginn der Straße nach Kamen:** Staravec, Bahutë, Shimçan, Zimhur: tägl. bis zum Abend.

■**Kreuzung Rr. Abdyl Frashëri und Rr. Iljaz Pashë:** Sllove, Dodës, Kukës, nur einmal täglich am frühen Nachmittag.

Von Peshkopia über Bulqiza und Burrel an die Küste

Auch diese etwa **100 Kilometer** lange Strecke bietet herrliche Bergpanoramen. Auf der rechten Seite begleitet das Malësia e Krështes die Fahrt, im Süden sind es die hohen Ausläufer des Martanesh und der Mali i Skëderbeu, die diese Region von der Hauptstadt Tirana trennen und den langen Umweg über den **Durchbruch des Mat** durch die Skanderbeg-Berge erfordern, um wieder zur Küste zu kommen.

Typisch für die Region ist der **eisenhaltige,** rote bis rostgraue **Boden,** der an sonnigen Tagen zu faszinierenden Farbspielen führt, bei trübem Wetter hingegen macht die Landschaft schnell einen düsteren Eindruck.

Natürlich ist das Stammland *Skanderbegs* auch Heimat alter **Legenden:** Kurz vor Bulqiza, wo sich das Fusha e Buqizës bei dem Dorf Vajkal verengt, liegen die **Gurrët Skënderbeut,** riesige Steinbrocken, die *Skanderbegs* Truppen 1465 im Kampf gegen *Ballaban Pasha* in die Tiefe gestürzt haben sollen.

▷ Einfaches Landleben im Norden Albaniens

Bulqiza war jahrhundertelang nicht mehr als ein Bauerndorf an einer sumpfigen Talsenke, bis 1948 ergiebige Chromerz-Lagerstätten entdeckt wurden, die dann in kommunistischer Zeit mit sowjetischer Hilfe industriell abgebaut wurden. Heute gehört der etwa 13.000 Einwohner zählende Ort zu den verrufensten Plätzen im Land. Auf der Südseite des Tales liegen die Industrieanlagen und die alte Siedlung, auf der Nordseite die „neue", ebenso heruntergekommene Schlafstadt, die gebaut wurde, nachdem die alte Stadt durch den Bergbau einsturzgefährdet war. In den verfallenen Industrieanlagen arbeiten heute Kleinunternehmer illegal und unter katastrophalen Bedingungen für Banden der organisierten Kriminalität, die damit Millionen verdienen. Immer wieder kam es in der Vergangenheit zu Todesfällen unter den Arbeitern. Eine

der ersten Taten der neuen Regierung unter *Edi Rama* war Ende 2013 die Kündigung der Abbaulizenzen.

Gleich nach Bulqiza erreicht man den Büffelpass, **Qafa e Buallit,** in 842 Metern Höhe unterhalb der Maja e Dhosit (2.020 m). Hier liegt auch die Baustelle für das große Tunnelprojekt durch die Skanderbeg-Berge im Rahmen der neuen Rruga e Arberit nach Tirana – noch eine Zukunftsvision.

Nach Bulqiza führt die Straße nun **am Mat entlang,** der dem Martanesh entspringt und die Strecke bis zum Durchbruch direkt vor der Küstenebene begleitet. In **Klos** lohnt sich ein kurzer Fotostopp. Direkt an der linken Straßenseite liegt hinter einer Mauer aus Natursteinen und einem großen hölzernen Hoftor ein interessantes Beispiel für ein **traditionelles Wohnhauses der Mat-Region.** Die rechte Seite ist der ältere Teil des Ge-

alba155 gr

bäudes: gemauerter Fenstererker, der Hauseingang geschützt im ersten Stock und sehr kleine Ausgucklöcher, typisch für Gebäude des 18. und 19. Jahrhunderts. Der spätere linksseitige Anbau erweiterte das Gebäude um „modernere" Wohnräume mit größeren Fenstern, die mehr Licht ins Haus lassen, einem Hammam und dem hölzernen çardak für den Aufenthalt im Freien im Sommer. Im Untergeschoss lagen die Wirtschaftsräume, auf den anderen beiden Ebenen im alten Teil traditionell je zwei Wohnräume auf einem Stockwerk.

Weiter geht die Fahrt nach **Burrel**, heute mit etwa 11.000 Einwohnern der Hauptort und das Handelszentrum der **Region Mat**. Der ehemalige Karawanenstützpunkt auf dem Weg von der Küste nach Osten wurde 1943 von italienischen Truppen zerstört und erhielt sein heutiges, von Plattenbauten geprägtes Gesicht in der kommunistischen Zeit, als Burrel zum Zentrum der Bergbauregion Mat wurde. Seit der Zeit König *Zogus* wurden hier politische Gefangene inhaftiert, unter *Hoxha* im berüchtigsten Foltergefängnis des Landes, neben vielen anderen Intellektuellen *Fatos Lubonja* und *Pjeter Arbnori*. Das ehemalige Gefängnis soll zur Besichtigung wiedereröffnet werden.

Entlang des Shkopet-Stausees und durch die romantische ==Mat-Schlucht== und einen unbeleuchteten Tunnel geht es in die Ebene, wo der Mat mit dem Fan zusammenfließt und ein riesiges, bis zu 1,5 Kilometer breites Delta aus Kies und Geröll bildet. Trotz der Wasserregulierung durch den Stausee sorgen die beiden Flüsse regelmäßig für große Winterhochwasser in der Region. Ein Hingucker ist auch heute noch die 1927 von deutschen und schweizerischen Ingenieuren konzipierte, 480 Meter lange **Brücke „König Zogu I."** aus Eisenbeton, die heute Fußgängern vorbehalten ist. Der Name der Brücke erinnert an eine der schillerndsten Figuren der albanischen Geschichte, König *Ahmed Zogu I.*, der 1895 im elterlichen Kulla in Burgajet geboren wurde (siehe im Kapitel zur Geschichte in „Staat und Gesellschaft").

> Der Mali i Korab im Frühling

4

Alternativstrecke

Für die Fahrt Richtung Tirana kann auch die Ende 2013 weitgehend fertiggestellte, erstmals asphaltierte **Straße nach Librazhd** in Betracht gezogen werden. Die Strecke führt über eine Distanz von etwa 70 Kilometern durch die sehr abgelegene albanisch-mazedonische Grenzregion nördlich des Nationalparks Shebenica-Jablanica und passiert eine liebliche, malerische Berglandschaft mit gut bestellten Feldern in den Flusstälern und wenigen, weit auseinander liegenden Dörfern. Bei Librazhd erreicht man die E 852 Richtung Elbasan, der neue Tunnel durch die Krraba-Berge verkürzt die Strecke erheblich. Diese interessante Variante erspart die reizlose sowie verkehrs- und staureiche Fahrt durch die Küstenebene und den Verkehr stadteinwärts nach Tirana.

Nordalbanien: Südlich des Drin

alba14-061 mg

5 Mittel-albanien: Küsten-ebenen

Myzeqe – landwirtschaftliche Ebenen, so weit das Auge reicht. Und zwei Highlights aus antiken Zeiten: die ehemalige griechische Kolonie Apollonia und die illyrische Stadt Byllis.

◁ Die Kirche Shën Mërisë in Apollonia

ÜBERBLICK

Die Küstenebenen Mittelalbaniens erstrecken sich über die Regionen Lushnjë, Fier und Mallakastra. Fährt man von Tirana auf der Autobahn südwärts in Richtung Vlora, durchquert man über eine Distanz von 80 Kilometern die große Myzeqe-Ebene, die außer zersiedelten landwirtschaftlichen Flächen wenig Interessantes zu bieten hat. Die Myzeqe ist fruchtbares Küstenschwemmland der Flüsse Shkumbin, Seman und Vjosa. An der Adria liegen zwei große Lagunengebiete, die Karavasta- und die Narta-Lagune, zehn bis 20 Kilometer im Hinterland durchzieht parallel zur Küste eine Hügelkette die Ebene, die ganz im Südosten in das Bergland von Mallakastra übergeht.

scher Zeit in unvorstellbar **ärmlichen Verhältnissen.** Sie wurden wie Leibeigene gehalten und litten unter schweren Malaria-Epidemien. Die italienischen Besatzer feierte man zunächst als Befreier. Als *Mussolini* jedoch mit Trockenlegungsmaßnahmen begann, verloren die *Laluc* ihr spärliches Eigentum an italienische Neusiedler, die dann ebenfalls an der **Malaria** zugrunde gingen. Erst die **Entwässerungsmaßnahmen** der Kommunisten machten das Land wieder nutzbar und besiegten das Sumpffieber endgültig. Nach dem 2. Weltkrieg wurde die Region von Kosovo-Flüchtlingen und Çamen aus Nordepirus und einer kleinen walachischen Minderheit neu besiedelt.

Geschichte

In der Antike galt das Gebiet als eine der großen **Kornkammern des Römischen Reiches,** bis in der Spätantike die großen Flüsse ihren Lauf änderten und die Versumpfung der Region begann. Die Myzeqe blieb bis in die Neuzeit in der Hand von türkischen Beys, von denen die Großgrundbesitzerfamilie der *Muzaka* die bedeutendste war, die dem Gebiet auch den Namen gab. Im Laufe der Jahrhunderte entwickelten sich zwei Drittel der ehemaligen fruchtbaren Flächen zu **Sumpfland,** sodass nur wenige Siedlungen entstanden.

Die Bewohner der Myzeqe, die man in Albanien als *Laluc* (Sumpflandbewohner) bezeichnete, lebten in osmani-

NICHT VERPASSEN!

➡ **Kalaja e Bashtovës:**
eine komplette Festung mitten auf der Kuhwiese | 180
➡ **Lagune Divjaka-Karavasta:**
vogelkundliche Exkursionen im Frühjahr | 181
➡ **Ardenica:**
überraschendes Kleinod orthodoxer Baukunst | 182
➡ **Apollonia:**
hier studierte Kaiser Augustus | 183
➡ **Byllis:**
Blick in die Geschichte und auf die Vjosa | 189

Diese Tipps sind gelb hinterlegt.

Die beiden Kreisstädte **Lushnjë** (55.000 Ew.) und **Fier** mit 85.000 Einwohnern sind relativ junge Gründungen aus der zweiten Hälfte des 20. bzw. 18. Jahrhunderts, die keine touristischen Höhepunkte bieten, es sei denn, man interessiert sich für kommunistisch geprägte Stadtzentren. Beide Orte sind wichtige Verkehrsknotenpunkte und zentrale Märkte für landwirtschaftliche Produkte. Fier liegt am Rand des Erdöl- und Erdgasfördergebietes von Ballsh in der Mallakastra.

Von der Hauptstraße zweigt nach rechts ein schlechter Fahrweg zum Naturstrand **Plazhi i Spilës** ab. Eine landschaftlich reizvollere Nebenstrecke führt über die Dörfer an der Karavasta-Lagune entlang über Xangë nach Babunjë.

Anfahrt: In dem Dorf Gosa e Vogël (kein Schild) führt ziemlich unvermittelt an der Tankstelle eine schnurgerade Stichstraße zum Meer.

Kalaja e Bashtovës

Von der Nationalstraße lohnt ein kurzer Abstecher zur Kalaja e Bashtovës, der **Burg von Bashtova.** Die in ihren Mauern komplett erhaltene rechteckige venezianische Festung liegt mitten auf dem freien Feld kurz vor dem Mündungsgebiet des Shkumbin. Die Außenmauern der 60 x 90 Meter großen Anlage sind begehbar. Im Mittelalter lag die Burg in Sichtkontakt zum Meer und schützte den Getreidehandel an der Flussmündung. Heute ist sie besonders als romantische Kulisse für das jährlich stattfindende **Bashtova Folkfestival** bekannt.

▷ Blick in die Vjosa-Ebene

5

Parku Kombëtar Divjaka-Karavasta

🦋 Die 12,5 Hektar große **Karavasta-Lagune und ihre Pinienwälder** sind seit 1994 als Nationalpark Divjaka-Karavasta und RAMSAR-Vogelschutzgebiet ausgewiesen. Bedeutend ist eine Restpopulation Dalmatischer Pelikane. Das Ökosystem wird durch den Sommertourismus im nördlichen Teil mit 8.000 Besuchern am Tag, fehlende Besucherlenkungsmaßnahmen und illegale Jagd stark beeinträchtigt. Das Gebiet ist durch sandige Fahrwege erschlossen, über die man die gesamte Lagune erkunden kann.

Der Restaurantbesitzer **Ali Kali,** der auf einem Pferd reitend ein Tablett jongliert und die Gerichte so zu seinen Gästen am Strand bringt, ist seit Jahren die absolute Attraktion.

Mittelalbanien: Küstenebenen

alba145 mg

Ardenica

Der höchste Punkt der Küstenhügelkette (234 m) ist ein Ort mit weit zurückreichender Geschichte. In der Antike stand hier vermutlich ein Artemistempel, von dem sich auch der Ortsname ableiten soll, einen Kilometer südwestlich verlief eine Nebenstrecke der Via Egnatia. Heute befindet sich auf dem mit alten Zypressen bestandenen Hügel die **bedeutendste orthodoxe Klosteranlage des Landes.** Die der Mutter Jesu geweihte Kirche soll auf eine Gründung des byzantinischen Kaisers *Andronikos II.* im Jahr 1282 zurückgehen, der heutige Bau aus dem 18. Jahrhundert blieb mit seiner gesamten Innenausstattung (Malereien) unbeschadet erhalten.

Weit über die Myzeqe-Ebene hinaus war das Kloster ein bedeutendes geistliches Zentrum, ab 1780 gab es hier eine Priesterschule, im 19. Jahrhundert wurde eine albanische **Sprachschule** eingerichtet, die bis zum 1. Weltkrieg als Gymnasium weitergeführt wurde. Durch die Familie *Muzaka* gab es enge Verbindungen nach Voskopoja im Südosten Albaniens, wo 1720 eine der ersten Druckereien des Balkans und 1744 die einzige christliche Hochschule im Osmanischen Reich gegründet worden waren. Von dort gelangten viele kostbare Bücher nach Ardenica. Die wertvolle **Klosterbibliothek** mit einem Bestand von 32.000 Bänden ging 1932 bei einem Brand verloren. Im Kommunismus wurde das Kloster 1967 aufgelöst, aber nicht wie andere Anlagen zerstört. Vermutlich deshalb nicht, weil der Nationalheld *Gjergj Skënderbej* hier 1451 in Anwesenheit aller albanischen Fürsten *Andronika Arianiti* heiratete.

Ab 1980 konnten ausländische Touristen in den historischen Mönchszellen übernachten. Nach der Rückgabe an die Kirche fand sich 1992 wieder ein neuer Konvent ein und 1999 erfolgte eine umfassende **Restaurierung** der Anlage. Die Mönchszellen und Konventräume, eine Dreifaltigkeitskapelle im Nordosten, eine Ölmühle, eine Bäckerei, Stallungen und ein Glockenturm umschließen den schönen Innenhof mit einer Brunnenanlage. Die dreischiffige, flach gedeckte Halle betritt man über einen Vorbau, der die ausdrucksvollen Szenen des Jüngsten Gerichts an der äußeren Westfassade schützt. Die Wandmalereien im Inneren erzählen vom Leben der Gottesmutter und Jesu. An den Wänden ist ein in vier Zonen geteilter ausführlicher Festtagszyklus mit vielen Heiligenbüsten gestaltet. An der inneren Westwand befindet sich eine große Darstellung vom Tod Mariens. Meister der Fresken ist der berühmte *Athanas Zografi,* der auch in Voskopoja, Vithkuq und auf dem Berg Athos wirkte. Die naturalistischen Schnitzarbeiten der vergoldeten Ikonostase, der Kanzel und des Ambo stammen von den bekannten Künstlern *Konstandin* und *Anathasios Shpataraku.* Kleine Kostbarkeiten sind auch die aus Silber gefertigten Lampen der Ikonostase aus den Jahren 1725 und 1945.

Öffnungszeiten: Tägl. 7–19.30 Uhr, außer zu Gottesdienstzeiten, kein Eintritt, aber Spende erbeten, Führungen auf Albanisch, Parkgebühr 100 Lek.

Anfahrt: Taxi ab Fier (20 Min.) bis zum Kloster 1500 Lek, Minibus ab Fier Zentrum 100 Lek, ab der Hauptstraße 30–40 Min. Fußweg bis zum Kloster.

Praktische Infos

Unterkunft

■ **Grand Park Hotel Albania Ardenica**③, modernes Business-Hotel im italienischen Stil, Tel. (069) 325 36 60. DZ, EZ und 3-Bett-Zimmer mit kleinem Duschbad, TV, AC, WLAN, Balkon.

Essen und Trinken

■ **Ardenica,** traditionell albanische Karte mit lokalen Spezialitäten, z.B. frittierte Froschschenkel, schöne Außenterrasse mit Aussicht, Tel. (037) 37 47 30 42, 8–23 Uhr.

■ **Altini,** ebenfalls traditionelle Küche, 8–23 Uhr.

Apollonia

Apollonia gehört zu den wenigen griechischen Kolonien im Adriaraum und ist **neben Butrint die bedeutendste Ausgrabungsstätte in Albanien.** Allerdings sind die unzureichende Pflege des weitläufigen Geländes und die fehlenden Besucherinformationen einer Stätte dieses historischen Ranges völlig unwürdig. Bis heute wurden von der **ehemaligen Hafenstadt,** die niemals zerstört, sondern im Mittelalter friedlich aufgegeben wurde, nur etwa fünf Prozent der gesamten Siedlungsfläche ausgegraben: Es sind vor allem die zwischen den beiden Stadthügeln liegenden Gebäude aus dem 2./3. Jahrhundert n.Chr., die rund um den zentralen Platz der Stadt lagen, und die Reste der spätbyzantinischen Kirche Shën Mërisë. Bei Albanern ist das Gelände vor allem als romantische Kulisse für Hochzeiten beliebt.

Öffnungszeiten: Tägl. 9–18 Uhr, Eintritt: 200 Lek, Museum: 200 Lek, fachkundige Führung auf Englisch oder Französisch auf dem Gelände und im Museum im Eintrittspreis enthalten; das 2012 eröffnete, sehenswerte archäologische **Museum** gibt einen guten Überblick zur Geschichte und zeigt einen Ausschnitt der Funde. Wichtige Objekte sind jedoch weiterhin im Historischen Nationalmuseum in Tirana zu sehen.

Anfahrt: Mit Bus/Eisenbahn bis Fier, von dort mit dem Taxi zur Ausgrabungsstätte (ca. 8 Euro). Im Zentrum von Fier ist Apollonia gut ausgeschildert, mit dem Auto sind es 12 km Richtung Plazhi i Semanit. Teilweise sehr schlechte Straße! Eigene Autobahnabfahrt geplant.

Essen und Trinken: Restaurant Leon Rey, auf dem Apollon-Hügel, Tel. (069) 256 80 16, (067) 408 92 08.

Geschichte

Das in den Jahren vor 585 v.Chr. von Siedlern aus Korfu und Korinth gegründete Apollonia war neben Dyrrhachium (Durrës) für acht Jahrhunderte die bedeutendste **griechische Kolonie** und einer der nördlichsten Stützpunkte der griechischen Kolonisation an der illyrischen Küste. Wie zahlreiche andere Kolonien im Mittelmeerraum war sie nach dem Gott Apollon benannt. Die Stadt wurde auf einem Hügel, der eine Aussicht bis zum Meer bot, errichtet und lag in der Antike an der Vjosa, die nicht weit entfernt in die Adria mündete. Die fruchtbaren Ebenen der Myzeqe waren die Grundlage für ein rasches Wachstum. Apollonia hatte nicht nur einen bedeutenden Seehafen und trieb regen Handel im ganzen Mittelmeerraum, es hatte auch weitreichende Handelsbeziehungen ins Hinterland, was die Verbreitung der in Apollonia geprägten Münzen bis ins Donaubecken zeigt.

Bereits im 4. Jahrhundert v.Chr. war das besiedelte **Stadtgebiet** über 80 Hektar groß und von einer vier Kilometer langen Befestigungsmauer umgeben. Oberhalb des antiken Marktplatzes lag das Apollonheiligtum, auf einem zweiten Hügel nordwestlich des Stadtzentrums die befestigte Akropolis. In einem zusätzlich ummauerten Bereich im Südwesten sprudelten die Quellen der Stadt, und möglicherweise brachte man hier das Vieh der umliegenden Dörfer bei Belagerungen in Sicherheit. Aufgrund der Ausdehnung vermutet man für die gesamte Blütezeit bis zu 60.000 Einwohner.

Durch seine **wirtschaftliche und politische Stärke** war es Apollonia möglich, über die Jahrhunderte seine politische Unabhängigkeit und die griechische Stadtkultur zu erhalten. Mitte des 5. Jahrhunderts unterwarf Apollonia die illyrische Stadt Amantia, als es zu Streitigkeiten um die Landnutzung im Vjosa-Gebiet und um die Rechte am Bitumen-Abbau in Nympheum (Selenica) kam. Auch als die Stadt im 4. Jahrhundert zunehmend in die illyrisch-mazedonischen Kriege hineingezogen wurde, geriet sie nicht unter Fremdherrschaft. Als die Mazedonier unter König *Cassander* 314 Dyrrhachium und Apollonia einnahmen, konnten beide Städte mit Hilfe der verbündeten Korinther und der illyrischen Taulantier wieder befreit werden. Im Laufe des 3. Jahrhunderts setzte sich die Blütezeit fort.

229 v.Chr. fiel Apollonia unter **römische Herrschaft,** 148 wurde es der Provinz Makedonien angegliedert. Viele Verwaltungsbeamte waren illyrischer Herkunft, doch auch römische Bürger siedelten sich in Apollonia an, römische Inschriften wurden jedoch kaum gefunden. Die Stadt erhielt Anschluss an die Via Egnatia, die über das Shkumbin-Tal nach Osten führte. Im römischen Bürgerkrieg musste Apollonia *Caesar* große Nahrungsmittelvorräte überlassen. Obwohl unter römischer Verwaltung, blieb die griechische Kultur vorherrschend. In der römischen Kaiserzeit war Apollonia ein bedeutendes kulturelles und wirtschaftliches Zentrum. Die Rhetorik-

alba146 mg

◁ Kapitell in der Vorhalle der Kirche Shën Mërisë

▷ Das Buleuterion, Highlight der Ausgrabung

Schulen der Stadt hatten einen ausgezeichneten Ruf, sodass auch *Octavian,* der spätere römische Kaiser *Augustus,* hier einen Studienaufenthalt hatte. In der Spätantike war Apollonia eines der frühen Bischofszentren.

Der langsame **Niedergang** der Metropole begann 234 n.Chr. nach einem schweren Erdbeben, als Erdabsenkungen den Lauf der Vjosa so stark veränderten, dass der Hafen nicht mehr angelaufen werden konnte. Dazu kam es zunehmend zum Verlust wichtiger landwirtschaftlicher Flächen durch jährliche Überschwemmungen. Mit dem Aufstieg von Aulona (Vlora), der Versumpfung der Umgebung und den kriegerischen Einfällen in der Völkerwanderungszeit verlor Apollonia im Laufe des 6. Jahrhunderts endgültig seine Bedeutung.

Seit dem 9. Jahrhundert ist ein Kloster in Apollonia nachgewiesen. Die heutige **Klosteranlage Shën Mërisë** am Rand des antiken Stadtzentrums geht auf das 14. Jahrhundert zurück.

Bereits Mitte des 15. Jahrhunderts identifizierte der italienische Kaufmann und Humanist *Cyriacus von Ancona* die antiken **Ruinen** als die Reste Apollonias, doch es sollte noch bis Anfang des 20. Jahrhunderts dauern, bis die Stadt das Interesse ausländischer Archäologen auf sich zog. Während des 2. Weltkriegs zerstörten die deutschen Besatzungstruppen Teile der antiken Befestigungsmauern, indem sie sie als Steinbruch für Baumaterial benutzten. Danach nahm die Akropolis durch kommunistisches Militär großen Schaden. Es war eine Katastrophe, als Apollonia in den Wirren des

alba135 mg

Apollonia

0 30 m ©Reise Know-How 2014

Albanien_13

Rundgang durch die Ausgrabung

1 Agora
2 Buleuterion
3 Prytaneion
4 Tempel der Diana
5 Odeon
6 Kleine Stoa
7 Sanktuarium
8 Große Stoa
9 Torbauten
10 Theater
11 Apollon-Heiligtum
12 Akropolis
13 Nymphäum
14 Stadtmauer
15 Kloster Shën Mërisë
16 Refektorium, Museum
17 Restaurant
18 Restaurant
19 Eingang
20 Parkplatz

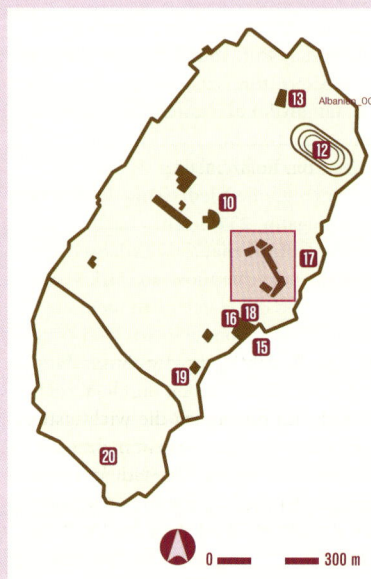

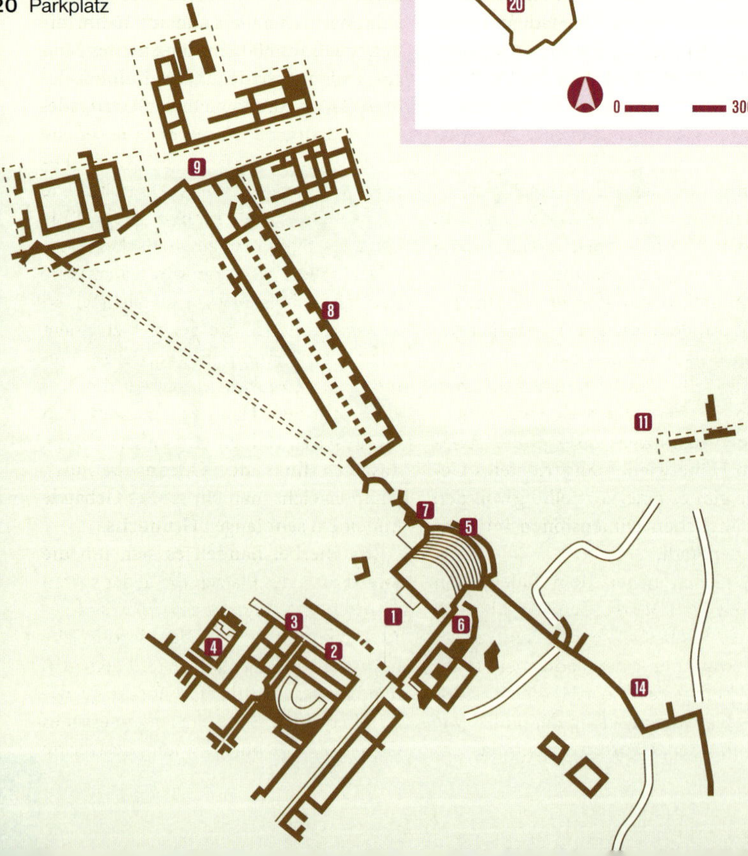

Bürgerkriegs ungeschützt blieb, geplündert und ausgeraubt wurde und nur die großen Statuen mit abgeschlagenen Köpfen zurückblieben. An zahlreichen Stellen der alten Stadt kam es auch zu organisierten Raubgrabungen.

Rundgang über das Ausgrabungsgelände

(**1**) Die Besichtigung der Ausgrabung beginnt im Zentrum der antiken Stadt, wo sich um die **Agora** die wichtigsten Gebäude gruppieren. Wie in Byllis nahm sie etwa vier Hektar der Stadtfläche ein und war der tägliche Treffpunkt, an dem sich das öffentliche Leben der Stadt abspielte.

(**2**) Das Wahrzeichen des heutigen Apollonia ist die 1976 restaurierte **Schaufassade des Buleuterions,** das der Versammlungsort des Stadtrates war. Die neun Meter hohen korinthischen Säulen schmücken Kapitelle mit üppigem Akanthuslaub. Eine griechische Inschrift auf dem waagerecht darüber liegenden Balken nennt den Stifter, der den Bau für seinen in Syrien verstorbenen Bruder, der Präfekt in Syrien war, errichten ließ. Als einziges in seiner ursprünglichen Höhe wieder aufgerichtetes Gebäude gibt es eine Vorstellung von den ursprünglichen Dimensionen im Zentrum der Stadt.

(**3**) Gleich neben dem Buleuterion liegt das **Prytaneion,** der Verwaltungssitz des höchsten Repräsentanten der Ratsversammlung der Stadt. Hier brannte das heilige Feuer der Hestia zum Zeichen der Gemeinschaft der Polis, wie auch in allen Häusern Apollonias das

Herdfeuer der Hestia als Zeichen für die friedliche Hausgemeinschaft geweiht war. Im Inneren der großen zentralen Halle wurden elf Statuen adliger Bürger gefunden, die wahrscheinlich Mitglieder des Stadtrates waren.

(**4**) Rechts vom Prytaneion schließen sich die Reste des **Tempels der Diana** an, wie die anderen beiden Gebäude in der zweiten Hälfte des 2. Jahrhunderts v.Chr. errichtet.

(**5**) Auf der gegenüberliegenden Seite beherrschte das **Odeon** den Platz. Für Musik- und Tanzveranstaltungen, die meist im Zusammenhang mit religösen Festen stattfanden, bot das wahrscheinlich überdachte Gebäude mit 16 Sitzreihen und etwa 300 Sitzplätzen genau den passenden, etwas intimeren Rahmen.

(**6**) Den südöstlichen Abschluss findet der Platz in einer kleineren **Stoa** (offene Säulenhalle) aus der griechischen Periode des 4./3. Jahrhunderts v.Chr. Die zweistöckige Halle hatte dorische Säulen, die später in ein quadratisches römisches Bibliotheksgebäude integriert wurden. Die vier großen, mit Backsteinen ausgemauerten Sockel gehören zu einem ehemaligen **Triumphbogen,** der zu zeremoniellen Zwecken genutzt wurde.

(**7**) Auf dem Hauptweg passiert man die Reste eines kleinen **Sanktuariums,** das sich links des Odeons befindet. Dann erreicht man ein großes Gebäude mit einem sehr langen Grundriss.

(**8**) Hierbei handelt es sich um die **zweite Stoa** des Platzes, die in der späten römischen Kaiserzeit als ein wichtiges Architekturelement an der Nordostseite der Agora errichtet wurde und dem großen Bau des Stadttheaters auf der gegenüberliegenden Seite ein angemessenes Gegengewicht bot. Die lang gestreckte

Mittelalbanien: Küstenebenen

5

offene Halle der Stoa war auf beiden Stockwerken in der Mitte nochmals durch eine lange Kolonnade unterteilt, die im Erdgeschoss aus dorischen, im ersten Stock aus korinthischen Marmorsäulen bestand. Die noch gut erhaltenen Nischen dienten dazu, die Mauern des schweren Baus zu entlasten, und boten Platz für repräsentative Skulpturen. Für die adlige Oberschicht war die Stoa ein angemessener Treffpunkt und schattiger Aufenthaltsort.

(9) Im Norden der großen Stoa schließt sich ein Gebäudekomplex aus monumentalen **Torbauten** an, die den repräsentativen Eingang zum Heiligtum des Apollon bildeten, das sich auf dem Hügel oberhalb des Stadtzentrums befand.

(10) Das nur in wenigen Resten erhaltene und nur teilweise ausgegrabene **Theater** schließt die Agora nach Westen hin ab. Mit einem Durchmesser von 100 Metern war es nochmals um 20 Meter breiter als der vergleichbare, aber besser erhaltene Theaterbau in Byllis; 10.000 Besucher sollen Platz gehabt haben. Der in der ersten Hälfte des 3. Jahrhunderts v.Chr. errichtete Bau wurde noch in der römischen Kaiserzeit für Gladiatorenkämpfe genutzt. Mit dem Rückgang der Einwohnerzahl nach den Auswirkungen des Erdbebens kam es zu einem teilweisen Abtrag der Steine, die für den Bau der Kirche genutzt wurden.

(11) Von hier kann man entweder über einen Durchgang hinter der Stoa an byzantinischen Mauerresten entlang auf

alba147 mg

den **Apollonhügel** steigen, wo sich ein Restaurant befindet, oder weiter zur etwa 500 Meter entfernten **(12) Akropolis** laufen, die auf dem zweiten Stadthügel liegt. Trotz des relativ geringen Höhenunterschiedes hat man von dort einen weiten Rundblick bis zum Meer. Von den Anfängen der Stadt haben sich allerdings keine sichtbaren Reste erhalten.

(13) In nordwestlicher Richtung unterhalb der Akropolis befinden sich die Reste eines **Nymphäums,** das mit gut 1.500 m² Fläche zu den größten Gebäudekomplexen der Stadt gehörte. In der Antike als Brunnen des Flussgottes Cephissus bekannt, plätscherte hier in mehreren übereinander angeordneten Wasserbassins heiliges Wasser von der Akropolis hinunter.

(14) Nun bietet es sich an, entweder Geländeerkundungen um den Apollonhügel anzuschließen, die breiten Straßen auf dem Gelände zu besichtigen oder die beeindruckenden Reste der **Stadtmauer** anzuschauen. Endpunkt des Rundgangs sind die mittelalterliche Klosteranlage und Kirche Shën Mërisë in der Nähe des Eingangsbereiches.

(15) Die byzantinische **Kirche Shën Mërisë** wurde in der ersten Hälfte des 13. Jahrhunderts hauptsächlich aus den Steinen der Sitzbänke des antiken Theaters errichtet. Sie hat eine hoch aufragende Vierungskuppel, eine Vorhalle im Eingangsbereich und eine weitere Vorhalle, die sich über die gesamte Westseite der Kirche erstreckt. Dort findet man an

den äußeren Säulenarkaden an den Kapitellen ausdrucksvolle menschliche und tierische Porträts, die plastische Formen zeigen, die auch in Apulien, in Bari oder Ragusa und Tivar verbreitet waren. Sehenswert ist auch die Basis einer mächtigen dorischen Säule, die im Mittelalter als Brunnenrand benutzt wurde. Die hölzerne Ikonostase in der Kirche ist aus dem 19. Jahrhundert. Das Fresko an der Rückwand der Vorhalle zeigt die drei byzantinischen Kaiser *Andronicus II., Michael VIII.* und *Michael IX.*

(16) Das große zweistöckige Gebäude ist das ehemalige **Refektorium des Klosters,** der Speiseraum der Mönche. Besondere Beachtung verdienen die außergewöhnlich schönen **Wandmalereien** aus dem frühen 14. Jahrhundert, auch wenn sie stark zerstört sind. Sie zählen zu den qualitätsvollsten mittelalterlichen Kirchenmalereien Albaniens.

Byllis

Byllis ist wegen seiner **großartigen Lage** auf einem Bergrücken der Mallakastra-Hügel hoch über den Schleifen der Vjosa auf jeden Fall einen Abstecher ins Landesinnere wert und zählt zu den bedeutendsten illyrischen Ausgrabungsplätzen in Albanien.

Ein Spaziergang mit Blick auf das Vjosa-Tal lohnt sich auch im antiken **Nikaia,** das auf einem benachbarten Hügel etwa einen Kilometer in Sichtweite von Byllis entfernt liegt. In den Dörfern der Umgebung, besonders in Klos, gibt es Gebäude, die fast vollständig mit Steinen aus Byllis erbaut wurden.

◁ Wann beginnt die Show? Schulkinder im Odeon

Byllis

© REISE KNOW-HOW 2014

0 ▬▬ 100 m

Albanien_14

Doppeltor-anlage

Stadtmauer

Basilika

Nebentor

Nebentor

🅿

1

Basilika B

Nebentor

Wohnhaus

Basilika

Prytaneion

Nebentor

Zisterne

Agora

Wohnhaus

Basilika

Stadion

Basilika

Gymnasium

Theater

Nebentor

Stoa

Blick auf das Vjosa-Tal ★

■ **Essen und Trinken**
1 Restaurant

Anfahrt: Um nach Byllis zu kommen, biegt man in Fier Richtung Gjirokastra ab. Etwa 3 km nach dem Ort Ballsh zweigt rechts (kein Schild) eine kleinere Straße ab, die nach ca. 10 km auf das Ausgrabungsgelände führt.

Geschichte

Die ersten befestigten illyrischen Siedlungen in dieser Region wurden in Amantia und Nikaia gegründet. Sie ent-

wickelten sich ab dem 5. Jahrhundert v.Chr. zu **Stadtstaaten** mit einem erblichen Königtum und deutlich unterscheidbaren Bevölkerungsschichten von Aristokraten, Handwerkern und Bauern. Die geringe Fläche auf dem Hügel der Stadt Nikaia führte dazu, dass Byllis in der Mitte des 4. Jahrhunderts in Sichtweite auf einem ausgedehnten Hügelplateau entstand. 100 Jahre später hatte sich die Stadt bereits auf etwa 30 Hektar Fläche zu einem bedeutenden wirtschaftlichen und politischen Zentrum entwickelt. Die aus mächtigen, gleichmäßig gehauenen Kalksteinblöcken erbaute **Stadtmauer** zählt heute noch zu den beeindruckendsten Relikten illyrischer Baukunst. In illyrischer Zeit entstanden auch die großzügig angelegte Agora (der zentrale Platz), das Theater, das Stadion, die großen Stoas (offene Säulenhallen), Tempel, ein Gymnasium und zahlreiche private Wohngebäude.

Nach der endgültigen Niederlage der Illyrer gegen **Rom** im Jahr 229 v.Chr. blieb Byllis als römisches Protektorat zwar weitgehend selbstständig, wurde aber politisch von Rom kontrolliert. Byllis trieb einen blühenden **Fernhandel** und ließ von 270 bis 167 v.Chr. auch eigene Kupfermünzen prägen. Als *Caesar* im römischen Bürgerkrieg Apollonia besetzte, lief die Stadt Byllis zu ihm über und musste für die Versorgung des Heerlagers in der Stadt aufkommen. 63 v.Chr. wurde Byllis unter Kaiser *Augustus* zur römischen Kolonie und war zu dem Zeitpunkt schon weitgehend romanisiert. Mit der Ansiedlung von **Kriegsveteranen** kam viel Vermögen in die Stadt, neue Privathäuser entstanden, die Stadtmauer wurde erneuert und die Gebäude im Stadtzentrum restauriert.

In der byzantinischen Zeit verfiel der antike Bereich um die Agora. Die Gebäude wurden teilweise abgetragen und für neue Bauten verwendet, die sich um die kirchlichen Zentren ansiedelten. Im Zuge der Ausgrabungen wurden bis heute fünf Kirchen im Stadtzentrum freigelegt, darunter eine große Kathedrale, sodass man davon ausgeht, dass Byllis früh christianisiert wurde und ein bedeutendes **kirchliches Zentrum** war. Alle Kirchen weisen farbenprächtige Fußbodenmosaike mit christlichen Themen auf, die heute mit Sand abgedeckt sind. 458 n.Chr. wird Byllis erstmalig als eigenständiger Bischofssitz bezeichnet.

Der schnelle **Niedergang** setzte mit den Slaveneinfällen im 6. Jahrhundert ein. Unter *Justinian* wurde die Stadt zwar wieder aufgebaut, jedoch auf eine Fläche von elf Hektar verkleinert. Für den Bau der neuen Stadtmauer wurden sämtliche antiken Gebäude zerstört. 586 n.Chr. wurde Byllis dann endgültig aufgegeben. Die Siedlung und der Bischofssitz wurden nach Ballsh verlegt, dessen Name heute noch auf das antike Byllis verweist.

Rundgang über das Ausgrabungsgelände

Bei der Anfahrt passiert man die Nordspitze der dreieckigen Festung mit einer gewaltigen Doppeltoranlage, auf der einer der ehemaligen Rundtürme rekonstruiert wurde. Die Stadt besaß ein gitterförmiges **Straßennetz** mit vier über acht Meter breiten, parallel zueinander verlaufenden Hauptstraßen, die im Abstand von etwa 70 Metern von Nebenstraßen gekreuzt wurden und das Stadt-gebiet in gleichmäßige quadratische Blöcke einteilten. Die acht bis neun Meter hohe und 3,50 Meter dicke **Stadtmauer** war eine über zwei Kilometer lange Verteidigungsanlage, die innen etwa drei bis fünf Meter über dem Boden mit einem überdachten Wehrgang für das Wachpersonal versehen war. Bis heute sind sieben Eingänge bekannt, die ähnlich wie in Amantia oder Butrint als große tonnengewölbte Eingangskorridore gebaut und durch zusätzliche Wachtürme geschützt waren. Die Toranlage südlich der Agora wurde nachträglich im 1. Jahrhundert n.Chr. errichtet, worauf die lateinische Inschrift „*Augustus,* Sohn des göttlichen *Caesar,* erlaubte dies" hinweist.

☑ Mosaikdetail der Basilika B (Kathedrale)

Mittelalbanien: Küstenebenen

Die **Agora** hatte eine Ausdehnung von 40.000 m² und war der zentrale Platz, auf dem politische Kundgebungen, Märkte, Feste, Gerichtsversammlungen, aber auch religiöse Zeremonien oder Sportfeste stattfanden. Zur Zeit der römischen Kolonie hatte sie die Funktion eines römischen Forums. Das Gelände ist am besten vom Theaterhügel zu überblicken. Im Norden schloss der Platz mit einer 144 Meter langen, rechtwinklig angelegten und zwei Stockwerke hohen Säulenhalle ab, die aus dorischen und korinthischen Säulen bestand. Rechts des Theaters ist der Tempelbereich anzusiedeln. Nach Westen war die Agora durch die Stufen des Stadions abgegrenzt.

Das **Theater** hatte einen Durchmesser von etwa 80 Metern und bot auf 40 Sitzreihen Platz für etwa 7.500 Zuschauer. Der halbkreisförmige Bühnenbereich schloss mit einem zweistöckigen Theatergebäude ab, das aus einem von Säulen getragenen Untergeschoss und einem imposanten, von dorischen Säulen getragenen Obergeschoss bestand, von dem sich noch einige Teile auf dem Gelände erhalten haben. Im Bereich hinter dem Theater lag das 19 Stufen hohe, hufeisenförmige **Sportstadion,** das nur einen Zuschauerflügel besaß. Was heute zu sehen ist, sind die Reste der großen unterirdischen **Zisterne,** in der in der kalten Jahreshälfte das Regenwasser von den Dächern der umliegenden Gebäude und den Stadionstufen gesammelt wurde. Dieser Bereich war nach Süden hin ebenfalls von einer Stoa abgegrenzt. Auf der gegenüberliegenden Seite befanden sich das **Prytaneion,** der Hauptsitz der Verwaltung des Koinon Byllis, und das große **Waffenarsenal,** ein fensterloses, ebenfalls zweistöckiges Gebäude. In byzantinischer Zeit wurde westlich der Zisterne eine öffentliches Bad errichtet.

Damals entstand um die große Kathedrale das neue Zentrum der Stadt, für das die antiken Gebäude als Steinbruch

▷ Das römische Theater
bot Platz für 7.500 Zuschauer

dienten. Das über einen Hektar große Gebiet liegt heute schräg gegenüber dem Gasthaus und umfasst die sogenannte **Basilika B,** die in der spätantiken Phase der Stadt das größte Gebäude war, ein Baptisterium und verschiedene ineinander verschachtelte Gebäudekomplexe mit Innenhöfen, Toren und Brunnen, die zum bischöflichen Bereich gehörten. Die Kirche war eine dreischiffige Anlage mit einem Chor und einem Atrium, dessen Eingangsbereich mit einer imposanten Säulengalerie geschmückt war. Im Inneren war sie mit farbigen Fresken ausgemalt. Die **Mosaikböden** der Basilika B sind nicht nur die größten bisher bekannten in Albanien, sie sind auch von einer unvergleichlichen Farbenpracht und fast kindlichen Erzählfreude. Sie zeigen einfache Szenen wie zum Bei-

alba022 mg

alba025 mg

spiel Ziegen melkende Hirten auf dem Feld, umgeben von zahlreichen Tieren, oder die beiden Jünger Jesu *Petrus* und *Simon* als Fischer am See Genezareth, die in einem großen Netz ihren Fang einholen. Auch die Böden der anderen vier Kirchen und der ausgegrabenen Nebengebäude waren von farbigen Mosaiken bedeckt. Alle diese Bauten wurden bei den Slaweneinfällen 547 bis 551 zerstört.

⌃ Die spätantiken Mosaiken in Byllis gehören zu den eindrucksvollsten in Albanien

■ Auf dem Ausgrabungsgelände befindet sich ein einfaches **Ausflugsrestaurant** mit einer fleischorientierten Speisekarte, das sich gut für eine Pause eignet und **auch einfache Zimmer** zum Übernachten anbietet.

Selenica

Selenica und die gesamte **Erdöl- und Erdgasförderregion** der Mallakastra liegen unter einem schweren Öldunst, und die Gewässer sind sichtbar durch die In-

gion Mallakastra seit der Antike, als hier der Ort **Nympheum** lag. Damals soll es an diesem Ort ein Orakel gegeben haben, wo Priester durch das Einatmen der Dämpfe die Zukunft über Leben und Tod voraussagten. *Ali Pasha* zahlte für die Förderrechte in Selenica jährlich die riesige Summe von 10.000 Piaster an die Verwaltung in Istanbul. Ende des 19. Jahrhunderts ging die Förderung über eine englische und französische Gesellschaft an ein italienisches Unternehmen. Eine der ersten Eisenbahnstrecken des Landes, die heute zerstört ist, führte ab 1930 auf einer zwölf Kilometer langen Schmalspurbahn von Vlora nach Selenica zum Bitumen-Werk. Auch der braune Sand, der an der Vjosa-Mündung angeschwemmt wird, ist durch das Bitumen natürlich gefärbt und stammt von dort.

Zur Thematik eine kurze Passage aus dem Reisebuch des türkischen Schriftstellers **Evliya Çelebi** von 1670: „Die schwarze Pechmine ist eine wundervolle natürliche Mine im Hoheitsgebiet des Sandschak von Vlora. Die Bergleute graben mit Spitzhacken aus Hunderten von Höhlen große Stücke von Pech aus dem Berg, das die Größe von Kissen oder Schatullen hat. Der Emin oder Verwalter der Mine verkauft das Pech an europäische Händler, die es direkt an der Baustelle kaufen. [...] 20 Dörfer sind an der Mine beschäftigt, die als Entschädigung dafür alle von Steuern befreit sind. Alle Verbrecher, die sonst ihr Leben im Gefängnis verbringen würden, werden hier in die Mine geschickt und arbeiten in Ketten. Tausende von Menschen verdienen hier ihren Lebensunterhalt." (Quelle: *Dankoff, R.,* Evliya Çelebi in Albania and Adjacent Regions; siehe Literaturtipps im Anhang).

dustrie verseucht. Bei einer Rundfahrt sind marode Förderanlagen aus der kommunistischen Zeit zu sehen, die teilweise noch in Betrieb sind. Es ist bekannt, das die Menschen hier vermehrt an gesundheitlichen Problemen und Krebs leiden.

Das natürliche Vorkommen von **Bitumen** (Erdpech), das aus Erdöl entsteht, war sicher einer der Gründe für die sehr frühe Besiedlung der Region, denn große Bitumenvorkommen sind selten. Bereits im Neolithikum nutzte man Bitumen als Klebstoff und Dekomaterial. Belegt ist die Bitumenförderung in der Re-

In der Region wird Outdoor-Tourismus ganz groß geschrieben, aber auch Kunstfreunde kommen hier nicht zu kurz!

MONTENEGRO
KOSOVO
Puka Kukës
Shkodra
Lezha Peshkopia
Burrel
Kruja
Durrës Tirana
MAZEDONIEN
Librahzd
Adriatisches Elbasan
Meer Kukës
Lushnjë Gramsh
Pogradec
Fier Berat
Korça
Poliçan
Vlora Kamenica
Orikum Çorovoda
Ersëka
Tepelena Përmet
Dhërmi Gjirokastra
Qeparo GRIECHENLAND
Saranda
Ksamil

◁ Kajaking auf dem Osum-Fluss

Mittelalbanien: Bergland

0 ━━━━━ 10 km © REISE KNOW-HOW 2014

AlbanienK06

Helmas
Kakunjë
Garunja e Vogël
Rrogozhinë
Péqin
Kürtaj
Xherije
Trojas
Merhojë
Plug
Lushnjë
Savër
Shakuj
Rrapéz
Ngurrëza e Vogël
Imshtë
Roskovec
Pātos
Patos-Fshat
Ballsh
Selenica (Selenicë)
Vllahinë
Pëtë
Amantia
Vajzë
Velça (Velçë)
Gjormë
Brataj
Tërbaç
Mesaplik
Vranisht
Vuno
Jal (Jalë)
Himarë
Porto Palermo
Gjiri i Spilesë

Tërbaç
Bajlez
Kusarth
Bizhutë
Bradashesh
Elbasan
Broshkë
Cërrik
Kajan
Fierzë
Ujëmi i Thanës
Deshiran
Grekan
Kuçovë
Medrakë
Ura Vajgurore
Skrevan
Reservuari i Kurjanit
Berat
Tomorr
Polican
Aranitas
Tërpan
Cërrila e Re
Gadurovë
Çorogjaf
Selckë
Buz
Dorëz
Çorrush
Sinanaj
Vasjan
Memaliaj
Tepelenë
Salari
Dukaj
Vërmik
Rexhin
Bolenë
Gusmar
Buronje
Progonat
Picar
Kuç
Qafa e Dërrasës 640
Kaparjel
Kudhës
Qeparo-Fshat
Borsh
Qeparo Fushë
Gjiri i Palermos
Bunec

DETI JON

Librazhd
Kolkreve Skënderbej
Valësh
Gur-Shpat
Vilan
Qukës-Skënderbe
Përrenjas
Karkavec Kotodesh
Sopot
Gafer
Vërri
Homezh
Stërstan
Muçan
Galigat
Seltë
Kamiçan
Lleshaj
Velçani i Mokrës
Trebinje
Banjë
Zhamaj
Holtas
Rashtan
Gramsh
Mashan
Rmath
Lëniea e Valamarës
Dolanec
Dumberas
Bratilë
Selcë
Terrovë
Parku Komëtar Mali i Tomorrit
Dunckë
Peshtan
Osojë
Voskopojë
Tudis
Gramsh
Faqekuq
Marjan
Selan
Buzuq
Shpella e Kapinovës
Panarit
Vithkuq
Corovoda (Çorovodë)
Kanioneti e Osumit
Gërmenj
Ndriçim
Radovickë
Nikollarë
Qeshibes
Ballaban
Shelq
Topojan
Mali i Taborit
Frashër
Mesickë
Odriçan
Parku Komëtar Bredhi i Hotovës-Dangëlli
Pananrit
Piskovë
Kutal
Përmet
Peshtan
Malëshovë
Bençë
Shrëpëz
Lipë
Andon Poçi
Çepan
Qestorat
Antigone
Mashkullorë
Gjirokastër
Suhë
Labova e Poshtmë
Perat
Libohovë
Drino
Tatzat
Ouefallofuson
Dolocke

GRIECHEN-LAND

SH3 E852 420 427 SH88 SH70 SH71 SH68 SH59 SH71 439 SH4 SH72 SH73 SH91 SH72 200 224 224 SH72 SH74 SH72 224 224 225 SH72 SH76 262 264 265 265 265 265 278 281 285 279 281 287 291 294 SH8 SH75 SH80 362 SH72 E853 SH4 194 E853 SH7 SH4

ÜBERBLICK

Region Berat

Es dürfte nur eine Frage der Zeit sein, bis die mittelalbanischen Bergregionen von Berat und Shkrapar endlich an die großen Durchgangsstraßen angebunden werden. Momentan allerdings lassen die Straße von/nach Fier und die von Lushnjë Richtung Berat streckenweise noch sehr zu wünschen übrig. Es fehlt immer noch eine durchgehende Anbindung an das Vjosa-Tal nach Përmet, sodass Berat letztlich eine Sackgasse ist, aus der man nur auf denselben schlechten Wegen nach Norden wieder hinauskommt.

Trotz dieser misslichen Situation hat die Region mit dem UNESCO-Welterbe Berat ein großes touristisches Potenzial. Mit der Stadt Berat als Stützpunkt lässt sich hier auf ideale Weise ein Kultururlaub mit ausgedehnten Naturerkundungen in der Bergregion des Mali i Tomorrit und im Osum-Canyon verbinden.

Die Region Berat umfasst die Gebiete um den Oberlauf des **Osum,** der etwa 140 Kilometer weiter südlich in dem abgelegenen Grenzgebiet zwischen Shkrapar und Korça entspringt und 20 Kilometer nördlich von Berat mit dem Devoll in der Myzeqe-Ebene zum Seman wird und ins Mittelmeer fließt. Im Westen liegt das **Mali i Shpiragut** mit seinen charakteristischen tiefen Gebirgsfalten, südöstlich des Osum erstreckt sich der 4.000 Hektar große **Tomorr-Nationalpark** rund um den 2.416 m hohen Mali i Partizanit mit beeindruckenden einsamen Berglandschaften, der zum größten Teil im Gebiet von Shkrapar liegt. Das

---

NICHT VERPASSEN!

- ➜ **Berat/Burg mit orthodoxer Kirche:** eine bis heute bewohnte Festung aus osmanischer Zeit | 205
- ➜ **Mangalemi-Viertel und Zentrum von Berat:** osmanisches Flair | 208, 209
- ➜ **Berat/Xhiro:** Abendstimmung und Nachtleben in der „Stadt der 1000 Fenster" | 218
- ➜ **Dimale:** Ausgrabungen westlich von Berat | 220
- ➜ **Osum-Canyon:** Rafting, Kajaking und andere Outdooraktivitäten | 225

Diese Tipps sind gelb hinterlegt.

mehrtägige Pilgerfest der Bektashi auf dem Tomorr um den 15. August ist ein überregional bekanntes Ereignis.

Das Zentrum der Region ist die **UNESCO-Weltkulturerbe-Stadt Berat** mit ihren Jahrhunderte alten berühmten osmanischen Altstadtvierteln. Die Stadt liegt an einer strategisch äußerst günstigen Engstelle am Eingang zur Ebene, an der der Osum mit einer weiten Flussschleife einen von Süden kommenden Gebirgsausläufer durchbricht. Hier entwickelte sich über zwei Jahrtausende die Kala genannte Stadtfestung, die noch heute eine der wenigen bewohnten Burgen auf dem Balkan ist.

Berat

Die Altstadt von Berat zählt mit über 2.400 Jahren kontinuierlicher Besiedlungsgeschichte zu den **ältesten Städten Albaniens.** Ihre gut erhaltenen Stadtviertel aus osmanischer Zeit bilden ein beeindruckendes **Ensemble türkisch-albanischer Stadtkultur,** das als eines der bedeutendsten Reiseziele des Landes jedes Jahr Tausende von Besuchern anzieht. Im Jahr 2005 wurde die Stadt in die UNESCO-Weltkulturerbe-Liste aufgenommen.

In Berat kann man **drei alte osmanische Stadtteile** besichtigen. Eine steile gepflasterte Zufahrt führt die Kala hinauf in die befestigte mittelalterliche Altstadt hoch über dem Osum. Am Fuße des Burgberges liegt das muslimische Viertel Mangalemi mit dem mittelalterlichen Zentrum um die alte Moschee, von dort aus geht es zu Fuß über die Osum-Brücke hinüber in das christliche Stadtviertel Gorica. Die einzige Pkw-Zufahrt nach Gorica führt vor der Altstadt über die neue Osum-Brücke. Die Attraktion von Berat sind die gut erhaltenen, schiefergedeckten osmanischen **Wohnhäuser** aus der Mitte des 18./19. Jahrhunderts mit ihren schneeweißen Fassaden und braunen Fenstern, die sich in schmalen kalksteingepflasterten Gassen eng aneinandergedrängt an den Hängen beidseits des Osum übereinander staf-

feln. Anders als Gjirokastra, ein türkisches Verwaltungszentrum und Sitz von Großgrundbesitzern, war Berat eine **Handwerker- und Handelsstadt.** Die Häuser sind hier meist einfach rechteckig und nur zweistöckig, mit nur einem Untergeschoss; oft wurde der Tschardak, die hölzerne offene Veranda, aus Platzgründen im Laufe der Zeit zu einem steinernen Erker ausgebaut. Zwischen weiß gekalkten Mauern, schrägen Dächern und steilen, engen Treppen stößt man in den steinernen Altstadtgassen auf malerische Winkel. Im Sommer beginnt der Tag in Berat erst so richtig mit Einbruch der Dunkelheit, wenn sich

Mittelalbanien: Bergland

☑ Aussicht von der Burg Kalaja e Beratit (links die Kirche Shën Todrit)

alba027 mg

Einheimische und Touristen zum täglichen Xhiro, dem Abendspaziergang, treffen und die Straßen füllen und am Osum den Flair der Altstadt im Schein der hell erleuchteten Fensterfassaden genießen.

Stadt- und Burggeschichte

Die Keimzelle Berats liegt in der Burgsiedlung oberhalb der Stadt, hoch über dem Osum, auf einem 187 Meter hohen felsigen Hügel am Ausgang zur Myzeqe-Ebene. Im Zusammenspiel mit einer Festung auf der anderen Bergseite in Gorica kontrollierte man schon seit der Frühzeit die **Handelsstraße** im Tal. Der Ort lag an der wichtigen **Verbindung nach Süden** über die Berge durch den Vjosa-Durchbruch bei Këlcyra ins Drinos-Tal. Die südöstliche Strecke führte entlang des Osum nach Çorrovoda über die Berge zu den Handelsstädten Voskopoja und Korça.

Die ersten Siedlungsspuren stammen aus dem 2. Jahrtausend v.Chr., ab dem 4. Jahrhundert v.Chr. siedelte hier der **illyrische Stamm der Desareter.** Sie legten auch die erste, bereits 9,6 Hektar große Siedlung auf der flachen Bergkuppe an, auf deren Grundmauern die Burg steht. Die Stadt war wegen ihrer guten strategischen Lage so wichtig, dass sie immer wieder in die Hände neuer Eroberer kam. In ihren Glanzzeiten muss die Burg mit ihren hohen Mauern und 24 Türmen schon von Weitem einen imposanten Anblick geboten haben.

Wie der römische Historiker *Titus Livius* berichtet, konnte das stark befestigte *oppidum albanorum* im Jahr 200 v.Chr. nur mit großen Schwierigkeiten von den **Römern** eingenommen werden. Bei der Eroberung der Burg sollen alle Bewohner über 16 Jahre in einem riesigen Massaker getötet worden sein. 148 v.Chr. kam der Ort zur Provinz Makedonien, später zu Neu-Epirus. Ab dem 5. Jahrhundert hieß Berat nach der Schwester des byzantinischen Kaisers *Theodosios* Pulcheriopolis, die Schöne, und wurde zu einem bedeutenden **Bischofssitz.** Ab dem 6. Jahrhundert entstanden in den Schreibstuben Berats wertvolle Handschriften, unter anderem der Codex Beratinus (Purpurkodex), eine griechische Fassung des Alten Testaments, die heute als Weltkulturerbe in Tirana aufbewahrt wird.

Vom 7. bis Anfang des 11. Jahrhunderts war Berat unter der Herrschaft der **Bulgaren,** die die Stadt Pulcheriopolis Belgrad nannten. Daraus machten die **serbischen Eroberer** dann Beograd, „Weiße Stadt", woraus später der albanische Name Berat entstand.

Im 13./14. Jahrhundert wurden die Burgmauern auf den antiken Mauern errichtet. Im 14. Jahrhundert herrschten die albanischen Fürsten der Familie *Muzaka.* Im Jahr 1346 besetzten die Serben die Stadt, bis Berat 1417 für die nächsten fünf Jahrhunderte **in türkische Hände** fiel. Noch 1455 unternahm *Skanderbeg* einen Versuch, die stark befestigte Burg zurückzugewinnen – vergeblich.

Im 18. Jahrhundert blühte die Stadt zu einem der bedeutendsten Wirtschaftszentren Albaniens auf und genoss weitreichende Privilegien, darunter **Steuer- und Religionsfreiheit.** So bestand die christliche Siedlung auf der Burg weiterhin, während die Türken unterhalb am felsigen Hang im Stadtteil Mangalem und in der Fluss-ebene siedelten. Die

Christen bauten ihr neues Stadtviertel in Gorica auf der anderen Osum-Seite. 1774 wurde Berat unter *Ahmet Kurt Pascha* zum Sitz der osmanischen Verwaltung. In dieser Zeit entstanden einige der wichtigsten Bauten, wie die Helveti Tekke und die Gorica-Brücke. Auch die Burg wurde erneuert.

1809 wurde Berat unter dem Regionalfürsten *Ali Pascha* ein Teil des Verwaltungsbezirks Ioannina, der sich über ganz Nordgriechenland und Südalbanien erstreckte. 1854 zerstörte ein landesweites starkes **Erdbeben** auch in Berat große Teile der Bebauung. Die Häuser wurden mit stärkeren Mauern wieder aufgebaut, in dieser Zeit erhielt die Stadt ihr heutiges, unter UNESCO-Schutz stehendes Aussehen. Durch die guten Beziehungen zu Konstantinopel und Ioannina spielte auch Berat in der albanischen Unabhängigkeitsbewegung eine wichtige Rolle.

Während des 1. Weltkriegs ging Berat durch die Hände von drei Eroberern: Die Griechen nahmen Berat 1914 ein, Österreich-Ungarn 1916, 1918–20 war Berat italienisch besetzt. In der kommunistischen Zeit wuchs die Stadt durch die Industrialisierungsmaßnahmen von 9.000 Einwohnern im Jahr 1945 auf fast 43.000 Einwohner im Jahr 1989. 1961 wurde Berat von der kommunistischen Regierung zur „**Museumsstadt**" ernannt. Viele Bauten, die noch Schäden der deutschen und italienischen Bombardierungen der beiden Weltkriege hatten, wurden damals restauriert und gerettet.

Berat hat **heute** etwa 72.000 Einwohner und ist eine beschauliche Stadt mit einem vitalen neuen Zentrum entlang der Hauptstraße, einer Galerie, einem kleinen philharmonischen Orchester, ei-ner privaten Universität mit 1.200 Studenten und einem erfolgreichen Fußballclub, dem FK Tomorri Berat. Am Stadteingang liegt das etwa 40 Hektar große Gelände des heute stillgelegten Textilkombinats „Mao Tse-Tung" aus kommunistischer Zeit, das bis Ende der 1990er Jahre etwa 11.000 Arbeiter beschäftigte. In den Vororten vor dem Eingang in die Altstadt empfangen einen die dazugehörigen grauen Plattenwohnblocks.

Die klimatisch begünstigten Hochebenen um Berat eignen sich sehr gut für jede Art landwirtschaftlicher Produktion. Dank mehr als 1.050 Hektar Rebfläche haben sich Pinot Noir, Pinot Blanc, Merlot, Cabernet, Riesling und Puls etwa ein Viertel des albanischen Weinmarktes erobert. Wein aus Berat hat ebenso wie der Traubenraki einen guten Namen im Land. Nach Vlora ist Berat mit 1,5 Millionen **Olivenbäumen** das zweitgrößte Anbaugebiet; bekannt ist besonders eine regionale, großfruchtige Sorte. Saisonale Früchte wie Wassermelonen, die regionalen Roshnik-Feigen und Gemüse aller Art findet man überall im Straßenverkauf. Vier einheimische Betriebe verarbeiten Früchte und Gemüse zu Konserven. Für Berat typische Gewerbe sind auch die kleineren Baustoffhändler, die an den Berghängen der Umgebung Natursteinplatten abbauen.

Der **Tourismus** in Berat befindet sich im Aufschwung. Inzwischen besuchen jedes Jahr bald 10.000 Gäste Stadt und Burg. Die Stadt bietet etwa 300 Übernachtungsplätze. Die Mehrheit der Touristen kommt aus dem Ausland und bleibt nur ein bis zwei Tage – für einen längeren Aufenthalt ist Berat noch ein „Geheimtipp".

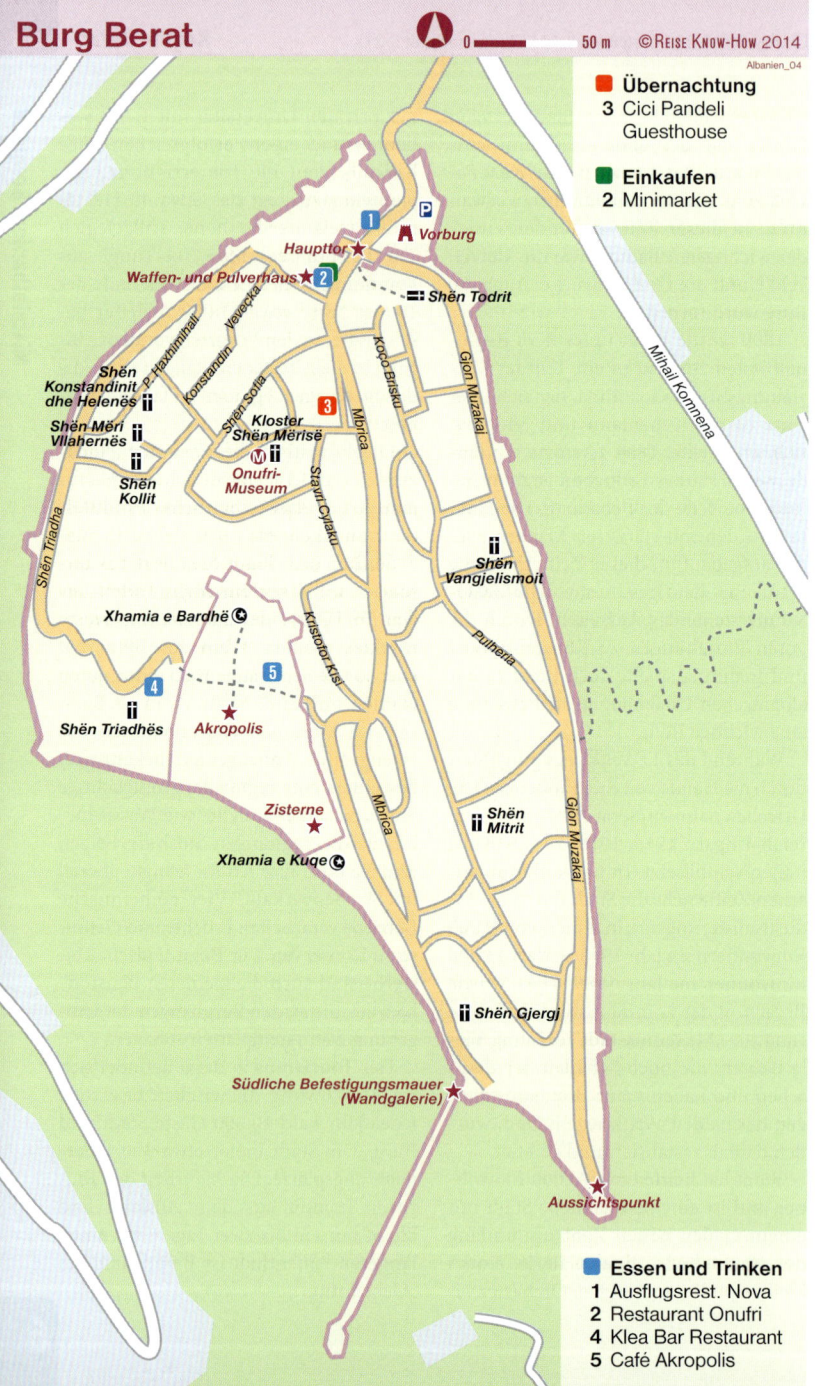

Burg Berat

0 ▬▬▬ 50 m   © REISE KNOW-HOW 2014
Albanien_04

■ Übernachtung
3 Cici Pandeli
  Guesthouse

■ Einkaufen
2 Minimarket

1 *Hauptttor* ★
P *Vorburg*
Waffen- und Pulverhaus ★ **2**
■: *Shën Todrit*
Shën Konstandinit dhe Helenës ⚤
Shën Mëri Vllahernës ⚤
Kloster Shën Mërisë ⚤
Ⓜ *Onufri-Museum*
Shën Kollit
3
Shën Vangjelismoit ⚤
Xhamia e Bardhë ☾
4 *Shën Triadhës* ⚤
5
★ *Akropolis*
Zisterne ★
Xhamia e Kuqe ☾
Shën Mitrit ⚤
Shën Gjergj ⚤
Südliche Befestigungsmauer (Wandgalerie) ★
Aussichtspunkt ★

Yeveçka · P. Haxhiminali · Konstandin · Shën Sofia · Stavn Cyaku · Kristofor Kisi · Mbrica · Koço Bistku · Gjon Muzakai · Shën Triadha · Mbrica · Pulheria · Gjon Muzakai · Mihail Komnena

■ Essen und Trinken
1 Ausflugsrest. Nova
2 Restaurant Onufri
4 Klea Bar Restaurant
5 Café Akropolis

Kalaja e Beratit

Neben Kruja ist die **Burg von Berat** die einzige bewohnte mittelalterliche Burganlage aus türkischer Zeit in Albanien. Stolz ist man auf die lange christliche Geschichte und die elf noch erhaltenen, meist ausgemalten orthodoxen **Kirchen,** aus denen einige der berühmtesten albanischen Ikonen stammen. Die malerischen **Steinhäuser** mit ihren dicken Mauern und kleinen Gärten scheinen sich seit Jahrhunderten kaum verändert zu haben. Innerhalb der Burgmauern findet man ein empfehlenswertes Restaurant, zwei Bars und zahlreiche Verkaufsstände für Handarbeiten. Einige Familien bieten einfache, ruhige Gästezimmer zu günstigen Preisen an.

Öffnungszeiten: Die Burganlage ist durchgehend geöffnet, zwischen 8 und 16 Uhr sollte dort auch ein einheimischer Führer sein. Er hat den Schlüssel für die Kirchen, die aus Sicherheitsgründen verschlossen sind. Eintritt: 100 Lek. Vorsicht bei der großen, tiefen, mit Wasser gefüllten Zisterne auf der Akropolis, besonders mit Kindern, denn sie ist völlig ungesichert!

Anfahrt: Lokaler Minibus ab zentralem Busbahnhof (50 Lek), Pkw-Parkplatz im vorderen Burghof (50 Lek). Zu Fuß 20 Min. stetig bergauf auf der Rr. Mihal Komnena. Alternative (anstrengend): Von der Kirche Shën Mëhill durch steiles felsiges Gelände auf einem schmalen Fußpfad, den hauptsächlich Einheimische nutzen und der parallel zur südlichen Wandgalerie der Burg führt.

Mit etwas Glück trifft man im Vorhof der Burg (täglich 9–16 Uhr) fachkundige **Führer** (englisch), die aber auch auf dem Gelände unterwegs sein können.

Rundgang durch die Burg

Die Burg betritt man über eine große **Vorburg,** mit der die byzantinischen Herrscher Anfang des 12. Jahrhunderts die flachere Nordseite der Anlage verstärkten. An dem unscheinbaren ersten Vortor befindet sich das rot-weiße Ziegelmonogramm des Erbauers *Michael Angelos Komnenos* mit den Insignien M(i). H (a). L. Komneni. Es folgt das mächtige **Haupttor,** in dessen Mauern noch gut die großen, etwas buckeligen Quader der illyrischen Zeit, die gleichmäßigen römischen Steine und die osmanischen Ausbesserungen des Mittelalters zu erkennen.

Südlich des Haupttores liegt das unscheinbare **Kirchlein Shën Todrit** aus dem 16. Jahrhundert, dessen Mauerreste bis in die frühchristliche Zeit datieren. Die Ausmalungen der Kirche stammen von dem Maler *Onufri.*

Das einzeln stehende Steinhaus auf dem großen Platz in der Oberstadt ist das ehemalige **Waffen- und Pulverhaus.**

Der Rundgang führt zuerst an der westlichen Burgmauer entlang, mit tollem Blick auf den Osum, auf Mangalem und die neuen Stadtteile Berats. Über die erste Gasse auf der linke Seite kommt man zur **Kirche Shën Konstandinit und Helenës.** Sehenswert ist das in der Türkenzeit gebräuchliche einfache Mauerwerk mit eingelegten Holzbalken. Die stark zerstörten Fresken von 1644 zeigen an der Westwand Szenen mit Propheten, einen Festtagszyklus mit Darstellung des Heiligen Abendmahls, Fußwaschung, Marientod, an der Nordwand Kreuztragung, Kreuzigung, Kreuzabnahme und Beweinung Christi, an der nördlichen Westwand Medaillons mit Heiligenbüsten und stehenden Heiligen.

Mittelalbanien: Bergland

Am Ende des Weges kommt man zur **Kirche Shën Triadhës** an der westlichen Spitze der Burg, an der das Gelände steil zum Osum hin abfällt. Von hier blickt man auf die Myzeqe-Ebene und das Mali i Shpiragut. Die reizvoll am Abhang gelegene Kirche ist eine der schönsten und besterhaltenen Kreuzkuppelkirchen Albaniens. Das restaurierte Gotteshaus mit dekorativem Schächtelmauerwerk wird in die spätbyzantinische Zeit des frühen 14. Jahrhunderts datiert, enthält aber auch ältere Bauteile, wie Säulen und Kapitelle aus dem 3. bis 5. Jahrhundert. In der Kuppel erkennt man Christus als Weltenrichter, im südlichen Kreuzarm Geburt und Taufe Christi, die Fußwaschung und Christus im Garten von Gethsemane im Westen.

Über einen steilen Pfad erreicht man die **Akropolis,** deren Mauern auf illyrischen Fundamenten stehen. Hier, in dem am besten geschützten Teil der Burg, liegen die Reste des Paschapalastes, der türkischen Garnison, der **Xhamia e Bardhë** (Weiße Moschee) und der großen **Zisterne** aus dem 14. Jahrhundert. Sie hatte ein Fassungsvermögen von 150.000 m^3, sodass die Stadt auch längsten Belagerungen standhalten konnte. Hinter der Zisterne liegen die Reste der völlig zerstörten **Xhamia e Kuqe** (Rote Moschee), der ältesten Moschee Albaniens, errichtet für die türkische Garnison. Der hoch aufragende Mauerstumpf ist das ehemalige Minarett.

Die **Kirche Shën Gjergj** wurde im Kommunismus zu einem touristischen

alba028 mg

Informationszentrum umgebaut und wird heute wieder für Gottesdienste genutzt. Ein Nebengebäude des ehemaligen Klosters wurde in Form eines typischen Hauses der Stadt als Parteiunterkunft wieder aufgebaut.

Unbedingt besichtigen sollte man die südliche **Befestigungsmauer,** deren steinerne Treppenstufen bis zum Osum-Ufer hinunterreichen. Sie gehört zur byzantinischen Befestigungsanlage aus dem 12. Jahrhundert und wurde als überdachte Wandgalerie mit drei Türmen erbaut und von den Bewohnern der Burg als geheimer Versorgungsweg zur unteren Stadt und zum Osum genutzt. 1281 belagerte der Normannenherrscher *Karl von Anjou* Berat über sechs Monate lang erfolglos, weil er nichts von diesem Zugang wusste. Der steile Hügel trägt bis heute den türkischen Namen Çekbeni – „Zieh mich rauf"!

In der unteren Burg findet man die **Kirche Shën Mitrit,** über deren Eingangstür das Jahr der Erbauung steht: 1609. Die gut erhaltenen Fresken an der Südwand zeigen die Auferweckung des *Lazarus,* den Einzug nach Jerusalem, das Letzte Abendmahl und die Fußwaschung, an der Westwand den Marientod, die Heiligen Christophorus und Michael als Halbfiguren, weiter den Hl. Kosmas sowie *Damian* und *Pantalion,* an der Nordwand den Verrat *Judas,* Christus vor *Pilatus,* die Verspottung Jesu und den Weg nach Golgatha, darüber Fragmente des Jüngsten Gerichts.

An der Ostseite der Burg liegt die **Kirche Angjelizmoit** aus dem 17./18. Jahrhundert. Sie ist die größte Kirche auf der Burg und hatte ursprünglich eine sehr reiche Ikonenausstattung des Malers *Onufri.* Die kostbaren Ikonen sind heute alle in den großen Landesmuseen in Tirana, Korça und Berat zu bewundern.

Onufri-Museum

In den Räumen des ehemaligen Dormitoriums beherbergt das **Kloster Shën Mërisë** seit 1986 das Onufri-Museum. Die Ausstellung zeigt 173 ausgesuchte Objekte, davon 106 Ikonen und 67 liturgische Gebrauchsstücke und Gewänder. Die Künstler *Onufri, Nikolla* (*Onufris* Sohn), *Onufër Qiprioti, David Selenica, Konstantin Shpataraku* und die Familien *Katro* und *Çetir* vertreten die verschiedenen Epochen vom 15. bis 20. Jahrhundert. In dieser Zeit war Berat das bedeutendste Zentrum für Buchmalerei in Albanien, was viele Ikonenmaler in die Stadt zog. Das bekannteste Werk ist die Ikone der Hl. Maria von *Onufri.* Ein schmaler deutschsprachiger Führer aus kommunistischer Zeit ist für 300 Lek an der Kasse erhältlich.

Sehenswert ist auch die **Klosterkirche** vom Ende des 17. Jahrhunderts. Der Fußboden aus rosa-weißen Kalkplatten stammt noch aus dem Vorgängerbau des 10. Jahrhunderts, besonders schön ist der Stern unter der Kuppel, der einen Kalender mit 30 Tagen im Außenkreis und zwölf bzw. 24 Stunden im Innenkreis darstellt. Die aus Walnussholz geschnitzte vergoldete Ikonostase zeigt in ihrem Blattwerk versteckt stilisierte, Trauben fressende Drachen. Die sieben großen und 23 kleinen Ikonen stammen aus den Werkstätten der Stadt.

◁ Das Haupttor der Burg

Öffnungszeiten: Tägl. außer Mo, Mai bis Sept. 9–13 und 16–19 Uhr, Okt. bis April 9–16 Uhr, So immer 9–14 Uhr; Eintritt: 200 Lek; Tel. (069) 269 41 06.

Kirche Shën Kollit

Die einschiffige Kirche stammt aus der türkischen Zeit Ende des 16. Jahrhunderts und enthält beschädigte **Fresken** von *Onufer Qiprioti*. Erkennen kann man an der Südwand Geburt, Taufe und Verklärung Christi, die Auferweckung des *Lazarus,* Einzug in Jerusalem, an der Nordwand den Verrat *Judas,* Christus vor dem Richter *Kaiphas,* Kreuzigung und Kreuzabnahme, Grablegung, Auferstehung und das Keramidion, den Abdruck des Gesichtes Jesu auf einem heiligen Ziegelstein.

Kirche Shën Mëri Vllahernës

Die Kirche aus dem frühen 13. Jahrhundert gehört zu den ältesten der Burg. Nach Erdbebenschäden im 16. Jahrhundert wurde sie in vereinfachter Gestalt wieder aufgebaut. Die **Freskenzyklen** sind zwar beschädigt, aber als Ganzes erhalten. Geschaffen hat sie *Nikolla,* der Sohn des *Onufri,* Ende des 16. Jahrhunderts; sie zählen zu den hochwertigsten albanischen Wandmalereien aus der spätbyzantinischen Epoche.

Mangalemi

Der **türkische Stadtteil Mangalemi** war in osmanischer Zeit ein belebtes Viertel der Handwerker und Kaufleute, das oberhalb des Basars unten am Fluss lag. Viele Bewohner waren Walachen, die nach Berat flüchteten, als Voskopoja zerstört wurde. An schmalen Straßen am Hang gebaut, sind die Häuser mit ihren unzähligen Fenstern und weißen Fassaden mit Blick auf den Fluss und zur Sonne hin ausgerichtet. Man nennt Berat auch die „Stadt der 1.000 aufeinandergestapelten Fenster". Im türkischen Viertel mit seinen verwinkelten, manchmal recht steilen malerischen Gassen, in denen der Tourismus noch keinen Einzug gehalten hat, leben hinter verschlossenen Türen etwa 230 Familien in schönen, gepflegten Häusern mit kleinen Gärten, die hinter hohen Mauern versteckt liegen.

Rrënoja të Sarajeve të Pashait

Die **Ruinen des Paschapalastes** mit ihren hohen Säulenbögen sind sehr auffällig. Der Palast geht bis in die Antike zurück, die griechischen Bauteile stammen von der aufgegebenen Stadt Apollonia und wurden in Fronarbeit der Bauern aus der Myzeqe-Ebene nach Berat gebracht. Während der Regierungszeit *Ahmed Kurt Paschas* Ende des 18. Jahrhunderts wurde der Palast ausgebaut und war damals wohl der prunkvollste Adelssitz Albaniens. Später wurde das große Anwesen von der Familie *Vrion* bewohnt, bis die Gebäude nach Kriegszerstörungen nicht wieder aufgebaut wurden. Einen Eindruck von der früheren Pracht gibt das reich verzierte Tor mit einem schönen Aussichtsbalkon, das an das Mangalemi-Hotel angrenzt.

⊡ Die Teqeja Helvetie
im alten osmanischen Stadtzentrum

Xhamia e Beqarit

Die **Moschee der ledigen Männer** ist ein dreistöckiges Gebäude aus dem 18. Jahrhundert und liegt am Südhang des Burgbergs direkt an der Hauptstraße am Osum. Sie gehörte einer Vereinigung unverheirateter Handwerker, die auch den Dienst der Stadtwache und Nachtwächter im Basarviertel übernahmen.

In den zur Straße hin liegenden großen Arkaden waren früher Läden untergebracht, die zum Unterhalt der Moschee beitrugen. Von einer Seitengasse gelangt man in das Hauptgeschoss, einen einfachen holzgedeckten Gebetsraum mit einer Vorhalle. Das Schöne an der Moschee sind die **Wandmalereien,** die denen der Moschee Et'hem Bey in Tirana sehr ähneln. Zwischen den Fenstern der Außenfassade zieht sich ein Band floraler Muster und Stadtansichten entlang, die durch das weit vorragende Dach geschützt sind. Im Gebetsraum finden sich kräftige rote Ranken mit Ansichten diverser Moscheen.

Das mittelalterliche osmanische Stadtzentrum

Unweit der belebten Hauptstraße liegt ein idyllischer Platz, an dem die Königsmoschee und die Halweti-Tekke mit ihren Nebengebäuden ein harmonischen Ensemble bilden.

Die **Xhamia Mbret** (Königsmoschee) vom Ende des 15. Jahrhunderts, auch Sultans-Moschee genannt, ist eine Stiftung des damaligen Herrschers des Osmanischen Reiches, Sultan *Bayazit II.* Sie besteht aus einem einfachen rechtecki-

alba138 mg

gen Saal mit einer reich geschnitzten Holzdecke und einem Minarett. Die Vorhalle wurde ergänzt, nachdem man den Bau im 18. Jahrhundert nach Beschädigungen rekonstruierte. Neben dem Gebäude steht das steinerne Grabmal des *Feridun Bey* der Familie *Vrion* mit schön gearbeitetem Ornamentwerk und Inschriften, gestaltet im späten türkischen Barock-Stil, aus der Zeit Anfang des 20. Jahrhunderts.

Die **Teqeja Helvetie** (Tekke der Halweti-Derwische), die auch Mohamed-Tekke genannt wird, wurde um 1770 von *Ahmed Kurt Pascha* errichtet und zählt zu den schönsten Tekken des Balkans. Besonders beeindruckend ist die farbige Holzdecke, prächtig geschnitzt und teils vergoldet. Wie beim Bektashi-Orden üblich, verfügte die Tekke über einen Versammlungsraum, Wirtschaftsgebäude und ein Gästehaus (Han). In einem kleinen Steinhaus befindet sich das Grab des Paschas. Seine berühmte Bibliothek mit über 1.000 wertvollen Schriften wurde im Jahr 1914 geplündert und brannte vollständig aus. Das lang gestreckte zweigeschossige und unterkellerte Gebäude ist das ehemalige Gästehaus der Tekke.

Ethnografisches Museum

Das 1979 eingerichtete Museum mit über 700 Objekten hat eine engagierte Leitung und eine schön geordnete und gut dokumentierte Ausstellung. Die Erbauer des für Berat typischen zweistöckigen Gebäudes aus dem 18. Jahrhundert waren reiche Grundbesitzer, die von ihren Miet- und Pachteinnahmen lebten. Das hohe Erdgeschoss, der *hajati,* war

nicht bewohnt, sondern diente der Familie als geschützter und schattiger Arbeitsbereich. Die untere Halle imitiert eine mittelalterliche gepflasterte Basarstraße, in der Mitte die typische Wasserrinne, die Schaukästen beidseits erinnern an die hölzernen Läden und zeigen die wichtigsten in Berat ausgeübten **Handwerksberufe** mit den typischen Arbeitsgeräten und Erzeugnissen: Seidensticker, Blechner, die Wollfilzherstellung, die Samtverarbeitung, Silberschmiede und die Takakverarbeitung. Im ersten Stockwerk sind Besucher des Museums eingeladen, es sich wie frühere Gäste auf dem traditionellen **Çardak** auf handgearbeiteten roten Flokatis bequem zu machen. Hier findet man außerdem einen Frauen- und Männerraum und eine traditionelle Küche. Besonders interessant sind keramische Vorratsgefäße, eine Ölpresse und ein kupferner Kessel zum Raki-Brennen.

Öffnungszeiten: 1.5. bis 30.9. 9–13 und 16–19 Uhr, So 9–14 Uhr, 1.10. bis 30.4. 9–16 Uhr, So 9–14 Uhr, Mo Ruhetag; Eintritt: 200 Lek; Tel. (032) 232 224; Führungen auf Englisch.

Rundgang durch das christliche Stadtviertel Gorica

Über die Neue Brücke kommt man über den Osum in den Stadtteil Gorica, der als letzter Anfang des 16. Jahrhunderts besiedelt wurde. Das Stadtviertel wird auch früher nicht so beliebt gewesen sein, denn es liegt den ganzen Winter über in tiefem Schatten. Die meisten Häuser entstanden nach dem großen Erdbeben in der zweiten Hälfte des 19. Jahrhunderts. Zentrum des Viertels ist die **Kirche Shën Spiridon,** die noch in türkischer Zeit 1864 an der Stelle einer größeren Klosteranlage geweiht wurde. Besonders wegen ihrer schön geschnitzten Ikonostase ist die Basilika einen Besuch wert.

Vom hinteren Ende der Rr. Nikolla Buhurit führt ein schmaler Weg bzw. Fußpfad hinauf auf das Gelände der ehemaligen **illyrischen Festung** aus dem 4. bis 3. Jahrhundert v.Chr. Die Bastion bestand bis in die römische Zeit und bildete mit der gegenüberliegenden Burg eine Verteidigungsanlage, mit der das Tal abgeriegelt werden konnte.

Das Wahrzeichen von Gorica ist eine elegante **steinerne Brücke** aus der osmanischen Zeit, die den Osum mit sieben weiten Bögen auf 130 Metern überspannt und eine ältere Brücke aus Eichenholz ersetzte. Sie wurde 1780 unter *Ahmed Kurt Pascha* errichtet, in den beiden Weltkriegen zerstört und rekonstruiert. Allerdings hat sie heute als Fußgängerbrücke ein Geländer, für das die alten steinernen Bekrönungen abgebaut wurden. Zum Andenken an die Taufe Christi wird hier am 6. Januar unter großer Anteilnahme der Bevölkerung eine Prozession mit einer feierlichen Wasserweihe abgehalten.

Auf der gegenüberliegenden Seite der Brücke, unterhalb der südlichen Wandgalerie der Burg, liegt ein heiliger Ort, an dem eine alte **Marienikone** verehrt wird. Am Tag Marias Geburt, am 8. September, versammeln sich hier jedes Jahr Hunderte von Pilgern. Die dazugehörige **Kirche Shën Mërisë,** von der heute nur

einige Mauerreste erhalten sind, wurde von den Italienern 1939 bei einer Straßenerweiterung zerstört.

Zurück ins Stadtzentrum zweigt der Weg zur **Kirche Shën Mëhill** ab, die auf halber Höhe des steilen felsigen Burgbergs liegt und nachts romantische beleuchtet wird. Zu ihr gelangt man über einen Fußpfad durch buschiges Gelände. Den Schlüssel erhält man im letzten Haus an der Rr. Andrea Vrusho. Am höchsten Punkt angekommen, jetzt schon im Stadtteil Mangalem, hat man einen tollen Blick auf das neue Stadtzentrum, auf die Biegung des Osum und zurück nach Gorica. Die hübsche Kirche mit dem bunten Schächtelmauerwerk stammt aus dem 13. Jahrhundert. Äußerlich eine byzantinische Kuppelkirche, entdeckt man im Inneren deutlich go-

> Gasse im Stadtteil Gorica

0   200 m

Tiranë

e Bregut

Haxhi Ceno   Brakal

Andrea I.

Stavër Naco

Antipatrea

Stavër Naco

Ymer Berati

204

Shkembi

Onufri-
Museum
M

Ethnografisches
Museum
M

Mihail Kommena

Andrea Taqanxhiu

Burg

Telegrafi

Shvyri Fuga

Shkembi

Mihail Kommena

8

P

Xhamia e Sahatit

Tafil Skëndo

Nexhip Xelali

Ismail Leshi

Antipatrea

Rrënoja të Sarajeve të Pashàit ★

Shpella e
Mehmetit ★

7 ★

6 ★

MANGALEMI

Osum

Ura e Re

Stavër Naco

Tafil Skëndo

Shën Mëhill ⚭
Marienikone ★

Antipatrea

Xhamia
e Beqarit

Ura e Varrit

5 ★

Brücke von Gorica ★

P

Ura e Goricës

Kristaq Tutulani

Shën
Spiridon ⚭

Berat - Përmet

Shpiragu

2

3 ⚭

Nikolla Buburit

4

GORICA

Illyrische
Festung

tisch beeinflusste Elemente, was einen zusätzlichen Reiz ausmacht. Interessant auch die neben der Kirche liegende Höhle **Shpella e Mehmetit,** in Berat auch „Höhle des Dummen" genannt (da von einem Einsiedler bewohnt, der etwas sonderbar gewesen sein soll), mit sehr alten Fresken.

Albanien_03

MITTELALTERLICHES OSMANISCHES STADTZENTRUM

9 10

★ Teqeja Helvetie
☾ Xhamia Mbret
★ Historisches Gästehaus (Han)

Antipatrea

Gaai Gika

Xhamia e Plumbit

☾ NEUES STADTZENTRUM

Sheshi Agjensia

Bulevardi Republika

Shëtitorja Osumi

P

ℹ Rilindja

Kisha Ortodokse Shën Dhimitrit

11

Osum

Antipatrea

ℹ

Santa Lucia

12 13 14 15

Përmet

🟦 **Essen und Trinken**
2 Antigoni
5 Palma
8 Mangalemi
10 Residenca Desaret
11 Tomorri

Das neue Stadtzentrum

Zehn Minuten zu Fuß von den Altstadtvierteln entfernt liegt der **Sheshi Agjen-**

sia, Dreh- und Angelpunkt des neuen
Berat, wo sich die meisten öffentlichen
Gebäude, Banken, Geschäfte, Bars und
Cafés befinden. Hier fahren auch alle
Überlandbusse und Taxis ab. In unmittelbarer Nachbarschaft zur orthodoxen
Kirche Shën Dhimitrit liegt die große
Xhamia e Plumbit (Bleimoschee), die
mit Resten einer floralen Ausmalung aus
dem 19. Jahrhundert und ihrem hohen
Minarett sehr gut erhalten ist. Sie wurde
Mitte des 16. Jahrhunderts als Zentrum
eines neuen Stadtviertels in der Ebene
von der wohlhabenden Familie *Skura* errichtet. Früher gab es hier auch eine Tekke, eine Schule (Medresa) und verschiedene öffentliche Gebäude, darunter Bäder, eine Armenküche (Imereti), ein
Backhaus und ein Gästehaus, die alle mit
Blei gedeckt waren. Nur die Ruinen der
Bäder sind heute noch neben der Moschee zu finden.

Praktische Infos

Informationen/Nützliches

🟥 **Kommunale Touristeninformation,** auf der
rechten Seite der Hauptstraße Rr. Antipatrea nach
dem Rathaus im ehemaligen Kinogebäude; Öffnungszeiten: 8–16 Uhr, außer Sa, So und an staatlichen Feiertagen, Tel. (068) 224 18 15, (069) 244 64
94, Anfragen (englisch) an beratinformacioni@ya-
hoo.com. Audio-Guides für einen Stadtrundgang
(engl., evtl. deutsch) zu den 30 wichtigsten Plätzen
und Themen, auszuleihen gegen Pfand bei der Touristeninformation und im Han der Helvetie-Tekke im
Stadtteil Mangalemi.

🟥 **Kulturgeschichtliche Führungen,** Vermittlung durch *Marius Qytyku,* Tel. (068) 601 35 57
(engl.).

TIPP Sehr gute **Stadtführungen durch Irminel
Agolliu** (dt., engl., ital.) sowie Organisation von

6

Ausflügen in die Umgebung, Tel. (069) 473 66 90, jehermine77@gmail.com.

■ **Geld: Geldautomaten** in der Raiffeisenbank, Rr. Antipatrea, und am Blv. Republika in der Präfektur; Pro Kredit Bank, Blv. Republika.

■ **Post,** Rr. Antipatrea, stadteinwärts gegenüber der Raiffeisenbank.

■ **Western Union,** Rr. Antipatrea, vor der zweiten Osum-Brücke stadteinwärts links.

■ **Internetcafés** gibt es in den neuen Stadtteilen Berats, z.B. Emiliano, Rr. Qafoqu, auf der Mitte der Terrasse, Café Internet, Blv. Kryesore (ca. 200 m von der Moschee).

■ **Entfernungen:** nach Tirana 110 km (Autobahnabfahrt bei Lushnjë, ca. 40 Min.), Shkodra 220 km, Durrës 90 km, Vlora 80 km, Saranda180 km, Gjirokastra 120 km, Përmet 90 km, Korça 230 km, Elbasan 100 km, Pogradec 190 km.

Notfälle

■ **Krankenhaus: Spitali Rajonal,** Rr. Gaqi Gjika, Tel. (032) 234 303/380.

■ **Notarzt:** Tel. (032) 234 222.

■ **Apotheken:** Rr. Antipatrea, stadteinwärts links; Rr. Gaqi Gjika, Blv. Republika links.

■ **Feuerwehr:** Tel. (032) 234 333.

■ **Polizei:** Tel. (032) 234 280/495/496.

Hostels

Die Übernachtungssituation in Berat ist gut und **vielfältig.** In der Altstadt gibt es einige kleinere Familienhotels, daneben auch etwas günstigere Gästehäuser. Dank der dicken Steinwände sind die alten Stadthäuser auch im Hochsommer im Inneren angenehm kühl. Frühstück gibt es oft auf den idyllischen, mit Weinlaub bewachsenen schattigen Terrassen im Garten. Im Juli/August sollte man seine Unterkunft rechtzeitig buchen. Sehr günstige Gästezimmer gibt es auch auf der Burg, nach denen man direkt in der Bar auf der Akropolis fragen kann. Die Zimmer – einfacher als in der Stadt – sind in der Hochsaison vielleicht eine Alternative für Ruhe suchende Urlauber.

■ **Berat Hostel Backpackers**②, ein Highlight unter den albanischen Hostels im Stadtteil Gorica; hier hat sich *Skoti,* der schottische Besitzer, in einem historischen Steinhaus seinen Traum verwirklicht. Nette Dormitorys für 22 Gäste, 4 private Dorms, kleiner Garten zum Zelten und Relaxen und tolle Tour-Angeboten in die Umgebung. Tel. (069) 306 44 29, www.beratbackpackers.com, info@beratbackpackers.com. In der Hochsaison ein stark frequentierter Treffpunkt, in der Nebensaison auch für Familien eine günstige und unkomplizierte Alternative zum Übernachten (geöffnet: April bis Okt.).

■ **SPES Hostel**②, ruhig gelegene Jugendherberge, gut geeignet für große Gruppen bis 42 Personen und Outdoor-Touristen, Tel. (067) 217 34 09, (032) 202 41, berat@ayha. org, www.hihostels.com, im Stadtteil Uznova, rechts an der Straße nach Çorovoda. Schlichte funktionale Räume, 7 Dormitorys, Frühstück, Waschmaschine, WLAN.

Guesthouses

■ **Kala**①, auf der Burg, die auch an den heißesten Sommertagen für ihre kühle Brise bekannt ist, gibt es drei bis vier Familien, die in ihren Häusern sehr günstige einfache Gästezimmer anbieten, z.B. **Cici Pandeli Guesthouse**①, Rr. Mbrica, gleich hinter dem Onufri-Museum, Tel. (032) 232 054, zwei einfach eingerichtete DZ im 1. Stock, quasi mit Familienanschluss, Mitbenutzung des Badezimmers.

■ **Guesthouse Lorenc Pushi**②, familiäre Unterkunft in einem der ältesten Häuser Berats aus dem 17. Jahrhundert (holzgeschnitzte Decken) im Stadtteil Gorica mit schönem Garten und Terrasse, Rr. Stiliano Bandilli, Tel. (069) 633 72 54, lorencpushi@hotmail.com (englisch), www.berat-guesthouse.info. 1 Zimmer mit 2 Einzelbetten, ein 3-Bett-Zimmer, mit Duschbad.

■ **Guesthouse Nasho Vruho**②, stimmungsvolle Unterkunft in Stadtteil Mangalemi mit Blick auf die Moschee, Rr. Llambi Guxhumani, Tel. (032) 232 355, (068) 223 14 89, auch skype, p.vruho@gmail.com (englisch), www.berathotelnashovruho.com. 4 einfach, aber sehr nett eingerichtete DZ und 3-Bett-

Zimmer, modernes kleines Duschbad, im rustikal-traditionellen Stil, traditionelle Hausbar, lokale Küche und vom Hausherren gebrautes Bier.

Hotels (zentral)
■ **Berati**②-③, traditionell eingerichtetes Familienhotel oberhalb der Ruinen der Moschee des Pascha-Palastes, Rr. Veli Zaloshnja. 9 DZ mit Duschbad, AC, Frühstück 200 Lek, Tel. (032) 236 953, (069) 207 41 99, hotel_berati@yahoo.com.

■ **Klea Bar Restaurant**③-④, sehenswert restauriertes und liebevoll eingerichtetes Hotel mit schöner, großer Außenterrasse, Tel. (069) 768 48 61.

■ **Mangalemi (Tomi)**④, sympathisches Familienhotel in einem Gebäude aus dem Jahr 1775 auf dem Areal des Pascha-Palastes, Rr. Mihal Komnena, Tel. (032) 232 093, (068) 232 32 38, hotel_ mangalemi @yahoo.com, www.mangalemihotel.com. 8 angenehm eingerichtete DZ, 6 DZ gehobener Kategorie, inkl. Frühstücksbüffet, gelungene Symbiose von Naturmaterial, modernem Design und künstlerischem Anspruch. Alle Zimmer mit modernem Duschbad, AC, Flachbild-TV und Repliken aus dem Bestand der Nationalgalerie in Tirana. Schöne Dachterrasse mit Rundblick über den Osum, Restaurant, Vermittlung von Outdoor-Aktivitäten.

■ **Osumi**③, angenehmes neues Familienhotel, das Tradition und Moderne verbindet, alle Räume sind mit Gemälden zeitgenössischer albanischer Künstler dekoriert, Rr. Mihal Komnena (oberhalb Mangalemi Hotel), Tel. (032) 233 133, (069) 535 12 25, hotelosumi@gmail.com, www.hotelosumi.com. 5 Zimmer mit Doppel- und Einzelbett, 1 DZ, 1 2-Bett-Zimmer, 1 4-Bett-Zimmer, inkl. Frühstück, moderne Duschbäder, AC, TV, Minibar, WLAN und Internet, keine Haustiere erlaubt.

■ **Palma**③, modernes Stadthotel am Osum unterhalb des Stadtteils Mangalemi, Rr. Shëtitorja Osumi, Tel. (032) 232 143, (069) 209 38 12. 9 großzügige, etwas nüchterne 2-Bett-Zimmer, 3 DZ, alle mit Duschbad, Kabel-TV, Internet, AC.

■ **Tomorri**③, ideal gelegener kommunistischer und doch charmanter Hotelkasten in Plattenbauweise aus dem Jahr 1967, Blv. Republika, Tel. (032) 234 462. 53 geräumige, helle und gepflegte DZ mit Duschbad, AC und TV. Schöner Blick vom Balkon, 2 große Sonnenterrassen mit Blick auf den Osum, Konferenzraum, 2 Restaurants mit guter, traditionell albanischer Küche.

■ **Residenca Desaret**④, kleineres Familienhotel, Tel. (032) 233 75 93, (069) 303 74 80, Rr. Dr. Lluka. 5 komfortable, geräumige DZ mit Duschbad, AC und TV, inkl. Frühstück. Schöne Aussicht und gutes Restaurant.

Hotels (außerhalb)
■ **Gjatari**③, originelles kleines Hotel in antik-rustikalem Stil im Stadtteil Uznovë, in Berat, an der Straße nach Çorovoda, Tel. (067) 200 66 23. 5 einfache DZ mit Duschbad, inkl. Frühstück, Restaurant mit traditionellen Speisen.

■ **Castle Park**④, modernes Hotel im rustikal-albanischen Burg-Stil, 1,5 km von der Gorica-Brücke entfernt in einem Pinienwäldchen an der Straße nach Çorovoda, www.castle-park.com, castlepark-2003@yahoo.it, Tel. (068) 256 49 99, (069) 209 21 54. Gebaut an der Stelle, an der *Skanderbeg* seine Frau *Donika* der Legende erstmals geküsst haben soll. 4 gut ausgestattete Holzhütten für 2–3 Personen mit Duschbad, TV, Kühlschrank, 6 komfortable DZ und 2 Apartments mit gediegen rustikalen Holzmöbeln, Duschbad, TV, Balkon und WLAN inkl. Frühstück. Dachterrasse, Restaurant mit traditioneller Küche, Spielplatz, Streichelzoo, Tennisplatz. Vielseitiges Ausflugsprogramm für Gäste zubuchbar, Reitausflüge, Rafting, Kajaktouren, 4x4-Ausflüge und Wanderungen im Tomorri-Nationalpark.

Camping/Wohnmobil
■ **Albania Berat Caravan Camping**②, GPS 40. 77849, 19.85778, an der Straße in Ura Vajgurore, neuer, 0,5 ha großer Platz mit 30 Stellplätzen zwischen Oliven- und Obstbäumen, etwas enge Zufahrt über Hausgrundstück, Tel. (069) 426 36 97, info@ sarandaholidays.com *(Laura)*, www.albaniancaravancamping.com.

Mittelalbanien: Bergland

6

Essen und Trinken: Spezialitäten

In der Küche von Berat mischen sich **türkische, griechische und italienische Einflüsse.** Typisch für Berat sind: Weinblätter gefüllt mit Reis und Fleisch *(dolma)*, Gemüseaufläufe mit und ohne Fleisch in großen, runden Formen *(byrekët e pregatitur me perime ose me mish)*, mit Walnüssen gefüllte Steaks *(bifteki i mbushur me arra)*, *kokorrec*, ein aus eingelegten Gedärmen zubereitetes (sehr leckeres) Pfannengericht, gefülltes Huhn (oder Singvögel) im irdenen Topf geröstet *(zogjitë e fushes te pjekur ne saç)*, *kaposh deti me verë rrushi* (Truthahn gefüllt mit Weintrauben), *mish me kumbulla të thata* (Fleisch gefüllt mit Backpflaumen), *specat te mbushura* (gefüllte Paprika in verschiedenen Varianten), und Desserts wie *shëndetlija* (Kuchen aus Zucker und Stärke), *bakllavaja, krem karamel, zupa, monmblani* (alles Süßspeisen) oder süßer Reisbrei *(kabunia me rrush të thatë)*.

Essen und Trinken: im Stadtteil Mangalemi

■ **Mangalemi,** beste traditionelle Fleischgerichte, Tellergerichte, schöne Dachterrasse, Tel. (032) 232 355, (068) 223 14 89, 11.30–16 und 18.30–22 Uhr.

■ **Palma,** traditionelle und italienische Küche mit Fischgerichten und Pizza, schöner Blick von der Dachterrasse am Osum auf die Altstadt, im Sommer Live-Musik, Rr. Shëtitorja Osumi, Tel. (032) 232 143, (069) 209 38 12.

■ **Residenca Desaret,** nettes Haus mit traditionellen und internationalen Gerichten, schöne Dachterrasse, Rr. Dr. Lluka, Tel. (032) 233 75 93, (069) 303 74 80.

■ **Shtëpia e Bardhë,** gehobene italienisch-albanische Küche, gute Fleisch- und Fischgerichte, Pasta, Pizza und leckere Salate, aufmerksamer Service, immer gut besetzte überdachte Terrasse, in einem großen weißen Gebäude, Rr. Antipatrea, Tel. (032) 234 570, (069) 205 91 89, 9–23 Uhr.

alba030 mg

Mittelalbanien: Bergland

Essen und Trinken: im Stadtteil Gorica

■ **Ajka,** Lokal in schönem alten Gebäude direkt oberhalb der Fußgängerbrücke, von der überdachten Dachterrasse schöner Blick auf den Osum und nach Mangalem; bekannt für seine gegrillten Fleischgerichte und Berater Spezialitäten. Rr. Kristaq Tutulani, Tel. (032) 340 34, (069) 221 16 50.

■ **Antigoni,** italienisch-albanische Küche, gute Auswahl an Pasta und Pizza, überdachte Dachterrasse zum Osum hin, nicht immer offen. Rr. Kristaq Tutulani, Tel. (032) 238 920, (069) 244 45 22.

■ **Haxhihaliu,** albanische Gerichte in der Rr. Shkëmbi gegenüber der Gorica-Brücke.

Essen und Trinken: auf der Burg (Kala)

■ **Café Akropolis,** schattiger Platz oben auf der Burg.

■ **Nova,** neues Ausflugsrestaurant in traditioneller Steinbauweise mit albanischen Gerichten, direkt am Eingang zur Burg, Tel. (069) 204 86 43.

TIPP **Onufri,** hier kocht der Chef *Koço Plaku* mit Hingabe täglich wechselnde leckere Gerichte ohne Karte, bewusst traditionell nach jahreszeitlichem Angebot, alle Gerichte kosten einheitlich 250 Lek, gute Weine und Säfte, bis 30 Personen. Rr. Mbrica, vom Burgtor kommend geradeaus rechte Seite, kein Schild, Tel. (032) 306 61, (069) 291 47 15.

◁ Abendstimmung in der „Stadt der 1000 Fenster" ▽ Fußgängerbrücke von Gorica nach Mangalemi

alba137 mg

Essen und Trinken: neue Stadtviertel

■ **Bujari,** bekannte Szene-Adresse in der Mitte des Basars, Rr. Shatërvani, Frühstück bis Abendessen, einfache, gute Berater Küche.

■ **Piccolo Grande Amore,** gemütlicher Treffpunkt für alle Altersklassen, große Holzofenpizzen, Bar, Pizzadienst, bei der Neuen orthodoxen Kirche, Tel. (032) 347 70, (068) 209 16 01.

■ **Shpëtimi 2,** Fast Food mit leckerer Pizza, Waffeln und Eiscreme, beliebter Treffpunkt beim Xhiro am Blv. Republika, 7–23 Uhr.

■ **Tomorri,** zwei Restaurants mit bewährt guter traditioneller Küche, schöne Aussicht vom Café auf der Dachterrasse, Blv. Republika, Tel. (032) 234 462.

Essen und Trinken: außerhalb von Berat

■ **Gjatari,** bekanntes Restaurant mit traditioneller Küche, auf der Karte stehen Geflügel und Wild wie Rebhühner, Wachteln, Amseln, Hasen und – Igel. Im Stadtteil Uznovë an der Straße nach Çorovoda, Tel. (062) 202 50, (069) 252 52 50.

Nachtleben

Gegen Abend beginnt auf dem großen Boulevard am Osum der allabendliche **Xhiro,** für den Berat bekannt ist. Man trifft sich, palavert, macht neue Bekanntschaften, kauft Süßes oder beobachtet das Treiben ganz entspannt in einer der zahlreichen Bars oder in einem Café bei einem guten albanischen Bier. Doch gegen 22.30 Uhr ist auch schon wieder Schluss, denn die meisten Restaurants und Bars schließen dann.

Länger offen haben die **Bars Ajka,** Tel. (069) 221 16 50, in Gorica, **Statik,** Tel. (069) 304 55 43, **Bajraktari,** Tel. (069) 218 58 35, **Pinocchio,** Rr. Antipatrea, **The King,** Rr. Mjeshtër Sinani, Shpella, im Zentrum von Uznovë, und **Shpëtimi,** Tel. (032) 233 160, die rund um die Uhr geöffnet hat.

Busverbindungen

■ Täglich fahren **Minibusse zur Burg** (Abfahrt, wenn der Bus voll ist).

■ Berat ist mit allen größeren Orten Albaniens verbunden. **Überlandbusse:** Start zwischen 4.30 und 17 Uhr am zentralen **Busparkplatz Sheshi Agjensia** bei der Orthodoxen Kathedrale etwas südlich der Altstadt; Minibusse halten vor dem Hotel Tomorr. Fahrpläne evtl. am Busparkplatz (30 Lek).

Verbindungen: Ura Vajguora, Kuçova 6.30, 7.10, 8.15, 9.15, 10.05, 11, 11.25, 12.05, 12.30, 13, 13.40, 14.20, 15.05, 15.30, 16, 17, 18, 19, 20 Uhr; Mbrakull, Kapinova 12 Uhr; Bogova, Çorovoda 8, 9, 11 Uhr, letzter Bus zurück 15 Uhr in Bogova (1½ Std.); Çorovoda, Humbull 7, 16 Uhr; Poliçan, 12.30, 13, 13.30 Uhr; Tomorri 12 Uhr; Përmet 7.30 Uhr; Ballsh 6.15, 10.15 Uhr; Çorovoda – Berat – Tirana 5, 7, 9, 10.30, 11.15 Uhr; Durrës 6.15, 6.45, 8.10, 11.30, 13.15, 14.45 Uhr (300 Lek); Elbasan 5.50, 7.20, 8.45, 10.45, 12, 13, 14.30 Uhr (300 Lek); Fier 7, 8, 9, 9.30, 12.30, 13 Uhr; Gjirokastra 8, 14 Uhr (500 Lek); Gramsh 5.45 Uhr; Kakavija (Grenzübergang Griechenland Richtung Ioannina), 5.30, 7 Uhr; Korça 4.30, 5 Uhr; Kruja (über Vorë, Fushë Krujë oder Tirana), 5.45, 9.50 Uhr; Lushnjë 7, 8, 10, 11, 12.45, 15, 17 Uhr (zahlreiche Umsteigemöglichkeiten); Saranda 8, 14 Uhr (700 Lek); Tirana tägl. alle 30 Min. 4.30–11.30 Uhr, 12.30, 13.10, 13.50, 14.30, 15.10 (300 Lek); Vlora 6, 6.30, 7.30, 8.30, 9.20, 10, 12, 13, 14 Uhr (250 Lek).

Außerhalb Albaniens: Ulcinj, Bus Tirana, Bus Shkodra, Minibus oder Taxi nach Ulcinj; Prishtina, Bus nach Tirana, Bus nach Prishtina; Ioannina, Bus nach Gjirokastra, Bus nach Ioannina; Athen, mit vorgebuchtem Ticket über verschiedene Agenturen ab Berat 5 und 17 Uhr; Ohrid, Bus nach Korça oder nach Elbasan, mit dem Minibus ab Post nach Korça, mit dem Taxi bis zur Grenze, ab Grenze mit Taxi bis Ohrid, oder per Autostopp.

Taxi

■ **L. Hazizaj,** Tel. (068) 234 84 04, 24 Std.

Einkaufen

■ **Märkte,** täglich am Stadion, samstags rund um die Ura e Re.

■ **Kunsthandwerk,** auf der Burg gibt es gute Möglichkeiten, traditionelle Handarbeiten in diversen seltenen Techniken günstig aus privater Hand zu erstehen, wie bestickte Hemden, Tischdecken, Bettüberwürfe, Hausschuhe, Wollwaren; besonders schöne Stücke auf dem Gelände der Akropolis.

■ **Souvenirs und Antiquarisches,** schräg gegenüber vom Hotel Mangalemi, Rr. Mihal Komnena.

■ **B&B Stone, Natursteinobjekte,** Zona Industriale, vbojaxhiu@yahoo.com, Tel. (068) 404 79 97.

■ **Kaffeerösterei,** traditioneller Familienbetrieb in einem winzigen Geschäft auf der rechten Seite der Rr. Antipatrea gleich nach dem Altstadtzentrum mit alten Maschinen und eigenen guten Mischungen türkischen Kaffees.

■ **Weingut Kantina e Veres Çobo,** Weinspezialitäten und Raki (Nussraki), Weinfeste im April und Oktober, für Gruppen, die Wein kaufen wollen, auch Weinproben, Kombëtare Tiranë-Berat, Ura vajgurore, 13 km vor Berat Richtung Tirana (große Fahne), Tel. (067) 407 05 62, www.cobowineryonline.com.

■ **Weingut e Veres Luani,** Ish Ndërmarrja Ushqimore, www.kantina-luani.com.

Feste

■ **6. Januar:** Rettung des Heiligen Kreuzes aus dem Osum

■ **1. Aprilwoche:** Fest der ersten Weinblätter

■ **15. August:** mehrtägiges Pilgerfest der Bektashi auf dem Tomorr

■ **Letzte Septemberwoche:** Weinfest

■ **12. Oktober:** Internationales Dichterfest

Galerie

■ **Galerie für Kunst der Gegenwart,** *Edward Lear* zeigt seit 1994 auf 150 m² in vier Räumen 105 Werke europäischer Künstler aus der Zeit von 1956 bis 2011, Pall. I Kulturës, Rr. Antipatrea, Tel. (032) 232 027, www.beratartgallery.net, berat_artgallery@yahoo.com, Öffnungszeiten: Okt. bis April 9–16 Uhr, Mai bis Sept. 9–13 und 16–19 Uhr, So 9–14 Uhr, Mo Ruhetag, Eintritt frei.

Kino

■ **Kinema e Vjeter,** Rr. Antipatrea, für kurze Zeit Sitz der ersten albanischen Regierung nach dem 2. Weltkrieg, heute Kino, Theater und Veranstaltungssaal.

Outdoor

■ **Ausflüge** mit dem Minibus zum Wasserfall von Bogova, zum Osum- und Gradeci-Canyon oder in die kommunistische Industriestadt Kuçova.

■ Auf dem Weg nach Çorovoda gibt es ab Vodicë von der Straße leicht zu erreichende tolle **Badestellen am Osum** mit glasklarem hell-türkisfarbenem Wasser.

■ **Berati Tours Albania,** www.berati-tours.com.

Nördlich von Berat

Perondi Shën Koll

Die kleine dreischiffige holzgedeckte **Basilika** in einfachem Schächtelmauerwerk gehört zu den kostbaren frühen Bauten des 10. Jahrhunderts. Glockentürme waren in der byzantinischen Architektur nicht gebräuchlich und tauchen nur sehr selten unter dem Einfluss der Kreuzfahrer auf. Der kleine vorgesetzte Turm dieser Kirche ist das einzige Beispiel in Albanien. Die Kapitelle der Säulen im Langhaus und diejenigen unter der Altarplatte stammen wahrscheinlich aus dem 5. Jahrhundert. Die Reste der Wandmalereien in der Chorapsis zeigen das sehr seltene Motiv der Vorbereitung des Thrones für den Weltenrichter: Zwölf leere Throne, in der Mitte farblich abgesetzt, rechts der bärtige (alte) Christus, links seine Marterwerkzeuge und die Evangelien auf einem Tuch.

Anfahrt: Auf der Straße nach Kuçova nach 3 km Richtung Perondi rechts abbiegen, 1,6 km bis zum Dorfplatz, dort links, 100 m bis zur Kirche.

Kuçova

Nach der Besichtigung der Schönheiten von Berat steht einem Kontrastprogramm nichts mehr im Weg. Ganz in der Nähe von Berat liegen große **Öl- und Gasvorkommen,** die bereits in der Antike bekannt waren. Nach dem 1. Weltkrieg wurden die Lagerstätten unter König *Zogu* erschlossen, dann von 1929 bis 1943 von den Italienern und Ende des Krieges auch von der Deutschen Wehrmacht genutzt. In den 1950er Jahren entstand hier mit Hilfe der Sowjetunion die größte Erdöl- und Erdgasraffinerie, die damals als eines der modernsten Industriezentren des Landes galt. Unter Albanern ist Kuçova auch unter dem Namen **Qyteti Stalin** = Stalingrad bekannt. Diesen Namen erhielt die Stadt 1951, als sie zu Ehren der Freundschaft mit der Sowjetunion umbenannt wurde. Ein Eisentor mit großem roten Sowjetstern am Stadteingang erinnert noch an diese Zeit. Nach dem Bruch mit der UdSSR stellten die Chinesen 1968 die große **Raffinerie** fertig, die erst in den Jahren der politischen Isolation von 1978 bis 1990 unter alleiniger albanischer Regie lief. Sie hatte aber, wie alle Industrieanlagen des Landes, immer wieder Probleme infolge fehlender Ersatzteile. Heute liegt die Erdölraffinerie mitten im Stadtzentrum verwahrlost in Ruinen, alles Verwertbare scheint abtransportiert worden zu sein. Geblieben sind die Altlasten und ein leichter Erdölgeruch, der über der Stadt steht. Typisch für die damalige Stadtarchitektur sind die planmäßig angelegten **Arbeiterwohnblöcke** mit einfachsten Zweizimmerwohnungen an dem mit Palmen bestandenen Boulevard am nördlichen Ende des Zentrums, daneben der Paradeplatz, an dem sich heute, farbenfroh gestrichen, Kinotheater, Stadtverwaltung, Club und Bibliothek befinden. Die 30.000 Bewohner klagen auf Grund der Bodenverseuchung und Luftverschmutzung über gesundheitliche Probleme.

Anfahrt: Ab Ura Vajgurore an dem Gelände des ehemaligen Militärflughafens vorbei auf schnurgerader Straße 5 km nach Kuçova.

Westlich von Berat

Dimale

Das antike Dimale lag mitten im hügeligen Bergland westlich des Mali i Shpiragut. Der Ort wurde bei **Grabungen** in den 1960er Jahren über gestempelte Fliesen mit der griechischen Inschrift „Einwohner des Ortes Dimale" identifiziert. Ausgegrabene Epitaphe (Grabschriften) nennen städtische Persönlichkeiten in hohen Verwaltungsfunktionen wie den *phylarchos* (Vorsitzender der Stammesvertretung), den *prytanis* (Leiter des Stadtrates) oder den *grammateus,* den städtischen Schreiber. Die **Agora** der antiken Stadt lag auf einer Hochfläche zwischen zwei großen, hügeligen Kuppen (auch heute noch bedeutet das albanische *dy mal*ї zwei Hügel). Eine Besiedlung kommte ab dem 4. Jahrhundert v.Chr. nachgewiesen werden. Südöstlich wurde eine **Stoa** aus dem 3. Jahrhundert v.Chr. identifiziert, westlich davon eine aus dem 1. Jahrhundert v.Chr. Außer wenigen Resten der antiken **Stadtmauern** in Form regelmäßig geschnittener Kalksteinblöcke, die das rund 18 Hektar große Stadtgebiet umschlossen, gibt es kaum sichtbare antike Relikte.

Ob Dimale bereits als Zentrum der illyrischen Parther existierte und erst später hellenisiert wurde (der nicht-griechische Name könnte darauf hinweisen) oder eine Gründung der großen griechischen Kolonie Apollonia an der Küste war, ist bis heute unklar. Jedenfalls verwaltete die Siedlung das landwirtschaftlich intensiv genutzte Bergland und kontrollierte die Straßenverbindung von Apollonia über Berat nach Makedonien. Die stattliche Zahl von 17 **Keramikwerkstätten,** die nachgewiesen werden konnten, deutet auf eine blühende Wirtschaft.

Während des 2. Illyrischen Krieges wurde Dimale von *Demetrios v. Pharos* befestigt und galt als uneinnehmbar, wurde jedoch durch illyrischen Verrat von den Römern unter *Aemillius Paulus* erobert. Im 1. Makedonischen Krieg fiel die Stadt 213/12 v.Chr. unter *Phillipp V.* in makedonische Hände. Die Grabungsfunde enden mit dem ausgehenden 1. Jahrhundert n.Chr., sodass man vermutet, dass die Stadt damals zerstört bzw. verlassen wurde.

Anfahrt: 6 km nach Roskovëc (nach dem Wasserreservoir von Kurjan) südwärts nach Velmish über eine asphaltierte Straße 8 km immer Richtung Süden bis zum Dorf Krotina fahren. Das Gelände liegt direkt in westlicher Richtung auf dem hügeligen Bergrücken oberhalb des Wasserreservoirs und wird von der Naturpiste, die nach Bistrovivë führt, durchschnitten.

Shën Mërisë

Die in die Felsen gebaute, malerisch gelegene einfache **Kirche** passiert man auf dem Weg von Berat.

Anfahrt über Mbreshtan an der Ostseite des Mali i Shpriragut entlang bis zum südlichen Ende des Bergrückens bis nach **Sinje** auf frisch geteerter Straße.

Kalaja e Xhaxhajve

Die Überreste der **Burganlage** aus dem 16. Jahrhundert liegen unmittelbar südlich oberhalb des Dorfes Mbjeshovë westlich des Mali i Shpiragut.

Anfahrt ab Sinje auf Naturpiste bis nach Mbjeshovë.

Südöstlich von Berat

Wer sich überlegt, mit dem Pkw von Berat auf möglichst direktem Wege **nach Këlcyra** in der Region Përmet zu fahren, sollte sich vorher über die aktuellen Straßenbedingungen erkundigen. Auf der immer unter 1.000 Meter verlaufenden Strecke geht es durch einsame Landschaften, wobei fortwährend Rundumblicke auf die großen Gebirge Mittelalbaniens geboten sind. Für den richtigen Einstieg in die 80 Kilometer lange Tour überquert man in Berat die Gorica-Brücke, bis die Straße 500 Meter weiter rechts am Rand des bewaldeten Höhenrückens Richtung Süden führt. Rechts liegt das weite **Velabisht-Tal** mit den Ausläufern des Mali i Shpiragut, links das **Osum-Tal** mit dem Ort Poliçan und den Dörfern des Mali i Tomorrit in der Region Shkrapar. Die Straße führt nun

Mittelalbanien: Bergland

6

immer auf der Höhe auf und ab durch abwechslungsreiches, von kleinbäuerlicher Landwirtschaft geprägtes Bergland. Im mittleren Drittel, südlich von Tërpan, wird das Fahren an den Steigungen zum **Mali i Tërpanit** deutlich schwieriger; hier können für Pkws unpassierbare Passagen liegen. Im Winter und nach starken Regenfällen wird das Durchkommen durch Aufweichungen und Abschwemmungen zusätzlich erschwert. In der einsamen Region geht es durch zerklüftete, unbesiedelte Weidelandschaften, ein Gebiet, das die Albaner auch das „Tibet Europas" nennen. Unterwegs bieten sich an Seen Zeltplätze an. Am Gllava-Pass hat man herrliche Weitblicke in die Region Tepelena und das Mali i Trebeshina. Über das weite Deshnica-Tal führt dann eine gute Straße etwa 15 Kilometer über Ballaban auf gerader Strecke hinunter nach Këlcyra.

Als **Alternative** bietet sich die landschaftlich sehr interessante Strecke über das Osum-Tal, Çorovoda, den Osum-Canyon und Sevran ins mittlere Drinos-Tal südlich von Përmet an, die auch die lokalen Minibusse benutzen. Sie hat einige sehr schlechte Abschnitte und ist für Pkws nur bedingt (langsam) befahrbar. Der letzte Teil der Strecke ist die von Frashëri bzw. dem Nationalpark Bredh-Hotova kommende Straße (siehe auch Region Përmet, Anfahrt Frashëri).

Region Shkrapar

Shkrapar ist eine wenig erschlossene Region Südalbaniens mit vielen landschaftlichen Reizen und großer Naturvielfalt. Über die Hälfte des Gebiets ist **Mittelgebirgsland** zwischen 400 und 1.000 Metern Höhe, die Gebiete über 2.000 Meter liegen im Tomorr-, Kulmak- und Ostrovica-Gebirge.

Der **Mali i Tomorrit,** um den sich der Tomorr-Nationalpark ausdehnt, ist nach dem Mali i Nemërcka die zweithöchste Gebirgskette Albaniens. Seine höchsten Gipfel sind der **Çuka e Partizanit** (2.416 m) und die **Maja e Tomorrit** (2.402 m), beide im Norden, und der **Mali i Kulmakut** (2.173 m) im Süden. Dazwischen liegt die Qafa e Kulmakut (Kulmaku-Pass) mit 1.473 Metern. Die natürliche Bewaldung besteht in den unteren Lagen bis 1.200 Metern aus Buchenwäldern; bis in Höhen von 1.600 Metern trifft man auf seltene Panzerkieferbestände und Bergkiefern. Auf den Almwiesen wachsen viele Heilkräuterpflanzen, etwa 20 der vorkommenden Pflanzenarten sind bedroht oder selten. Zu den großen Säugetieren, die im Tomorr-Gebiet vorkommen, gehören Bären und Wölfe, Wildschweine und Gämsen. Wie überall in den geschützten Berggebieten gibt es auch hier seltene Vogelarten, Reptilien und Insekten.

Bekannt ist der Tomorr auch als heiliger Berg, der im Volksmund **Baba Tomorrit** („Vater Tomorr") genannt wird. Um den 15. August feiert der Sufi-Orden der Bektashi fünf Tage lang in Kulmak unterhalb des Gipfels ein großes Opferfest, zu dem alljährlich Tausende von Pilgern in endlosen Autokarawanen anreisen. An der Pilgerstätte **Tyrba e Kulmakut** wird das heilige Grab des *Abbas Ali* verehrt, ein Enkel des Propheten *Mohammed*, dessen Seele sich nach dem Glauben der Bektashi nach seinem Märtyrertod auf dem Tomorr niederließ. Traditionell wird bei dem Opferritual der dritte Teil des gegrillten Lammes als Zeichen der Nächstenliebe verschenkt – an Fleisch herrscht kein Mangel: Das Fest ist hauptsächlich ein extrem blutiges Schafeschlachten und ein riesiges Grillgelage, bei dem Unmengen von Bier und Raki konsumiert werden.

Entlang der Straßen finden sich zahlreiche Steinbrüche und Steinplattenlager. Hier wird aus Gesteinslagen in 1.300 bis 1.600 Metern Höhe der **Tomorr-Kalkstein** abgebaut, der eine bemerkenswerte Resistenz gegenüber Wasser, Frost und auch Öl aufweist. In verschiedenen Farbtönen gebrochen, ist das Naturmaterial für widerstandsfähige Bodenbeläge, Wand- und Mauerverkleidungen gefragt.

Çorovoda, den Hauptort (s.u.), erreicht man von Berat über eine gute Straße in etwa 1½ Stunden. Direkt oberhalb der Stadt liegt der Ausgang des **Osum-Canyons,** der über 14 Kilometer Länge eine bis zu 80 Meter tiefe Schlucht in die Landschaft schneidet. Wenige Kilometer weiter im Osten befindet sich der kleinere **Gradeci-Canyon.**

Für das gesamte Gebiet südlich von Çorovoda braucht man ein **Allradfahrzeug,** gefährliche Passagen gibt es aber nicht. Die Siedlungen liegen verstreut auf den fruchtbaren Hochplateaus beidseitig des Flusses und sind bis zum Vjo-

sa-Tal nur durch einfache Schotterpisten verbunden! In Shkrapar gibt es keine Wegmarkierungen und Hinweisschilder, wer die Region genauer erkunden will, sollte sich die ersten Tage einen einheimischen Führer engagieren und sich zentral in einem der einfachen Hotels in Çorovoda einmieten.

Praktische Informationen

■ **www.visitskrapar.com,** sehr informative und gut gestaltete Website über die Region mit vielen Anregungen.

■ **Monumentet e Skraparit** (Sehenswürdigkeiten von Shkrapar), 136 S., Botimet, 2005, Tirana, ca. 500 Lek. Sehr informativ mit vielen Fotos (Text albanisch, teils englisch). Erhältlich in Çorovoda im Stadtzentrum oder direkt bei *Sadik Xhaferi* (nur alb.), einem der Autoren, stadtauswärts Richtung Canyon im letzten Wohnblock rechte Seite, Erdgeschoss.

■ **Minibus Çorovoda – Hambull:** 7, 16 Uhr.

■ **Rafting/Kajak: Albania Rafting Group,** bis zu 16 km langer Bootstrip zwischen 1½ und 4 Std. je nach Wasserstand im Mai und Juni durch die unberührte Natur des Canyons, acht Wasserfälle, Picknick unter dem Blauen Wasserfall, ca. 40 Euro pro Person. Organisation und Transport durch einheimische Guides (englisch), auch von Tirana oder Berat, Kontakt über Tel. (067) 200 66 21, (069) 203 56 34, info @albrafting.org, www.albrafting.org

■ Englischsprachige **Führer** über das SPES Hostel in Berat, guidaeberatit@yahoo.com, Tel. (067) 217 34 09. Vermittlung geführter Touren auch über die Hotels Mangalemi und Castle Park in Berat.

■ **Forum für verantwortliches Reisen in Albanien,** *Martin Heusinger,* Infos unter www.Reisen-in-albanian.de.

TIPP **www.kajakchallenge.de,** deutsche Kajakschule mit viel Erfahrung in Albanien.

Mittelalbanien: Bergland

6

Tomorr-Nationalpark

🦋 Das 19 Kilometer lange **Tomorr-Massiv** erhebt sich als massiger Kalkstock südlich der mittelalbanischen Tiefebene und ist im Winter mit seinen riesigen Schneeflächen bis zur Küste hin ein markanter Blickfang. Höchste Erhebung ist der Çuka e Partizanit mit 2.416 Metern. Der Nationalpark hat eine Fläche von etwa 4.000 Hektar.

Anfahrt: Nur mit Allradfahrzeug auf ausgefahrener Piste etwa 5 km nach Poliçan über Bargullas; zum jährlichen Opferfest (s.o.) mit Minibussen Shuttle ab Poliçan.

Shpella e Kapinovës

Von den zahlreichen Höhlen im Shkrapar-Gebiet ist die etwa einen Kilometer vom gleichnamigen Dorf entfernt liegende **Kapinova-Höhle** gut zu erreichen (auf dem Weg in den Nationalpark). Sie hat verschiedene längere Tunnel, die bis zu 25 Meter breit und über zehn Meter hoch sind. Archäologen vermuten, dass die Höhle wegen ihrer Größe und guten Lage schon in der Frühgeschichte ein Siedlungsplatz gewesen sein könnte.

Poliçan

Poliçan ist auch heute noch als die „Geisterstadt" in Albanien bekannt, von der man nur wusste, dass dort in unterirdischen Anlagen **Waffen** produziert wurden, unter anderem der albanische Nachbau der Kalaschnikow. Für Ausländer und auswärtige Albaner war Poliçan

Sperrgebiet. Als die Fabrikation 2003 auslief, gingen die meisten Arbeitsplätze im Ort verloren. Die großen Plattenbauten gehören zur ehemaligen Arbeitersiedlung.

Çorovoda

Çorovoda (slaw. „Schwarzes Wasser") ist der beschauliche **Hauptort der Region,** hat 14.000 Einwohner und liegt an der Mündung des Çorovoda-Flusses in den Osum. Hier endet die „Sackgasse" aus dem Norden, denn der Ausbau der Straßenverbindung nach Këlcyra ist erst in der Planungsphase. Auch hier gibt es noch viel kommunistische Atmosphäre zu erleben, wegen der Lage direkt am Osum-Canyon ist der Ort optimaler Ausgangspunkt für Erkundungen des Tomorr- und Osum-Gebietes.

Unterkunft

■ **Osumi**②, Rr. Pasho Hysi, Tel. (312) 222 20, zentrales Familienhotel und guter Stützpunkt für Erkundungstouren, 6 einfach, aber freundlich eingerichtete saubere Zimmer mit Duschbad, schöne Terrasse mit Blick auf den Osum. Gutes Restaurant.

■ **Turizm**②, umgebautes kommunistisches Hotel, Tel. (068) 205 74 24, 16 einfache Zimmer mit Duschbad.

Ujëvara e Bogovës

Vom unteren Ortsteil des Dorfes **Bogova** (einige Ausflugsrestaurants) erreicht man in etwa einer Stunde bachaufwärts **zwei Wasserfälle.** Der erste, kleinere versiegt im Sommer, der zweite liegt romantisch zwischen ausgewaschenen Kalkfelsen und schüttet sein Wasser in ein großes steinernes Badebecken aus. Der wasserreiche Bogova-Bach, der im Tomorr-Gebiet entspringt, versorgt die Kommunen Poliçan und Berat mit Trinkwasser.

Wegbeschreibung: Nach dem Busstopp an der Straße in Bogova bei zwei kleinen Restaurants über die Brücke, dann auf der Fahrstraße das Tal stetig etwa zwei Kilometer bergauf, bis links eine größere Fahrstraße abzweigt. Dort rechts auf einem kleineren Pfad bergab in ein Seitental zu den Wasserfällen. Zurück schneller über einen kleinen Bergpfad talabwärts dem Bachlauf folgend bis zum ersten Abschnitt der Fahrstraße.

Ura e Kasabashit

Als Çorovoda in osmanischer Zeit ein wichtiger Handelsstützpunkt war, kam der mit Flusssteinen gepflasterten **Steinbrücke von Kasabash** eine bedeutende Rolle als Übergang an der Karawanenstraße nach Voskopoja und Korça zu. Die Brücke aus dem Jahr 1640 wird auch heute noch viel begangen. Sie liegt einen Kilometer von Çorovoda entfernt an der Straße nach Gradeci.

Kanionet e Gradecit

Der 3,5 Kilometer lange **Canyon von Gradeci** mit bis zu 350 Meter hohen senkrechten Wänden ist eng, wild und unzugänglich und kann streckenweise nur kletternd durchquert werden.

Shpella e Pirrogoshit

Die **Pirrogoshi-Höhle** ist mit 1.252 Metern Länge, 30 Metern Breite und fünf Metern Höhe die größte und interessanteste Höhle der Region und überhaupt eine der längsten Höhlen Albaniens. Weite Teile des Höhlensystems sind noch nicht erforscht, aber der zwölf Meter breite Eingang zur einfach begehbaren Haupthöhle ist leicht zu finden.

Anfahrt: An der Straße nach Gradeci, 3 km von Çorovoda entfernt, stoppt man bei alten Kalkbrennöfen rechts der Straße, wo der Eingang ca. 500 m abwärts Richtung Canyonkante liegt.

Kanionet e Osumit

Der tief in die Landschaft eingeschnittene, insgesamt etwa 14 Kilometer lange **Osum-Canyon** bietet mit seinen bis zu 80 Meter hohen gelb-grauen Steilwänden und skurrilen Felsformationen ein beeindruckendes Naturschauspiel. Aus seinen senkrechten Wänden stürzen acht Wasserfälle in die Schlucht, es gibt zahlreiche kleine Höhlen und Löcher, um die sich viele Legenden ranken.

Inzwischen gibt es mehrere professionelle **Outdoor-Agenturen,** die Unternehmungen organisieren oder auch Quads oder Geländewagen ausleihen. **Wildwasser-Rafting** im Osum-Canyon ist mittlerweile auch international bekannt, Ende Mai ist der Wasserstand optimal. Die Stromschnellen sind bis zum 4. Schwierigkeitsgrad klassifiziert. In den Sommermonaten reicht der Wasserstand immer noch aus, um den Canyon mit Schlauchboot oder Kajak zu erkun-

Mittelalbanien: Bergland

den. An den Felswänden im Canyon gibt es gute Freikletterrouten.

Auch nur von Çorovoda über das Flussbett in den Canyon hineinzuwandern, ist ein Erlebnis. Der untere Canyonabschnitt bis Hambull ist etwa sechs Kilometer lang, der obere Canyon setzt sich nach etwa drei Kilometern nochmals einen Kilometer fort, dann geht der Fluss in flache Schotterfelder über.

Canyon-Erkundung (4WD)

Die **Straße (Piste) von Çorovoda nach Këlcyra/Përmet** führt flussaufwärts auf der linken Osum-Seite direkt an der Abbruchkante der Schlucht entlang, bis sie nach zehn Kilometern bei einem Ort namens Hambull das Niveau des Flussbettes zum ersten Mal wieder erreicht. Dort gibt es die einzige Brücke über den Canyon und neben der Bushaltestelle ein einfaches Restaurant. Von hier geht es ans andere Ufer, wo man auf ausgefahrenen Wegen etwas weitläufiger wieder zurück zum Ausgangspunkt fährt.

Die Strecke nach **Hambull** hat einige felsige und schlechte Abschnitte, die mit normalem Pkw nur sehr vorsichtig im Schritttempo zu überwinden sind. Kurz nach Hambull verlässt die Straße nach Përmet den Fluss und erreicht nach etwa 35 Kilometern das Vjosa-Tal.

Rundwanderung

Die **Tagestour** beginnt direkt im Ort, wo man über die Fußgänger-Hängebrücke (Ura e Mesit) den Osum überquert und dann flussaufwärts auf kleinen Pfaden so nahe wie möglich an der Steilkante geht.

Der **ungesicherte Weg** verläuft nach kleineren Steigungen immer direkt an der Abbruchkante zur Schlucht entlang, von wo sich von steinernen Plateaus immer wieder fantastische Ausblicke in die Tiefe auftun. Vor dem Dorf Blezeneckë quert man einen Bachlauf mit Auswaschungen, der als großer Wasserfall in die Tiefe des Canyons fällt. Eine Straße führt dann weiter hinunter auf die andere Seite nach Hambull. Von hier lässt sich der Weg in den oberen Canyonabschnitt fortsetzen, oder man kehrt bequem über die zehn Kilometer lange Fahrstraße (eventuell mit Bus- oder Autostopp) nach Çorovoda zurück.

Gleich nach dem Dorf Dhorës liegt die **Gjurma e Abaz Aliut,** ein kleines **Bektashi-Heiligtum.** In dem runden Gebetshaus befindet sich eine Kalkplatte mit dem vermeintlichen Fußabdruck des Heiligen *Abaz Ali,* der von hier mit seinem Pferd mit einem sagenhaften Satz bis auf den Gipfel des Tomorr gesprungen sein soll. Sein Grab auf dem Gipfel ist einer der wichtigsten Bektashi-Wallfahrtsorte im Land.

Auf dem Rückweg kann man den Canyon als **Extremvariante** (nur) im Sommer auch zu Fuß durchqueren bzw. mit festen Schuhen durchschwimmen. Die erste Schwimmpassage kommt gleich am Anfang nach der Brücke flussabwärts, der etliche weitere folgen. Die Canyonwände sind streckenweise extrem eng, sodass es keine Ufer gibt, und auch die Flussseiten müssen oft gewechselt werden. Unterwegs gibt es keinen Ausstieg und aufgrund der Strömung auch keine Umkehrmöglichkeit!

◁ Wasserfall in der Osum-Schlucht

7 Süd-albanien

Traumhaft schöne Küstenlandschaften mit kristall-klarem türkisfarbenen Meer, großartige Flusstäler, abgelegene Bergregionen, traditionelle Bergdörfer und dazu überall eine frisch zubereitete mediterrane Küche – diesen Landesteil sollte man auf keinen Fall versäumen!

◁ Blick auf den Mali i Gjerë von Phoenike aus

Südalbanien

©Reise Know-How 2014

DETI JON

Igoumenitsa

ÜBERBLICK

Südalbanien – damit sind alle südlich der Vjosa liegenden Regionen gemeint – zählt zweifellos zu den begünstigsten Landesteilen Albaniens. Besonders reizvoll ist die Riviera-Küste mit ihrem milden, regenarmen Klima, die nach Osten durch mächtige, parallel zum Meer verlaufende Küstengebirgsketten abgeschirmt wird. Hier findet man noch ganz ursprüngliche mediterrane Landschaften, authentische Bergdörfer und zahlreiche kleinere Strandorte, die in den zwei bis drei Monaten der Hochsaison das beliebteste albanische Reiseziel der hauptsächlich einheimischen Urlauber sind.

NICHT VERPASSEN!

➡ **Llogara-Pass und -Nationalpark:** hier verbinden sich Himmel und Meer | 266, 269
➡ **Abends auf Sarandas Strandpromenade:** Urlaub auf Albanisch | 304
➡ **Butrint:** eine der schönsten Ausgrabungen im Mittelmeerraum | 315
➡ **Syri i Kaltër – Blue Eye:** Baden in klarem Quellwasser | 332
➡ **Gjirokastra:** beeindruckende osmanische Baukunst | 337
➡ **Leuse:** orthodoxes mittelalterliches Schatzkästchen | 369
➡ **Thermalquellen Banjo e Benjës:** paradiesisches Natur-Spa | 370

Diese Tipps sind gelb hinterlegt.

Östlich der Küstenkette verbirgt sich das nur über Vlora zugängliche, sehr ursprüngliche Shushica-Tal, das einen kleinen Passübergang nach Borsh an der Riviera-Küste hat. Hier erreichen die Gebirgsketten des Kurvelesh Höhen bis zu 2.000 Meter. Östlich von Saranda geht es über die Vurgu-Ebene durch das Tal der Bistrica über den Muzina-Pass in das weite, kulturträchtige Flusstal des Drinos, wo sich das UNESCO-Welterbe Gjirokastra befindet. Weiter nach Südosten gelangt man durch die Kelcyraschlucht ins Vjosa-Tal nach Përmet. Im albanischen Teil der Zagoria, einer wilden, einsamen Bergregion mit den beachtlichen Bergketten der Mali i Çajupi, des Dhëmbelli- und Niemerçka-Gebirges hat man 2014 mit Erschließungsmaßnahmen für einen sanften Bergwandertourismus begonnen.

Vlora (Vlorë)

Nach den Schwemmlandebenen der Küsten Nord- und Mittelalbaniens trifft man südlich der Vjosa zum ersten Mal auf klares türkisfarbenes Wasser. Nach Süden hin ist die Küste durch lange Gebirgsketten abgeschirmt und nicht von den Erosionen großer Flussmündungen getrübt. Die **Bucht von Vlora** ist heute eines der wichtigsten Urlaubszentren für den Großraum Tirana und wird in naher Zukunft mit einer durchgehenden Autobahnverbindung an die Hauptstadt angeschlossen sein. Momentan ist man nach Fier allerdings noch zu Teilen auf der Landstraße unterwegs, die durch Schwerverkehr stark belastet und in bau-

lich schlechtem Zustand ist. Besonders an Sommerwochenenden muss man auf den Zufahrtsstraßen nach Vlora mit **Staus** rechnen, denn die Stadt ist ein Nadelöhr für den gesamten Durchgangsverkehr.

Vlora will hoch hinaus – seit den 1990er Jahren prägt eine farbige **Hochhausskyline** das moderne Gesicht der Stadt. Überall wuchern Apartmentanlagen und Hotelkomplexe die Berghänge

hinauf, die Balkone alle mit fantastischem Blick auf die 30 Kilometer lange Bucht. Man vermisst eine Strandpromenade, dafür gibt es eine mit Palmen gesäumte Automeile, die dicht an dicht mit Hotels bebaut ist – Copacabana auf Albanisch.

Die **Hafenstadt am Eingang zur Adria** ist heute mit 130.000 Einwohnern die **zweitgrößte Stadt des Landes** und das bedeutendste Wirtschafts- und Handelszentrum Südalbaniens. Jahr für Jahr zieht es immer mehr Menschen aus den strukturschwachen Bergregionen auf der Suche nach Arbeit an die Küste, wo sie das einfache Leben im Bergdorf gegen eine komfortablere Wohnung im Hochhaus eintauschen. Nur 85 Kilometer sind

☑ Hochsaison in der Bucht von Vlora

alba032 mg

es mit der Fähre nach Bari oder Brindisi, der **italienische Einfluss** ist überall in der Stadt zu spüren. Vlora ist eine geschäftige, lärmige und oft auch staubige Stadt, da kann das staatliche Tourismusbüro mit noch so schönen Fotos werben. Der gesamte Autoverkehr ergießt sich vier- bis sechsspurig nach eigenen Gesetzen über den zwei Kilometer langen, von Palmen gesäumten **Blv. Avni Rustemi,** der vom oberen nördlichen alten Zentrum bis hinunter zum Hafen führt. Bei Einbruch der Dunkelheit verwandelt sich die Durchgangsstraße dann aber zu einer stimmungsvollen Flaniermeile. Der alte Stadtkern war relativ gut durch die kommunistische Zeit gekommen, fiel dann aber dem Desinteresse der Stadtverwaltung und dem Bauboom zum Opfer. So konzentriert sich die Besichtigung auf **wenige Sehenswürdigkeiten,** die entlang des Blv. Justin Godard zwischen dem kleinen Zentrum bei der Muradie-Moschee am Sheshi i Flamurit und dem Unabhängigkeitsmuseum am Hafen liegen und fast alle im Zusammenhang mit der albanischen Unabhängigkeitsbewegung stehen.

Stadtgeschichte

Durch seine **gute strategische Lage** und dank natürlicher Rohstoffvorkommen war Vlora seit der Antike ein hervorragenderer Hafenstandort und Handelsplatz und pflegte weitreichende Kontakte im ganzen Mittelmeerraum. Zu allen Zeiten handelte man Salz, Holz, Kalkstein, Felle, Fleisch und Milcherzeugnisse und Bitumen aus Selenica, mit dem die ersten europäischen Straßen asphaltiert wurden.

In der **Antike** entstanden an der Bucht gleich vier bedeutende Orte. Daulia war vom 7. bis 2. Jahrhundert v.Chr. der Seehafen der illyrischen Stadt Byllis am Rande der heutigen Narta-Lagune. Die illyrische Festung Kionina, die heutige Burg Kanina, lag oberhalb der Bucht. Die griechische Kolonie Orikos befand sich bei Karaburun, und das antike Aulon vermuten die Archäologen im oberen Stadtzentrum von Vlora.

Über das Meer kamen immer wieder fremde **Besatzer.** Im 6. Jahrhundert waren es die Slawen, im 11. Jahrhundert die Normannen, dann gehörte der Ort zu Neapel und danach der Familie *Balsha* aus dem Norden des Landes. 1417 nahmen die Osmanen Vlora ein. Avlona, wie der Ort damals hieß, wurde zur bedeutendsten Hafenstadt der Küste; Pasha Liman, das antike Orikos, galt als wichtigster Flottenstützpunkt des westosmanischen Reiches. Die guten Wirtschaftsbedingungen führten Ende des 15. Jahrhunderts auch zum Zuzug aus Spanien geflohener jüdischer Händler, die eine große Gemeinde gründeten; zeitweise sollen mehr **Juden** als Einheimische in Vlora gelebt haben. In der Endphase des 2. Weltkriegs konnten hier etwa 1.000 assimilierte Juden die deutsche Besatzung überleben, weil sie von der Bevölkerung als Albaner ausgegeben wurden. Mit Beginn des Kommunismus emigrierten sie nach Israel und in die USA.

Für die **Geschichte Albaniens** ist Vlora vor allem eng verbunden mit den Unabhängigkeitsbestrebungen im Land. 1908 wurde hier der erste albanische Heimatverein Labëria ins Leben gerufen und die erste albanischsprachige Schule des Landes gegründet. Am **28. November 1912,** dem heutigen Nationalfeiertag, rief *Ismail Qemali* in der Stadt die **unabhängige Republik Albanien** aus und ließ die erste albanische Fahne hissen, der viele andere in albanischen Städten folgten. In Vlora tagte zum ersten Mal ein albanisches Parlament, das dann vom ersten albanischen Postamt im Land Depeschen mit der Bitte um die staatliche Anerkennung Albaniens in alle Welt sandte. Für kurze Zeit war Vlora Hauptstadt Albaniens.

Im 1. Weltkrieg leisteten die **Partisanenverbände** der Region Vlora in den Jahren 1914 bis 1920 erbitterten Widerstand gegen die italienischen Besatzer. 1939 bis 1943 war die Stadt Zentrum des Widerstandes gegen die deutschen und italienischen Besatzer. In der kommunistischen Zeit dann war Vlora ein **Verwaltungsstädtchen** mit einigen ehemals türkischen und neuen kommunistischen Wohnvierteln und mit einem von italienischen Villen und Verwaltungsgebäuden dominierten Zentrum.

Vloras ausgedehnte Olivenplantagen auf den Kallanga-Hügeln waren in ganz Albanien bekannt. Viele neue **landwirtschaftliche Flächen** entstanden durch die Trockenlegungsmaßnahmen im Vjosa-Mündungsgebiet und im ehemals sumpfigen Dukat-Tal an der Bucht von Orikum, durch die die Malaria endgültig besiegt, aber auch die Natur radikal verändert wurde. In diesen Jahren soll der Hafen von Vlora einem **Geisterhafen** geglichen haben. Ex-Jugoslawien war der einzige Staat, mit dem das kommunistische Albanien am Mittelmeer einen geringen Warenaustausch unterhielt. Wie der Kapitän einer montenegrinischen Fährlinie der Autorin erzählte, wurden Waren damals hauptsächlich nachts gelöscht, wenn die Stadt unbe-

leuchtet im Dunkeln lag, unter scharfer Bewachung der Schiffe und in völliger Stille, denn Gespräche der albanischen Hafenarbeiter mit Ausländern waren streng untersagt. Während dieser Zeit war die südliche Bucht **militärisches Sperrgebiet** und der Hafen Pasha Liman der westlichste U-Bootstützpunkt der UdSSR im Kalten Krieg.

Vielen Menschen sind die Ereignisse und Bilder des Jahres 1991 noch in Erinnerung, als die **Massenflucht** Tausender Albaner über die Adria nach Italien einsetzte, die in völlig überladenen gekaperten Frachtern im Hafen von Vlora begann. 1997 führten die gewalttätigen **Unruhen** in der Stadt um den Pyramiden-Skandal zum Sturz der Regierung in Tirana und zu monatelangen bürgerkriegsähnlichen Zuständen. Die Bucht wurde zum Umschlagplatz für **Waffen und Drogen.** Viel illegal verdientes Geld soll in dieser Zeit in Form von Immobilien direkt vor Ort gewaschen worden sein. Damals konnte man nachts die Lichter der Schmugglerboote in der Bucht beobachten, die unentwegt zwischen der italienischen und albanischen Küste hin und her wechselten. Heute ist auf der Insel Sazan (Ishulli i Sazanit) der italienische Zoll stationiert, der zusammen mit deutschen Booten an der Küste patrouilliert; das Verbot privater albanischer Motorboote in den Küstengewässern wird streng kontrolliert.

Umweltprobleme

Die Stadtverwaltung von Vlora übt einen überaus schwierigen oder fast unmöglichen Spagat zwischen dem Ausbau des hervorragenden Wirtschaftsstand-

Marigo Jovan Pozio (1878–1932)

Marigo Jovan Pozio wurde 1878 in der Nähe von Korça geboren und kam 1904 mit ihrem Mann nach Vlora, wo sie albanische Literatur unterrichtete. Ihr Haus wurde bald zum bekannten Treffpunkt national gesinnter Bürger um *Ismail Qemali*, die sich für die **nationale Unabhängigkeit** des Landes einsetzten. Aus Anlass des 50. Jahrestages des Internationalen Frauentages im März 1960 tauchte zum ersten Mal die Geschichte auf (oder wurde von den Kommunisten lanciert), *Pozio* habe am Vorabend der Proklamation der albanischen Unabhängigkeit von Hand die erste Fahne gestickt, die dann auf dem Festumzug mitgeführt wurde. Bald darauf entstand auch das **Denkmal am Sheshi i Flamurit** und *Pozio* avancierte zum nationalen Frauenvorbild. Eine von vielen anderen, unbekannteren Varianten der Geschichte berichtet, dass die Fahne, die am 28. November 1912 am ersten Tag der Unabhängigkeit am heutigen Sheshi i Flamurit aufgehängt wurde, in Boston, Massachusetts gefertigt worden war, über Korfu durch *Pozio* nach Vlora in die Hände von *Ismail Qemali* gelangte und später als Kopie an alle Verwaltungen im Land verschickt wurde. Die Originalfahne wäre heute ein Nationalsymbol ersten Ranges, sie gilt aber als verschollen. Besuchern des Unabhängigkeitsmuseums wird ein rotes zusammengeflicktes Tuch mit einem großen schwarzen Doppeladler als Originalfahne gezeigt.

Marigo Jovian Pozio starb 1932. Ihr **Grab** kann man auf der **Klosterinsel Zvërnec** in der Narta-Lagune besuchen, wo es zwischen zwei Olivenbäumen auf dem Klosterfriedhof zu finden ist.

Ismail Qemali (1844–1919)

Ismail Qemali Bey Vlora wurde 1844 in einer angesehenen großbürgerlichen albanischen Familie in Vlora geboren. Noch in seiner Kindheit siedelte die Familie ins heutige Istanbul um, wo er später im öffentlichen und **diplomatischen Dienst** tätig war. Politisch interessiert, sympathisierte er anfangs mit der jungtürkischen Bewegung, die sich für grundlegende Verfassungsreformen im Osmanischen Reich einsetzte, und vertrat noch 1908 die Stadt Berat im türkischen Parlament. Gleichzeitig wirkte er sehr aktiv in einem Kreis intellektueller Albaner, die aus dem Ausland die albanische Unabhängigkeitsbewegung in Gang setzten; 1911 wurde er zum Vorsitzenden der Bewegung gewählt. Es war der Balkon seines Hauses (siehe Foto im Unabhängigkeitsmuseum), von dem es am 28. November 1912 zur Ausrufung der Unabhängigkeit des Landes kam. *Qemali* wurde vom ersten albanischen Parlament zum **ersten Premierminister Albaniens** gewählt, musste dann aber während der politischen Wirren der Folgejahre nach Italien emigrieren, wo er 1919 starb.

orts Vlora und den Erfordernissen des Umweltschutzes. Zum einen wird die touristische Entwicklung durch eine **immer dichtere Bebauung der Küste** massiv vorangetrieben; wo kein Platz ist, werden Felsen gesprengt und Hänge abgebaggert. Es gibt Pläne für die Erweiterung des Passagier- und Frachthafens, ein Flughafen und weitere Industriestandorte sollen entstehen. Andererseits liegen gerade in diesen Zonen ausgewiesene Naturschutzgebiete von internationaler Bedeutung.

Zwei dubiose **Energieprojekte** sind zu nennen: eine riesige Windparkanlage an der Spitze der Halbinsel Karaburun im Nationalpark (momentan Baustopp wegen einer Eingabe im EU-Parlament) und ein zu Teilen bereits realisiertes, mit Erdöl betriebenes Wärmekraftwerk mitten im Schutzgebiet Vjosa-Narta, beides Projekte italienischer Investoren und albanischer Politiker, die seit Jahren den Widerstand albanischer Umweltschützer hervorrufen.

Sehenswertes

Der Stadtrundgang beginnt im oberen Zentrum am **Sheshi i Flamurit** (Platz der Fahne). Das **Unabhängigkeitsdenkmal** im Stil des sowjetischen Realismus ist das bekannteste Denkmal, das der albanische Kommunismus hervorgebracht hat. Die zentrale Figur zeigt **Ismail Qemali,** der als Vorsitzender der albanischen Nationalversammlung die Unabhängigkeitsbewegung leitete, dahinter *Isa Boletini,* ein albanischer Politiker aus dem Kosovo, der *Qemali* unterstützte und sich für den Anschluss Kosovos an Albanien einsetzte. Beide sind fort-

schrittlich in moderner europäischer Kleidung dargestellt. Im Kontrast dazu vier kampfbereite Partisanen in ländlichen Trachten und Arbeitskleidung mit schweren Munitionsgürteln und riesigen Waffen. Die Figur auf dem Pfeiler verkörpert den großen historischen Moment, als die albanische Fahne zum ersten Mal gehisst wurde und Vlora kurzzeitig Hauptstadt Albaniens war. Die beteiligten Künstler *Mumtaz Dhrami, Shaban Hadëri* und *Kristaq Rama* zählen zu den bedeutendsten albanischen Bildhauern der kommunistischen Ära. Das **Grab von Ismail Qemali** im benachbarten Park schmückt eine Skulptur von *Odhise Paskali* (1903–85), der hier eine Charakterstudie des großen Politikers hinterlassen hat.

Wenige Schritte weiter steht man in einer Grünanlage auf dem Boden der **antiken Stadt Aulon.** 1988 brachten Ausgrabungen Teile einer Stadtbefestigung aus dem 4. Jahrhundert n.Chr. zu Tage sowie das „Mädchen von Aulona", eine Frauenfigur in illyrischer Tracht von fast einem Meter Höhe.

Die elegante **Moschee Xhamia Muradie** aus dem 16. Jahrhundert orientiert sich am Stil des bedeutenden osmanischen Architekten *Sinan Pasha* (1489–1588), der in Istanbul die weltbekannte Suleyman-Moschee entworfen hat.

Die kleine **Rr. Justin Godard,** die von der anderen Seite des Sheshi i Flamurit abgeht, hat sich mit ihren niedrigen Wohnhäusern aus dem 19. Jahrhundert und dem schönen Straßenpflaster als historischer Schauplatz erhalten, denn hier befinden sich einige Gebäude mit Geschichte: die erste albanischsprachige Privatschule des Landes, das erste albanische Postamt, das erste Gebäude einer

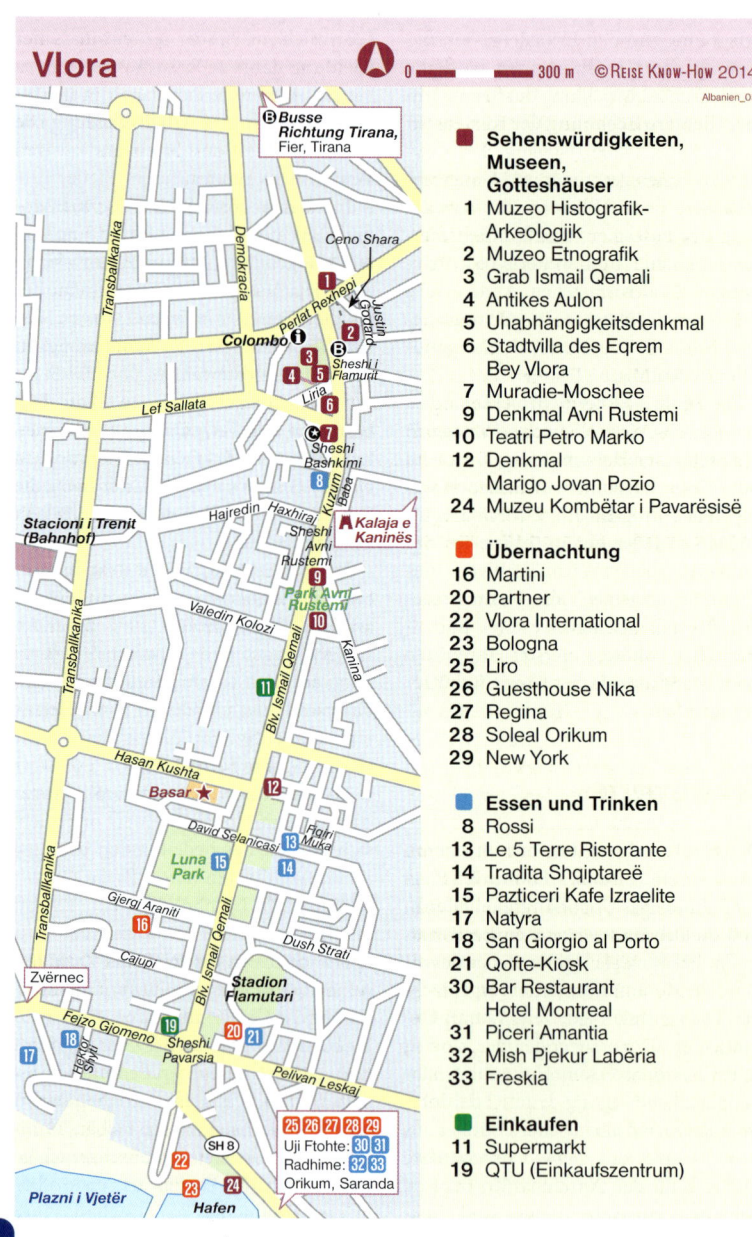

Vlora

0 ━━━ 300 m ©REISE KNOW-HOW 2014

Albanien_05

B *Busse*
Richtung Tirana,
Fier, Tirana

- **Sehenswürdigkeiten, Museen, Gotteshäuser**
1 Muzeo Histografik-Arkeologjik
2 Muzeo Etnografik
3 Grab Ismail Qemali
4 Antikes Aulon
5 Unabhängigkeitsdenkmal
6 Stadtvilla des Eqrem Bey Vlora
7 Muradie-Moschee
9 Denkmal Avni Rustemi
10 Teatri Petro Marko
12 Denkmal Marigo Jovan Pozio
24 Muzeu Kombëtar i Pavarësisë

- **Übernachtung**
16 Martini
20 Partner
22 Vlora International
23 Bologna
25 Liro
26 Guesthouse Nika
27 Regina
28 Soleal Orikum
29 New York

- **Essen und Trinken**
8 Rossi
13 Le 5 Terre Ristorante
14 Tradita Shqiptareë
15 Pazticeri Kafe Izraelite
17 Natyra
18 San Giorgio al Porto
21 Qofte-Kiosk
30 Bar Restaurant Hotel Montreal
31 Piceri Amantia
32 Mish Pjekur Labëria
33 Freskia

- **Einkaufen**
11 Supermarkt
19 QTU (Einkaufszentrum)

Uji Ftohte:
Radhime:
Orikum, Saranda

Zvërnec

Stacioni i Trenit (Bahnhof)

Basar ★

Luna Park

Zvërnec

Stadion Flamutari

Plazni i Vjetër

Hafen

Ceno Shara

Colombo

Sheshi i Flamurit

Lef Sallata

Liria

Sheshi Bashkimi

▲ Kalaja e Kaninës

Sheshi Avni Rustemi

Park Avni Rustemi

Valedin Kolozi

Hasan Kushta

David Selanicasi

Fjori Muka

Gjergj Araniti

Dush Strati

Cajupi

Felzo Gjomeno

Sheshi Pavarsia

Pelivan Leskaj

Demokracia

Transballkanika

Transballkanika

Transballkanika

Perlat Rexhepi

Justin Godard

Blv. Ismail Qemali

Blv. Ismail Qemali

Kanina

Kuzum Blata

Haxhira

Hajredin

Heroi i Shtit

7

albanischen Bank, und auch der Festzug am Tag der Unabhängigkeit passierte diese Straße. Mit dem Straßennamen wird der französische Politiker **Justin Godard** (1871–1956) geehrt, der Albanien zwischen 1921 und 1951 mehrere Male bereiste und als einziger hochrangiger ausländischer Politiker die Besetzung des Landes durch *Mussolini* am 7. April 1939 kritisierte.

Ein unscheinbares Gebäude nordöstlich des Sheshi i Flamurit beherbergt das sehenswerte **Muzeu Etnografik** (s.u.).

Das **Muzeu Histografik-Arkeologjik** (Historisch-Archäologisches Museum) ist frisch restauriert und zeigt Exponate aus Vlora, Orikum, Amantia, Place, Olympia und Kanina; Tel. (033) 235 43, Di bis So 9–13 und 15–17 Uhr, Eintritt: 150 Leke.

Weiter geht es auf der Hauptstraße, dem **Blv. Ismail Qemali** (früher Blv. Sadik Zotaj). Man passiert rechter Hand die noble **Stadtvilla des Eqrem Bey Vlora** (1885–1964), der ein bekannter Politiker, Schriftsteller und Unterzeichner der Unabhängigkeitserklärung war, und erreicht auf der linken Seite des Boulevards eine kleine Grünanlage mit dem **Denkmal des Politikers Avni Rustemi.** Nach einem misslungenen politischen Attentat freigesprochen, wurde er zum Volkshelden und war mit seinen sozialfreundlichen Ideen seiner Zeit weit voraus. Als er 1924 im Alter von nur 29 Jahren von einem Anhänger des späteren Königs *Zogu* vor dem Parlament in Tirana erschossen wurde, kamen in Vlora über 10.000 Menschen zu seiner Beerdigung zusammen.

Auf derselben Straßenseite kommt man zum **Teatri Petro Marko,** benannt nach dem bekannten Schriftsteller aus Dhërmi, der 1915–91 lebte. Mit seiner neoklassizistischen Fassade aus dem Jahr 1962 steht es in Kontrast zu den umliegenden modernen Hochhäusern. Die Bühne zählt zu den bekanntesten und aktivsten des Landes.

In einer weiteren kleinen Grünanlage erinnert eine Büste aus Kalkstein an **Marigo Jovan Pozio** (siehe Exkurs oben). Ihr Haus war Treffpunkt national gesinnter Bürger um *Ismail Qemali,* die sich für die nationale Unabhängigkeit des Landes einsetzten.

In den Sommermonaten kann man beim abendlichen Xhiro dem kleinen **Luna-Park** am Boulevard einen Besuch abstatten, in dem tatsächlich noch die Fahrgeschäfte aus kommunistischer Zeit aufgebaut sind.

Unter dem heute in den Nationalfarben schwarz-rot gestrichenen **Fußballstadion Flamutari** liegt die ehemalige osmanische Burg von Sultan *Sulejman dem Prächtigen.* Die Türken recycelten damals die Steine des antiken Hafens Daulia. Nach dem 2. Weltkrieg ereilte die Burg dasselbe Schicksal und sie wurde zum Fundament des zwei Kilometer langen Boulevards.

Muzeu Kombëtar i Pavarësisë

Das Gebäude in der Rr. Sadik Zotaj mit seiner schön restaurierten klassizistischen Fassade aus den 1920er Jahren haben die italienischen Besatzer der Stadt hinterlassen. Ursprünglich war hier, direkt am Hafen, das **ehemalige Quarantänekrankenhaus** untergebracht. 1917–19 tagte hier das erste albanische Parlament. Die historischen Räume sind in originaler Ausstattung erhalten, dazu kann man eine interessante, albanisch und englisch beschriftete Ausstellung mit vielen Fotos, Kopien und originalen Dokumenten besichtigen. Der linke Raum des Erdgeschosses zeigt Fotos führender albanischer Intellektueller der Unabhängigkeitsbewegung und ein Beispiel für eine der ersten albanischen Fahnen; rechts befindet sich das ehemalige Arbeitszimmer *Ismail Qemalis,* im hinteren Raum das originale Postbüro, in dem *Qemali* als Beamter arbeitete. Auf einer Fotografie im Flur ist das Anwesen der Familie *Qemali* oberhalb des Sheshi i Flamurit zu sehen. Im Obergeschoss liegen der Versammlungsraum der Minister und zwei Arbeitszimmer.

Öffnungszeiten: Tägl. Mo bis So 9–14 Uhr und im Sommer 17–20 Uhr, im Winter 16–19 Uhr, Tel. (033) 294 19, Eintritt: 50 Lek.

Muzeu Etnografik

TIPP Das kuriose **Ethnografische Museum,** untergebracht in einem türkischen Wohnhaus aus dem Jahr 1862, ist auch Sitz des 1908 gegründeten **Vereins Labëria.** Ende des 19. Jahrhunderts gab es in fast allen größeren albanischen Städten patriotische Vereinigungen. Sie hatten wesentlichen Anteil an der nationalen Wiedergeburt des Landes und beschäftigten sich nach dem Scheitern der Liga von Prizren damit, über die albanische Volkskultur eine nationale Identität zu definieren. Ganz wichtig war dabei immer auch die Verbreitung der albanischen Sprache, deren Gebrauch über viele Jahrhunderte von den osmanischen Besatzern unterdrückt worden war. Fast alle Exponate des Museums wurden seit 1982 von Mitgliedern des Vereins Labëria zusammengetragen, um die Kultur der Region zu dokumentieren.

Wer ein türkisches Haus betrat, zog im Flur seine Schuhe aus. Männer, die in der Regel bewaffnet waren, stellten ihre Waffen in einer Ecke im Männerraum des oberen Stockwerks ab.

Eingang linke Seite/Küche: Die Bewohner dieses Hauses waren sehr fortschrittlich und hatten eine eigene Wasserquelle im Haus. Man sieht typisches Küchengeschirr eines bürgerlichen Haushaltes, Töpfe, Kannen und Backformen aus Zinn und Kupfer, ein großes Tischtablett *(sini)* und einen kupfernen Feuertopf *(mangal)* zum Heizen; in den Wandvitrinen links hölzerne geschnitzte Löffel, Kellen und große Rührlöffel, Stäbe zum Teigrollen *(okllai),* Rakifässer, Gehstöcke, daneben hölzerne geschnitzte Wandverkleidungen für ein Stadthaus, im Dorf hatte man Felle an der Wand.

Eingang rechte Seite/Schmiede: eine nachgebaute Esse mit einem Amboss, allerlei Schmiedearbeiten und Kupfergerät, Feuerböcke zum Abbrennen von Holzscheiten und Feuerzangen; in der rechten Wandvitrine verschiedene Öllampen; am Eingang eine Ölpresse für den Hausgebrauch, ein Butterfass und Stäbe zum Teigrollen.

Linker Raum/Landwirtschaft: einfache typische Besitztümer einer Hirtenfamilie, die auch etwas Landwirtschaft betrieb; in der Mitte das Modell eines mittelalterlichen Dorfes; links ein Gerät zum Tabakschneiden, ein Butterfass, Weinfässer, Rakifässer, Hirtenstäbe, Flöten und Glocken; hinten an der Wand

▷ Die historische Gasse Justin Godard

ein traditioneller schwarzer (wasserdichter) Wollmantel *(guna)*, Körbe, Melkeimer, Melkschemel, ein einfacher Pflug, einfache Grabhacken und Arbeitsschuhe aus Autoreifen, ganz vorne ein Gerät zum Lammgrillen, aus einem Ast geschnitzt.

Rechter Raum/Fischfang in Narta: originaler Einbaum, wie er noch bis vor 20 Jahren in Narta benutzt wurde, mit Segel und Netzen, an der Wand rechts der Tür Fischnetze, um Kanäle und Gräben abzusperren, Fischreuse, Harpunen zum Fischstechen, Modelle von venezianischen Handelsschiffen aus dem 17. bis 19. Jahrhundert.

Eingang links hinten/Porzellanmanufaktur: Porzellan aus Vlora aus der kommunistischen Ära.

Obergeschoss (OG) Flur/Wohnbereich: Möbel jüdischer Familien, die nach dem 2. Weltkrieg emigrierten.

OG rechts/Männerraum: traditioneller Wohnraum der Männer, wo man sich traf, diskutierte, rauchte, Raki trank und schlief; links am Kamin saß der Hausherr, rechts war der Ehrenplatz für den wichtigsten Gast; Frauen durften diesen Raum nicht betreten.

OG links/Frauenraum: ein heller Raum, denn die Frauen brauchten viel Licht für ihre Handarbeiten; wertvolle originale Festtrachten und Teppiche, national-patriotische Stickarbeiten (die zur Hochzeit angefertigt wurden), eine Aussteuertruhe und eine Kinderwiege, in der Säuglinge festgebunden lagen, bis sie krabbeln konnten.

alba149 mg

OG links/Webraum: ein originaler Webstuhl, hölzerne Spinngeräte *(furka),* ein Flachskamm, Webteppiche, Flokatis und Decken, wie sie heute noch in jedem Bergdorf in Gebrauch sind, traditionelle Strickarbeiten.

Zugang: Über die Rr. Justin Godard, dort links in die Rr. Ceno Shara, dann wieder links durch ein grünes Eisentor in eine Straße, an deren Ende rechts in einem unscheinbaren weißen Gebäude mit braunen Fensterläden das Museum zu finden ist; dort auch die kleine Tafel des Klub Patriotik Labëria.

Öffnungszeiten: Ganzjährig Mo bis Fr 8–14 und 17–20 Uhr, Sa, So 9–12 Uhr, Tel. (033) 223 524, (068) 223 73 71, Eintritt: 100 Lek.

Sehenswertes oberhalb des Stadtzentrums

Kuzum Baba ist ein bekanntes Ausflugsrestaurant und Café und wegen seiner Aussicht auf die Stadt und das Meer ein schönes Ziel. Die Moschee war im Kommunismus ein staatliches Kunstatelier. Hier befindet sich das Grab des Bektashi-Führers *Kuzum Baba,* der einer Legende nach gerade mit seinen Gefährten auf dem Weg nach Vlora war, als er von Räubern überfallen und enthauptet wurde. Wie man es von einer Bektashi-Legende erwartet, hob er seinen Kopf selbst vom Schlachtfeld auf und trug ihn bis zu dem besagten Ort Kuzum Baba, an dem er sich noch ein Grab schaufeln ließ, in dem er dann heldenhaft sein Leben aushauchte.

Kalaja e Kaninës zählt zu den ältesten besiedelten Plätzen in der Region Vlora. Die Burg hat so ziemlich alle Eroberer gesehen, die man sich in dieser Region vorstellen kann. Allein wegen der tollen Aussicht in alle Himmelsrichtungen und den langen Sonnenuntergängen mit Blick auf die Felseninsel Sazan ist dieser Platz eine Attraktion.

Kanina geht auf eine illyrische Befestigung zurück und war durch die Epochen **Teil des Befestigungssystems von Vlora.** In der Antike kontrollierte Kanina den Seehandel von Amantia; die Blütezeit kam im Mittelalter, als Vlora durch Belagerungen immer wieder zerstört wurde. Im 13. Jahrhundert wurde der Ort Bischofssitz. Kaninas Niedergang begann im 16. Jahrhundert, als die Stadt Vlora wieder an Bedeutung gewann.

Anfahrt: Die Burg liegt 5 km vom Stadtzentrum entfernt und ist am Sheshi i Flamurit angezeigt; bei zwei Abzweigungen nach 500 m und 1 km jeweils links halten und auf der Route der ehemaligen italienischen Militärstraße immer bergauf.

Strände

In **Vlora** selbst ist der Plazhi i Ri zu nennen: Baden unter Plastikpalmen, Lieblingsstrand der Jugend. In **Narta** sind es der Plazhi tek Treporti und der Plazhi i Zvernecit, zwei Strände mit braunem Sand und viel Betrieb (und Müll) im Sommer. Die **Wasserqualität** ist nicht überall dieselbe: Schadstoffeinträge gibt es vor allem an der Vjosa-Mündung und an den Stadtstränden (der Plazhi i Vjetër nördlich des Zentrums ist öl- und schwermetallverseucht) sowie in Orikum. Wirklich zu empfehlen sind nur die Strände südlich von Uji i Ftohte, die

Hotelstrände von Kalaja und besonders die Strände bei Radhimë.

Praktische Infos

Informationen/Nützliches

■ **www.vlora-guide.com, www.bashkiavlore. org** (offizielle Homepage der Stadt, auch englisch).
■ Es gibt keine kommunale Touristeninformation; eine Anlaufstelle ist das **Reisebüro Colombo,** Rr. 7 Nëntori, Tel. (033) 235 78, (068) 405 59 04, www. colomboalb.com.
■ **Geld:** Offizielle Geldwechselkioske befinden sich an der nördlichen Ortsausfahrt auf der rechten Seite nach dem Sheshi i Flamurit. Geldautomaten findet man entlang des Hauptboulevards Ismail Qemali (Blv. Sadik Zotaj).
■ **Internetcafés** gibt es entlang des zentralen Blv. Ismail Qemali (Blv. Sadik Zotaj) und seiner Seitenstraßen.
■ **Mietwagen:** Tirana Car Rentals, gegenüber vom Hafen, Tel. (068) 203 97 87, vlora.downtown @tirana-car-rentals.com.

Notfälle

■ Touristen erhalten **kostenlos Erste Hilfe** – ein Angebot der Stadt.
■ **Apotheken: Farma Vlora,** Blv. Ismail Qemali; **Farmaci 24 Ore,** Blv. Ismail Qemali (rund um die Uhr); **Farmaci Stela,** bei der Poliklinik; **Apotheken-Nachtdienst,** Tel. (033) 227 164.
■ **Krankenhaus: Poliklinik,** Tel. (033) 224 336; **Zahnklinik: Klinikë Dentare,** Tel. (033) 230 149, (068) 203 55 69, Blv. Ismail Qemali, Pall. Nr. 454, 2. Stock.
■ **Krankenwagen:** Tel. (032) 224 336.
■ **Polizei:** Tel. (033) 223 129.
■ **Pannendienst:** Tel. (032) 225 867, (069) 215 98 72.

Unterkunft

Die Stadt ist laut und staubig. Auch angesichts des tollen Panoramas ist es schöner und ruhiger, entlang der Bucht in südlicher Richtung in einem der **Strandhotels zwischen Uji i Ftohte und Radhimë** zu übernachten, wo man auch baden kann.

Hotels in Vlora

■ **Martini**②, Rr. Gjergj Araniti, in ruhiger Seitenstraße gegenüber vom Stadion, Hinweisschild, Tel. (069) 203 887 *(Martin Kasemi)*, www.facebook. com/hotelmartinivlore?ref=hl, hotel_martini@ hotmail.com. 15 solide und wohnliche DZ mit modernem Duschbad, Balkon, TV und Klimaanlage, gutes Frühstück nach Wunsch, schnelles WLAN, freundlicher Besitzer, engl., Parkplatz, Restaurant, Bar, Terrasse, gutes Preis-Leistungsverhältnis.
■ **Hotel Bologna**③, 2012 renoviertes Stadthotel direkt am Hafen neben dem Unabhängigkeitsmuseum, Tel. (033) 203 676, hbvlora@gmail.com, in hellen Naturtönen modern designte DZ und Bäder, Frühstücksbüffet, WLAN, Klimaanlage und TV, schöne Außenterrasse und kleiner Garten, Parkplatz, Shuttlebus zum Strand, Fahrradverleih.
■ **Vlora International**④, am Kopf des Blv. Ismail Qemali direkt am Hafen, Tel. (033) 224 408, (068) 204 62 78, www.vlora-international.com. Sehr großes Haus und etwas unpersönlich, 72 DZ und Suiten, Zimmer geräumig und komfortabel, schöne Bäder, Balkon, Dachgarten, Terrasse, Konferenzraum, nette Bar, Nachtclub, Pool, Fitness, Sauna.
■ **Partner**④, Rr. Pelivan Leskaj, Tel. (069) 407 81 08, reservation@hotelpartner.al, www.hotelpartner.al. Neues, modernes freundliches Stadthotel, elegante DZ/Suiten und Bäder (Bademantel) in kräftigen, angenehmen Farben, WLAN, Frühstücksbüffet, Busshuttle zum Privatstrand, Strandliegen gratis, Parkplatz.

Hotels außerhalb (Uji i Ftohte)

■ **Guesthouse Nika**②, Rr. Dhimiter Konomi (obere Hauptstraße), Tel. (069) 785 18 27, www.booking.com. 10 solide DZ für 2–3 Pers. mit Küchenzeile und Balkon, nette Besitzer, große gemeinsame Außenterrasse mit Grillmöglichkeit, kleiner Kinderspielplatz, WLAN, Parkplatz, Restaurant, Minimarket, Bushaltestelle nahebei, zum Strand 150 m.

■ **Liro**③, Uji i Ftohte, Rr. Aleksander Mojsiu, unterhalb der Straße steil in den Felsen gebaut in romantischer Lage, Tel. (069) 249 20 01, info@hotel-liro.com, www.hotelliro.com, solide DZ mit Duschbad, Klimaanlage und TV, modernes italienisches Design, Bar, italienisches Restaurant, Ausflugsprogramm, kleiner, schöner Strand.

■ **New York**④, wie ein Schiff gebaut, in extravaganter ruhiger Lage direkt über dem Tunnel von Uji i Ftohte mit Brücke zu kleiner kiesiger Bademöglichkeit, Tel. (033) 406 648/649, (068) 401 33 05, www.hotelnewyork.al, info@hotelnewyork.al. Großzügige, moderne DZ und Suiten mit großen Fensterfronten und Balkonen, Frühstücksterrasse, schöner Außenpool mit Panoramablick auf die Bucht, Whirlpool, Kinderbecken auf der Dachterrasse, Holzofenpizza. Gut geführtes, solides Haus mit Restaurant.

Essen und Trinken

Die **italienisch geprägte Küche** von Vlora ist bekannt für üppige Fischplatten und frische Meeresfrüchte. In traditionellen albanischen Restaurants wird gegrilltes Lamm serviert, in Narta nördlich von Vlora sollte man den schweren Rotwein, Traubenraki und gegrillten jungen Aal probieren, eine echte Delikatesse.

Café

■ **Pazticeri Kafe Izraelite,** Blv. Ismail Qemali, Tel. (068) 603 13 73, (068) 401 96 95, tägl. 7–23 Uhr, einladendes gemütliches Café mit großer Auswahl an kühlen und heißen Getränken, trad. israelische Kuchen, Eis, Eiskaffee und Süßigkeiten, tägl. wechselnde Menüs locken zum Probieren, nette israelische Besitzer.

Restaurants in Vlora-Stadt und Narta

■ **Tradita Shqiptareë,** Rr. Fiqiri Muka, Tel. (069) 828 59 12, 8–22 Uhr, unverfälschte Küche, die so auf den Tisch kommt, wie man in der Familie isst. Viele trad. Gerichte zum Probieren, auch für Vegetarier, Pilaf, Tasqebap, Omelette zum Frühstück.

■ **Le 5 Terre Ristorante,** Rr. Fiqiri Muka, Tel. (069) 621 42 79, ruhiges, kleines nettes Restaurant mit familiärer Atmosphäre, leckere ital. Hausmannskost, z.B. *bucatini all'amatriciana* (Pasta mit Gemüse und Speck), *costoletta alla milanese* (paniertes Kalbskotelett), *spagetti di frutti mare, melanzane ripiene* (gefüllte Auberginen).

■ **San Giorgio al Porto,** Rr. Hektor Shyti, Tel. (033) 403 422, gepfleges ital. Restaurant, fangfrischer Fisch (reichhaltige Auswahl), auch rohe Fischgerichte, frische Muscheln, Seeigel, Hummer und andere Meeresfrüchte, Fischsuppe, ital. Vorspeistenteller, Desserts, Kuchen und gute Weinauswahl.

Tipp **Natyra,** Rr. e Manastirit, rechte Straßenseite auf dem Weg nach Zvernec, Tel. (069) 246 55 08, kleines, einfaches familiäres Restaurant mit Garten vor dem Haus, frischer junger Aal *(ngjala)* auf Kräutern gegrillt, frischer Fisch von der Lagune, handgeschnittene *patate* und schwerer roter Narta-Wein.

■ **Ausflugsrestaurant Kuzum Baba,** oberhalb des Stadtzentrums, Tel. (068) 206 69 50. Umfangreiche Speisekarte, am Wochenende Musik.

■ **Rossi,** Blv. Ismail Qemali, gegenüber der Moschee, Fisch und Fleisch, Pasta, Risotto und Salate, Menü und netter Service.

Restaurants südlich außerhalb von Vlora

■ **Bar Restaurant Hotel Montreal,** Rr. Uji i Ftohte, an der Straße, unkompliziertes familiäres Hotelrestaurant, in Vlora bekannt für frische Fischgerichte, Meeresfrüchte und leckere Pizzas.

■ **Piceri Amantia,** Uji i Ftohte, 100 m vor dem Tunnel, beste Pizzas und Pastagerichte, große Portionen, Pizza to go. Guter Stopp für die Durchfahrt, aber im Sommer viel los, abends brechend voll.

■ **Mish Pjekur Labëria,** Rradhimë, direkt an der Straße, bewährte zünftige Adresse für Fleischlieb-

Südalbanien

haber, knuspriges gegrilltes Lamm vom Spieß, tägl. frisch, betont traditionell albanisch und sehr lecker. Nicht von dem winkenden Trachtenträger an der Straße abschrecken lassen.

■ **Freskia,** kurz vor Orikum, direkt am Strand, hier halten und Fisch oder Meeresfrüchte bestellen, preisgünstig, gute Portionen, alles frisch und sehr köstlich. Danach auf die Liegestuhl und weiter das Leben genießen. Für die Kinder netter Spielplatz.

Reisen/Transport

■ **Von Tirana** nach Vlora sind es 150 km, der Autobahnabschnitt zwischen Fier und Vlora ist noch im Bau (ca. 3 Std.). Von Saranda im Süden nach Vlora sind es 100 km über die neue Küstenstraße und den Llogara-Pass (ca. 3 Std.).

■ **Fähren** bedienen ganzjährig die Strecke Brindisi – Vlora und zurück, Infos z.B. unter www.directferries.de, www.aferry.de, www.traghettiweb.it.

■ **Mietwagen: Tour Company,** Stadiumi Flamurtari, Rr. Sadik Zotaj, Tel. (069) 770 91 40, (033) 409 770, disaroshpk@gmail.com, 30–35 € pro Tag, Rückholservice gegen vereinbarten Festpreis.

Busse (Nahverkehr)

■ Tägl. **drei Linien** entlang der Hauptstraße: Vlora – Uji i Ftohte, Vlora – Plazhi i Vjeter, Vlora – Cole; 30 Lek pro Person.

Überlandbusse

■ Die meisten Busse/Minibusse fahren vom zentralen **Busbahnhof am Sheshi i Flamurit** ab, Linienbusse an der Rr. 21 Dhjetori.

■ **Verbindungen:** Linienbus nach Griechenland/ Athen tägl. außer Mo ab 5/5.30 Uhr, Abfahrt auch ab Hotel Sazan, 35 Euro pro Person; Busse/Minibusse nach Tirana täglich zur vollen Stunde über Durrës oder direkt nach Tirana (1½–3 Std./500–600 Lek); nach Fier 1 Std. (150–200 Lek), nach Saranda 3 Std. (700–800 Lek), auch nach Berat, Korça und Shkodra. Regionale Linien nach Radhimë, Orikum, Du-

kat, Llogara, Kuc (inkl. aller Orte im Shushica-Tal) und Selenica.

Bahn

Der **Bahnhof** befindet sich in der Rr. e Pages, einer Parallelstraße zum großen Blv. Justin Godard, westlich des Stadtzentrums; Taxi nehmen. Achtung: Das gesamte Bahnhofsgelände ist unbeleuchtet. Verbindungen und Fahrzeiten siehe im Kapitel „Praktische Reisetipps A–Z".

Taxi

Taxistände an den zentralen Plätzen in der Stadt, am Rathaus, an der Moschee, am Hafen, an der Busstation von Uji i Ftohte. Fahrt im Ort 300–500 Lek, nach Tirana ca. 40 Euro. Zentrale Tel. (068) 255 13 98 (engl./ital.).

Einkaufen

■ **Supermarkt:** Gut sortierter Conad-Supermarkt auf der rechten Seite des Blv. Ismail Qemali Richtung Küste. Obst und Gemüse kauft man frischer außerhalb der Stadt, zum Beispiel in Orikum.

■ **Einkaufszentrum:** Am Ende des Blv. Ismail Qemali auf der rechten Seite des Kreisverkehrs stadtauswärts Richtung Süden, mit Neptun-Markt.

■ **Basar:** Westlich des Sheshi i Flamurit, genannt **Kapelja,** verschiedene Straßenmärkte mit billigen Waren; Kleiderbasar in der Rr. Justin Godard.

Feste, Feiertage, Veranstaltungen

Aktuelle Infos auf der Website der Stadt (s.o.).

■ **April:** Karneval von Narta – mit ihm wird der Beginn des Frühlings gefeiert. Mit Konzerten, Sportveranstaltungen und Puppenspiel.

■ **Mai:** Albanian Open (Internationaler Drachenflug-Wettbewerb) am Llogara-Pass; Aulona International Folk-Festival in der zweiten Maiwoche.

7

■**Juni:** Velat i Miqësisë (Freundschaftssegeln), Segelwettbewerb zwischen dem italienischen Otranto und Vlora.

■**15. August:** Wallfahrt der Hl. Maria auf Zverneç, sehenswertes Volksfest der orthodoxen Kirche, Gäste aus ganz Albanien; Festivali Folklorik Mesdheut (Festival für Volksmusik am Mittelmeer).

■**Ende September:** Kulturtage von Vlora und Expo ne Vlora (Handelsmesse).

■**15. Oktober:** Kulturelles Programm zum Tag der Befreiung von Vlora.

■**28./29. November:** Tag der Flagge, Zeremonien am Sheshi i Flamurit, Volksmusik, Kunstausstellungen; Festivali Folklorik i Iso-Polyphonisë.

■**25.–31. Dezember:** Veranstaltungen zu Weihnachten und Neujahr.

Nördlich von Vlora

Schutzgebiet Vjosa-Narta-Lagune

Seit dem Ende der Eiszeit wurden im Mündungsgebiet der Vjosa mächtige Sedimente angeschwemmt, die im Zusammenspiel mit Wasser und Wind zwischen Meer und Land über Jahrtausende eine **einzigartige Sand- und Lagunenlandschaft** entstehen ließen. Hügelige Sandablagerungen prägen den schmalen Strandstreifen im Süden, weite Sandflächen den Norden. Dort liegen auch die fruchtbaren, unter kommunistischer Ägide trockengelegten Ackerflächen der

Akernia; das alte Flussbett der Vjosa mit seinen Schleifen und Altarmen ist noch gut zu erkennen. Die Kiefernaufforstungen stammen aus der kommunistischen Zeit und wurden vor 40 Jahren gegen den starken Sandflug angelegt.

Der südliche Teil des Gebietes

Das ehemalige Fischerdorf **Narta** ist die nördlichste griechische Sprachinsel Albaniens, die Bewohner stammen ursprünglich von der Halbinsel Preveza 200 Kilometer weiter südlich an der griechischen Küste. Die kleine **Insel Zvërnec** gehört zu den eigentümlichsten Plätzen der ganzen Gegend. Sie liegt geschützt in der südwestlichsten Ecke der Lagune mitten in einer kleinen Bucht und ist über einen 300 Meter langen Holzsteg zu

▷ Holzsteg zur Insel Zvërnec in der Narta-Lagune

erreichen. Die Klosteranlage mit der **Kirche Mërisë** aus dem 13. Jahrhundert ist heute ein aktives Zentrum der Orthodoxen Kirche. Von den Zeiten, als die Insel im Kommunismus Internierungslager für politische Häftlinge war, ist nichts mehr zu spüren. In der Kirche gibt es mittelalterliche Fresken und schöne Holzschnitzereien von Tieren und Pflanzen. Auf dem verwilderten Friedhof findet man zwischen zwei Olivenbäumen das Grab von *Marigo Pozio* (siehe Exkurs). Von dort führt ein schmaler Fußpfad durch einen verwunschenen Wald aus alten Zypressen, Myrthen- und Lorbeerbäumen, aus immergrünen Mastrixbüschen und Steinlinden bis an die nördliche Inselspitze, wo eine einsame kleine Kapelle mit Blick auf die Nachbarinsel Karakonisi (griech. Rabeninsel) steht.

Anfahrt: Über den Kreisverkehr am südlichen Stadtausgang von Vlora nach Westen in die Rr. Fezjo Gjomena; immer geradeaus über die Rr. Zvërneci bis zur Lagune; dort rechts bis zur Fußgängerbrücke auf die Insel oder weiter geradeaus bis zur Küste. Oder am Stadteingang durch das Gewerbegebiet.

Die Narta-Lagune

Die eiszeitlichen Sedimentablagerungen am Strand gelten als geologisch einzigartig. Die Landspitze südlich des Narta-Strandes nennt sich **Treport (Kepi i Treportit).** In der Antike war Treport ein wichtiger Hafen für Aulona, Apollonia, Oricum und Amantia. An der Uferzone entdeckten Taucher eine etwa 650 Meter lange Befestigungsmauer, die zu den

alba148 mg

Resten der Kaianlage des antiken Hafens von Daulia gehörte. Wenn es der Sand erlaubt, kann man den **Strand** auch mit dem Auto überqueren. Ansonsten gelangt man zu Fuß in ein äußerst reizvolles Gebiet zwischen dem Meer, alten Kiefernaufforstungen, der kleinen Limopuas-Lagune und dem etwa drei Hektar großen Narta-Feuchtgebiet. Versteckt zwischen den Dünen liegt auch noch ein zweiter kleiner Strand.

Der **Wasserstand** der 450 Hektar großen Narta-Lagune ist stark vom Wind abhängig. Bei großer Hitze und Trockenheit kann im Sommer bis zu ein Drittel des Gebietes trockenfallen. Der östliche Teil der Narta-Lagune hat den geringsten Wasseraustausch und weist eine extrem hohe Salzkonzentration auf. Das ist ein einzigartiger, aber auch stark gefährdeter Lebensraum für die genau an diese Bedingungen angepasste Tier- und Pflanzenwelt.

Der nördliche Teil des Gebietes

Unmittelbar südlich der Vjosa-Brücke geht es bei der Tankstelle über Bishan und Poro an der alten Landstraße nach Tirana durch die Akernia (s.o.), nach Delisula und dann je nach Wasserstand direkt an die **Kallanga-Lagune.** Dort hält ein Fischereibetrieb den Verbindungskanal zum Meer offen, der für den wichtigen Austausch von Brack- und Meerwasser sorgt; auch eine Fischtreppe wurde an der Vjosa-Mündung angelegt. Heute betreiben hier die beiden ehemals staatlichen Fischfarmen große Fischzuchtanlagen.

Unter den Schwemmsanden der Vjosa, zwischen dem alten Mündungsarm und der heutigen Mündung, liegt der mittelalterliche Hafen **Spiranica** begraben. Der dunkle Sand am Strand ist natürlich und wird von der Vjosa aus Selenica angeschwemmt, wo es große Bitumenvorkommen gibt.

Durch das Dünengebiet bis zur Narta-Lagune sind es etwa sieben Kilometer. Früher gab es **Dünen** an vielen albanischen Stränden, inzwischen gelten die Narta-Dünen als das letzte große albanische Dünengebiet, alle übrigen fielen dem illegalen Sandabbau zum Opfer.

Von hier gelangt man auch zu der frei zugänglichen **Saline.** Die Salzvorkommen der Lagune waren für die Viehhaltung in den Bergen bereits in der Vorgeschichte wichtig und zu allen Zeiten ein wertvolles Handelsgut. Der heutige Großbetrieb auf 1.400 Hektar Fläche entstand im Kommunismus, als etwa ein Drittel der Lagune durch einen flachen Deich abgetrennt wurde. 140.000 Tonnen Salz wurden damals pro Jahr produziert, heute ist es gerade einmal die Hälfte. Das Lagunenwasser sickert langsam mit leichtem Gefälle durch die weiten, flachen Verdunstungsbecken der Anlage. Erst wenn die Salzlauge in den letzten Becken ihren Sättigungsgrad erreicht hat, sinken die grau-weißen mineralienhaltigen Salzkristalle auf den Boden, was man im Süden bei Skrofotine gut sehen kann. In besonders heißen Sommermonaten kann es vorkommen, dass weite Teile der Uferzonen austrocknen, wenn die Saline zu viel Wasser in die Salinenfelder ableitet.

Südlich von Vlora

Hat man Vlora hinter sich gelassen, beginnt der **landschaftlich schönste Teil der albanischen Küste,** der, lässt man einmal die Skyline von Saranda beiseite, bis zur griechischen Grenze reicht. Die **Bucht von Vlora** bietet über 30 Kilometer ein fantastisches Meerespanorama, das von der Felseninsel Sazan bis zur Halbinsel Karaburun reicht. Nach Süden hin nimmt die Küstenbebauung langsam ab, Strandbars und Badestellen findet man überall entlang der Straße, rund um **Radhimë** befindet sich der angenehmste Teil der Bucht.

Orikum

Orikum ist ein **Opfer albanischer und ausländischer Investoren,** die das Dorf ohne jede Rücksicht auf Dorfstruktur und Landschaftsbild mit Apartmenthochhäusern zubau(t)en. In der Vergangenheit kam es immer wieder zu heftigen Auseinandersetzungen zwischen der einheimischen Bevölkerung, die hier jahrhundertealte Eigentumsansprüche geltend macht, und anrückenden Baufirmen mit „neuen Papieren" aus Tirana. Die Besitzdokumente des im Kommunismus enteigneten Landes, die noch aus der türkischen Zeit stammen, liegen teilweise unzugänglich in Istanbul.

Der **Strand** von Orikum ist lang, flach und kiesig und im Sommer überfüllt; er verfügt über eine Pkw-Zufahrt, Autos parken direkt am Strand, an dem es mehrere Strandbars gibt.

Praktische Infos

Unterkunft

■ **Jonufra**②, kleines Familienhotel in Jonufer auf exponiertem Felsen über dem Meer, Tel. (068) 203 35 66. Einfache Zimmer mit Balkon, kleinem Bad und Kochgelegenheit.

■ **Olimpia Fshat Turistik**②, 7 km von Vlora an der Hauptstraße in Radhimë, mediterran-albanisches Feriendorf mit nachhaltigem Tourismuskonzept, 19 Holzhäuser für 2–7 Pers., freundliche helle Zimmer, kleine einfache Duschbäder, Restaurant mit Holzofengrill, Bar, Konferenzraum, Kinderspielplatz, Grillplatz, Privatstrand, Parkplatz.

■ **Bujtina e Peshkarit**③, Familienhotel direkt am Strand, Tel. (069) 208 80 66. Helle und freundliche DZ, frischer Fisch aus eigener Fischzucht.

■ **Paradise**③, angenehmes Hotel 12 km von Vlora in Radhimë direkt am Meer mit kleinem Strand, Tel. (033) 240 789, (069) 209 51 54, www.paradise-beachhotel.al, info@paradisebeachhotel. al. 26 moderne und angenehme DZ; Achtung: Nur die zwei Ecksuiten haben wirklich Meerblick. Restaurant und schöne Außenterrasse, organisierte Bootstouren nach Karaburun.

■ **Regina**③, Radhimë, oberhalb der Straße in Hanglage, Tel. (069) 206 53 99, (069) 265 67 57, www.hotelregina-al.com, info@hotelregina-al. com, gut geführtes familiäres Hotel, moderne, angenehme Zimmer und Duschbäder, Kühlschrank, Balkon, herrlicher Blick, WLAN, Frühstücksbüffet, schöne Außenterrasse, gepflegter großer Privatstrand über eine Brücke erreichbar, Parkplatz.

■ **Soleal-Orikum-Ferienapartments**③, www. riviera.net/apartment-in-albania, neue Apartmentanlage, zentrumsnah, 2–4 Pers., voll ausgestattete Küche, schönes Duschbad, möblierter Balkon, Meerblick, Klimaanlage, Heizung, TV, Pool, Parkplatz.

Sonstiges

■ **Einkaufen:** Die Einkaufsmöglichkeiten sind bestens, da fast jeder Familienclan einen eigenen klei-

Südalbanien

Caesars Kriegsflotte in der Lagune von Orikum

Julius Caesar war nicht nur Politiker und Feldherr, er war auch sein eigener Kriegsberichterstatter. In den drei Büchern von **„De Bello Civili"** (Über den Römischen Bürgerkrieg) berichtete er ohne viel Wenn und Aber über seine Erfolge und Misserfolge im Kampf gegen seinen Widersacher *Pompeius* und hatte dabei die unbescheidene Angewohnheit, von sich selbst in der dritten Person zu schreiben. Im Fall von Oricum ließ sich für ihn nichts beschönigen, denn in seiner Abwesenheit vernichtete der junge *Pompeius* im dortigen Hafen seine gesamte Kriegsflotte. Von einem der höher gelegenen Plätze der Umgebung lässt sich das Geschehen von damals noch gut nachvollziehen:

„… *Caesar* ließ drei Kohorten zum Schutz der Stadt Oricum zurück und übertrug ihnen auch die Bewachung der Kriegsschiffe, die er aus Italien mit herüber gebracht hatte. Deshalb ließ er die Schiffe in den inneren Hafen bringen und an Land festmachen. Den Hafeneingang sperrte er durch ein versenktes Lastschiff, an dem er ein zweites verankerte. Auf diesem errichtete er einen Turm, gerade gegenüber der Einfahrt in den Hafen, und besetzte ihn mit Soldaten, um den Hafen gegen jeden überraschenden Angriff zu schützen. Als der junge Konsul *Pompeius* davon erfuhr, kam er nach Oricum. Mit einer Winde und vielen Tauen zog er das versenkte Schiff zu sich heran, das andere Schiff ließ er von mehreren Schiffen angreifen, auf denen er Türme von gleicher Höhe hatte errichten lassen. So konnte er von oben kämpfen und die ermüdeten Soldaten ständig durch frische ablösen. Zeitgleich griff er die Mauern der Stadt an einigen anderen Stellen mit Wurfgeschossen an, um die feindlichen Truppen zu zerstreuen. Er besiegte alle unsere Soldaten und eroberte das Schiff, dessen Verteidiger sich auf Boote retten konnten. Zur gleichen Zeit besetzte er auf der anderen Seite des Hafens den vorgelagerten natürlichen Damm (Anm. der Autorin: im heutigen Bereich der Strandbars), der die Stadt fast zu einer Insel machte, und schaffte vier Zweiruderer, die durch unterlegte Walzen fortbewegt wurden, mit Hilfe von Hebeln in den inneren Hafen. So griff er die Kriegsschiffe, die an Land festgemacht hatten und völlig leer waren, von beiden Seiten an. Vier davon nahm er mit, die übrigen steckte er in Brand. Danach ließ er den Nachschub aus Byllis und Amantia für Oricum sperren."

(*M. Gutzweiler*, nach dem 3. Buch von „De bello civili", 1. Jh. n.Chr.)

alba037 mg

nen Supermarkt mit regionalen Waren betreibt. Gutes Fischgeschäft auf der linken Straßenseite im Ort.

● **Geld:** Zuverlässiger Raiffeisenbankautomat in der Hauptstraße, daneben Wechselstube.

● **Caravan/Camping:** Unkomplizierte Stell- und Zeltmöglichkeit am nördlichen Strandabschnitt. Zelten mit Fernsicht und kühler auch oben am Pass.

● **Trinkwasser:** Eine gute Möglichkeit, Trinkwasser nachzufüllen, bietet sich an einer Quellfassung mit sehr gutem Wasser 100 m nach dem Friedhof von Dukat i Ri links. Auf einer schön gestalteten Steinplatte liest man: „Wenn du nach Dukat kommst, sollst Du von dem frischen Quellwasser trinken, was ein Segen Gottes ist. Dies hat euch *Qemali* zum Geschenk gemacht". Gemeint ist der Wirt der kleinen Bar auf der anderen Straßenseite.

● **Yachthafen:** Der einzige offizielle Yachthafen in Albanien hat internationalen Standard, ist bewacht, verfügt über alle Versorgungsanschlüsse; max. 3,50 m Wassertiefe. Restaurants in der Nähe. Mit 300 Booten im Jahr wenig frequentiert, auch wegen des staatlichen Motorboot-Verbotes für Albaner. Heute unter Verwaltung der Kommune Orikum. Das Apartmenthotel ist nicht in Betrieb. Aktuelle Infos unter www.orikum.it.

Die Lagune von Orikum

Die 130 Hektar große, etwa drei Meter tiefe Lagune ist von der 1.000 Hektar großen Ebene **Fusha e Dukatit** umgeben, die der Dukat über Jahrtausende mit Schwemmmaterial versorgte. Über einen 50 Meter langen Kanal fließt kontinuierlich Meerwasser ein und aus, der Süßwasserzulauf ist jedoch sehr gering. Seit der Dukat in den 1990er Jahren in eine Pumpstation abgeleitet wurde, verschwand die Bewaldung auf dem Schwemmland und die Lagune wurde zum salzigen Brackwasser. Im Sommer, wenn Kuh-und Schafherden hier wei-

den, fallen weite Teile trocken und Grünalgen machen sich überall breit. Von der typischen Salzwasserflora sind nur Reste vorhanden. Das Feuchtgebiet gehört zum Militärgebiet von Pasha Liman und wartet auf seine ökologische Wiederauferstehung.

Kisha e Marmiroit

Die **Marmorkirche** mit der hohen Kreuzkuppel – ein schönes Fotomotiv – wurde Ende der 1960er Jahre als eine der ersten gleich nach dem Kirchensturm von 1967 als Kulturdenkmal vor dem Verfall gerettet und umfassend restauriert. Die schlichte Außenfassade ist aus grobem weißem Bachgeröll, die tragenden Teile sind Steine der Ruinen des antiken Orikos. Im Inneren sind Reste einer Ausmalung aus dem 14. Jahrhundert zu sehen. Der christliche Name der Kirche ist in der islamischen Zeit verloren gegangen. Einheimische nennen sie einfach Marmorkirche oder auch **Kisha e Bardhë** (Weiße Kirche). Ähnlich einsame Plätze, an denen eremitische Mönchsgemeinschaften lebten, gibt es auf der Halbinsel Karaburun, auf der Insel Sazan, in Zvërneç und auf zahlreichen abgelegenen Berghügeln an der Riviera-Küste.

Anfahrt: Über den kommunalen Strand von Orikum Richtung Karaburun fahren, 50 m vor dem Sperrposten an der Mauer rechts auf den geschotterten Damm abbiegen, der im Sommer problemlos befahrbar ist, teilweise im Bachbett des Dukat; nach 3 km rechts abbiegen und zu Fuß zur Kirche in Sichtweite über die Weideflächen.

alba033 mg

Parku Arkeologjik Kombëtar i Orikumit (das griechische Orikos)

Auf dem sehr idyllisch gelegenen Ausgrabungsgelände des **antiken Orikos** kann man sich gut in die Vergangenheit zurückversetzen, auch wenn bisher nicht viel ausgegraben wurde. In der Antike war die heute versumpfte Lagune ein großer **Naturhafen,** der durch einen tiefen Kanal mit dem Meer verbunden und selbst für große Schiffe noch schiffbar war – eine ganz ähnliche Situation wie im weiter südlich liegenden Butrint. Direkt an der Einfahrt zum Hafen lag der etwa fünf Hektar große **Stadthügel.** Historiker vermuten, dass griechische Kolonisatoren, der Sage nach Seefahrer von

der Insel Euböa, diesen perfekten Siedlungsplatz bereits im 6. Jahrhundert v.Chr. entdeckten und hier einen **Handelsplatz** gründeten. Das antike Orikos hatte eine große Schiffswerft und unterhielt einen bedeutenden Baustoffhandel für Holz und Kalkstein. Das entwaldete Karaburun und die großen Steinbrüche von Grama und Dukat-Fshat zeugen noch heute von dieser Zeit.

Wegen seiner strategisch so günstigen Lage war Orikos immer wieder Schauplatz kriegerischer Auseinandersetzungen, bis im 2. Jahrhundert n.Chr. ein **Erdbeben** die blühende Stadt in Schutt und Asche legte. Übrig blieb der Hafen, der im Mittelalter nach dem eingestürzten biblischen Jericho benannt wurde. Als die Türken kamen, änderten sie den Namen in **Pasha Liman** (Hafen des Paschas) und bauten ihn zum wichtigsten Flottenstützpunkt des westlichen Osmanischen Reiches aus. Im Laufe der Zeit ließ Schwemmmaterial des Dukat die Lagune immer mehr verlanden, bis der Hafen nicht mehr genutzt werden konnte. Luftbildaufnahmen bestätigen heute die Reste versunkener Hafenmauern im Sumpf, die ersten 15 Meter kann man bei einer Besichtigung im Sommer noch gut sehen.

Die **antike Stadt** soll einmal 3.000 Einwohner gehabt haben. Auf dem verwilderten Hügel liegen die Reste einer 950 m² großen Akropolis, ein Theater mit etwa 500 Plätzen, eine Tempelanlage mit Opferstätten, ein Brunnen, Ruinen von 13 Wohnhäusern und verschiedene Lagergebäude. Am Fuß der Halbinsel Karaburun vermutet man das Handelszentrum des Hafens und einen größeren Friedhof.

Anfahrt: Über den kommunalen Strand von Orikum zum ausgeschilderten Park Arkelogjik auf der Halbinsel Karaburun; am Sperrposten wird für die Zeit des Aufenthaltes der Personalausweis einbehalten und das Autokennzeichen notiert; eine Besichtigung ist nur in Begleitung eines Führers (englisch) möglich, z.T. Ausschilderungen in Englisch, keine weitere Infrastruktur; Eintritt: 250 Lek pro Person; ganzjährig tägl. 9–14 Uhr geöffnet; aktuelle Informationen vor Ort im Muzeu Kombëtar i Pavarësisë in Vlora erfragen.

Parku Kombëtar Detar Karaburun-Sazan

Die Griechen nannten die Halbinsel **Keraunion,** womit sie der Sage nach das Vorgebirge der Blitze mit dem Eingang zum Tartaros, einem Abgrund unter der Unterwelt, bezeichneten. Für die Türken hieß die Halbinsel **Karaburnu,** was so viel wie Schwarzes Kap bedeutet. Zu jeder Tageszeit überrascht Karaburun mit neuen Lichtspielen über dem Meer. Aus der Nähe erkennt man, dass die tiefen, dunklen Geländefalten mit hoher Macchia und Eichenwäldern bewachsen sind. Sie ziehen sich bis auf die 800 Meter hohen, weißen karstigen Hochflächen hinauf, die uralte Winterweidegebiete sind und von örtlichen Hirten aus Dukat genutzt werden. Der höchste Berg der 16 Kilometer langen und 4,5 Kilometer breiten Halbinsel ist der **Koreta** mit 826 Metern. Das extrem karstige Gebiet ist so **wasserarm,** dass es außer von mittelalterlichen Einsiedlern nie besiedelt wurde. Die dem Festland abgewandten Nord- und Westseiten der Halbinsel sind extrem felsig; sie fallen steil ins Meer hinab und sind nur mit dem Boot erreichbar. Das Wetter kann dort sehr schnell rau werden, die Winde am Kap gelten als gefährlich. Die geschützte **Ostseite** ist milder und **sehr lieblich.** Hier gibt es immer wieder kleine Badeplätze mit flachen Stränden mit weißen runden Kalksteinen, das türkisfarbene Wasser ist kristallklar. Fischer aus Orikum unterhalten hier zahlreiche Fischzuchtanlagen. Die Ostseite ist durch einen sehr schlechten Fahrweg erschlossen, der bis **Kepi i Gjuhëzës,** dem westlichsten Punkt des albanischen Festlandes, führt. Hier, an der Spitze der Halbinsel, beginnt das **Ionische Meer.**

Karaburun war **jahrzehntelang militärisches Sperrgebiet,** sodass sich Flora und Fauna ungestört entwickeln konnten. Man findet hier die Hälfte aller in Albanien vorkommenden Tierarten wie

Wildkatzen, Wölfe und Wildziegen, viele seltene Vögel wie den Wiedehopf und dazu eine große Zahl seltener mediterraner Pflanzen. Im Sommer schwimmen in der Bucht Delfine. Auch Karettschildkröten und die äußerst seltene Mönchsrobbe werden von Fischern beobachtet. Zum Glück wurde das Gebiet bis heute durch den Umstand geschützt, dass die Militärbasis **Pasha Liman** genau am „Eingang" zur Halbinsel liegt, wo auch die Straße durchführt, sodass die Zufahrt mit dem Pkw (Allrad) nur mit einer **Sondergenehmigung** der Gemeinde Orikum möglich ist. Zurzeit sind hier holländische NATO-Soldaten zusammen mit albanischen Posten stationiert.

Mit Ausnahme eines ca. 20 km langen Küstenabschnitts von Pasha Liman entlang der Ostküste ist die Halbinsel zusammen mit Sazan seit 2010 als **Mariner Nationalpark Karaburun-Sazan** ausgewiesen. Das ca. 12.600 ha große Schutzgebiet schützt auch das Meer rund um die Inseln mit seiner reichen Flora und Fauna bis in eine Tiefe von einer halben Seemeile. Eine ökologisch verträgliche Erschließung im Rahmen des Management-Plans für die Riviera-Küste ist geplant. Gleichzeitig wurden aber bereits die Fundamente für eine der europaweit größten **Offshore-Windkraftanlagen** bei Kepi i Gjuhëzës im Meer versenkt, die die albanische Regierung zusammen mit italienischen Investoren plant. Eine Stromleitung durch die Wasserstraße von Otranto zwischen Vlora und Brindisi soll in Zukunft in Albanien produzierten Strom ins europäische Verbundnetz einspeisen. Albanische und internationale Umweltschutzorganisationen haben dagegen Klage vor dem Gerichtshof der Europäischen Union erhoben.

Anfahrt

Für Touristen gibt es derzeit keine Möglichkeit, mit dem (Allrad-)Pkw nach Karaburun zu kommen. Das Tourismusministerium in Tirana vergibt Durchfahrtgenehmigungen für Pasha Liman nur auf einen schriftlich begründeten Antrag hin. Die Länge des Wegs bis Kepi i Gjuhësës darf man jedoch nicht unterschätzen, dazu gibt es kilometerweite Passagen mit dicken Felsbrocken auf dem Weg. Mehrere Hotels zwischen Vlora und Rradhimë veranstalten in der Saison **Tagesfahrten** mit privaten Motorbooten. Oder man umrundet zu Fuß von der Lagune aus vor dem Sperrgebiet das eingezäunte Gebiet. Ausreichend Trinkwasser ist wichtig, da es keine natürlichen Quellen auf der Halbinsel gibt! **Alternativ** auch von Palasa zu Fuß planbar, mit dem Kajak/Kanu windbedingt schwierig bis gefährlich am Kap.

Outdoor (Wandern)

Tour 1: Hinter der Kontrollstelle führt eine grobe Schotterpiste zur Militärbasis Pasha Liman. Man wählt den linken Fahrweg, der das Gelände oberhalb der Basis umrundet. Bei der nächsten Abzweigung muss man sich entscheiden, ob man an der Bucht oder über die Hochebene weiterläuft. An der Bucht kommt man bald zu einer Fischerhütte und Fischzuchtanlagen und wandert dann über paradiesische flache Badebuchten bis zum Kap. Die Orientierung entlang des Fahrweges über die Hochfläche ist einfach, allerdings ist es im Sommer extrem heiß und ohne jeden Schatten – ausreichend Wasser mitnehmen!

Tour 2: Einheimische benutzen die alten Hirtenwege, die aus Dukat kommen. Dabei hält man sich bei der Kisha e Marmiroit strikt in westlicher Richtung, bis man auf einen Hauptpfad stößt, der im weiteren Verlauf zu einer kleinen geschützten Sandbucht an der Westküste führt, oder man steigt zur Hochebene hinauf und wandert dort wie in Variante 1 zur Nordküste.

■ **www.albanian-riviera.net/karaburun,** auf dieser Seite sind Wanderungen nach Karaburun, rund um Orikum und im Gjipe-Canyon mit wunderschönen Fotos, Wegbeschreibungen und Karten dokumentiert (engl.).

■ **www.visitvlora.com/vlora/1643/kayaking-around-karaburun-vlora-albania,** Beschreibung (engl.) einer Kajaktour von Jal nach Karaburun.

Pasha Liman

Pasha Liman war im Kalten Krieg ein wichtiger **militärischer Stützpunkt des Warschauer Paktes;** hier hatte die Sowjetunion U-Boote und Kriegsschiffe stationiert. Nach dem Bruch zwischen *Chruschtschow* und *Hoxha* 1961 verließen die Russen den Hafen und ließen die Boote zurück; sie wurden 1997 verwüstet. Die U-Boote rosten heute vor sich hin und wären eine Touristenattraktion, wenn sie jemand retten würde. Die Besichtigung ist nur aus der Ferne oberhalb des Weges möglich.

Höhlen und Grotten

Rund um die karstige Küste gibt es interessante Höhlen und Meeresgrotten.

Von der Antike bis zum Mittelalter fanden hier Piraten Unterschlupf, die an der Straße von Otranto türkische, neapolitanische, dalmatische und venezianische Schiffe überfielen und ihre Beute in den Höhlen in Sicherheit brachten. **Shpella Haxhi Ali** ist eine der schönsten albanischen Höhlen und mit Ausmaßen von 30 x 9 Metern und 15 Metern Höhe die größte albanische Meereshöhle. Im Inneren gibt es einen Tümpel, die Wände sind schwarz vom Ruß alter Feuerstellen. Die Höhle liegt zwischen dem Kepi i Gallovecit und dem Kepi i Gjuhëzës und ist nur vom Meer aus zu erreichen.

Die **Shpella Duke Gjon** liegt etwa 100 Meter über dem Meer und hat drei kleine Seen. Die **Shpella e Inglizit** (Engländerhöhle) war im 2. Weltkrieg ein Versteck antifaschistischer Widerstandskämpfer mit dem romantischen Namen „Meerblick" und konnte von den Deutschen nicht kontrolliert werden. Größere Höhlen sind außerdem **Shpella Pëllumbave** (Taubenhöhle), **Shpella e Thellë** (Tiefe Höhle) oder **Shpella tek Gjiri i Ariut** (Höhle bei der Bärenbucht).

Gjiri i Gramës

Die **Bucht von Grama** liegt versteckt zwischen der Halbinsel Karaburun und dem Strand von Palasa im Süden und ist einer der schönsten Plätze der ganzen Küste. Zwischen unzugänglichen Felswänden gibt es einen natürlichen Einlass, der sich zu einer etwa 200 Meter breiten und ebenso tiefen Felsenbucht ausweitet. An der rechten Seite befindet sich ein alter Steinbruch, in dessen glatte Wände Texte in griechischer Sprache,

Zeichnungen und Symbole eingeritzt sind, darunter auch bekannte Namen wie *Julius Caesar* oder *Marcus Antonius;* die jüngsten **Gravuren** stammen aus dem 19. Jahrhundert, die ältesten aus dem 3. Jahrhundert v.Chr. Man vermutet, dass sie von gebildeten Sklaven und Seefahrern stammen, die in der Bucht Zuflucht fanden. Die Gegend ist auch heute für starke Stürme und Windböen bekannt. Von Süden kommend, muss man hier gegen die vorherrschenden Nordwinde segeln.

Çamen-Denkmal

Hinter Dukat i Ri befindet sich an der Straße nach Llogara ein **Bronzerelief,** das 2009 eingeweiht wurde und folgende Inschrift trägt: „Diese Gedenkstätte ist der brüderlichen Gastfreundschaft der Einwohner von Dukat und Tragjas gewidmet. Von der Bevölkerung der Çamen, die 1944 mit Gewalt von den griechischen Chauvinisten vertrieben wurde." Alte Bewohner des Tales erinnern sich noch an die **Flüchtlinge,** die, von griechischen Truppen 1944 aus Nordgriechenland vertrieben, zu Fuß über den Pass kamen. Jeder Familie des Ortes wurde damals eine Çamen-Familie zugewiesen.

Das traditionelle **Siedlungsgebiet der Çamen** liegt beidseits der griechisch-albanischen Grenze und umfasste weite Teile Südalbaniens und Nordwestgriechenlands bis nach Arta und Preveza. Seit der osmanischen Besatzung lebten dort auch türkische Neusiedler und eine aromunische Minderheit. Die Albaner nennen diese Region **Çamëria.** Als der

alba14-014 mg

südliche Teil dieser Region nach dem 2. Balkankrieg 1913 an Griechenland fiel, blieben die Çamen zwar von Zwangsausweisungen, wie sie den Türken widerfuhren, verschont, wurden aber stark diskriminiert, zumal viele Çamen in der osmanischen Zeit Muslime geworden waren. Die Kollaboration eines Teils der çamischen Bevölkerung im 2. Weltkrieg mit den italienischen und deutschen Besatzern gab der griechischen Regierung 1944 den Anlass, den Großteil der Çamen nach Albanien zu vertreiben, wobei es zu großen Opfern in der Zivilbevölkerung kam. Die Gesellschaft für bedrohte Völker gibt die Zahl mit 20.000 Vertriebenen an. Bis heute hat sich die griechische Regierung geweigert, an die Hinterbliebenen Entschädigungen zu zahlen. Heute liegt das Siedlungsgebiet der alteingesessenen Çamen zwischen Konispol an der Grenze zu Griechenland und Saranda, die emigrierten Çamen hingegen haben sich über ganz Albanien verstreut. Den Schriftzug „I love Çamëria" findet man als Graffiti alle paar Kilometer entlang der Straße zwischen Orikum und Saranda.

Dukat-Fshat

Ein historisch sehr interessanter und zudem schön gelegener Ort ist Dukat-Fshat an der Straße zum Llogara-Pass; sein Name leitet sich von dem Stützpunkt eines römischen Feldherrn (*ducatus*) ab. Die beeindruckende Kalksteinbrücke links der Dorfzufahrt geht auf die Antike zurück, als Oricum ein bedeutendes Baustofflager für Kalkstein und auch Bauholz war. An einer großen Platane (*rrapi*) in der Dorfmitte steht ein

Denkmal für vier ehemalige Anführer des Dorfes; dort ist zu lesen: „Die Steine an dieser Platane wurden schwarz vor Trauer von dem schönen Gesang der Nachtigallen für *Pilon* und *Hamine*, für den wohlhabenden *Skendo Kullure* und den schwarzäugigen vornehmen *Bejo Zeneli*. Diese Anführer wurden verhaftet und 1905–08 in Berat eingesperrt und bis zum Abzug der Türken eingekerkert, weil sie die albanische Sprache verbreiteten." Viele Einwohner Dukats kämpften im 2. Weltkrieg als Partisanen, die Dorfbewohner sind in Albanien bis heute für ihre nationale Gesinnung bekannt. Viele junge Männer waren im Kommunismus über Jahre als Antikommunisten in Arbeitslagern interniert.

Das frühere Wohnhaus **Kullat e Dërvish Aliut** im türkischen Stil liegt oberhalb des Dorfes einige Minuten zu Fuß vom Zentrum entfernt. Ganz typisch sind die beiden Wehrtürme für Männer und Frauen, im Obergeschoss mit vielen Schießscharten versehen; hier fanden die Bewohner während Blutrachefehden Zuflucht. Im Männerturm befinden sich die Überreste einer kommunistischen Partisanenausstellung mit unzähligen Fotos und Zeichnungen von Partisanen. Einer von ihnen war *Dërvish Aliut,* ein Großgrundbesitzer und bekannter Dorfchef, der den Aufstand von 1847 gegen die Türken anführte. Seine Nachkommen betreiben heute die beiden ersten im traditionell albanischen Stil erbauten Restaurants am Llogara-Pass.

Besichtigung des Wehrhauses (nur albanisch) über die Telefonnummer, die am Baum bei der Dorfbar hängt, Tel. (069) 377 99 53. Das Gebäude war Mitte 2012 nicht fertig restauriert und nicht sicher begehbar.

Im **Dorfgasthaus Beluli Dukat,** Tel. (068) 269 69 72, gibt es vorzügliches Zicklein und einen empfehlenswerten starken Dukati-Rotwein von den Weinbergen, die hinter dem Dorf versteckt auf über 800 Meter Höhe liegen.

Outdoor

Tour 1: Von Dukat-Fshat bieten sich Wanderungen in **Richtung Tërbaç** oder zu den **Maja e Çorës** und **Maja e Çikës** an. Oberhalb des Dorfes befinden sich auf über 800 Metern Höhe ausgedehnte Weinberge, über die es zu den Passübergängen geht.

Tour 2: Oberhalb des Ortes Tragjas liegt **Tragjas-Fshat,** das alte Dorf, das im 2. Weltkrieg zweimal, von deutschen und italienischen Gebirgsjägern, niedergebrannt wurde und heute in malerischen Ruinen liegt. Von dort wandert man zu den Resten der Festungsanlage **Kalaja e Sofës,** die bis ins 6. Jahrhundert v.Chr. zurückgeht.

Tour 3: Vier Kilometer nach Orikum befindet sich auf der linken Seite der Hauptstraße Richtung Llogara-Pass ein Feldweg, der den Dukat überquert und dann (zu Fuß) zur Festung **Kalaja e Gjon Boçarit** aus dem 17. Jahrhundert führt. Sie hatte vier sechseckige Ecktürme, die 5,50 Meter hohen und über einen Meter dicken Mauerkronen waren rundherum mit Wehrgängen gesichert. In der Burg stehen noch zwei alte Steinkanonen. Unterhalb der Burganlage liegen die Fundamente der dazugehörigen Siedlung mit über 100 Häusern versteckt in der Macchia. Im 2. Weltkrieg fanden hier heftige Partisanenkämpfe statt. Vorsicht: Nicht nach den roten Hinweisschildern in Tragjas richten, sie führen nur in die Irre! Hier schützt ein Olivenhainbesitzer seine Neupflanzungen mit einem durchgehenden Zaun vor den Ziegen des Dorfes.

Das Shushica-Tal

Das Shushica-Tal eignet sich für eine 90 Kilometer lange **abwechslungsreiche Erkundungstour** am Bett der Shushica entlang ins untere **Kurvelesh** (Kurvelesh i Poshtëm), mit imposanten Ausblicken auf die Gebirge der Mali i Lungarës und Mali i Çikës, mit einigen guten Abstechern zu historischen Plätzen und dazu einer landschaftlich sehr beeindruckenden Passüberfahrt hinunter an die Riviera-Küste. Stundenlang führt die Straße entlang der Shushica immer tiefer in das verlassene Tal, in dem sich die Bergketten der hohen Gebirge immer wieder zu neuen spektakulären Ansichten auftürmen. Die fruchtbaren Flussschwemmlandebenen werden zunehmend ursprünglicher, die Shushica wird zum Wildwasser, durchfließt kleine Canyons, und immer wieder stoßen schotterreiche Bäche hinzu, bis sich im oberen Bereich ein weites zerklüftetes Hochtalgebiet auftut, von dem es hinauf nach Kuc in die höhere Gebirgsregion und über den Pass zum Meer geht.

Die abgelegene Strecke durch eines der großen Täler der **Labëria,** wie das südliche Bergland Albaniens auch heißt, gibt einen tiefen Einblick in die Geschichte der ganzen Region. Das fruchtbare Tal ist altes Kulturland und lag über Jahrhunderte im Einzugsbereich des

Handelsweges von Aulon (Vlora) ins Drinos- und ins Vjosa-Tal. Zu Zeiten, als man noch mit dem Pferd unterwegs war, führten die alten Passübergänge von Tërbaç über Dukat zur Küste und von Kuc nach Borsh. Kultureller Höhepunkt der Region ist die illyrische Stadt **Amantia** bzw. deren Überreste. Die einfache Strecke von Vlora über Kota nach Ploçë (Amantia) dauert etwa zwei Stunden.

Anfahrt

In Vlora gibt es keine Wegweiser und auf der Strecke kaum Ortsschilder. Nach dem Sheshi i Flamurit in Vlora am Historischen Museum rechts abbiegen, das Rathaus links liegen lassen und nach 2,5 Kilometer wieder rechts abbiegen. Nach fünf Kilometer in **Sherishtë** nicht dem Wegweiser nach Drashovica folgen, sondern auf die andere Flussseite nach links abzweigen, wo die neue Straße bis nach **Kota** führt. Der Ausbau der Straße ist geplant, momentan braucht die Strecke noch viel Zeit. Die Straßen sind ab Kota schmal und streckenweise ungeteert. Wegen Schlaglöchern geht es mit maximal 40 km/h nur langsam voran. Direkt an der Qafa e Derrasës (Steinplatten-Pass) gibt es einen kurzen Abschnitt auf Felsplatten (gut befahrbar), danach folgt eine Naturpiste. Ab **Fterra** ist die Straße deutlich besser. Die gesamte Strecke wird täglich von Einheimischen befahren. Nach lang anhaltendem Regen ist der Pass jedoch nicht zu empfehlen. An der Maja e Çikës bilden sich häufig Wolkenberge, die dann im Shushica-Tal hängen. Die lange Anfahrt lohnt sich vor allem bei gutem Wetter und klarer Sicht auf die gigantischen Bergketten.

Ab Vlora verkehren **Minibusse** im Pendelverkehr alle zwei Stunden vom Sheshi i Flamurit. Der Bus fährt alle auf der Strecke liegenden Dörfer bis Kuc an. Mit dem Pkw sollte die Fahrt bis Borsh aufgrund der einfachen bzw. schwierigen Straßen sinnvollerweise über mehrere Tage erfolgen.

Wegen der isolierten Lage gibt es im weiteren Talverlauf **kein Hotel** oder offizielle private Unterkünfte. Die Autorin empfiehlt, in Vranisht im Dorfsupermarkt oder in Kuc nach einer privaten Unterkunft zu fragen.

Outdoor

Im Frühjahr und Herbst sind **Wanderungen** über die alten Passübergänge von Tërbaç oder Kuc an die Riviera-Küste interessant. Wichtig sind ausreichend Trinkwasserreserven, vor allem im Hochsommer, wenn es in den baumlosen karstigen Hochebenen extrem heiß ist. Gegen Aushandlung eines Preises findet man problemlos Dorfbewohner als Führer zu den Höhlen oder antiken Plätzen.

Geschichte

Über Jahrhunderte hatten die Menschen hier ihr Auskommen als Hirten und Bauern oder in schlechten Zeiten als Wanderarbeiter. Die **unbeugsame Haltung** der Bewohner **gegenüber allen Fremdherrschern** ist in Albanien bekannt. Zuletzt kämpften hier Partisanen der antikommunistischen Nationalen Befreiungsfront (Balli Kombëtar) und der kommunistischen Partei gegen die italienischen und deutschen Besatzer der Weltkriege, zuerst miteinander, dann gegeneinander – eine Zeit, die im Gedächtnis der Familien noch sehr gegenwärtig ist. Aus diesem Grund hat hier wirklich jeder Ort sein eigenes Ehrenmal für die Gefallenen, z.B. Drashovicë, wo ein riesiges kommunistisches Torbogen-Monument des Bildhauers *Mumtaz Dhrami* am Ende der langen Shushica-Brücke seine Wirkung nicht verfehlt; auf der Inschrift ist zu lesen: „Junge Partisanen, habt keine Angst zu sterben, geht nach Vlora zum Kämpfen.".

Iso-Polyphoner Gesang

In Südalbanien gibt es noch Männer und Frauen, die einen **archaischen Gesangsstil** pflegen. Dieser sogenannte Iso-Polyphone Gesang ist so einzigartig, dass er von der UNESCO in die Liste des immateriellen Weltkulturerbes aufgenommen wurde.

Es handelt sich um eine ganz einfache Art von Vielstimmigkeit, bei der ein oder zwei Stimmen **Verse** vortragen, die von alten Mythen, Legenden, von Liebe und den täglichen Alltagsbegebenheiten erzählen. Dabei werden sie von einer zweiten Gruppe begleitet, die dazu eine Art Brummbass ertönen lässt, der immer um einen einzigen Ton – Eeeeeh – schwingt. Die Lieder sind auch heute noch fester Bestandteil von Hochzeiten, Beerdigungen, Erntefesten oder religiösen Feiertagen, vorausgesetzt, es finden sich noch genügend Sänger, denn die Tradition stirbt aus. Besonders im Kurvelesh kann man solche Gesangsgruppen noch in Dorfbars hören, ebenso auf dem großen Festival für Iso-Polyphone Musik in Vlora oder dem Folklorefestival in Gjirokastra.

alba035 mk

Im Kommunismus wurde das fruchtbare Tal intensiv für den **Getreide- und Maisanbau** genutzt. In riesigen getarnten Speicherhallen wurden große Nahrungsvorräte für eventuelle feindliche Übergriffe angelegt. Auch die zahlreichen Nussbäume im Tal wurden in dieser Zeit gepflanzt. Jedes Dorf hatte bis zum politischen Umbruch eine Schule, einen Laden und eine gesicherte ärztliche Versorgung, aber das **Leben** war **sehr einfach.** Bis heute haben viele Häuser außerhalb der Dorfzentren kein fließendes Wasser, und man heizt und kocht mit offenem Feuer im Haus.

Nach dem politischen Zusammenbruch zählten die jungen Leute zu den ersten, die der **Abgeschiedenheit** des langen Tales **entflohen.** Sie flüchteten 1990 auch über die Deutsche Botschaft ins Ausland oder setzten sich 1997 mit Schiffen von Vlora nach Italien ab. Kaum jemand ist wieder zurückgekommen, die Elterngeneration in den Dörfern steht inzwischen im hohen Alter. Im ganzen Tal gibt es keinen Arzt mehr, in Buronja wenigstens einen ärztlichen Assistenten für die Nachsorge und eine Hebamme, die im Notfall die holprige Fahrt ins zentrale Krankenhaus nach Vlora übernimmt.

Mavrova (Mavrovë)

Historiker und Archäologen suchten lange nach der **illyrischen Stadt Olympe,** die der Chronist *Stephan von Byzanz* im 6. Jahrhundert n.Chr. in einer Liste antiker Städte aufführte und die einmal die zweitgrößte Stadt im Reich des illyrischen Stammes der Amantier war. Bei Grabungen Anfang der 1980er Jahre fanden Archäologen eine große Anzahl illyrischer **Münzen,** die in den Ruinen von Mavrova verstreut waren, dazu einen der Ziegelstempel für die Münzprägung mit dem Schriftzug „OLYMPA-STAN" (hergestellt in Olympe).

Auf dem Gelände sieht man unterhalb eines alten Brunnens auf einer Wiese linker Hand im Gestrüpp riesige **hexagonale Steine** der einstigen Stadtmauer aus dem 5./4. Jahrhundert v.Chr., die mit einem Gewicht von ca. zehn Tonnen als die größten von Menschen bearbeiteten Steine in Albanien gelten. An einem **Torbogen** finden sich illyrische Reliefs mit weiblichen Brüsten, Sonne und Mond, einer Blume, einem menschlichen Gesicht, einem Huhn und einem Pferd. Die Funde an diesem Ort werden von manchen Archäologen bis in das 10./9. Jahrhundert v.Chr. datiert. Nach der Eroberung Illyriens durch die Römer scheint die Stadt aufgegeben worden zu sein.

Anfahrt: An der großen Flussschleife knapp 6 km nach Drashovica biegt man links auf eine Schotterpiste, die 1 km aufwärts führt, und folgt dann der scharfen Rechtskehre hinauf auf den Bergsporn, wo Mavrova liegt. Der weite Überblick über das Tal der Shushica und die Lage des antiken Ortes sind beeindruckend.

■ **Bar-Café Mondial,** im alten Stil neu erbautes Restaurant an der Straße bei Kota mit traditionellen Hirtengerichten der Labëria. Innen und außen sehenswerte Steinarbeiten. Auf dem steinernen Torbogen steht „Mir si vini", auf der Rückseite „Mir se ardhshi", Willkommen und Auf Wiedersehen. Der Besitzer ließ das Anwesen 2006/07 zur Erinnerung an seinen Bruder bauen, der 1997 bei den Aufständen um den Pyramiden-Skandal in Vlora ums Leben gekommen war.

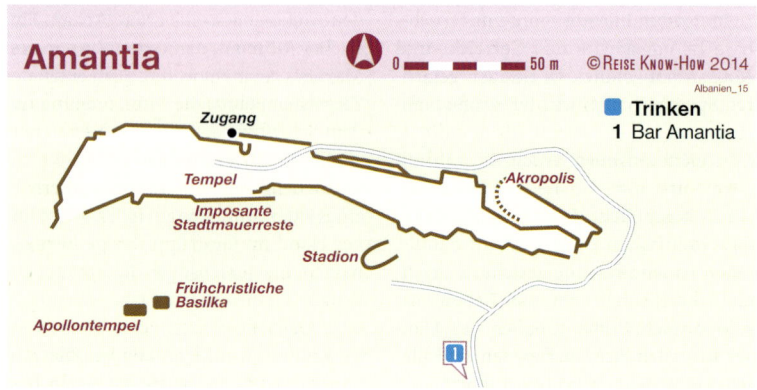

Amantia

Die **antike Höhensiedlung** von Amantia gehört zu den beeindruckendsten Sehenswürdigkeiten aus der illyrischen Zeit und ist auch wegen der interessanten landschaftlichen Eindrücke einen Ausflug wert. Das Gelände ist nicht touristisch erschlossen, lässt sich aber gut besichtigen.

Amantia war der Hauptsitz des illyrischen **Stammes der Amantier,** deren Siedlungsgebiet im Norden die Bucht von Vlora und im Osten die Vjosa begrenzte; im Süden reichte es bis nach Borsh und Himara. Das illyrische Grenzland lag unter starkem wirtschaftlichen und politischen Einfluss des griechischen Epiros und der griechischen Hafenstadt Apollonia. Amantia prägte seit dem 3. Jahrhundert eigene **Münzen,**

bis zur Eroberung durch die Römer (186 v.Chr.) mit Bildnissen von *Apollon,* danach stellte man um auf römische Götter wie *Herakles, Zeus* oder *Aphrodite.*

Rundgang über das archäologische Gelände

Das 13 Hektar große, felsige und abgestufte Plateau mit einer **weiten Rundsicht** in alle Himmelsrichtungen war der ideale Ort, um eine Stadt zu gründen.

Auf einer natürlichen Geländestufe am Eingang der Ausgrabung befindet sich das außergewöhnlich gut erhaltene **Stadion,** das etwa 600 Jahre lang bis zum 3. Jahrhundert n.Chr. genutzt wurde. Es hatte Platz für 4.000 Zuschauer, die Wettkämpfe wie Laufen, Ringen, Speerwerfen, Diskuswerfen oder Boxen besuchten. Heute sind noch 17 steinerne Sitzreihen an der Westseite und acht an der Ostseite zu sehen, der Rest ist ins Gelände abgerutscht. An verschiedenen Stellen sind griechische Buchstaben und Namen eingeritzt. Die hufeisenförmige

> Amantia: Blick auf den Tempel des Apollon

7

Laufbahn war 13 Meter breit und 55 Meter lang. Vor dem weiten Talblick sind tatsächlich noch die drei antiken Siegertreppen erhalten. Große Rätsel gibt die Lage des antiken Theaters auf, das bis heute nicht gefunden wurde.

Amantia war ringsherum auf einer Länge von 2.200 Metern von hohen **Mauern** umgeben und an den strategisch wichtigen Punkten zusätzlich durch kräftige Mauervorsprünge gesichert. Die Eingänge lagen geschützt in vier schmalen Pforten, die man im Falle eines Angriffes absperren konnte. Die antike Stadt erreichte man, indem man dem Weg um das östliche Plateau herum folgte, auf dem früher die Akropolis lag. Der heutige **Zugang** befindet sich auf der Nordseite (Rückseite) der Anlage zwischen zwei großen Türmen.

Schräg gegenüber der Hauptpforte lag das **Tempelgebiet,** im Gras ist noch das Fragment einer Aphrodite zu entdecken. Über einen Pfad an der südlichen Mauer gelangt man auf das östliche Plateau zur Akropolis. Dort steht der bekannte große **Torbogen** von Amantia, an den auch das Partisanendenkmal in Drashovica erinnert. In entgegengesetzter, westlicher Richtung werden Fundamentreste antiker **Wohnhäuser** als Hühnerhof genutzt. Das kreisrunde Becken im Fels ist der Rest einer alten **Zisterne.** Die am besten erhaltenen Stadtmauerreste befinden sich am südlichen Abhang.

Über den westlichen Bereich der ehemaligen Stadt kann man 150 Meter tief zu einem landschaftlich sehr schönen ebenen Platz hinterlaufen, an dem sich die **Reste eines Tempels** aus dem 3. Jahr-

alba036 mg

hundert v.Chr. und einer frühchristlichen **Basilika** befinden. Von der westlichen Seite des Plateaus hat man die beste **Rundsicht.** Bei klarem Wetter sieht man bis zum Meer, in nördlicher Richtung, im Gebirge des Mallakastra, liegt das antike Byllis. In einer weiten Senke westlich unterhalb der Siedlung gibt es zahlreiche Bestattungsplätze.

Anfahrt: 2 km nach Kota auf der alten Handelsstraße, die in der Antike über Amantia auf den Tartar-Pass Richtung Osten führte, und weiter nach Vajza, wo man den felsigen Berg im Zentrum links umfährt und bis zur Abzweigung zur Ausgrabung einer 4 km langen Schotterpiste folgt. Die Ausgrabungsstätte ist weitläufig und kann auf schlechten Wegen mit dem Auto befahren werden. Auf dem Hügel leben fünf Familien in einfachsten Verhältnissen. *Agim Xhelili* kassiert das staatliche Eintrittsgeld von 200 Lek. Absolute Vorsicht vor den **scharfen Hirtenhunden auf der Akropolis** – mit dem Aussteigen warten, bis die Besitzer kommen!

■ **Bar Amantia,** das kleine Restaurant (ohne Schild) befindet sich in einem grünen Gebäude vor dem Ausgrabungsgelände, von zwei großen Platanen flankiert; wenn man hier hält, wird man per Handy auf der Ausgrabung angekündigt. Der Tresen ist rundum mit Tropfsteinen einer nahen Höhle verziert. Es gibt sehr schmackhafte Hirtenkost.

Die Höhlen von Velça und Lepenica

1,5 Kilometer vor der Brücke bei **Gjorm,** über die man auf die andere Flussseite gelangt, gibt es eine Abzweigung, die etwa sieben Kilometer parallel zum Fluss nach **Velça** führt. Oberhalb des Dorfes erreicht man mit einem Führer auf einer Wanderung eine sehenswerte große Tropfsteinhöhle mit mehreren Räumen. Archäologische Funde deuten auf eine Besiedlung im späten Neolithikum, etwa 1000 Jahre v.Chr., hin.

Kurz vor Gjorm wechselt die Straße über die sogenannte Franzosenbrücke auf die andere Flussseite. Die Straße wird enger, die Landschaft gebirgiger, es gibt schöne Ausblicke auf den wilden Fluss.

Wenn man **Lepenica** erreicht hat, befindet man sich etwa auf der Höhe der Dukat-Ebene des alten Dorfes Dukat-Fshat am Ende der Bucht von Vlora, getrennt durch das hohe Massiv der Maja e Çikës. Auf den weiten Hochebenen gibt es auch heute noch viele Weidepfade. In früheren Zeiten lagen diese Gebiete nicht so getrennt voneinander wie heute und man passierte die Passübergänge mit dem Pferd oder Maulesel.

Auch im karstigen Bergland von Lepenica, Tërbaç und Vranisht befinden sich zahlreiche Höhlen, von denen die meisten gut zugänglich sind. Auf 800 Metern Höhe, etwa zwei Kilometer von Lepenica entfernt, liegt eine **altsteinzeitliche Höhle,** die als eine der ältesten besiedelten Höhlen Europas gilt. Im Inneren befinden sich außergewöhnliche Felszeichnungen, 19 stilisierte menschliche Figuren und acht geometrische, unregelmäßig gestaltete Motive, die mit brauner Farbe direkt auf die Höhlenwand gemalt wurden. In der Nähe des Dorfes sind auch **neolithische Grabstätten** bekannt. Die originalgetreue Kopie eines kleinen Wandausschnitts befindet sich im Historischen Nationalmuseum in Tirana. In Südalbanien hat das Dorf

Lepenica vor allem deshalb einen Namen, weil *Hysni Lepenica,* einer der großen Partisanenführer des Balli Kombëtar, der Nationalen Befreiungsfront, hier geboren wurde.

Brataj und Tërbaç

Kurz nach Brataj, wo der Smokthinës aus dem Mali i Gribes in die Shushica mündet, folgt rechter Hand die Abzweigung nach Tërbaç. An der Straße stehen große **Maisspeicher,** in denen zu kommunistischer Zeit für den Fall eines feindlichen Übergriffes die Vorräte der ganzen Region gelagert wurden. Fünf Kilometer lang geht es über waldige Serpentinen hinauf in das Bergdorf Tërbaç, wo man im Zentrum einen skurrilen Landwarenhandel mit einer Bar findet.

Das Dorf auf 700 Metern Höhe ist ein guter Ausgangspunkt für **Wanderungen,** zum Beispiel zu einer der zahlreichen Höhlen des Gebietes oder über den alten Passübergang auf uralten Hirtenpfaden auf die andere Seite der Küstenkette nach Dukat-Fshat. Tërbaç erreicht man aus Vlora mit dem Bus.

Mesaplik

Etwa vier Kilometer nach Brataj folgt auf der linken Straßenseite die Abzweigung nach Mesaplik, das man nach vier weiteren Kilometern nach einer Brücke erreicht. In der Nähe der Ruinen einer mittelalterlichen Burg befindet sich eine kleine dreischiffige **Basilika,** in der sich byzantinische Fußbodenmosaike aus dem 5. Jahrhundert n.Chr. erhalten haben. Die bekannte Porträtansicht eines

Mannes mit der nicht entschlüsselten Inschrift „Aparkeas" befindet sich im Historischen Nationalmuseum in Tirana.

Vranisht

Etwa zehn Kilometer nach Brataj öffnet sich das Tal, linker Hand führt eine Brücke über die Shushica nach Bolena, rechts eine abenteuerliche Schotterpiste drei Kilometer entlang des Baches nach Vranisht. Dort konzentriert sich das Dorfleben um einen großen ebenen Platz, ein ehemaliges Bachbett. Vor dem kleinen Dorfsupermarkt hält auch der Linienbus. Etwa 120 Schüler besuchen hier die **zentrale Schule** der Region. Die alten steingemauerten Häuser liegen teilweise weit verstreut bis an die östlichen Abhänge der Maja e Çikës, wo sich auch die Reste einer mittelalterlichen Burg befinden.

Kuc und Qafa e Derrasës

Über Kallarat und Buronja sind es von Vranisht noch zwölf Kilometer in das **Bergdorf Kuc,** das direkt unterhalb des Passüberganges an der Quelle der Shushica liegt. Eine Getreidemühle und eine Walkmühle für Filzstoffe sind noch in Betrieb. Eine Spezialität, die im Dorfrestaurant besonders gut zubereitet wird, ist das Hirtengericht *kukurec.*

Hinter dem Dorf beginnt die Naturpiste, die zum Pass führt, von der einige Meter auch in den Fels geschlagen sind. An der Qafa e Derrasës (**Steinplatten-Pass**) auf 640 Metern Höhe überblickt man das weite bewaldete Tal. Weiter geht es vorbei an der Abzweigung nach Çorraj, Erdbeerbäume säumen den Weg. In den tiefen Senken der Macchia sieht man immer wieder Ruinen alter Wohnhäuser, in denen wilde Kakibäume mit seltenen blauen Früchten wachsen. Unterwegs trifft man auf einen riesigen, alten hohlen Rrapi (Platane), der Hirten schattigen Unterstand gibt. Entlang der Straße flattern rote Tücher, aufgehängt zur Abwehr der Wölfe, die hier oben immer wieder Schafe reißen. Nach acht Kilometern erreicht man **Fterra,** eines der schönsten Dörfer des Kurvelesh, aus dem die meisten Bewohner emigriert sind. Ein kleiner Dorfladen mit einer Café-Bar lädt zu einer Pause ein. Hier kann man auch nach einer einfachen Übernachtungsmöglichkeit fragen. Von Fterra lassen sich Wanderungen auf alten Hirtenpfaden auf die Hochebenen des südlichen Kurvelesh unternehmen.

Durch das beeindruckend weite und waldreiche Tal über Borsh-Fshat und Kalaja e Borshit hinunter nach Borsh sind es noch knapp 20 Kilometer.

Die Riviera-Küste

Die Riviera-Mittelmeerküste **zwischen dem Llogara-Pass und Saranda** ist eine der schönsten Regionen Albaniens und das zu jeder Jahreszeit. Schon sehr früh besiedelt, hat die Region eine alte Kulturgeschichte und entsprechend vielfältige Sehenswürdigkeiten: eisenzeitliche Festungen, mittelalterliche Klöster und Burgen, kommunistische Bunker, die in den Bergen und auch an einigen Stränden zu finden sind. Es gibt zahlreiche sehenswerte Orte, die von einer berührend schönen Landschaft umgeben sind und viel über die Geschichte des Landes erzählen.

Auf der Passstraße geht es im Schatten der Maja e Çikës auf langen Serpentinen hinunter bis fast ans Meer und dann sehr abwechslungsreich immer entlang der karstigen Küstenkette, wo sich nach jeder Kurve neue überraschende Ausblicke auf die felsige Macchia-Landschaft, Olivenplantagen und das türkisfarbene Meer eröffnen. Die ursprünglichen **Bergdörfer** sind aus dem weißen Kalkstein der Umgebung gebaut und liegen in weiten Abständen auseinander, immer an Plätzen, wo Quellen an den Übergängen von Kalk zu Flysch auf einer Höhe von 300 bis 400 Metern aus dem karstigen Gestein hervortreten. Unten **am Ionischen Meer** liegen die von den Gebirgsbächen aufgeschwemmten Strände mit gleichem Namen. In Himara, Porto Palermo, Qeparo und Saranda führt die Straße direkt an der Küste entlang. Die Riviera-Küste ist eine Region, die dazu einlädt, hier in vielen kleinen Etappen schöne Tage zu verbringen.

> Badespaß an der albanischen Riviera-Küste

Die fehlende Infrastruktur und die Abwesenheit großer Teile der einheimischen Bevölkerung durch Migration verhinderten in den letzten 20 Jahren die Zersiedlung dieser einmaligen Naturlandschaft durch (illegale) Bebauung und große Hotelkomplexe, wie es sonst an vielen Orten passiert ist. **Dhërmi, Himara** und **Saranda** waren in der kommunistischen Zeit sehr beliebte Ferienziele. Unterkünfte gab es hauptsächlich in zentralen Ferienlagern. An den landschaftlich besonders schönen Plätzen lagen die Ferienvillen der Partei, einige Küstenabschnitte waren auch militärische Sperrgebiete. Erst 2008/09 wurde die wichtige Nord-Süd-Verbindung zum ersten Mal durchgehend asphaltiert. Bis vor wenigen Jahren waren die Strände

nur durch einfachste Schotterpisten erschlossen. Inzwischen sind die wichtigsten Strandzufahrten geteert und die bekanntesten Plätze aufgeteilt worden, Apartmenthotels, Holzhüttenkomplexe und Strandbars sind entstanden, die einst einsamen, leeren Strände wandeln sich in rasantem Tempo. Doch überall dort, wo man nicht mit dem Pkw hinkommt, sind paradiesische, unberührte Buchten zu entdecken. Nach dem **Coastal Management Plan** von 2008 dürfen an den Stränden nur Holzhüttenkomplexe von zehn Wohneinheiten und neue, bis zu zweistöckige Gebäude erst in 150 m Entfernung zur Küste gebaut werden. Investoranlagen wie in Drymades/Nikki Beach konnten trotzdem gebaut werden. Nach 2007 illegal entstandene

alba14-015 mg

Gebäude wurden abgerissen oder unbewohnbar gemacht (siehe auch Ksamil), die Regierung unter *Edi Rama* hat weiteres scharfes Vorgehen angekündigt. Gehobenere Resorts wie in Dhërmi/Drymades und Jal mit sauberen, gepflegten Stränden finden sich genauso wie einfache zusammengezimmerte Strandbars in Jal oder Lukova, die von einheimischen Besitzern aus den umliegenden Dörfern betrieben werden.

Seit gut zehn Jahren entwickelt sich der **Sommertourismus** langsam aber stetig zum stabilen Wirtschaftsfaktor an der Küstenregion. Noch handelt es sich um ein rein **albanisches Phänomen,** und so bleibt es auch in der Hochsaison, wenn die dörfliche Infrastruktur den Ansturm der Urlauber kaum mehr aufnehmen kann, immer noch „familiär". Im Juli und August kommen die Albaner aus den EU-Staaten nach Hause, von Norden reisen die Urlauber aus dem Großraum Tirana an, von Osten aus Korça und Gjirokastra, aber auch die albanisch-stämmigen Landsleute aus Nordgriechenland, aus Mazedonien und Italien drängt es hierher an die Küste. Urlaub im eigenen Land ist immer noch am günstigsten. Besonders an den Wochenenden im August platzen die kleinen Badeorte aus allen Nähten, an den touristischen Stränden ist Discolärm bis in die frühen Morgenstunden keine Seltenheit. Man feiert die jährlich anstehenden Hochzeiten, nutzt den Urlaub, um sich mit der Familie zu treffen, und verbringt hier die schönste Zeit des Jahres. Es ist wohl nur eine Frage der Zeit, bis die (unberührten) Küstenabschnitte dieser Region auch vom Auslandstourismus entdeckt werden.

Praktische Informationen

■ Die Strandbars und auch die meisten Restaurants eröffnen je nach Wetter Mitte bis Ende Mai. Vielerorts ist außerhalb der **Saison** mit Bautätigkeiten zu rechnen. Im **Juli und August** sind die Strandorte sehr voll, die meisten privaten **Unterkünfte** sind von Albanern reserviert. Außerhalb der Saison gibt es in allen Orten meist einfache Unterkunftsmöglichkeiten. Am besten erschlossen sind Dhërmi und Drymades, Himara und Saranda. In den Bergdörfern fragt man im Supermarkt oder in der Bar nach einem Zimmer.

■ In der Vor- und Nachsaison sind die Strände leer. Aber selbst im Sommer gilt: Überall dort, wo man nicht mit dem Auto, sondern nur zu Fuß hingelangt, entdeckt man ruhige Plätze. Die **schönsten Bademöglichkeiten** findet man in Drymades, Gjipe und Jal, in Llaman, Lukova und Korez.

■ Die **Campingplätze** in Drymades, Jal und Livadh sind sehr einfach, es werden komplette Zelte mit Matratzen vermietet (Halb-/Vollpension). Wildzelten oder **Übernachten am Strand** ist in der Vor- und Nachsaison problemlos möglich. Für **Wohnmobile** gibt es keine Stellplatzbeschränkungen, die Zufahrten zu den Strandorten und Stränden sind inzwischen asphaltiert und gut mit dem Womo befahrbar. In der Nebensaison kann man ohne Probleme an den Strandstraßen und Stränden stehen.

■ Was **Essen und Trinken** anbelangt, kann man sich von Ende Mai bis in den September hinein sehr gut und günstig in Strandrestaurants und -bars versorgen. Dort gibt es frischen Fisch, Meeresfrüchte, Gemüse und Salate, in den Dörfern gegrilltes Zicklein. Im Winterhalbjahr findet man nur in Himara, Borsh, Porto Palermo und Saranda offene Restaurants, oder man fährt in eines der Bergdörfer, wo die Dorfbars immer offen haben.

■ Geldautomaten und **Banken** gibt es in Orikum, Drymades Beach, Himara und Saranda, **Tankstellen** in Orikum, Dhërmi, Himara und Saranda.

Llogara-Nationalpark

Der Kontrast zwischen der weiten mediterranen Dukat-Ebene und dem dichten **alpinen Waldgebiet,** in das man unversehens hineinfährt, wenn sich die Passstraße an der Nordseite des Ceraunischen Gebirgszuges in langen Kehren in die Höhe windet, ist beeindruckend. Beidseits der Straße beginnt unvermittelt ein Bergwaldgebiet, das mit jeder Kehre dichter wird. Einzelne freistehende große windzerzauste Kiefern prägen das Bild dieser felsigen Region. Die Vegetation besteht hauptsächlich aus Schwarzkiefern, den seltenen Schlangenhaut-Kiefern, Weißtannen, Bulgarischen Tannen und Eschen und Hartlaub-Gesträuch von einer überraschenden Üppigkeit.

Der 1.010 Hektar große Nationalpark entstand bereits 1966 unter dem kommunistischen Regime und schützt ein einmaliges **mediterranes Bergwald-Relikt** auf einer Höhe zwischen 470 und 2.018 Metern. Teile des heutigen Waldbestandes wurden damals neu angepflanzt. Die terrassierten steilen Hänge an der Nordseite des Dukat-Tales zeugen von Versuchen im Kommunismus, auch diese Gebiete wieder zu bewalden, die dem Raubbau in früheren Zeiten zum Opfer gefallen waren.

Von den hier beheimateten **Tieren** wird man kaum welche zu Gesicht bekommen. Reh, Wildziege und Wildschwein gelten als selten, da sie durch alle Zeiten hindurch stark bejagt wurden, Kleinraubtiere wie Steinmarder, Fuchs und Wildkatze und auch der scheue Wolf kommen häufiger vor. Im Gebirge leben das seltene Alpensteinhuhn, Stein-

adler, Gänse- und Schmutzgeier, Sperber, Kolkraben und zahlreiche Eulenarten.

Etwa drei Kilometer vor dem **Llogara-Pass (Qafa e Llogorasë)** haben sich im lichten Schatten beidseitig der Straße einige Hotels und Restaurants verschiedener Kategorien angesiedelt, die gute Unterkunftsmöglichkeiten bieten. Touristischer Anziehungspunkt ist der Passübergang: Der Blick 1.000 Meter hinab auf die Ionische Küste ist atemberaubend und einer der beeindruckendsten Plätze Albaniens. Ist die Sicht klar, kann man an der Küstengebirgskette entlang bis ans Ende der Riviera-Küste zum etwa 50 Kilometer entfernten Korfu und auf die vorgelagerten Inseln Erikoussa, Othoni und Mathraki blicken.

Am Pass erlebt man eine eindrucksvolle **Klimagrenze:** Südlich sind die Gebirgshänge auf einmal karstig und trocken und die Temperaturen deutlich höher als auf der Nordseite. An heißen Sommertagen liegen die Temperaturen um 35 bis 37 Grad, im Sommer ist es fast ausgeschlossen, dass es regnet. Im Winter wird es selten kälter als zwei Grad, oft gibt es richtig warme Tage. Besonders eindrucksvoll ist es, wenn frischer Schnee am Pass gefallen ist, die hohen Gipfel unter Schneedecken liegen und das Meer tief unten türkisblau leuchtet.

Der Pass liegt zwischen den Massiven der 2.045 Meter hohen **Maja e Çikës** (Mädchenberg) und der 2.018 Meter hohen **Maja e Gjipalit** (Nadelberg). Südlich des Passes liegen die Mali i Vetëtimës, das Donnergebirge. Oft brauen sich hier unversehens starke Unwetter und Gewitter zusammen. Wie an vielen Orten im ehemals osmanisch besetzten Mittelmeerraum sollen sich auch von

Südalbanien

Çaj i Malit

Der eher als **griechischer Bergtee** oder **griechisches Eisenkraut** bekannte Tee wird im Llogara-Gebiet an vielen Ständen zum Verkauf angeboten. Dabei handelt es sich um eine der über 80 Sideritis-Arten, die im Mittelmeerraum heimisch sind. Çaj i Malit ist in Albanien der traditionelle Haustee, der **bei sehr vielen Beschwerden erfolgreich** eingesetzt wird. Der von Natur aus blumig-süß schmeckende Tee enthält natürliche Flavone, ätherische Öle und antibiotische Substanzen und ist die erste Wahl bei allen Erkältungskrankheiten. Er wird meist mit Honig gesüßt oder mit Zitrone verfeinert. Çaj i Malit hat auch eine sehr gute Wirkung auf das Herz- und Kapillarsystem und soll auch positiv bei Arteriosklerose, Diabetes und Osteoporose wirken. In den Bergen führen die alten Leute ihre eiserne Gesundheit auch darauf zurück, dass sie jeden Morgen eine Tasse Çaj i Malit trinken. In der griechischen Antike wurde Bergtee als Mittel gerühmt, sich seine Geisteskraft bis ins hohe Alter zu erhalten. Dazu passt, dass Forscher der Universität Rostock bei Versuchen mit Eisenkraut Stoffe entdeckten, die die für Alzheimer verantwortlichen Ablagerungen durch Eiweißstoffe deutlich verringern konnten.

In Albanien kocht man eine Hand voll Çaj i Malit in einem Liter Wasser auf und lässt ihn ca. 15 Minuten ziehen. Der Tee ist so stark, dass ein zweiter Aufguss gemacht werden kann.

In den großen Gebäuden links oberhalb der Nationalstraße vor Dhërmi wurden schon im Kommunismus die getrockneten Heilpflanzen und Kräuter der Wildsammlungen gesammelt und getrocknet. Bergeisenkraut kommt erst auf einer Höhe ab 800 Meter in karstigen Gebieten vor. Die Bestände werden schon seit Generationen durch **Wildsammlungen** genutzt. Durch schonendes Pflücken der Blütenstände soll es keine Schäden an den Beständen geben.

Die **Pflückerinnen** sind von März bis November unterwegs und sammeln etwa 20 Kilogramm frische Kräuter am Tag, das sind getrocknet sieben Kilogramm Çaj i Malit, Sherbelë (Salbei), Thymian und Oregano. Albanien ist Europas größter Salbeilieferant. Für ein Kilogramm trockenen Sherbelë zahlt der Händler aus Tirana 1 Euro, für albanische Verhältnisse ein durchaus einträglicher Nebenverdienst.

⌄ Verkauf von Çaj i Malit am Llogara-Pass

alba056 mg

Südalbanien

der Maja e Çikës junge Mädchen heldenhaft in die Tiefe gestürzt haben, um nicht in die Hände der türkischen Soldateska zu fallen.

Nach der grandiosen **Abfahrt** von Llogara **nach Palasa** breitet sich beidseitig der Straße eine überaus liebliche Landschaft mit alten Zypressen, Steineichen, Olivenbäumen und Zitrusbäumen aus. Fast magisch wird der Blick immer wieder von den kleinen Ionischen Inseln, die im unglaublichen Blau des Meeres liegen, angezogen.

Outdoor (ab Llogara)

Die einsam-paradiesischen Wanderungen entlang der Küste von Karaburun, sowohl von Palasa als auch von Orikum aus, bedürfen einer **guten Vorbereitung.** Sie sind nichts für spontane Turnschuhwanderer. Die sich immer wieder in der hohen Macchia verzweigenden Hirtenwege nehmen mehr Zeit in Anspruch als es scheinen mag. Schon im Juni kann es sehr heiß sein, Trinkwasser muss mitgenommen werden. Auf Google Earth die Abstiege zur Küste vorher ansehen.

Tour 1: Am nördlichen Ende des Strandes von Palasa gibt es einen Einstieg in einen Hirtenpfad entlang der Küste, auf dem man nach ca. zehn Kilometern die **Bucht von Grama** (Gjiri i Gramës) erreicht. Alternativ beginnt man die Tour am Llogara-Pass und läuft über die Qafa e Caesarit auf der Höhe der Halbinsel Karaburun bis zum tiefen Geländeeinstieg von Grama, wo man zur Bucht absteigt. Bei der Anfahrt lässt man Bus oder Taxi am Pass oder an der Strandzufahrt nach Palasa stoppen.

Tour 2: Die **Maja e Çikës** ist das bekannteste Ziel, an das sich unzählige Möglichkeiten in Richtung Tal oder Küstenkette anschließen. Die Orientierung auf der Höhe ist aufgrund der fehlenden Vegetation sehr übersichtlich. Entlang der Passstraße liegen verschiedene Einstiege. Wegen der Sonneneinstrahlung und Hitze sollte man diese Tour so früh wie möglich am Tag beginnen.

Unterkunft/Essen und Trinken

Tipp: Sorkadhja, an der Nordseite des Passes in einer Kurve am großen Mosaik, Bushaltestelle und Treffpunkt für Einheimische und Hirten, im Sommer Dachterrasse, einfach, sehr schmackhaftes und preisgünstiges *tasqebab,* ein leichtes Rindergulasch, gegrilltes Lamm und Zicklein und *pilaf* mit *kos* (Reis mit Joghurt). Die Mutter kocht, es wird auch etwas Deutsch verstanden und gesprochen. Draußen spendet der Hirschkuh-Brunnen (*sorkadhja* = Hirschkuh) beständig frisches Quellwasser. Ein Lieblingsplatz der Autorin!

■ **Rezorti Llogara③**, auf einem weitläufigen Waldgelände gelegenes gediegenes albanisches Haus mit gehobener-konservativer Ausstattung, Tel. (033) 257 90, (069) 334 44 00, www.llogara. com. Obwohl 1993 neu erbaut, wirkt es etwas angestaubt mit einem Hauch exkommunistischem Charme (vor der Wende geplant) und gerade deshalb sehenswert. Komfortable Zimmer mit Balkon sowie Suiten. Großes Restaurant mit griechischer und albanischer Küche, Bar, Billard, Tischtennis, Fitness, Pool, Souvenirshop, Babysitterservice, Konferenzräume. Für Hausgäste Paragliding und geführte Gebirgswanderungen. 16 Holzhütten auf dem Wiesengelände vor dem Hotel, sauber, aber etwas abgelebt. Hütte mit zwei Zimmern, Duschbad, TV und Minibar. Großes Außengelände mit zwei freilaufenden, handzahmen ältlichen Hirschen.

alba14-016 mg

Mandi/Restaurant Andoni②, Tel. (069) 334 07 98, (068) 240 09 29. 10 geschmackvolle einfache Holzhäuschen mit netten, sauberen Zimmern mit je einem Doppelbett und einem Stockbett, Kühlschrank und Heizung. Restaurant mit albanischer Küche.

Alpin③, kleineres Familienhotel in traditionell albanischem Baustil, Tel. (069) 205 59 63, 239 05 61. 20 saubere, aber etwas schattige Zimmer, gemütlicher Aufenthaltsraum im OG mit traditionellem albanischen Ambiente, Kamin und Leseecke. Kinderspielecke im EG. Restaurant mit albanischer Küche. Tipp: Für Hotelgäste gibt es Führungen im Gebirge.

Sofo③, von Albanern stark frequentiertes Restaurant mit albanischer Küche, Tel. (068) 209 19 31, info@hotelsofo.com, www.hotelsofo.com. Früher gut geführt, heute viel Durchlauf und kommerziell. 10 ordentliche 2- bis 3-Bett-Zimmer.

Hamiti②, 4 einfache Apartment-Hütten in Holzbauweise für 4 Personen mit Duschbad, inkl. Kochzeile und Kühlschrank. Restaurant mit einfacher albanischer Küche, wird gerne von Großfamilien frequentiert.

Bar-Restaurant Dukati, nettes Bergrestaurant mit schönem gepflegten Gartengelände am Berghang, liebevoll gestalteten schattigen Sitzplätzen, Wiesengelände am Bach und kleinem Fischbassin. Traditionell albanisch, freundliche Bedienung, schmackhafte Gerichte und reichhaltige Karte. Frischer Fisch und gegrilltes Lamm.

Palasa (Palasë)

Palasa ist ein naturgewaltiger, vier Kilometer langer **Kiesstrand** im Schatten des mächtigen, meist wolkenverhangenen Mali i Çikës mit einer fast bedrohlich wirkenden Umgebung. An seinem nördlichen Ende beginnen die kahlen Felsen des Karaburun-Massivs, im Süden Rich-

Blick auf den Strand von Palasa

Caesars Landung in Palasa

Die meisten Althistoriker halten den flachen und nicht leicht einsehbaren Strand von Palasa für den Ort, an dem vor fast 2.000 Jahren der **Römische Bürgerkrieg** begann, in dem *Caesar* und **Pompeius** um die Vorherrschaft in Rom kämpften.

Im Winter des Jahres **49/48 v.Chr.** war die gesamte Küste zwischen Korfu und Vlora mit Schiffen von *Pompeius'* Verbündeten gesichert, die dort warteten, um eine Landung von *Caesars* Truppen an der Küste des heutigen Albaniens zu verhindern. Es war bekannt, dass man nur im Winter in Epirus kämpfen konnte, denn im Frühjahr waren die wenigen Verkehrswege oberhalb der versumpften Küstengebiete nach der Schneeschmelze für ein Heer unpassierbar, dazu war ganz Epirus im Sommer ein überaus gefürchtetes Malariagebiet.

Mit einem perfekt durchdachten Plan gelang *Caesar* dennoch die Überfahrt. Am 5. Januar 48 organisierte er in Otranto heimlich eine **Flotte,** passierte das Meer im Schutz der Dunkelheit und konnte noch vor Tagesanbruch mit 15.000 Mann und 600 Reitern den Strand von Palasa erreichen. *Pompeius* war zu dieser Zeit in Mazedonien, um neue Truppen zu sammeln. Während in Palasa immer noch die letzten Truppen am Strand ausschifften, hatten die ersten bereits den 1.000 Meter hohen Llogara-Pass überwunden und Oricum erreicht. Die pompeianischen Besatzer waren derart überrumpelt, dass die griechische Bevölkerung mit *Caesar* kollaborieren konnte und Oricum ohne große Kampfhandlungen in dessen Hände fiel.

Caesar rückte bereits in den nächsten Tagen bis nach Apollonia vor, wo er *Pompeius* Truppen-

vorräte erbeuten konnte. Nach dem **Fall von Apollonia** liefen auch Byllis, Amantia und andere illyrische Städte in den Bergen bereitwillig zu *Caesar* über. *Pompeius* war inzwischen vom Ohrid-See bis in die Gegend bei Fier gezogen, wo beide Parteien zum ersten Mal direkt aufeinandertrafen und an den **Ufern des Seman** Stellung bezogen, *Pompeius* am nördlichen, *Caesar* am südlichen. Während dieser Zeit erlitt *Caesar* einen unerwarteten schweren Verlust, denn hinter seinem Rücken eroberte der junge *Pompeius* Oricum und versenkte dort *Caesars* gesamte Flotte in der Lagune. *Marcus Antonius,* der Caesar eigentlich schon längst zur Hilfe gekommen sein sollte, war zu allem Unglück von schweren Winterstürmen bis in den Hafen von Lissos (Lezha) an der heutigen nordalbanischen Küste abgetrieben worden.

Nach ergebnislosen Kämpfen am Seman verfolgte *Caesar Pompeius* bis nach Durracchium (Durrës), wo sich die beiden Kontrahenten bis in das Frühjahr hinein zwischen den Hügeln der Stadt einen erbitterten, aber letztendlich **ergebnislosen Stellungskrieg** lieferten. Am Felsen von Kavaja, an dem heute die Stadtautobahn von Durrës vorbeiführt, sollte es eigentlich zur Entscheidungsschlacht kommen, doch der Kampf endete sieglos. *Pompeius* entkam und wurde erst am 9. August 48 endgültig in der Schlacht von Pharsalos auf griechischem Boden geschlagen und dann wenige Wochen später in Ägypten ermordet. Damit war *Caesar* am Ziel und konnte sich in Rom zum Alleinherrscher krönen lassen.

(nach *J. Caesar*, „De bello civili", 3. Buch)

tung Dhërmi liegen mehrere Buchten mit romantischen, versteckten weißen Steinstränden und Badefelsen. In der Mitte des Strandes dehnt sich ein ein Kilometer breites Gebiet mit dem Bachgeröll des Palasa aus, dessen ganze Größe nicht nur vom Llogara-Pass aus, sondern auch am Strand sehr eindrucksvoll ist. Hier beginnt auch ein versteckter Fußpfad zur zehn Kilometer nordwestlich liegenden Bucht von Grama.

Auch 2014 kam man nur mit Allrad bis zum Strand, Vorsicht vor tiefem Schotter und Sand. Nach der Sandgrube parken.

Palasa-Fshat ist ein besuchenswertes kleines Bergdorf, in dem noch kein Tourismus angekommen ist.

Dhërmi-Fshat

Schon von Weitem leuchtet die weiße Fassade des **Klosters Shën Mërisë** hoch über dem Dorf von der felsigen Kante herab. Hohe weiße Steinhäuser liegen verstreut an den felsigen Hügeln zwischen alten Olivenbäumen und Gärten, in den Mauern blüht wilder Thymian. Inzwischen sind die Albaner im Sommer nicht mehr unter sich – das kleine Bergdorf entwickelt sich zu einem **Backpacker-Treffpunkt**. Es gibt einen Supermarkt und kleine Bars an der Straße.

Schon vor dem 2. Weltkrieg war Dhërmi für seine großen **Oliven- und Zitrusplantagen** bekannt, in kommunistischer Zeit zählte man fast 50.000 Olivenbäume und baute Zitronen, Orangen, Feigen, Trauben, chinesische Nespola (Pflaumen) und Feigenkakteen an.

Im Mittelalter gab es hier 31 **Kirchen,** sieben größere lassen sich heute noch finden. Zu dem schon von Weitem sichtbaren ehemaligen **Kloster Shën Mërisë** hoch über dem Dorf gelangt man am besten über einen asphaltierten Fahrweg, der am südlichen Ortsausgang abzweigt (25 Min. Fußweg oder mit dem Pkw steil bergauf bis kurz vors Ziel). Das Schloss an der Eingangstür lässt sich öffnen, bitte wieder gut schließen wegen der Tiere. Die neuere Kirche Shën Konstandin liegt direkt am Ortseingang oberhalb der Hauptstraße. Etwas unterhalb des Klosters Shën Mërisë steht die alte Kirche Shën Dimitrit, die rekonstruiert wurde und heute ein wichtiges Zentrum an kirchlichen Feiertagen ist. Im Dorf finden sich neben den Kirchen Shën Thanasit und Shën Gjon Theologut die Shën Evangejelismoit aus dem Jahr 1689 und die Shën Parashqevia von 1744, beide wegen ihrer gut erhaltenen Fresken sehenswert. Die kleine Kirche am Ortsausgang heißt Shën Spiridon.

Dhërmi-Plazh

Die großartige Szenerie des Mali i Çikës und das wunderbare kristallblaue Wasser machen Dhërmi zum **beliebtesten Badeort der Küste.**

Am Ortsausgang von Dhërmi-Fshat zweigt die breite Strandzufahrt nach Dhërmi-Plazh und Drymades ab. Die erste große Abzweigung rechts an der Zufahrtsstraße zum Strand führt 2,5 Kilometer durch Olivenhaine und ein exklusiveres Baugebiet für Ferienvillen zum nördlichen **Strand von Drymades,** der an den Strand von Palasa grenzt. Hier findet man in beide Richtungen über zwei Kilometer flachen, feinkiesigen und teilweise steinigen, gepflegten

Strand. Tipp: Über einen Felsenpfad in nördlicher Richtung gelangt man zu kleinen **romantischen Stränden.** Eiszeitliche Ablagerungen aus Kies und Geröll wurden hier vom Meer zu seltsamen Formationen und Grotten ausgewaschen, die sicher zu den geologischen Seltenheiten des Landes zählen.

Ganz neu für den Tourismus geschaffen und mit eigener Strandzufahrt von der Straße nach Drymades zeigt sich **Nikki Beach.** An der Straße liegt auch Paradise Kamping. Am Strand angekommen, schmerzt der unwiederbringliche Landschaftsverlust an einem der schönsten albanischen Küstenabschnitte. Geld schien bei der Erschließung keine Rolle zu spielen. Ein mondänes, professionell geführtes Strandresort existiert bereits, Baustopp wurde für einen größeren Hotelkomplex erteilt – die riesige Baugrube klafft wie eine offene Wunde im Strand.

Folgt man der Hauptzufahrt nach unten, teilt sich die Straße in zwei Richtungen: Am **Plazhi i Jaliskari,** am Ende der rechten Straße, lag der alte Ortskern mit dem Hafen von Dhërmi; hinter dem abgezäunten Gelände liegt eine der schönsten Ferienvillen der albanischen Regierung. **Plazhi i Dhralë** ist der etwa einen Kilometer lange Südstrand. Um dorthin zu kommen, muss man einige hässliche Ecken eines Ferienheims aus kommunistischer Zeit überwinden.

Dhërmi ist der erste große Strand an der Riviera-Küste, der von Norden zu erreichen ist; im Hochsommer leidet der winzige Ort unter einer **Besucher- und Pkw-Schwemme.** An Wochenenden, wenn ein (international) bekannter DJ

☑ Das charmante Bergdorf Dhërmi-Fshat

alba039 mg

angesagt ist, können Massen von Besuchern anreisen. Achtung: Caravans und Busse haben im Sommer am Ende der Straße keine wirkliche Wendemöglichkeit! Entlang der Dorfstraße verlangen Anlieger im Hochsommer geringe Parkgebühren.

Die **Shpella e Piratëve** ist eine 30 Meter lange Karsthöhle in der nächsten Bucht südlich von Plazhi i Dhralë/Dhermi, die nach 500 Metern mit dem Boot gut zu erreichen ist. Hier gibt es weitere gute Badestellen.

Zum **Manastir i Stavridhit** (Kloster Hl. Stavril) biegt man kurz nach Dhërmi in **Ilias** ins Dorf ab und hält sich entlang des Bachbettes über ein Kieswerk talaufwärts. Dort liegt nach 2,5 Kilometern die ehemalige mittelalterliche Einsiedelei mit einem schlichten Kirchlein an dem Platz eines ehemaligen Artemistempels.

Von hier gibt es einen alten, wenig begangenen Übergang über eine ehemalige italienische Militärstraße hinauf auf die Küstenbergkette.

Praktische Infos

Unterkunft außerhalb

■ **Hotel Palasa,** modernes Hotel 700 m über dem Meer mit toller Aussicht an der Hauptstraße in Palasa, Tel. (069) 207 25 55, (037) 744 18 30 84. Helle, freundliche und komfortable Zimmer mit Duschbad, Minibar, TV und Balkon. Parkplatz und Pool.

Unterkunft am Plazhi i Dhralë (Südstrand)

■ **Vila Strakosha**②, Tel. (069) 552 35 29, sehr gepflegtes gelbes Strandhaus mit weißen Balkons und einem schönen mediterranen Garten. 8 saubere einfache Zimmer, 4 mit 3 Betten, 4 mit 4 Betten,

alba14-017 sg

Kühlschrank, AC, inkl. Frühstück. *Maria Strakosha*, Kontakt über Facebook.

■ **Vila Milton**②, Tel. (068) 223 59 62, einfaches, gepflegtes Strandhotel mit 14 Zimmern z.T. mit Meerblick und Balkon, 3 3-Bett-Zimmer, 11 DZ, englisches und europäisches Frühstück, Duschbad (Mai bis August).

■ **Grand**③, zentrales Strandhotel in bester Lage mit super Blick und kleinem Privatstrand, gute DZ mit Duschbad, Klima, WLAN, der Service ist verbesserungswürdig.

■ **Pastarelle Mykonos**③, mykonosresort@hotmail.com, gepflegte Anlage mit griechischem Flair in schöner, ruhiger Lage am südlichen Strandende, 10 weiße Holzhütten zwischen Olivenbäumen für 2 oder 5 Pers.; 1 oder 2 Zimmer mit Doppelbett und Stockbett, kleines, sehr einfaches Duschbad, Schrank, Kühlschrank, AC.

■ **Splendor Hotel & Spa**④-⑤, Tel. (069) 207 94 39, info@hotelsplendor.al, www.hotelsplendor.al. Exklusives und luxuriöses Poolhotel, eröffnet im Juli 2013, 45 DZ und Suiten mit Balkon, Fitnesscenter und kleines Spa, in ruhiger Lage oberhalb des Strandes, sehr angenehme Atmosphäre, freundliche Leitung, aber 2013 war der Service noch nicht professionell.

Unterkunft am Plazhi i Jaliskari (Nordstrand)

■ **Yard Paradise Hotel**③, an der Straße nach Drymades, linke Seite in einer Kurve, Tel. (068) 395 43 18, yardparadisehotel@yahoo.co, www.yardparadisehotel.com. *Marika* und ihr Mann führen hier ein kleines Blumenparadies mit 14 gut eingerichteten 2- bis 3-Bettapartments mit Duschbad, Kühlschrank, Balkon oder Terrasse in ruhiger Lage. Barbecue, Bar/Café und Parkplatz.

■ **Hotel Grand**③, 12 angenehme DZ mit Duschbad, AC, Kühlschrank und Balkon.

◁ Easy living in Dhërmi-Plazh

■ **Perivolo Drymades**③, Tel. (069) 207 40 00, 20 Holzhütten zwischen Olivenbäumen direkt am Strand für 2 bis 5 Personen. Sehr sauber und gut eingerichtet, mit Kühlschrank und AC.

Unterkunft in Drymades

■ **Drymades Beach**②, ältere, große teilrenovierte Strandhotelanlage unter schöner Bepflanzung, Tel. (069) 207 40 00, (042) 257 456. Einfache Apartments, aber günstig.

■ **Ionian**③, direkt am Strand, Tel. (039) 32 12 97, (069) 355 48 81, hotelionian@hotmail.com, www.hotelionian.com. Engl./franz., 24 helle, freundlichmoderne DZ mit Duschkabinen, AC, WLAN, inkl. Frühstück, Strandrestaurant mit schöner Außenterrasse, im Hochsommer laut wie überall wegen der Stranddiscos.

■ **Drymades Inn**④, Tel. (069) 207 40 04, info@drymadesinn.al, www.drymadesinn.al. Ferienanlage direkt am Strand mit Liegestühlen, traumhaft schöner Strandbar, gut geführtem Restaurant und schönem Pool. 14 eher kleine Holzbungalows gehobener Qualität in verschiedenen Größen, auch mit zwei Etagen, bis zu 6 Personen, inkl. Frühstücksbüffet, AC, Duschbad, moderne, helle Ausstattung, WLAN. Momentan eine der schönsten Strandanlagen im Land, gehört einem Baulöwen. Allerdings in der Hochsaison 2013 immer wieder Probleme mit Service, Hygiene und Organisation.

Camping

■ **Paradise Camping**①, kurz vor Nikki Beach oberhalb vom Strand, nach einigen Jahren in Thessaloniki sind *Roland* und *Ledi* im Zuge der Wirtschaftskrise wieder in ihr Heimatdorf Dhërmi zurückgekommen und versuchen mit einfachen Mitteln eine neue Existenz aufzubauen. 2013 waren die Steuern höher als die Einnahmen. Sanitäranlagen einfach, aber sauber, 12 Zelte und Caravanstellplätze, *Roland* ist ein leidenschaftlicher Koch.

■ **Totoreto**②, GPS 40.14661, 19.63342, 2 km über holprigen Feldweg, in Dhërmi ausgeschildert, Tel. (068) 202 65 25 (engl.), 270 49 77 (ital.), aniruci@

7

rocketmail.com, f.ruci@virgilio.it. Felsbetten mit Bettwäsche, Strom, Wasser, Spülbecken, einfache Sanitäranlagen, kein WLAN, Restaurant. Geöffnet 15.7.–30.9.

■ **Sea Turtle Camp**①, Drymades, vom Strand 150 m, Tel. (069) 40 16 57, facebook, alternativer gepflegter Platz unter Pinien mit Flair, Familienbetrieb, 70 Zelte mit Futonbetten, 200 Pers., 1.200 Lek/Pers. VP, Mitte Juni bis Mitte Sept., am ersten Augustwochenende Turtle-Fest-Musikevent.

Essen und Trinken

■ Im Sommerhalbjahr gibt es ein gutes und breites Angebot an **Strandrestaurants.**

■ **Piratet,** Dhërmi Beach, am Strand, Tel. (069) 209 27 94, 8–3 Uhr, die erste Adresse für Fisch und Meeresfrüchte, auch Tagesangebote, beständig gut, aber im Sommer langsamer Service.

■ **Restaurant Drymades Inn,** mediterrane Gerichte gut zubereitet in schöner Atmosphäre, leckere Holzofenpizza, feine ital.-alb. Fischgerichte, Frühstücksbüffet auch für Gäste, die nicht im Hotel (s.o.) übernachten.

■ **Café Panorama,** an der Hauptstraße gleich nach Dhërmi, ein Café mit einer Panorama-Aussichtsterrasse, auf der an heißen Hochsommertagen Meer und Horizont in endlos weitem Blau verschwimmen.

Kanioni i Gjipes

✿ Der **Canyon von Gjipe** ist einer der schönsten Plätze an der Küste und zum Glück immer noch nicht voll erschlossen. Die 2009 mit Weltbankgeldern absolut überdimensioniert ausgebaute Straße führt 2,5 Kilometer parallel am oberen Abschnitt des Canyons von Gjipe durch ein beeindruckendes Roterdegebiet mit vielfältiger mediterraner Flora zu einem Parkplatz (Einheimische kassieren in der Saison 400 Lek Parkgebühr

pro Pkw). Von dort erreicht man (Schild: „Manastiri") die trostlosen Reste einer Klosteranlage, die in kommunistischen Zeiten als Ferienanlage genutzt wurde.

Zum **Strand** am Ausgang des Canyons sind es etwa 20 Minuten zu Fuß auf einer groben Schotterpiste (nur mit Allrad); von Felsen umgeben, bieten sich paradiesische Bademöglichkeiten.

Outdoor

Tour 1: Von Gjipe durch eine verwilderte Zitrusplantage mit schönem alten Baumbestand über einen Fußpfad teilweise kletternd durch den ca. 800 Meter langen und 10 bis 20 Meter breiten Canyon bis zu einem Wasserfall (eine komplette Durchquerung des Canyons ist nicht möglich!); Vorsicht: Steinschlag!

Tour 2: Vom Strand nach der Bachüberquerung (nur außerhalb der Regenzeit) Richtung Süden über einen felsigen Pfad oberhalb des Meeres weniger als 1 km zur Strandhöhle – einer der verwunschensten Badeplätze an der Küste, die man zu Fuß erreichen kann (bitte keinen Müll zurücklassen!). Der alte Pfad von Gjipe nach Ja und Vuno durch die Macchia ist zugewachsen!

Vuno

An einer Engstelle der malerischen Ortseinfahrt von Vuno steht die einzige Ampel zwischen Vlora und Saranda. Vuno (griech.: Stein) am Südhang des Mjegullosh-Gebirges ist ein **typisches Bergdorf.** Viele der etwa 200 Häuser sind heute verlassen, die engen, gepflasterten malerischen Gassen sind immer wieder mit kleinen Tunneln überwölbt, hinter den hohen Mauern liegen dreistöckige Wohnturmhäuser.

In dem im Mittelalter bedeutenden Dorf haben sich heute fünf **Kirchen** erhalten, die 1783/84 erneuert wurden. Im oberen Dorfzentrum befindet sich Shën Mërisë, unterhalb der Straße Shën Gjon Pagëzorit. Am südlichen unteren Dorfrand liegt zwischen großen alten Olivenbäumen Shën Spiridon mit schönen Ikonen, Gemälden und alten Inschriften. Östlich davon, etwas versteckt, steht die kleine Kirche Shën Mëhillit.

Im 2. Weltkrieg wurde Vuno gleich zweimal von den Deutschen zerstört. Das **Ehrenmal** an der Straße erinnert an den Partisanen *Zaho Koka* aus Vuno, der hier in den Bergen einen deutschen Offizier erschoss, worauf deutsche Gebirgsjäger das Dorf das zweite Mal bis auf die Grundmauern niederbrannten und alle beteiligten Dorfbewohner hinrichteten.

Im Hochsommer ist Vuno ein angenehmer Ort mit Flair, um auszuspannen und Kontakte zu knüpfen. In 30 Minuten kommt man über einen schmalen Fußpfad an Olivenplantagen und Obstbäumen vorbei hinunter zum Strand nach Jal.

Unterkunft/Essen und Trinken

■ **Shkolla Vuno Hostel**①, Tel. (068) 406 38 35, shkollavuno@hotmail.com, www.tiranahostel.com. 20 Schlafplätze (Matratzenlager und Betten) in der ehemaligen Dorfschule, 7 Euro pro Tag, 4 Euro für einen Zeltplatz, dazu Bettwäsche, Ventilatoren, sehr einfache Sanitäranlagen, Selbstversorgerküche, alle Informationen zum Aufenthalt in der Region. Transfer zum Strand/Canyon von Gjipe (2 Euro). Täglich frische Ziegenmilch, Käse und Butter von Hirten des

Dorfes. Feigenbäume und Esel vor der Haustür. Geöffnet Juni bis Sept.

■ **Vila Manol**③, am Ortseingang gleich nach der Ampel, www.airbnb.de/rooms/709264?s=QUns. 3 individuell eingerichtete schöne Wohnungen mit allem Komfort für 4–6 Pers., schöne Terrasse mit weitem Blick auf die Küste, freundlicher Besitzer, gut für Familien oder kleine Gruppen geeignet, Mindestaufenthalt 6 Nächte.

Tipp: **Bar-Restaurant, Lula Store** im Dorfzentrum an der Hauptstraße, mit Parkmöglichkeit, hier hat *Lula* einen kleinen Laden und kocht gleichzeitig sehr leckere günstige Gerichte ohne Karte, z.B. *Mish misti* (gemischtes Fleisch), *Kos me Kastravece* (Joghurt mit Gurke), *Sallatë greke* (griechischer Salat), *Speca të mbushura* (gefüllte Paprika), *pulë* (Huhn).

Jal

Die Küste zwischen Jal und Gjipe ist ein echtes **Urlaubsparadies mit feinkiesigen Stränden** und kristallklarem, ganz intensiv leuchtendem türkisfarbenem Wasser. Zwischen Jal und Gjipe findet man versteckte sandige Nischen, Felsenbuchten und kleine Höhlen. Wer gerne taucht und schnorchelt, kann sich hier stundenlang zwischen den Felsen und in Unterwasserhöhlen vergnügen. Landschaftlich besonders schöne Gebiete waren in kommunistischer Zeit oft Sperrgebiete. Die große Ferienanlage auf dem Hügel mit weiter Aussicht über das Meer war Auserwählten vorbehalten. Die große Bucht an der Strandsiedlung nennt sich heute **Soleil Beach,** dort finden sich einfach(st)e Strandbars einheimischer Betreiber, der Badebetrieb ist familiär, an dem Zuckerstück der Bucht mit dem großen Badefelsen entstand 2012 das Folie Marine Strandresort. Etwa einen halben Kilometer weiter nördlich (Macchiapfad) liegt ein kleines, ruhiges Bade-paradies zwischen Felsen, der kleine **Jal-Strand.**

Unterkunft/Essen und Trinken

■ **Jal-Camping**①, GPS 40.12069, 19.70119, di-rekt oberhalb des Strandes, im Jahr 1999 aus einer Initiative für ökologischen Tourismus entstanden, Tel. (069) 613 04 40, (067) 204 91 64, www.jal-kamp.com, info@jalkamp.com. Platz für 120 Perso-nen, Zelte, Sitzmöbel, WC, Dusche und Nutzung ei-ner Sommerküche inklusive. Barbetrieb rund um die Uhr, Open-Air-Kino, Tischtennis, Tauchen, Beach-Volleyball, Basketball, Trekking. Halbpension 8 Euro pro Person, Gruppen ab 20 Personen ermä-ßigt. 1.6.–15.9.

■ **Jal Beach**②, Hotel am Ortsende, Tel. (068) 82 29 70 39. Einfache, günstige Zimmer.

■ **Arian Bala**②, privates Apartmenthaus oberhalb des Dorf-Supermarktes, Tel. (068) 82 29 70 39. Ver-schiedene einfache, aber nette, kleine und saubere Zimmer mit Dusche und Veranda mit schönem Blick auf die Bucht. Parken nur im Dorf.

■ **Folie Marine**③, Tel. (068) 201 09 00, wirklich schönes und edles Strandresort, ital.-alb. Restau-rant mit guter Küche und kleinen Portionen, lang-samer „snobby" Service, teurer als anderswo, Beach Bar, Lounge, Disco, im August fest in der Hand von Tiranas hipper Szene.

■ Günstige familiäre **Bars und Strandrestau-rants** öffnen nur in der Saison.

Nach Jal überquert man nach kurzer Zeit die **Qafa e Vishes** (Kirschen-Pass) auf 375 Metern Höhe, dem ein besonders schöner Abschnitt der Gebirgsstrecke mit weiten Einblicken ins Bergland folgt.

alba040 mg

Livadh

Der 1,3 Kilometer lange breite **Steinstrand** ist gepflegt und familiär, das Wasser kristallklar. Der Strandort liegt reizvoll am Livadhi-Bach mit Blick auf die Burg von Himara. Eine kleine Badebucht ist in südlicher Richtung mit dem Boot erreichbar. Die zwei Kilometer lange asphaltierte Strandzufahrt liegt hinter Livadh nach dem alten oberen Ortsteil vor einer Kurve.

Unterkunft/Camping/Wohnmobile

◼ In der Vorsaison gibt es gute und günstige einfache **Apartments,** im Hochsommer ist alles komplett ausgebucht.

◼ **Kamping Kranea**①-②, GPS 40.10762, 19. 7271, Tel. (067) 312 21 22 *(Denis, Majola & Oliana Kokaveshi),* campingkranea@yahoo.com, www. camping-kranea.com, ideal direkt an flachem Strand gelegen, professionell geführt. 25 teilweise beschattete Womo-Stellplätze mit Strom und Wasser, Waschmaschine, sehr sauber, engagiert und persönlich, Frühstück im Restaurant, Ausflüge, Jeep-Verleih, 1.2.–30.11.

◼ **Kamping Livadh**②, in Terrassen angelegter Jugendcampingplatz am hinteren Strandende, Tel. (069) 231 38 54, (067) 218 45 18, facebook, www. kampinglivadh.com, info@kampinglivadh.com. 150 Pers., 2- bis 3-Pers.-Zelte mit Matratzen, inkl. Frühstück 8–10 Uhr, warme Duschen, einfache Sanitäranlagen, sauber, Beachvolleyball, Tischtennis, Liegenverleih, Bar, Restaurant, Holzofenpizza, 1.7.–30.8.

◁ Ein Traum: die Küste südlich von Livadh

Himara (Himarë)

Aus den Bergen führt die Straße hinunter in den Badeort Himara, den größten Ort dieses Küstenabschnitts, der an einer etwa 3,5 Kilometer weiten **offenen Bucht** liegt. Das Wasser ist hier flach und die Strände unterhalb der Hauptstraße durchgehend feinkiesig. In den letzten Jahren wurde auch hier viel gebaut, einige Bausünden sind auch dabei. Doch bis jetzt ist die Atmosphäre in Himara familiär, **beschaulich und unaufgeregt** geblieben. Die Partyszene aus Tirana feiert im Sommer in den Nachbarorten. Viele der Einwohner leben das Jahr über in Griechenland, auf Korfu, in Thessaloniki oder in Athen, und kommen in den Sommermonaten nach Hause in ihre von Gärten umgebenen und mit Weinlaub berankten Häuser am Fuße der mit Olivenplantagen bedeckten Berghänge. Am nördlichen Ende der Bucht liegt ein kleines **Zentrum,** wo man neben Cafés, Bars und Restaurants Supermärkte, einen Metzger und sogar ein Feinkostgeschäft findet. Im Juli und August wird die Hauptstraße an der Bucht gesperrt und am Abend zum Gjiro, wo man sich bei Einbruch der Dunkelheit trifft und ausgeht. Etwas weiter südlich liegt die kleine Plazhi i Potamit. Im Sommer ist Himara ein guter Standort, wenn man es ruhiger mag. Zum Baden ist das Wasser gut geeignet, weil ruhig und flach, der Strand ist anderswo vielleicht schöner.

Himara-Fshat

Die einzige Zufahrt zum alten **Bergdorf** liegt von Norden kommend gleich am

Albaner oder Griechen?

Manch ein Urlauber wundert sich vielleicht über griechische Bezeichnungen oder das ein oder andere aufgeschnappte griechische Wort am Wegesrand. Ursache hierfür ist die Tatsache, dass es in Himara, Dhërmi und Palasa eine **griechische Sprachinsel** gibt. Die überwiegende Zahl der Bewohner ist hier **zweisprachig.** Auch in Ilias, Vuno, Qeparo, Kudhës und Pilur ist das Albanische stark griechisch beeinflusst, ebenso wie in der grenznahen Region von Saranda-Delvina bis kurz vor Gjirokastra. Die nördlichsten griechischsprachigen Orte sind Narta und Zvërnec nahe Vlora.

Als Griechenland nach dem 2. Weltkrieg gezwungen wurde, den besetzten Süden Albaniens wieder zurückzugeben, kam es zu lang andauernden außenpolitischen **Spannungen** zwischen beiden Ländern. Jahrzehntelang bemühte man sich, auch auf wissenschaftlicher Seite, das Unbeweisbare nachzuweisen – wer nun in Himara und in anderen Orten an der Küste wirklich alteingesessen ist, Albaner oder Griechen? In kommunistischen Zeiten war es hier streng verboten, Griechisch zu sprechen. Einige Leute in Himara sprechen neben Albanisch auch einen lokalen griechischen Dialekt. Das **„Himara-Griechisch"** ist für Griechen heute noch gut verständlich, obwohl es viele archaische Muster bewahrt hat, die im heutigen Standardgriechisch schon längst verloren gegangen sind. Viele Albaner sind der Meinung, das die meisten Leute in der Gegend Griechisch sprechen würden, weil sie schon immer Seefahrer und Händler waren und viele Kontakte nach Griechenland hatten, was nichts daran ändere, dass sie Albaner seien.

Zu einer zumindest **politischen Einigung** kam es erst 1995, als die albanische Regierung den griechischen Minderheitenstatus der Region anerkannte und Griechenland im Gegenzug die Einreisebedingungen für Albaner erleichterte. Bis heute aber behindern griechische Behörden durch dubiose Gesetze die rechtmäßige Rückgabe von Grundeigentum an Albaner, die im Kommunismus von ihrem Besitz abgeschnitten waren, gleichzeitig verschleppen die albanischen Behörden Eigentumsverfahren der Griechen und der Orthodoxen Kirche. Allgemein kann man sagen, dass sich die Zuneigung zwischen Albanern und Griechen in engen Grenzen hält.

Heute schätzt man, dass in Südalbanien 100.000 bis 120.000 Albaner der **griechischen Minderheit** angehören. Ein Problem momentan ist, dass sich der größte Teil der erwerbstätigen Bevölkerung in Griechenland aufhält und die klassischen Minderheitengebiete hauptsächlich von Alten und Kindern bewohnt werden. Und es ist nicht verwunderlich, dass sich Albaner immer wieder ärgern, wenn sie selbst bei Auslandsreisen reglementiert werden, während ihre griechischen Landsleute inzwischen auch die griechische Staatsangehörigkeit erwerben können und damit quasi die ersten EU-Bürger Albaniens werden.

Trotzdem: Die griechisch-albanische Mischung hat ihren Reiz, und man merkt schnell, woher der **Wohlstand** kommt, der im albanischen Süden seit einigen Jahren immer mehr wahrzunehmen ist. Das in Griechenland verdiente Geld wird zunehmend auch zu Hause investiert und kommt der ganzen Region zugute. Es gibt griechisch geführte Hotels, Restaurants und Bars, griechische Strandkultur und mehr griechische Waren als sonst im Supermarkt. Die griechisch-orthodoxen Gemeinden sind förmlich wieder am Auferstehen, Kirchen werden renoviert und Kapellen am Wegrand errichtet. Nach 50 Jahren, im Jahr 2006, eröffnete in Himara wieder eine private griechische Schule.

Ortseingang noch vor der Bucht bei einer weißen Kuppelkirche, an der man auch parkt. Das sehenswerte Dorf liegt in exponierter Lage 140 Meter hoch auf einem felsigen Hügel über der Bucht von Livadh mit weitem Ausblick über die Küste und das umliegende Bergland. Es ist ein guter Ausgangsort für Bergtouren in das Gebiet der Küstenkette.

Die **Geschichte** Himaras reicht weit in die illyrische und griechische Zeit zurück. Die Bewohner waren Händler und Seefahrer und betrieben zu allen Zeiten ausgedehnte Küstenschifffahrt. Im 8. Jahrhundert wird hier ein Bischofssitz erwähnt. Vor der osmanischen Zeit gehörten 50 Dörfer des gebirgigen Hinterlandes zu Himara, heute sind es nur noch neun Dörfer, die orthodox geblieben sind, während die Bewohner des angrenzenden Kurvelesh geschlossen zum Islam konvertierten. Während der osmanischen Besatzung behauptete das orthodoxe Himara immer wieder erfolgreich seine Unabhängigkeit und unterhielt Beziehungen zum nahen Korfu und nach Italien, wo viele Himarioten als Söldner dienten, sowie zeitweise auch nach Russland, Frankreich und Österreich. Die Burg und der von jahrtausendealten Festungsmauern umgebene Ort mit seinen bis zu dreistöckigen Häusern war vom Meer aus praktisch nicht einzunehmen. Weil Bauplatz so rar war, überwölbte man die Gassen und baute die zweiten Stockwerke der Häuser über schmalen Durchgangswegen, sodass zahlreiche Tunnel entstanden. Der Ort hätte großes touristisches Potenzial, ist aber noch weit davon entfernt, ein typisches mediterranes Souvenir- und Kunsthandwerksdorf zu werden. Bis jetzt gibt es hier noch nicht einmal eine

Bar. Die unteren Häuser im Dorf sind saniert, der obere Teil samt Kirchen liegt noch größtenteils malerisch in Ruinen.

Himara ist eine **griechische Sprachinsel,** 85% der Dorfbewohner sind Griechen, die Alltagssprache ist Griechisch. Ein albanisches *Mirdita* oder *Mirupafshim* zur Begrüßung kommt nicht so gut an, besser mit *kalimera* und *jassu, jassu* grüßen!

Der **Rundgang** durch Himara-Fshat beginnt bei dem bereits sanierten Kloster und ehemaligen Bischofssitz. Die renovierte Kirche Agiopantes (Allerheiligen) ist heute die Kathedrale von Himara, an der Fassade ein Marmorrelief mit dem byzantinischen Doppeladler. Im antiken Himara lag hier der Apollontempel. Gleich daneben befindet sich die bereits 1775 gegründete griechische Schule Shkolla Akrokervanios. Im unteren Dorf kann man die Kirche Panagia Kasopitra besichtigen, die eine Marienikone besitzt, die bei Trockenheit Regen schicken soll. Hält man sich links, kommt man zu den Mauerresten der ehemaligen Festung, die vom 8. Jahrhundert v.Chr. bis zum Mittelalter immer wieder ausgebaut und erneuert wurde. In den unteren, über drei Meter dicken Festungsmauern sitzen riesige hexagonale Steine aus illyrischer Zeit. Gegenüber liegt das verfallene Herrenhaus der Familie *Spyromilios Agio Pantes* von 1640. *Spyros Spyromilios* war ein bekannter Anführer, der Himara 1912 von der osmanischen Herrschaft befreite. Oben auf der Burg findet man fast alle Häuser in Ruinen. Dazwischen die Reste der alten Kirche Shën Gjergjit und Baku aus dem 12. Jahrhundert. Auf einer Inschrift heißt es „Jesus Christus 768". Vor dem Kirchplatz befinden sich die Reste der alten, sehr großen steinernen Zisterne des Dorfes. Deutsche und vor allem italienische Truppen beschossen das Dorf im 2. Weltkrieg, die älteren Bewohner deuten an, dass viele Häuser aber erst im Laufe der kommunistischen Zeit einstürzten und nach der Emigration vieler Einwohner nach Griechenland und in die USA gänzlich verfielen.

Praktische Infos

Unterkunft/Essen und Trinken

■**Taverna Lefteri,** in der Fußgängerzone, mit Steinen und Muscheln besetzte Fassade, traditionelle albanische Karte, der Service war 2013 ziemlich langsam, aber netter Platz.

■**Esperia** (der Ort, wo die Sonne untergeht), am südlichsten Ende der Bucht, etwas versteckt auf einer Felsenkante am Ende der Strandstraße am alten Hafen in Spilea, Tel. (069) 401 32 23, 728 16 66, info @esperiarestaurant.com, www.esperiarestaurant. com (lesenswerte Website, auch zur Geschichte des Ortes, engl.). Gepflegtes, schönes Restaurant und Pizzeria mit toller Außenterrasse, besonders abends, italienische Karte mit großer Auswahl an Fisch und Meeresfrüchten, gute Holzofenpizza.

■**H2O,** romantische Bar auf einem alten Fischerboot am Hafen.

■**Vila Blue**③, Plazhi i Potamit mit Zugang zu Privatstrand, Tel. (068) 451 83 67, (069) 77 56 97 65, ital./griech., sehr freundlich, contact@himarahotel. com, www.vilablu.com. 10 solide 2- bis 4-Bettzimmer mit Meer- oder Bergblick, Balkon, AC, TV, Kühlschrank, Frühstücksbüffet (4 Euro), eigener Kuchen.

■**Hotel Panorama**③, Potam, 1 km von der Hauptstraße auf einem Hügel mit Blick über die Bucht, auf Naturpiste erreichbar, ruhige Lage, Tel. (069) 217 85 87, hotelpanorama_himare@hotmail.com, facebook. 18 moderne DZ mit Duschbad, AC, TV, Frühstücksbüffet, Hotelrestaurant mit griechisch-albanischer Küche.

■**Himara Apartments**③, in neuem Gebäue im 2. Stock im Wohnviertel von Himara in Potam, mit Meerblick, Buchung über Himara Hostel *(Milto)* oder über www.airbnb.de/users/show/2804350. 2 Ferienwohnungen mit Wohnküche und Schlafzimmer für 3–4 Pers., sehr große Außenterrasse, schön und liebevoll ausgestattet.

TIPP! **Himara Hostel**②, von Norden kommend an der Ortseinfahrt linksseitig über etwas verdeckte, sehr schmale Einfahrt, kleines Schild gegenüber („Funeral"), 30 m von der Straße in ruhiger Lage, Hostelworld, hostelbookers, www.airbnb.de. Traditionelles, 2010/11 restauriertes Himara-Wohnhaus hinter Mauern mit 20 Plätzen, voll eingerichtete gemütliche Wohnküche, sehr sauber, auch die 2 Bäder, idyllischer Garten mit Sitzplätzen unter Weinlaub und Trauben, Hund und Katze sorgen für Unterhaltung, kleine Bar, Fahrradverleih, viel persönlicher Freiraum, *Milto* (geb. in Himara) und seine Freundin *Agda* freuen sich auch über Familien mit Kindern – ein guter Ort zum (länger) Bleiben.

■**Rapos Resort**⑤, elegantes Strandhotel, 6-stöckiger, mondän verglaster Hotelkomplex ca. 1 km von Himara-Zentrum in südlicher Richtung, 50 m vom Strand, Tel. (039) 28-56/-57/-58, (069) 206 28 42, info@raposresorthotel.com. 50 komfortable, wohnliche DZ und Suiten, schöne Terrassen, großzügige Außenanlagen und Poollandschaft mit Kinderpool, Bar, Pizzeria, gehobenes Restaurant.

Camping/Wohnmobile

■**Himara Camping**②, GPS 40.09609, 19.75406, Jugendcampingplatz direkt an der Hauptstraße am südlichen Ortsende, Tel. (068) 529 89 40 *(Denis)*, (068) 392 26 81 *(Ervin)*, (068) 264 64 93 *(Darsen)*, www.himaracamping.com, Mai bis Sept. Durch Zufahrt zweigeteilt, rechts ungepflegte Wiese mit Olivenbäumen und Wasserschlauch zum freien Zelten und Stellplatz für Wohnmobile, unruhig durch die Durchgangsstraße. Am hinteren Grundstück links feste Zelte mit Matratzen, HP und VP zu günstigen Preisen, einfachste Sanitär- und Duschanlagen, nicht sauber, Waschmaschine, günstiges Restaurant mit großer Auswahl, auch Frühstück, Barbecue, Ausflüge, nette Leitung. Vorsicht mit der hohen Bordsteinkante an der Einfahrt, 25.5.–30.9.

Fähre

Der **Fährbetrieb ab Himara** von Finikas Line wurde 2014 wieder aufgenommen. Verbindungen: Himara – Tirana 5, 7.30 Uhr; Himara – Vlora 6, 13 Uhr; Himara – Saranda 7, 9, 11, 12.30 Uhr; Himara – Korfu 9.15 Uhr.

Bergstrecke Pilur – Kudhës

In kommunistischer Zeit war die Straße auf dem Küstenabschnitt zwischen Himara und Qeparo gesperrt und der Weg führte über Pilur und Kudhës durch die Berge. Heute liegen die beiden Orte abseits der Verkehrswege, zumal die Festung von Porto Palermo an der Küste im Sommer viele Touristen anzieht. Die alte Straße bietet aber eine gute Gelegenheit für einen Abstecher in die Bergregion mit alten Steineichenbeständen, führt durch das Weideland großer Schaf- und Ziegenherden und bietet herrlich weite Ausblicke ins Gebirge und über das Meer. Auf dem Weg liegen die Ruinen des **Manastiri i Athalit**; das alte Kloster ist nur zu Fuß erreichbar. Ein Halt auf der Höhe zwischen Pilur und Kudhës bietet gute Möglichkeiten für kleine **Wanderungen** durch das hügelige Weideland. Die Abzweigung nach Pilur ist eine kleine unscheinbare Straße, der Abzweig für die Weiterfahrt nach Kudhës führt versteckt direkt über einen Kalksteinbruch.

Um nach **Pilur** zu kommen, fährt man über ein kleines Hochplateau, auf dem auffallend große Steinhäuser verstreut zwischen Gärten liegen. An der

Küste nennt man Pilur wegen seiner Lage auch „Balkoni i bregdetit" (Balkon der Meeresküste). Sehenswert ist die gut erhaltene Kirche Shën Kollit in einem schattigen Eichenwäldchen. Unterhalb des Ortes trifft man auf eisenzeitliche Befestigungsmauern, im Dorf selbst wurden an vielen Häusern illyrische, aber auch römisch-antike Steine aus der Umgebung verbaut.

Zur **Geschichte** von Pilur wusste ein Hirte mir Folgendes zu erzählen: „Früher lag das Dorf weiter hinten in den Bergen. Aber dann hatten die Leute von Pilur wegen der Weidegrenzen Ärger mit den Leuten von Kuc. Aus diese Grund sind sie nach Himara hinuntergegangen, aber dort haben sie sich mit den Leuten von Himara so zerstritten, dass sie wieder hoch in die Berge gezogen sind, wo sie aber nur ein Dorf aus Holzhütten bauen konnten. Eines Tages erschien eine Katze. Sie saß zu dicht neben dem Kamin, fing Feuer und ihr Schwanz brannte lichterloh. Wie ein Feuerball sprang sie durchs Dorf, bis alle Häuser abgebrannt waren. Nach diesem Unglück kamen die Leute von Pilur an den heutigen Ort, wo sie seitdem leben."

Pilur liegt auf 800 Meter Höhe und ist daher sehr gut als Ausgangsort für eine **Kammwanderung** hinüber zur Maja e Çikës geeignet. Nach einer Unterkunft fragt man in der kleinen Bar am Dorfplatz.

In den umliegenden Hügeln gibt es nicht nur Reste illyrischer Gräber. Interessant sind auch zahlreiche größere **Bunker,** sogenannte **tunel,** ehemalige Munitionslager der Italiener aus dem 1. und 2. Weltkrieg, die von den Kommunisten weiter ausgebaut wurden. An den Eingängen der Bunker befinden sich

alba14-018 mg

Aufstellungen und Anleitungen (albanisch) mit Zeichnungen zum Gebrauch militärischer Geräte.

Kudhës

Kudhës ist ein **Bergdorf** mit schönen gepflegten Gärten, Reben und Obstbäu-

⌂ Berglandschaft auf der Strecke von Pilur nach Kudhës

men, das sich an einer langen Kammstraße an einem steilen Berghang abseits der Küste ausbreitet. Hier gibt es viele Gelegenheiten, Milch, Olivenöl und guten Raki zu kaufen. Die Bewohner grüßen auf Griechisch mit *jassu*.

Llaman Beach

Die kleine Bucht unterhalb der Straße hat sich in den letzten drei Jahren zu einem angesagten Beach-Club-Strand mit drei perfekten Strandbars entwickelt und

Porto Palermo

Die baumlose und karstige Bucht, an deren Hängen meterhohe Agaven wuchern, wurde zu allen Zeiten wegen ihrer Tiefe als natürlicher **Schutzhafen** genutzt, konnte sie doch auch von großen Schiffen angefahren werden. Die ersten Besiedlungsspuren stammen aus der Eisenzeit. Viel später kamen griechische Kolonisatoren; *Ptolemäus* und *Strabo* erwähnen die Bucht und nennen sie Panormus. Tauchfunde belegen Handelskontakte weit in hellenistische Gebiete hinein. Ein richtiger Ort konnte sich jedoch auch durch die Konkurrenz mit Saranda und Vlora nie entwickeln, zumal das Hinterland unwegsam war und sich nicht zum Ackerbau eignete.

Die Bucht blieb auch in byzantinischer und venezianischer Zeit ein kleiner Handelshafen und Stützpunkt zur Bekämpfung der Piraterie, verlor dann aber unter den Osmanen an Bedeutung. Während der Napoleonischen Kriege Ende des 18. Jahrhunderts wurde der Hafen ausgebaut, um den östlichen Mittelmeerraum zu kontrollieren. Dann ließ *Ali Pascha* die noch heute existierende **Festung** errichten, die lange über seinen Tod hinaus militärisch bedeutsam war.

Den Italienern, die der Bucht den Namen Porto Palermo hinterließen, folgten im 2. Weltkrieg die deutschen Besatzer. Das kommunistische Regime baute Porto Palermo mit Hilfe der UdSSR zu einem geheimen **U-Boot-Hafen** aus, dessen Eingang heute eine unheimliche Atmosphäre verströmt. Bis 1997 war die ganze Bucht militärisches Sperrgebiet, sodass die Durchgangsstraße oberhalb durch die Berge führte.

ist an den Sommerwochenenden **eine der Top-Adressen** für Gäste aus Tirana mit bekannten DJs zum Abfeiern. Sonst aber geht es familiär und ruhig zu. Eine beliebte Attraktion ist ein vorspringender Felsen, von dem es sich gefahrlos ins glasklare, ziemlich kalte Wasser springen lässt – es gibt hier unterirdische kalte Quellen. Ein Stellplatz auf dem bewachten Parkplatz am Strand kostet 1 Euro, zwei Liegestühle mit Schirm 6 Euro pro Tag. Das Restaurant konnte bisher noch nicht überzeugen, weder qualitativ noch preislich.

Bunker in Albanien

Besonders US-amerikanische und australische Touristen können den pilzförmigen Betonbauten **aus der Zeit des Kalten Krieges** viel abgewinnen, und da sind sie in Albanien genau richtig, denn nirgendwo in Europa sonst gibt es noch so viele Bunker. Auch wenn von den insgesamt 750.000 geplanten Bunkern die letzten 100.000 nicht mehr gebaut und in den letzten 20 Jahren Tausende beseitigt wurden – Bunker wird es noch lange, wenn nicht sogar für immer, in Albanien geben.

Albaner hätten es einfach nur gern, dass sie allesamt verschwinden. Allerdings wurden Bunker nicht nur zu hässlichen „Mülldeponien", es gibt auch Beispiele, wo Kreativität zum Zuge kam und die unliebsamen Betonmonster in Kioske, Cafés, Strandhütten, Viehställe oder sogar zur Kapelle umgewandelt wurden.

Anfang der 1970er Jahre hatte sich die albanische Regierung in eine extreme **politische Isolation** begeben, mit einer **Paranoia,** die den Überfall ausländischer Truppen, seien es ehemals befreundete kommunistische Nachbarländer oder kapitalistische Staaten, nahezu täglich kommen sah. Wie in dem so erfolgreich praktizierten Partisanenwiderstand im 2. Weltkrieg, sollte sich die Bevölkerung im Notfall in die Berge zurückziehen und von dort aus eine Besetzung des Landes durch Verteidigung aus den Bunkerstellungen heraus und den Einsatz von Chemiewaffen verhindern. In der Zeit von 1972 bis 1984 überzog man daher das ganze Land bis in die abgelegensten Bergregionen flächendeckend mit Bunkeranlagen, besonders in den Grenzgebieten, Talebenen und an Passübergängen, wo parallele **Verteidigungslinien** aufgebaut wurden, um größere Truppeneinmärsche zu verhindern. An der gesamten Küstenlinie liegen die Bunker als Beobachtungsstände in der Macchia versteckt, und sie waren ohne Unterbrechung besetzt, da man über Jahre hinweg jederzeit Überfälle des Feindes erwartete. Zu die-

alba14-019 sg

sen Anlagen gehören auch der geheime U-Boot-Bunker in Porto Palermo, die unterirdischen Luftwaffenbunker in Kuçova (Berat) und Gjadër (Lezha). Es gab auch in den Berg gegrabene Kavernen, die als Munitionsdepots dienten, wie man sie zum Beispiel oberhalb von Pilur oder bei Kepi i Rodonit findet. Zu den großen Anlagen gehören der ehemalige Kommandobunker des Politbüros in Liza auf dem Mali i Dajtit bei Tirana oder der atombombensichere Luftschutzbunker für die Regierung und ihre Mitglieder im Burghügel von Gjirokastra.

Der **Bunkerbau** gehörte auch zu den Aufgaben, die Albaner in ihrer Militärzeit zu absolvieren hatten. An der Riviera-Küste kamen die vorgefertigten Bunkerteile aus einem großen Betonwerk bei Vlora und wurden meist mit Militärlastwagen direkt vor Ort gebracht. Kleine Ein-Mann-Bunker waren nichts anderes als ein Hohlraum von 1,80 Meter Höhe; auf den Betonunterbau wurden die einzelnen, 80 Kilogramm schweren Dachteile wie Stücke einer Orange zu einer halbkreisförmigen flachen Kuppel aufgesetzt. Die Kuppeln waren rund, um Geschosse daran abprallen zu lassen. Angeblich soll sich *Enver Hoxha* selbst einmal zur Probe in einem Bunker beschießen haben lassen, um ihre Schussfestigkeit zu beweisen. Die Hohlräume für die Bunkerbauten wurden mit Dynamit gesprengt, ansonsten arbeitete man mit der Spitzhacke und von Hand. Meist lagen zwei oder drei Bunker als eine Einheit zusammen, die durch kurze Gänge miteinander verbunden waren. Kein einziger Bunker musste jemals irgendeinen Ernstfall bestehen – für Liebespaare sollen die abgelegenen Plätze allerdings sehr praktisch gewesen sein …

◁ Praktisch, so ein Bunker …

Im Westen liegt heute der tiefe **Hafen von Armeridhes,** in dem große Schiffe ankern können, in der Mitte die Anlegestelle von Porto Palermo mit einem kleinen Fischereihafen, im Osten der Hafen von Shën Nikolas. Eine Inschrift in der Kirche von Qeparo bezeugt ein Kloster namens Shën Nikolas auf der Halbinsel, das abgerissen wurde, als Ali Pascha die Festung bauen ließ. Die ärmliche Kirche, die zwischen zwei ehemaligen kommunistischen Lagerschuppen steht, trägt denselben Namen.

Die Bucht hat kristallklares Wasser und ist als **gutes Tauchrevier** bekannt. Zwei kleinere **Privatstrände** am südlichen Buchtende, Plazhi Aloha und Plazhi Panorama, sind in der Saison mit Liegen und Schirmen ausgestattet, die ausgeliehen werden können.

🦋 **Tauchstation Porto Palermo:** Zusammen mit der Buchung in Fshati Agave (s.u.) besteht die Möglichkeit, Tauchausrüstung (Flaschen, Bleigürtel etc.) auszuleihen und Kontakt zu erfahrenen albanischen Tauchern aufzunehmen. Tauchausflüge mit einem ortskundigen Tauchführer auf dem zu Fshati Agave gehörenden Katamaran können (längerfristig) vereinbart werden. Ansprechpartner ist *Xhemal Mato,* Infos unter www.ecotourist.com.

Kalaja e Ali Pashës

Die **Festung des Ali Pascha** gehört zu den besterhaltenen Beispielen osmanischer Festungsarchitektur in Albanien und hat ihre Vorbilder in den venezianisch-griechischen Festungen, wie man sie zum Beispiel im Hafen von Methoni/Messenia auf dem südlichen Peloponnes findet. Die gedrungene Anlage hat eine Größe von 150 Meter auf 400 Meter und einen hexagonalen Grundriss mit zwölf Meter hohen Mauern.

Einen Besuch lohnt die Burg vor allem wegen ihrer **düsteren Atmosphäre,** für die es keine weitere Inszenierung braucht. Die Räume im Innern sind feucht und dunkel – durch die spärlichen Lichtspalte in den dicken Mauern dringen auch bei hellstem Sonnenschein nur wenige schräge Lichtstrahlen. Einige Verliese sind so dunkel, dass man gut eine Taschenlampe gebrauchen kann.

Ali Pascha

Ali Pascha ist zweifelsohne die **schillerndste Figur unter den Herrschern der späten osmanischen Zeit,** nicht zuletzt bekannt geworden durch die illustrativen Beschreibungen des jungen *Lord Byron,* der auf seinen Reisen durch Südalbanien an seinem Hof zu Gast war. Als Sohn des Bey von Tepelena nutzte der Pascha Ende des 18. Jahrhunderts geschickt die Schwächung der türkischen Zentralmacht und schaffte es, große Teile des heutigen Nordgriechenlands und Südalbaniens unter seine Herrschaft zu bringen. Als Person war er eine widersprüchliche Gestalt. Heute noch erzählen unzählige schaurige Legenden von seinem äußerst kaltblütigen Charakter und seiner rücksichtslosen Politik. Gleichzeitig verkehrte er mit angesehenen Persönlichkeiten des kulturellen und gesellschaftlichen Lebens. Um Ioannina, Gjirokastra und Tepelena hat er ein dichtes Netz von Burgen und Festungen hinterlassen. Seine Ermordung 1822 war von so großer machtpolitischer Bedeutung, dass sein abgeschlagener Kopf zum Beweis nach Ioannina gebracht wurde.

Den zentralen Korridor rahmen Bögen und Säulen ein. Auf der linken Seite, der **Südseite** der Burg, liegen drei Räume des Paschas, das Schlafzimmer und der Harem mit noch drei erhaltenen Steinstühlen. Von hier hatte man Zugang nach außen zu einem kleinen Garten und einem Bootsanleger, der von zwei Türmen geschützt war.

Rechts, an der **Nordseite,** vom Meer nicht einsehbar, liegen die Kasematten und das Gefängnis, die auch noch zu Zeiten König *Zogus* und im Kommunismus genutzt wurden. Über eine Treppe erreicht man das obere Stockwerk der Festung, ein offenes dreieckiges Plateau, auf dem eine Kapelle und das Brunnenhaus stehen.

Unterkunft/Essen und Trinken

■ **Hotel Riviera Qeparo**②, neues kleines Strandhotel, Tel. (069) 684 54 59, (069) 671 73 00, hotel-rivieraqeparo@gmail.com, facebook. 10 einfach eingerichtete angenehme Apartments mit kleiner Kochecke und modernen Duschbädern, Frühstück im Hotelrestaurant, schöne Restaurantterasse mit Blick aufs Meer. Hier *Kipa,* eine Spezialität aus Qeparo, probieren!

❀ **Fshati Agave**②, in Hanglage mit schönem Blick auf Bucht und Ali-Pascha-Burg (100 m), Tel. (068) 405 31 64, (067) 205 31 60, (042) 22 68 53, www.ecotourist.com, info@ecotourist.com, Infos/Buchung auch direkt vor Ort im Restaurant Porto Palermo. 12 einfache schilfgedeckte 3-Raum-Holzhütten, holzverkleideter geräumiger Schlafraum (2–4 Pers.), Duschbad, Kochgelegenheit, Kühlschrank, inkl. Frühstück, Mai bis Okt.

■ **Porto Palermo,** unkompliziertes ital.-alb. Restaurant, Bar, Café mit schöner Außenterrasse, gut für einen Zwischenstopp.

■ **Panorama,** am südlichen Buchtende, fangfrischer Fisch und Meeresfrüchte.

■ **Wohnmobile:** Besser geht es nicht – **romantischer Stellplatz** mit Strand und Angelmöglichkeiten direkt vor der Halbinsel; Blick auf die Festung.

Qeparo Fushë

Der kleine **Strandort Qeparo** entwickelt sich stetig weiter positiv und eignet sich auf jeden Fall für einen Badestopp oder zum Bleiben. Der Strand ist flach, das Wasser herrlich klar. Inzwischen gibt es auch ein empfehlenswertes Strandhotel mit dazugehörigem Restaurant.

■ **Horo Kamping**①, schräg gegenüber von Vai Uliri (Olivenölproduktion) an der nördlichen Ortseinfahrt, ein Campingschild weist zum Stellplatz auf eingefriedetem Privatgelände. Einfache Bar und WC, 2013 sonst keine Infrastruktur.

Qeparo-Fshat ist ein sehenswertes **Bergdorf,** dessen Gassen zu Erkundungen einladen, malerisch umgeben von hohen Bergen und Olivenplantagen. Es hat aber eine sehr steile Zufahrt, die für größere Busse und Caravans nicht geeignet ist. In der byzantinische Kirche Shën Dimitri von 1760 gibt es eine schöne hölzerne Ikonostase mit Drachen und Akanthusblättern.

Borsh

Überblick

Bei Borsh besteht die einzige Möglichkeit an der Riviera-Küste, **ins Landesinnere** zu gelangen. Hier stoßen die Ränder mächtiger Gebirgszüge aufeinander, zwischen denen zwei größere bewaldete Täler liegen. An der Westseite zwischen den Ausläufern der Mali i Çikës und Mali i Vakajve (oder Mali i Çorrajt) ist es das kleinere **Qeparo-Tal,** in dem es hinauf nach Kudhës oder weiter auf der alten Straße über Pilur nach Himara geht. Östlich davon liegt das weite **Tal des Borsh-Baches,** der sich aus den wasserreichen Gebirgen bei Fterra speist. Nach Süden hin erheben sich die Massive der Mali i Gjashnikosh und Mali i Galishit.

Das etwa 1500 Hektar große Gebiet hat eine überaus **üppige mediterrane Waldflora** und zahlreiche verwilderte Kulturpflanzen, die Zeugen einer langen Siedlungsgeschichte sind. Hier geht es hinauf nach Çorraj und Fterra. Oben auf 640 Metern Höhe liegt die Qafa e Dërrasës (Steinplatten-Pass) mit dem Übergang nach Kuc ins Shushica-Tal.

Das Borsh-Tal ist auch eine **geografische Grenze:** Hier teilt sich die Küste in die obere und die untere Riviera; das Gebirge in das untere Kurvelesh, mit dem parallel zur Küste verlaufenden Shushica-Tal, und in das obere Kurvelesh, mit seinem mächtigen ausgedehnten Hochplateau, das gegen Norden und Osten steil abfällt und von Süden her nur auf Bergpfaden erreichbar ist.

Geschichte

Am Eingang des Borsh-Tals, auf einem markanten pyramidenförmigen Hügel, findet man die Burg von Borsh (Kalaja e Borshit) und die alten Siedlungen des Ortes. Das alte Borsh, das oben am Berg auf dem Weg nach Fterra lag, wurde im 2. Weltkrieg von deutschen Gebirgsjägern zerstört und liegt heute in Ruinen.

Historiker vermuten an der Bucht von Borsh den **antiken Ort Meandria,** *Plinius* erwähnt im 1. Jahrhundert königliche **Süßwasserquellen namens Ixor,** die eine wichtige Haltestation auf dem Küstenhandelsweg waren. In der Antike lag der Ort noch direkt an der Küste. An den Felsen unterhalb der Straße soll es noch Reste alter Ankerplätze geben.

Die Wassermengen des Borsh-Flusses schwemmten die Bucht im Laufe der Jahrhunderte immer mehr zu und machten aus ihr ein unzugängliches Sumpfland. Die heutigen Olivenplantagen sind noch relativ jung. Sie stammen genau wie die breiten Entwässerungsgräben aus der kommunistischen Zeit, in der das 120 Hektar große Schwemmland in der Bucht trockengelegt wurde.

Strände

Die Strände von Borsh gehören mit **4,5 Kilometern Länge** zu den längsten der Südküste. Das Wasser ist glasklar, oft gibt es Wellen, der Blick auf das Gebirge ist großartig. Im Hochsommer ist am südlichen **Plazhi i Shkallës** viel Betrieb. Die schönsten Strandabschnitte befinden sich abgelegen am südlichen Ende, fast schon unterhalb von Piqeras. Nördlich liegt der kleinere **Plazhi Kampi.** Alle Strände sind abschnittsweise immer wieder vermüllt.

Kalaja e Borshit

Der Hügel in der auffallenden Form einer Pyramide mit einer dreiseitigen flachen Kuppe auf 385 Metern Höhe **liegt ideal,** denn von hier konnte man das Meer, die Küstenstraße und den Passübergang ins Shushica-Tal nach Amantia und Byllis kontrollieren. Nach wenigen Minuten mit dem Pkw auf der Straße nach Fterra erreicht man einen gemauerten Fußweg zur **Burg von Borsh,** oder besser: zu den im hohen Gras versunkenen Mauerresten.

Die **Geschichte** der Burg reicht von der illyrischen Zeit, als hier eine bedeutende Akropolis lag, über das Mittelalter bis ins frühe 20. Jahrhundert. Bis in diese Zeit war die Burg auch bewohnt. Die kleine, sehr renovierungsbedürftige **Moschee** aus dem 18. Jahrhundert liegt an der Südostecke der Burganlage und ist die einzig erhaltene Moschee an der Riviera-Küste.

Ein **Gräberfeld** mit 15 antiken Grabplätzen befindet sich am Südhang der Burg, etwa 40 Meter unterhalb der Mauer und außerhalb der Befestigungsanlage. In einem zweiteiligen Monumentalgrab aus dem Jahr 250 v.Chr. fand man Goldschmuck, der zur Ausstattung eines hohen Offiziers aus der Armee des Molosserkönigs *Phyrrus* gehörte. Anfahrt: Am südlichen Ortsende direkt nach altem Hinweisschild angezeigt, immer aufwärts auf teils holpriger Naturpiste.

Südlich von Borsh auf der rechten Straßenseite folgt noch die bedeutende eisenzeitliche Befestigungsanlage **Kalaja e Badhrës.**

Praktische Informationen

■**Unterkunft:** Es gibt kein ordentliches Hotel, im Ort findet man nur einige private Zimmerangebote.
■**Camping und Wohnmobile:** 2013 gab es keinen offiziellen Campingplatz in Strandnähe. Der nördliche Strand bietet auch in der Hauptsaison ei-

nige Stellplätze unmittelbar am Wasser mit tollem Blick. Die lange Südstrandstraße belegen im Sommer Strandbars und Apartmenthotels.

■ **Restaurant Ujevara,** direkt an der Hauptstraße am südlichen Ortsausgang, vor allem wegen der tollen Wasserterrassen einen Besuch wert: Eiskaltes Quellwasser sprudelt hier aus einem 30 m hohen Wasserfall hervor und verteilt sich um kleine, am Hang angelegte Sitzplätze mit sehr altem Platanenbestand. In den Wintermonaten, wenn es viel regnet, ist das Lokal vom Wasser wild umflutet, es kann sich bis über die Hauptstraße ergießen.

■ **Einkaufen/Essen und Trinken:** Am Südstrand findet man einen gut geführten Supermarkt (dort leckeres *Tri Lecce* und frische Eiscreme), zahlreiche Strandbars und Restaurants. Fabrikverkauf von Olivenöl an der Hauptstraße (Fabrika e Vajt, Gjikond).

Piqeras

Piqeras liegt am Ende eines lang gezogenen Bergsporns unterhalb der Nationalstraße inmitten einer Landschaft aus **Olivenplantagen,** die sich auf weiten, zum Meer hin abfallenden Hügeln ausdehnen. Im 19./20. Jahrhundert wanderten viele Bewohner nach Kalabrien aus. Der große Olivenbaum im Dorfzentrum ist heute noch als Ulliri i Lotëve, „Olivenbaum der Tränen", bekannt. Im 2. Weltkrieg war das Dorf eines der wichtigsten Zentren des Partisanenwiderstands gegen Deutsche und Italiener.

1981 besetzten 30 Frauen wochenlang die Dorfkirche, die die damaligen Besitzer des Klubs, der 1967 dort eingerichtet worden war, nicht wieder hergeben wollten. Die Belagerung war erfolgreich. **Shën Thanas** aus dem 18. Jahrhundert wurde mit einfachsten Mitteln funktionstüchtig gemacht und wieder geweiht. Die Kirchenbänke sind die ehemaligen Kinosessel von Saranda, die einfachen Ikonen Geschenke der nach Athen ausgewanderten Dorfbewohner, ebenso der große goldene Kronleuchter aus Holz in der Kuppel. Dem Klub fiel auch eine alte Inschrift im Innenraum der Kirche zum Opfer: „Geschenk und Stiftung von Kapiän *Dhimiter Gjika,* Neapel, 1763". Nach dem Schlüssel für die Kirche und das Kloster fragt man in der Bar neben der Kirche. Jeden Sonntag von 7 bis 10 Uhr kommt der Priester aus Lukova.

Manastiri Shën Mërisë se Krimarovës

Gegenüber der Post von Piqeras, auf der anderen Seite der Nationalstraße, beginnt ein Fußweg durch den neuen oberen Ortsteil. Man hält sich gleich zu Beginn rechts und folgt einer alten Mauerkrone. Über einen Fußpfad durch Salbeiwiesen erreicht man stetig bergauf gehend nach ca. 20 Minuten das idyllisch inmitten von altem Baumbestand liegende **Kloster der Heiligen Mutter Gottes.** An der Kirchenwand liest man „Ecole S't Catherine", an der Tür zwischen Narthex und Naos ist das Baudatum 1672 zu entdecken. Die Glocke wurde 1744 von Einwohnern des 550 Kilometer entfernten Ortes **Villa Badessa** gestiftet, einer albanischen Gemeinde in Kalabrien, die auf die zehnte der insgesamt elf großen Migrationswellen von Piqeras nach Italien zurückgeht, als die albanischen Küstenbewohner vor den Repressalien der Türken flüchteten. Villa Badessa gilt heute als die nördlichste albanische Gemeinde in Kalabrien und als „orientalische Oase" in den katholischen Abruzzen. Auf der Piazza steht das Denkmal des albanischen Nationalhelden *Gjergj Skënderbej.*

Bunec

Erstaunlich gemausert hat sich der Strand von Bunec. Wo 2012 noch hässliche Bunkeranlagen dominierten, ist inzwischen eine kleine, schön angelegte **Ferienanlage** mit einem Restaurant entstanden, die man gerne empfehlen kann. Der breite, grobkiesige, windgeschützte und etwa 1,5 km lange Strand führt seicht ins Wasser hinein. Die großen, Schatten spendenden Platanen am Restaurant sind die letzten Reste des ehemaligen Dorfes Bunec, das 1744 wegen anhaltender Piratenüberfälle aufgegeben und in das 300 m höher, geschützter liegende **Sasaj** verlegt wurde.

Am südlichen Ende der Bucht führt eine Straße zu **abgelegeneren Strandplätzen,** dann geht es weiter zu Fuß Richtung Lokova.

Unterkunft/Camping/Wohnmobil

■ **Bunec Beach**③, Tel. (069) 205 55 54, www.bunecbeach.com. Die 10 Holzhütten der frisch angelegten gepflegten Anlage entsprechen modernen Standards, geräumiger Schlafraum mit Doppelbett und Stockbett, Duschbad, Verpflegung über das Restaurant, Zimmerservice.

■ Im Frühjahr 2014 gab es **keinen offiziellen Campingplatz,** nur ein eingezäuntes, ungepflegtes Privatgrundstück mit einigen eingerichteten

Die Terrassen von Lukova

Ende der 1960er Jahre rief *Enver Hoxha* mit der Parole „Steigt hinauf auf die Hügel und macht sie genauso fruchtbar wie die Ebenen" das **landwirtschaftliche Erschließungsprogramm** für die Terrassen von Lukova ins Leben. Nach dem Vorbild der chinesischen Roten Garden während der Kulturrevolution waren hier 80.000 „Freiwillige" aus allen Landesteilen im Einsatz, um Macchia in Kulturland zu verwandeln. In dieser Zeit verschwanden auch viele der landschaftstypischen Steineichenwälder, über 650.000 Zitrus- und Olivenbäume wurden gepflanzt. Borsh, Lukova und Dhërmi machte die Parteipropaganda zu Symbolen der Leistungsfähigkeit der albanischen Jugend.

Die **Arbeitsbedingungen waren hart,** das Macchia-Gesträuch musste mit Macheten von Hand abgeschlagen werden, zum Bau der Terrassen kamen keine Maschinen, sondern Spitzhacken, Schaufeln und hölzerne Tragbretter zum Einsatz.

Da an der Küste nur sehr wenig Regen fällt, baute man in den 1970er Jahren eine 1.350 Meter lange **Wasserleitung,** die das Wasser des Kalasa hoch oben aus dem Gebirge bei Tatzat zuerst durch ein offenes Kanalsystem, später über einen Tunnel durch den Bergstock des Mali i Lavanit nach Lukova brachte. Kleine Bewässerungskanäle schlängelten sich kilometerweit an den Berghängen entlang. Jungpflanzen mussten mühsam von Hand gegossen werden.

Heute sind die Terrassenlandschaften an der Küste eine **einzigartige Kulturlandschaft.**

Zelten am nördlichen Ende der Bucht. Der eingezäunte Platz rechts der Straße ist privat und kirchlichen Jugendgruppen vorbehalten. Ein bis zwei Wohnmobilstellplätze gibt es am Ende der südlichen Strandstraße unmittelbar am Wasser. Dort kann man auch in der Hauptsaison noch weitgehend ungestört wild zelten.

Lukova (Lukovë)

Der Ort liegt inmitten von Olivenplantagen wie auf einer riesigen Sonnenterrasse zwischen den offenen Hängen der **Mali i Lavanit,** gleicht aber infolge von Straßenbaumaßnahmen eher einer Baustelle. Die neuen Häuser umschließen den alten Ortskern auf einem lang gezogenen Bergsporn, auf dem auch die **Kirche Shën Prëmtes** aus dem 17. Jahrhundert steht. An der Straße und im Ort gibt es Abzweigungen zu den mehrere Kilometer langen, flachen und feinkiesigen **Stränden.** Die zwei südlichen Strände sind durch neue Zufahrten am besten zu erreichen. Dort sind Ferienanlagen und Strandbars im Bau.

Die Region von Lukova gehört zu den sehr alten Siedlungsgebieten an der Küste. **Plazhi i Shpellës** lag früher am Ende eines wichtigen Verbindungsweges vom Hinterland ans Meer, der von dem illyrischen Phoenike über den Ort Hardecova und die Qafa e Pazarit hinunter zur Küste führte. Oberhalb des Strandes liegen zwischen den Felsen die Reste einer alten Befestigungsanlage aus der späten Bronzezeit, am Steilhang des westlichen Shëndelli-Gebirges die Mauerreste einer illyrischen Siedlung.

Eine landschaftlich sehr reizvolle **Wanderung** führt vom Plazhi i Shpellës über einen fünf Kilometer langen Fußpfad **nach Krorëz.** Die sehenswerte Küste besteht hier aus großen schrägen Steinplatten, die direkt ins Meer abfallen und von kleinen Badeplätzen unterbrochen sind. Der einsame Plazhi i Krorëz besteht aus zwei 500 Meter langen, feinkiesigen und ganz naturbelassenen Naturstränden.

Zugang: Am südlichen Ende von Plazhi i Shpellës beginnt hinter den Strandbars ein deutlich erkennbarer großer Pfad, der auch von den Einheimischen als Weidezugang genutzt wird.

Gleich nach Lukova öffnet sich ein Taleinschnitt, der die Ausläufer des Küstengebirges in die östlichen **Mali i Bardhe** (Weiße Berge) und westlichen **Mali i Shëndelli** (Salbeiberge) teilt. Hier verlässt die Nationalstraße die Küste und führt in die große **Ebene von Vurgu (Fusha e Vurgut)** hinein, die sich bis zur großen Lagune von Butrint und dem südlichen Bergland an der griechischen Grenze ausdehnt.

Oberhalb der Straße hat sich bei **Shpella e Halilit** am Steilhang eine etwa 20 Meter lange Stützmauer erhalten. Gut zu erkennen ist die akkurate Steinbearbeitung an der über zwei Meter hohen und einen Meter starken Mauer. Die Konstruktion deutet auf ein römisches Bauwerk hin: Man nimmt an, dass die Mauer Teil einer etwa fünf Meter breiten Straße war, die in der Antike an der Küste entlangführte.

Shën Prëmtes

Dieser kurze Abstecher führt in die Terrassen von Lukova unterhalb des Dorfes. Dort wartet eine Art Naturdenkmal auf den Besucher: Das **Kirchlein** Shën

Der Rrapi – die „Dorflinde des albanischen Bergdorfes"

Die **orientalische Platane** (Platanus orientalis) ist eine vom Himalaya bis nach Albanien sehr verbreitete Baumart, die wahrscheinlich mit den Türken im 16./17. Jahrhundert ins Land kam. An einem guten, feuchten Standort können die oft bizarr gewachsenen Bäume mit ihrer bunten abgeplatzten Rinde und Ästen, die sich wie ausgestreckte Arme ausbreiten, bis zu 30 Meter hoch werden. Mit ihren dichten Laubkronen sind sie ideale Schattenspender und deshalb auch der **zentrale Treffpunkt in albanischen Dörfern.** Meistens befinden sich dort die zentrale Wasserquelle und die Bushaltestelle. In unmittelbarer Nähe des Rrapis liegen mit großer Wahrscheinlichkeit die Dorfschule, das obligatorische Heldendenkmal aus kommunistischen Tagen und der **Klub des Dorfes,** eine Mischung aus Gasthaus, Bar, Café und Gemischtwarenladen. Ganz nach Bedarf wird der Klub zum dörflichen Fußballübertragungszentrum, öffentlichen Versammlungsraum oder zur Wochenend-Disco. Versammlungen, die nicht in den Klub passen, finden traditionell unter dem Rrapi statt. Rrapis sind stumme Zeugen der wechselvollen und oft leidvollen Geschichte der albanischen Dörfer, wie in Nivica oder auch in Libohova, wo wahrscheinlich der größte Rrapi des Landes steht. Der Rrapi von Mashkullore ist Gegenstand bekannter Volkslieder über den Widerstand gegen die Türken zur Zeit der albanischen Unabhängigkeitsbewegung.

Als Tourist hat man im Klub in der Nähe des Rrapis die besten Chancen, sich über Wandermöglichkeiten zu informieren, man findet dort Auskunft über den Kirchenschlüssel oder einen Schlafplatz für die Nacht.

alba042 mg

Südalbanien

Prëmtes ist komplett von mediterraner Macchia überwuchert, hält jedoch der Last des Bewuchses stand. Der Kirchenraum ist betretbar, *Shën Prëmtes*, der Hl. Freitag, wird hier bis heute verehrt.

Zugang: Die Dorfstraße rechts hinterfahren, über den großen (Fußball-) Platz weiter auf unbefestigter Straße abwärts, vor einem Grundstück, wo die Straße enger wird, parken und weiter zu Fuß, bis kurz darauf rechts ein gut begangener Wiesenpfad an einem Nussbaum abgeht; diesem etwa 300 m abwärts bis zur Kirche folgen.

Shën Vasil

Viele Albaner kennen Shën Vasil noch unter dem programmatischen kommunistischen Namen **Përparim** (Fortschritt). Shën Vasil war früher Wohnort für die Arbeiter der großen Zitrusplantagen in der Umgebung. Im 18. Jahrhundert ließ *Ali Pascha* die Dorfkirche von Shën Vasil abreißen und baute eine Festung, die die Vurgu-Ebene und ihre Verkehrswege kontrollierte. Heute steht eine neue **Kirche** namens Shën Vasil wieder auf dem alten Platz, nur die dicken Fundamentmauern zeugen noch von der ehemaligen Burg. Besuchenswert ist ein neueres **Kriegerdenkmal** für österreichische Soldaten mit albanisch-deutschen Inschriften nahe der Kirche.

Hundecova (Hundecovë)

Hundecova (Nasenbucht) ist eines der wenigen albanischen Dörfer, das aufgrund seiner **Abgeschiedenheit** in der kommunistischen Zeit Mitte der 1950er Jahre aufgegeben wurde. Der Ort, der heute in **Ruinen** liegt, hatte ursprünglich drei Kirchen, Shën Thanas, Shën Todhrit und Shën Varvara, und war seit der Antike besiedelt. Über den Pass führte die Verbindung von der antiken Stadt Phoenike zum Meer. Antike Mauerreste vor Hundecova deuten auf eine kleine Siedlung oder vielleicht auch auf eine römische Straßenstation aus der Zeit des 4. bis 3. Jahrhunderts v.Chr. 1778 wurde das Dorf von *Ali Pascha* verwüstet.

Die Ruinen des Dorfes an der **Qafa e Pazarit** erreicht man über einen schlechten Fahrweg ohne Hinweisschilder, der in der letzten großen Kurve vor Shën Vasil rechts abgeht und etwa 2,5 Kilometer am Nordhang des Shëndelli entlangführt. Mit dem Allradfahrzeug geht es auch weiter hinunter Richtung Plazhi i Shpellës und Krorëz.

Nivica (Nivicë)

Unmittelbar am Ortseingang führt eine kurze, steile Zufahrt hinauf bis zur Dorfmitte. Nivica, idyllisch gelegen und sehr gepflegt, ist ein typisches Beispiel für die **wechselvolle Geschichte** vieler der heute kleinen und unscheinbaren Bergdörfer des Südens. Seit der Antike war Nivica mit sieben Kirchen und dem Kloster von Kakome ein kulturelles und geistliches Zentrum der Region. Mit der osmanischen Invasion im frühen 15. Jahrhundert verlor der Ort an Bedeutung. Viele Männer aus Nivica gingen als Soldaten in fremde Armeen zwischen Venedig und Spanien. Ostern 1789 ließ *Ali Pascha* das Dorf abbrennen und zerstören. Mitte des 18. Jahrhunderts begannen sich die ersten Bewohner unterhalb des

Hügels an der heutigen Straße anzusiedeln. Die typischen alten Steinhäuser der Region sind im oberen Dorf schön restauriert. Die Klosterkirche Shën Dhimitri war im Kommunismus Ziegenstall und ist heute ohne Ausstattung erhalten. Die meisten Bewohner arbeiten in Griechenland.

Zentrum des Dorfes ist ein 300 Jahre alter riesiger Rrapi mit mächtigen Ästen, der den deutschen Gebirgsjägern im 2. Weltkrieg als Galgen diente, woran auch das Ehrenmal erinnert.

■**Caravan Camping Dukshi**①, direkt an Bar-Restaurant Filipas Krisavji, hoch eingezäunter schattenloser Platz an der Hauptstraße vor Saranda, ohne weitere Infrastruktur, WC-Nutzung im Restaurant, Wasseranschluss, Strom auf Anfrage.

Gjiri i Kakomesë

Die **Bucht von Kakome** hat die Form eines langen tiefen U, was dem Strand ein ausgesprochen windgeschütztes und mildes Ambiente beschert. Beliebt ist die Bucht besonders wegen der schönen Tauchreviere und des ruhigen Wassers. Die Umgebung mit Steineichenmischwäldern und zwei alte Klöster machen den Ort zu einem ganz besonderen Platz an der Riviera. Die Nachbarstrände von Krorez und Lukova gehören zusammen mit Kakome zu den schönsten Stränden der Küste. Ursprünglich war hier eine 700-Betten-Ferienanlage des Club Méditerranée geplant, dem das Vorhaben aber schnell zu brenzlig wurde, als es bereits im Vorfeld der Bauarbeiten zu heftigen, auch gewalttätigen Auseinandersetzungen zwischen der Bevölkerung von Nivica und albanischen Sicherheits-

kräften kam. Die Einheimischen fordern alte Grundstücksrechte und die Beteiligung des Dorfes an der touristischen Erschließung ein. Jetzt baut eine albanische Firma mit einem in der Öffentlichkeit sehr zweifelhaften Ruf 300 Wohnobjekte nach ökologischen Anforderungen, der Landschaft angepasst und nur zwei Stockwerke hoch; doch die Fertigstellung ist ungewiss und lässt auf sich warten. Momentan ist das Gelände mit einem hohen Bauzaun absperrt und Tag und Nacht von Wachposten geschützt. Vorsicht auf der neuen Zufahrt, sie hat hohe Bodenwellen.

Manastir i Kakomes

Das **Kloster von Kakome** liegt etwa einen Kilometer vom Strand entfernt auf der rechten Talseite und ist über einen Fahr- und einen kurzen Fußweg von Kakome aus gut erreichbar. In der **ummauerten Anlage** liegen die Kirche Shën Mërisë, ein dreistöckiger Wohnturm, ein offener Kreuzgang, ein Brunnen und diverse Nebengebäude dicht zusammen. Es ist jetzt schon zu sehen, dass hier ein wirkliches Kleinod mittelalterlicher Klosterbaukunst wieder zum Leben erweckt wird.

Das Kloster von Kakome gehörte zum Dorf Nivica und war über Jahrhunderte für seine bedeutende Bibliothek und seine Priesterausbildung bekannt. **Shën Mërisë** ist eine typische Kreuzkuppelkirche im byzantinischen Stil mit einem offenen Narthex, einem von einer Kreuzkuppel überwölbten Naos und einem durch eine hölzerne Ikonostase abgetrennten Altarraum. Die Wände im Innern sind vollständig mit Fresken aus

7

dem Jahr 1672 ausgemalt. Gelitten hat die Kirche vor allem im Kommunismus, als die sehr gut erhaltene Ausmalung der Kirche durch Graffitis stark beschädigt wurde.

Outdoor

1. Das **Waldgebiet von Brodani und Hermenici**, etwas abseits an den Nordhängen des Luca gelegen, zählt zu den wenigen größeren ursprünglichen Waldgebieten des Kreises Saranda. Der 300 Hektar große Wald ist ein bedeutendes ökologisches Rückzugsgebiet und wichtig für das Mikroklima im Tal. Die meisten natürlichen Steineichenmischwälder Südalbaniens sind schon lange durch Holzeinschlag und traditionelle Brandweide verloren gegangen. Zuletzt mussten sie in der kommunistischen Zeit weitläufigen Oliven- und Zitrusplantagen weichen, deren Terrassen noch heute in allen mittleren Berglagen an der Küste zu finden sind.

Zugang: Ein schlechter Fahrweg führt etwa 200 Meter nach der Abzweigung nach Kakome auf einen Bergrücken hinauf, wo man zu Fuß auf dem Grat über das Waldgebiet bis auf die karstige Halbinsel Qefal gelangen kann.

2. Über einen etwa 2,5 Kilometer langen Fußpfad vom Manastir i Kakomes in nördlicher Richtung erreicht man das über der Bucht von Krorëz traumhaft schön gelegene **Kloster von Krorëz (Manastir i Krorëzës)**. Die Klosteranlage ist einfacher und kleiner, aber ähnlich wie die des Nachbarklosters in Kakome. Die Kirche Shën Mërisë stammt aus dem 14. Jahrhundert, im Chor findet man ein einfaches Fußbodenmosaik.

Saranda (Sarandë)

Überblick

Die **Landschaftsschutzgebiete** um das UNESCO-Weltkulturerbe Butrint und die südlich angrenzenden Gegenden gehören zu den schönsten und sehenswertesten Reisezielen des Landes. Gleichzeitig kann man das für Albanien oft so typische Aufeinandertreffen von Landschaftszerstörung durch Baumaßnahmen, Beeinträchtigungen durch Straßenbauprogramme und großartigen Naturplätzen in kaum einer Region auf so engem Raum erleben wie hier.

Saranda liegt eingeklemmt zwischen der Küstenkette und dem Meer und hat sein Wachstumspotenzial bald ausgeschöpft. Die **wilde Bebauung** hat selbst jenseits der Küstenkette und in den südlichen Gebieten vor der großen Lagune von Butrint nicht haltgemacht und findet erst an der Grenze zum Butrint-Nationalpark ein abruptes Ende. In der Betonwüste aus Hochhäusern leben etwa 30.000 Menschen, in der Sommersaison sind es wohl bis zu dreimal so viel.

Saranda, eine freundliche und entspannte Hafenstadt, lebt hauptsächlich vom Saisongeschäft und dem Tagestourismus mit der nur drei Kilometer entfernten griechischen Insel Korfu. Die Stadt **gehört zu den wichtigsten touristischen Zentren Albaniens.** Highlight des Ortes ist die schöne, lange Strandpromenade an der Bucht, an der sich besonders wochenends und im August ein lebensfrohes, sehr familiäres Nachtleben entfaltet. Man trifft sich, trinkt etwas, geht essen und genießt den Abend und den Blick über das offene Meer bis nach Korfu. Mit über 300 Sonnentagen im

7

Sehenswürdigkeiten, Museen, Gotteshäuser

8 Reste der Hafenbefestigung
11 Ausgrabung Synagoge und Basilika
15 Stadtgeschichtliches Museum
16 Archäologisches Museum
18 Kisha Ortodokse (Orthodoxe Kirche)
21 Manastiri 40 Shënjtorët (Kloster der 40 Heiligen)
28 Kalaja e Lëkurësit (Burg Lëkurësi)

Jahr ist es hier zwei bis drei Grad wärmer als im übrigen Land. Von den vielen Hochhausbauten sollte man sich nicht abschrecken lassen, denn in der City ist die Stadt überraschend grün und mit ihrem Mix aus alter und neuer Bebauung auch durchaus charmant. Saranda bietet eine **gute Infrastruktur,** ein solides Hotel- und abwechslungsreiches Restaurantangebot mit einem guten Preis-Leistungsverhältnis und gastfreundlichem Service.

Geschichte

Durch die Nähe zur antiken Handelsstadt Buthrothum (Butrint) war Saranda immer nur ein **Nebenschauplatz** der Geschichte. Die Bucht war in der Antike ein wichtiger Verkehrsknotenpunkt, Warenumschlagplatz und Hafen, der jedoch infolge seiner ungeschützten Lage oft überfallen und geplündert wurde. Seinen heutigen Namen verdankt Saranda einer antiken Basilika namens **Santia**

■ Übernachtung

1 Hairy Lemon
2 Great Alexander Suite
3 Tomi's Backpackers Saranda
5 Palma
10 Lindi
14 Porto Eda
20 Butrinti
23 Jaroal
25 Panorama

■ Essen und Trinken

7 Piceri Restaurant
  Plazhi i Ri (Caci)
9 Mare Nostrum,
  Garden Restaurant
12 Butrinti Live Music
13 Pizzeria und Café Limani
17 Poseidon
19 Paradise
28 Lëkurës
29 Rrepet e Karahaxhit

■ Nachtleben

4 African Beach Club
12 Butrinti Live Music
22 Disco Ecuador
24 Barrachuda
26 Mango
27 Tropical

■ Sonstiges

6 Terini Pkw
  -und Fahrradverleih

Quaranta (40 Heilige) oberhalb der Bucht. Noch Ende des 19. Jahrhunderts konnte der englische Forschungsreisende *William Martin Leake* in seinen Reiseskizzen die gut erhaltenen Ruinen einer kleinen antiken Stadt festhalten, neben der ein Handelsplatz der Türken lag, die den Ort vom frühen 15. bis Anfang des 20. Jahrhunderts kontrollierten. Die letzten antiken Mauerreste verschwanden spätestens im 1. Weltkrieg, als hier ein Marinestützpunkt errichtet wurde und man zu Ehren König *Zogus* eine erste kleine Uferpromenade und befestigte Straßen anlegte.

Ausgrabungen im Zentrum brachten zahlreiche römische und frühbyzantinische Gebäude mit aufwendigen Fußbodenmosaiken zutage.

In der kommunistischen Zeit lag Saranda im **grenznahen Sperrgebiet** zum „feindlichen Griechenland", sodass die Regierung den Ort komplett neu mit linientreuen Kommunisten besiedelte.

Fischkonserven und Glühbirnen der Marke „Saranda" waren damals im ganzen Land bekannt, und die Bucht mit dem tropischen Flair war das beliebteste Urlaubsziel Albaniens.

Nach dem Ende des Kommunismus war Saranda einer der ersten Orte, in denen es zu einem **Bauboom** kam. Jahrelang war das Gesicht der Stadt von halbfertigen, meist illegal errichteten Hochhausbauten geprägt. Es gab einen großen Bevölkerungswandel. Ein nicht geringer Teil der früher hier ansässigen griechischen Minderheit lebt heute mit EU-Pässen in Athen; neue Bewohner kamen auf der Suche nach Arbeit aus den Bergregionen des Hinterlandes und auch aus den albanischen Alpengebieten. Die anhaltende **Wirtschaftskrise** in Griechenland hat viele albanische Arbeitsmigranten arbeitslos gemacht, die nun ihr Glück zu Hause in Saranda versuchen. Mit jeder Sommersaison eröffnen neue Geschäfte, Souvenirläden, Modeboutiquen und Schuhläden.

Sehenswertes

Die wenigen historischen Highlights – Saranda ist eher ein Ort zum Relaxen – lassen sich auf einem kurzen Rundgang besichtigen. Ausgangspunkt ist die **Strandpromenade,** die auf den Fundamenten der antiken Stadtmauer verläuft. Am nördlichen Ende steht ein großer Backsteinpfeiler verloren im Wasser, ein ehemaliger Wachturm der im Meer versunkenen Hafenanlagen. Die großen Terrassen, auf denen die Stadt heute liegt, entstanden schon in der Antike. Folgt man den Treppen rechts vom Hotel Porto Eda, gegenüber vom alten Fi-

schereihafen, gelangt man zur **Ausgrabung der Synagoge** in der Rr. Skenderbeu. Es war eine Sensation, die in Fachkreisen weltweit Aufmerksamkeit erregte, als man hier 2009 in einem großen Fußbodenmosaik jüdische Symbole identifizieren konnte: einen siebenarmigen Leuchter, einen Fisch, das Horn eines Widders und eine Zitronat-Zitrone. Die Mauerfundamente deutet man als Versammlungs- und Speisesaal, Bibliothek und rituelles Badehaus. Hier fand

Südalbanien

man auch zwei große steinerne Wannen, die wahrscheinlich für das jüdische Tauchbad-Zeremoniell genutzt wurden. Im Mosaikboden eines weiteren Gebäudes tauchten dann überraschenderweise noch ein Kreuzzeichen und eine christliche Weiheinschrift auf. Israelische Archäologen halten die Anlage aus dem 5. und 6. Jahrhundert für das weltweit älteste bekannte religiöse Zentrum der jüdischen Diaspora, das dann vermutlich in der Spätantike christianisiert und in eine Kirche umgewandelt wurde. Die Mauerreste direkt an der Rr. Flamurit gehören zur antiken Stadtmauer. (In den Sommermonaten sind die Ausgrabungsflächen aufgedeckt; Eintritt frei, Faltplan in der kommunalen Touristeninfo.)

☐ Morgenstimmung in Saranda

alba043 mg

Folgt man der Rr. Flamurit in östlicher Richtung, liegt linker Hand das **Muzeu Arkelogjik** (Archäologisches Stadtmuseum) in einem unscheinbaren Haus mit großen Glasfenstern. Die in die Jahre gekommene Ausstellung zeigt ein originales Fußmodenmosaik, die großen Wannen des jüdischen Badehauses, antike Funde und alte Fotos (Öffnungszeiten: 9–16 Uhr, Eintritt: 200 Lek).

Das **Muzeu Etnografik** (Ethnografisches Stadtmuseum) schräg gegenüber in derselben Straße informiert über volkskundliche Objekte (Eingang an der Strandpromenade, Öffnungszeiten: 9–22 Uhr, Eintritt: 100 Lek).

Die Strandpromenade

Ein in Albanien legendärer Ort und im Hochsommer bei größtem Trubel ein **touristisches Muss!** Ab 20 Uhr mit Einbruch der Dunkelheit geht es einmal zwei Kilometer in die eine, dann zurück in die andere Richtung der bereits im Kommunismus attraktiv gestalteten Uferpromenade. Man kleidet sich bewusst elegant für den Abendspaziergang, unzählige Kinder sind bis in die Nacht mit unterwegs, Musik, Bars, Restaurants und Imbissverkäufer, Souvenirstände und Billiganbieter sorgen für eine quirlige und entspannte Atmosphäre zugleich. Hinzu kommt der sehenswerte Blick von einem der vielen netten Cafés auf die beleuchtete Bucht.

Kalaja e Lëkurësit

Die **Burg Lëkurësi** wurde um das Jahr 1537 von Sultan *Sulejman Kanuniu* erbaut, als die Türken Korfu besetzten. Als der Regionalfürst *Ali Pascha* im 18. Jahrhundert gegen die osmanische Zentralmacht kämpfte und dabei die Bewohner der Burgsiedlung Lëkurës verriet, legten diese vor ihrer Flucht nach Korfu die gerade fertig ausgebaute Burg in Schutt und Asche. In kommunistischer Zeit als nationaler Schauplatz restauriert, zählt sie heute zu den beliebtesten Ausflugszielen.

Anfahrt: 10 Min. von Saranda in Richtung Gjirokastra, über die Qafa e Gjashtes und sofort rechts abbiegen, dann 1,4 km eine schmale Straße den Hügel hinauf.

Manastiri 40 Shënjtorët

Das **Kloster der 40 Heiligen** war so riesig, dass es für Seefahrer über viele Jahrhunderte eine wichtige Seemarke war. Einen vergleichbaren Bau findet man erst wieder in Istanbul. In der Antike war der Kult um die 40 heiligen Märtyrer sehr beliebt. In den drei auffälligen Ausbuchtungen im Chor der Kirche mit den fünf rundbogigen Fensternischen standen einmal wertvolle Reliquienaltäre oder Figuren. Archäologen deuten den Bau als größeres christliches Missionszentrum für die Gebirgsregionen des Hinterlandes. Die Anlage aus dem 6. bis 15. Jahrhundert war noch gut erhalten, als sie 1944 von deutschen und italienischen Truppen während des Partisanenwiderstandes durch einen Luftangriff zerstört wurde.

Anfahrt: Auf die Qafa e Gjashtes gleich links in die Rr. 27 Qershore abbiegen, die Rr. Hamalloi bis zur Moschee fahren, dann links in die Rr. Idriz Suli bis zu den Ruinen.

Strände

Empfehlenswert sind die kleinen Badestrände auf der **Butrint-Halbinsel,** jene von **Ksamil** oder die an der **Riviera-**

Küste bis Lukova, die mit dem Pkw schnell zu erreichen sind.

Nicht zu empfehlen ist das Baden am südlichen Buchtende, wo der Çuka-Kanal mündet, über den die Ebene östlich von Saranda entwässert wird.

Praktische Infos

Informationen/Nützliches
■ **Kommunale Touristeninformation,** gegenüber der Ausgrabung der Alten Synagoge in einem winzigen Büro ohne Hinweisschild, Rr. Skënderbeu, Tel. (085) 249 28, drmk.sarande@yahoo.com; Öffnungszeiten: im Sommer 8–20 Uhr, sonst bis 16 Uhr, So geschlossen. Freundliche Auskunft, aber fast kein Info-Material.
■ **Çelesi-Verlag,** Info-Pavillon an der Strandpromenade; Öffnungszeiten: Juli bis Sept. 9–20 Uhr.
■ **Führungen: Klodian Veliko** (dt.), exzellente Reiseleitung von Himara bis Butrint, nach Absprache ca. 50 Euro pro Tag, Tel. (069) 393 09 48, sarandaime@hotmail.com.
■ **Post,** Rr. Skënderbeu, 9–13 und 16–18 Uhr.
■ **Internet: Cybercafé,** Rr. Mitat Hoxha, bei der Creperia, sarandacyber@yahoo.com; **Internet Kafe,** Rr. Joninian, neben Fastfood, 1 Std. 150–200 Lek; WLAN auch in den größeren Hotels und in den beiden Hostels.
■ **Geld:** Trotz der Nähe zu Griechenland ist es in Saranda üblich und unkomplizierter, mit Lek als mit Euro zu zahlen. Bankautomaten, die zuverlässig Geld ausgeben, gibt es nur zwei: Procreditbank, am Hotel Porto Eda an der Promenade, und Raiffeisenbank, Rr. Skënderbeu, gegenüber der Post. Zahlen mit Maestro-/EC- oder Kreditkarte ist in Saranda noch nicht üblich. Die offiziellen Geldwechsler am zentralen Park wechseln zuverlässig Lek und Euro zu etwas günstigeren Kursen als die Banken.
■ **Reiseagentur: Terini Travel,** Mietwagen vom Kleinauto über Geländewagen bis zum Bus, Reservierung/Verkauf von Fährtickets, Tipp: Vermietung von max. 13 Mountainbikes (10 Euro pro Bike/Tag), Rr. Mihat Hoxha, Tel. (085) 22 49 85, (069) 209 40 30, terini@albmail.com, terinitravel@yahoo.com, www.terini-travel.com.

Medizinische Versorgung/Notfälle
■ **Apotheke,** Rr. Vangjeli Pandi, Tel. (085) 22 24 93.
■ **Krankenhaus,** Rr. Onhezmi, Tel. (085) 22 20 17, 22 23 12, im Krankenhaus von Saranda ist bei einfachsten Verhältnissen eine gute Grundversorgung gewährleistet. Anfahrt: Rr. Onhezmi (Einbahnstraße), zentrumsnah, stadtauswärts, an Kreuzung durch Tor bergauf, Eingang und Parkplatz hinter dem Gebäude. Im Zweifelsfall aber (z.B. Schlangenbiss) fährt man besser ins griechische Ioannina (1 Std.) ins Chatzikosta Hospital, Tel. (0030) 26510 80111, in die Universitätsklinik, Tel. (0030) 26510 99111, oder mit der Fähre nach Korfu ins Krankenhaus Kelcyra-Stadt, Tel. (0030) 26610 88200.
■ **Polizei,** Tel. (085) 22 23 86.

Hostels
Saranda garantiert durch seine **breite Auswahl** an guten Hotels genügend Unterkunftsmöglichkeiten zu günstigen Preisen. Direkt an der Uferpromenade herrscht im Juli und August viel Trubel, aus einer Bar ertönt Live-Musik bis um 1 Uhr morgens, einige Hotels liegen direkt neben Stranddiscos.

Tipp **Tomi's Backpackers Saranda**①, Rr. Mitat Hoxha zwischen Internetcafé und Creperia, direkt gegenüber vom Fährhafen, Name nur an der Klingel, Tel. (069) 434 54 26, sarandabunker@gmail.com. Zwei 4-Bett- und ein 6-Bett-Dorm mit Stockbetten, großen Balkonen und modernem Bad mit Duschkabine, üppiges kontinentales Frühstück, Internet, Wifi, Bettwäsche, Handtuch frei, Waschmaschine, Barbecue am Strand und Ausflugstipps, an den Wänden Backpackergrüße aus aller Welt, Bauernmarkt und Bus nach Butrint nur 20 m entfernt. *Tomi* ist in Saranda geboren und spricht fließend englisch. Ganzjährig geöffnet.

7

■ **Hairy Lemon**①, unterhalb der Rr. Vazil Laçi, nahe am African Beach Club, 1 km vom Fährhafen, Tel. (069) 355 93 17, saranda@hairylemonhostel.com. Kleines Apartment im 8. Stock eines Hochhauses, modernes Duschbad, Pancake zum Frühstück, Internet, Bettwäsche. Event-Programm.

Hotels

■ **Lindi**②, direkt am Busbahnhof, Rr. Vangjeli Pano, Tel. (085) 22 33 63, (069) 206 34 80. Einfaches Hotel mit sauberen Zimmern inkl. Frühstück.

■ **Palma**②, direkt am Fährhafen, Rr. Mitat Hoxha, Tel. (085) 222 29 29, (069) 32 75 42 95. Solide und geräumige Zimmer ohne Schnickschnack mit Balkon zum Meer, inkl. Frühstück, Aufenthaltsräume etwas nüchtern, kleiner Pool und Hausrestaurant mit netter Außenterrasse direkt am Wasser.

■ **Great Alexander Suite**②-③, Rr. Sabri Preveza, im modernen Saranda, südlicher Stadtteil, direkt über dem Fußballplatz, www.booking.com. 3 sehr geräumige Apartments im 2. Stock, 4–6 Pers., Betten extra lang, ausgestattete Küche, modernes Duschbad, AC, TV, 3 Balkone.

■ **Porto Eda**③, am Fischerhafen in der Mitte der Promenade, Rr. Skënderbeu, Tel. (085) 233 63, Tel. (085) 22 66 96, (069) 206 34 80. Nette, geschmackvolle und wohnliche Zimmer mit guten Bädern, Internet und kleinen Balkonen mit Blick auf die Bucht, inkl. Frühstück.

■ **Panorama**③, an der Straße von Saranda nach Butrint, östliche Buchtseite, Tel. (085) 28 52 43 67, (069) 205 51 14. Angenehmes Hotel, geräumige, modern gestaltete Zimmer mit angenehmen Bädern und Panorama-Balkonen, inkl. Frühstück. Terrasse mit Meerblick, Restaurant, Swimmingpool mit Poolbar.

■ **Butrinti**④, am Ende der Promenade an der Straße nach Butrint, Tel. (085) 22 55 93. Angesehenes Hotel mit unangemessen hohen Preisen, 2001 luxuriös-gediegen restauriert. Komfortable Zimmer mit großzügigen Bädern, Safe und Balkon, inkl. Frühstücksbüffet. Gute Poolanlage, Tennis, Fitness, Sauna, Bar, Nachtclub, bewachter Parkplatz.

■ **Jaroal**④, Rr. Butrinti, an der Straße nach Butrint 10 Min. vom Zentrum, Tel. (085) 22 34 10, info@jaroalhotel.com. Überzeugt durch großzügige Zimmer, gute Bäder, große Balkone mit wundervollem Blick aufs Meer, geschmackvolles Ambiente, schöne Außenterrasse, freundlicher Serive, AC und WLAN, Hotelrestaurant Taverna Pupia (bekannt für gute Fischküche). In der Hochsaison allerdings extremer Discolärm, besonders am Wochenende.

Camping

Saranda selbst bietet **keinen Campingplatz.** Am nördlichen Ende der Bucht, wo die Bebauung nachlässt, gibt es kurzfristig Möglichkeiten zum Wildzelten, ideal und besonders schön ist es dort aber nicht. Backpacker, die mit dem Zelt auf Durchreise sind, übernachten entweder in einem der Hostels oder fahren weiter mit dem Bus nach Ksamil. Da Korfu nicht weit ist, hier eine Alternative zum Campen auf der griechischen Insel:

■ **Dionysus Camping Korfu**③, GPS 39.664, 19. 8443, Tel. (0030) 26 61 0 91 417, www.dionysus-camping.gr. Neben unterschiedlich großen Stellplätzen auch große Zelte mit 2 Betten, Bungalows mit 2 oder 4 Betten, Küche und Sanitäranlagen im Gemeinschaftsgebäude. Fahrzeugverleih, Ausflugsprogramm, Sportanlagen, zum Sandstrand 800 m. Anfahrt: mit dem lokalen Bus Nr. 7 ab Rocco-Platz in Korfu-Stadtzentrum, alle 30 Min.; ab Korfu-Zentrum mit Pkw 8 km nach Norden, an der Kreuzung in Tzavros rechts abbiegen, nach 1 km auf der rechten Seite.

Snacks und Süßes

■ **Byrek Lokale,** Rr. Skënderbeu, Kiosk gleich östlich vom Stadtpark mit dem besten Byrek von Saranda in verschiedenen Sorten.

■ **Fastfood International,** Rr. Vangjel Pano, am Busbahnhof. Byrek, Döner und auch Kuchen.

■ **Korça-Kiosk,** direkt am östlichen Beginn der Promenade. Leckere traditionelle Fleischbällchen aus Korça und Korça-Bier.

■**Eiscreme** am östlichen Beginn der Promenade oder im Café-Restaurant Limani am alten Hafen. Dort auch *zupa* (Dessert aus Zuckercreme und Biscuit).

■**Bäcker,** Rr. Adem Shem/Ecke Rr. Onezmi; Rr. Mihat Hoxha/Jonianet.

Restaurants

In Saranda gibt es eine **sehr gute Auswahl** an Restaurants, alle genannten Adressen sind echte Tipps! **Spezialitäten** sind frischer Fisch, gebraten oder gegrillt, Risotto oder Spaghetti mit Meeresfrüchten und Muscheln. Frühmorgens kann man direkt von den Fischerbooten Fisch, Tintenfisch oder Garnelen kaufen.

■**Butrinti Live Music,** Gartenlokal direkt über der Strandpromenade, im Sommer jeden Abend Live-Musik, hier wird auch gerne getanzt. Solide albanische Küche.

■**Piceri Restaurant Plazhi i Ri (Caci),** einfaches Restaurant, Bar und Café, Pizzeria. Holzgebäude am westlichen Stadtstrand, typisch albanische Küche wie bei Albanern zu Hause, große Terrasse oder kleiner Raum innen, nette Bedienung.

■**Mare Nostrum,** Rr. Jonianet, weiß designtes Strandrestaurant für gehobene Ansprüche. Schöne Gartenterrasse, Karte mit Menüfolge. Schmackhaft gekochte, fantasievoll arrangierte Gerichte – die Portionen allerdings sind wirklich klein . . .

■**Garden Restaurant,** Rr. Jonianet, neben Mare Nostrum. Ganz normale albanische Küche, hier arbeitet die ganze Familie mit, nette Atmosphäre.

■**Paradise,** große überdachte Terrasse direkt über dem Wasser mit viel Flair, Rr. Saranda – Butrint, Tel. (069) 269 41, (085) 225 858. Die Fischgerichte und Meeresfrüchte sind besonders zu empfehlen, aber etwas teurer als der Durchschnitt.

■**Pizzeria und Café Limani,** zentral gelegener Kultort beim kleinen Leuchtturm am alten Hafen, üppige Pizzas, viele, aber auch sehr beliebte Sitzplätze, im Hochsommer muss man wegen des großen Andrangs im Café schon am frühen Abend einen Tisch belegen.

■**Poseidon,** Fischrestaurant an der südlichen Promenade, einfache Fischgerichte, garantiert frisch – hier ist der Stammtisch der Fischer von Saranda.

■**Lëkurës,** Aussichtsrestaurant in der restaurierten Burganlage, vom edlen albanisch-traditionellen Restaurantbesuch bis zum gemütlichen Beisammensein bei einem Glas Wein gibt es Angebote in allen Preisklassen. Toller Ausblick über die Bucht bis hin zur Lagune von Butrint und nach Ksamil. Im Sommer am Samstag traditionelle Volksmusikgruppen. In der Nebensaison warme Küche nur abends und wochenends. Zur Anfahrt siehe oben bei der Burg Lëkurës.

■**Rrepet e Karahaxhit** (Platanenwald von Karahaxhit), beliebtes und gut besuchtes Ausflugsziel der Albaner, abseits der Hauptstraße bei Finiq. Ein kühler Quellteich mit Schwänen in einem Platanenwäldchen, mittendrin ein rustikales Landgasthaus mit großen schattigen Gartenterrassen. Frische, richtig gut zubereitete traditionelle albanische Küche; Holzfeuergrill. Spezialitäten sind z.B. *Japrak* (fleischgefüllte Weinblätter), *Rrolo patëllxhani* (gerollte gefüllte Auberginen), *Mish gici i skuqur* (gegrilltes Spanferkel). Gastfreundliche, aufmerksame Bedienung (auch englisch). Tel. (069) 231 34 77, (069) 285 02 33. Anfahrt: An der Straße nach Delvina rechts angezeigt, der Wald ist zu sehen, 15 Min. von Saranda.

Nachtleben

■**African Beach Club,** 1 km vom Fährhafen westwärts, Disco-Club direkt am privaten Sandstrand, 1000 m² Partyfläche, oft Gast-DJs aus Tirana, Live-Musik und Animation.

■**Barrachuda,** Rr. Turizm, 300 m östlich vom Hotel Butrint am Çuka-Kanal, Nachtbar.

■**Disco Ecuador,** Schaumpool mit farbigem Wasser, am Çuka-Kanal.

■**Mango,** Rr. Saranda – Butrint, stimmungsvolle Stranddisco.

■**Tropical,** Rr. Saranda – Butrint, Sommerdisco.

Straßen

Dank eines EU-Erschließungsprogramms gibt es in der ganzen Region **neue Straßenverbindungen:** Auf der Küstenstraße nach Norden (Vlora) 3 Std., nach Tirana 6–7 Std. (lange Baustellenabschnitte nach Tepelena), nach Gjirokastra 45 Min., über den Muzina-Pass 90 Min. Überquerung des Vivari-Kanals südlich von Butrint nur mit altertümlicher Fähre, im Sommer Wartezeiten.

Fähren

■ **Saranda:** Kleiner **Fährhafen** in der Rr. Mihat Hoxha am westlichen Ende der Bucht.

■ **Finikas Line,** Tickets im Fährbüro (Rr. Mihat Hoxha, gleich nach der Einfahrt zum Hafen) oder bei Terini Travel. Aktueller Fahrplan unter www.finikas-lines.com/de/linien, Tel. (067) 202 20 04, (069) 207 37 11, info@finikas-lines.com.

■ **Korfu:** Internationaler Terminal im neuen Hafen, 800 m von der Altstadt entfernt.

█**Tipp▶ Travel to Albania,** 400 m südlich des neuen Hafens in Richtung Altstadt auf der rechten Straßenseite; die Infobroschüre der Reederei enthält auch einen sehr brauchbaren Stadtplan von Korfu; Pkws sollten vorab reserviert werden. Gepäckaufbewahrung auf Korfu 4 Euro pro Gepäckstück und Tag, Abgabestelle im Aufenthaltsraum/Nautika-Bar im rechten Hafengebäude, gegenüber dem Büro von Travel Albania.

■ **Fährverbindungen** (Tickets bei Terini Travel, s.o.): Jan. bis April **Saranda – Korfu** 12.45 Uhr, Korfu – Saranda 9 Uhr, 19/38 Euro p.P.; Mai bis 20. Juli Saranda – Korfu 10.30, 16 Uhr, Korfu – Saranda 9, 18.30 Uhr, 23,80/46,60 Euro p.P.; 21.7. bis 15.9. Saranda – Korfu 10.30, 16 Uhr, Korfu – Saranda 9, 13, 18.30 Uhr; 16.9. bis 15.10. Saranda – Korfu 10.30, 16.30 Uhr, Korfu – Saranda 9, 18 Uhr; 16.10. bis 31.12. Saranda – Korfu 13 Uhr, Korfu – Saranda 9 Uhr. Die Fähren können bei (zu) starkem Wind nicht fahren.

Den **Flughafen Korfu** erreicht man auch über die Fähre Igoumenitsa – Korfu 6–22 Uhr, 1½ Std. Kartenverkauf nur am Hafen 30 Min. vor der Fahrt.

Korfu – Igoumenitsa (10 Euro/Pers., toller Blick auf Stadt und Festung Korfu): jede volle Stunde bis 17 Uhr griechischer Zeit.

■**Autofähren** von Genua, Ancona und Bari nach Igoumenitsa oder von Ancona, Bari und Brindisi nach Vlora, Preisvergleich unter www.ocean24.de.

Busse

In alle Richtungen bestehen gute Verbindungen. Die Busse fahren **zuverlässig** nach Fahrplan und relativ pünktlich (offizielle Fahrpläne sind nicht erhältlich).

■**Abfahrten an der Rr. Mihat Hoxha/Ecke Rr. 1. Maji** (bei dem Rondell mit dem riesigen Eukalyptusbaum): Saranda – Ksamil – Butrint 5.30, 7.30, 8, 10, 11, 13.30, 14.45, 16.30, 18, 19.30, 21 Uhr; Rückfahrt Butrint 6.30, 8, 9, 11, 12.30, 14.30, 15.30, 17.15, 18.45, 22 Uhr.

■**Abfahrten am zentralen Busbahnhof Rr. Vangjeli Pandi/Ecke Rr. Lefter Talo** (reguläre Zeiten der Reisebusse, zusätzlich fahren Minibusse nach Bedarf; im Hochsommer sollte man Fahrten nach Tirana in der Agentur am zentralen Busbahnhof mindestens einen Tag vorher reservieren: Delvina stündlich (45 Min.); Tirana (über Gjirokastra) 5, 6.30, 8.30, 9.30, 10.30 Uhr (1200 Lek/7–8 Stunden, 2 längere Pausen in Restaurants); Durrës (Bahnhof) 7.30 Uhr (1000 Lek, zwei längere Pausen in Restaurants); Fier 5.30 Uhr; Tepelena 8 Uhr; Gjirokastra 10, 12.30 Uhr (200 Lek), Richtung Përmet (400 Lek) und Korça (800 Lek) in Gjirokastra oder Ura e Leklet umsteigen; Bregdeti – Tirana (entlang der Riviera-Küste) 5, 5.30, 11, 14 Uhr (Hochsaison, sonst 5.30 Uhr, 2 Pausen in Restaurants; Vlora (Sheshi i Flamurit) 6, 11.30, 14.30 Uhr; Berat 8 Uhr; Lushnjë 13 Uhr; Elbasan 6 Uhr; Borsh 12 Uhr; Çorraj (Bergdorf oberhalb von Borsh, Übergang ins Shushica-Tal) 13 Uhr, Çorraj – Saranda 5 Uhr; Qafë Botë (Grenzübergang

Griechenland) 5.30, 6.30 Uhr, Qafë Botë – Saranda 9 Uhr; Saranda – Athen täglich (25 Euro); Saranda – Prishtina tägl. 6, 16 Uhr, im Sommer zusätzlich 11.30, 14,30 Uhr.

■ **Fahrzeiten entlang der Küste,** z.B. ab Saranda 5.30 Uhr, an Himara 7.20 Uhr, an Dhërmi 8 Uhr, an Vlora 10 Uhr, an Fier 11.50 Uhr, an Tirana ab 13 Uhr.

■ An der Strecke **Saranda – Ksamil** liegen auch die Strände von Manastiri, Pasqyra und Pulebardha. Man muss dem Busfahrer während der Fahrt mitteilen, wo man aussteigen will. Von der Hauptstraße sind es dann noch ca. 15–20 Min. zu Fuß über die Hügel der Küstenkette. Zurück trampen, besonders in der Hauptsaison problemlos und üblich.

Taxi

Taxifahren ist günstig, zu abgelegenen Orten gibt es Pauschalen; einfache Fahrt nach Butrint ca. 10 Euro, für die Rückfahrt ist es üblich, sich die Handynummer geben zu lassen! Standplatz gegenüber den Hotels Butrint oder Vëllerezit Myrtaj am Stadtpark.

Mietwagen

Griechische Mietwagen dürfen nicht über die **Grenze** nach Albanien gefahren werden, albanische nach Griechenland oder auch Mazedonien nur nach Absprache und mit Zusatzversicherung!

■ **Terini Travel,** Rr. Mihat Hoxha, direkt am Fährhafen (s.o.), 6 Kleinwagen, ein Mercedes 4x4, ein VW Minivan (nur mit Fahrer: ortskundiger, engl. Fahrer 30 Euro/Tag), ein Moped. Auch Überschreiten der Grenze nach Griechenland, Mazedonien mit Zusatzversicherung mögl., 35–120 Euro/Tag inkl. Vollkasko.

Fahrradverleih

■ **Terini Travel,** s.o., 10 MTBs, die zur Erkundung der Region sehr geeignet sind.

Grenzübergänge

Achtung bei der Reiseplanung: **Griechenland hat keine Sommerzeit,** d.h. man ist dort im Sommer eine Stunde später dran; es gilt immer die Ortszeit! Der **Übergang Konispol** ist von Saranda über die neue Straße durch das Pavllas-Tal in 40 Min. zu erreichen. Zum **Grenzübergang Kakavija** im Drinos-Tal ist es etwa 1 Std. Will man nach Griechenland auf eine Fähre, gilt es zu bedenken, dass es ab Mitte August besonders an Wochenenden durch Rückreiseverkehr der Albaner zu Wartezeiten bis zu 1 Std. kommen kann.

Fahrzeiten: Nach Ioannina über Kakavija 2 Std., nach Igoumenitsa zur Fähre über Konispol 1½ Std. Von Igoumenitsa kommend gibt es keinen Wegweiser nach Konispol und zur albanischen Grenze! Die Straße an der Bucht nehmen, nicht zur Autobahn, und dann problemlos in nördlicher Richtung über Sagiada fahren.

Einkaufen

TIPP Ein **Marktbesuch** am frühen Morgen – hier findet man alles, was in Saranda und Umgebung angebaut, gefangen und produziert wird: frischen Fisch, Muscheln in Plastikflaschen, lebendes Geflügel, junge Pflanzen, Olivenöl, Milchprodukte, Eier, natürlich frisches Obst und Gemüse aus den Gärten; Lage: am westlichen Ende der Rr. 1. Maji/ Ecke Rr. Mihat Hoxha.

■ **Kunsthandwerk:** Im Sommer gibt es an der Promenade einen Stand mit Webwaren. Die beste Auswahl in der Region findet man in Gjirokastra.

■ **Supermärkte:** Myrtaj, schräg gegenüber unterhalb vom Busbahnhof (8–13.30 und 17–22.30 Uhr); Alpha, Rr. Abadin Dino (größtes Angebot in Saranda, 8–22 Uhr).

■ **Angelgeschäft,** Rr. Mitat Hoxha, Tel. (069) 208 97 66, gut sortiert.

■ **Schreibwarenladen,** Rr. Adem Shem/Ecke Rr. Joninianet, regionale Literatur (englisch).

■ **Milchprodukte:** Fabrikverkauf der Molkerei SARANDA, täglich frisch hergestellt: *Djath te bardhe* (Feta), *Kos dele* (Schafsjoghurt), *Gjiz e fresket* (frischer Ziegenmolkekäse); Rr. Saranda – Gjirokastra, Km 7, linke Seite, Tel. (069) 217 09 70, (089) 530 049.

■ Der **Basar mit Billigprodukten** befindet sich etwas versteckt rechts der Kreuzung Rr. Adem Shem/Rr. Onhezmi.

Südlich von Saranda: Halbinsel Ksamil

Hexamilion – griech.: Sechs Meilen groß – nannte man diese Gegend in der Antike, eine Bezeichnung, die im heutigen Namen Ksamil nachklingt. Die Halbinsel wurde 1959 neu erschlossen, als der damalige sowjetische Staatspräsident *Nikita Chruschtschow* die Ausgrabung von Butrint besuchte. Heute gehört das Areal zu den am besten geschützten Naturschutzgebieten in ganz Albanien. Die Ruinen der antiken Stadt Butrint und ihre Umgebung stehen unter dem Schutz der UNESCO und werden von der Butrint Foundation verwaltet (s.u.). Die Feuchtgebiete im Umland sind seit 2003 durch die RAMSAR-Konvention geschützt, daneben ist das Gebiet einschließlich des südlichen Butrint-Sees vom Staat mit einer Fläche von 86 km² seit 2001 als **Butrint-Nationalpark** ausgewiesen.

Die Halbinsel hat in den letzten zehn Jahren viel von ihrer Ursprünglichkeit verloren, hauptsächlich durch die **wilde Bebauung** außerhalb der Schutzgebiete in und um Saranda und Ksamil. 2011 verschwand die enge Verbindungsstraße mit zahlreichen gefährlichen Engpässen und machte einer begradigten Zufahrt Platz.

alba126 mg

Butrint und seine wasserreiche Umgebung gehören zu den besuchenswertesten Gebieten des Landes. Die allermeisten **Touristen** kommen nur für wenige Stunden zu einem Besuch der Ruinen von Butrint, dabei könnte man hier Tage verbringen, um die großartigen Naturlandschaften und archäologischen Plätze zu erkunden.

Auf dem Weg nach Butrint liegen rechts der Straße unterhalb der schmalen Hügelkette, die die Adria hier von der Butrint-Lagune trennt, drei kleine **Badestrände,** die man über steile Zufahrten erreicht: Pasqyra-, Manastiri- und Pulbardha-Beach.

Ksamil

Ksamil war vor wenigen Jahren noch ein echter Geheimtipp für Badeurlauber, ein kleines, verschlafenes Dorf, das 1966 für die Arbeiter eines großen Kombinates für Zitrusfrüchte und Oliven angelegt worden war. Viele Menschen erinnern sich noch daran, wie der Duft der Orangen- und Zitronenbäume im Frühjahr das ganze Dorf einhüllte. Inzwischen wurden die gesamte Talmulde und die umliegenden Hügel illegal mit kleineren Hotelanlagen und Privatpensionen bebaut. Die **schiefen Gebäude** sind das Ergebnis einer Aktion der Berisha-Regierung im Mai 2010, als ein Aufgebot schwerer Baufahrzeuge mit Polizeischutz anrückte, um alle nach dem 31. Dezember 2006 errichteten Gebäude

unbewohnbar zu machen (der 31.12. 2006 ist der offizielle Stichtag zum Abriss illegaler Gebäude an der Küste). Hier traf es „nur" die Lebensgrundlage kleiner albanischer Familien, die mühsam ihr Geld im Ausland verdient hatten. Die wirklich großen illegalen Bauprojekte wurden nicht angerührt.

Die Meinungen über Ksamil sind geteilt, einerseits schreckt der Bauboom ab, andererseits kann man das Flair am **Strand** nicht leugnen. Schön sind die Strandabschnitte der beiden Bars direkt gegenüber den vier bewaldeten kleinen Inseln am Abiori Beach. Dort gibt es Hawaii-Feeling unter schilfgedeckten Sonnenschirmen und kleine Badebuchten mit weißem Sand. In der Hochsaison dröhnt die Musik der Strandbars bis weit aufs Wasser hinaus. Das flache Wasser ist ideal für Kinder. Drei Inseln sind schwimmend zu erreichen (zwei Liegen mit Sonnenschirm 500 Lek, Tretboot 600 Lek pro Std., Überfahrt mit dem Boot 2000–2500 Lek pro Boot).

Fährschiffe der großen Fährlinien fahren in Sichtweite vorüber und durchqueren mit lautem Signal die Meerenge von Korfu. Wer früh aufsteht, ist dabei, wenn morgens Schafe und Kühe durchs Dorf getrieben werden. Im Sommer gibt es an der Hauptstraße gegrilltes Lamm. Die Tiere werden direkt vor Ort geschlachtet, den Tag über gegrillt und abends in Portionen mit frischem Brot verkauft – fern aller EU-Normen.

Von Mitte Juli bis Ende August ist es in Ksamil **brechend voll,** und die Parkplätze sind komplett zugeparkt. Bereits um 10 Uhr findet man keinen freien Liegestuhl mehr. Viele albanischen Gäste zahlen für den ganzen Urlaub im Voraus und haben dadurch reserviert. Entweder

☐ Hawaii-Feeling am Strand in Ksamil

7

man kommt also ganz früh morgens oder ab 16 Uhr nachmittags, wenn die Einheimischen aufbrechen, um sich für den abendlichen Gjiro vorzubereiten. Am späteren Nachmittag weht immer eine frische Brise vom Kanal her, und gerade das Baden vor der Kulisse des Sonnenuntergangs ist ein Erlebnis.

Ruhige Plätze für kleine Erkundungstouren findet man in der **Bucht von Alinura** südlich des Dorfes und am **Mali i Sotirës** (232 m), dem perfekten Berg für einen Rundblick über die nähere Umgebung von Butrint. Ein großer Teil des Berges ist mit Macchia, Eichen und Eschen bewachsen, am steilen Westufer des Butrint-Sees liegt ein Waldgebiet mit zahlreichen Höhlen. In den höheren Zonen findet man ausgedehnte Trockenrasen, Rückzugsgebiete für seltene Schmetterlinge, Fledermäuse, Singvögel, Wildschweine, Schakale und Wölfe.

Praktische Infos

Unterkunft *(dhoma me qera)* findet man in Ksamil in **Privathäusern,** deren gastfreundliche Besitzer in den Sommermonaten zusammenrücken und ihre privaten Räume zur Verfügung stellen. Entsprechend „intim" können die Verhältnisse sein.

Hotels und Apartmenthotels sind am unteren Standard angesiedelt, es gibt nur wenige Ausnahmen.

Wenn jemand in Ksamil vorbuchen möchte, findet in *Laura* und *Aleksander* von Saranda Holidays kompetente Ansprechpartner.

TIPP **Vila Park Bujari Hotel**②, Ksamil, Rr. për te Pema e Thate, Tel. (068) 407 46 30, info@hotelvila-parkbujari.com, www.hotelvilabujari.com. Privates, sehr gepflegtes Grundstück und blitzsauberes Apartmenthaus mit 17 einfachen, angenehmen Wohnungen mit Kochgelegenheit (keine Küchenausstattung), Kühlschrank, AC und Balkon. Schöne Außenterrasse, flacher Kiesstrand direkt am Haus, gut für Kinder. Einfaches Restaurant und Frühstück.

Hotel Mondi②-③, Rr. Poligoni, am ruhigen Buchtende an Vila Park Bujari angrenzend, Tel. (069) 239 75 45, info@hotel-mondi.com. Einfache, günstige 2- bis 3-Bettzimmer, modernes Duschbad.

Tani's Guesthouse②, am Fußballplatz, einfache DZ und Mehrbettzimmer, Dusche, Ventilator, Kühlschrank, Balkon, Grillplatz, Nichtraucherhaus.

Hotel Mondi Kamping①, Wiese am Hotel Mondi am südlichen (ruhigeren) Buchtende, Rr. Poligoni, Wiese direkt neben dem Hotel ohne Infrastruktur mit Blick auf das Wasser, WC-Nutzung im Hotel möglich, ebenso Frühstück, flacher, feiner aufgeschütteter Strand, für kleine Kinder gut geeignet. Supermarkt und Zentrum nahebei.

TIPP **Ksamil Caravankamping Saranda Holidays**②, GPS 39.77812, 20.00587, am Ortseingang ca. 300 m rechts abbiegen im Wohngebiet, Tel. (069) 426 36 97, alekcerro@yahoo.com, www.ksamilCaravankamping.com. Hier lassen *Alex* und *Linda* auf steinigem Boden Rosen wachen und frische Früchte zum Pflücken für ihre Gäste. Ummauerter, kleiner privater Platz, auf dem auch das sympathische Lehrerehepaar mit seinen Kindern wohnt. Rundherum beschattete Wohnmobilstellplätze mit Strom, Wasser und Abwasseranschlüssen. Sehr saubere und gepflegte einfache WC- und Duschanlagen, Grillplatz, WLAN, strandnah. Supermarkt und Zentrum in der Nähe. Wegen der geringen Größe und gewissen Enge in Juli/August Voranmeldung empfohlen.

Albaner im Familienurlaub kochen abends im Apartment oder versorgen sich mit einfachem Essen in den zahlreichen **Strandbars.** Wer günstig frischen Fisch, Muscheln und Meeresfrüchte essen möchte, muss sich durch die zahlreichen Angebote durchprobieren. Ruhig mal auf die Tische schauen, wie groß die Portionen sind. Bessere Speiserestaurants fehlen in Ksamil, dafür geht man abends auf den Gjiro nach Saranda.

Mit der Fertigstellung der geteerten Straße 2012 entstand eine **Vielzahl an Geschäften,** die oft

Südalbanien

aber nur in der Saison öffnen. Es gibt in jedem Viertel Super- und Minimärkte, Friseure, Internetshops, Autowerkstätten und zahlreiche Strandgeschäfte mit einer größeren Auswahl an Badeartikeln.

Der Butrint-See und seine Umgebung

Der Butrint-See und seine Umgebung gehören zu einer relativ jungen Landschaft, die während der letzten Eiszeit **im Quartär geformt** wurde. Noch vor 3.000 Jahren war das heute 1.600 Hektar große und bis zu 22 Meter tiefe Gewässer Teil einer Meeresbucht, die weit ins heutige Landesinnere hineinragte. Die überaus wasserreiche **Bistrica** aus dem Mali i Gjerë im Norden mit ihren zahlreichen Nebenflüssen und der **Pavllas** im Süden brachten im Laufe der letzten Jahrtausende auf ihrem Weg ins Ionische Meer so viel Schwemmmaterial mit sich, dass das Gebiet immer mehr verlandete. Als Relikt dieses Verlandungsprozesses blieb zwischen beiden Flüssen der **Butrint-See** als ein **riesiges Süßwasserreservoir** zurück, das von der Bistrica durchflossen wurde. Bereits 100 n.Chr. waren die umliegenden Ebenen so weit verlandet, dass die Römer das südliche Seeufer entwässerten und Butrint um eine 24 Hektar große Vorstadt erweiterten, ein unberührtes Gebiet, das fast unerforscht ist und seiner archäologischen Entdeckung harrt.

Als im Rahmen der kommunistischen Landgewinnungsprogramme während der 1950er Jahre die **Vurgu-Ebene trockengelegt** und viele Tausend Hektar Sumpfland kultiviert wurden, hatte das auch für den Butrint-See gravierende

ökologische Folgen. Am Nordufer verlegte man die Bistrica in den neuen **Çuka-Kanal,** der bei Çuka in die Bucht von Saranda mündet und drehte dem See so die Süßwasserzufuhr ab. Im Süden wurde der Abfluss der Bistrica in die Vrina-Ebene zum 3,6 Kilometer langen **Vivari-Kanal** ausgebaut, der mit 100 Metern so breit wurde, dass durch den starken Gezeitenstrom große Meerwassermengen ein- und ausfließen können und den Süßwassersee zu einer Brackwasser-Lagune machten. Schilfgebiete an den Seeufern verschwanden und mit ihnen eine große Anzahl von Tieren und Pflanzen, die ihre Lebensräume verloren. Heute, über zwei Jahrzehnte nach dem Zusammenbruch des kommunistischen Systems, hat sich die Natur große Lebensräume zurückerobert. Dabei hat der Butrint-Nationalpark eine wichtige **Schutzfunktion** übernommen. Lange Zeit sorgten die ökologischen Probleme des Sees für besorgniserregende Meldungen. Das Gewässer litt durch die Wasserumleitungen unter extremem Sauerstoffmangel. Aus der Tiefe des unbelebten Seebodens lösten sich dazu auch noch giftige Gase. Seit die Frischwasserzufuhr im Norden wieder hergestellt ist, hat sich die Situation gebessert. Der Butrint-See ist heute eine **Salzwasserlagune,** deren Salzgehalt je nach Jahreszeit und Wasserstand schwankt und nach Norden hin abnimmt. Die ausgedehnten Schilfgebiete an den Nordufern wirken als biologische Kläranlage und filtern die landwirtschaftlichen Schadstoffe aus. Dort brüten Teichrohrsänger, Haubentaucher, Zwergtaucher, Tafel-Schellenten, Teich- und Blässhühner, Rohr- und Teichdommeln und andere seltene Arten wie der Eisvogel oder die kleine Grasmücke. In

7

der Lagune kann man Fischotter antreffen oder Rohrweihen bei der Fischjagd beobachten. An den westlichen und südlichen Uferzonen liegen noch die großen **Fischzuchtanlagen und Muschelbänke** des ehemaligen Fischkombinats, das in dem warmen flachen Wasser hauptsächlich Karpfen *(krap)*, Meeräschen *(qefull)*, Goldbrassen *(koçe)* und Muscheln produzierte und einmal 250 Familien der umliegenden Dörfer Einkommen gab. Heute sind die Fischrechte an mehrere private Firmen vergeben.

Das **antike Butrint** wurde oft bedroht und besaß ein weiträumiges Verteidigungssystem, auch um sich gegen Korfu abzugrenzen. Der nördliche Teil liegt an einer natürlichen Engstelle, wo sich heute unterhalb des **Klosters Manastiri i Shën Gjergjit** antike Mauerreste mit riesigen Steinquadern, die sogenannte Dema-Mauer, finden. Das Kloster entstand im 16. Jahrhundert, als Butrint zu Venedig gehörte, und wirkt eher wie eine Burganlage. Eine geschnitzte neue Eichentür zeigt den Namenspatron *Georg* im Kampf mit dem Drachen. Alle Gebäude, samt der orthodoxen kleinen Kuppelkirche, wurden aus hellem Kalkstein, der hier in den Hügeln der Umgebung vorkommt, errichtet. Vom Kloster blickt man auf die nur vier Kilometer entfernt liegende Ostküste von Korfu, überragt von dem 906 Meter hohen Pantokrator, und auf die Meerenge von Korfu, wo der Badeort Ksamil mit vier kleinen vorgelagerten Inseln liegt.

Das antike Butrint

Butrint liegt ausgesprochen malerisch auf einer bewaldeten Halbinsel in der Lagune von Butrint direkt an der Meerenge von Korfu. **Buthrothum** war seit der griechischen Besiedlung in der Antike bis in die osmanische Zeit ein wichtiger Hafen, Handelsort und kulturelles Zentrum und ist **eine der bedeutendsten archäologischen Stätten im Mittelmeerraum.** Durch die Siedlungskontinuität findet sich eine faszinierende Vielfalt griechischer, römischer, byzantinischer, venezianischer und osmanischer Überreste. Butrint, seit 1992 auf der Liste des Weltkulturerbes, ist **vom gleichnamigen Nationalpark umgeben.** Der besondere Zauber von Butrint ergibt sich aus der Unberührtheit des Gebietes, wodurch die antike Zeit sehr unmittelbar erlebbar wird. Die Ausgrabung ist im Sommer ein sehr beliebtes Tagesausflugsziel für Touristen aus Korfu und gilt vielen Besuchern als Höhepunkt ihres Albanien-Urlaubs.

Die archäologische Stätte und ihr Umland stehen unter der professionellen Obhut der **Butrint Foundation** und zahlreicher Gönner und Stiftungen. Infos auf der Website **www.butrint.com** (auch deutsch). Mit dem Ticket erhält man eine Broschüre mit dem ausgeschilderten Rundweg.

Öffnungszeiten: ganzjährig 8–16 Uhr, Eintritt: Ausgrabung und Museum 7 Euro, Besichtigungszeit: 3–4 Std.

Geschichte

Ausgrabungen belegen, dass der Ort **seit mindestens 20.000 Jahren besiedelt** ist.

◁ Der Vivari-Kanal im Hochsommer

Map labels:

0 — 1,5 km

©REISE KNOW-HOW 2014

Sarandë
Ksamil
Butrint-See (Lagune)
Diaporit
Plazhi Pema e Thatë
Kalivo-Hügel
M. e. Sotirës
Feuchtgebiet (temporär)
Bufi-See
Venezianischer Wachturm
Sockel röm. Aquädukt
Alinura-Bucht
Vivari-Kanal
Fähre
Festung Treport
Shën Dimitri
Burg von Ali Pasha
ehem. Verlauf röm. Aquädukt
Feuchtgebiet
Shëndelli
Vrinë
Xarrë
Temporäre Brücke
Vrina-Ebene
Çuka e Aitoit, Malathrea, Konispol
Kepi Stillos
Çiflik

Übernachtung
1 Hotel Livia

In der Bronzezeit entstanden in der Region zahlreiche befestigte Siedlungen, wie sie z.B. auf dem Çuka e Aitoit oder auf dem Kalivo-Hügel nachgewiesen sind. Der Legende nach soll *Aeneas* auf seiner Irrfahrt durchs Mittelmeer auch in Buthrothum gelandet sein. Im 7. Jahrhundert v.Chr. lag die Region im Siedlungsgebiet der illyrischen Chaonier, später der Präsaben. Im 6. Jahrhundert wurde die Siedlung als griechische Kolonie an Korfu angeschlossen. In diese Zeit fällt auch der Bau eines geschlossenen Verteidigungssystems, zu dem die Festungen von Malathrea, Kara Ali Bej (heute in Dritas an der SH 98 südlich von Saranda), Çuka und Dema gehören. Bis zum 4. Jahrhundert nahm die Bedeutung des Hafens zu, kulturelles Zentrum des Ortes war ein Asclepius-Heiligtum. 167 v.Chr. kam Butrint zum Römischen Reich.

Im römischen Bürgerkrieg diente die Stadt *Caesar* als militärischer Stützpunkt. Seine Blütezeit hatte Buthrothum als **römische Kolonie** im 2. Jahrhundert n.Chr. In dieser Zeit entstanden zahlreiche öffentliche Gebäude und ein neuer Stadtteil südlich des Vivari-Kanals. Ein Aquädukt versorgte die rasch wachsende Bevölkerung mit Trinkwasser. Die Stadt war dank des angenehmen Klimas und ihrer schönen Lage ein bevorzugter Wohnsitz wohlhabender Römer. *Cicero* besuchte hier seinen reichen Freund *Atticus* auf dessen Landsitz, nach dem die Archäologen bisher vergeblich suchen.

Unter **byzantinischer Herrschaft** wurde Buthrothum zu einem bedeutenden christlichen Zentrum mit einer großen Basilika. Ab Ende des 6. Jahrhunderts begann mit den ersten Slaweneinfällen eine Zeit der Zerstörungen und

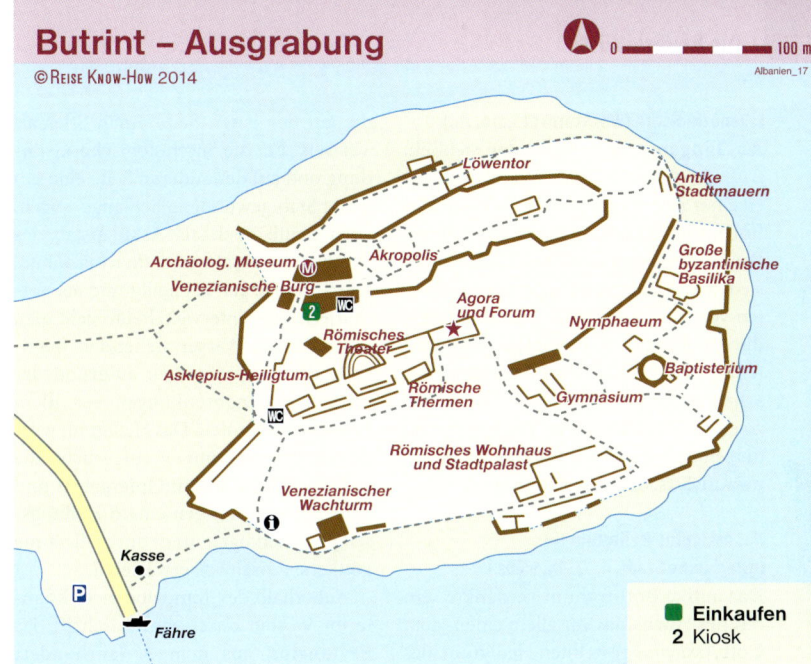

Löwentor

Antike Stadtmauern

Archäolog. Museum Ⓜ
Venezianische Burg

Akropolis

Große byzantinische Basilika

ⓌⒸ

Agora und Forum

Nymphaeum

Römisches Theater

Asklepius-Heiligtum

Baptisterium

ⓌⒸ

Römische Thermen

Gymnasium

Römisches Wohnhaus und Stadtpalast

Venezianischer Wachturm

ⓘ

Kasse

Ⓟ

Fähre

■ Einkaufen
2 Kiosk

politischer Unruhe. Dem Haus Byzanz, den Normannen und den französischen *Anjou* diente Butrint als wichtiger Stützpunkt zur **Überwachung der Straße von Korfu.**

1386 wurde die Stadt an die venezianische Republik angeschlossen, die über Butrint Handel mit Holz, Rindern, Fisch und Meeresfrüchten betrieb und im 15. Jahrhundert an der Südseite des Vivari-Kanals eine Festung bauen ließ. Im 17. Jahrhundert geriet Butrint kurz unter osmanische und napoleonische Herrschaft, bis der Ort unter *Ali Pascha* von 1799 bis 1912 endgültig zum **Osmanischen Reich** kam.

Die **Ausgrabungsstätte** präsentiert sich heute im Wesentlichen so, wie sie von 1928 bis 1936 von dem Team um den italienischen Archäologen *Luigi Maria Ugolini* gestaltet wurde.

Rundgang durch die Ausgrabung

Der Rundgang führt zu den wichtigsten Ausgrabungsplätzen, an denen zumeist Funde aus verschiedenen Epochen dokumentiert werden, sodass man die Geschichte der einzelnen Bauwerke verfolgen kann (**die Nummerierung unten entspricht der im offiziellen Besucherplan).**

0. Eingangsbereich

Linker Hand dokumentieren **Schautafeln** die frühgeschichtlichen Landschaftsveränderungen und ihre Auswirkungen durch die Schwankungen des Wasserspiegels im Zeitraum von vor 10.000 Jahren bis heute. Rechts sind die verschiedenen Siedlungsepochen von Butrint auf dreidimensionalen Schaubildern dargestellt.

I. Venezianischer Wachturm (15./16. Jh.)

Am Eingang zur Ausgrabung steht ein trutziger venezianischer Wachturm, der zu einer Zeit gebaut wurde, als das antike Butrint in Ruinen lag und nur noch von Bauern, Fischern und Handwerkern besiedelt war. Die Venezianer kontrollierten von hier die großen Fischschleusen, die den Kanal zum Butrint-See abriegelten, und die Kanalmündung zum Ionischen Meer am Kanal vor Korfu. Ein zweiter, etwas kleinerer Turm steht auf derselben Uferseite etwa 300 Meter kanalaufwärts, allerdings in Ruinen.

IIa. Asklepius-Heiligtum (griechische Stadt, 4.–2. Jh. v.Chr.)

Das antike Buthrothum verdankte sein rasches Wachstum vor allem einem dem Gott *Asklepius* geweihten Heiligtum, das hier an einer heilenden Quelle gestiftet wurde. Es lag unterhalb des Akropolis-Hügels und war der Ursprung des antiken Stadtzentrums. Der gesamte **heilige Bereich** umfasste eine Fläche von zehn Hektar und war durch eine aus losen Steinen aufgeschichtete Mauer abgegrenzt. Zum ursprünglichen Tempelbereich des *Asklepius* gehörten das Asklepius-Heiligtum westlich oberhalb des Theaters, eine zweistöckige **Stoa** und ein **Schatzhaus,** in dem die *Asklepius* zugedachten Opfer, die meist aus wertvollem Edelmetall bestanden, aufbewahrt wurden. Im Laufe des 3. Jahrhunderts wurde die Anlage um ein kleines **Theater** für zeremonielle Handlungen und ein **Peristyl** ergänzt, das wahrscheinlich den Priestern oder Heilung Suchenden und ihren Angehörigen als Unterkunft diente. Den Stellenwert des Asklepius-Kultes für Butrint verdeutlichen seine Münzen,

die auf der einen Seite einen Stier als Verweis auf die mythologische Gründung und auf der anderen Seite eine um einen Stab gewundene Schlange zeigen, auch heute noch als Äskulapstab das Symbol der Ärzte und Pharmazeuten. Die Schlange galt als heilig und als Vermittlerin zur Unterwelt, heute sieht man in den unter Wasser stehenden Bereichen der Ausgrabungen aufgrund der starken Bodenabsenkungen vor allem Wasserschildkröten. Das Heiligtum wurde von Schwerkranken aufgesucht, die sich nach finanziellen Opfergaben und rituellen Waschungen einem Heilungsschlaf unterzogen und durch Träume göttliche Ratschläge erwarteten.

Außerhalb des Tempelbereichs konnte im Westen durch eine Inschrift das **Prytaneion** aus dem 3. Jahrhundert v.Chr. identifiziert werden, das der Sitz des führenden Repräsentanten der Ratsversammlung der griechischen Stadt war. Die auffälligen Zyklopenmauern gehören zur ersten Stadtbefestigung aus illyrischer Zeit.

IIb. Römisches Theater (römische Kaiserzeit, 2. Jh. n.Chr.)

Der beeindruckendste Teil dieses Ausgrabungsbereichs ist zweifelsohne das römische Theater. Es integriert zu großen Teilen den griechischen Vorgängerbau, der zum Asklepius-Heiligtum gehörte. Zumindest von den oberen Rängen hatte ein Teil der **2.500 Zuschauer** einen Blick auf den Vivari-Kanal, das große Aquädukt und die neuen Stadtsiedlungen am südlichen Ufer. Zu jener Zeit hatte die Priesterschicht um den Asklepius-Kult ihre Macht bereits an den Stadtrat abgegeben, dem in der römischen Zeit die Einnahmen zuflossen. Der Asklepius-Tempel war ein reines Heiligtum geworden, das durch einen separaten Eingang zu erreichen war, das Schatzhaus war bereits bis auf die Fundamente abgetragen. Das Theatergebäude war mindestens **zwei Stockwerke** hoch und hatte eine erhöhte Bühne mit drei Abgängen. Bei den Ausgrabungen wurden vor der Bühne überlebensgroße Statuen gefunden, die ursprünglich in Nischen des Bühnenbaus ihren Platz hatten (heute im Museum in Butrint). Die vorderen Plätze waren den städtischen Honoratioren vorbehalten, die auch komfortablere Sitzbänke mit Fußstützen hatten, dekoriert mit Löwenköpfen. Eine griechische Inschrift an einer der steinernen Sitzbänke gibt an, dass das griechische Theater von Opfergaben bezahlt wurde. Auf einem Steinblock westlich des Theaters bezeugen unzählige Inschriften aus dem 2. Jahrhundert v.Chr. die Namen von freigelassenen Sklaven.

III. Thermen (römische Kaiserzeit, 2./3. Jh.)

Von den vier bisher in Butrint ausgegrabenen römischen Bädern waren die aus dem 2. und 3. Jahrhundert im Stadtzentrum die größte öffentliche Badanlage der Stadt. Dem **Caldarium** (Heißluftraum) mit dem durch Hypokausten beheizten Heißwasserbecken folgten das ebenfalls mit Hypokausten beheizte, etwas weniger warme **Tepidarium,** in dem beheizte Marmorbänke zum Ausruhen standen, und dann das **Frigidarium,** der Kaltbaderaum mit dem Kaltwasserbecken und Massagebänken, auf denen man sich zum Abschluss des Bades massieren ließ.

IV. Agora und Forum (griechische und römische Stadt, 4. Jh. v.Chr. bis 5. Jh. n.Chr.)

Östlich des Asklepius-Heiligtums schloss sich in der griechischen Stadt die Agora an, der **zentrale Platz der Stadt,** auf dem sich das gesamte öffentliche Leben abspielte: Märkte, religiöse Feste und Zeremonien, öffentliche Rats- und Gerichtsversammlungen. In diese Periode gehört die große **Stoa,** eine zweistöckige Säulenhalle, die außer zu repräsentativen Zwecken auch als Geschäftshaus diente und den Platz architektonisch dominierte. Ihr gegenüber lag das **Peristyl.** In der römischen Zeit blieb die Stoa erhalten, aus der griechischen Agora wurde das römische Forum, das ähnliche Funktionen im städtischen Leben hatte.

V. Gymnasium (römische Kaiserzeit, 1./2. Jh.)

Da die Archäologen an der Agora auch eine Schule erwarteten, an der Rhetorik und Philosophie gelehrt wurde, nannte man das Hauptgebäude zunächst Gymnasium. Der Komplex beinhaltet aber Gebäude aus verschiedenen Bauphasen, die vom 1. Jahrhundert v.Chr. bis in die byzantinische Zeit und ins Mittelalter reichen. Im Kern liegt ein vermutlich öffentliches Gebäude mit einer großen zentralen Halle, deren Boden mit Fliesen und Mosaiken gepflastert war. Die Mauerreste gehören zu einem kleinen **Nymphaeum,** das mit Marmorplatten ausgekleidet war. In der mittleren Nische befindet sich das mit Weinranken dekorierte Porträt von *Dionysos.*

VI. Römisches Wohnhaus und Stadtpalast (Spätantike, Anfang 5. Jh.)

Die **zentrumsnahen Grundstücke** am Vivari-Kanal mit Blick auf den Çuka e

Aitoit (Adlerberg) gehörten zu den bevorzugten Wohnlagen im antiken Buthrothum. Im 2./3. Jahrhundert n.Chr. befanden sich hier mehrere private Anwesen, von denen das mittlere näher untersucht wurde. Aus Inschriften auf Fußbodenmosaiken in den Eingangsbereichen wusste man, dass hier eine reiche adelige Senatorenfamilie lebte. Das Gebäude war ursprünglich als traditionelle römische **Stadtvilla** konzipiert, deren großzügige Wohnräume um einen beschatteten Innenhof und einen Brunnen lagen und mit aufwendigen Fußbodenmosaiken dekoriert waren. Um das Jahr 400 begann die Familie das Anwesen nach und nach zu einem luxuriös ausgestatteten **Stadtpalast** umzubauen. Alle Gebäudeteile wurden erweitert und erhöht, dazu erhielt das Anwesen im Westen einen großen Saalanbau mit drei dekorativen Nischen, der wahrscheinlich als repräsentativer Fest- und Speisesaal genutzt wurde. Rätselhaft bleibt, warum der Besitz, noch bevor die Fußböden neu dekoriert wurden, innerhalb kurzer Zeit verlassen und aufgegeben wurde. Möglicherweise hatten die Bewohner Probleme mit steigenden Wasserständen. In der letzten Bauphase wurden verschiedene Drainagesysteme auf dem Gelände angelegt; passend dazu wurde eine ungewöhnlich große Menge schutzbringender Amulette gefunden. In den folgenden Jahrzehnten verfiel das Gebäude, das Areal wurde Handels- und Siedlungsplatz von Fischern und Handwerkern.

▷ ☑ Ein Highlight der Ausgrabungen: das Baptisterium aus dem 6. Jh.

alba14-021 mg

Südalbanien

VII. Baptisterium
(Byzantinisches Reich, 6. Jh.)

Das Baptisterium von Butrint, in der ersten Hälfte des 6. Jahrhunderts über einer römischen öffentlichen Badeanstalt errichtet, gehört zu den bedeutendsten Bauten der Spätantike im Oströmischen Reich. Es steht keine 100 Meter von der bischöflichen Basilika entfernt und diente zur Aufnahme der neuen christlichen Gemeindemitglieder, die in dem Baptisterium durch den Bischof getauft wurden. Damals war es üblich, separate Taufhäuser zu bauen, da Ungetaufte nach dem herrschenden Kirchenrecht Kirchen nicht betreten durften. Im **Zentrum des achteckigen Baus** mit 13,50 Meter Durchmesser steht das kreuzförmige und mit Marmorplatten verkleidete **Taufbecken.** Zwei Ringe von jeweils acht Granitsäulen trugen die nicht mehr erhaltene Dachkonstruktion. Das farbenprächtige und symbolreiche **Fußbodenmosaik** gilt als das größte und komplexeste Mosaik eines Baptisteriums, das sich aus der Zeit der Spätantike erhalten hat; aus Sicherheitsgründen ist es jedoch dauerhaft mit Sand abgedeckt. Es setzt sich aus sieben konzentrischen Ringen zusammen, die mit dem kreuzförmigen Taufbecken in der Mitte die symbolträchtige Zahl Acht bilden: Die verweist in der christlichen Symbolik auf den achten Tag als Anfang der neuen Woche und damit auf den Neubeginn und die Wiedergeburt durch die Taufe. Der zweite und vierte Ring sind aus ineinander verschlungenen Medaillonketten gebildet und mit über 50 Tierdarstellungen und einigen Steineichelzweigen als Symbol der Wiederauferstehung dekoriert. Die anderen wechseln als Efeuranken

alba14-022 mg

mit roten, herzförmigen Blättern und doppelt verschlungenen Ketten ab. Den Taufbereich selbst umgibt ein Knotenteppich aus Mosaiksteinchen. So wie die Herzen als altes Symbol für Jesus stehen, erinnern die Ketten an den ewigen, unauflösbaren Bund, den der Täufling mit Gott eingeht. Auf dem Weg zum Taufbecken naschen zwei **Pfauen** von Trauben, die aus einem Abendmahlskelch herauswachsen, und verweisen so auf das Opferblut Christi – Pfauen sind ein uraltes Symbol für Unsterblichkeit und Auferstehung, da sie durch ihr starkes Federkleid als unverweslich galten. Vor dem Taufbecken ist die Gegenwart Christi durch zwei gehörnte Widder unter einem Kreuz dargestellt.

VIII. Nymphaeum (römische Kaiserzeit, 2. Jh.)

Das noch gut erhaltene Nymphaeum war ein **Brunnenhaus** und damit ein typischer Bestandteil einer wohlhabenden römischen Stadt, die ihren Bürgern Wasser öffentlich zur Verfügung stellte. Die Wasserstelle wurde ursprünglich durch das Aquädukt gespeist, das in der Nähe vorbeiführte, und war wahrscheinlich dem Heiligen Dionysos geweiht.

IX. Große byzantinische Basilika (Byzantinisches Reich, 6. Jh.)

Mit etwas Fantasie kann man sich vorstellen, wie die größte Kirche in Butrint einmal ausgesehen hat. Die dreischiffige Basilika mit einem großen offenen Querhaus und einfachem halbkreisförmigem Chor entstand Anfang des 6. Jahrhunderts zusammen mit dem Baptisterium, als Buthrotum Bischofssitz wurde. Die Reste von **Mosaiken** haben die gleiche Handschrift wie die des Künstlers im Baptisterium; man nimmt an, dass ursprünglich der gesamte Boden mit Mosaiken geschmückt war. Die Basilika, vom 9. bis 13. Jahrhundert mehrfach erneuert, soll bis ins 18. Jahrhundert unversehrt gewesen sein. Der heutige Steinboden und Teile der Wände sind neuzeitliche Rekonstruktionen.

X. Die antiken Stadtmauern

Auf der Nordseite der Halbinsel sind Mauern und Tore der Stadtbefestigungen aus den **verschiedenen Epochen** zu besichtigen. Die Befestigung der griechischen Stadt umschloss den Hügel der Akropolis auf etwa zehn Hektar Fläche und geht auf Schutzanlagen aus dem 7./6. Jahrhundert v.Chr. zurück. In der Antike hatte Butrint insgesamt sechs Stadttore. Die Haupteingänge befanden sich an der Südseite, wo der Anschluss zum Meer war, und führten direkt zur Agora und dem Asklepius-Heiligtum. Gut erhalten sind nur die großen Tore der Ost- und Nordseite der Befestigung. Alle Mauern wurden aus riesigen polygonalen Steinblöcken passgenau ohne Mörtel zusammengesetzt. Schon die antiken Schriftsteller bezeichneten die Mauern als **Zyklopenmauern,** weil sie glaubten, nur Zyklopen, die einäugigen Riesen, hätten solch große Steine bewegen können. Zu diesen Zyklopenbauten gehört auch das Seetor mir seinem hohen, elegant eingefügten Türsturz.

XI. Löwentor

Der große Eingang des Löwentors wurde im 5. Jahrhundert v.Chr. durch einen Steinquader erheblich verkleinert. Er zeigt das **Relief einer Raubkatze,** die sich zu ihrer Beute hinunter beugt, von der nur der Oberkörper zu sehen ist –

Kopfform und ein großes Horn lassen auf einen Stier schließen. Wissenschaftler vermuten, dass der Stein aus einer ehemaligen Tempelanlage, vielleicht von der Akropolis, stammt und die Darstellung zur Abwehr böser Kräfte diente. Panther oder Löwen waren im gesamten Mittelmeerraum seit der frühen Antike als Begleiter von Herrschern und Göttern nicht ungewöhnlich. Was immer noch Rätsel aufgibt, ist die seltsame fragmentarische Darstellung.

Das Löwentor führt über Treppen in eine in den Fels geschlagene tiefe **Grotte,** in der eine Quelle austritt. Es handelt sich dabei um ein antikes **Nymphenheiligtum** aus dem 2. Jahrhundert n.Chr. Eine in griechischen Lettern verfasste Weihinschrift nennt eine Römerin namens *Iunia Rufina,* „Freundin der Nymphen", als Stifterin (griech.: IOYNIA POΥΦEINA). In den beiden Wandnischen standen in der Antike Götterstatuen. In der griechischen Mythologie sind Nymphen weibliche Naturgottheiten, gesegnet mit ewiger Jugend. Sie wurden an stillen und verwunschenen Plätzen verehrt, bevorzugt in Grotten. In der Umgebung von Butrint standen wegen dem besonderen Wasserreichtum Wassernymphen hoch im Kurs.

In Anlehnung an die Pfauendarstellungen auf dem Mosaik im Baptisterium wurde im 6. Jahrhundert ein ähnliches **Pfauenmotiv** als Wandmalerei an der Rückwand des Heiligtums angebracht und das antike Heiligtum christianisiert.

XII. Akropolis und XIII. Venezianische Burg

Auf dem Akropolis-Hügel lässt sich entspannt die **fantastische Aussicht** auf Vrina-Ebene und Vivari-Kanal genießen, denn von der Akropolis haben sich nur wenige Mauerreste erhalten. Die Rekonstruktion der venezianischen Burganlage aus den Jahren 1920–30 entsprang der blühenden Fantasie des damals von *Mussolini* beauftragten italienischen Archäologen *Luigi Maria Ugolini.*

XIV. Archäologisches Museum

Tipp: Das moderne Museum dokumentiert nicht nur die wichtigsten Funde von Butrint, sondern informiert auch über die Entwicklung der Stadt in der Lagune und ist ein empfehlenswerter Abschluss des Ausgrabungsbesuches. An ruhigen Tagen kann die Tür abgeschlossen sein, doch die Wärter sind in der Nähe und schließen gerne auf.

Außerhalb der Halbinsel Butrint: XIV. Festung Treport (venezianisch, 15./16. Jh.)

Die Festung Treport gegenüber von Butrint am **Ufer des Vivari-Kanals** entstand in ihrer unregelmäßigen dreieckigen Form zwischen 1490 und 1540 und gehörte als nördlichste Befestigung zu einer Vielzahl von Befestigungsanlagen an der Ionischen Küste, mit der die Republik Venedig ihre Handelswege zwischen Adria und Ägäis sicherte. Sie war auch ein wichtiges Bollwerk gegen die immer stärker werdenden Expansionsbestrebungen des Osmanischen Reiches und kontrollierte gleichzeitig die großen Fischschleusen und Fischzuchtanlagen in der Lagune von Butrint. Der Haupteingang befand sich auf der Südseite der Anlage, ein kleinerer Nebeneingang auf der Nordseite. Die über zwei Meter dicken und fünf Meter hohen Mauern haben zahlreiche Schießscharten und Kanonenöffnungen. Im Innenhof lagen das Schießpulverdepot und Werkstätten zum Unterhalt der Burg. Die strategische

7

Bedeutung zeigt sich in der ständigen Aufrüstung des Verteidigungssystems. Die drei großen Wachtürme verstärkten die Festung in späteren Bauphasen, außerdem wurde an der Westflanke eine Artillerieplattform angelegt, um den Vivari-Kanal zu schützen. Venedig kämpfte zäh gegen die Eroberung durch die Osmanen, konnte die Burg mehrfach zurückgewinnen und musste sich erst Ende des 18. Jahrhunderts aus Butrint zurückziehen. Im Innenhof der Festung kann man neben der kleinen Eingangstür den venezianischen Löwen von San Marco sehen.

XV. Burg von Ali Pascha (Osmanisches Reich, 19. Jh.)

Eine weitere Festungsanlage befindet sich auf einer kleinen Insel mitten in der **Mündung des Vivari-Kanals** ins Ionische Meer; sie kontrollierte die Straße von Korfu und die Bucht von Butrint. Vermutlich gehörte sie zu einer Reihe von Festungen, die *Ali Pascha* (1741–1822) Anfang des 19. Jahrhunderts in Südalbanien anlegen ließ. Damals verbündete sich *Ali Pascha* mit den Engländern, die ihn mit Waffenlieferungen gegen die Franzosen unterstützten. Die rechteckige Burganlage mit vier Wachtürmen kann man nur mit dem Boot von Butrint aus erreichen. Im Frühjahr ist sie ein bevorzugter Platz zur Vogelbeobachtung.

Praktische Informationen

■**Hotel & Restaurant Livia③**, 200 m vor der Ausgrabungsstätte auf einem bewaldeten Grundstück gelegen, das einzige Hotel im Schutzgebiet, Tel. (089) 120 40, (069) 205 12 63, www.hotel-livia. com, info@hotel-livia.com. Originelles Hotel im Stil einer alten Ruine, antik nachempfundene schattige Zimmer mit Duschbad, AC. Tipp: das große Apartment buchen. Gute regionale Küche, offener Frühstücksraum. Nachteil: Der Sumpf sorgt im Sommer für extrem viele Mücken! Insgesamt eigentlich schön, aber doch etwas abgelebt.

■**Agritourismo①**, **Xarrë** und **Murcia,** auf der südlichen Kanalseite, fünf einfache saubere Zimmer mit Waschgelegenheit bei albanischen Familien, inkl. Frühstück. Insgesamt Platz für Gruppen bis 20 Personen. Kontakt über www.butrint.com.

■**Caravans:** Der große Parkplatz am Fährableger eignet sich für mehrere Fahrzeuge.

■ Am Ende des Rundweges wird auf der Burg unregelmäßig eine kleine **Bar** betrieben, in der es im Sommer Getränke und Eis gibt. Tipp: Picknick mitnehmen. Es gibt auch eine Badestelle.

■**Souvenirs:** Verkaufsstand für Handarbeiten und Souvenirs. Das Projekt fördert die Verdienstmöglichkeiten von Frauen aus Mursia und Shëndelli.

■**Minibusse** fahren im Sommer bis ca. 17 Uhr stündlich Richtung Saranda.

Parku Kombëtar i Butrintit

Der 86 km² große, im Jahr 2000 ausgewiesene **Butrint-Nationalpark** ist eine einzigartige Wasserlandschaft mit den unterschiedlichsten Feuchtgebieten, Rückzugsort für seltene Vogelarten, Insekten, Amphibien, Reptilien und Säugetiere. Der Park wurde 2003 RAMSAR-Schutzgebiet für bedrohte Wasservögel und gilt als das **artenreichste Gebiet Albaniens,** allein 246 Vogel- und 105 Fischarten wurden hier erfasst. Der Park schützt 26 weltweit vom Aussterben bedrohte Arten, zum Beispiel den Epirus-Wasserfrosch, die Taurische Eidechse, die Kleine Hufeisennase, die Westliche

Sandboa oder die Breitrandschildkröte. Ein Besuch der Region bietet zu allen Jahreszeiten **eindrucksvolle Naturerlebnisse.** Im Frühling und Herbst sind die Wiesen mit Wildblumen bedeckt, auf denen kaum ein Insekt und Schmetterling dem anderen gleicht. Im Sommer gedeiht auf den trockengefallenen Gebieten eine interessante Salzwiesenflora. Während der Wintermonate ist die Vrina-Ebene überflutet und bietet auf ihren Marschen Tausenden von überwinternden Zugvögeln Nahrung und Lebensraum. Der Bufi- und der Butrint-See sind seit der Antike für ihren Fischreichtum bekannt, an der Alinura-Bucht lassen sich Raubvögel beim Fischfang beobachten.

Outdoor

Bei einem längeren Aufenthalt für archäologische Erkundungen südlich von Butrint sind auch **Mountainbike** und **Kanu** gute Fortbewegungsmittel. Die mit Steineichen und hoher Macchia bewachsenen Hügel der Maja e Miles und Maja e Sotires sind besonders im Frühjahr, wenn die Vegetation noch nicht so hoch ist, sehr lohnende Wanderziele, die immer wieder neue Perspektiven bieten. Die Homepage der Butrint Foundation beschreibt verschiedene **Wanderungen,** die allerdings im Sommer durch wucherndes Gestrüpp beschwerlich sein können. Für Angler gibt es keine Einschränkungen. Im Sommer werden am Vivari-Kanal **Bootsfahrten** zur Burg von *Ali Pascha* angeboten, die im Sumpf der Kanalmündung liegt und zu Fuß nicht erreichbar ist; Reservierung an der Pforte der Ausgrabung, Preis ca. 20 Euro pro Person. Außer auf der Ausgrabung gibt es keine Ausschilderungen oder touristische Erschließungen. Die allermeisten Touristen besuchen Butrint auf einem Tagesausflug und nehmen den Nationalpark nur im Vorbeifahren wahr, sodass man auch im Hochsommer in dieser großartigen Landschaft noch nahezu allein ist.

Entlang des Vivari-Kanals

Der **3,6 Kilometer** lange Vivari-Kanal war einst die Mündung der **Bistrica** in den Kanal von Korfu. Heute verbindet er den Butrint-See mit dem Meer. Der Kanal ist für seinen überaus reichen Bestand an Aalen, Doraden, Wolfsbarsch und Meeräschen bekannt – Vivari geht auf lat. *vivarium* (Aquarium) zurück. Die großen Holzgestelle im Wasser sind **Fischreusen,** die schon auf venezianischen Karten des 18. und 19. Jahrhunderts verzeichnet sind. Wie in früheren Zeiten werden sie im Winter und Frühjahr geöffnet, damit die Fische zum Ablaichen in die Alinura-Bucht und in den Butrint-See wandern können; im Sommer und Herbst werden die Fische dann auf dem Rückweg durch den Kanal gefangen.

Die Salzwasserwiesen an seiner versumpften Mündung sind RAMSAR-Schutzgebiet. Sie sind im Winter überflutet und Rastplatz und Rückzugsgebiet für **Zugvögel.** Das südliche Ufer des Kanals wurde während der Trockenlegung in den 1960er Jahren durch eine künstliche Schlammbarriere erhöht; seitdem wird es durch eine Pumpstation entwässert. Wenn das Jahr voranschreitet, trocknet die Sonne den schlammigen

alba044 mg

Untergrund aus, was ein eigenes Naturschauspiel ist.

Gleich nach dem Fähranleger führt
ein Feldweg an der Pumpstation vorbei
zu den Resten des römischen **Aquäduktes.** Während der wirtschaftlichen Blüte
in der römischen Zeit konnten die Quellen von Butrint den ständig steigenden
Wasserbedarf der wachsenden Stadt
nicht mehr decken. Das Aquädukt wurde eines der ganz großen Bauprojekte
und gehörte zu den größten Aquädukten
der römischen Antike. Münzen aus Butrint zeigen den Bau zusammen mit Kaiser *Augustus,* sodass man eine Fertigstellung Ende des 1. Jahrhunderts v.Chr. an-
nimmt. Die zweistöckige Wasserleitung
führte von Xara über 3,5 Kilometer

durch die Ebene, an den neuen Siedlungsgebieten vorbei. Dort überquerte
sie den Kanal und führte dann in der einen Richtung zum Nymphaeum nahe
der großen Basilika und in der anderen
zur öffentlichen Trinkhalle nahe des Asklepius-Heiligtums am Theater. Heute
sind nur noch wenige der insgesamt 40
Arkadensockel zu finden. Die am besten
erhaltenen liegen bei den Hügeln von
Shëndelli.

Der 81 Meter hohe **Kalivo-Hügel** zwischen Butrint- und Reza-See ist von Butrint nur im trockenen Hochsommer
oder mit dem Boot zu erreichen. Der
obere Teil wurde in der Bronzezeit mit
einer 1.600 Meter langen Mauer befestigt. Zwischen dem Gestrüpp der Macchia trifft man auf Landschildkröten
und seltene Eidechsen. Die Felswände
von Kalivo sind ein beliebtes Brutgebiet
für Turmfalken. Von hier hat man eine

⌃ Wasserlandschaft am Vivari-Kanal

guten Überblick über die Vrina-Ebene bis zum Çuka e Aitoit und zur griechischen Grenze.

Der **Liqeni i Rezit** (Reza-/Bufi-See), ist ein kleiner, flacher Salzwassersee mit einer durchschnittlichen Tiefe von nur einem Meter, der durch einen Kanal mit dem Butrint-See verbunden ist. Zwischen Butrint- und Reza-See, 15 Min. zu Fuß hinter dem Kalivo-Hügel, trifft man direkt am Seeufer auf die Ruinen des **römischen Landsitzes von Diaporit.** Die Anlage ist teilweise im See versunken, ein Indiz für den Anstieg des Wasserspiegels von der Antike bis in die heutige Zeit. Die Reste einer kleinen Basilika stammen aus dem 6. Jahrhundert.

☐ Blick über die Lagune von Butrint

Die Vrina-Ebene

Die weite, 16 Kilometer lange Talsohle der Vrina-Ebene erstreckt sich vom Vivari-Kanal bis nach Konispol im Süden zwischen dem Mali i Miles im Osten und dem niedrigen Gebirgszug im Westen. Die Wälder, die früher weite Teile der sumpfigen Ebene bedeckten, mussten im Kommunismus **landwirtschaftlichen Flächen** weichen. Heute werden immer mehr Flächen der ehemaligen Kooperative von Ksamil, Shëndelli, Mursia und Xarra wieder landwirtschaftlich genutzt. Das wilde und unbesiedelte **Kepi i Stillos** (Kap Stillo) war bis 1992 Sperrgebiet und ist eine Erkundung abseits der touristischen Wege wert. Bei Vrina wird immer wieder eine Brücke über den Kanal errichtet, die jedoch vom Frühjahrshochwasser jährlich weggerissen wird. Man muss sich vor Ort nach einem ak-

alba047 mg

tuellen Übergang erkundigen. Hat man diese Schwierigkeit überwunden, führt ein etwa fünf Kilometer langer Fahrweg durch eine kleine Schlucht auf die Hochebene und dann zum Kap. An der felsigen Küste gibt es einige geschützte romantische Buchten mit kleinen Stränden und Ruinen einer antiken Leuchtfeueranlage mit Aussicht auf Korfu. In den Schluchten der trockenen karstigen Hügellandschaft von Korafi haben sich sehenswerte Steineichenwälder erhalten. Seit 1997 wurde das leer stehende Dorf **Shëndelli** nach und nach von Nordalbanern aus der Region Mirdita besiedelt und ist hier im orthodoxen Süden eine katholische Enklave. Der Hügel von **Xarrë** war bereits in der Altsteinzeit bewohnt. Die Klingen, Schaber und Bohrer aus Feuerstein, die man hier bei Ausgrabungen im Umkreis von einem Hektar fand, gehören zu den ersten nachweisbaren menschlichen Spuren in Albanien. Die Siedlung befand sich auf der Westseite des Hügels auf einer Höhe von 20 Meter, die Funde sind im Historischen Nationalmuseum von Tirana ausgestellt. Direkt hinter Xarrë zweigt die landschaftlich schöne Strecke am Reza-See entlang nach Saranda ab. Südlich von **Mursia** oberhalb des dortigen Stausees befindet sich etwa 200 Meter abseits der Straße eine nicht zu übersehende antike Ruine.

Die **Festung von Malathrea (Kala e Malathresë)** gehörte zu einem Schutzring von Burgen, die die Täler um das antike Butrint kontrollierten. Kern der Anlage sind die Mauern einer quadratischen, 1600 m² großen Burg aus dem 3. Jahrhundert v.Chr., die in römischer Zeit zu einem Landgut umgebaut wurde. Der etwa 200 m² große Innenhof war von einem Säulengang umschlossen, hinter dem verschiedene Räume lagen, viele davon Lager für Öl und Getreide. Der Name Malathrea stammt noch aus der Zeit, als man hoffte, hier die exklusive

▷ Blick von Malathrea auf Çuka e Aitoit

Villa des reichen römischen Politikers *Titus Pomponius Attikus* zu finden. Er hatte in der Nähe von Butrint seinen Landsitz, in dem sich ein bekannter Nymphengarten, das Malathretum, befunden haben soll.

Die **Höhensiedlung Çuka e Aitoit** (Adlerberg) bei Çiflik gehört zu den beeindruckendsten antiken Plätzen der Region. Der freistehende konische Hügel besitzt aus allen Blickrichtungen eine große Anziehungskraft. Er war schon in der Vorgeschichte bewohnt. An seinen steilen karstigen Hängen türmen sich riesige polygonale, fast nahtlos aneinander gefügte Blöcke zu Mauern und Einlasspforten. Auf der Höhe trifft man auf gut erhaltene Reste antiker Gebäude, die in die Felsen gebaut wurden und heute als Ziegenställe dienen; sie stammen von einer griechischen Siedlung aus dem 5. Jahrhundert v.Chr. Die ehemaligen Stadtmauern dehnen sich im Südwesten und Osten aus und umschließen eine Fläche von etwa fünf Hektar. Der einmalige Blick über das griechische Küstengebiet, die Ebene und auf das Mali i Miles sind den Anstieg wert.

alba14-023 mg

Die Fahrt **südostwärts nach Konispol** lohnt sich allein wegen der großartigen Aussicht über die Vrina-Ebene zum Meer und nach Butrint und wegen vieler alter Wehrhäuser, die sich dort erhalten haben. Wie auch in Dukat i Ri auf dem Weg nach Llogara findet man hier auf der Route der Vertreibung der Çamen ein ausdrucksstarkes Denkmal, das 1995 errichtet wurde.

Die **Höhle Shpella e Kërçmoit** am Hang des Mali i Miles war schon im Neolithikum besiedelt.

Mali i Miles und Pavllas-Tal

Der mächtige, sieben Kilometer lange, in nord-südlicher Richtung verlaufende **Gebirgskamm** des Mali i Miles trennt das Küstengebiet vom gebirgigen Hinterland und bildet die östliche Grenze des Butrint-Nationalparks. Von seinem Rücken (nur zu Fuß oder mit dem Allradfahrzeug von Mursia aus) hat man einen spektakulären Rundblick über Butrint und die Straße von Korfu. Die karstigen Berge sind wild zerklüftet und von tiefen Schluchten und Bächen eingeschnitten. Die nach Norden gerichteten feuchteren Berghänge sind mit Macchia und dichtem Eichenwaldgebüsch bewachsen, an den exponierten Südhängen stehen lichte Kermeseichenwälder. Bis heute wird in dieser Region Weidewirtschaft mit Ziegen und Schafen betrieben. Im Museum von Butrint befindet sich eine kleine Bronzestatuette des Gottes *Pan,* des Gottes der Hirten, die in einem antiken Heiligtum auf dem Bergrücken gefunden wurde. Der quadratische, gut erhaltene Wachturm mit 26 Metern Mauerlänge im Dorf **Vagalat** gehört zu den beeindruckenden antiken Wehranlagen von Butrint und kontrollierte das Gebiet zwischen der Küste und dem Gebirge (im Dorf rechts halten, dann fünf Minuten zu Fuß).

Abstecher in die östlich gelegenen Grenzgebiete sind wegen der schlechten Wege nur schwer zu realisieren. Die Straßen nach Markat und Janjar, nach Qesarat und weiter nach Karroq zum Kalaja e Shëngjinit (Ruinen) im Flussgebiet des Paules und auch die Strecke über Memoraq, Dhivër (bis hierher geteert) und Çerkocicë nach Janicat unterhalb des 1.619 Meter hohen Malçan führen durch abgelegenes, von Hirten bewohntes Berg- und Weideland. Die Wege sind nur im Schritttempo oder mit Allrad befahrbar – nicht von staatlichen Schildern und Prospekten täuschen lassen! Der Leshnica-Canyon beginnt vor dem Anstieg nach Janicat, ist mit dichtem Busch und Bergwald bewachsen und völlig unerschlossen.

Östlich von Saranda
Über das Bistrica-Tal zum Muzina-Pass

Die hohe Mauer links der Straße Richtung Mesopotam gehört zu den **Resten eines Aquäduktes** aus der Zeit Kaiser *Justinians* (6. Jahrhundert).

Mesopotam, was auf Griechisch so viel heißt wie „zwischen zwei Flüssen", liegt geschützt auf einem flachen Hügel zwischen zwei Wasserläufen der Bistrica. Bereits 568 n.Chr. wurde hier ein **Bischofssitz** gegründet, wahrscheinlich auf den Mauern eines antiken Poseidontempels. Die **Klosteranlage** stammt aus der zweiten Hälfte des 13. Jahrhunderts; auf einer Fläche von 80 x 100 Metern war sie von einer Mauer mit sieben Türmen umschlossen, von denen der Westturm noch in hohen Ruinen erhalten ist. An den Wänden der Kirche sind vier sehenswerte Tierreliefs eingelassen. Die oberen Wände ziert aufwendig gemauerter Ziegelschmuck in ausgefallenen Mustern und ebenso dekoratives Schächtelmauerwerk. Hinter der hohen Fassade verbergen sich hinter einem gemeinsamen Eingang zwei komplette, doppelt überkuppelte Kirchen. Ob diese einmalige Kirche zwei Heiligen gleichzeitig geweiht war und so Platz für zwei Altäre bot oder ob hier der byzantinische und der lateinische Ritus parallel gefeiert werden konnten, bleibt Vermutung.

Zufahrt: Hinter der zweiten Brücke scharf rechts, dann durch ein graues Metalltor und auf holprigem Fahrweg bis zum Kloster, die Eingangstür zum Gelände steht immer offen. Die Kirche ist jedoch dauerhaft abgesperrt, um die Kunstschätze nicht zu gefährden, die Restaurierung ruht seit einigen Jahren; ein Hirte aus Mesopotam betreut die Anlage. Reste der Fußbodenmosaike aus der Vorhalle befinden sich im Museum für Mittelalterliche Kunst in Korça.

In Richtung Bistrica liegt direkt an der Straße das 1965/66 erbaute Wasserkaftwerk Bistrica 1, das mit Bistrica 2 in den Bergen des Mali i Krongjit bei Delvina durch einen 2.700 Meter langen Tunnel verbunden ist. Das Dorf **Bistrica** ist die ehemalige Siedlung für die Arbeiter des Kraftwerks. Im Sommer sind die Ausflugscafés wegen des kühlen Klimas ein beliebtes Ziel.

☑ Mesopotam

alba14-024 mg

Die Schlange von Bistrica

Im Mittelalter war eine riesige Schlange **Herrscherin über die Quelle der Bistrica.** Menschen und Tiere waren der Unterdrückung durch diese bösartige Kreatur hilflos ausgeliefert, denn sie erlaubte niemandem den Zutritt zum Wasser, und schon lange war im weiten Umkreis der Quelle kein einziges Lebewesen mehr zu finden. Eines Tages kam ein weiser Köhler auf eine einfache und kluge Idee, das Ungeheuer loszuwerden. Er nahm einige Säcke mit **Kohle und Stroh,** belud damit einen wohlgenährten Esel und machte sich zu dem Ort auf, an dem die Schlange lebte. Kurz bevor das Ungeheuer kam, zündete der Mann das Stroh an, gerade so, dass es nur ein bisschen, aber sicher brannte. Der arme Esel wurde natürlich samt Gepäck von der Schlange gefressen – und da begann sich die Kohle mit Hilfe des Strohs im Magen der Schlange zu entzünden. Je mehr das Feuer brannte, desto grausamer wurden die Schmerzen der Schlange. Sie rief die Bistrica zu Hilfe, doch die war zu schwach, das Feuer zu löschen. Dann rief die Schlange das Meer, doch auch seine Kraft reichte nicht aus, der Schlange zu helfen. Es kam nur bis Finiq, dann musste es sich wieder zurückziehen und ließ dabei den See von Butrint zurück. Mit ihrem letzten Feueratem verbrannte die Schlange noch die Berge oberhalb der Straße zwischen Delvina und Muzina, dann fand sie ein qualvolles Ende. Noch heute nennen die Leute der Umgebung diese Straße **„Schlangenstraße".** Die riesigen Knochen des Ungeheuers waren so stabil, dass man sie beim Bau der Kirche von Mesopotam als Säulen verwendete.

Nach einer mündlichen Überlieferung von *Klodian Veliko,* Delvina

Syri i Kaltër

Die idyllisch in einem Wäldchen gelegene **Karstquelle,** auch „Blaues Auge" **(Blue Eye)** genannt, zählt zu den bekanntesten touristischen Attraktionen Albaniens. Das Wasser sprudelt aus einem unterirdischen Quelltopf hervor, umgeben von üppiger Flora und altem Baumbestand aus Platanen, mediterranen Eichen und Tamarisken. Der Quellbach mündet in den **Liqeni i Bistricës,** einen See voller Seerosen und Wasserpflanzen. Das außergewöhnliche Türkis des Wassers verdankt sich dem kalkhellen Hintergrund des Gesteins. Nach starken Regenfällen oder der Schneeschmelze im Frühjahr, wenn Erosionsmaterial in die Quelle schwemmt, verändert sich die Farbintensität immer wieder. Auf der Zufahrt zu Syri i Kaltër überquert man den neun Hektar großen, 13 Meter tiefen Bistrica-Stausee über einen 13 Meter hohen Damm, der in den 1960er Jahren angelegt wurde. Das Wasser des Sees speist die Turbinenanlagen im unteren Tal. Wissenschaftler nehmen an, dass Syri i Kaltër Teil eines riesigen unterirdischen Flusssystems zwischen Drinos und Bistrica ist und sich in den unterirdischen Höhlensystemen des Mali i Gjerë ausdehnt. Syri i Kaltër ist die wasserreichste aller 18 Quellen, die den See speisen.

Anfahrt: Am vorderen Seeufer befindet sich an der Staumauer ein Parkplatz für Reisebusse. Die Durchfahrt mit dem Pkw kostet 100 Lek pro Person. Backpa-

> Das „Blaue Auge" von Syri i Kaltër

cker nehmen den Bus Richtung Gjiro-kastra und bitten den Busfahrer, an entsprechender Stelle zu halten; zu Fuß ist es von der Straße noch ein Kilometer.

■**Café Blue**①, Vermietung von neu erbauten Holzhütten mit je drei Schlafplätzen in der Sommersaison. Die Unterkünfte im hinteren Restaurant sind renovierungsbedürftig und nicht zu empfehlen. Im vorderen Restaurant am Stausee sitzt man direkt an der Bistrica. Das hintere Restaurant aus den 1990er Jahren liegt sehr schattig unter großen Platanen in der Nähe der Quelle.

Qafa e Muzinës

Unterhalb des 572 Meter hohen Pass-überganges liegt **Muzina,** ein altes Bergdorf und ehemalige Karawanenstation mit vielen restaurierten Steinhäusern. Von dem Kloster Shën Thomas aus dem 16. Jahrhundert sind nur Ruinen erhalten. Die Schieferlagen entlang des Passes werden seit Jahrhunderten als Baumaterial verwendet. Auch die Steine, aus denen Gjirokastra erbaut wurde, stammen von hier. Am Passübergang erinnert ein Partisanendenkmal an die schweren Gefechte zwischen albanischen Partisanen und deutschen Gebirgsjägern.

Finiq

Finiq bzw. Phoenike befindet sich neun Kilometer **nordöstlich von Saranda** auf einem zwei Kilometer langen, faltigen Höhenrücken mitten in der Vrina-Ebene und ist leicht zu finden. Direkt im Zentrum von Finiq, das am Fuß des lang gestreckten Hügels liegt, führt eine gut ausgebaute Teerstraße etwa 2,5 km weit stetig bergauf bis zu einem Parkplatz unter-

alba14-025 mg

halb des Hügels, von dem man das antike Siedlungsgebiet leicht erreicht. Auf dem einsamen Ausgrabungsgelände gibt es keinen Kiosk oder Restaurant. Die Besichtigung von Phoenike lässt sich ideal mit einem Besuch des Restaurants Rrepet e Karahaxhit verbinden.

Geschichte

In der Antike galt die von dem illyrischen Stamm der Kaonier bewohnte Stadt **Phoenike** als die am stärksten befestigte und wohlhabendste illyrische Stadt in ganz Epirus.

Der **exponierte Höhenrücken** liegt strategisch hervorragend und erlaubte durch die gute Fernsicht die Kontrolle der südlichen Küstengebiete und der gesamten Ebene. Am Fuß des Hügels trafen sich zwei große Handelsstraßen: Die eine kam über die Qafa e Muzines von Süden, die andere über die Qafa e Skërficës aus nordöstlicher Richtung; sie führten weiter nach Buthrothum (Butrint) und in die nördlichen Küstengebiete. Ursprünglich war die Siedlung über die Lagune von Butrint an den Hafen von Butrint angeschlossen. Als die Vrina-Ebene durch Erosion der Flüsse versumpfte und keinen Schiffsverkehr mehr nach Butrint erlaubte, wurde Saranda Phoenikes Seehafen.

Die ersten **Anfänge** der Stadt liegen in einem etwa sechs Hektar großen ummauerten Gebiet, das im Laufe des 5. Jahrhunderts v.Chr. befestigt wurde. Mitte des 4. Jahrhunderts hatte sich Phoenike bereits auf eine Fläche von 66 Hektar ausgedehnt. Um die Akropolis entstanden verschiedene städtische Gebäude, darunter ein Tempel der Athene, ein Gymnasium, eine Zisternenanlage und ein Schatzhaus. Das nach Süden steil abfallende Gelände wurde terrassiert und mit dem Bau des Theaters begonnen.

Seine Blütezeit hatte Phoenike im 3. Jahrhundert v.Chr., als es **Hauptstadt von Epirus** wurde. In dieser Zeit erreichte die Stadt ihre maximale Ausdehnung, sie erstreckte sich über den ganzen Bergrücken. Zwischen 4. und 2. Jahrhundert entstand in der Ebene eine große Nekropole, die heute unter den Äckern des Dorfes Finiq liegt. Im 3. und 2. Jahrhundert wurde die Stadt zum Spielball der epirischen Stämme, der Römer und Mazedoniens.

Während der Zeit als römische Provinz verlagerte sich die Stadt in die nördliche Ebene, hatte aber Probleme mit dem **sumpfigen Grund.** Auch in der byzantinischen Zeit war Phoenike ein bedeutendes wirtschaftliches und religiöses Zentrum. Im Laufe des 6. Jahrhunderts „wanderte" die Stadt abermals, diesmal in die Ebene nach Mesopotam, und wurde schließlich aufgegeben.

Phoenike, 1924 von dem italienischen Archäologen *Ugolini* wiederentdeckt, war in der kommunistischen Zeit militärisches Sperrgebiet und erhielt damals eine Bunkeranlage.

Sehenswertes

Einer der wichtigsten Gründe, nach Phoenike zu fahren, ist der fantastische **Panoramablick** über die gesamte Region. Auch die riesigen polygonalen und trapezförmigen Kalksteine in den großen Toranlagen und Mauern gleich zu Beginn des Geländes sind beeindruckend. Ab dem späten Frühjahr sind einige Ausgrabungsplätze mit einer einzigartigen Vielfalt von Blütenpflanzen hoch überwuchert.

Auf dem Gelände gibt es **drei größere Grabungsbereiche: 1.** Auf dem Gelände der Akropolis wurde eine **Basilika** aus dem 6. Jahrhundert n.Chr. freigelegt, zu der ein 90 x 60 Zentimeter großes, in den Boden eingelassenes Taufbecken eines Baptisteriums gehört, das wie auch die große Anlage in Buthrothum für Ganzkörpertaufen gebaut worden war. In unmittelbarer Nähe befindet sich der **Thesauros** aus dem 4./3. Jahrhundert v.Chr.; in dem kleinen Heiligtum wurden die wertvollsten Votivgaben des Tempels aufbewahrt, die den Göttern als Weihe oder Dankgaben geopfert wurden. Das Gebäude hatte ursprünglich einen mit zwei kräftigen Marmorsäulen dekorierten Eingangsbereich und ist stark geplündert worden. **2.** Das ehemalige **Theater** der Stadt liegt etwas versteckt in einer Geländestufe, die zu dem terrassierten Stadtbereich gehört, der sich am wenigsten erhalten hat. Es hat ungefähr denselben Radius wie die Spielstätten von Byllis und Apollonia, war aber wesentlich höher und fasste nach Ansicht der Archäologen vermutlich etwa 18.000 Zuschauer. An einer Seite der Agora, des Marktplatzes, wurde eine römische Zisternenanlage aus dem 2. Jahrhundert entdeckt. **3.** Am Ende des Weges befinden sich Ruinen herrschaftlicher **Wohnhäuser** aus dem 2. Jahrhundert, die einen kleinen, mit Mosaiken gepflasterten und von Säulenhallen umschlossenen Innenhof hatten.

Delvina (Delvinë)

In **Rusanj**, auf dem Weg nach Delvina, befindet sich eine komplett erhaltene Moschee mit einem Minarett aus dem 17. Jahrhundert. Über eine Säulenvorhalle gelangt man in den schlichten Gebetsraum. Die sechseckigen, steinernen kleinen Nebengebäude sind als Unterrichts- und Gebetsräume mit Teppichen und Sitzgelegenheiten eingerichtet. Es fehlt an Geld, die Feuchtigkeitsschäden zu beheben.

Abseits der Durchgangsstraße gelegen und im Schatten des boomenden Küstenortes Saranda, verirrt sich kaum ein Tourist nach **Delvina**. Das Bergstädtchen an den waldigen Ausläufern des Berglandes von Delvina am Mali i Gjerë verlor nach der Wende 30 Prozent seiner Einwohner, als gleich mehrere Kombinate für Lebensmittel und Beleuchtungstechnik nicht mehr produktionsfähig waren. Die Stadtverwaltung hat es in den letzten Jahren zusammen mit einer engagierten Bürgerschaft geschafft, Delvina zu einem **lebenswerten Ort** zu machen. Das in Zusammenarbeit mit dem amerikanischen Peace Corps renovierte Krankenhaus hält zehn Betten bereit, es gibt zwei höhere Schulen, eine gut sortierte öffentliche Bibliothek, einen Fußballplatz und einen besuchenswerten Heldenfriedhof. Das Denkmal am zentralen Marktplatz erinnert an *Sulejman Delvina* (1884–1932), den ersten albanischen Präsidenten, der hier geboren wurde. Der Marktplatz aus kommunistischen Zeiten mit dem großen Kinotheater und der zentralen Café-Bar im Stil der frühen 1970er Jahre zeigt sich wie vor 30 Jahren.

Llaka ist ein gepflegter Vorort mit alter türkischer Bausubstanz, großen Zypressen und weinumrankten Blumengärten. Die **Ruinen der Burg** liegen auf einer felsigen, zerklüfteten Klippe über der Stadt, von wo sich die alte Karawanenstraße kontrollieren ließ. Inmitten eines Zypressenwäldchens unterhalb des Burghügels liegt der alte Ortsteil **Xhemerhallë,** wo sich das ehemalige türkische Zentrum mit einem originalen Hamam, Brunnen und dem Gebetshaus der Bektashi erhalten hat. Muslime und der Bektashi-Orden, die orthodoxe, die katholische und die protestantische Kirche sind heute im Stadtzentrum engagiert.

Von Delvina geht es auf der **Rruga e Gjarpërit (Schlangenstraße)** nach Muzina. Die Straße hat große Schlaglöcher, was langsames Fahren erfordert, dafür entschädigt das landschaftliche Erlebnis. Auf der Strecke bieten sich drei lohnende Abstecher an: **Ujëvara e Kardhikaqit,** der Wasserfall von Kardhikaq, liegt in der Nähe der Straße, **Kamenica** in den Bergen zwei Kilometer östlich von Delvina; es war neben Delvina eines der größten Siedlungszentren der Region. Die ältesten Gebäude stammen aus dem 13. Jahrhundert, viele Wohnhäuser, Wohntürme und Kirchen aus dem 14. und 15. Jahrhundert sind noch erstaunlich gut erhalten. In **Pec** stehen zwei komplett ausgemalte kleine Kirchen: Shën Thanas aus dem frühen 16. Jahrhundert und Shën Merisë, erbaut Ende des 18. Jahrhunderts.

Outdoor

Tour 1: Von Saranda mit dem Bus bis zur Abzweigung der alten Straße nach Delvina, kurz vor dem Muzina-Pass. Dann die Schlangenstraße hinabwandern und nach einer Besichtigung von Delvina mit dem lokalen Bus zurück nach Saranda.

Tour 2: Von Leferohor Überquerung des Mali i Gjerë und Übergang in die Goranxi-Schlucht im Drinos-Tal.

■**Hotel**①, großes vierstöckiges Natursteingebäude links der Moschee, einfache, saubere und sehr günstige Zimmer mit Dusche im umgebauten Trockenspeicher für Kräuter aus kommunistischer Zeit.

Region Gjirokastra/Drinos-Tal

Fährt man von Saranda zum **Muzina-Pass** und seinen steil abfallenden Schieferformationen, öffnet sich kurz danach ein großartiger Blick auf das Drinos-Tal, das zu allen Tages- und Jahreszeiten mit immer wieder neuen Lichtschauspielen an den Lunxhëria-Bergketten überrascht.

Das **Drinos-Tal** ist seit der Steinzeit dank seiner fruchtbaren Böden und guten strategischen Lage ein wichtiges Siedlungsgebiet, auf dem bis heute die Reste von nicht weniger als 20 antiken Stätten und Befestigungen, Grabplätzen, Tempel und Theater zu finden sind. Die Geschichte der zahlreichen kleinen orthodoxen Kirchen in den Dörfern reicht oft bis ins frühe Mittelalter. Jüngere Zeitzeugen sind die kommunistischen Bunkerstellungen, die das Tal in weiten Reihen durchziehen. Beeindruckend sind die mächtigen, tief gefalteten karstigen Gebirgshänge des **Lunxhëria-Gebirges** und die weite unbebaute Talebene mit ihren unregulierten natürlichen Flussschottergebieten, die immer wieder neue Naturschauspiele bieten.

Die Gebirgsstadt **Gjirokastra** ist das wirtschaftliche Zentrum der Region und ein kulturelles Highlight jeder Albanien-

Reise. Die Stadt ist außerdem ein angenehmer Ausgangsort für Erkundungen in der Drinos-Ebene und seiner landschaftlich sehr reizvollen Seitentäler. Auch Fahrten und Touren auf das Hochplateau des oberen Kurvelesh bieten sich an. In 33 Dörfern südlich von Gjirokastra lebt eine griechische Minderheit, von der jedoch ein beträchtlicher Teil emigriert ist oder sich fast das ganze Jahr über in Griechenland aufhält.

Östlich des Drin liegt die touristisch noch unerschlossene und waldreiche Malësia e Lunxhërisë mit dem **Mali i Çajupi,** hinter dem sich die abgelegenen Hochtäler der Zagoria und von Progon befinden. Landschaftlich sehr lohnend ist auch die **Schlucht von Këlcyra,** der Vjosa-Durchbruch kurz vor Tepelena, verbunden mit einem Besuch von Përmet und seiner Umgebung.

Gjirokastra (Gjirokastër)

Die **historische Altstadt** von Gjirokastra zählt zu den bedeutendsten Beispielen städtischen Gesellschaftslebens auf dem Balkan in der osmanischen Zeit und ist seit dem Jahr 2005 UNESCO-Weltkulturerbe. Die fast schon bedrohlich wirkende steinerne **Zitadelle** überragt Stadt und Ebene. Unterhalb der Festung ducken sich eng aneinandergebaut die Häuser des türkischen Basars mit kleinen Ladengeschäften und einer Moschee im Zentrum. Wenn man die bunt gepflasterten, engen steilen Gassen der Altstadt auf und ab läuft, kann man sich gut das quirlige Leben in der türkischen Zeit vorstellen.

Auf den umliegenden Hügeln in den einzelnen Stadtteilen liegen Hunderte einmalig erhaltener **Wehrturmhäuser aus Stein (kulla)** auf hoch ummauerten Grundstücken. Hier spielte sich vom 17. bis ins 20. Jahrhundert hinein das kulturelle Leben Gjirokastras ab. Die Besichtigung des prächtigen Zekati-Hauses und ein Rundgang durch die Stadtteile gehören unbedingt zu einem Besuch der Stadt.

Stadtgeschichte

Wenn man sieht, wie heute noch die silbrig-grauen Schieferplatten auf den Dächern der Häuser Gjirokastras bei Regenwetter glänzen, versteht man, warum die Griechen den Ort **Argyrokastro,** „Silberburg", nannten. Argjyri war auch der Name des illyrischen Stammes, der hier siedelte. Einer Legende nach leitet sich der Name Gjirokastra von *Argyro* ab, der Schwester eines Herrschers, der diese bei der Übernahme der Stadt durch die Türken zusammen mit ihrem Sohn von den Burgmauern stoßen ließ. Mauerreste aus großen Blocksteinen machen eine Besiedlung schon in der vorrömischen Zeit vor 168 v.Chr. wahrscheinlich. Bedeutend war das 13. Jahrhundert, als Stadt und Region von dem **Zenebishi-Clan** regiert wurde und sich die Burgsiedlung auf die umliegenden Hügelkuppen ausweitete.

Ab 1419 war Gjirokastra **osmanisch** und 100 Jahre lang Verwaltungszentrum des türkischen Sandschaks und Sitz des obersten Kadis. Wichtige Wirtschaftszweige waren die Schafzucht und die Produktion von Schafskäse und anderen Milcherzeugnissen. Auch nach der Verlegung der Verwaltung nach Delvina im 16. Jahrhundert blieb Gjirokastra bedeu-

7

Chronik in Stein – Ismail Kadare

Abseits der großen gepflasterten Gassen gibt es zahlreiche kleine verwinkelte Stiegen, die die Einwohner Gjirokastras benutzen, um schnell über die Berghänge von einem Haus zum anderen zu kommen. Manchmal sind sie durch Türen verschlossen, durch andere kann man entlang der hohen Hausfassaden ganz neue Ansichten von Gjirokastra entdecken. *Ismail Kadare* beschreibt seine Geburtsstadt in seinem Roman „Chronik in Stein" so, wie er sie in seiner Kindheit erlebt hat:

„Es war dies eine **seltsame Stadt,** die anmutete, als sei sie in einer Winternacht wie ein vorzeitliches Wesen plötzlich im Tal aufgetaucht und habe dann […] sich am Abhang des Berges geschmiegt. Alles an dieser Stadt war alt und steinern, die Straßen und Brunnen ebenso wie die Dächer ihrer mächtigen jahrhundertealten Häuser, die mit grauen Steinplatten gedeckt waren. Schwer zu glauben, dass sich unter diesen festen Panzern das weiche Fleisch des Lebens regte und erneuerte. […] Es war dies die **steilste Stadt,** vielleicht die steilste auf der ganzen Welt; alle Gesetze der Architektur und des Städtebaus waren von ihr über einen Haufen geworfen worden. Weil sie derart steil war, konnte es vorkommen, dass sich die Fundamente des einen Hauses auf der Höhe des Daches eines anderen befanden, und gewiss war dies der einzige Ort der Welt, wo jemand, der am Straßengraben ausglitt, nicht in den Graben stürzte, sondern womöglich auf das Dach eines hohen Hauses. Besser als alle wussten das die Trunkenbolde. Es war dies wirklich eine seltsame Stadt. Man konnte auf einer Straße gehen und, wenn man wollte, den Arm ein wenig ausstrecken, um seine Mütze über die Spitze eines Minaretts zu stülpen. Vieles war […] wie im Traum."

tend und konnte seine Einwohnerzahl verdoppeln. Es wurden damals mehr Beamte als Handwerker gezählt. Anfang des 17. Jahrhunderts entstand ein neuer Basar. In dieser Zeit kamen auch die Fertigung von Textilwaren und Teppichen sowie die traditionelle Stickkunst des Ortes zu großer Blüte.

1811 übernahm **Ali Pascha** die Stadt und erweiterte die Festung zu einem wichtigen militärischen Stützpunkt zwischen Ioannina und Tepelena. Die politisch unruhige Epoche brachte die prächtigsten und größten Wehrturmhäuser hervor. Es wurde auch ein zwölf Kilometer langer **Aquädukt** vom Mali i Sopotit direkt in die Burg gebaut. König *Zogu* benutzte dessen Steine dann 1929 zum Ausbau des berüchtigten Foltergefängnisses in den Kellergeschossen der Festung. Als sogenannte Brücke von Manalat ist ein letzter Rest des Aquäduktes im Stadtteil Manalat zu sehen.

Ende des 19. Jahrhunderts stand Gjirokastra mit an der Spitze der albanischen **Unabhängigkeitsbewegung** und wurde 1880 von den Türken unabhängig. 1908 eröffnete hier die **Liria,** die erste Schule, in der in albanischer Sprache unterrichtet wurde. Gerne hätte man sich im 20. Jahrhundert als Teil der Autonomen Republik Epirus **Griechenland** angeschlossen, musste diese Pläne aber aufgeben, als die Siegermächte des 1. Weltkriegs Griechenland endgültig zur Abtretung der nördlichen Landesteile zwangen. Unter König *Zogu* erblühte die Stadt wieder zum kulturellen und wirtschaftlichen Zentrum des Landes.

Allgegenwärtig ist heute noch die Zeit des 2. Weltkrieges, als Bewohner der 1939 von den Italienern eingenommene Stadt in den umliegenden Bergen erbit-

Südalbanien

terten **Partisanenwiderstand** gegen die deutschen und italienischen Truppen leisteten.

Im Kommunismus wurde die Region Gjirokastra intensiv **industrialisiert.** Neben Metallwaren produzierte man Schuhe, Bekleidung, Schirme und Zigaretten. In der Ebene entstanden nach der Drainage der Flussauen große landwirtschaftliche Produktionszentren mit intensiver Schafzucht, Schafkäseproduktion, Mais-, Getreide- und Gemüseanbau. Neue Wohngebiete mit einfachen Wohnblocks wuchsen an den Hängen und in der Ebene nördlich der Altstadt; die jahrhundertealte Bausubstanz in der Altstadt war marode und entsprach nicht mehr den modernen Wohnbedürfnissen. 1961 erklärte **Enver Hoxha** seine Geburtsstadt zur „Museumsstadt". Die historischen Häuser der osmanischen Epoche hatten bereits stark gelitten, im 2. Weltkrieg auch durch den Beschuss Gjirokastras durch deutsche und italienische Truppen. Die Gebäude wurden inventarisiert und in ihrem Bestand erhalten.

Mit der Wende kam das **wirtschaftliche Aus** für die uneffektiven Produktionsstätten, mit der Folge, dass mehr als die Hälfte der Bewohner ins nahe Griechenland auswanderte, ein großer Teil als anerkannte griechische Minderheit. Turbulent und folgenschwer war das Jahr **1997.** Die Aufstände forderten hier sehr viele zivile Opfer, große Teile des bedeutenden türkischen Basars brannten aus, das Armeemuseum wurde geplündert, viele historische Gebäude kamen zu Schaden, die monumentale, 13 Meter hohe Plastik *Enver Hoxhas* wurde gestürzt, und wieder gab es massive Abwanderungen.

Gjirokastra heute

Das lebhafte **Zentrum** der 35.000 Einwohner zählenden Stadt liegt an einer langen, breiten Geschäftsstraße mit modernen Wohnblocks, in der sich kleine Fachgeschäfte, Toto-Lotto-Shops, Bars und Cafés aneinanderreihen. Dahinter die gesichtslosen Arbeiterwohnblocks aus der Zeit des Kommunismus und neuere Hochhauskomplexe, die sich bis an die grauen Berghänge erstrecken. Am oberen Ende der Hauptstraße findet man einen **Straßenbasar,** auf dem billige Textilien verkauft werden, und den städtischen **Lebensmittelbasar.** Rechter Hand, mitten in der Stadt, liegt das Fußballstadion Subi Bakiri, das 8.500 Zuschauern Platz bietet. Hier spielt der heimische Fußballclub Luftëtari Gjirokastra abwechselnd erfolgreich in der 1. und 2. Liga. Linker Hand geht es über unglaublich enge steingepflasterte Gassen, auch mit dem Pkw, nahtlos in die **Altstadt.**

Die Stadt erholt sich nur sehr langsam von den großen Migrationswellen der letzten Jahrzehnte. An der Nationalstraße entstanden Niederlassungen griechischer Importfirmen, doch dann kam die Griechenlandkrise und viele Investoren zogen sich wieder zurück. Die städtische **Kommunalpolitik** prägt ein einziger Familienclan. Bei wilden Bauvorhaben und Restaurierungen, die inzwischen den UNESCO-Weltkulturerbe-Status stark gefährden, drückt die Verwaltung beide Augen zu. Pläne für ein umfassendes Verkehrsleitsystem und eine Fußgängerzone werden verschleppt. Es fällt auf, dass Gjirokastra noch keine kommunale Website besitzt.

Die Erhaltung der alten **osmanischen Museumsstadt,** die seit Jahren mehr und mehr ausländische Besucher verzaubert, stellt infolge ihrer großen Baufälligkeit ein schier unlösbares Problem dar.

Kalaja e Gjirokastrës

Die mächtige **Festung Gjirokastra** erhebt sich weitläufig auf einem felsigen Bergsporn und überragt mit ihren riesigen Ausmaßen die Stadt.

Durch den hohen gewölbten Korridor tritt man rechts in die ehemals zweistöckige Hauptgalerie. Auf der linken Seite befindet sich das **Vezir-Tor,** einer der Hauptzugänge zur Zitadelle. Löcher in den Mauern deuten auf ein zweites Stockwerk in den Gewölben, auffallend sind die Fensteröffnungen aus osmani-

scher Zeit. Die große **Zisterne** an der Wand ist heute noch ein Teil der Wasserversorgung der Burg.

In einem kleinen Garten in den Burgmauern befindet sich die **Bektashi-Gedenkstätte** der Priester *Baba Sultan* und *Baba Kaplan* aus dem 16./ 17. Jahrhundert. Von hier kann man durch eine Folge von gewölbten Tunneln weiter in den **Westteil der Burg** gelangen, der von einem deutschen Ingenieur unter *Ali Pascha* 1811 gebaut wurde. Hier liegen alte, feuchte Lagerräume und die Wachräume über der Bastion, die über ein Tunnelsystem mit der übrigen Burg verbunden sind. Ohne natürliches Tageslicht ist dieser Teil nur mit einer starken Taschenlampe begehbar.

Links vom Haupteingang liegt die beeindruckende **Große Galerie,** in der italienische und deutsche Geschütze, Beutestücke aus dem 2. Weltkrieg, ausgestellt sind. Prunkstück der Sammlung ist ein kleiner italienischer Fiat-Zwei-Mann-Panzer am Ende der Galerie, der nur 283 Mal produziert wurde. Das Partisanendenkmal wurde von *Odhise Paskali* geschaffen.

Das **Nationale Albanische Waffenmuseum** eröffnete 1971 zum 25-jährigen Jubiläum der Befreiung Albaniens in einem Teil des ehemaligen Gefängnisses. In zwei Hauptgalerien wird die Unabhängigkeitsbewegung Albaniens bis zur Befreiung des Landes Ende des 2. Weltkriegs dokumentiert. Gezeigt werden Waffen aus dem 1. Weltkrieg, Waffen aus englischer Produktion, mit denen die albanischen Partisanen unterstützt wur-

◁ Blick von der Burg auf die Basar-Straße

den, deutsche und italienische Beutestücke, darunter das Sturmgewehr 44. Interessant sind die Modelle von Partisanenstellungen und alte Fotos.

Die durch schwere Stahltüren gesicherten **Kerker** der Burg wurden 1932 unter König *Zogu* mit Steinen des Aquädukts gebaut, im 2. Weltkrieg von den deutschen und italienischen Besatzern genutzt und waren in kommunistischer Zeit bis Ende der 1960er Jahre das größte **Gefängnis für politische Gefangene** im Land. 1970 wurde etwa die Hälfte mit zehn Räumen zum Museum. Zeitungsartikel und Tagebucheinträge dokumentieren den Partisanenwiderstand im Zusammenhang mit den hier vollstreckten Hinrichtungen. Am Ende des Zellenblocks sind Folter- und Hinrichtungskammer zu besichtigen, bedrückend wirkt der hintere Raum für die zu Tode Verurteilten, in dem 30 Zentimeter hoch das Wasser stand. Eine Vitrine zeigt die Kleidung der 16-jährigen Partisaninnen *Bule Naipi* und *Persefoni Kokedhima*, die von den deutschen Besatzern hingerichtet wurden.

Auf dem **Außengelände** sind verschiedene Beutestücke ausgestellt. An der Art der Waffen kann man erkennen, dass die türkischen Besatzer derart wenig Vertrauen in ihre Gefolgsleute in Gjirokastra hatten, dass sie ihnen Waffen zur Verfügung stellten, die zur Zeit ihres Gebrauchs schon jahrzehntelang veraltet waren. Die meisten Kanonen sind englischer Herkunft oder englische Beutestücke, da die Engländer einige Zeit Alliierte der Türken waren. Das Flugzeug auf der Wiese, eine Lockheed T 33 Shooting Star, musste 1957 während des Kalten Krieges wegen technischer Probleme in Rinas notlanden. Der Pilot kehrte in die USA zurück, das Flugzeug wurde ab 1960 als „abgeschossenes amerikanisches Spionageflugzeug" ausgestellt.

Die große **Festivalbühne** wird seit 1980 etwa alle vier Jahre für das Internationale Folk-Festival von Gjirokastra genutzt.

Die **südlichen Festungsteile** sind zugänglich, aber gefährlich und ungesichert. Hier liegen ehemalige Bastionen, lockere Mauern und die Einsturzlöcher alter Zisternen aus der Zeit *Ali Paschas*. Der **Uhrturm** aus dem 19. Jahrhundert zeigt die fünf Gebetszeiten im muslimischen Tagesablauf an. Unterhalb des Turmes kommt man zu den Bastionen und dem Platz der Kanonenbatterie; Schießscharten schützen das Haupttor und die Stadt. Den großen rechteckigen Pulverspeicher baute man abseits der übrigen Gebäude. Von hier hat man einen guten Blick auf das Drinos-Tal, die Maja e Çajupi und antike Antigonea. Der steile Maultierpfad zwischen dem Uhrturm und dem östlichen Burgende ist als alter Versorgungszugang zur Burg noch gut zu erkennen.

Skurril sind die **Luftschutzbunker,** die *Enver Hoxha* für sich, KP-Funktionäre und Regierungsmitglieder errichten ließ. Ihre Eingänge verteilen sich rund um den Burghügel. Die Bereiche waren nach Rang und Funktion getrennt, Kantine, Konferenzraum und WC wurden gemeinsam genutzt. Die Räume und Büros waren mit schlichten Möbeln eingerichtet und einfach beleuchtet. Die Bunker wurden in der kommunistischen Zeit immer wieder für Übungen und zu Ausbildungszwecken genutzt; dann ließen sich Funktionäre tagelang einschließen. Generatoren, Zisternen, Luftfilter, massive schussfeste

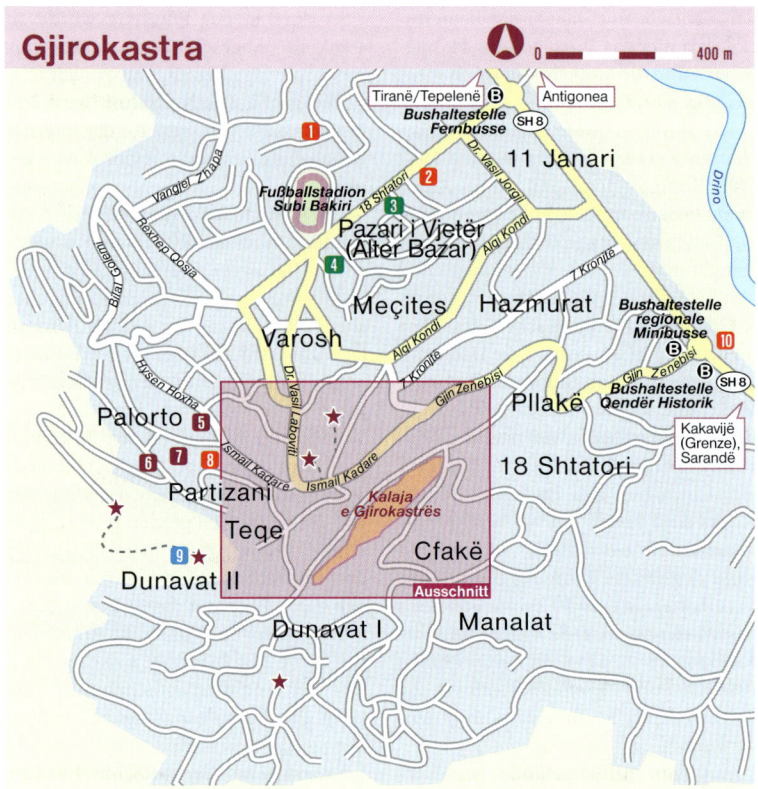

Gjirokastra

0 —— 400 m

Tiranë/Tepelenë B | Antigonea
Bushaltestelle Fernbusse SH 8

11 Janari

Fußballstadion Subi Bakiri

Pazari i Vjetër (Alter Bazar)

Meçites   Hazmurat

Varosh

Palorto

Partizani

Teqe

Dunavat II

Pllakë   Bushaltestelle Qendër Historik

18 Shtatori

Kalaja e Gjirokastrës

Cfakë

Ausschnitt

Dunavat I   Manalat

Bushaltestelle regionale Minibusse

Kakavijë (Grenze), Sarandë

■ Sehenswürdigkeiten, Museen, Gotteshäuser	28 UNESCO-Weltkulturerbe-Plakette, Gedenkplaketten, Denkmal der jungen Partisaninnen
5 Ethnografisches Museum	
6 Zekati-Haus	31 ABC-Denkmal
7 Angonate-Haus	33 Han
11 Kadare-Haus	35 Gedenktafel Iso Labi
12 Fico-Haus	36 Orthodoxes Seminar
13 Skënduli-Haus	37 Gedenktafel Dule Muço
14 Asim Zeneli Gymnasium	38 Hamam
16 Überreste des Aquäduktes	39 Sieben Brunnen
19 Xhamia	40 Folk-Festival Relief
21 Medresa	41 Shën Sotira
27 Denkmal Çerçiz Topulli	

Südalbanien

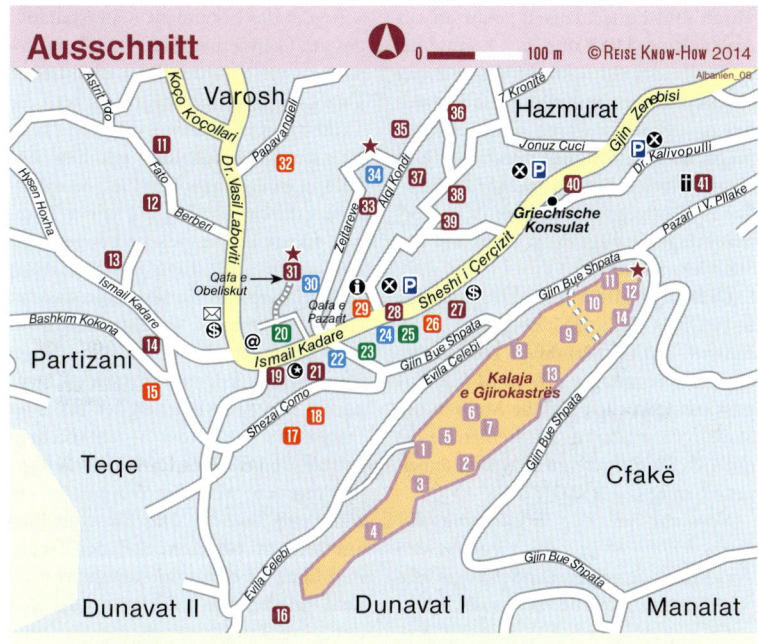

Übernachtung
1 Vila Sharm
2 Bleta
8 Kalemi
10 Qiqi
15 Kotoni B&B
17 Gjirokastra
18 Babameto House Hostel
26 Çajupi
29 Sopoti
32 Hashorva

Essen und Trinken
9 Kërculla
22 Byrektorë
24 Fast Food
30 Kujtimi
34 Fantazia

★ Aussichtspunkt

Einkaufen
3 Straßen- und Lebensmittelbasar
4 Supermarkt
20 Apotheke
23 Kunsthandwerkerläden
25 Apotheke

Rundgang Burg
1 Haupttor
2 Vezir-Tor (Südost-Tor)
3 Bektashi-Gedenkstätte
4 Lagerräume (Keller)
5 Große Galerie
6 Waffenmuseum
7 Kerker
8 Flugzeug
9 Festival-Bühne
10 Uhrturm
11 Pulverturm
12 Nordost-Tor
13 Ungesichertes Gelände
14 Café/WC

7

Türen und Luftschleusen gehörten zur Ausstattung. Der Luftdruck konnte für den Fall einer radioaktiven Verseuchung langsam angehoben werden. Generatoren und Elektrik waren gegen elektromagnetische Störungen durch eine Nuklearexplosion gesichert. Eine öffentliche Besichtigung der Bunker ist in Vorbereitung; Anfrage bzw. Infos bei der Stadtverwaltung.

Öffnungszeiten: April bis Sept. tägl. 9–19 Uhr, Okt. bis März tägl. 9–17 Uhr, Eintritt: 200 Lek, ermäßigt 100 Lek, jeder erste Sonntag außer Juni/ Juli/August frei (gilt auch für alle Museen der Stadt). Eine starke Taschenlampe ist nützlich für die unteren Gewölbe (auf eigene Gefahr).

Vorsicht bei der Erkundung des Burggeländes abseits der Wege, besonders mit neugierigen Kindern – es gibt zahlreiche gefährliche Einsturzlöcher!

Stadtrundgang

Rund um den Sheshi i Çerçizit

Am Sheshi i Çerçizit liegen einige **wichtige Gebäude:** das Hotel Sopoti, ein sehenswerter Hotelbau des letzten Jahrhunderts mit der UNESCO-Weltkulturerbe-Plakette aus dem Jahr 2005, das unsensibel renovierte Hotel Çajupi aus kommunistischen Tagen, die Stadtverwaltung und etwas weiter unterhalb das griechische Konsulat. Auf etwas ungewöhnlichem, aber kurzem Weg gelangt man gleich hinter dem Rathaus durch einen öffentlichen Tunnel, der quer durch den Berg führt, in den Stadtteil Manalat.

Der Rundgang beginnt am **Denkmal für Çerçiz Topulli** (1880–1915), geschaffen 1934 von *Odhise Paskali,* dem Schöpfer des bekannten Reiterstandbildes am Skanderbeg-Platz in Tirana. *Topulli* kämpfte während der albanischen Unabhängigkeitsbewegung gegen die Türken und wurde 1949 von *Enver Hoxha* zum Nationalhelden erhoben. Die Tötung eines ranghohen türkischen Offiziers durch ein Mitglied seiner Truppen führte zu Brandschatzungen und Massakern in *Topullis* Geburtsort Mashkullore im Norden Gjirokastras. Gerne wird erzählt, wie *Topulli* in Gjirokastra auf der Flucht von den Türken überrascht wurde und mit seinen Männern – von den Mönchen der Tekke als Derwische verkleidet – entkommen konnte. *Topulli* starb im Widerstand gegen montenegrinische Truppen in der Nähe von Shkodra. Das Einschussloch am rechten Oberschenkel der Denkmalsfigur ist echt und stammt von einem italienischen Offizier aus der Zeit des 2. Weltkriegs.

Auf den bronzenen Gedenkplaketten rechts des Çajupi-Hotels werden drei bedeutende Männer aus Gjirokastra geehrt: **Eqerem Çabej** (1908–80), Historiker, Linguist, Lehrer, Gründungsmitglied der Albanischen Akademie der Wissenschaften und Namensgeber der hiesigen Universität; **Ismail Kadare** (geb. 1936), der international bekannteste Autor Albaniens; **Musine Kokalari** (1917–83), erste Schriftstellerin Albaniens und Opfer des Terrorregimes von *Hoxha:* 1946 verhaftet und verurteilt, verbrachte sie den Rest ihres Lebens in Haft bzw. unter Arrest, durfte nie wieder schreiben und starb vergessen in Nordalbanien.

Das **Denkmal** neben dem offiziellen Stadtplan vor dem Sopoti-Hotel zeigt die beiden 16-jährigen Mädchen *Bule Naipi* und *Persefoni Kokedhima*, die als Partisanen im 2. Weltkrieg kämpften. Sie wurden an die deutschen Truppen verraten und 1944 hier am Sheshi i Çerçizit durch den Strang hingerichtet.

Das große traditionelle **Relief** des Künstlers *Ksenofon Kostaqi* unterhalb des griechischen Konsulates erinnert an das Internationale Folk-Festival von Gjirokastra (alle vier Jahre).

Stadtviertel Hazmurat

Geht man die Hauptstraße weiter hinab, kommt man zu einem Abgang, der hinunter in ein sehr malerisches Stadtviertel führt. Rechter Hand liegen lauschig die **Sieben Brunnen.** Sie dienten den rituellen Waschungen vor den Gebeten, die dazugehörige Moschee wurde während der Kulturrevolution 1967 zerstört. Ein kurzes Stück weiter liegt an der einzigen natürlichen Quelle des Ortes der alte, von der türkischen Armee gebaute **Hamam,** mit typischem Kuppelhaus und drei beheizbaren überwölbten Räumen. Das Ensemble wurde vor Kurzem von der Hewlett-Packard-Stiftung restauriert, ist aber leider nicht zu besichtigen, da es die Besitzer selbst bewohnen.

An der Rr. Hazmurat liegt das restaurierte **Orthodoxe Seminar,** rechter Hand kommt man zum großen Aussichtsplatz am Fantazia-Restaurant, wo früher die Monumentalstatue *Enver Hoxhas* stand. Das hohe steinerne Eckhaus ist der ehemalige **Han** des Viertels. Links, den Hügel hinauf, trifft man auf zwei weitere **Gedenktafeln** zur blutigen Stadtgeschichte, für *Iso Labi,* der 1908 den türkischen Befehlshaber tötete, und für den 15-jährigen *Dule Muço,* der 1944 zahlreichen deutschen Soldaten mit einem Molotowcocktail das Leben nahm.

Um die Qafa e Pazarit

Eigentliches Zentrum und das **Herz der Altstadt** ist der Pasar-Pass (Qafa e Pazarit), an dem sich die zwei wichtigsten Basarstraßen kreuzen. Hier lässt man sich auf einem der schmalen Gehwege in einer Bar nieder, genießt einen Kaffee und beobachtet die vorbeiziehenden Passanten. Vom Sheshi i Çerçizit geht es links hinauf zur Burg, vorbei an besuchenswerten Kunsthandwerkerläden, in entgegengesetzter Richtung kommt man durch ein etwas versteckt liegendes Tor über eine steile Treppe zur **Qafa e Obeliskut,** von wo sich eine gute Aussicht auf das tiefer gelegene Stadtviertel Varosh bietet, in dem das ehemalige Wohnhaus *Ismail Kadares* liegt. Rechter Hand im Stadtteil Palorto steht etwas oberhalb des Hügels das Zekati-Haus (s.u.), darüber das Ausflugsrestaurant Kërculla, weit darunter versteckt das Ethnografische Museum (s.u.). Hoch auf den Hügeln linker Hand liegt der Stadtteil Dunavit. Das auffällig gelbe Gebäude ist die Schule, das große weiße Haus ist das Agonate-Haus. Das Denkmal erinnert an die Schwierigkeiten bei der Einführung der albanischen Sprache im Schulunterricht Anfang des 20. Jahrhunderts, als Lehrer Gefängnis und Verfolgungen riskierten. Das alte Gebäude am Platz ist das ehemalige Wohnhaus des Linguisten *Eqerem Çabej* und heute Sitz der GCDO. Unterhalb der Qafa e Pazarit gelangt man zur **Xhamia.** Im türkischen Gjirokastra gab es 15 Moscheen, 13 überstanden die Zeit bis 1967, doch nur diese Moschee aus der Mitte des 18. Jahrhunderts überlebte als Teil des alten Basars die kommunistischen Zerstörungen. Wegen ihrer hohen Kuppel wurde sie für Sportveranstaltungen und zum Zirkus-

7

training genutzt. Nach den fünf Gebetszeiten ist die günstigste Zeit für Besich-
tigungen. Im Hauptraum beten die Männer, Frauen in einem Raum links der
Eingangstür. An der Straße oberhalb der
Moschee liegt ein restauriertes gelbes
Gebäude, die **Medresa,** mit einem zweistöckigen Kuppeldach. Die 1727 erbaute
ehemalige **Bektashi-Tekke** war im Kommunismus geschlossen. Das Gebäude
wird heute von einer türkischen Organisation aus Istanbul als höhere Islamschu-
le genutzt.

Sehenswert ist die kleine **Kirche Shën
Sotira,** etwas abgelegen vom Zentrum
am nordöstlichen Ende des Festungsber-
ges. Am besten man folgt der Straße, die
am alten Basar vorbei entlang des Burgberges führt. Die zu kommunistischer
Zeit sehr geschundene Innenausstattung
der 1784 gebauten Kirche, die bis zur
türkischen Zeit auch Bischofssitz war,
wurde inzwischen erneuert und restauriert (Öffnungszeiten: tägl. 7–7.30 und
19–19.30 Uhr, Messe So 7–10 Uhr).

Ethnografisches Museum

Geht man von der Moschee weiter bergab in westlicher Richtung, vorbei an einem großen Verwaltungsgebäude des
Bezirkes (Qarku) Gjirokastra, und biegt
dann gleich links ab, gelangt man nach
etwa 100 Metern zum Ethnografischen
Museum. An diesem Platz lag das **Geburtshaus Enver Hoxhas.** Das Gebäude
wurde 1966 nach einem Brand mit typischen Elementen eines Wohnhauses
wiederaufgebaut; bis 1991 beherbergte

es eine Ausstellung über das Wohnen in
Gjirokastra. Schade, dass diese Ausstellung danach keinen Platz in einem der
vielen echten Steinhäuser finden konnte.

Öffnungszeiten: April bis Sept. 8–12
und 16–19 Uhr, Okt. bis März nur So 8–
16 Uhr, Tel. (084) 624 60, Eintritt: 200
Lek (inkl. einer deutschsprachigen Kurz-
broschüre zur Erklärung der Räume).

Das Geburtshaus des über die Grenzen des Landes hinaus bekannten
Schriftstellers **Ismail Kadare** ist von hier
aus über eine schmale Gasse unterhalb
des Museums zu erreichen, ebenso das
Haus der Familie *Fico* (Hinweistafel am
Gebäude), das bei *Kadare* beschrieben
wird.

Zekati-Haus

Das **vierstöckige Wehrturmhaus** zählt
zweifelsohne zu den beeindruckendsten
Bauten des Landes und ist auf dem gesamten Balkan sowohl bezüglich Größe
als auch mit Blick auf den Reichtum der
Ausstattung ohne Vergleich. Dem Besitzer ging es hier auch um Selbstdarstel-
lung und Zurschaustellung von Macht
und Reichtum, nicht nur um Verteidigung. Man kann gut sehen, dass das Gebäude in den Hang gebaut worden ist
und von hinten leicht zu begehen war.
Besonders beeindruckend ist der **zwei-
arkadige Mittelteil** zwischen den etwa
20 Meter hohen Wehrturmhäusern, in
dem das große Eingangstor mit seinem
hohen hölzernen *divan,* der Sommerve-
randa, liegt. Typisch ist das **hervorsprin-
gende Dach** mit seinen Holzstreben, das
vor Schnee schützte und im Sommer
Schatten gab. Traditionell ist auch hier
das Dach mit schweren Schieferplatten
gedeckt, die allein durch ihr Eigenge-
wicht an ihrem Platz fixiert sind.

▷ Das wehrhafte Zekati-Haus

Südalbanien

Zu dem vollständig ummauerten Grundstück gehörten **drei Innenhöfe:** Im ersten Innenhof, wo auch die Gäste ankamen, lagen die *odajashta,* die Sommerküche des Hauses, und der zweistöckige Stall mit einem Heulager im Obergeschoss; im zweiten Hof ist noch der Rest eines Ofens zu sehen, im dritten Hof befand sich der Garten.

Der **Besitzer Beqir Zeko** war der höchste Verwaltungsbeamte Gjirokastras und verbrachte hier sein Leben mit seinen Söhnen und deren Familien. Die Erbauung des Hauses (1811/12) fällt in den Zeitraum, als *Ali Pascha* die Festung in der Stadt zu seinem Hauptquartier ausbauen ließ, sein bevorzugter Festungsbaumeister *Petro Koçari* arbeitete auch für die Familie *Zeko.*

Durch die imposante Eingangstür gelangt man in das unbewohnte **Untergeschoss.** Links der *tschardak* oder *katoi,* der große Vorratsraum für Getreide und Holz, hier konnten auch die Lasttiere eingestellt werden. Rechts sieht man die verputzte Zisterne, die über ein aufwendiges Ableitungssystem das Regenwasser vom Dach aufnahm. Wenn im Herbst der erste Regen die Dächer vom Staub des Sommers gewaschen hatte, wurde hier der gesamte Wasserbedarf über das Winterhalbjahr für die trockene Sommerzeit gesammelt. Vornehm ist der rote Anstrich des Treppenaufganges, der durch Leimzement geschützt war.

Der untere Wohnraum im **1. Obergeschoss** wurde als erster Empfangsraum genutzt. Für wichtige Gäste gab es Sitz-

alba14-026 mg

Gjirokastra – UNESCO-Weltkulturerbe oder Kandidat für die Rote Liste?

Anders als in Shkodra, Elbasan oder Berat, die in osmanischer Zeit wichtige Handels- und Handwerkszentren waren, wurde Gjirokastra im Laufe des 16. Jahrhunderts ein bedeutendes Verwaltungs- und Justizzentrum des türkischen Sandschaks. Seine Beamten unterhielten bis zu 100 Hektar große Ländereien in der Dropull-Ebene und wurden so zu reichen Großgrundbesitzern, die sich in der Stadt kostspielige Wohnhäuser für ihre Familien leisteten, die heute noch den damaligen Wohlstand dokumentieren. Das charakteristische **Gjirokastra-Haus** besteht aus einem steinernen Kernbau, den zwei bisweilen mächtige steinerne Wohntürme flankieren. Im Untergeschoss lagen die Wirtschaftsräume, im mittleren Geschoss die Räume der Frauen und der erste Empfangsraum, im luftigeren Obergeschoss die privaten Räume, in denen sich das familiäre Leben abspielte. Kleinere Kaufleute und Handwerker lebten in den Stadtteilen Manalat oder Dunavat in einfacheren Häusern mit nur einem Wohnturm. Blutige **Familienfehden** über mehrere Generationen, aber auch zunehmende Spannungen mit der Regierung in Istanbul führten zu immer wehrhafteren Häusern mit immer höheren Wohntürmen. Bis schließlich im 19. Jahrhundert bis zu vier Stockwerke hohe, imposante Häuser mit hervorspringenden Flügeln entstanden. Viele von ihnen stehen in sicherer Distanz zueinander.

Die reichen Erbauer der Prachthäuser haben ihren Nachkommen ein **schweres (und kostspieliges) Erbe** hinterlassen. Seit 2005 ist die Altstadt von Gjirokastra Teil des UNESCO-Weltkulturerbes, was zum Bekanntheitsgrad und Wachstum des Tourismus wesentlich beigetragen hat. Einem Großteil der Stadtbewohner ist

zwar bewusst, was dieser Schutzstatus bedeutet, doch nur neun Jahre später steht die Stadt kurz davor, auf die sogenannte Rote Liste gesetzt und aus dem Weltkulturerbe gestrichen zu werden. Die Probleme zeigen sich ganz deutlich im Stadtbild.

500 Gebäude stehen heute unter **Denkmalschutz.** Von den 56 Wohnhäusern der obersten Schutzkategorie sind 48 Wohngebäude mit künstlerisch wertvollen und sehr aufwendigen Schnitzarbeiten, kostbaren Wandbemalungen und Stuckarbeiten in den Innenräumen; sie unterliegen besonders strengen Auflagen. Die übrigen Häuser sollen zumindest in ihren Fassaden erhalten bleiben. **Baumaßnahmen** werden nur bezuschusst, wenn die Bauherren bzw. Besitzer die denkmalpflegerischen Auflagen beachten; eine gute Elektrik, moderne Wasserleitungen, Isolierung und Heizsysteme mit erneuerbaren Energien sind der erwartete Standard. 60% Zuschussleistungen gibt es in der ersten Schutzkategorie, 30% für die zweite. Doch die verbleibende Finanzierungslücke übersteigt die Möglichkeiten der meisten Erben bei Weitem. Besonders durch die Kosten für die aufwendige Innenausstattung und ihre fachkundige Restaurierung sind die Besitzer dieser Objekte finanziell massiv überfordert, zudem dauert die Bearbeitung der Anträge im bürokratischen Dickicht eine halbe Ewigkeit. Mit der großen Abwanderungswelle in den 1990er Jahren verließen zudem auch die meisten Fachkräfte wie Zimmerleute, Schreiner und ausgebildete Maurer die Stadt, sodass oft auch aus diesem Grund nur das Nötigste getan oder unsachgemäß repariert wird. Kunststofffenster und -türen sowie moderne Dachziegel sieht man immer häufiger. An

den Randgebieten des Ortes innerhalb der Schutzzone entstehen moderne Bauten und Anbauten, die nicht den UNESCO-Vorschriften entsprechen. Zahlreiche Besitzer der alten Häuser sind emigriert und lassen ihre Häuser verfallen, dazu machen **Erbteilungen** Verkaufs- oder Nutzungsverhandlungen fast unmöglich. So musste die Gjirokastra Foundation vor der Restaurierung des Babameto-Hauses (jetzt Babameto Hostel) mit 72 Einzelpersonen verhandeln! Immer wieder hört man auch davon, dass Anträge verschleppt oder Gelder nicht ausgezahlt werden. Und viele Erben bzw. Hausbesitzer haben schlichtweg ganz andere (existentielle) Sorgen und/oder entscheiden sich für ein bequemeres Leben in einem modernen Apartment.

Da es bis heute in Albanien keine zentralen Behörden für städtische Entwicklung und Planung gibt, war es möglich, dass die Stadtverwaltung von Gjirokastra in den letzten Jahren zehn **Studien und Konzepte** zur Entwicklung der Welterbe-Stadt bei NGOs oder zwischenstaatlichen Entwicklungshilfeorganisationen in Auftrag geben konnte. Zwangsläufig kam es zu Überschneidungen und willkürlichen Entscheidungen. Schwierigkeiten mit der lokalen Verwaltung, Korruption und die weite Entfernung zur Hauptstadt erschweren die Arbeit. Heute wird deutlich, dass vor allem die **Kooperation mit der einheimischen Bevölkerung** erheblich verbessert werden muss. Mangelnde Informationspolitik, fehlendes Interesse an den Bedürfnissen der Menschen und keine Einbindung und Partizipation der Bevölkerung waren und sind elementare Schwächen. Das touristische Potenzial der Altstadt von Gjirokastra kann nur ausgenutzt werden, wenn zunächst für die Einheimischen ein lebenswertes Umfeld und eine gute Infrastruktur geschaffen werden. Eine seit Jahren ausstehende Verkehrslenkung, mangelnder Parkraum (zusammen mit korrupten Parkgebühreneintreibern), das Fehlen von Cafés und Restaurants oder der Mangel an öffentlichen Flächen, die einen Aufenthalt in der Stadt überhaupt erst möglich machen, erschweren das alltägliche Leben. Eine reine „Museumsstadt" möchte heute kein Tourist mehr besichtigen.

Seit 2001 spielt die **Gjirokastra Foundation,** ehemals GCDO (Gjirokastra Conservation and Development Organization, www.gjirokastra. org/gcdo), und seit Jahren auch die schwedische **CHwB** (Cultural Heritage without Borders), die gerade den „Europa Nostra Award" für ihre Arbeit in Albanien erhielt, eine wichtige Rolle für die kulturelle und wirtschaftliche Erneuerung der Stadt. Zahlreiche nachhaltige Projekte im Tourismusbereich gehen auf ihre Arbeit zurück.

Das **Zekati-Haus,** eines der größten und prächtigsten Häuser der Altstadt, wurde restauriert und kann besichtigt werden. Ein großartiges Projekt stellt die 2012 abgeschlossene Restaurierung des **Babameto-Hauses** mit seinen traditionellen Wohnräumen und schönen Schlafmöglichkeiten dar, das jetzt komplett als Hostel genutzt wird (siehe „Unterkunft").

In der Bevölkerung schlummert ein **großes Potenzial an kunsthandwerklichen Fertigkeiten,** von der Schnitzkunst und Steinbearbeitung bis zu kunstfertigen Hand- und Webarbeiten. In Seminaren wurden handwerkliche Weiterbildungen durchgeführt, sodass sich an der Qafa e Pazarit in den letzten Jahren mehrere Kunsthandwerker niederlassen konnten. Ein großer Kunsthandwerksmarkt findet jedes Jahr Ende September statt. Die Gesangs- und Tanzgruppen der Iso-Polyphonen Musik aus der Region Gjirokastra sind international bekannt. Mit viel Aufwand und Einsatz müht man sich, eine Kindergruppe aufzubauen und die musikalische Tradition an die nächste Generation weiterzugeben. Eine Gruppe junger Mädchen aus den umliegenden Dörfern probt regelmäßig für öffentliche Auftritte.

plätze. Eher ungemütlich kalt war der separate Frauenraum direkt über der Zisterne, hier befindet sich auch ein zweiter Lagerraum.

Links und rechts des zentralen *divan* im **2. Obergeschoss** liegen die zwei **Haupträume,** die aus Stein gebauten *dimërorja,* die Winterräume der Familien, auch *dhoma e zjarrit,* Feuerraum, genannt, die mit dem *oxhaku,* dem Kamin, beheizt wurden. Zur Ausstattung gehören die traditionellen niedrigen Sitzgelegenheiten. Man saß wie überall auf dem Balkan im Schneidersitz am Boden und aß von niedrigen Tischen. In die Wände sind Wandschränke und Regale eingebaut. Die *musandra,* ein geräumiger geschnitzter Wandschrank, nahm die Matratzen und Decken zum Sitzen und Schlafen auf. Beide Räume hatten eine durch den Wohnraum begehbare einfache Toilette und einen *hamam,* hier ein einfaches Dampfbad aus Holz.

Von dem großen *divan i siperm,* der hölzernen offenen Veranda im **3. Obergeschoss,** hatte man einen spektakulären Blick auf die Stadt und die Ländereien in der Ebene. Hier wurde Kaffee getrunken, geraucht und politisiert. Die beiden anderen Wohnräume wurden als Sommerräume der Familien genutzt.

Ein Höhepunkt des Besuches ist die große *oda e miqve* oder *oda e mirë,* der **Gäste- und Festraum** des Hauses im 3. Obergeschoss. Die prächtigen Fresken mit Tulpengirlanden symbolisieren Gesundheit und Reichtum der Familie. Die Decke ist aufwendig im türkischen Stil geschnitzt und vergoldet, die Fenster sind aus farbigem venezianischen Glas gefertigt. Komfort auch hier in Form einer Gästetoilette. Über der Eingangstür liegt die aufwendig gestaltete *musandra,*

wo sich die **Frauen** bei Hochzeiten oder anderen Festen aufhielten. Von hier konnte die Braut ihren Bräutigam beobachten, mit dem sie vor der Hochzeit nicht zusammentreffen durfte.

Zum Abschluss der Besichtigung sollte man die **Aussicht** vom oberen *divan* genießen.

Eintritt: 200 Lek, keine festgesetzten **Öffnungszeiten,** die freundlichen Besitzer und ehemaligen Bewohner wohnen in einem Neubau vor dem Gebäude.

Praktische Infos

Informationen/Nützliches

■ **Kommunale Touristeninformation,** Sheshi i Flamurit, Eingang rechts des Cafés unter den hohen Platanen, Tel. (084) 26 70 77, Anfragen an tic@gjirokastra.org.

■ **www.girokastra.org,** informative Website einer albanischen NGO, die in Gjirokastra tätig ist.

■ **Post,** in der Altstadt unterhalb der Qafa e Pazarit.

■ **Geldwechsel** und Bankautomaten nur in der Neustadt.

■ **Internetcafé** oberhalb der Qafa e Pazarit.

■ Der etwas andere **Souvenirladen:** Qafa e Pazarit, direkt an der Kreuzung neben der Byrektorja – zwei kreative Neubürger stellen Souvenirs her. Unbedingt reinschauen!

■ **Polizei:** Tel. 129.

■ **Medizinische Notfälle:** Tel. 2222.

Hostel

Eine Möglichkeit, die faszinierenden Kulla näher kennenzulernen, ist sich in einem der privaten Wehrturmhäuser einzumieten, die zu traditionell eingerichteten Familienhotels umgebaut wurden. Eigentlich ist schon das allein einen Besuch in Gjirokastra wert. Im Sommerhalbjahr sollte man aufgrund der geringen Zimmerzahlen vorab buchen.

Südalbanien

Tipp Babameto House Hostel②, Rr. Shezal Como (neben Hotel Gjirokastra), derzeit wohl das spektakulärste Übernachtungsangebot in Gjirokastra, auch ein Ort zum länger Verweilen, Tel. (084) 27 70 77, www.babametohostel.blogspot.de, babametohostel@yahoo.com,www.facebook.com/qendra.babameto. Ein Traum von einem restaurierten traditionellen Gjirokastra-Haus, große Wohnräume zur Nutzung, 6 großzügige Dorms mit schönen handgemachten Betten, Bettwäsche und funktionelle Duschbäder, Zimmer z.T. mit Balkon, große Gemeinschaftsküche, Frühstück inkl., in der Saison immer wieder Aktivitäten wie Barbecue und Tanz, Ausflugstipps. Im Haus auch Vermietung von schönen DZ③.

Zentrale Hotels
Sopoti①, über 100 Jahre altes Hotel am Sheshi i Çerçizit, Tel. (084) 26 42 20. 10 Zimmer im „Originalzustand" mit alten Betten (und neuen Matratzen) und altem Inventar, nicht 100%ig sauber, aber mit Flair, ohne Frühstück. Das „schönste" DZ (Z 21) kostet ca. 1000 Lek mit separatem Duschbad – Preise vorher genau erfragen und verhandeln!

Kotoni B&B③, traditionell türkisches Steinhaus im alten Stadtteil Palorto vor dem Kalemi-Hotel, Tel. (084) 26 35 26, (069) 236 68 46, info@kotonihouse.com, www.kotonihouse.com. 3 DZ, 3 2-Bett-Zimmer, etwas eng, sehr viel Schnitzwerk, in der Saison überteuert.

Hashorva Hotel②, restauriertes, freundliches Familienhotel vom Ende des 18. Jahrhunderts mit schönem Garten im alten Stadtteil Varosh, nur wenige Minuten vom Zentrum entfernt, Tel. (084) 26 23 14, www.hostelworld.de. Ein sehr großes Zimmer, drei kleinere Zimmer, alle liebevoll traditionell eingerichtet, Dusche, TV, albanisches Frühstück.

Tipp Gjirokastra③, sympathisches Hotel der Familie *Veliko Tuqi* in bester Altstadtlage unterhalb der Festung, Rr. Shezal Como, www.hostelworld.de. 7 renovierte DZ in einem alten Wehrturmhaus, Duschbad, AC, TV, reichhaltiges Frühstück. Kleiner Garten, empfehlenswerte HP auf Vorbestellung, gute Küche, sehr gutes Preis-Leistungsverhältnis, die jüngere Generation spricht englisch, herzliche Gastgeber.

Kalemi③, stimmungsvolles Familienhotel in ruhiger Lage, etwas oberhalb des Altstadtzentrums in Palorto (angezeigt), 200 Jahre altes, dreistöckiges türkisches Wehrturmhaus, Tel. (084) 26 37 24, (068) 223 43 73, draguak@yahoo.com, www.hostelworld.de. 11 unterschiedlich große Zimmer, teils mit sehr traditioneller Ausstattung, TV und renovierungsbedürftigen Duschbädern; Empfehlung: Nach dem großen Zimmer mit der alten Holzdecke im 1. Stock fragen. Albanisches Frühstück, türkischer Kaffee. Schöne Sitzgelegenheit im Garten und auf dem oberen *divan*.

Çajupi③, das alte kommunistische Interturist-Hotel ist derart kühl-elegant, ohne wirklichen Stil renoviert, dass man es fast nicht wiedererkennt. Zentral am Sheshi i Çajupi, Tel. (084) 26 90 10, info@cajupi.com, www.cajupi.com. Moderne Zimmer mit Duschbad, AC und TV. Aufzug und Frühstücksbüffet.

Unterhalb des Restaurants Panorama war 2013/14 ein großes Hotel im traditionellen Stil im Entstehen, sicher interessant (nicht nur) für größere Reisegruppen.

Hotel an der Nationalstraße
Qiqi②, kleines, verkehrsgünstig gelegenes Familienhotel an der Abzweigung zur Altstadt, unverkennbar mit verglastem Treppenturm, Tel. (084) 26 78 97, (069) 229 38 31 12. DZ mit Dusche, TV, AC. Parkplatz, beliebtes einfaches Restaurant im Haus.

Hotels in der neuen Stadt
Bleta②, modernes Stadthotel am Bulevard 18. Shtatori, zentral neben Geschäften, Banken, Post und Restaurants, Tel. (084) 26 47 14, (068) 205 58 19, info@hotelbleta.net, www.hotelbleta.net. Unterschiedlich große Zimmer und Apartments, einfaches Frühstück, AC, Zentralheizung, TV, Kühlschrank, einige Zimmer mit Balkon. Eingang durch die Hotel-Bar.

7

■**Vila Sharm**③, der albanische Traum eines modern-traditionellen Wehrturm-Komforthotels, ruhig gelegen oberhalb des Fußballstadions, Tel. (084) 26 38 48, 26 38 58, info@vilasharm. com, www.vilasharm.com. 12 DZ und 2 Suiten mit TV, AC und WLAN, albanisches Frühstück, sehr unterschiedlich eingerichtete Zimmer, Restaurant und Konferenzraum, kleines Fitnesscenter, Sauna, Hydro-Massage.

Essen und Trinken

Das Restaurantangebot in der Altstadt ist aufgrund der kurzen Saison nicht groß, abends kann man sich auch in der Neustadt umschauen.

■**Byrektorë,** an der Qafa e Pazarit, originale alte Byrek-Bäckerei, Byrek mit Käse oder Spinat für 40 Lek, dazu *dhjallë* (Joghurtgetränk) für 50 Lek. Nur 8–14 Uhr.

■**Fantazia,** großes Aussichtsrestaurant in der nördlichen Altstadt, mit Blick über die neuen Stadtteile und großer Festbeleuchtung am Abend, Tel. (084) 26 80 55, (068) 402 00 53. Hier stand das Enver-Hoxha-Denkmal, das bei den Aufständen 1992 umgestürzt wurde. Italienische Pizza-Küche und freundlicher Service.

■**Fast Food,** in der Basarstraße, Döner in verschiedenen Varianten.

■**Kërculla,** traditionelles Steinhaus im Stadtteil Palorto, über dem Kalemi-Hotel, Tel. (084) 26 30 01, (069) 214 62 65. Im OG mit alten Holzdecken, im Winter isst man wie früher am Feuerplatz, die traditionellen Gerichte werden auf altem schönem Geschirr serviert.

TIPP **Kujtimi,** im Basarviertel, Tel. (068) 353 78 76, kleines Familienrestaurant mit liebenswürdigem Besitzer, schattige, ruhige, mit Wein überrankte Terrasse, landestypische Speisen, gut zubereitet, Menü auch auf Deutsch, englischsprachiger Service.

Reisen/Transport

■Die großen **Linienbusse** halten an der Hauptstraße am nördlichen größeren Kreisverkehr unterhalb der Neustadt, von dem man (sich am Berg links haltend) am einfachsten zu Fuß links in 20 Min. zur Altstadt hinaufläuft. Kommt man aus südlicher Richtung von Saranda, gibt man dem Busfahrer Bescheid, dass man schon einen Kreisel vorher (Qendra historike) aussteigen möchte. Von dort fahren ständig lokale Minibusse direkt ins alte Stadtzentrum. Alle Linienbusse, die **von/nach Saranda** über die Inlandsstrecke fahren, halten auch in Gjirokastra (Saranda – Gjirokastra ca. 1½ Std.). **Minibusse nach Tirana** fahren von frühmorgens bis ca. 22.30 Uhr, Busse um 5, 7, 8 und 9 Uhr. Ebenso halten in der Stadt alle **Griechenland-Busse,** die von Norden kommen und über Ioannina fahren. Will man nach **Korça,** kann man jede Linie in Richtung Norden nehmen und muss dann vor Tepelena in Ura e Leklit umsteigen; Abfahrten am Neustadt-Kreisel. Am Altstadt-Kreisel den gewünschten Bus mit Handzeichen stoppen.

■**Taxis:** Taxistand am Sheshi i Çerçizit, 20 Euro pro Std. Festpreis.

■**Autofahren** ist in der gesamten Altstadt erlaubt, die Straßen sind jedoch sehr eng und steil und bei Nässe rutschig. Wenn man in der Neustadt am Ende der Hauptstraße parkt, kann man auch (sehr steil) in 15 Min. in die Altstadt hinauflaufen. Insgesamt gibt es in der Altstadt nur ein sehr geringes Verkehrsaufkommen, denn die meisten Besucher sind Bustouristen. Zentraler kleiner Parkplatz am Sheshi i Çerçizit, Parkgebühren werden auf der gesamten Straße, die dort hinaufführt, erhoben (100 Lek pro Tag, höhere Preise sind Willkür).

Einkaufen

■**Supermärkte:** Neuer Supermarkt direkt an der Nationalstraße; ein weiterer Supermarkt an der südlichen Seite der Rr. 10 Shtëntorit, die erste Straße unterhalb des Kreisels am Stadion, etwas versteckt in Seitenstraße, eigentlich ein dreistöckiges „Kaufhaus" mit griechischem Angebot; an der Hauptstraße zeigt in nördlicher Richtung ein Fake-Schild einen „albanischer Aldi-Markt" an – ein normaler Supermarkt mit gutem Sortiment!

■**Kunsthandwerk:** Diverse Kunsthandwerkergeschäfte (Steinbildhauer, Holzschnitzer, Stickereien) liegen in der Gasse zur Burg an der Qafa e Pazarit, www.argophilia.com/albania/artisan-center.

Feste, Feiertage, Veranstaltungen

■**7.–9. Aug.:** Geburtstag des Dorfes Sotira, Besucher sind zu freiem Essen und Trinken eingeladen.

■**Ende Sept. bis Anfang Okt.** (alle vier Jahre): Internationales Folk-Festival, Treffen von etwa 1000 Sängern und Tänzern aus Albanien, Kosovo, Mazedonien, Montenegro, Italien, Deutschland, der Schweiz und den USA.

■**Ende Sept.:** Kunsthandwerkermesse in der Basarstraße.

■**18. Sept.:** Tag der Befreiung Gjirokastras von den Nationalsozialisten 1944; Musikprogramm auf der Burg mit Feuerwerk am Abend.

■**28. Nov.:** Unabhängigkeitstag.

■**29. Nov.:** Nationaler Tag der Befreiung, beide Tage Musikprogramm und Feuerwerk auf der Burg.

■**4. Dez.:** Zeremonien zum Tag der Fahne.

Östlich von Gjirokastra

Antigonea

Das antike Antigonea **liegt landschaftlich spektakulär** auf der Höhe eines lang gestreckten hügeligen Ausläufers des Lunxhëria-Gebirges zwischen zwei Hügelkuppen, die durch einen kleinen Pass miteinander verbunden sind; der Blick geht weit über das Drinos-Tal. Die Kernzone des Areals erstreckt sich über etwa 92 Hektar.

Geschichte

Antigonea wurde **295 v.Chr.** von dem Molosserkönig *Pyrrus* (318–272 v.Chr.) gegründet und nach seiner ersten Frau *Antigonea*, der Tochter des mazedonischen Königs, benannt. Die Stadt wurde nach dem Muster einer griechischen Polis angelegt. Hinter der hohen Bergkette der Mali i Gjerës, der in der Antike sumpfige Küstenebenen vorgelagert waren, lag die Stadt geschützt. Die fruchtbaren Talebenen und guten Weidebedingungen in den Bergen boten beste Siedlungsvoraussetzungen. Antigonea wurde zu einem bedeutenden überregionalen **Handelszentrum,** das die gesamte Region maßgeblich prägte. Die Stadt lag am Kreuzungspunkt der wichtigen Handelsroute vom nördlichen Hafenort Dyrrachium nach Süden und dem Durchgang durch die Këlçyra- Schlucht, einer der wenigen „bequemen" Passagen durch die Gebirgskette von der Küste Richtung Westen. Als langjähriger Bündnispartner der Makedonier gegen die Römer wurde die Stadt nach dem Sieg der römischen Truppen von *Aemillius Paulus* 167 v.Chr. gegen den makedonischen König *Phillipp V.* zusammen mit 70 anderen illyrischen Städten verwüstet, alle Einwohner wurden versklavt. Eine kleine Kapelle mit einem Mosaikboden aus der Zeit um 500 n.Chr. belegt 700 Jahre nach der Zerstörung eine neue Besiedlung. Das Mosaikfragment ist freigelegt und öffentlich zugänglich. Die Reste der vier Kilometer langen Umfassungsmauer, wie die Häuser der Stadt aus großen Kalkquadern aus den Lunxhëria-Bergen gebaut, beeindrucken noch heute.

Auf **Ausgrabungen** wurden zahlreiche Gebrauchsgegenstände gefunden, die eine reiche handwerkliche und landwirtschaftliche Produktion belegen, auch kleine bronzene Plaketten mit dem griechischen Stempeldruck ANTIGONEAN tauchten auf, die eine sichere Identifikation des Ortes ermöglichten.

Südalbanien

7

links des Weges folgende bisher auf Ausgrabungen **identifizierte Plätze** vorfinden: **1.** Akropolis in Eichenwäldchen; **2.** Nymphaeum; **3.** Kirche Shën Mëhill (6.–9. Jh.), Mauern der Akropolis; **4.** Verteidigungsgürtel der Akropolis; **5.** Lederwerkstatt; **6.** Reste der Stadtmauer, Nordtor mit zwei Türmen; **7.** Haus mit Wagenresten; **8.** Wohngebäude mit l-förmigem Flur und fünf Räumen; **9.** Gebäude mit einem Peristyl im Innenbereich des Hauses; **10.** Brunnen; **11.** Monumentalgrab; **12.** Haupttor mit zwei Türmen; **13.** Stoa, 250 m von der Stadtmauer, evtl. Nymphaeum; **14.** Frühchristliche Basilika (5./6. Jh.) mit farbenprächtigem Mosaik (zentral die Figur eines Dämons mit Hahnenkopf im Kampf gegen eine Schlange, eine Inschrift nennt lokale Stifter); **15.** Südliches Verteidigungswerk; **16.** Agora und Hauptstoa, Drainagekanal, Funde; **17.** Zentrumsnahes öffentliches Gebäude oder Villa; **18.** Byzantinische Kirche (7.–9. Jh.); **19.** Wohn- und Handwerkerviertel mit Peristylhäusern; **20.** Natürliche Höhle, Rückzugsort bei Überfällen.

Die Ausgrabung ist von Gjirokastra aus mit dem Pkw in etwa 30 Min. auf einer neuen Straße zu erreichen. In Asim Zeneli beginnt auch ein ausgeschilderter Wanderpfad (2 Std.).

Öffnungszeiten: Mo bis Fr 8–16 Uhr, Sa, So 8.30–15.30 Uhr; außerhalb dieser Zeiten darf die Ausgrabung (theoretisch) nicht betreten werden. Eintritt: 200 Lek, 100 Lek ermäßigt, jeder erste Sonntag im Monat außer Juni/Juli/August frei. Eintrittskarten sollten im Parkbüro am Dorfplatz in Asim Zeneli gekauft werden, wo sich auch eine kleine Ausstellung befindet, oder direkt am Parkeingang.

Rundgang

Mit einem kleinen Faltplan plus Karte (s.u.) kann man sich auf dem Gelände orientieren. Vom Haupteingang bis zum Ende des Geländes wird man rechts und

Südalbanien

Zur Orientierung sehr nützlich ist ein **Faltplan** mit Karte und den wichtigsten Infos (nur englisch) für 1,50 Euro, den es im Infozentrum (www.antigonea.org) geben sollte oder auf Anfrage im Kunsthandwerkerladen. Ein Restaurant oder Kiosk sucht man vergeblich – Picknick mitnehmen.

Spile

In einem großen Kalkfelsen, der Spile (griech.: Höhle) genannt wird, befindet sich die **Wohnhöhle eines Eremiten.** Unterhalb des Felsens liegen die Reste einer Klosteranlage. Die überraschend gut erhaltene kleine **Kirche Shën Mërisë** hat Fresken von außergewöhnlicher Qualität, ähnlich den Kirchen in Voskopoja. Zu dem abgelegenen, sehenswerten Ort zwei Kilometer östlich von Antigonea gelangt man zu Fuß.

Labova e Kryqit

Die Fülle und Vielfalt des Schächtelmauerwerks, der Ziegelmuster, Friesen und netzartigen Bänder aus drei- und viereckigen Ziegeln verraten schon von außen, dass die **Dorfkirche Shën Mërisë** ein ungewöhnliches Kleinod sein muss. Sie zählt zu den ältesten und bedeutendsten byzantinischen Kirchen Albaniens und nimmt auch in der gesamten byzantinischen Architektur eine besondere Stellung ein. Der kaum beleuchtete Innenraum mit seiner hohen Kuppel beinhaltet eine überaus reiche Ausstattung aus verschiedenen Epochen. Von großer

Bedeutung für die ganze Region war eine **Heiligkreuzreliquie,** die gemäß Legende von zwölf Bewohnern des Dorfes im Mittelalter aus dem Heiligen Land geholt worden sein soll und der Kirche ihren Namen gab. Sie wurde unglücklicherweise im Zusammenhang mit den politischen Unruhen 1991 gestohlen und ist seither verschwunden. Die ältesten Teile der Kirche sind die schlichten würfelförmigen Kapitelle, die vermutlich zu einer ersten Stiftung Kaiser *Justinians* in der ersten Hälfte des 6. Jahrhunderts gehören. Der jetzige Bau stammt größtenteils aus dem 13. Jahrhundert, die Zahl 1776 über dem östlichen Fensterbereich datiert die Restaurierung des südlichen Kreuzarms, der durch ein Erdbeben zerstört worden war. Beeindruckend sind die großen Hängeleuchter von 1805 und die wunderschönen vergoldeten Schnitzarbeiten an den Bänken, dem Thron und der Ikonostase mit Hirschen und Vögeln. Den Kirchenschlüssel erhält man bei *Vangjel Memo,* Tel. (068) 232 16 20 (alb.), oder man fragt im Dorfladen.

Anfahrt: Straße Richtung Libohova, kurz vor Libohova teilt sich die Straße, links nach Suhe auf unasphaltiertem Weg, an der ersten Kreuzung rechts abbiegen, hügelaufwärts; von Gjirokastra ca. 45 Min. Fahrzeit.

Drinos-Tal südlich von Gjirokastra/Dropull

Das Dropull zählt **31 Dörfer,** die alle von der griechischen Minderheit bewohnt werden.

Lazarat

Von diesem Dorf sollte man sich fernhalten: Es ist berühmt-berüchtigt wegen des Hanfanbaus vor Ort und wird von der internationalen **Mafia** kontrolliert. Es handelt sich um organisierte Kriminalität, die Privatleuten **gefährlich** werden kann – in Lazarat wurde wiederholt auf neugierige Fremde scharf und ohne Vorwarnung geschossen! Auf etwa 500 Plantagen mit ca. 329 ha Fläche sollen pro Jahr etwa 900 t **Marihuana** produziert werden, was einem Marktwert von 4,5 Mrd. Euro entspricht. Die albanische Regierung steht international unter Druck, und es ist im Gespräch, das Dorf aus der Luft mit Hilfe ausländischer Spezialeinheiten auszuheben und die Plantagen mit Entlaubungsmitteln zu vernichten.

■ **Siehe auch** www.faz.net/aktuell/gesellschaft/albanien-das-marihuana-dorf-12728277.html („Das Marihuana-Dorf").

Schlucht von Goranxi

Mindestens einen Halt oder auch eine längere Erkundung ist die landschaftlich sehr interessante Schlucht von Goranxi wert, die ein alter Übergang über die Mali i Gjerë in das Dorf **Lefterhor** ist. Für Archäologen besonders interessant sind die breiten Feuersteinschichten, die sich in Streifen an den Felsen entlang ziehen. Funde belegen, dass an diesem Platz etwa in der Zeit zwischen 25.000 und 7000 v.Chr. **Flint** (= **Feuerstein**) abgebaut wurde, um Steinwerkzeuge herzustellen. An der Nordseite des Tals wurde ein Flintsteinbruch direkt in den Fels gehauen. Die seltenen Flintvorkommen waren in der Steinzeit sehr wichtig und könnten ein Grund für die sehr frühe Besiedlung dieser Region sein. Im Talboden befinden sich außerdem Reste antiker Gebäude aus der griechischen und römischen Zeit sowie eine kleine byzantinische Kirche am Schluchteingang.

Anfahrt: Hinter dem Dorf Goranxi kann man mit dem Pkw noch ein kurzes Stück durch die offene Schranke das Tal hinauffahren.

Ura e Kordhocës

Etwa zwei Kilometer südlich von Gjirokastra überspannt eine **osmanische Bogenbrücke** aus dem 19. Jahrhundert den Drinos mit fünf Bögen; sie war eine wichtige Verbindung von der Stadt Gjirokastra zu den Agrarflächen der Großgrundbesitzer, zur Stadt Libohova und in die Dörfer am Berghang der Mali i Gjerë.

Libohova (Libohovë)

Allein die über 300 Jahre alte **riesige Platane im Dorfzentrum** ist eine Fahrt nach Libohova wert. Sieben Meter misst ihr Stammumfang, über 80 Meter Durchmesser hat die mächtige Krone, unter der man selbst in der größten Sommerhitze kühlen Schatten findet. Im Dorfrestaurant gibt es frische Forelle oder Zicklein zu essen. Schöne alte Maulbeerbäume säumen die Hauptstraße. Die **Familie Libohova** stellte zur Zeit *Ali Paschas* die größten Grundbesitzer und prägte das türkische Gesellschaftsleben des Tals entscheidend. *Shanisha, die*

Schwester des Paschas, war mit einem der reichsten Mitglieder des Libohova-Clans verheiratet. Am südlichen Ende des Ortes steht eine kleine Burganlage, die von den heutigen Besitzern als Viehpferch und Hühnerstall genutzt wird. *Myfit Bey Libohova* (1876–1927) war 1912 Außenminister in der ersten albanischen Regierung.

■ **Libohova**①, zentral am Dorfplatz, Tel. (068) 265 06 58. 2 DZ, 2 2-Bett-Zimmer mit Dusche und TV, inkl. Frühstück.

Saraqinishtë

Im Dorf stehen die sehr gut erhaltenen ausgemalten **Kirchen Shën Koll** und **Shën Mërisë** aus dem frühen 17. Jahrhundert. Interessant: In den Kirchen und auch sonst im Dorf wurden Steine aus dem antiken Antigonea verbaut, sodass man an den Kirchenfassaden, auf dem Kirchhof und an vielen Häusern antike Torbögen, Säulen und Steine mit mythologischen illyrischen Darstellungen entdecken kann.

Sofratika

Die antike Stadt, während der Regierungszeit von Kaiser *Hadrian* (117–138 n.Chr.) als **Hadrianopolis** erbaut, war das Zentrum für die weit verstreut liegenden Dörfer der Umgebung und lag auf der Handelsroute zwischen dem antiken Aulona (Vlora) und Nikopolis in Nordepirus (heute bei Preveza). Luftbildaufnahmen zeigen, dass sich die Siedlung ursprünglich über 16 Hektar ausdehnte und ein regelmäßiges Stra-

ßennetz besaß. Zu sehen ist heute nur das antike **Theater** im Bereich des ehemaligen Forums, das in den 1970er Jahren beim Pflügen auf dem flachen Acker entdeckt und dann ausgegraben wurde. Seine Außenmauern umfassten ursprünglich einen Halbkreis von 58 Meter und waren 15 Meter hoch. Große Marmorplatten, Säulen und Statuenreste deuten auf ein prächtig geschmücktes Bühnengebäude hin. Auf den 24 Reihen mit Sitzbänken aus großen Kalksteinblöcken fanden einmal 3.500 bis 4.000 Besucher Platz. Unter Kaiser *Justinian* im 6. Jahrhundert wurde die Stadt unter dem Namen **Justianopolis** unter Verwendung von Teilen des Theaters nochmals erneuert. Die ausgegrabenen Fundamente der kleinen Kapelle neben dem Theater werden in diese Zeit datiert.

Anfahrt: Beschilderte Zufahrt ab der Hauptstraße durch einen Tunnel, dann 10 Min. Fußweg bis zur Ausgrabung.

Jergucat

Direkt bei der Abzweigung der Straße auf den Muzina-Pass liegt auf der Drin-Seite ein **mazedonisches Monumentalgrab** aus großen Steinblöcken, das bei Straßenbauarbeiten entdeckt wurde und ursprünglich von einem Grabhügel bedeckt war. Erhalten haben sich die Hauptkammer und die Eingangstreppe des Grabraumes.

Peshkëpia e Poshtme

Die **kleine Kirche** mit den gedrungenen Proportionen stammt aus der ersten Hälfte des 10. Jahrhunderts und zählt zu

den frühesten erhaltenen Kirchen auf dem Balkan. Man vermutet hier einen frühen Bischofssitz. Die Marmorausstattung stammt aus dem 11. Jahrhundert, weitere Anbauten aus dem 13. Jahrhundert und aus der türkischen Zeit.

Teqeja e Melanit (Melan)

Der junge **Derwisch Myrtesaj** freut sich über interessierte Besucher, spricht aber nur albanisch. Er kam vor zehn Jahren zur religiösen Ausbildung hierher, lebt seitdem auf der Suche nach Gott und wirkt als Lehrer und Ratgeber. Das kleine **religiöse Zentrum** wird von einem Bektashi-Baba geleitet und von zwei Familien betreut. Uralte Zypressen betonen die Bedeutung dieses heiligen Ortes, der eine lange Kontinuität von der vorchristlichen Antike bis in die heutige Zeit aufweist und einer der seltenen Orte mit einer derart langen Historie ist, die immer noch bewohnt werden.

Unterhalb der heutigen Tekke liegt ein etwa acht Hektar großes Gebiet, das in der **illyrischen Zeit** von einem etwa einen Kilometer langen **Mauersystem** geschützt war. Einige polygonale Kalksteinblöcke und die Reste von drei rechteckigen Wachtürmen an der Ostseite haben sich unterhalb der heutigen Klosteranlage erhalten.

In der Antike lief eine Handelsstraße durch das Tal. Archäologen vermuten, das hier einmal das antike **Melan** lag, im 4. Jahrhundert v.Chr. das städtische Zentrum der Region. Als Antigonea im 3. Jahrhundert n.Chr. erbaut wurde, wurde der Ort als Burg weiter genutzt und im 6. Jahrhundert unter *Justinian* nochmals

alba14-027 mg

erneuert. Im Mittelalter war der damals **Dryinopolis** genannte Ort ein befestigtes Kloster. Die Fundamente einer unterirdischen mittelalterlichen Kirche liegen in den südlichen Befestigungsanlagen. Vom Mittelalter bis in die neuere Zeit existierte ein **Aquädukt,** das von einem Quellheiligtum Wasser nach Melan brachte.

Die heute **Tekke** aus dem Jahr 1800 ist ein Bau des *Ali Baba* aus Gjirokastra, in dem sich spannenderweise die Reste des ehemaligen orthodoxen Klosters erhalten haben, was überaus skurril anmutet. In den Außenmauern des Gebäudes stecken neben polygonalen illyrischen Quadern im unteren Bereich weitere antike und mittelalterliche Mauerreste. Das Heiligtum des Bektashi-Klosters ist das **Grab des Baba Ali,** das man auf dem Rasengelände vor der Tekke findet. Sehenswert sind auch der große Empfangsraum des Klosters mit einer Bildergalerie aller Babas sowie der Versammlungs- und Gebetsraum mit traditionell grünen Wänden und roten Flokatis.

Anfahrt: Die Zufahrt mit dem Pkw ist nur über Glina aus dem Süden, nicht über Libohova aus dem Norden möglich. Die Straße führt hinter dem Gebäude von Glina-Mineralwasser nach 4 km nach Grapsh und dann in schlechtem Zustand über eine stattliche Zypressenallee bis nach Melan.

Sotira

Kurz vor dem **Grenzübergang nach Kakavija** zweigt in der Ebene rechts (südwärts) eine Straße nach Sotira ab. Das abgelegene, noch **sehr ursprüngliche Dorf** liegt in schöner waldreicher Umgebung und wird ausschließlich von der griechischen Minderheit bewohnt. Im Dorfzentrum im Schatten hoher Platanen steht ein Kloster aus dem 13. Jahrhundert.

Drinos-Tal nördlich von Gjirokastra

Liqeni i Viroit

Drei Kilometer nördlich von Gjirokastra liegt der idyllische **Viro-See.** Hier entspringt eine Karstquelle, die mit dem Wassersystem des Drin verbunden ist. Der schöne und schattige Platz ist im Sommer eine gute Gelegenheit, um eine längere Pause zu machen, und ein beliebtes Ausflugsziel von Gjirokastra.

Fushë-Bardhë

Landschaftlich sehr schön ist die Halbtagesfahrt in das Mali i Gjerës nach Fushë-Bardhe. Sie führt **durch das Kardhiq-Tal** über die Qafa e Skafices auf der alten Handelsroute nach Borsh und Saranda. In Fushë-Bardhë geht es nur noch zu Fuß weiter. Die Straße ist teilweise sehr ausgefahren. Das erste Stück des Weges verläuft auf der neuen Schnellstraße, die Gjirokastra mit Saranda verbindet.

7

Kardhiq

Im Kardhiq-Tal, etwa drei Kilometer von der Hauptstraße entfernt, liegen in der Talmitte am Bach die gut erhaltenen **Ruinen** der alten Stadt Kardhiq. Ihre Bewohner entführten die Mutter und Schwester **Ali Paschas,** als dieser noch ein Knabe war. 1811, 30 Jahre später, als er Pascha geworden war, soll er grausam Rache genommen und alle 700 Männer des Dorfes ermordet und Frauen und Kinder versklavt haben. Die Kissen und Decken seiner Schwester *Shanisha* auf der Burg in Libohova sollen mit dem Haar der Frauen von Kardhiq gefüllt gewesen sein.

Mashkullorë

Ebenso blutig sind die Geschichten um den Partisanen **Çerçiz Topulli** (siehe bei Gjirokastra). Sein Denkmal in der Dorfmitte wird von der riesigen Krone des etwa 500 Jahre alten Rrapi beschattet, der im albanischen Volkslied als einziger überlebender Zeuge dieser Zeit besungen wird.

Paleokastra

Paleokastra ist **eine der wenigen römischen Militärfestungen,** die sich auf dem Balkan erhalten haben. Die fast quadratische Anlage aus der Zeit Kaiser *Konstantins* (272–337 n.Chr.) besaß vier Ecktürme und ein großes Westtor und kontrollierte den Flussübergang und den Eingang des Kardhiq-Tals Richtung Saranda und Borsh. Sie wurde bis ins 6. Jahrhundert genutzt und beherbergt auch zwei kleinere Kirchen in ihren Mauern. Wahrscheinlich hat sie sich deshalb so gut erhalten, weil sie immer noch ein hervorragender Viehpferch ist.

Anfahrt: 10 Min. von der Hauptstraße Richtung Paleokastra, bei der Wegbiegung nicht ins Dorf, sondern auf einen gut befahrbaren Feldweg abbiegen, bis zur Burg fahren, die ganz frei in der Ebene liegt.

Uji i Ftohtë

Nahe der Abfüllanlage des Tepelena-Mineralwassers sprudeln gleich mehrere **Quellen** aus dem Berg und fließen abwärts in die Vjosa – ein beliebter Ausflugsort mit Bars und Restaurants und sehr gutem Quellwasser.

Tepelena (Tepelenë)

Tepelena liegt 40 Kilometer nördlich von Gjirokastra oberhalb der Vjosa, etwa 40 Minuten mit dem Pkw entfernt. Auch wenn man auf dem Weg Richtung Korça im Osten ist, sollte man den kurzen Abstecher nach Tepelena nicht versäumen. Die etwa 4,5 Hektar große **Burganlage** wurde 1789, im Jahr der Französischen Revolution, von *Ali Pascha* rund um sein Wohnhaus errichtet und bis 1819 erweitert. Sie hatte zwei Eingänge, von den ehemaligen Türmen haben sich zwei erhalten. Der größte Teil hat jedoch bei einem Erdbeben 1929 sehr gelitten, seit Mitte der 1980er Jahre wurden Teile der Burg wieder restauriert, die heute in die Altstadt integriert ist.

Im Stadtzentrum steht die **Bronzeplastik Ali Paschas (von Tepelena)**

Südalbanien

(1740–1822), geschaffen von dem bekannten albanischen Bildhauer *Mumtaz Dhrami,* die landesweit im Kleinformat in den Andenkenläden verkauft wird und den damaligen Wesir von Ioannina in entspannter Herrscherpose zeigt.

Am Ufer der Vjosa führt eine Fußgängerbrücke mit mächtigen steinernen Pfeilern über den Fluss nach **Beçisht.** Das Dorf ist der eigentliche **Geburtsort Ali Paschas.** Die Brücke war ein Geschenk an seine Heimat.

Region Përmet/ Vjosa-Tal

Këlcyra-Schlucht

Kurz vor dem Zusammenfluss von Drinos und Vjosa zweigt von der Hauptstraße vor Tepelena eine deutlich kleinere Straße Richtung Përmet nach Osten ab, die bald auf die Vjosa stößt. Von nun begleitet die **Vjosa** als türkisfarbenes Wildwasser in einem felsigen Flussbett die Fahrt. Über die frei hängende **Brücke von Dragot,** im 2. Weltkrieg von den Italienern erbaut, geht es in die über 17 Kilometer lange Këlcyra-Schlucht, deren steile bewaldete Berghänge das Tal bis zu 1.000 Meter überragen. Mehrere Ausflugslokale bieten sich für eine Pause an. Von der Bar Gryka e Këlcyrës führt ein Fußpfad in fünf Minuten zu einem Wasserfall namens **Uji i Zi** (Schwarzwasser).

Der enge Schluchteingang von Këlcyra (griech.: *kleisoura* = Engpass) ist auch **historisch** ein interessanter Platz. Der Engpass eignete sich ideal, um die

Durchgangsstraße ins Landesinnere zu blockieren. Zuletzt kämpften hier albanische Partisanen im 2. Weltkrieg gegen die griechischen Besatzer. In der Antike kam es in der Schlucht zu einer blutigen **Schlacht:** Im 2. Makedonisch-Römischen Krieg kontrollierten die Makedonier diesen Engpass und verhinderten so den römischen Vormarsch, doch im Jahr 198 v.Chr. soll ein Hirte die römischen Truppen über die Berge geführt haben, die so die Makedonier in der Schlucht von beiden Seiten angreifen und vernichtend schlagen konnten.

Hoch über dem Fluss liegen heute die Ruinen der ehemaligen **türkischen Festung,** die auf illyrischen und byzantinischen Mauern erbaut wurde, als Këlcyra ein blühender Handelsort zwischen Berat, Korça und Gjirokastra war. Im Kommunismus war Këlcyra ein bekanntes Zentrum für Obstanbau und Lebensmittelproduktion, heute ist es nicht mehr als ein etwas abgelegenes Landstädtchen.

■ Bar/Restaurant/Hotel Alem Kasneci①, Familienhotel in traditioneller Holzbauweise vjosaaufwärts auf der linken Seite vor der Këlcyra-Schlucht mit schöner Flussterrasse, Dragot, Tel. (069) 211 45 22, 233 10 70. 11 angenehme und moderne, saubere DZ mit Duschbad, schöne Suite, inkl. Frühstück. Einfaches Restaurant mit Kamin.

Kosina Shën Mërise

Die **kleine Kreuzkuppelkirche** aus dem späten 13. bis frühen 15. Jahrhundert liegt etwa zehn Kilometer vor Përmet weit sichtbar auf einem Hügel. Hier sind zwar keine frühen Fresken erhalten – die Ikonostase stammt erst aus osmanischer Zeit –, aber der fantasievolle Ziegel-

schmuck auf der Ostseite mit fünf einge-
lassenen Rundziegeln, der Schmuck des
achteckigen Kuppeltambours mit stilisierten Palmen und die Fischgrätmuster
auf der Südseite sind schöne Fotomotive.

Die **Landstraße Richtung Korça**
biegt vor der Vjosa-Brücke in Përmet
(ohne Wegweiser!) als kleine, schmale
Nebenstraße links ab. Sie ist nur einfach
asphaltiert und hat immer wieder
schlechtere Abschnitte.

Përmet

Përmet am Fuß des mächtigen **Mali i
Dhëmbelit** (2.050 m) ist eine Überraschung und ein gutes Etappenziel auf
dem Weg nach Korça. Man trifft hier auf
ein intaktes **grünes Landstädtchen** mit
knapp 13.000 Einwohnern, gepflegt, mit
altem Baumbestand und großzügigen
Parkanlagen rund um das Ufer der Vjosa. Wie in der kommunistischen Zeit

nennt man Përmet auch heute noch die **„Stadt der Rosen".** Wahrzeichen des Ortes ist ein mächtiger freistehender Felsblock über dem Fluss.

Um das Stadtzentrum mit seinen zahlreichen Geschäften zwischen Heldendenkmal und Rathaus entfaltet sich kleinstädtischer **Charme,** ob am frühen Morgen, wenn auf dem traditionellen Markt gehandelt wird, oder am Abend, wenn man zum Spazierengehen in die Parks kommt oder in den immer gut besuchten Klub einkehrt. Auch in Përmet ist die Arbeitslosigkeit hoch, aber es gibt hier ein angenehmes kulturelles Kleinstadtklima. Regionale Vermarktung spielt eine wichtige Rolle. Wein, Brot und Käse, *gliko* (eingelegte Früchte), Marmeladen, Honig, Wurstwaren und Raki kann man sehr **gut einkaufen.** Daneben findet man auch gute Restaurants. Nicht verpassen sollte man die schöne Kirche von Leuse am Stadtrand.

Stadtgeschichte

Auf einem Hügel südwestlich der Stadt finden sich die Reste einer ausgedehnten illyrischen Festung (Bolënga), die die Engstelle des Tals kontrollierte. Der Name der Stadt wird mit dem illyrischen König *Premti* in Verbindung gebracht. Im 15. Jahrhundert war Përmet osmanisches Verwaltungszentrum an der Karawanenstraße nach Korça. In der kommunistischen Geschichtsschreibung hatte Përmet, das schon immer eine Stadt mit großer albanisch-nationaler Gesinnung war, eine wichtige Bedeutung: Die Region war eines der Zentren des **antifaschistischen Widerstands.** Die italienische Armee und die Deutsche Wehrmacht brannten die Stadt zwar mehrfach nieder, im Sommer 1943 konnten die Partisanen in den umliegenden Bergen dennoch die ersten besatzungsfreien Gebiete ausrufen.

◁ Përmet, ein charmantes Städtchen

7

Përmet

0 ——— 200 m © REISE KNOW-HOW 2014

Albanien_09

Varrezat (Friedhof)

● Almega

Übernachtung

1 Këlcyrë
2 Ramizi
7 Alvero
8 Përmet
9 Ana Përmet

2

Fels von Përmet (Guri i Përmetit) ★

Vjosa

ⅱ Kisha Protestante (Evangelische Kirche)

Xhamia ☉

3

Laver Banu

Lagja Partizani

4

Büste einer Partisanin (Odhise Paskali) ★

5 6

7

Shëshi Abdul Frashëri

Ⓗ Abfahrt Linienbusse

Tre Urat, Leskovik, Korçë

Vjosa

Abfahrt Ⓑ **Minibusse**

★ Heldendenkmal

8

✉ Rathaus

● Bazar

★

13 Shtatori

ⓘ Kompleksi Kulturor Përmet

9 Ethnografisches Museum / Pallati i Kulturës (Kulturpalast)

Melo Goshnjishti

10 Ⓑ

Abfahrt Minibusse

11

Shëtitorja Odhise Paskali

Baba Al!ushi

Lagja Varosh

12

Badëlonjë

Shën Mërisë (Leuse)

⊖

Essen und Trinken

3 Restaurant-Bar Amel
4 Gjergji
5 Antigonea
6 Edjon
10 Klub
11 Familjari

Sonstiges

1 Weingut Bejko
12 Weingut Iljarë

Im Mai 1944 tagte der **Kongress von Përmet** und setzte zahlreiche Gesetze König *Zogus* außer Kraft; der König wurde verbannt. 186 Delegierte wählten ein Übergangsparlament, das ein „antifaschistisches Befreiungskommitee" unter Führung von *Enver Hoxha* einsetzte, das dann wenig später in Berat zur Regierung wurde. Heute noch wird Përmet mehr oder weniger scherzhaft als die (alte) kommunistische Hochburg Albaniens bezeichnet.

Sehenswertes

Man parkt am besten in einer der kleinen oberen Seitenstraßen des Stadtzentrums und macht sich zu Fuß auf den Weg, um sich dem an alte kommunistische Zeiten erinnernden Flair des kleinen, quirligen Handelszentrums hinzugeben. Schon von Weitem sichtbar ist der 84 Meter hohe **Fels von Përmet (Guri i Përmetit)**, der sich über eine Treppe besteigen lässt. Oben angekommen, lassen sich die schöne Rundumsicht genießen und die Reste einer osmanischen Befestigung begutachten, die den Karawanenweg unten im Tal kontrollierte. Zu Füßen des Felsens stehen die neue Moschee und die neue orthodoxe Kirche, wie so oft in Albanien, einträchtig nebeneinander.

Përmet ist auch die Geburtsstadt von **Odhise Pascali** (1903–85), einem großartigen albanischen Bildhauer aus der kommunistischen Zeit. Die Büste einer jungen Partisanin und das monumentale Partisanendenkmal am Sheshi Abdyl Frashëri stammen von ihm, ebenso unweit südlich des Platzes die Büste von *Naim Frashëri*, zusammen mit seinem Bruder *Abdyl* einer der wichtigsten Vordenker der albanischen Unabhängigkeitsbewegung.

Oberhalb des Stadtzentrums hat sich das in regelmäßigen Straßenzügen angelegte alte **türkische Wohnviertel** mit gepflasterten Straßen und Steinhäusern erhalten. Im Gegensatz dazu steht das **kommunistische Arbeiterviertel** mit seinen grauen Wohnblocks, die inzwischen allerdings meist modern sanierte Wohnungen besitzen.

Outdoor

Im Sommer ist die **Vjosa** unterhalb der Stadt ein beliebtes Freischwimmbad, wo man sich von der Strömung ein Stück flussabwärts treiben lassen kann.

Përmet ist ein guter Ausgangsort zur Erkundung der umliegenden **Berge.**

Auf **www.visitskrapar.com** erhält man sehr gute Informationen zu allen Outdoor-Aktivitäten in den südlich von Përmet gelegenen Gebieten. Im Mai 2014 wurde im Zuge der touristischen Erschließung der Zagoria-Region mit der Markierung von **Wanderwegen** begonnen (zwischen Malësia e Dhëmbellit, Nëmerckës und Malësia e Lunxhërise). Im September wird es dazu einen **Wanderführer** geben (erhältlich in Touristinformationen, Hostels und dem Adrion Bookshop in Tirana).

Praktische Infos

Information

🦋 **Kompleksi Kulturor Përmet,** Shëtitorja „Odise Paskali", im 2. Stock des Kulturpalastes, 2011 von der Stadtverwaltung unter der Regie der CESVI, einer italienischen NGO, eröffnet, die seit vielen Jahren Projektgelder zur Verfügung stellt und die touristische Entwicklung Përmets unterstützt (www.cesvi.org). Mit etwas Glück trifft man hier *Giorgio Ponti* an, einen engagierten Mitarbeiter, der eine sehr gute Kenntnis der Region hat und bei Fragen zu Ausflügen in die sehr lohnenswerte Umgebung und zu Outdoor-Unternehmungen der richtige Ansprechpartner ist. Touristeninfo: Tel. (081) 320 015, pro.permet@gmail.com, www.permet.info, www.visitpermet.com, facebook: pro permet und rise up permet. Büro der CESVI in Përmet: Tel. (081) 323 725. Mo bis Fr 9–18 Uhr, Sa 9–12 Uhr.

Unterkunft

🟥 **Hotel Ana Përmet**③, neben dem Kulturpalast, Tel. (069) 398 174, info@hotelanapermet.com, www.hotelanapermet.com. 6 EZ und 4 DZ plus 2

Suiten, geschmackvolles Stadthotel, schlicht, modern und sauber. Duschbäder, AC, TV, Balkon, Parkplatz.

■ **Hotel Alvero**③, modernes, angenehmes und ruhiges Stadthotel, Tel. (081) 323 514, (068) 233 95 08, vnikolla@yahoo.fr. Schöner Blick auf die Vjosa, freundliches Management, engl./franz., Saal für 60 Pers., Parkplatz. 16 Zimmer (11 2-Bettzimmer, 3 DZ, 2 Suiten) mit Duschbad, TV, AC und WLAN, inkl. Frühstück. Bar und Restaurant, in dem bevorzugt einheimische Produkte zum Einsatz kommen.

■ **Hotel Përmet**③, Sheshi Abdyl Frashëri, frisch renoviertes ehem. kommunistisches Stadthotel am zentralen Platz, Tel. (081) 326 11, hotelpermeti@ yahoo.com. DZ mit AC, TV und Frühstück.

■ **Hotel Ramizi**③, Guri i Përmetit, Tel. (081) 323 858, hotelramizi@yahoo.com. Einfaches Hotel zwei Querstraßen hinter dem Hotel Përmet. 15 DZ mit modernem Duschbad, Balkon, Vjosa-Blick und einfachem Frühstück.

Essen und Trinken

■ **Antigonea,** direkt an der Vjosa beim Hotel Përmet, typische Gerichte aus Përmet, z.B. Lammschulter gefüllt mit Gemüse, Fleischgerichte und Gemüse, Wildgeflügel mit Reis, Nüssen und getrockneten Pflaumen, im Ofen gegrilltes Kaninchen und Wildschwein, alles schmackhaft zubereitet.

■ **Edjon,** direkt vor dem Restaurant Antigonea, innen und außen Bewirtung mit Kaffee und Barbetrieb, ebenfalls sehr schmackhafte lokale Küche in gepflegter Atmosphäre.

■ **Restaurant-Bar Amel,** an der Hauptstraße im Zentrum mit klassischer Einrichtung, bekannt für traditionelle Fleischsuppe, gefüllten Lammbraten, *kukurec*, geräuchertes Rindfleisch, Pizza oder gefüllte Zucchini.

TIPP **Gjergji,** die Hauptstraße Richtung Westen, Lagj. Partizanit, rechte Seite, links vom Restaurant Piazza. *Gjergji* war einmal Koch in dem im Kommunismus renommierten Hotel Dajti in Tirana und macht sehr gute, fantasievolle Platten mit verschiedenen lokalen Köstlichkeiten.

■ **Familjari,** die Hauptstraße Richtung Osten, rechte Seite, ebenso eine gute Adresse für Fleischgerichte und Desserts.

■ Nach dem abendlichen Xhiro trifft man sich im **Klub** an der östlichen Seite des Stadtparks mit Biergartenatmosphäre.

▽ Përmet: Kulturpalast und Touristeninformation

alba14-030.mg

Busse

Die **Minibusse** in die Dörfer der Umgebung fahren im Zentrum gegenüber dem Restaurant Familjari ab, die **Linienbusse** Richtung Korça, Saranda und Tirana unterhalb des Ortes an der Hauptstraße.

Einkaufen

Die Geschäfte im Zentrum führen verschiedene Produkte aus der Region Përmet.

TIPP: Gliko Almeg – Direktverkauf von Marmeladen, Raki und Wein, die kleine Einraum-Fabrik produzierte bereits 26 Jahre in kommunistischer Zeit, als sie nach der Wende 1992 privatisiert wurde. 18 saisonale Arbeitskräfte sind heute hier beschäftigt und verarbeiten jährlich im Vertragsanbau drei bis vier Tonnen Walnüsse und ein bis zwei Tonnen Früchte zu Marmelade oder *gliko* (eingelegte Früchte). Besonders beliebt sind eingekochte *arra* (Wal-

nüsse). Zudem im Angebot: *kajsie* (Aprikose), *portokalli* (Orange), *qershi* (Kirsche), *fiku* (Feige) oder *verre e kuqe* (Rotwein) und *raki* (Traubenschnaps). Der riesige kupferne Marmeladenkessel wird mit Holz über einem Kamin befeuert, die Marmelade von Hand mit einem großen Löffel gerührt. Öffnungszeiten: in der Saison 8–16 Uhr. Ein ähnliches Angebot hat **Albo Bonjo** in derselben Straße.

■ **Bejko,** in traditioneller Steinbauweise erbautes Weingut, umgeben von Weinbergen. Im Angebot sind Rotwein (Merlot, Cabernet), Weißwein (Debinë, Riesling) und verschiedene Rakisorten; Weinproben.

Iljarë, 2007 mit Hilfe der italienischen NGO CESVI angelegtes Weingut, ebenfalls in traditioneller Steinbauweise. Hier gibt es Rotwein (Merlot, Shesh), Weißwein (Debinë) und traditionellen Traubenraki; Weinproben. Kontakt über CESVI (s.o.).

Ndoni (Bio-Käserei und Molkerei), klementndoni@hotmail.com, Tel. (875) 240 46, (069) 206 84 20. Kontakt auch über CESVI (s.o.).

Banjo e Benjës – die Thermalquellen liegen östlich von Përmet

Außerhalb von Përmet

Leuse

Tipp Ohne Frage ist die **Kreuzkuppelkirche Shën Mërisë** eine der interessantesten und schönsten Kirchen Albaniens: An alten steinernen Grabtumben aus dem 18. Jahrhundert vorbei gelangt man über eine gut erhaltene Vorhalle in das Innere der komplett mit einzigartig fantasievollen und farbenprächtigen Fresken ausgemalten **Kirche** aus dem 17. Jahrhundert. 1962 als nationales Kulturmonument ausgewiesen, überlebte sie die Zerstörungen im Kommunismus. Besonders anschaulich die Marterdarstellungen im ewigen Fegefeuer im Narthex. Schön auch das aufwendige Schächtelmauerwerk der Fassade und der mit Palmen- und Fischgrätmustern geschmückte prächtige Kuppeltambour der Kirche. Wenige Minuten oberhalb liegt das kleine Bergdorf Leuse.

Zugang: Mit dem Pkw über die Rr. Baba Allushi durch das Wohnviertel Va-

alba14-031 mg

rosh und am Beginn eines schlechten Fahrwegs, der hinauf in die Berge über der Stadt führt, parken. Weiter zu Fuß steig ca. 1,2 km durch die kleine Schlucht bergauf. Dann kommt man zu der auf einer Waldlichtung versteckt liegenden Kirche. Am besten ist es, über die Touristeninformation den Besuch anzukündigen, damit man nicht vor verschlossenen Türen steht. Es gibt aber auch einen Schlüssel, den eine ältere Frau verwahrt, die rechts oberhalb der Kirche wohnt.

Die Frashëri-Brüder

Die **Brüder Abdyl, Sami und Naim** gehörten zu den bedeutendsten Initiatoren der albanischen **Unabhängigkeitsbewegung Rilindja.** Aufgewachsen in einer reichen Familie, genossen alle drei von Kindheit an eine umfassende Bildung, zunächst in der Medresa der heimischen Bektashi-Tekke, dann auf dem Zosimea-Gymnasium und geistig-religiös in Ioannina, was sie befähigte, sich sowohl in der osmanischen als auch der europäischen Welt souverän zu bewegen. Ihre grundlegenden Arbeiten zum Gebrauch einer albanischen Schriftsprache und auch ihre politische Rolle in der Liga von Prizren waren von fundamentaler Bedeutung für die Entwicklung des Bewusstseins einer gemeinsamen albanischen Identität und für die Ablösung Albaniens vom osmanischen Großreich. An zahlreichen Orten im Land wird daher mit Denkmälern der drei Gelehrten und Politiker gedacht. Das Grab von *Abdyl* und *Naim Frashëri* befindet sich in Tirana; *Sami Frashëri* erlangte auch in der Türkei mit seinen wissenschaftlichen Arbeiten großes Ansehen und liegt in Istanbul begraben.

Banjo e Bënjes (Thermalquellen)

In der Nähe des Dorfes Bënje hat sich mit der **Ura e Katiut** eine der schönsten Steinbrücken aus osmanischer Zeit erhalten – ein beliebtes Fotomotiv. Von den Parkplätzen kann man in den Sommermonaten etwa 2,5 Kilometer weit in den trockengefallenen Canyon hineinlaufen, bis man die verwunschen liegende zweite Brücke **Ura e Dashit** erreicht. An einigen Stellen wird die Schlucht atemberaubend eng, fantastische Felsauswaschungen und Grotten begleiten den Weg. Immer wieder passiert man Eingänge zu höher gelegenen Höhlen. Prähistorische Menschen hinterließen in einigen von ihnen Wandmalereien. In früheren Jahrhunderten sollen hier asketisch lebende Mönche gewohnt haben.

Anfahrt: 10 km östlich von Përmet führt eine neu asphaltierte Zufahrt am Bachbett des Lëngarica entlang. In der Saison Restaurant und Taverne, außerhalb der Saison nicht beständig offen.

Nationalpark Bredh Hotovë

Von der Hauptstraße geht es auf einer Naturpiste über 30 Kilometer stetig bergauf; die Piste wird an den ersten Steigungen deutlich schlechter und ist nur für Allradfahrzeuge zu empfehlen. Zu Beginn der Strecke liegt die imposan-

▷ Gliko – eingelegte Kastanien aus Përmet

te **Bektashi-Tekke Teqeja Baba Aliut Ali Postivan** auf der linken Talseite, die auf einer Zufahrt über ca. 2,5 km steil bergauf gut erreichbar ist; interessierte Besucher sind willkommen. Am 14. Mai findet hier alljährlich ein großes Bektashi-Fest statt.

Am **Eingang** zum Park liegt das Frashëri-Hotel aus kommunistischen Zeiten, das heute von der Regierung genutzt wird. Nahezu unvermittelt beginnt ein ausgedehntes Tannen-Mischwaldgebiet

in einer lieblichen, von Wiesen durchsetzten Landschaft. Mit 1.200 ha zusammenhängender Bewaldung gilt der Nationalpark Bredh Hotovë als eines der schönsten Waldgebiete Albaniens.

Vom Park sind es gut zehn Kilometer nach **Frashër;** das Dorf trägt den Namen der ehemaligen Großgrundbesitzer-Familie *Frashëri*. Das Geburtshaus der Brüder *Frashëri* (siehe Exkurs) mit einem kleinen Museum noch aus kommunistischer Zeit kann besichtigt werden.

alba14-029.mg

8 Ost-albanien

Einsame Gebirgslandschaften, drei unbekannte Seen an der Grenze zu Mazedonien und das kulturell und historisch bedeutende Korça – das sind die großen Ziele einer Ostalbanien-Rundfahrt.

◁ Die Bergwelt im Osten Albaniens

8

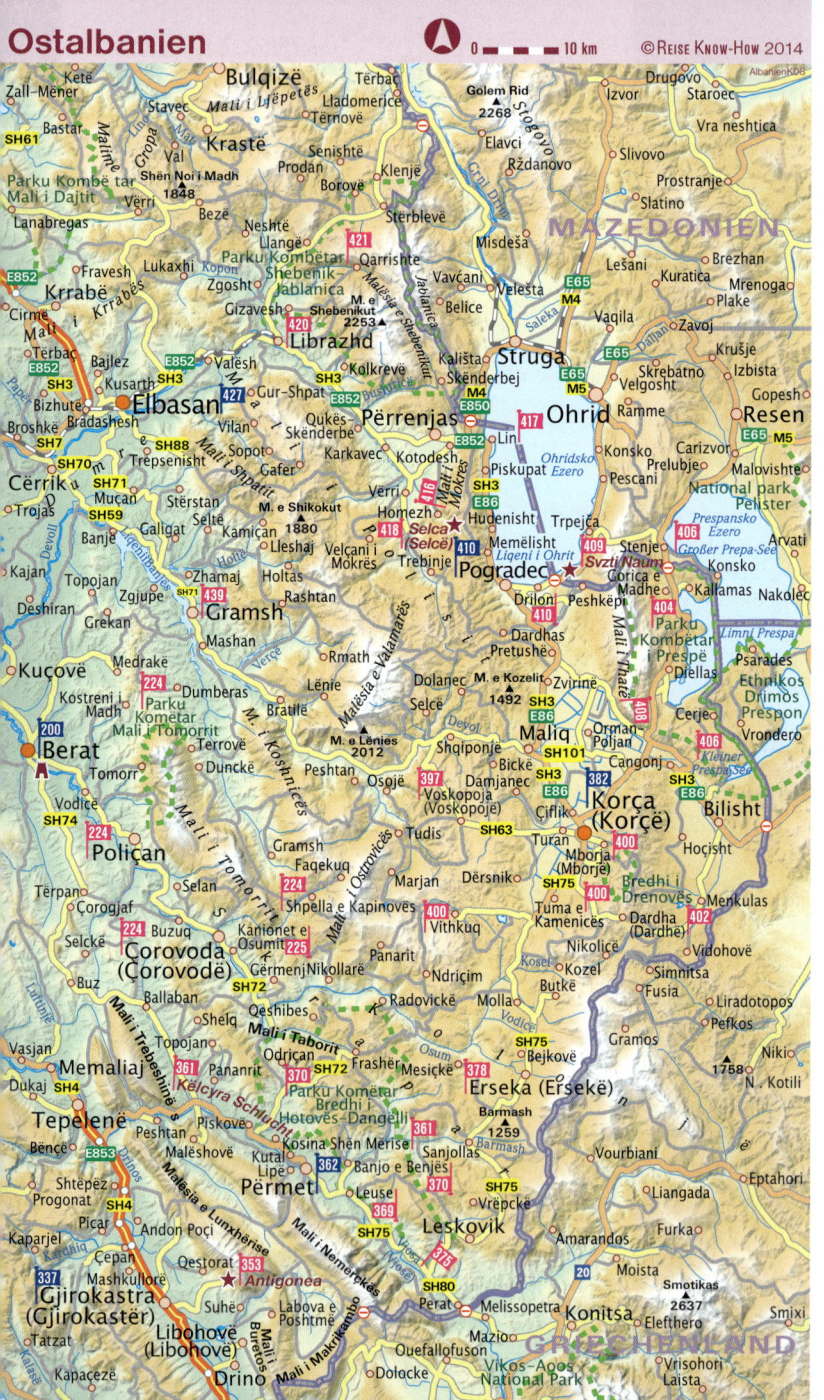

Ostalbanien

ÜBERBLICK

Region Kolonja

D ie hochgebirgige, abgelegene Region an der Grenze zu Griechenland ist ein echter Tipp für Liebhaber großartiger ursprünglicher Naturlandschaften. Auf der kleinen kurvenreichen, noch nicht ausgebauten Landstraße von Përmet nach Korça kommt man nur langsam voran, wird dafür aber nach jeder Kurve mit immer wieder neuen Bergpanoramen entschädigt. Korça mit seinem ganz eigenen europäisch-osmanischen Flair ist alleine schon die Fahrt in den Osten des Landes wert. Kaum bekannt sind die drei großen Nationalpark-Seen an der mazedonischen Grenze, der Kleine und der Große Prespa-See und der Ohrid-See, die zu den ältesten Seen der Erde zählen. Seit 2014, ein historisches Jahr für die Region, verbindet eine neue Fährlinie über den Ohrid-See die in Mazedonien liegende UNESCO-Weltkulturerbe-Stadt Ohrid mit dem beschaulichen Pogradec auf der albanischen Seeseite. Vom Shkumbin-Tal, in antiker Zeit ein Teil der Via Egnatia, kann man den ebenso unbekannten Shebenica-Jablanik-Nationalpark und die Stadt Elbasan erreichen.

Entlang der Vjosa

Die Bergfahrt das Vjosa-Tal aufwärts mit der Abzweigung über Leskovik nach Erseka und weiter nach Korça ist **spannend und landschaftlich abwechslungsreich.** Ab Përmet wird die Straße so schmal, dass man gar nicht glaubt, auf einer Durchgangsstraße zu sein.

Stetig geht es bergauf, auf der gegenüberliegenden Seite beherrschen die Bergpanoramen von **Malësia e Dhëmbelit** und **Malësia e Nemërçkës** die Szenerie, unter ihnen in der Tiefe die türkisblaue Vjosa, mit großartigen felsenreichen Ufern und hell leuchtendem Flussschotter.

Diese Tipps sind gelb hinterlegt.

Kurz vor dem Grenzübergang Tre Urat/Perat geht es weiter nach Norden, wo die mächtigen Bergketten des **Mali i Gramozit** die Fahrt begleiten. Die wenig befahrene Strecke wurde erst 1989 für den Tourismus freigegeben, bis dahin war der Abschnitt zwischen Leskovik und Erseka nur eine sandige Schotterpiste, die weiter nach Korça führte. Auch heute geht es auf engen Kurven und über zahlreiche Schlaglöcher nur langsam voran, was der beeindruckenden Landschaft aber durchaus angemessen ist. An manchen Stellen hat der dünne Asphalt auf dem weichen Untergrund nachgegeben und reißt auf. Waldreiche Täler wechseln mit felsigen, zerklüfteten Schluchten, wilden Gebirgsbächen und lichten Bergkiefernwäldern. Diese Region ist noch einmal deutlich abgeschiedener und siedlungsärmer als die Berggebiete im Vjosa-Tal. In den Hügeln liegen immer wieder versteckte Bunker, vom Gebüsch der Macchia und Steineichen überwachsen. Die griechische Grenze liegt nur wenige Kilometer Luftlinie entfernt. Erst nördlich des Berglandes von Barmash weitet sich die Landschaft, bis man auf eine **weite Hochebene** gelangt, in das Gebiet, das eigentlich Kolonje genannt wird. Von dort geht es über die karstigen Höhen einiger Ausläufer des Mali i Gramozit hinunter in die Korça-Ebene.

Landschaftlich ebenso reizvoll ist die **Nebenstrecke** nach Leskovik **über Perat.** Hier bleibt man vor der Brücke und dem Grenzübergang Tre Urat auf der albanischen Flussseite und fährt dann auf einer schlechten Schotterpiste mit tollem Ausblick bis zur Hauptstrecke.

Am Sarandaporos führen alte Fahrwege (nur Allrad oder zu Fuß) entlang des Flusses direkt zu den Ruinen der ehemaligen Thermalquellen von **Llixhat e Vromoneros,** die im Kommunismus als eine der besten Heilquellen galten.

Leskovik

Die **einzige bedeutende Ortschaft im südlichen Kolonje** ist Leskovik, das auf rund 900 Metern auf einer Bergkuppe zwischen zwei Nebentälern der Vjosa liegt. Der alte Dorfplatz mit mehreren stattlichen Wohnhäusern aus der türkischen Zeit und der orthodoxen Kirche verrät, dass der Gebirgsort unterhalb des 1.400 Meter hohen Mali i Melesit schon einmal bessere Zeiten gesehen hat. Als 1913 die Staatsgrenzen neu gezogen wurden, verloren viele Einwohner ihre wirtschaftliche Grundlage, da sie viel Landbesitz auf der griechischen Seite hatten. Im 2. Weltkrieg wurde Leskovik von den deutschen und italienischen Truppen stark beschädigt. Die heute etwa 4.500 Einwohner sind über den nahen Grenzübergang Tre Urat/ Perat (wirtschaftlich) nach Griechenland orientiert.

■**Camping Farma Sotira**②, GPS 40.21416, 20. 64636, 15 km nördlich von Leskovik an den Waldgebieten des Gjermenj, Tel. (069) 234 25 29, info@farmasotira.com, www.farmasotira.com. An einem idyllischen Talboden in einer weiten Kurve gelegen, mit viel Platz für 20 Womos und 35 Zelte plus 4 Holzbungalows für 16–18 Personen, Sanitäranlagen im Restaurant, WLAN, Taverne mit eigenen Forellen, Lamm, Kalbfleisch, Milchprodukten und Honig. Im Sommer weiden die Kuhherden der Besitzer auf den Hochweiden, dann bleibt Zeit für den Fremdenverkehr (1.5.–31.10.). Geführte Maultierausritte sind eine gute Gelegenheit, die Umgebung bes-

Ostalbanien

ser kennenzulernen. Für Restaurantkunden keine Gebühr, sonst 10 Euro für die Benutzung der Sanitäranlagen.

Barmash-Pass

Hier erinnert ein beeindruckendes **Partisanendenkmal** an die heftigen Gefechte zwischen albanischen Partisanen und deutschen Truppen und an die zahlreichen albanischen Opfer.

Borova (Borovë)

Eigentlich nur ein Straßendorf, das man schnell durchfahren hat, und doch ein ganz besonderer Halt. Nach einem Partisanenüberfall auf einen deutschen Truppen- und Waffentransport war das Dorf 1943 Schauplatz einer furchtbaren Vergeltungsaktion deutscher Gebirgsjäger, die hier insgesamt 116 ältere Frauen, Männer und auch Kinder hinrichteten.

Die **Gedenkstätte** erreicht man über Treppen; zwei künstlerisch ausdrucksstarke Reliefs erinnern an das Verbrechen. Auf der rechten Seite der Hauptstraße sieht man eine große **Bronzeplastik** mit einem deutschen Soldaten, der seine Hand schützend über den Kopf eines Kindes hält. Hier gedenkt man eines Wehrmachtssoldaten, der sich weigerte, ein kleines Kind zu erschießen. Nach dem Krieg wurde das verlassene Dorf von Bauern aus dem albanisch-griechischen Grenzgebiet neu besiedelt.

☑ Südlich von Leskovik

alba069 mg

Die Ebene von Kolonja

Die kurvigen engen Straßen enden unvermittelt an einer Hochebene. Von hier hat man einen **grandiosen Rundblick** auf die Ketten des Nemërcka- und Dhëmbelli-Gebirges im Süden und die mächtigen Höhen des Gramoz-Gebirges im Osten. Auch Erseka mit seinen grauen Wohnblocks aus kommunistischer Zeit ist gut zu sehen. Gebirgsbäche schwemmen jedes Jahr im Frühjahr bei der Schneeschmelze Schottermassen in die Ebene, die in urgeschichtlichen Zeiten ein riesiges Seengebiet war. Hier liegt auch das weite **Quellgebiet des Osum-Flusses.** Sehenswert sind seltsam gefaltete Hangformationen der Flusstäler der verschiedenen Osum-Zuflüsse, die sich im Laufe der Jahrtausende tief in das weiche Ablagerungsmaterial hineingeschnitten haben.

Erseka (Ersekë)

Mit seiner Lage auf 1.050 Metern ist Erseka die **höchstgelegene Stadt ganz Albaniens.** Sie hat eine landschaftlich sehr interessante, touristisch noch völlig unbekannte Umgebung, die eine Erkundung lohnt. Die Gramoz-Bergkette bietet zahlreiche, auch leichter zu erwandernde Ziele.

Die fruchtbare Gegend um Erseka war bereits im Neolithikum besiedelt. Im Nationalmuseum in Tirana ausgestellte **neolithische Menschenfiguren** wurden in Höhlen der Umgebung gefunden, ebenso ein illyrischer Helm aus dem 4. Jahrhundert v.Chr. und andere künstlerisch wertvolle Fundstücke aus den zahlreichen illyrischen Siedlungen der Regi-

on. Erseka selbst wurde jedoch erst Ende des 17. Jahrhunderts als türkischer Handelsstützpunkt gegründet.

Heute, nach zwei Jahrzehnten der Abwanderung, nimmt die **landwirtschaftliche Produktion** wieder zu. Viehzucht, Mais- und Getreideanbau, Milchverarbeitung, Imkerei und der Anbau von Äpfeln sind die wichtigsten wirtschaftlichen Grundlagen zahlreicher Kleinbetriebe. Raki und Wein produziert jede Familie in Eigenregie. Traditionell spielen Kunsthandwerk, Teppichweberei, Holzschnitzerei und Steinmetzhandwerk eine wichtige Rolle. Die etwa 7.500 Einwohner zählende gepflegte Kleinstadt ist wirtschaftliches, kulturelles und **Verwaltungszentrum der Region Kolonje.** Mitarbeiter des American Peace Corps haben hier jahrelang wichtige Aufbauhilfe geleistet. Heute erscheint die Lebensqualität in Erseka bedeutend höher als in den städtischen Zentren.

Das **Ethnografische Museum** (englischsprachige Führung, Eintritt: 200 Lek) zeigt die noch im Kommunismus angelegte Sammlung traditioneller kunsthandwerklicher Produkte, die Abteilung über Borova ist nicht zu besichtigen. Ist das Museum geschlossen, fragt man im Rathaus nebenan. Hier sind auch Informationen zu traditionellen Musikveranstaltungen im Sommer erhältlich.

Der **Obelisk** im Stadtzentrum ist ein Geschenk des bedeutenden albanischen Bildhauers *Odhise Paskali* aus Përmet.

▷ Beschaulichkeit in Erseka

Rehova östlich von Erseka und **Vodica** im Norden, beides Bergdörfer, sind einen Abstecher von der Hauptstraße wert. In Vodica steht in malerischer Lage die Dorfkirche Shën Koll, die ursprünglichen, niedrigen schiefergedeckten Häuser und steinernen Gassen erinnern an ferne Zeiten. Von Rehova erreicht man (an der großen Viehtränke in der Dorfmitte rechts halten) auf Hirtenpfaden nach 2½ Stunden einen großen Wasserfall und nach weiteren 2½ Stunden Aufstieg den Gletschersee auf dem Gipfel der Gramoz-Kette.

🦋 Germenj-Naturpark

Der 7.300 Hektar große Naturpark liegt etwa 50 Kilometer südlich von Erseka und ist ein lohnenswertes Ziel für **Bergwanderungen** und jede Art von Outdoor-Tourismus in Eigenregie. Im Park findet man bedeutende Tannen- und Eichenbestände mit riesigen alten Kiefern, ein Rückzugsgebiet für Bären und Wölfe und bekannt für seine Hirschbestände.

Praktische Infos

Informationen/Nützliches

■ **Touristeninformation in Korça,** Tel. (082) 436 97, zrt_korça@yahoo.com. *Orieta Glozheni* gibt gerne Auskunft über mögliche Touren.

■ **Lokaler Führer: Paskal Vogel,** auch für Wanderungen (engl.), Tel. (068) 207 35 82.

Unterkunft

■ **Bar/Restaurant/Hotel Inxuhujo①,** über dem großen traditionellen Restaurant an der Hauptstraße, Tel. *Thoma Milo* (812) 24 74, (068) 245 22 74. Ein einfaches DZ, ein 3-Bett-Zimmer mit Etagenbett, moderne Duschbäder, inkl. Frühstück.

alba058 mg

■ **Hotel Shazo**②, 3 km südlich von Erseka, gegenüber Hotel Mejdis, Tel. (069) 263 26 60. 2 DZ mit modernem Duschbad, 3 DZ mit Gemeinschaftsbad, Frühstück, beliebtes traditionelles Restaurant.

■ **Farma Sotira Peshku**②, etwa 1 Std. südlich von Erseka, Tel. (069) 234 25 29, farmasotira@gmail.com (engl., ital.). 3 einfache Holzbungalows (4 Betten) inkl. Frühstuck, mit WLAN. Camping auf dem Gelände ist bei Verpflegung im Restaurant kostenlos, im Angebot sind frische Forellen, Lamm und Milchprodukte aus eigener Herstellung. Im Sommer weiden die Kuhherden der Besitzer auf den Hochweiden im Gebirge, dann bleibt Zeit für Fremdenverkehr (geöffnet: 1.5.–31.10.). Geführte Wanderungen und Maultierausritte ins Gebirge sind eine interessante Möglichkeit, die Region näher kennenzulernen.

■ **Vila Gërmenji Jorgo**②, schön gelegenes Hotel-Restaurant mit ausgezeichneter lokaler Küche in Gërmenji und beliebter Halt auf der langen Wegstrecke, 45 Min. von Erseka, Tel. (069) 240 96 41. DZ und 3-Bett-Zimmer mit Duschbad, inkl. Frühstück.

■ **Hotel Devi**③, kleines Hotel und gutes Restaurant 3 km außerhalb Richtung Korça an der Landstraße, Tel. (812) 20 57, (068) 207 07 51. 14 DZ und 3 Suiten, moderne Duschbäder, TV, inkl. Frühstück.

Essen und Trinken

■ **Alned Birrari,** nahe des Marktplatzes, an der Straße nach Gostivisht, Tel. (069) 405 82 30, selbst gebrautes Bier, große Fleischauswahl, *kernacka,* Pizza, Dachterrasse.

■ **Gjiro Nasi,** am Marktplatz, an der Straße nach Gostivisht, Tel. (081) 322 31 83, Gjiros, Sandwich.

■ **Café Bar Pizzeria Gramozi,** an der Hauptstraße, beim Krankenhaus und Markt, Tel. (068) 228 58 36, Pizza, Salat.

■ **Taverna Zizi,** im Zentrum neben dem Supermarkt, kleines günstiges Restaurant mit traditionellen Speisen.

■ **Café Restaurant Mejdis,** 3 km südlich von Erseka, Tel. *Nikola Mejdis* (068) 317 00 68, Ausflugsrestaurant mit guter traditioneller Küche, Lamm am Spieß und frischem Fisch.

■ **Restaurant Bilo,** 3 km nördlich von Erseka beim Hotel Devi, Tel. (069) 249 50 13, gemütliches einfaches Landgasthaus.

■ **Gostivisht Aalquelle,** Fischrestaurant mit frischem Fisch aus der Fischfarm, mit Pool und Gartenterrasse am Gostivisht, einem Quellfluss des Osum, im Dorf Gostivisht, 30 Min. westlich von Erseka (mit dem Pkw).

Busse

Alle Busse aus südlicher Richtung durchqueren Erseka und halten südlich des Marktes an der Hauptstraße. **Verbindungen:** Erseka – Korça 8, 9.30 Uhr (200 Lek); Erseka – Tirana 3, 12.30 Uhr (800 Lek); Tirana – Erseka 6, 9 Uhr (800 Lek), ab Qemal-Stafa-Stadion, 5½ Std.; Korça – Erseka 12 Uhr (200 Lek); Korça – Përmet 13 Uhr, Erseka ab 14.30 Uhr (600 Lek); Korça – Leskovik 12.30 Uhr, Erseka ab 14 Uhr (300 Lek); Korça – Saranda 6 Uhr, Erseka ab 7.30 Uhr (800 Lek); Përmet – Korça 7 Uhr, Erseka ab 10.30 Uhr (600 Lek); Saranda – Korça 6 Uhr, Erseka ab 13 Uhr (800 Lek); Leskovik – Korça 7 Uhr, Erseka ab 8.30 Uhr (300 Lek).

Einkaufen

■ **Jeden Mittwoch ist Markttag.** Der Landhandel liegt in der Nähe des Fußballstadions, der zentrale Lebensmittelmarkt befindet sich dort in der Markthalle.

■ Die Region ist bekannt für ihre kunstfertigen Hand- und Webarbeiter, Holzschnitzer und Steinbildhauer. Im Internet kann man sich auf der Seite **www.explore-erseka.com** einen umfangreichen Katalog mit Handarbeiten aus der Region Kolonje herunterladen und auch dort bestellen.

Feste, Veranstaltungen

■ **6. Dez.:** Dorffest in Vodica (Shën Koll).

■ **29. Juni:** Dorffest in Rehova (Shën Petrit).

■ **6. Juli:** Gedenktag für die Opfer in Borova.

■ **Ende Juli:** Stadtfest zum Schulabschluss.

Region Korça

Wenn man aus der Region Kolonje über den **Qarri-Pass** fährt, breitet sich bis zum Horizont im Norden ein weites grünes Becken aus, das in der Höhenlage nur sanft auf etwa 800 Meter abfällt und ringsum von hohen Bergketten umgeben ist. Es ist eine Wohltat, dass diese **fruchtbare Region** nicht durch illegale Bebauung zersiedelt wurde, sondern in ihrer ganzen Ausdehnung als Kulturlandschaft wirken kann. Vom zeitigen Frühjahr bis in den Herbst sind die Menschen hier in Obstplantagen oder auf ausgedehnten Mais- und Zuckerrohrfeldern mit Traktoren oder Maultieren bei der Arbeit anzutreffen. Das meiste Land ist unter Kultur, die verarbeitende Lebensmittelindustrie gehört heute zu den Haupterwerbszweigen. In den Ortsnamen tauchen die Namen von Früchten auf (Dardha = Birne, Molla = Apfel), und auch in Korça findet sich das slawische *gorica* (Birne) wieder.

Die **Stadt Korça,** das Zentrum der Region, liegt am östlichen Rand der Ebene an den Ausläufern der Mali i Moravës. Rund um die Stadt kann man landschaftlich und historisch reizvolle **Ausflüge** unternehmen. Das südlich gelegene Dorf Dardha ist ein beliebtes Naherholungs- und Wandergebiet. Im Westen der Ebene liegen die verfallenen walachischen Handelsstädte Vithkuq und Voskopoja in einer lieblichen Hügellandschaft, die an deutsche Mittelgebirge erinnert.

Nur zehn Kilometer von Korça entfernt liegt der für seine Weißtannenbestände und seinen Wasserreichtum bekannte, kaum erschlossene **Nationalpark Bredhi i Drenovës** im Morava-Gebirge, 1.380 Hektar groß und mit Höhen bis zu 1.400 Meter. Die sehenswerten Bergdörfer östlich des Parks erreicht man am besten über Bilisht. Auch das unerschlossene **Mali i Thate** (Trockenes Gebirge) im Norden Korças an der mazedonischen Grenze ist ein interessantes Wandergebiet. Der 1999 als UNESCO-Weltnaturerbe geschützte **Nationalpark Kleiner und Großer Prespa-See** liegt etwa eine Autostunde entfernt. Die noch unbekannte, durch neue Straßen erschlossene Region zählt zu den schönsten Naturzielen des Landes.

In der Korça-Ebene entspringen die drei größten Flüsse des Landes: der **Devoll,** der fast die ganze Ebene durchquert und entwässert, sowie der **Shkumbin** und der **Osum.** Bis zum Beginn der Trockenlegungen in den 1940er Jahren lagen dort die Maliq-Sümpfe, in denen bedeutende prähistorische Pfahlbausiedlungen ausgegraben wurden.

Wirtschaftlich profitiert Korça von der guten Verkehrsanbindung ins nur 35 Kilometer entfernte Griechenland, nach Ohrid in Mazedonien und Elbasan in Mittelalbanien; die Straßenverbindungen nach Südalbanien sind schlecht, die Fahrt von dort dauert sieben bis acht Stunden.

Das **Klima** ist im Sommer aufgrund der Höhenlage angenehm, es ist nicht ganz so heiß wie im übrigen Land; in den Morgen- und Abendstunden ist es sogar im Sommer oft erfrischend kühl. Durch das kontinentale Klima liegt die Stadt Korça im Dezember und Januar beständig unter einer Schneedecke. Die Mittelgebirgsregionen der Umgebung sind in Albanien bekannte **Wintersport-**

gebiete, die Infrastruktur ist allerdings sehr bescheiden, Dardha hat den einzigen Skilift Albaniens.

Korça (Korçë)

Am schönsten ist es, **im Sommer** nach Korça zu kommen, wenn sich das Leben auf den großzügig angelegten Fußgängerpromenaden um die breite Lindenallee des Bulevard Republika im Stadtzentrum so richtig entfaltet. Die Stadt ist bekannt für ihre zahlreichen **Festivals,** das jährliche Bierfest Mitte August zählte 2011 über 80.000 Besucher, fast so viele, wie die Stadt Einwohner hat (86.000). Durch seine lange, eng mit Mitteleuropa verknüpfte Handelsgeschichte hat Korça eine ausgesprochen **urbane und bürgerliche Lebenskultur,** wie man sie sonst nirgendwo in Albanien findet. Die für das Stadtbild prägende Zeit war die Phase der albanischen Unabhängigkeitsbewegung Ende des 19., Anfang des 20. Jahrhunderts. Damals entstand das heutige Herz der Stadt, eine breite Lindenallee, an der sich heute noch viele Villen aus der Zeit des französischen Protektorats erhalten haben – das „Kleine Paris Albaniens" wird Korça auch genannt.

Aus Europa und Übersee kamen viele **Auswanderer** wieder nach Korça zurück. Sie brachten nicht nur neue Kultureinflüsse mit, sie bauten auch ihre Häuser nach der europäischen Mode im Stil der Gründerzeit.

Um den Stadtkern finden sich eng aneinandergereihte Steinhäuser in den Straßen aus der türkischen Zeit, eine griechisch-orthodoxe Kathedrale im neugriechischen Zuckerbäckerstil, großzügige Parkanlagen und nicht zuletzt das gleichermaßen authentische wie desolate

alba059 mg

osmanische Viertel mit Basar, einem alten Han und der Mirahor-Moschee. Gerade diese **bunte Mischung verschiedenster Kultureinflüsse** macht den besonderen Reiz und das Flair Korças aus. Fünf größere **Museen**, zahlreiche Ausstellungen und Festivals, ein renommiertes Kulturzentrum, eines der ältesten Landestheater, ein Kino im Art-déco-Stil, eine Universität und eine landesweit bekannte Kunstschule haben ihren Sitz in der Stadt.

Interessant auch die **ethnische Vielfalt** der Einwohner. Neben Albanern und einer griechischen Minderheit leben in Korça slawische Mazedonier, Aromunen (oder Walachen) und eine größere Roma-Gemeinschaft. Während die Orte der Umgebung mehrheitlich von einer muslimischen Bevölkerung bewohnt werden, ist die Stadt Korça **traditionell orthodox** und hat auch heute noch den größten Anteil griechisch-orthodoxer Bevölkerung in Albanien. Alltag und Leben in diesem bunten Kessel aus Ethnien und Religionen sind wie überall im Land von ganz selbstverständlicher Toleranz geprägt.

Stadtgeschichte

Die Funde aus allen prähistorischen Epochen der Region sind im Nationalmuseum in Tirana und im städtischen Archäologischen Museum gut dokumentiert. Bedeutend sind die neolithischen, kupfer- und bronzezeitlichen **Fundstätten** in der Ebene von Maliq und die Funde aus der Höhle von Tren aus der Zeit von 6000 bis 1000 v.Chr. In der illyrischen Epoche erreichte die wirtschaftliche, kulturelle und politische Entwicklung der Region ihren Höhepunkt. Der bedeutendste Fund ist die riesige **Nekropole von Kamenica** südlich von Korça.

Wie viele Gegenden Albaniens wurde auch diese Region von wechselnden Herrschaften geprägt. Nach einer Epoche unter bulgarischer Hoheit von 853 bis 1018 wurde Korça erstmals wieder Ende des 13. Jahrhunderts erwähnt. Damals lag hier das Zentrum des großen Herrschaftsgebietes der **Familie der Muzakaj**, das vom Vjosa-Tal im Süden über die Myzeqe-Ebene im heutigen Mittelalbanien bis nach Berat reichte.

Mitte des 14. Jahrhunderts drangen türkische Truppen das erste Mal bis nach Korça vor und begründeten Ende des 15. Jahrhunderts die heutige Stadt. **Iljaz Bej Mirahor,** ein Schwiegersohn des Sultans *Bayazit II.,* ließ die noch heute bestehende Mirahor-Moschee errichten, gab den Anstoß für die Einrichtung des Basars und gründete zahlreiche Dörfer rundum. Als große Persönlichkeit prägte er die Stadt über 70 Jahre durch seine kulturellen und sozialen Aktivitäten.

Bereits 1723 wurde in Korça die erste griechische Schule gegründet. Seit 1770 profitierte die Stadt von der Zerstörung Voskopojas und dem Zuzug zahlreicher seiner walachischen Bewohner und **expandierte** Ende des 18. Jahrhunderts zu einem der größten Märkte und kulturellen Zentren des Balkan. Als *Ali Pascha* 1783 die Herrschaft übernahm, hatte Korça beste wirtschaftliche Voraussetzungen.

◁ Morgens auf dem Basar

8

Bis heute haben sich in Korça die drei **traditionellen Stadtviertel** des 18. Jahrhunderts erhalten: Im Nordwesten liegt das christlich-orthodoxe Viertel Varosh, im Südwesten das kleinere muslimische Kasabaja-Viertel, dazwischen entlang des heute nicht mehr sichtbaren Mborja-Baches das Basarviertel. Die zweigeschossigen steinernen Wohnhäuser mit ihren typischen geschlossenen Balkonen und die (restaurierten) Pflasterstraßen stammen aus dieser Zeit.

Korça wurde dank der hochwertigen **Wollverarbeitung** in der Stadt zu einem überregional bekannten Produktionsort für Flanellstoffe, Webwaren und Teppiche. Im Tausch kamen ausländische Waren, meist Luxusgüter für die Feudalherren, aus Triest, Venedig und Saloniki in die Stadt.

Es ist kein Wunder, dass eine Stadt wie diese – wirtschaftlich und kulturell mit dem Ausland vernetzt – eines der bedeutenden Zentren der **nationalen Wiedergeburt** Albaniens wurde. 1887 kam es hier zur Gründung der ersten Schule mit albanischsprachigem Unterricht, eine Mädchenschule folgte 1893, die ersten Zeitungen in albanischer Sprache wurden in der Stadt gedruckt. Bedeutende Vertreter der albanischen Unabhängigkeitsbewegung stammten aus Korça. Immer wieder streckte auch das nahe Griechenland die Hand nach Korça aus.

Im 1. Weltkrieg gehörte die Stadt zu Österreich-Ungarn. Von 1916 bis 1918 war Korça unter *Themistokli Gërmenji* französisches Protektorat und damit kurzzeitig Teil der Französischen Republik, bis die Stadt 1920 endgültig zu Albanien kam. Wie überall in Europa trieben auch in Korça die politischen und wirtschaftlichen Verhältnisse viele Bewohner ins Ausland. Ein sehr großer Teil der amerikanischen **Exilalbaner** stammt aus Korça, daher die bis heute engen Beziehungen in die USA.

Der **Niedergang** der Stadt setzte sich in der Wirtschaftskrise unter König *Zogu* fort. Im 2. Weltkrieg war die Stadt abwechselnd italienisch und griechisch, ab 1943 von den deutschen Truppen besetzt und 1945 von albanischen Partisanen befreit.

Durch die umfassenden Trockenlegungsmaßnahmen rund um die Stadt entstanden in den 1970er Jahren riesige **landwirtschaftliche Flächen,** auf denen hauptsächlich Zuckerrohr und Obst angebaut wurden. Die **Kohleminen** in der Region Drenova waren eines der wichtigsten Fördergebiete des Landes, sodass Korça im Kommunismus zu den am meisten entwickelten und wohlhabendsten Städten Albaniens gehörte.

Nach der Wende kam es zu dramatischen Abwanderungen, besonders nach den Zerstörungen im Jahr 1997, denen auch die großen Obstplantagen in der Ebene durch illegale Abholzungen zum Opfer fielen. Heute gilt Korça nicht nur als heimliche kulturelle Hauptstadt, sondern zählt auch zu den albanischen Städten mit der **höchsten Lebensqualität,** was auch zahlreichen Projekten und Initiativen zur Stadtteilentwicklung zu verdanken ist. Die Stadt plant für die nächsten Jahre eine Erweiterung des Fußgängerbereiches und eine umfassende Tourismusförderung nach ökologischen Maßstäben. Die Nähe zu Griechenland und die gute Verkehrsanbindung erleichtern den Kontakt mit Europa, viele Einwohner besuchen Kastoria und Thessaloniki häufiger als die albanische Hauptstadt Tirana.

Sehenswertes

Der alte osmanische **Basar** ist morgens ab acht Uhr am authentischsten, wenn die Marktstände aufgebaut werden und Kleinbauern ihre Waren mit Maultiergespannen oder Kleinlastern aller Bauarten anliefern. Im Stadtzentrum liegen drei **Museen**; außerhalb der Saison sollte man vorher anrufen, ob sie wirklich geöffnet sind. Für die zwei anderen privaten Museen kann man mit etwas Glück eine Besichtigung im Touristenbüro vereinbaren.

Von Korça hat man nur die Hälfte erlebt, wenn man beim abendlichen **Xhiro** nicht in einer Szene-Bar am Bulevard Republika war oder wenigstens ein bisschen von der Stadtkultur mitbekommen hat, zum Beispiel im alten Kinotheater, auf einem der Festivals oder bei einem Konzert im Rinia-Park. Zu guter Letzt: Korça eignet sich gut als Stützpunkt für eine Erkundung der Region.

Basarviertel

Von der Rr. Kiço Greco, an der auch der zentrale Busbahnhof der Stadt liegt, gelangt man über die Rr. Xhavit Dishnica in das alte Basarviertel zur **Mirahor-Moschee**. Sie ist nach der Mbret-Moschee in Elbasan das zweitälteste islamische Gotteshaus in Albanien. Sie wurde 1453 von *Iljaz Bey Mirahor* errichtet, der mit seinem Janitscharenkorps 1453 Konstantinopel belagerte. Das Minarett wurde 2008 rekonstruiert. Die günstigste Möglichkeit zur Besichtigung ist nach den täglichen Gebetszeiten.

Über die Gassen Skënder Çaci und Spiro Kosturi geht es weiter hinein ins Basarviertel. Bis zu den beiden Weltkriegen war der **Basar** über Jahrhunderte als

regionaler Markt und Fernhandelsplatz das Herz der Stadt. Als im Kommunismus selbst die abgelegenen Dörfer einfache Kaufläden bekamen und der reglementierte Außenhandel nur noch über die Hauptstadt Tirana abgewickelt wurde, verlor der Basar quasi über Nacht seine Funktion. Über 1.000 Verkaufsläden soll es hier in einem der größten Handelszentren des Balkans im 19. Jahrhundert gegeben haben, als Kaufleute aus der Türkei, Russland, Griechenland und Italien in Korça Handel trieben. Heute werden in den Gassen und **baufälligen Gebäuden** Autoteile, Eisenwaren, landwirtschaftliche Geräte, Haushaltswaren, Kleidung, Uhren, Schmuck, Schuhe, Obst, Gemüse und Milchprodukte und natürlich jede Menge Plagiate angeboten. An und zwischen den Ständen herrscht geschäftiger Trubel, Balkan-Pop erklingt, allerlei Gerüche und Düfte ziehen durch die Luft. Unübersehbar ist die Armut, besonders der kleineren Verkäufer und fliegenden Händler. Die Häuser des Basars sind zum Fürchten baufällig und werden teilweise von der ärmsten Bevölkerungsgruppe, den **Arixhinjtë** (engl. *gipsys*), bewohnt. Ein Abriss kommt nicht in Frage, ihre historische Bedeutung und das große touristische Potenzial sind längst erkannt. Jeder neu gewählte Bürgermeister hat bisher große Pläne gemacht, aber die Finanzierung ist immer noch gescheitert; im Übrigen: Es gibt in der Stadt noch dringendere Probleme. Und so geht es Tag für Tag einfach weiter, wie es war.

Eine der insgesamt 15 Karawansereien war der **Hani Elbasan** am Sheshi Liria, eine bekannte Herberge für die Kaufleute aus Elbasan. Das restaurierte zweistöckige Gebäude mit seinen offe-

Korça

0 ——— 100 m

Friedhof der französischen Gefallenen

Parku Lëndina e Lotëve (Park der Tränen)

Rinia Park

Bulevardi Rilindasit

Tiranë

Bulevard Gjergj Kastrioti

Bulevard i Republica

Konferenca e Labinotit

★ Lebensmittel-markt

Varrezat e Deshmorëvë (Heldenfriedhof)

Mbledhja e Beratit

Theater

Basar

Sheshi i Teatrit

Edit Durham

Kinema Milenium

Kisha Ungjillore e Korçës (Evangelische Kirche Korça)

Ismail Qemali

Bulevard Shën Gjergjit

Mirahor-Moschee

Konferenca e Pazës

Bashkia/Präfektur

Kathedralja Ngallja e Krishtit (Neue Kathedrale)

Sky Tower

Mollas, Ersekë

Birra Korça, Mborje

28 Nëntori

Bulevard Fan Noli

6 Deshmoret

Ostalbanien

© REISE KNOW-HOW 2014

Albanien_10

■ Sehenswürdigkeiten, Museen

■ Übernachtung

■ Essen und Trinken

nen umlaufenden Balkonen ist noch original erhalten, selbst der Brunnen zum Tränken der Tiere steht noch in der Mitte des gepflasterten Hofes. Bis zum Jahr 2011 war der Han auch ein legendärer Treffpunkt der internationalen Backpackerszene mit unschlagbar günstigen Betten. Im Laufe des Jahres 2012 sollen die Zimmer im ersten Stock als Ladengeschäfte vermietet werden. Der zweite Han, der **Manastir Han,** wurde ohne jegliches Gespür zu einem Einkaufszentrum totsaniert. Nicht übersehen sollte man den großen **Lebensmittelmarkt** am äußeren Ende des Basars mit seinen üppigen Obst- und Gemüseständen, Metzgereien und Hallen mit Milchprodukten, die die ganze Vielfalt der fruchtbaren Korça-Ebene zeigen.

Sheshi i Teatrit

Weiter geht es über die Rr. Edith Durham zum **Bulevard Shën Gjergjit,** der zwischen Sheshi i Teatrit im Norden und der orthodoxen Kathedrale im Süden verläuft. Am Sheshi i Teatrit stehen mehrere das Stadtbild prägende Gebäude, darunter das Grand Hotel, das ehemalige Turizmi- und jetzige Koçibelli-Hotel mit einer modernen Glasfassade und das in kommunistischer Zeit erbaute Hauptpostamt. Die Bank von Korça ist – wie auch das Gebäude der Bashkia (Stadtverwaltung) – ein mustergültiges Beispiel italienisch-faschistischer Architektur in der Zeit zwischen der Weltwirtschaftskrise und 1943, als Albanien ganz von Italien abhängig war. Am äußersten nördlichen Ende des Bulevard Shën Gjergjit liegt rechter Hand etwas versteckt das städtische **Touristenbüro.**

Läuft man die Straße südwärts in Richtung Kathedrale, trifft man auf der rechten Seite an der Ecke zur Rr. Konferenza Pezës auf ein gelbes Gebäude im Stil der Gründerzeit. Hier unterhielten zwei rumänische Schwestern 1930 einen **Literaturtreffpunkt,** in dem bevorzugt junge Mädchen unterrichtet und unterstützt wurden. Heute erinnert das Gebäude an die kulturelle Bedeutung der rumänischen (walachischen) Bevölkerung für die Stadt.

Schräg gegenüber liegen zuerst der ehemalige **Kulturpalast** mit dem kleinen Museum des amerikanisch-albanischen Fotografen *Gjon Mili* und dann das **MAPO** (Magazina Artikujve Popullore), ein interessantes Gebäude in bester Wohnlage aus der kommunistischen Ära. Die Mietwohnungen in den Obergeschossen waren die komfortabelsten und teuersten von Korça. Ultramodern war damals die Ladenzeile darunter, in deren Schaufenstern auch exklusive Exportwaren ausgestellt waren.

Am südlichen Ende des Boulevards befindet sich rechts ein beliebtes und empfehlenswertes **Stadtcafé,** das eine Oase der Ruhe mit westeuropäischem Flair ist. Erbaut wurde das Gebäude als Wohnhaus von *Themistokli Gërmenj* (1871–1917), der im Jahr 1916 die autonome Republik Korça begründete. In dem restaurierten und traditionell aus Natursteinen gemauerten Anwesen auf der anderen Straßenseite befand sich die erste Schule Albaniens, in der auf Albanisch unterrichtet wurde. Heute ist hier das **Museum für das albanische Bildungswesen** untergebracht (s.u.).

alba139 mc

Bulevard i Republika

Die monumentale **Bronzeplastik** von *Odhise Paskali* aus dem Jahr 1937 zum 25. Jubiläum der albanischen Unabhängigkeit war eines der ersten Heldendenkmäler und zeigt wie üblich einen muskulösen Kämpfer voller Tatkraft und Entschlossenheit. Heute blickt der Held auf ein zweites, neueres Wiedergeburts-Denkmal, die **Neue Kathedrale,** die 1992, kurz nach dem politischen Umsturz, an diesem zentralen Platz am Bulevard i Republika als Symbol der Rückkehr der Religion nach Albanien erbaut wurde. Die alte byzantinische Stadtkirche an derselben Stelle hatten die Kommunisten geschleift, die wertvollen Onufri-Ikonen der Kirche werden bis heute im Mittelalter- Museum der Stadt ausgestellt. Die Katedralja Ngallja e Krishtit („Sieg Christi Kirche") ist nach der neuen orthodoxen Kirche in Tirana die zweitgrößte des Landes und mit 1.800 m² Fläche die drittgrößte Kathedrale auf dem Balkan. Von außen ist sie ein weiß-rosafarbener Hingucker, der immer wieder mit einer großen Zuckertorte verglichen wird, der Innenraum ist angenehm zurückhaltend in Weiß und Gold gehalten. Sehenswert sind die riesigen geschnitzten Leuchter aus Holz und die hölzerne Ikonostase. Die albanischen Adler, die überall mit eingeschnitzt wurden, sind kaum zu zählen. Das große Gebäude links der Kirche ist die heutige **Stadtverwaltung** (Bashkia) und Präfektur Korças. Rechts von der Kirche befindet sich der sogenannte **Sky Tower** mit einem verglasten Aussichtscafé im Obergeschoss.

In den **alten Wohnvierteln** hinter der Kathedrale haben sich viele Häuser aus dem 19. und 20. Jahrhundert erhalten.

Hier liegen auch die **zwei bedeutendsten Museen** der Stadt, das Archäologische Museum und nur wenige Minuten entfernt das Museum für Mittelalterliche Kunst (s.u.).

Folgt man dem Boulevard nordwärts, ist linker Hand an der Rr. Niko Dodona die **Evangelische Kirche Korça** (Kisha Ungjillore e Korçës, Tel. (082) 25 46 40) zu sehen, die sich in der Stadt sozial engagiert.

Keine 200 Meter weiter, an der Seitenstraße Rr. Sotir Gurra, befindet sich ein elegantes Steingebäude, das **Französische Lyzeum,** das von 1917 bis 1939 eines der bedeutendsten Gymnasien im Land war. Zur Zeit des französischen Protektorats war Französisch die Amts- und Zweitsprache in Korça, und auch heute noch sprechen viele Familien in Korça französisch. Wörter wie *tualet, restorant, plazh, bagazh* oder *Xhan Dark (Jeanne d'Arc)* sind Beispiele für die aus dieser Zeit entlehnten französischen Wörter in der albanischen Sprache. Ein bekannter Schüler der Schule war von 1923 bis 1930 der spätere Diktator *Enver Hoxha.*

Das Kinotheater Majestik nebenan wurde 1926/27 erbaut und im Jahr 2001 als **Kinema Milenium** mit 350 Plätzen wiedereröffnet. Es hat ein interessantes Programm und zeigt die Filme im Originalton mit albanischen Untertiteln. Sehenswert ist die italienische Art-déco-Ausstattung.

◁ Ein Blickfang – die Neue Kathedrale

8

Auf dem Bulevard i Republika ist es am schönsten am Abend, wenn die **Stadtvillen** hinter ihren schmiedeeisernen Gartenzäunen, manchmal inmitten verwilderter Gärten, stilvoll beleuchtet ihre Gründerzeit- und Jugendstilfassaden zur Schau stellen. Immer mehr Häuser wurden in den letzten Jahren restauriert und vor dem Verfall gerettet. Auch die **Seitenstraßen** lohnen einen Blick: Hier haben sich die Wohnviertel des 19. und 20. Jahrhunderts mit ihren gepflasterten Gassen und einfachen Häusern aus hellem Kalkstein authentisch erhalten. Ein kleiner Park auf der linken Seite des Boulevards trägt den Namen „**Park der Tränen**" (Parku i Lotëvë), weil hier im 20. Jahrhundert die Abfahrtsstelle der Emigranten nach Übersee lag.

Rinia Park

Zum Abschluss der Stadtbesichtigung bietet sich ein Rundgang durch den großen Stadtpark, den Rinia Park **(Park der Jugend),** an. Er liegt im Norden der Stadt in der Nähe des Fußballstadions Skënderbeu am Bulevard Rilindasit. Hier veranstaltete Korça 2011 zum vierten Mal in Folge das zweiwöchige internationale Symposium „Skulpturenpark Korça"; dabei werden jedes Mal Kunstwerke als Geschenk an die Stadt im Park hinterlassen.

Friedhof der französischen Gefallenen

Der Friedhof erinnert an die Einnahme Korças durch französische Truppen zwischen 1916 und 1920 durch General *Sarrail* sowie an die Zeit der autonomen Republik Korça. Die Anlage mit den Gräbern von 640 Gefallenen wird von der Stadt Korça bis heute gepflegt.

Anfahrt: Über den Blv. i Republika, am Sportstadion rechts entlang der Tribüne auf der Rr. e Bilisht etwa 1 km; auf der Rückfahrt bietet sich die Besichtigung des ehemaligen kommunistischen Hotels Kristall an, das in schöner Lage eine tolle Aussicht bietet.

Partisanen-Gedenkstätte/Heldenfriedhof

Der **schöne Blick** über die Stadt belohnt den steilen Aufstieg zur Varrezat e Dëshmorëvë e Kombit über die gut sichtbaren Treppen auf den östlichen Stadthügel; zu erreichen über eine der Nebenstraßen des Blv. i Republika.

Muzeu Prehistorik

Auch wenn die bedeutendsten prähistorischen Fundstücke der Region in Tirana zu sehen sind, zeigt dieses Museum eine äußerst sehenswerte und gut dokumentierte Sammlung mit **über 1.200 Exponaten.** Allein die beiden gekonnt restaurierten steinernen Gebäude aus der ottomanischen Zeit und der schöne Innenhof lohnen einen Besuch. Das Hauptgebäude (mit der Verwaltung und einem kleinen Laden) aus dem frühen 19. Jahrhundert mit dem typischen ummauerten *çardak* im ersten Stock war das Wohnhaus der Familie, die Sammlung befindet sich im Gästehaus, dem *han i mysafirëve,* wo man außerdem auch Feste und Hochzeiten abhielt. Die Sammlung zeigt in chronologischer Abfolge Funde aus der Zeit vom Frühen Neolithikum bis zur Späten Eisenzeit (6000–600 n.Chr), dokumentiert die bedeutenden Siedlungen der Region (Maliq, Dunavec, Podgoria, Trajan) und verdeutlicht die weitreichenden Handelsbeziehungen der frühen Bewohner des Korça-Beckens.

Öffnungszeiten: Mo bis Do 8–14 Uhr, Fr 8–12 Uhr, Sa und So geschlossen, Eintritt: 200 Lek; Blv. Rr. Mihal Grameno, Tel. (082) 822 25 28 00, (069) 262 32 17.

Muzeu Kombëtar i Artit Mesjetar

Was von außen schlicht aussieht, entpuppt sich beim Eintreten als die ehemalige orthodoxe Kathedrale Shën Gjergj von Korça, die 1980 unter den Kommunisten in eine profane Ausstellungshalle umfunktioniert wurde. Die heutige Kirche findet man provisorisch eingerichtet in einem Seitenschiff. Das **Museum für Mittelalterliche Kunst** verwaltet eine einmalige Sammlung von über 6.500 Ikonen hauptsächlich aus dem südalbanischen Raum und 1.500 anderen kirchlichen Objekten. 200 Ikonen und 50 weitere kirchliche Objekte werden in der Ausstellung präsentiert. Die frühesten **Ikonen** stammen aus dem 14. Jahrhundert, die Mehrzahl aus dem 16. bis 19. Jahrhundert, viele aus Voskopoja, das im 17. Jahrhundert das Zentrum der Ikonenmalerei war. Highlight ist die Ikonensammlung des Meisters *Onufri* aus dem 16. Jahrhundert, der in Berat und Gjirokastra arbeitete. Seine Arbeiten sind für ihre einmalige Farbigkeit und ihren Reichtum an Details berühmt.

Öffnungszeiten: Di bis Fr 9–13 und 17–18 Uhr, vorher anrufen, Tel. (082) 24 30 22, Eintritt: 200 Lek; Rr. Kryengritja e Qershot/Sotir Peçi.

Muzeu i Arsimit

Unter der Rilindja-Bewegung (Nationale Wiedergeburt) wurde am 7. März 1887 die **erste Schule Albaniens** eröffnet, in der offiziell in albanischer Sprache unterrichtet wurde. Das Haus ist eine Stiftung von *Diamanti Tërpo,* einem bekannten Patrioten der Stadt. In den echten Klassenzimmern von damals gibt es eine interessante (noch originale!) Präsentation aus der kommunistischen Zeit, die die **Geschichte des albanischen Bildungswesens** dokumentiert. Gezeigt werden u.a. die ersten albanischsprachigen Texte, die ersten Schulhefte und die Entwicklung des albanischen Alphabets in lateinischer Schrift.

Öffnungszeiten: Di bis Fr 8.30–14.30 und 17–19.30 Uhr, Sa, So 9–12 und 17–19 Uhr; falls geschlossen, anrufen, Tel. (082) 230 22; Eintritt: 200 Lek; www.muzeumesjetar.al.

Muzeu Bratko

Das Museum des großen Sammlers **asiatischer Kunst,** Fotografen und Kunstförderers *Dhimitër Mborja* beherbergt seit 2003 rund 430 Exponate: Keramik, Schmuck, hinduistische und buddhistische Statuen, japanische Textilien und Malerei, indonesische Masken und Werkzeuge, chinesische Altäre und zahlreiche Fotos aus 17 asiatischen Ländern. *Mborja* (1903–1990) wanderte 1920 in die USA aus, studierte in Detroit und arbeitete in Hollywood. Er war Fotograf der US Army und bereiste 1942 Europa und Asien.

Öffnungszeiten: Di bis So 10–14 Uhr und nach tel. Vereinbarung, Eintritt: 100 Lek; Blv. Fan Noli, Tel. (069) 215 65 61, http://users.rcn.com/laura2.

Shtepia muze e piktorit Vangush Mio

Ein Kleinod ganz besonderer Art ist die Ausstellung der **Bilder und Zeichnungen des impressionistischen Malers Vangush Mio** in einem historischen osmanischen Gebäude des 19. Jahrhunderts mit schöner Originalausstattung. 1891 in Korça geboren, studierte *Vangush Mio* in Bukarest und Rom und kehrte 1924 in seine Heimatstadt zurück, wo er als freier Künstler und Bühnenmaler des Stadttheaters bis zu seinem Tod 1957 lebte. Er hinterließ ein Werk von über 400 Ölbildern und 300 Zeichnungen und Skizzen, ein Teil davon ist in der Nationalgalerie in Tirana zu sehen. Die in Korça gezeigten Exponate lassen den Betrachter in die Stadt des 19./20. Jahrhunderts zurückkehren.

Öffnungszeiten: Rr. Spiro Ballkameni, Kontakt über das Touristenbüro oder Tel. (082) 43 32.

Studio Sotir (Foto-Ausstellung Kristaq Sotir)
Der 1883 in Korça geborene *Kristaq Sotir* arbeitete in den Jahren von 1903 bis 1923 als Fotograf in New York und Los Angeles und unterhielt später mit *Vangush Mio* ein Atelier in Korça. *Sotir* fotografierte mit Vorliebe Menschen im städtischen Alltag und kulturelle Ereignisse. Von etwa 14.000 Fotos erhielt sich ein Teil in der Privatsammlung der Familie des Künstlers.

Öffnungszeiten: Tägl. 9–13 und 15–17 Uhr, Besichtigung nur auf telefonische Anfrage oder Vermittlung des Touristenbüros möglich, Tel. (082) 24 73 95, (069) 227 46 45.

⌄ Korça-Bier schmeckt nicht nur in Korça

alba060 mg

Brauerei Birra Korça

Die 1928 von dem Italiener *Umberto Uberti* gegründete Brauerei arbeitet heute mit tschechisch-italienischer Technik und auch deutschen Zutaten und braut jährlich 120.000 Liter Gerstensaft, als leichtes süffiges Blondes und, einzigartig auf dem Balkan, auch als Dunkles zu haben – für viele das beste Bier im Land. Sehenswert ist der restaurierte gelbe Gebäudekomplex auch von außen, **Führungen** durch die Brauerei dauern zwischen 30 und 60 Minuten (engl.), Anfragen unter Tel. (082) 25 40 33, 24 29 65.

Öffnungszeiten: Mo bis Fr 7.30–15.30 Uhr, Sa 7.30–15 Uhr, So geschlossen; www.birrakorca.com; Blv. Fan Noli Richtung Mborja; Ausschank nebenan im Biergarten Panda Bar (s.u.).

Praktische Infos

Informationen/Nützliches

■ **Kommunale Touristeninformation,** am Blv. Gjergj Kastrioti, etwas versteckt am Ende der Straße auf der rechten Seite, zusammen mit der **Reiseagentur Gulliver OK,** davor Infotafeln, Tel. (082) 257 80 33 55, 672 03 44 03, www.visit-korca.com, info@visit-korca.com. Die engagierte Managerin *Orieta Gliozheni* spricht gut englisch. Führungen in und um Korça für 35 Euro pro Tag. Öffnungszeiten: 9–19 Uhr, außer Mo, außerhalb der Saison nur an Wochentagen, am besten anfragen.

■ **Geld: Raiffeisenbank,** Rr. Midhi Kostani; **Pro Creditbank,** Blv. Gjergj Kastrioti.

■ **Post:** Blv. Gjergj Kastrioti, 8–16 Uhr.

■ **Internet:** Zahlreiche Internetcafés an den Hauptstraßen, 100 Lek pro Std.

■ **www.korcahotels.com,** zentrale Buchungsplattform für die Hotels in Korça. Bei einer Rundreise bieten sich auch Voskopoja, Dardha oder Vithkuq als Übernachtungsorte an.

Medizinische Versorgung/Notfälle

■ **Notarzt:** Tel. 127.

■ **Apotheken: Farmaci Borova,** Blv. i Republika, 8–16 Uhr; **Farmaci Eva,** Blv. Fan Noli, Tel. (082) 25 17 89, 8.30–14.30 und 17–20 Uhr, Sa 10–14 Uhr.

■ **Krankenhäuser: Städtisches Krankenhaus,** Blv. Fan Noli, Tel. (082) 24 29 72; **Orthodoxes Krankenhaus,** Tel. (082) 24 54 62; **Poliklinik,** Blv. Fan Noli.

■ **Zahnärzte: Joana Dent,** Blv. Gjergj Kastrioti; **Niko Dent,** Tel. (082) 25 21 13 (neben der Hochschule Themistokli Gëmenji).

■ **Feuerwehr:** Tel. 128.

■ **Polizei:** Rr. Dhimitër Rëmbeci, Tel. 129.

Guesthouses

TIPP ► **Vila Bujtina Sidheri**③, ursprünglich nur ein empfehlenswertes traditionelles Kellerrestaurant, jetzt aber Wohnen wie im alten Korça, nur mit allem modernen Komfort, Rr. Bledhja e Beratit, Tel. (066) 553 31 65. 6 DZ im 1. und 2. Stock, mit Antiquitäten wohnlich und gemütlich eingerichtet, komfortable Duschbäder, AC, TV, WLAN, schöner Sitzplatz auf kleinem Dachbalkon. Sehr liebevoll zubereitetes Frühstück vor Kaminfeuer.

TIPP ► **Guesthouse Bujtina Leon**③, eine wohnliche Adresse hinter der orthodoxen Kathedrale in der Altstadt nahe dem Mittelalter- und Archäologischen Museum, Rr. Shresa Palla 14, Tel. (069) 436 65 04 (engl.). Geräumige DZ plus Suite, traditionell oder elegant, modernes Duschbad, WLAN, TV, AC, schönes Kaminzimmer und Holzveranda, mit sehr leckerem, selbst gemachten Frühstück und freundlichen Besitzern.

Hotels in der Stadt

■ **Gold**②, kleines, schlichtes, gepflegtes familiäres Haus, 20 m vom Blv. i Republika, Rr. Kiço Golniku 5, Tel. (082) 24 68 94, (069) 236 42 50. 3 DZ, 2 2-Bett-Zimmer, 3 3-Bett-Zimmer, 2 EZ; Duschbad, AC, TV, WLAN, Balkon.

■ **Behar Koçibelli**③, ehem. Turizmi-Hotel mit blauer Glasfassade, im Rezeptionsbereich wurde nicht an Ausstattung und Deko gespart, die Mehrzahl der Zimmer ist renoviert, Tel. (082) 24 26 77, hotelkocibelli@hotmail.com. 4 geräumige DZ, 17 3-Bett-Zimmer, 9 4-Bett-Zimmer, 3 Suiten mit Whirlpool; Duschbad, AC, TV, Zentralheizung, WLAN nur an der Rezeption stabil.

■**Grand Palace**③, das größte Hotel, renoviert und elegant, Sheshi i Teatrit 13, Tel. (082) 24 31 68. 45 DZ, 26 EZ. Duschbad, AC, TV, WLAN im Rezeptionsbereich, Konferenzraum, Restaurant mit internationaler und albanischer Küche.

Tipp **Regency**③, angenehmes kleines Hotel im amerikanischen Stil, wohnlich und komfortabel eingerichtet, Rr. Ismail Qemali 7, Tel. (082) 24 38 67/68/69, www.hotelregencyalbania.com, info@hotelregencyalbania.com, 6 DZ, 6 2-Bett-Zimmer, 4 EZ, 2 Suiten; Duschbad, AC, TV, WLAN, Office-Nutzung, Konferenzraum, üppiges Frühstück, guter Kaffee im Café Serenata, 24 Std. geöffnet.

■**Smerald**④, angenehmes kleineres Haus, 100 m vom Stadion, Rr. Viktimat e Poljanit 1, Tel. (082) 24 50 93, hotelsmerald@yahoo.com. 8 zurückhaltend und modern eingerichtete DZ, 2 3-Bett-Zimmer, gehoben ausgestattetes Duschbad, AC, WLAN, Safe, Piano-Bar im Sommer.

■**Life Gallery**⑤, weiß designtes Lifestyle-Hotel mit luxuriösem Flair, Blv. i Republika 24, Tel. (082) 24 60 40, 24 68 00, www.lifegallery.al, info@lifegallery.al. 4 Standard-DZ, 7 Luxus-DZ, 6 Suiten, AC, TV, WLAN, schöner Pool mit Bar, elegantes Restaurant.

Hotels außerhalb des Zentrums

■**George**②, Rr. e Mborjes, ruhige ländliche Adresse in Mborje am östlichen Ortsende, 1,2 km von Korça, Tel. (082) 24 37 94, (069) 208 31 12, hotel.george@hotmail.com, www.hotelgeorge.info. 45 DZ, 25 EZ, 6 3-Bett-Zimmer mit solider, geschmackvoller Möblierung in Holz und Stein, originelle, moderne Architektur, schöne Duschbäder, gute Außenterrasse.

■**Samara 1**②, Rr. Rilindja, Voskopoja, Tel. (086) 425 00 14, (068) 294 30 57. Familiäre DZ mit Dusch-

bad, Verpflegung nach Absprache möglich. Gleiches gilt für **Samara 2**②, Tel. (069) 290 97 41.

■**Kristal**③, gut renoviertes ehem. kommunistisches Arbeiterferienheim Kampi i Punëtorëve nordöstlich des Stadtzentrums, mit schöner Aussicht auf Korça und die Wälder der Umgebung, Tel. (082) 24 89 92, (069) 209 83 21, www.hotelkristal.cjb.net, rezarkote@yahoo.com. 47 geräumige DZ, 4 EZ, 10 3-Bett-Zimmer, je nach Zimmergröße unterschiedliche Preise. Gutes franz.-alb. Restaurant.

Essen und Trinken: Spezialitäten

In Albanien ist Korça bekannt für seine **feine Küche** und die frischen Produkte aus dem Umland.

Kërnacka oder *qofte*, kleine zylindrische Hackfleischbällchen aus pikant gewürztem Schweinefleisch; *kolloface*, pikante Würstchen aus gemischtem Fleisch; *koran* oder *belushkë*, Spezialitäten aus Pogradec mit Fischen, die nur in den Tiefen des Ohrid- und Baikalsees vorkommen, meist als *tavë* (Pfannengericht), im Seewasser gekocht und mit Zwiebeln gegrillt; *lakror*, ähnlich wie *byrek*, in Korça ein Hauptgericht, mit verschiedenen Füllungen, z.B. Tomaten, Zwiebeln, Kürbis, Spinat, Lauch *(presh)*, oft mit *kos* oder *gjizë* (Joghurt) gemischt, serviert mit *dhallë*, einem erfrischenden gesalzenen Joghurt-Drink, der dem türkischen Ayran ähnelt; Wein des Weingutes Rilindja, Merlot oder trockener Tokaj.

Das **beste Essen** gibt es in den privaten Gästehäusern, die gegen einen geringen Aufpreis für das ohnehin günstige Zimmer ihre Gäste gerne mit verpflegen; in und um Korça geht das kaum, ohne von dem guten Pflaumen- *(kumbulla)* und Maulbeerbaum-Raki *(mani)* zu probieren.

Restaurants

■**Alfa,** Blv. Shën Gjergjitt, gegenüber der Bibliothek, gute Salate.

■**Amerika,** Blv. i Republika, angesagtes italo-albanisches Restaurant im Ethno-Stil mit einer schönen Außenterrasse.

Ostalbanien

■ **Antik Pizza,** Blv. i Republika, kleine, stark frequentierte Pizzeria mit antiker Deko, geöffnet 11.30–24 Uhr.

■ **C'est la Vie,** gegenüber des ehem. französischen Lyzeums, kleines, gemütliches Restaurant und Café mit guter albanisch-französischer Küche und kleinem Vorgarten.

■ **Liceu Taverna,** Rr. Sotir Gurra, türkische Spezialitäten.

■ **Shtëpia Voskopojare,** Rr. Gaço Koroveshi, in der kleinen Villa neben der Kathedrale sitzt man hinter ionischen Säulen oder draußen auf einer schattigen Terrasse, wo günstige, frisch zubereitete albanische Gerichte mit leckeren Salaten serviert werden. I.d.R. 8–15 und 19–24 Uhr geöffnet.

■ **Taverna Vasili,** Rr. Kostadina Gaçe, Tel. (082) 24 66 10, (069) 214 85 83, neues, orangefarbenes Gebäude mit rustikalem Weinkeller und elegantem Speiseraum in der 1. Etage, stimmungsvoll mit offenen Kaminen, angenehme und bekannte Adresse, um typische Korça-Gerichte und albanische Küche zu probieren.

■ **Taverna Qilari,** Rr. Berdhyl Pojani, Tel. (069) 248 96 93, stimmungsvolle Kellertaverne, alte Fotos und Erinnerungsstücke sowie mittelalterliche Tavernen-Szenen an den Wänden. Große Portionen, albanisch-mexikanische Küche, 13–23 Uhr, an Wochenenden Musik, auch Busgruppen.

■ **Teru,** beim Grand Hotel, Blv. Gjergj Kastrioti, auf der Seite der Post, Tel. (082) 24 42 01, schlichte Bistro-Atmosphäre mit günstigen, gut zubereiteten albanischen Gerichten.

■ **Vasport,** Blv. i Republika, rechts gegenüber der Kathedrale, Tel. (082) 25 03 88, (068) 206 20 22, freundliches Restaurant und Bistro, reichhaltige, schön dekorierte Fleischplatten in großer Auswahl, gute trockene Weine, geöffnet 7–23 Uhr.

■ **Verona,** Blv. i Republika, gute Pizzeria schräg gegenüber der Pizzeria Antik, Tel. (082) 25 28 28.

■ **Voskopojare,** Rr. Gavril Pepa, hinter der Kathedrale in altem Korça-Haus, Tel. (082) 24 27 84, gute Adresse für einheimische Küche und Produkte aus der Region.

Biergarten

■ **Panda Bar,** direkt neben der Korça-Bierbrauerei, Blv. Fan Noli Richtung Mborja, die erste Adresse, um entspannt Korça-Bier zu trinken und an Sommerwochenenden Live-Musik zu genießen und vielleicht der einzige Biergarten dieser Art auf dem Balkan – allerdings inzwischen etwas in die Jahre gekommen. Grillrestaurant und Brauereiausschank. 8–24 Uhr.

Cafés und Süßes

■ **Mesontorja,** Blv. Shën Gjergjit, beim Museum der ersten albanischen Schule, Café-Bar mit kubistischer und alter Kunst, 8–24 Uhr.

■ **Niva Akullore,** Blv. Gjergj Kastrioti, leckere selbst gemachte Eiscreme, 9–20 Uhr.

■ **Serenata,** beliebter Treffpunkt mit gutem Kaffee im Regency Hotel, bis 24 Uhr.

■ **Sky Café,** Blv. i Republika, Korças bestes Aussichtscafé und Terrasse auf dem Dach des modernen Gebäudekomplexes Sky Tower südwestlich der Kathedrale.

■ **Vila Alket,** Café-Bar auf zwei Stockwerken in einem alten Stadthaus etwas zurückgesetzt vom Blv. i Republika, hinter Präfektur und Kathedrale, viel antikes Inventar und interessante Fotos, schöne Außenterrasse, 7–23 Uhr.

■ **Vila 1821,** Blv. i Republika, restauriertes Theater-Café und Bar in altem Gebäude gleich neben der Kathedrale mit beliebter Terrasse; Karaoke und Ladies Night jeden letzten Sa im Monat, 7–24 Uhr.

■ **Vila Themistokli Gëmenji,** Blv. Shën Gjergjit, *Gëmenji* lebte hier und begründete 1916 die autonome Republik Korça. Schöner Salon mit alter Einrichtung und beliebte Außenterrasse, Live-Musik an Sommerwochenenden.

Nachtleben

Nicht verpassen darf man den allabendlichen **Xhiro** auf dem Bulevard i Republika zwischen der Kathedrale und dem „Umkehrpunkt" am Rinia-Park.

8

●**Havana,** Blv. i Republika, hauptsächlich ein vielversprechender Name und eine bei der Jugend beliebte Terrasse direkt auf dem Gehweg, 7–24 Uhr.

●**Moska,** Blv. i Republika, stylische Bar in der 1. Etage mit viel Holz und Metall-Abluftrohren, große Fensterfronten zur Straße, Korca-Gemälde russischer Maler; große Bierauswahl, Weinstube, Dachgarten im Sommer, angesagte Partys jeden letzten Sa im Monat, 7–24 Uhr.

●**Omega,** Rinia-Park, hinter der Kirche Shën Sotir, große Freifläche draußen und sehenswerte Klimt-Art-déco innen, Do und Sa Disco mit bekannten DJs.

●**O2,** Blv. i Republika, über der Dhoma e Tregtise dhe Industrise (Industrie- und Handelskammer), mit Meeresthemen ausgemalte Bar mit offenem Kamin, 8–14 und 17–24 Uhr.

●**Piazza,** Rr. 6 Dëshmorët, neben Vila 1821, beliebter Treffpunkt im Korça-Stil auf zwei Stockwerken mit Dachterrasse und Blick auf die Kathedrale, 7–24 Uhr.

●**Premier,** Blv. Shën Gjergjit, innen stylisches Café, außen schöne Terrasse um einen Springbrunnen, Live-Musik an Sommerwochenenden, 7–24 Uhr.

●**Skena Park,** Rr. 1 Maji, die bekannteste Adresse in Korça und im ganzen Land, um die berühmten *Prifti Brothers* oder andere Sessions zu erleben, Fr und Sa 22–3 Uhr.

●**Vanessa,** moderne Bar im Zentrum des Rinia-Parks, 7.30–23.30 Uhr.

●**Zeus,** Blv. i Republika, Couch-Bar mit hölzernen Séparées über der Pizzeria El Forno, 8–22 Uhr.

Kultur

●**Kino,** Blv. i Republika, Tel. (082) 245 05 15, im Sommer tägl. Vorstellungen um 17 und 19.30 Uhr, Sa und So auch 11 Uhr, meist englisch mit albanischen Untertiteln, Eintritt: 150 Lek. Gegenüber vom Kino Anzeigetafel für die Fußballspiele im Stadion.

●**Theater Teatri Andon Zako Çajupi,** Blv. Gjergj Kastrioti, Vorstellungen nur in albanischer Sprache.

●**Pallati i Kulturës** (Kulturpalast), Blv. Gjergj Kastrioti, Tel. (082) 22 48 78, Ausstellungen, Konzerte und Festivals; Veranstaltungen des bekannten Lyra-Chores (seit 1927), der Stadtband und des Skënderbeg Ensembles.

Reisen/Transport

●Für **Autofahrer** ist Korça eine entspannte, übersichtliche Stadt mit genügend Parkmöglichkeiten. Hier geht man traditionell gerne zu Fuß und fährt nicht für wenige Meter mit dem Auto wie in der Hauptstadt. Nach Tirana (über Elbasan, Pogradec) sind es 180 km, nach Elbasan 123 km, Saranda 250 km, Gjirokastra 195 km, Fier 220 km, Ohrid 110 km.

●Die nächsten **Flughäfen** finden sich in Tirana, Mazedonien/Ohrid (110 km), Griechenland/Kastoria (76 km) und Griechenland/ Thessaloniki (250 km), dann jeweils weiter mit dem Überlandbus.

●**Bahn:** Der nächste Bahnhof ist Pogradec, die Station liegt einige Kilometer nördlich außerhalb der Stadt beim alten kommunistischen Eisenhüttenwerk Gur i Kuq; von dort fahren Minibusse weiter nach Korça.

●**Busse:** Korça wird aus allen größeren albanischen Städten und auch von Ohrid, Kastoria, Thessaloniki und Athen angefahren. Es gibt **keine offiziellen Busfahrpläne;** am besten vorher direkt an den Abfahrtsstellen rund um den Basar erkundigen.

Die (Mini-)Busse **Richtung Tirana, Vlora, Durrës und Berat** fahren täglich über Pogradec und Elbasan, sie starten teilweise am Beginn der Rr. e Tiranës. Die Busse **nach Gjirokastra und Saranda** fahren jeden zweiten Tag über Përmet und starten entlang der Rr. Çico Greco/Rr. Shëtitorja Fan Noli am Basar. Die Busse **nach Voskopoja und Vithkuq** fahren an der ersten Nebenstraße nördlich des Basars los. Tagesfahrten (hin und zurück) nach Voskopoja, Dardha oder Gorica sind nicht realisierbar.

Verbindungen: Saranda 6 Uhr, zweitägig, der Bus fährt hin und zurück (1.200 Lek/7–8 Std.); Berat 12.30 Uhr, Durrës 12 Uhr (großer Bus), zweitägig, der Bus fährt hin und zurück (1.200 Lek/7–8 Std.); Erseka, Përmet, Gjirokastra dreimal täglich mit Minibus; Voskopoja 7.30, 10, 13, 15, 16 Uhr (Minibus), nicht Sa und So; Liqenas 12 Uhr (Minibus); Gorica e Madhe (Prespa-See) 12.30 Uhr (Minibus).

Ostalbanien

Einkaufen

■ **Rilindja,** Zona Industriale, Tel. (082) 24 32 89. In der bekanntesten Weinkellerei gibt es Merlot- und Tokaj-Weine, Raki, Cognac und Liköre.

■ **Teppich-Fabrik,** Rr. 1. Maj, Tel. (069) 271 69 45, die größte Teppichfabrik im Land geht bis in die Zeit zurück, als Korça ein bedeutendes Zentrum für handgewebte Teppiche war. Besucher sind willkommen, Werkverkauf von handgewebten türkischen Kelims und anderen Webarbeiten.

Feste, Festivals, Veranstaltungen

■ **7.–9. Jan.:** Orthodoxes Weihnachtsfest.

■ **April:** Keramikmarkt, Blv. i Republika, um die Kathedrale.

■ **Mai:** Fotoausstellung des Sotir Studios; 21. Mai: Shën Konstandin.

■ **Juni:** Mehrtägiger Karneval mit Paraden und Musikveranstaltungen; großes Kinderfest im Rinia-Park; Skulpturen-Symposium im Rinia-Park; 24. Juni: Shën Prodhom, Voskopoja; 29. Juni: Shën-Pjetrit-Messe, Vithkuq.

■ **Juli:** 1. Juli Straviçi, Shën Kozma, Hoçisht; 10. Juli: Shën Nikolas, Fest der Bruderschaft von Vithkuq, Vithkuq; 27. Juli: Hashura-Fest in der Turan-Tekke.

■ **August:** Bierfest, Mitte des Monats, www. festesbirres.com; Shën Mërisë, Prozession in Dardha, mit Volkstanzgruppen.

■ **Sept.:** Kulturerbe-Tage in Korça und Pogradec.

■ **Okt.:** Festival örtlicher und internat. Maler.

■ **Dez.:** Weihnachtliche Dekoration der Stadt mit Lichtern und Schmuck; Weihnachtsmarkt; 30. Dez.: Weihnachtsparade mit *babagjyshi* (dem albanischen Weihnachtsmann) auf dem Schlitten.

Outdoor

TIPP http://mappingalbania. blogspot.com/p/trails.html, hier findet man ausgesuchte **Wanderrouten** in Mborja, Voskopoja, Vithkuq, Drenova und Dardha samt GPS-Daten, die im Sommer 2011 während eines deutsch-albanischen Albania Mapping Project in Korça in Zusammenarbeit mit der GIZ entstanden sind (englisch).

Westlich von Korça

Voskopoja (Voskopojë)

Viele Bewohner Voskopojas bieten Unterkünfte in liebevoll eingerichteten Gästehäusern an und bewirten ihre Besucher auf traditionelle und herzliche Weise zu günstigsten Preisen. Und das ist nur einer der guten Gründe, in dem 18 Kilometer westlich von Korça 1.150 Meter hoch gelegenen Dorf vorbeizuschauen; da wären auch noch die **liebliche Mittelgebirgslandschaft,** die zu einer Wanderung einlädt, und die tragische Geschichte des Ortes, der man nachspüren kann. Im Winter zieht Voskopoja viele albanische Wintersportler an; auch nationale Skiwettkämpfe werden hier ausgetragen.

Stadtgeschichte

Man kann es heute kaum glauben, aber der 1338 von Walachen gegründete Ort war im 17. und 18. Jahrhundert **eines der bedeutendsten wirtschaftlichen und kulturellen Zentren** des Landes und einer der größten Orte auf dem Balkan – ein wichtiger Umschlagplatz auf der Mitte des Weges von Venedig nach Istanbul und dazu ein Zentrum der orthodoxen Kirche, zu dem eine weithin bekannte Bibliothek und große Schulen gehörten. Zahlreiche Künstler und Kunsthandwerker waren hier ansässig, die Ikonenmalerei landesweit berühmt. Die vielleicht erste Buchdruckerei auf dem Balkan wurde hier 1720 in Betrieb genommen. Zum **Niedergang** kam es, als in der politisch unruhigen Zeit des 18. Jahrhunderts die Stadt immer wieder von brandschatzenden osmanischen Horden angegriffen wurde, bis die Be-

8

wohner Ende des Jahrhunderts den Ort endgültig aufgaben und sich nach Korça retteten. Dort sind sie heute Teil einer bedeutenden walachischen Minderheit, die einen sehr alten romanischen Dialekt spricht.

Die Reste Voskopojas verfielen, in den beiden Weltkriegen wurden die Ruinen zu Waffendepots, 1960 gab ein Erdbeben dem Ort den Rest, hinzu kamen die zerstörerischen Umnutzungen in der kommunistischen Zeit. Fünf ungewöhnlich große Kirchen und ein Kloster existieren heute noch zwischen den Hügeln und Laubwäldern. Weitläufig in der Umgebung verstreute Reste der Stadtmauer und alte Straßenpflaster lassen etwas von der einstigen Größe der Stadt erahnen.

Sehenswertes

Die Kirche Shën Kollit im Dorfzentrum, die rekonstruierte Kirche Shën Thanas und das Kloster Shën Prodhomit kann man besichtigen. An den Wegen stehen informative Tafeln zu den Kirchen und zur Geschichte des Ortes (englisch).

Die renovierungsbedürftige **Kirche Shën Kollit** von 1721/22 hat einen großen steinernen Glockenturm und war die einzige Kirche in Voskopoja, die im Kommunismus nicht als Lager oder Stall genutzt wurde. Sie gehört zu den wenigen komplett erhaltenen Kirchen Albaniens und hat eine beeindruckende Ausstattung. Im schummrigen Inneren glänzen die alten vergoldeten Leuchter, die Ikonostase ist überreich geschnitzt, die Fresken zeigen unzählige Figuren und stammen von dem bekannten Künstler *David Selenica,* die Ausmalungen sind von *Konstantin* und *Athanas Zografi,* die auch am Berg Athos tätig waren. Die wertvollen Ikonen der Kirche werden heute im Museum für Mittelalterliche Kunst in Korça gezeigt. Bei einer Besichtigung kann man sich vorstellen, welche Kunstschätze in Voskopoja verloren gingen. Auf der anderen Seite des Glockenturms lebt der Priester, der englisch spricht und den Kirchenschlüssel aufbewahrt.

Shën Mërisë aus dem Jahr 1712 liegt heute in Ruinen; die ehemalige Kathedrale der Stadt hat einen Turm, der vom Ende des 19. Jahrhunderts stammt. Die **Kirche Shën Thanas,** 1724 erbaut, ist eine Rekonstruktion auf alten Mauerresten und war ursprünglich komplett von den berühmten Zografi-Brüdern ausgemalt. Die kleine **Kirche Shën Ilias** ist nur als Ruine erhalten. Auf dem Weg zum Kloster liegt **Shën Triadhës** mit einem schönen zweigeschossigen Glockenturm. Um zum **Kloster Shën Prodhomit** zu kommen, folgt man den Schildern zum Hotel Akademia etwa zwei Kilometer auf einem sehr schlechten Fahrweg, die letzten 500 Meter hinter dem Hotel sind nur zu Fuß zu bewältigen. Das Kloster war der größte Landeigner und betrieb eine Viehzucht mit über 1.000 Kühen. Die wertvolle Ausstattung der teilrestaurierten Kirche von 1632 ging großteils verloren, als die Kommunisten hier ein Militärlager einrichteten. In einem Nebengebäude im Innenhof erhält man den Schlüssel.

▷ Auffahrt zum Kloster Shën Prodhomit

Praktische Infos

■ Im touristischen Infozentrum in Korça gibt es eine ausführliche Broschüre der GIZ mit einem **Verzeichnis privater Gästehäuser.** Man kann aber auch direkt im Ort fragen, da die Auswahl groß ist.

■ Private Unterkünfte in Voskopoja (Guesthouses) sind auf **www.albanian-mountains.com** gut beschrieben (Foto) und buchbar.

■ **Hotel Manoku**②, gleich am Ortseingang, 8 einfache, große Zimmer mit Duschbad und eigenem Kamin für den Winter. Frühstück im empfehlenswerten Restaurant, auch gegrilltes Huhn *(pulë)* und Fisch.

■ **Royal Hotel Voskopoja**②-③, Landhotel oberhalb des Dorfes mit schöner Aussicht, Tel. (068) 202 09 11, (069) 258 32 82, www.royalvoskopoja.com. Wohnliche DZ mit modernem Duschbad, AC, TV, Balkon, inkl. Frühstück. Hotelrestaurant, Kamin, Grill, große Terrasse.

■ **Hotel Akademia**③, mitten im Wald gelegen, groß und gepflegt, etwas skurril anmutendes Hotelanwesen in restaurierten alten Gebäuden mit hohen Räumen, ein ehemaliges Feriendomizil russischer Politiker. Am rechten Ortsende vor dem Kloster Shën Prodhomit, schlechte Zufahrt, 2 km vom Dorfzentrum, Tel. (082) 446 24, 47 06. 27 Zimmer unterschiedlicher Größe und Preise (Duschbad!), 11 nette Holzbungalows mit einfachen Duschbädern, einige mit eisernen Holzöfen. Fußball und Basketball (Kleinfeld), feudaler Speisesaal, Restaurant. Im Sommer und an Winterwochenenden nachts viel Trubel durch Feste, sonst idyllisch ruhig.

■ Auf dem Weg nach Voskopoja liegen zwei Forellenzuchtanlagen, die in ihren Restaurants frische Forellen zubereiten: **Taverna Peshku** und **Ura e Kovacë.**

■ Am Dorfeingang und im Zentrum von Voskopoja gibt es **Gasthäuser,** in denen gute traditionelle Küche zubereitet wird.

■ **24. Juni:** Fest zum Namenstag des Hl. Johannes des Täufers mit Prozession.

■ **4. Juli:** Walachisches Volksfest.

alba061 mg

Vithkuq

Vithkuq ist die „kleine Schwester" Voskopojas und liegt inmitten einer sanften Mittelgebirgslandschaft mit Gärten und Obstbäumen. Die **schöne Umgebung** ist gut für Tageswanderungen geeignet. Vithkuq ereilte das gleiche Schicksal wie Voskopoja. Bis zu seiner Brandschatzung durch plündernde Banden im 19. Jahrhundert war das heutige Dorf eines der drei größten Handelszentren im Land. In alten Inventaren zählte man 24 Stadtteile, 18 Kirchen und Klöster. Die einzige Kirche, die sich vollständig erhalten hat, ist **Shën Mëhillit** aus der Zeit von 1764 bis 1773. Sie liegt östlich des Dorfes neben dem alten Friedhof und weist farbenreiche Fresken auf. Rund um das **Kloster Shën Pjetrit** veranstaltet die orthodoxe Kirche von Korça jährlich ein großes Sommercamp. Die Kirchen Shën Pjetrit, Kozma, Shën Konstandini, Vangjelizmoi, Shën Gjergjit, Shën Dëllia und Shën Mërisë stehen nur noch als Ruinen in der Wiesenlandschaft.

Etwa eine halbe Autostunde von Korça entfernt, kurz vor Vithkuq, erreicht man den **Stausee von Gjanç,** in dem ein Großteil des Brauchwassers für die Stadt gesammelt wird. Das nächste Dorf Leshnja gehörte schon zum Besitz des Klosters Shën Pjetrit in Vithkuq. Unter der Steinbrücke am Ortseingang der ehemaligen Stadt liegt die Quelle des 160 Kilometer langen Osum. Es ist eine alte Tradition, in der Kapelle nebenan auf Reisen eine Kerze zu entzünden.

Anfahrt: Problemlos auf kleiner, enger Straße. Hinweis: Im Herbst keinesfalls die gelben Früchte der Büsche am Straßenrand probieren – sie verursachen schwere Bauchkrämpfe.

Praktische Infos
■ Im touristischen Infozentrum in Korça gibt es eine ausführliche Broschüre der GIZ mit einem **Verzeichnis privater Gästehäuser.** Man kann aber auch direkt im Ort fragen, da die Auswahl groß ist.
■ In der Ortsmitte von Vithkuq gibt es mehrere **Gasthäuser** und einen Landhandel mit Lebensmitteln.
■ **29. Juni:** Fest zum Namenstag des Hl. Petrus.
■ **10. Juli:** Fest zum Namenstag des Hl. Nikolaus mit Prozession.

Südlich von Korça

Mborja (Mborje)

Vor dem Aufstieg Voskopojas und Korças war Mborja (griech.: *emborion,* Markt) der wichtigste Marktort der Region. Am höchsten Punkt des Dorfes steht die kleine byzantinische Kirche **Kisha e Ristozit** (Auferstehungskirche), die mit ihrer überreichen Ausmalung zu den sehenswertesten byzantinischen Kirchen des Landes zählt und wie durch ein Wunder alle Zeiten und Stürme überdauert hat.

Anfahrt: Über die Rr. Fan Noli, an der Korça-Bierbrauerei vorbei, an der nächsten Gabelung links, unmittelbar nach einem Supermarkt; den Schlüssel erhält man in einem Haus links oder im Supermarkt etwas unterhalb der Kirche; Eintritt: 200 Lek; keine Beleuchtung, Taschenlampe erforderlich.

Tuma e Kamenicës

Von Süden kommend, liegt acht Kilometer vor Korça wenige Meter rechts der Hauptstraße eine der bedeutendsten archäologischen Fundstätten des Landes: der **Tumulus von Kamenica.** Der prähistorische Grabhügel mit dem beachtlichen Durchmesser von 40 Metern und einer Höhe von drei Metern ist als riesiger Steinkreis freigelegt. In Albanien und auf dem gesamten Balkan gibt es kein vergleichbares Hügelgrab solcher Größe. Die Nutzung des Tumulus begann um 1300 v.Chr., als in seinem Kern das Grab eines etwa 40-jährigen Mannes angelegt wurde, dem dann bis in die frühe Eisenzeit um 750 v.Chr. über 400 Bestattungen folgten. Der Fundort wurde erstmals zwischen 1950 und 1960 bekannt, als er dem Ackerbau im Wege stand. Während der politischen Unruhen 1997 bis 1999 plünderten Grabräuber Teile des Hügels, wodurch etwa 20 Prozent des „Inhalts" zerstört wurden.

Von 2000 bis 2003 brachte eine dreijährige **Grabungskampagne** des Archäologischen Instituts Tirana und des Landesmuseums Korça mit Unterstützung des Hewlett Packard Institute of Human Science insgesamt über 440 Skelette und 3.500 Objekte ans Tageslicht. Dabei wurde zum ersten Mal in der albanischen Archäologie Skelettmaterial systematisch untersucht. Die Befunde dokumentieren eine hohe Sterblichkeit bei Geburten und rätselhafte chirurgische Eingriffe in die Schädeldecken am lebenden Menschen. Die Grabungsergebnisse werden in einem kurzen Film (englisch, Verkauf 3 Euro) und einer kleinen Ausstellung dokumentiert. Infos auch unter www.kamenicatumulus.org.

Öffnungszeiten: Mai bis Sept. 9–19 Uhr, Okt. bis April 8–16 Uhr, Mo geschlossen, im zweiten Haus auf der gegenüberliegenden Seite evtl. nach dem Schlüssel fragen; Eintritt: 200 Lek.

Boboshtica (Boboshticë)

Boboshtica ist eines der Dörfer der Region mit einer **besonders interessanten Geschichte.** Wie in Drenova war die Bevölkerung hier in den letzten Jahrhunderten bulgarisch und wurde erst in der neueren Geschichte hellenisiert und albanisiert. Noch 1897 zählte man im Ort über 900 bulgarischsprachige Einwohner. Nach einer lokalen Legende soll das Dorf von polnischen Siedlern nach einem Kreuzzug gegründet worden sein. Von insgesamt 13 bekannten **Kirchen** haben sich drei erhalten: Shën Mërisë (im Dorf), Shën Gjon Pagëzorit und Shën Dhimitrit, beide etwas außerhalb auf freiem Feld. Sie überraschen mit Fresken von außerordentlich guter Qualität. 1827 wurde Boboshtica Bischofssitz. Als die Region unter die Herrschaft *Ali Pashas* kam, emigrierten viele Einwohner in die Walachei im heutigen Rumänien. Nach der Befreiung von den Türken wurde 1877 die erste griechische Schule gegründet. Mit dem politischen Umbruch in Albanien gingen viele Bewohner nach Griechenland. Heute soll noch etwa ein Dutzend sogenannter Aromunen (Walachen) im Dorf anzutreffen sein.

■**Essen und Trinken:** Entlang der Straße nach Dardha gibt es einige sehr gute und günstige Adressen für *lakror*, gegrilltes Lamm, und Maulbeerbaum-Raki, zum Beispiel die **Taverna Antoneta,** ein rustikales Restaurant mit uriger Terrasse direkt am Fluss (Tel. (068) 226 49 63, 8–24 Uhr), und die **Taverna Boboshtrica,** ebenfalls rustikal mit offenem Kamin (Tel. (069) 245 46 26, 8–24 Uhr).

Dardha (Dardhë)

Dardha, ein kleines Bergdorf auf 1.344 Metern Höhe im Morava-Gebirge 20 Kilometer südöstlich von Korça, kennt man in ganz Albanien, nicht zuletzt deshalb, weil hier das einzige **Wintersportzentrum** Albaniens mit einem Skilift liegt. Der abgelegene Ort wurde 1600 von orthodoxen Christen gegründet, die so den Repressalien der Türken entflohen. Früher sollen hier einmal über 100 Familien gelebt haben, heute sind es noch etwa 50 Bewohner. Einige der steinernen Häuser an den steilen, gepflasterten Straßen wurden bereits zu schmucken kleinen Anwesen restauriert. Die gute Luft und die waldreiche Natur locken die Bewohner aus der Ebene zu Tagesausflügen und Wanderungen in die bergige Umgebung. Das mineralreiche **Quellwasser Uji i qelbur** (Scharfes Wasser), das hier aus zahlreichen Leitungen entlang der Wege fließt, soll bei Magenbeschwerden und Nierenleiden helfen. Dardha ist auch für die übergroßen, im Feuer gebackenen Lakror-Kuchen aus Zwiebeln und Tomaten und seinen Pflaumen-Raki bekannt.

Unterkunft/Essen und Trinken

■ **Private Unterkünfte** findet man ausreichend im Dorf.

■ **Shtëpia e Pushimit**①, ehem. Arbeiterferienheim, Tel. (069) 266 60 10, 214 85 75. Ganz einfache kleine Zimmer mit Gemeinschaftsbädern. Restaurant, Billard und große Terrasse.

■ **Alpin Smerald-Dardha**③, gemütliches Sporthotel mitten in der Natur auf 1.344 Metern Höhe vor Dardha gelegen, Tel. (068) 205 33 69, 206 03 62, info@hoteldardha.com, www.hoteldardha.com. Hochwertig eingerichtete Zimmer mit Duschbad, Zentralheizung und Balkon. Whirlpool, Hamam, gutes Restaurant mit albanisch-italienischer Küche, Skilift, geführte Touren, Shuttlebus nach Korça.

■ **Bar Batelli,** die beste Adresse für traditionelles Essen im Ort, dazu von der Terrasse Fernsicht in die Berge.

Prespa-Ohrid-Region

Durch die Öffnung der Grenzen und neu ausgebaute Straßen am Großen Prespa-See ist es heute wieder möglich,

8

Ostalbanien

die Prespa-Ohrid-Region im **Dreilän-dereck von Albanien, Mazedonien und Griechenland** als einen zusammenhängenden Natur- und Kulturraum über die Landesgrenzen hinweg zu bereisen. Mit Sicherheit wird diese außergewöhnlich schöne Gegend in den nächsten Jahren mehr Beachtung finden, denn es gibt wohl kaum eine Region auf dem Balkan, die mit diesem **Seengebiet** vergleichbar ist. Über 850 Meter hoch gelegen, wirken diese Seen wie riesige Tröge, tief eingebettet in einer abgelegenen Bergwelt. Die bewaldeten und auch karstigen Berge reichen über sanft gewellte Wiesen und Felder bis an die Uferzonen heran

und verleihen der ganzen Region einen überaus erhabenen Eindruck. Die Erde ist fruchtbar, schon im Februar werden die ersten Felder bestellt. Im März versinken die Wiesen rund um die Seen in einem Meer von Frühlingsblumen. Viele Uferzonen sind sumpfig und ganz und gar naturbelassen und eignen sich sehr gut für Naturerkundungen. Neben dem Frühjahr mit seiner grünen Üppigkeit ist vielleicht der Herbst mit seiner starken Laubfärbung die schönste Jahreszeit, aber auch im Sommer ist die Prespa-Oh-

☐ Frühling am Großen Prespa-See

rid-Region ein gutes Reiseziel, denn das kontinental-mediterrane Klima sorgt dafür, dass es trocken und warm, aber nie zu heiß ist.

Die **Prespa-Seen** und der **Ohrid-See** gehören nach dem Baikal-See zu den ältesten Seen der Erde. Sie entstanden im Tertiär und sind große Grabengebiete, die sich mit Wasser füllten. Ein ganz besonderes Phänomen ist der Umstand, dass die drei Seen durch den durchlässigen karstigen Untergrund miteinander in Verbindung stehen. So tritt das Wasser des Kleinen Prespa-Sees in den Großen Prespa-See über, wo es in den Untergrund strömt und in tiefer gelegenen Quellgebieten des Ohrid-Sees wieder auftaucht. Das kann in manchen Jahren zu dramatischen Absenkungen des Wasserspiegels führen, die zu der ganz besonderen Tektonik des Seensystems dazugehören.

Das etwa 40 Kilometer lange **albanische Ufer des Ohrid-Sees** reicht von der mazedonischen Grenze (Grenzübergang Sveti Naum) über das ehemalige Fischerdorf Tushemisht und die Ohrid-Quellen von Drilon über Pogradec und einige kleinere Ortschaften bis zur Halbinsel Lin, von wo es dann über den 933 Meter hohen Qafa e Thanës (Kornellkirschen-Pass) nach Struga und Ohrid in Mazedonien geht oder durch das Shkumbin-Tal stetig abwärts gen Westen nach Elbasan.

Parku Kombëtar e Prespes

🌿 1999 wurden die bereits bestehenden Nationalparks aller drei Länder als gemeinsames großes Schutzgebiet mit einer Fläche von 27.750 Hektar ausgewiesen. Es gibt bisher keine umfassenden Untersuchungen über **Flora und Fauna** der Region, aber allein die bekannten endemischen und bedrohten Arten weisen auf eine **hohe Schutzwürdigkeit** hin. Am bekanntesten ist die weltweit größte Brutkolonie des Krauskopfpelikans mit 1.100 Brutpaaren, auch 700 Paare der stark bedrohten Zwergschabe, eine seltene Kormoranart, sind anzutreffen. Im **Prespa-Nationalpark** wurden allein 160 Brutvogelarten nachgewiesen; für 20.000 Wasservögel ist der Große Prespa-See ein wichtiges Überwinterungsgebiet. Von den zahlreichen endemischen Fischarten ist besonders der **Koran** bekannt, eine Forellenart, die weltweit nur im Ohrid-See lebt. Wie viele Fischarten es tatsächlich gibt, wurde niemals erfasst. In Mazedonien wird der Koran schon lange nicht mehr befischt, in Albanien jedoch ist er nach wie vor eine beliebte Spezialität, die nur selten aus Zuchtanlagen kommt. Neben den vielen seltenen Reptilien und Fischarten ist der Reichtum an Schmetterlingsarten außergewöhnlich groß. Allein im Galicia-Nationalpark sind 1.600 Arten bekannt.

Für die beteiligten Naturschutzverbände und NGOs erfordert es viel Überzeugungsarbeit und Verhandlungsgeschick, die drei gemeinsam verantwortlichen Länder darin zu bestärken und zu unterstützen, die gesteckten Schutzziele auch wirklich in die Realität umzusetzen; Albanien ist wie so oft im **Naturschutz** das Schlusslicht, wenn es um Unterstützung durch die Regierung geht.

TIPP EuroNatur engagiert sich seit vielen Jahren in der Prespa-Ohrid-Region und hat einen Naturführer herausgebracht, der sehr informativ und detailliert für den Naturschutz in der Region wirbt (siehe Literaturtipps im Anhang).

Rundtour

TIPP Durch die neue Straßenverbindung sind die beiden Prespa-Seen von Korça in gut einer Stunde als Tagesausflug erreichbar. Eine andere Möglichkeit wäre es, die ganze Region auf einer Rundtour zu erkunden, die **von Korça** zum Kleinen Prespa-See und dann über die Qafa e Zvezdës mit tollen Ausblicken an den Großen Prespa-See führt. Dort könnte man von Liqenas aus die Insel Malingrad besichtigen und vielleicht auch übernachten, um am nächsten Tag die Grenze nach Mazedonien zu überqueren. Von dort führt die alte Militärstraße über das Gebirge Mali i Thatë zum Ohrid-See weiter nach Pogradec. Vom Kleinen Prespa-See über Rakickë und Shuec nach Zaroshkë am Großen Prespa-See geht es nur über eine schlechte Naturpiste, das Gebiet ist besser für Erkundungen zu Fuß oder mit dem Mountainbike geeignet.

Shpella e Trenit

Kleine, auf Stein gemalte stilisierte Reiterfiguren und Jagdszenen, die in der **Höhle von Tren** gefunden wurden, gelten als die ältesten Bildwerke auf dem Balkan und haben die Shpella e Trenit zur bekanntesten Höhle Albaniens gemacht, die selbst in Tirana als bedeutendes Ausflugsziel beworben wird (die Einheimischen vor Ort nennen sie Shpella e Ujkut = Wolfshöhle). Ihre Bewohner lebten hier vom Frühen Neolithikum bis in die Bronzezeit hinein und hatten zahlreiche Handelskontakte, wie Fundstücke aus Griechenland und Afrika zeigen.

Die vom Weg einfach zugängliche und leicht begehbare Höhle hat zwei Galerien von etwa 40 Metern Länge und 5,50 Metern Breite, doch außer **Fledermäusen** und jeder Menge Fledermauskot gibt es nichts zu entdecken.

Folgt man der Straße Richtung Cerjë, erreicht man die **Guri i Spilese.** Eine dieser bizarren Felswände wird auch „Brautfelsen" genannt. Der Legende nach soll eine junge Braut in diesen Stein verwandelt worden sein, als ihre Karawane in einen Hinterhalt geriet. An mehreren schwer zugänglichen Stellen befinden sich gut erhaltene **prähistorische Darstellungen** von jagenden Reitern, Hunden und Hirschen. Vor Stuec liegen am See die Überreste der **Trajan-Festung,** eine der zahlreichen Befestigungsanlagen dieser Region. Das letzte Wegstück nach Zaroshka ist nicht mit dem Pkw befahrbar, aber ideal für eine Erkundung mit dem Mountainbike.

Anfahrt: Von Korça kommend zweigt etwa 1 km nach Cangonj auf der E86 Richtung griechische Grenze eine unscheinbare kleine Teerstraße nach Tren ab; man fährt jedoch nicht in das Dorf mit seinen alten Steinhäusern, sondern nimmt nach 3 km die Abzweigung links Richtung Buzëliqen/Zagradec; nach 1 km geht es wieder scharf links auf einen kleinen Feldweg Richtung Rakickë, Stuec und Cerjë, dem man noch 200 m folgt; direkt bei der Abzweigung zu einem Steinbruch liegt die Höhle von Tren an der Nordostseite des Hügels in den karstigen Felsen. Es gibt weder Schilder noch irgendeine Art touristischer Infrastruktur.

Kleiner Prespa-See

Zum **albanischen Teil** des Sees gehört nur der vollständig mit Schilfrohr zugewachsene untere Abschnitt eines etwa 15 Kilometer langer Seitenarms, der ein beeindruckendes Panorama auf die weit entfernt liegenden Wasserflächen und die hohen Bergketten Griechenlands bietet. Die Verlandung dieser Zone begann erst durch Erosionsmaterial des **Devoll,** der in den 1970er Jahren in den Kleinen Prespa-See geleitet wurde, um den See als natürlichen Wasserspeicher für die neu gewonnenen landwirtschaftlichen Flächen in der Korça-Ebene zu nutzen. Mit der Gründung des Nationalparks wurde der natürliche Abfluss wiederhergestellt, sodass der See bei der alljährlichen Schneeschmelze im Frühjahr wieder über seine natürlichen Ufer treten kann. Das unzugängliche **Schilfdickicht** ist eines der wichtigsten Brut- und Schutzgebiete für Wasservögel in der Region.

In **Buzëliqen/Zagradec** am Ende der Straße existiert oberhalb des östlichen Seeufers am Ortsausgang ein kleines **Informationszentrum,** das 2007 vom griechischen WWF und einer griechischen NGO aufgebaut wurde und heute von der Woman's Association of Micro Prespa betreut wird. Englisch-albanische Schautafeln informieren über die reiche Natur, Kultur, Geschichte und die Aktivitäten rund um den See. Archäologen vermuten, dass sich der slawische Name Zagradec („Hinter der Stadt") auf die Reste der Festung bezieht, die sich heute in der Nähe der Höhle von Tren befinden.

Großer Prespa-See

Die Abweigung zum Großen Prespa-See (keine Schilder) liegt von Korça kommend unscheinbar knapp zwei Kilometer hinter dem Dorf **Plasa** bei einer Tankstelle; die Straße verläuft zunächst schnurgerade und dann in weiten Serpentinen hoch auf die **Qafa e Zvezdës** (Sternen-Pass) in 1.300 Metern Höhe. Nach einigen Kilometern auf der Hochfläche zwischen Mali i Thatë und Mali i Ivanit öffnet sich der weite Blick auf den Großen Pespa-See und die Insel Malingrad.

In den Fischerdörfern an den Seeufern lebt eine fast ausschließlich slawische Bevölkerung, die sich selbst als **Mazedonier** bezeichnet und traditionell orthodoxen Glaubens ist. Die Mehrheit spricht nicht albanisch, sondern mazedonisch, das eng mit dem Bulgarischen verwandt ist. Auffallend viele Pkws fahren hier mit bulgarischem Kennzeichen, viele Familien haben Verwandte in dem EU-Land. Die Ortsschilder sind inzwischen alle dreisprachig (albanisch, mazedonisch, griechisch).

Über Lajthiza erreicht man das Fischerdorf **Zaroshka,** das an dem beeindruckend weiten südlichen Ufer des Sees liegt. Auf dem trockengefallenen Seegrund stehen noch alte, aus Weidenruten geflochtene Fischerhütten und einfache Lehmbauten, die als Ställe genutzt werden.

> Liqenas liegt malerisch am Wasser

Weiter geht es am See entlang nach **Liqenas** (= See), dem Hauptort der Region. Im Frühjahr sind die sumpfigen Feuchtwiesen ein idealer Platz, um Krauskopfpelikane beim Fischfang zu beobachten.

Insel Malingrad

Die Einheimischen nennen die felsige Insel „Kleine Stadt". Der Name soll auf einen der letzten bulgarischen Zaren namens *Samuel* zurückgehen, unter dessen Herrschaft Ohrid Hauptstadt des bulgarischen Reiches wurde. Ziel eines Ausflugs auf die Insel sind die in Felsenhöhlen gelegenen kleinen **Eremitenkapellen von Shën Mërisë,** die sich bis ins 11. Jahrhundert zurückverfolgen lassen. Über steile Eisenstiege und eine Leiter kann man in die **Höhlen** gelangen. Leider wurden die Wandmalereien an der Außenseite durch hohe Wasserstände in der Vergangenheit stark beschädigt. Es gibt den Aberglauben, dass Kleidungstücke, die man in der Kapelle ablegt, die schützende heilige Energie des Ortes aufnehmen.

Bei der Ortsverwaltung in Zaroshka (*bashkia,* gelbes Gebäude etwas oberhalb des Ortskerns) kann man nach einem Boot zur Insel Malingrad oder auch zu den nördlicheren Felsenkapellen fragen. Auch der Kirchenschlüssel muss mitgenommen werden. Das Hotel Aleksandar (s.u.) berechnete für den etwa 20-minütigen Transfer 2013 20 Euro für Hin- und Rückfahrt.

Felsenkapellen

Auf der albanischen Seeseite liegen noch drei weitere Felsenkapellen: Shën Mërisë ne Thellesi in **Kallamas,** das nur mit

alba063 mg

dem Boot erreichbar ist, sowie eine Kapelle südlich von **Golomboc** und eine östlich von **Zaroshka** direkt an der griechischen Grenze auf der anderen Buchtseite.

Schlupflöcher von Zaveri

Geologisch interessant sind die sogenannten Schlupflöcher von Zaveri, die **an der Bucht vor Goricë e Vogël** zu sehen sind. Je nach jahreszeitlichem Wasserstand kann man hier von der Straße aus beobachten, wie eine starke Wasserströmung aus dem See direkt in Richtung Ufer fließt und dort verschwindet. Es wird angenommen, dass an dieser Stelle der natürliche Abfluss des Prespa-Sees in den 200 Meter tiefer gelegenen Ohrid-See liegt. Bei Niedrigwasserstand schwemmt sich in der Bucht sogar ein kleiner Damm durch die Wasserströmung auf. Zu dem Schlupfloch gehören auch Schauergeschichten wie die einer Leiche, die im Prespa-See verschwand und später im Ohrid-See wieder auftauchte.

Praktische Infos

Informationen

■ **Kleines Infozentrum in Buzëliqen/Zagradec,** Woman's Association of Micro Prespa, www.infocentrezagradec.com, wamprespa@yahoo.com, Tel. (069) 390 61 43.

■ **Infozentrum Gorica e Vogël,** kleine Nationalpark-Infostelle im oberen neuen Ortsteil.

■ **PPNEA (Protection and Preservation of Natural Environment in Albania),** contact@ppnea.org, Tel. (042) 25 55 84, Büro Tirana, Rr. Mujo Ulqinaku 25/1/5. Vermittlung von Unterkünften und Or-

ganisation einheimischer Führer (engl.) im Gebiet des Prespa-Nationalparks.

Unterkunft

■ **Paradise**②, guter und günstiger Kompromiss bei der Durchreise, direkt rechts der Nationalstraße E86, 7 km nach Cangonj, Tel. (069) 219 14 40. 13 ordentliche DZ mit TV, AC, Duschbad und Balkon und paradiesischen Landschafts-Wandmalereien auf allen Stockwerken. Terrasse, Parkplatz hinter dem Haus, gute ländliche albanisch-griechische Küche.

■ **Hotel Aleksandar**②, Familienhotel in Zaroshka direkt am Seeufer, Tel. (069) 312 69 47. 6 einfache DZ mit Duschbad, AC und Balkon. Gut zubereitete Fischspezialitäten.

■ **Hotel Vasil**②, empfehlenswertes Familienhotel in Golomboc, bekannt für seine Fischspezialitäten. 4 einfache und gepflegte DZ mit Duschbad und AC.

■ Nach **Privatzimmern** muss man direkt in Liqenas fragen.

Mali i Thatë

Das nördlich der Korça-Ebene aufragende Gebirge Mali i Thatë dominiert die Region in alle Himmelsrichtungen und scheint durch die steilen karstigen Abhänge von allen Seiten uneinnehmbar. Den nördlichen Rand kann man über die alte Militärstraße aus mazedonischem Gebiet direkt an der mazedonisch-albanischen Grenze (deutliche Grenzstein-Linie) erkunden, oder man wählt einen sehr mühsamen, etwa vierstündigen Aufstieg oberhalb von Gorica e Madhë auf Hirtenwegen bis in die offene Karstregion. Vom höchsten Gipfel, dem **Pllaja e Pusit** (2.287 m), hat man einen Blick auf alle drei Seen. Westlich des Dorfes **Gorica e Madhë** liegen die letzten der ehemals bedeutenden Eichenmischwald-Bestände, riesige Flä-

chen fielen den illegalen Abholzungen der 1990er Jahre zum Opfer.

Sveti Naum (Mazedonien)

Das wunderschön über dem **Ohrid-See** gelegene orthodoxe Kloster Sveti Naum liegt nur wenige hundert Meter von der mazedonisch-albanischen Grenze entfernt am südlichen Seeufer, was die Albaner schmerzt, da es bis zur Grenzziehung 1924 zu Albanien gehörte. König *Zogu* selbst vermachte das Kloster 1924 dem Königreich Jugoslawien als Dank für die politische Rückendeckung gegen die demokratische Partei von *Fan Noli*. Sveti Naum ist sehr bekannt, weil hier das **Grab des Hl. Naum** verehrt wird, der das Kloster um 985 unter bulgarischer Herrschaft gründete. Es wird erzählt, man höre noch heutzutage das Herz des Heiligen schlagen, wenn man das Ohr auf die steinerne Grabplatte legt.

Die **Kirche** wurde mehrfach zerstört und zuletzt im 18. Jahrhundert unter osmanischer Herrschaft neu aufgebaut. Die Innenausstattung ist üppig geschnitzt, die prächtigen Fresken sollen Kopien älterer Fassungen sein. Am Kloster werden Parkplatz- und WC-Gebühren erhoben, ein Imbiss bietet Getränke und Fast Food an.

Anfahrt: Ohne Pkw fährt man mit dem lokalen Bus oder Taxi (500 Lek) zur Grenze, von dort sind es noch einmal gut 2 km die Landstraße bergauf, dann links auf einem Fußpfad Richtung Kirche oder bis zur Abzweigung 1 km weiter und 1,5 km auf schattenloser Teerstraße; im Sommer gibt es manchmal Privatleute, die einen Taxidienst anbieten, oder man trampt.

Picknickplatz hoch über dem Ohrid-See (mazedonische Seite)

Nach Ohrid (Mazedonien) fahren die letzten Busse um 16 und 19 Uhr bis zum dortigen zentralen Busbahnhof, der 1,5 km vom Zentrum entfernt ist. Tipp: Das Sunny Lake Hostel ist ein sehr netter Familienbetrieb mitten in der Altstadt von Ohrid (www.hostelworld.de).

Der Grenzübertritt erfolgt in beide Richtungen ohne Probleme. Will man aus Mazedonien kommend weiter **nach Pogradec,** zweigt unmittelbar nach der Grenze eine alte Militärstraße im Wald ab, die über die Mali i Thatë durch dicht bewaldetes und einsames Gebiet in den Galicia-Nationalpark führt. Von dort geht es über eine Serpentinenstrecke mit tollem Ausblick tausend Meter hinab an den Ohrid-See (unterwegs mehrere Aussichtspunkte mit Picknickplätzen).

Quellen des Schwarzen Drin (Mazedonien)

Interessant ist eine **Bootsfahrt** in das etwa 30 Hektar große Quellgebiet des Schwarzen Drin, das 30 unterirdische und 145 oberirdische Quellen umfasst, von denen man meint, hier tauche das Wasser aus den Schlupflöchern von Zaveri (s.o.) wieder auf. Die Bootsfahrt startet vom Gebäude der Nationalpark-Verwaltung etwa 200 Meter vor der Kirche Sveti Naum.

Drilon

Kurz vor Tushemisht entspringt an einem Ort namens Drilon eine große Karstquelle, die einen breiten Ausfluss in den Ohrid-See hat. In dem **beliebten** **Ausflugsort** kann man Bootfahren, Schwäne füttern oder eines der zahlreichen, schön schattig gelegenen Cafés und Garten-Restaurants aufsuchen. Mitten im lauschigen Wald hatte auch *Enver Hoxha* seine Lieblings-Ferienresidenz. Wer einmal im Bett des (eines) Diktators übernachten möchte, kann sein ehemaliges Schlafzimmer im Hotel Vila Art vor Ort buchen. Auch König *Zogu* verbrachte hier mit Vorliebe den Sommer.

■**Drilon Camping Arbi**①, einfache Übernachtungs- bzw. Stellmöglichkeit für die Durchreise, Tel. (069) 20 16 11 21. Größere Wiese direkt neben dem Ausflugspark von Drilon, einfache Bar, ordentliche WCs, Duschmöglichkeit, Strom aus der Bar. Ein Ausbau war für 2014 geplant. Bademöglichkeit auf der anderen Straßenseite, genügend Restaurants in der Nähe.

Pogradec

Pogradec liegt auf einer Schwemmlandebene direkt **am südwestlichen Ufer des Ohrid-Sees,** eingerahmt von den Ausläufern der **Mali i Mokrës.** Nachdem die beiden Balkankriege und der 1. und 2. Weltkrieg die osmanische Altstadt zu großen Teilen vernichtet hatten, vollendeten die kommunistischen Städteplaner die **Zerstörung des historischen Stadtkerns** mit ihren großflächigen Entwürfen, die damals als modern und fortschrittlich galten. Heute mischen sich in der 40.000-Einwohner-Stadt Plattenbauten mit modernen Betongebäuden in allen Höhen, Größen und Formen. Nur in den äußeren Stadtteilen haben sich einige osmanische Straßenzüge mit den typischen niedrigen Häusern erhalten.

Ostalbanien

Pogradec war schon im Kommunismus ein **beliebter Ferienort;** selbst der Diktator *Enver Hoxha* hatte in Drilon ein Ferienhaus (s.o.). Und auch heute sind die Stadt und ihre nähere Umgebung eines der wichtigsten Ziele albanischer Touristen, die hier in den heißen Sommern das großartige Gebirgspanorama, das angenehme, etwas kühlere Klima, die milden Abende und die leichte Brise der Bergfallwinde zu schätzen wissen.

Neben dem Tourismus setzt Pogradec vor allem auf **Landwirtschaft.** Die große Ebene westlich der Stadt wird wie in kommunistischen Zeiten intensiv agrarisch genutzt. Wein- und Hopfenanbau sowie Frucht- und Gemüseverarbeitung sind typisch für die Region. Als dynamischer **Zuzugsort** hat Pogradec seine Einwohnerzahl in den letzten 20 Jahren mehr als verdreifacht.

Die **City** hat heute ein verkehrsberuhigtes Zentrum, durch das der Durchgangsverkehr im Einbahnsystem läuft, das öffentliche Leben spielt sich an den Grünanlagen der langen Seeuferpromenade mit vielen schattigen Sitzplätzen ab. Hier stehen auch die überlebensgroßen Statuen von *Dhimitër Pasko,* bekannter unter dem Pseudonym *Mitrush Kuteli* (1907–1967), einer der bedeutendsten Schriftsteller und Übersetzer des Landes, und die von *Lasgush Pogradeci* (1899–1987), einer der bekanntesten albanischen Dichter. Nach Bemühungen durch UN und verschiedene Bürgerinitiativen zur Verschönerung der Innenstadt wartet die **Infrastruktur** am See auf weitere Impulse. Der große Stadtstrand hat noch keinen Sonnenschirmverleih, dafür kann man Ruderboote mieten und das Seepanorama genießen. Mit der Öffnung der Grenze könnten in Zukunft wieder Ausflugsschiffe vom anderen Seeufer anlegen, das würde Tagestouristen nach Pogradec bringen. Die Wasserqualität ist nach vielen problematischen Jahren wieder gut.

Im Westen von Pogradec liegen die **Mali i Mokrës** (Mokra-Berge), landschaftlich sehr reizvoll, aber nur teilweise durch asphaltierte Straßen erschlossen. Im abgelegenen Bergland nordwestlich von Pogradec stößt man auf ein Teilstück der Via Egnatia zwischen Elbasan und Ohrid. Hier befinden sich die Königsgräber von Selca und einige sehr gut erhaltene steinerne Brücken aus der osmanischen Zeit.

Einige unerschlossene **Höhlen** finden sich rund um Pogradec, so bei Mokër, die Shpella e Najazme bei Tushemisht, die Shpella e Baribardhes beim gleichnamigen Ort und die Shpella e Memëlisht bei Guri i Kuq.

Sehenswertes

Das Sehenswerteste in Pogradec kann man kostenlos und ohne viel Aufwand haben, es braucht nur etwas Zeit. Es sind die **Atmosphäre am See,** das besondere Flair auf der Promenade, der Blick auf die riesige Wasserfläche mit den Gallica-Bergen am Horizont, die im Winter schneeweiß sein können und das ganze Jahr über für fantastische Spiegelungen im Wasser sorgen.

Das **Museum** der Stadt informiert über die regionale Entwicklung von der Antike bis zu den Weltkriegen (Öffnungszeiten: 9–16 Uhr, Rr. Rreshit Çollaku, Richtung Norden auf der linken Seite in einem alten osmanischen Gebäude).

8

Pogradec

0 ▬▬▬ 200 m

1 2 3 4 5
Stationi i Trenit (Bahnhof),
Tiranë, Ohrid, Memëlisht

Rr. e Kalasë

Rr. e Kalasë

SH 3

Kalaja
e Pogradecit

Rr. e Tiranës

OHRID SEE

Reshit Collaku

Rr. e Kalasë

Unaza

Kalo Karafili

Punime ne
Dru Icka

Denkmal
Lasgush
Poradeçi

Galeria e
Artit Lako

7 Naim-Frashëri

8

Kisha e
Shën Mërisë **6** **Galeria e Arteve /**
Millennium Kinema

9

11 **12** **13**

Osmanisches
Viertel

Islam Demi

Unaza

i

Déshmorët e Pojskës

Xhamia e
Goricës

Xhamia e Ebu
Beqir Esidiku

10

Blv. Europa

Reshit Collaku

Rinia

Polizei

1 Qershori

14

Kalo Karafili

Galeria e
Artit Taso

Stadtmuseum Ⓜ

Stadion

Kisha e
Ringjallja

Unaza

Gani Butka Ⓑ

Busabfahrten
Minibus Korça,
Tirana, Selca

Industriale

Basar

🟧 **Nachtleben**
8 Balona

🟩 **Sonstiges**
13 Bootverleih

© REISE KNOW-HOW 2014

Albanien_11

Plazhi (Strand)

Lÿhnida

Mihal Balkamero

Driloni

15

16 17 18 19
Ohrid,
Mazedonien

Rr. e Korçës

SH 3

Maliq, Korçë

Eine Vorstellung, wie Pogradec früher einmal besiedelt war, gibt das **osmanische Viertel** zwischen Rr. Kalo Karafili, Rr. Islam Dani und Rr. Unaza. Dort finden sich auch die Kirche Shën Mërisë und die Xhamia e Goricës (Moschee). Unter den Osmanen entwickelte sich der Ort zu einer blühenden Handelsstadt und zählte im 17. Jahrhundert 600 Häuser, vier Moscheen, eine Koranschule, eine Tekke sowie öffentliche Bäder und Gasthäuser. Neben großen Landgütern im Umland spielten die wollverarbeitende Industrie, Kleiderfabrikation, Holzverarbeitung und das Kupferhandwerk die größte wirtschaftliche Rolle.

Seit etwa 6000 v.Chr. ist durch Werkzeugfunde eine erste Besiedlung des Stadthügels belegt, die Illyrer bauten hier eine befestigte Höhenburg, die über viele Jahrhunderte als Siedlung und Fluchtburg bei Belagerungen diente. Während der illyrisch-römisch-mazedonischen Kriege wird die **Kalaja e Pogradecit** des Öfteren erwähnt. Unter den Römern und auch während der Zerstörungen in der Zeit der Völkerwanderungen im 6. Jahrhundert wurde die Burg immer wieder aufgebaut und erweitert. Im frühen Mittelalter des 9. Jahrhunderts tritt der strategisch günstig gelegene Ort unter slawischer Herrschaft erstmals als Zentrum der Region in Erscheinung. Unter den Bulgaren erhielt die Stadt den Namen Pogradec, was so viel wie „unter der Festung gelegen" meint.

Anfahrt: Am nördlichen Stadtende gelegen, ist der Burghügel auch wegen der guten Aussicht einen kurzen Abstecher wert; am Ortsende geht es kurz vor dem Zusammenschluss der beiden Hauptstraßen links, dann wieder links in Serpentinen bergauf fast bis zum Gipfel.

Praktische Infos

Informationen/Nützliches

■ **Touristen-Information,** der Besitzer des Internetcafés Qendra InkuSat Cyberspace, Rr. Rreshit Çollaku, fungiert in Ermangelung einer offiziellen Touristeninfo als Notnagel für alle Fragen (engl.).

■ Die deutsche **NEHEMIAH-Stiftung** arbeitet in Pogradec seit 20 Jahren im sozialen Bereich, www.nehemiah-gateway.org.

■ Das **Forumi i Zhvillimit Zonave Malore Pogradec,** www.fzhzmp.org, ist eine NGO zur Förderung der Bergregion (Ansprechpartner ist *Astrit Alickolli,* astrit_alickolli@yahoo.it (engl., ital.).

■ **Bootsvermietung,** an allen Stränden gibt es Tret- und Ruderboote (ca. 500 Lek/60 Min.). **Angeln** ist überall am See und in allen Flüssen erlaubt.

■ **Entfernungen** (mit Pkw): nach Shkodër 251 km, Tirana 140 km, Elbasan 86 km, Gjirokastra 243 km, Fier 176 km, Kaptishë (Griechenland) 60 km, Korça 39 km, Struga (Mazedonien) 37 km, Ohrid (Mazedonien) 39 km und Tushemisht 5 km.

Unterkunft in der Stadt

■ **Enkelana**②, renoviertes ehem. Turizmi-Hotel im Hochhausturm direkt am Strand, Rr. Reshit Çollaku, Tel. (083) 222 010, Fax (083) 222 173, www.turisalba.com/enkelana. 34 einfache DZ mit Duschbad, 6 3-Bett-Zimmer, 6 Suiten, AC, Außenterrasse, Privatstrand.

■ **Lake Ohrid Hostel**②, Rr. Drini Cake, im Stadtzentrum ausgeschildert, strandnah, Tel. (067) 287 37 98. Vom DZ bis zum 6-Bett-Dorm, inkl. Frühstück, WLAN, Pool und Terrasse zum Wohlfühlen.

■ **Vila Bimbli**②, pink-weißes Seehotel in Zentrumsnähe, Tel. (083) 222 516, (069) 223 20 57, Shëtitorja 1 Maji, Rr. 10 Dëshmorët e Pojskës. 4 wohnliche DZ mit Duschbad, AC, TV, 6 3-Bett-Zimmer, 2 Suiten; Tipp: Eine Suite hat eine große Dachterrasse.

■ **Perla**③, zentrumsnahes Seehotel, Tel. (068) 209 01 06, Shëtitorja 1 Maji, Rr. 10 Dëshmorët e Pojskës, perlahotel@yahoo.com. 5 DZ in kräftigen Farben

mit Duschbad, AC, TV, schönem Balkon. Besonders die obere Etage mit schöner Aussicht.

■ **Royal**③, neueres Seehotel mit angenehmer Atmosphäre an der Promenade, 400 m vom Zentrum, Tel. (083) 231 58, Rr. Reshit Çollaku, hotel_royal@yahoo.com. 10 DZ mit Duschbad, TV und AC, 5 3-Bett-Zimmer, 3 Suiten, Bar, Restaurant.

Unterkunft östlich von Pogradec

■ Ähnlich wie in Südalbanien gibt es in **Tushemisht** seit dem Kommunismus eine lange Tradition, Touristen zu beherbergen, mit Halb- oder Vollpension aus eigener Produktion. Etwa 50 Familien bieten einfache **private Unterkünfte** an, empfehlenswert sind z.B. die Familien *Dimiter Bardhi, Ilo Tushinka, Jordan Culaku, Berti Michael, Koco Ndrio.* Gut ist das **Hotel Tushemisht**④, Tel. (069) 226 41 27, (069) 206 20 29, mit Einzel- und Doppelzimmern (moderne Duschen) sowie Bar und Restaurant (fangfrischer Fisch).

■ **Milenium 1 & 2**②, 5 km vor Pogradec, Tel. (068) 228 39 11, hotelmillenium@yahoo.com. 29 solide DZ mit Duschbad, AC, Heizung, Balkon, TV, Internet; der zweite Bau hat modernere Zimmer. Große Gartenterrasse, bekanntes, empfehlenswertes Fischrestaurant.

■ **Shën Naum**③, Rr. Qafë Thanë/Rr. Pogradec, direkt an der Straße, Tel. (069) 209 17 80. Seehotel mit Strandbar, Terrasse und Badesteg, DZ mit Duschbad.

■ **Vila Art**④, rustikales Hotel im Landhausstil in Drilon, Tel. (068) 225 32 45, reservation@hotel.al. 6 komfortable DZ mit Duschbad, AC und Balkon, auch als 3-Bett-Zimmer oder Suite, modernisiert, aber der alte kommunistische Luxusflair ist deutlich zu spüren, dazu passend surrealistische Kunst, großer Garten.

Unterkunft nördlich von Pogradec

■ **Ar & Mar**②, einfaches familiäres Restaurant mit Hotel direkt am See, Tel. (068) 207 32 46, armar_pg@hotmail.com. 4 DZ mit Duschbad, AC, TV und schönem Seeblick.

Ostalbanien

■ **Rrushi**②, kleines Hotel direkt am See, 13 km von Pogradec, Tel. (069) 244 12 43. Einfache DZ in kräftigen Farben mit Duschbad, AC und TV.

TIPP **Blealb**③, familiäres Restauranthotel direkt am/im See, in Pojskë, Tel. (069) 225 26 03, 229 18 44. 10 komfortabel und modern eingerichtete DZ, 4 davon im Dach, schöne Duschbäder, TV, mit Seeblick. Gutes Restaurant und Café, Seepavillon, kleiner Privatstrand.

Camping/Wohnmobile

■ **Camping Peshku**②, GPS 40.96669, 20.64313, kleiner Grasplatz zwischen See und Durchgangsstraße in Hudenisht, Tel. (086) 88 01 02, (068) 364 79 56, (069) 546 68 38 (deutsch). Gepflegter Garten, kleiner, netter Badestrand, einfache Toilettenanlagen, Waschmaschine und Entsorgungsmöglichkeiten, Kinderspielplatz, Restaurant mit eigener Forellenzucht, ganzjährig geöffnet.

Essen und Trinken: Spezialitäten

Der **Koran** (Ohrid-Forelle) und der kleinere **Belushka** (Belnica) kommen als endemische Arten hauptsächlich im Ohrid-See vor. Als die Bestände nach jahrelanger Überfischung drastisch zurückgegangen waren, wurde der Fisch in Mazedonien 2005 geschützt und wird seitdem kaum mehr befischt. Langsam sieht man auch in Albanien immer mehr Fischzuchtanlagen. Der Koran hat einen kräftigen, runden Forellengeschmack, eine Spezialität ist *koran me arra* (Koran mit Esskastanien), *koran me qepë* (mit Zwiebeln), *tavë korani* (Koran-Pfanne), *lakror* (ein großer runder Kuchen aus der Form mit verschiedenen Füllungen), *petulla e fshira* (gefüllte Pfannkuchen), lokaler Wein.

Restaurants

Die **Hotelrestaurants** bieten allesamt frische, traditionell albanische Mittelmeerküche auf Außenterrassen mit Seeblick, daneben gibt es im Zentrum **Pizzerias** mit Holzofenpizzas und Lieferservice, z.B. Pica Artist, Pizza Getik, Pica Mikria, Pizza Mondi.

■ **Poradeci,** der Name ist Programm, denn hier gibt es echte Pogradecer Küche in einem landestypischen Restaurant und hauseigenen Wein, Rr. Naim Frashëri, Tel. (069) 233 66 69.

■ **Pastiçeri Tushi,** Café mit albanischen süßen Torten, selbst gemachter Eiscreme und Fruchtbonbons, Rr. Rinia, in der Nähe der Post, Tel. (082) 32 23 12, (069) 206 11 39.

■ **Rund um die Stadt,** direkt am See, gibt es zahlreiche kleinere Restaurants und Bars, die frische Fischgerichte und traditionelle albanische Küche anbieten.

Nachtleben/Kino

■ **Balona,** Discozelt mit Live-Musik in der Nähe des Hotels Enkelana, Tel. (069) 298 00 32.

■ **Kompleksi Turistik DEPO the Club,** an der Straße nach Drilon, Tel. (069) 203 61 43.

■ **Mateo, Discoschiff,** das am Shetitorja Rinia liegt, Tel. (069) 257 99 89.

■ **Millennium Kinema,** im Sommer täglich ausländische Filme mit albanischen Untertiteln, im Stadtzentrum.

Busse

■ **Minibusse** fahren nach Tirana, Elbasan, Korça und Durrës und in die Dörfer der Umgebung unregelmäßig vom frühen Morgen bis zum späteren Nachmittag am Sheshi Axhensia/Agjensia ab.

■ **Verbindungen:** Tirana, Rr. Rinia (500 Lek); Korça, Rr. Rinia (150 Lek); die Busse der Linie Vlora – Pogradec – Korça halten an der neuen Moschee, die der Linie Durrës – Pogradec – Korça am Bahnhof in Gur i Kuq; nach Tushemisht stündlich an der Straße nach Tushemisht (20 Lek); nach Lin stündlich an der Straße nach Lin (20 Lek); vom Grenzübergang Kapshtishë mit Taxi, Minibus und öffentlichem Bus nach Pogradec.

Bahn

■ Der **Bahnhof** befindet sich ca. 5 km nördlich von Pogradec in Gur i Kuq. Zu den An- und Abfahrtszeiten gibt es Minibus-Verbindungen nach Pogradec.

8

Taxi
- **Taxistände** an den großen Hotels im Zentrum, Weitertransport oder Abholung an der Grenze Sveti Naum (5 km, max. 300 Lek).
- **Bexhet Aliu Taxi,** Tel. (068) 219 68.
- **Liri Taxi,** Tel. (069) 235 09 38.

Einkaufen
- **Kunstgalerie Taso,** *Anastas Kostandini,* Rr. Naim Frashëri.
- **Kunstgalerie Lako,** *Skënder Lako,* Rr. Kajo Kara-fili. Beide Galerien knüpfen an die alte Malertradition der Stadt an, alle Bilder stehen zum Verkauf.
- **Holzkunst (Gdhendës Druri) Llaza Icka,** Bul. Rheshit Çollaku.

Feste, Veranstaltungen
- **6. Januar:** Epiphanias, orthodoxe Prozessionen zur Erscheinung des Herrn.
- **Mitte Juni:** Eröffnung der Tourismussaison; Internationales Puppentheaterfestival.
- **Juni/Juli:** Balkan Beach Volleyball Cup.
- **21. Juni:** Seefest am Ohrid-See in Pogradec, Ohrid und Struga, mit Gästen aus Griechenland, Mazedonien und Italien.
- **Juli/August:** Sommernachtfestival mit Konzerten und kulturellen Events.
- **29. Juli:** Shën Mërenjë.
- **5. Dezember:** Shën Naum.

Westlich von Pogradec

Mali i Mokrës

Westlich von Pogradec sieht man Kastanienaufforstungen, in denen auch wieder **Kastanien** geerntet werden. Illegale Abholzungen hatten in den 1990er Jahren einen Großteil des über 1.050 Hektar großen Bestandes vernichtet; das Holz der Bäume wird traditionell zum Hausbau und als Brennholz verwendet.

Die **Bergregion** der Mali i Mokrës ist landschaftlich sehr reizvoll. Die Erschließung durch Asphaltstraßen ist geplant, sodass hier in Zukunft interessante Ziele liegen werden.

Tour 1: Über Rëmenj nach **Potko-zhan,** ein ursprüngliches Bergdorf mit schmalen steingepflasterten Gassen und steingedeckten Hausdächern, wilden Trauben und Maulbeerbäumen. Sehenswert ist die Dorfkirche Shën Prëmte mit zwei Apsiden, alten Freskenresten und dem Friedhof. Es gibt Gästehäuser.

Tour 2: Über Ura e Golikut und Ura e Terciut auf schlechtem Weg, aber landschaftlich schön nach **Senisht** (1.000 m) zum Felsen Nusja e Dhëndëri (Braut und Bräutigam).

Tour 3: Über Dardha zu den Naturdenkmälern **Guri i Kamjës** (1.461 m) und **Guri i Llëngës** (1.789 m), einzeln stehenden Felsformationen, die durch die Erosion geformt wurden; der Kamje-Fels ist ein Klotz von 100 Meter Länge, 80 Meter Breite und über 70 Meter hoch. Dann weiter zum 1,5 Kilometer langen **Kanioni i Llëngës** (Canyon von Llëngë), der an seiner schmalsten Stelle nur 15 Meter misst, und zum **Kloster Manasti-ri i Marënës** nördlich von Llëngë auf einem Hügel über dem Shkumbin mit einer geschnitzten Ikonostase und Fresken von *Konstantinus Shpataraku.* Die Verbindung nach Selca weiter nördlich war 2013 nicht mit dem Pkw befahrbar.

Nördlich von Pogradec

Die Straße führt sehr abwechslungsreich direkt am Seeufer entlang, parallel dazu verlaufen auch die Schienen der Eisenbahn, der man zweimal am Tag begegnen kann. Kurz nach Pogradec, in **Memëlisht,** liegt das Betriebsgelände des ehemaligen kommunistischen Eisenwerks Gur i Kuq (Roter Stein), das seinen Standort nahe der Eisen- und Nickelminen in den Morava-Bergen hatte und seinerzeit einer der bedeutendsten Industriestandorte im Land war. In einem kleineren Nachfolgebetrieb werden heute Eisengussteile hergestellt. In **Gur i Kuq** liegt auch der ehemalige Bahnhof der Bahnlinie Tirana – Pogradec. In der Nähe der Fischerdörfer am See gibt es direkt am Wasser zahlreiche Bars, Cafés und Fischrestaurants und das empfehlenswerte Hotel Blealp. Hier lässt es sich im Sommer angenehmer baden als nahe der Stadt. Verlockend sind die vielen Fischer, die den Autofahrern armlange **Aale** zum Verkauf entgegenstrecken; mit fünf Euro pro Kilogramm ist man dabei.

Lin

Eingebettet in eine kleine Bucht im Schutz der felsigen **Halbinsel** ist das traditionelle Fischerdorf Lin ein friedlicher Ort, der sich auch sehr gut für einen längeren Aufenthalt eignet. Kirche und Moschee liegen dicht beieinander. Die gepflasterte enge Dorfstraße führt bis an die Spitze der Halbinsel, zu beiden Seiten stehen kleine Fischerhäuser mit niedrigen Dächern, von denen schmale Seitengassen abzweigen. Hier ist man in **einem der schönsten Dörfer Albaniens,** gepflegt, aber noch nicht künstlich für Touristen herausgeputzt. Wegen der engen Gassen zum Meer hin parken Pkws spätestens am Dorfplatz. Bis Anfang des 20. Jahrhundert sprachen die Bewohner neben Albanisch auch einen bulgarischen Dialekt. Ausgrabungen auf dem kleinen Hochplateau der Halbinsel über dem See belegen eine Besiedlung der Halbinsel seit der frühen Eisenzeit.

Die Basilika von Lin

An diesem landschaftlich einmaligen Platz oberhalb des Ohrid-Sees lag in der Antike eine stattliche Basilika, die in die erste Hälfte des 6. Jahrhundert datiert wird. Sie war beachtliche 26 Meter lang und 23 Meter breit und auch vom Grundriss her keine gewöhnliche Kirche. Sie ähnelte einem Zentralbau mit drei gleichmäßig angeordneten Nischen, ein Kirchentyp, den man sonst selten zwischen Mailand und Nordafrika findet. Ursprünglich war die gesamte Kirche mit Fußbodenmosaiken ausgestattet. Das erhaltene zentrale **Mosaik** gilt mit 220 m² als größtes auf dem Balkan. Bemerkenswert sind vor allem die Schönheit und Kunstfertigkeit, mit der die von der Flora und Fauna inspirierten Motive verbunden mit christlicher Symbolik dargestellt wurden. Albanische Archäologen vermuten, dass es sich bei dem Ort Lin um den Sommersitz der Bischöfe des antiken Lychnidus handelt, dem Vorgängerort des heutigen, nicht weit entfernten Ohrid.

Öffnungszeiten: 8–16 Uhr, im Sommer länger, Eintritt: 200 Lek; Zugang: Kurz vor dem einzigen Gästehaus (Schild, s.u.) an der Dorfstraße beginnt auf der rechten Seite schräg gegenüber hangaufwärts ein steiler Feldweg, der nach einer Abzweigung nach links zum Ausgrabungsgelände führt; sollte das Tor des rundum gesicherten Geländes abgeschlossen sein, muss man im Dorf nach dem Schlüssel fragen. Die Sandabdeckung des Mosaiks ist so angelegt, dass es an einigen schönen Stellen betrachtet werden kann.

Unterkunft

■ **Guesthouse Lin**①, familiäre Unterkunft mitten im Ort, Tel. (068) 235 38 52, guesthouse _lin@yahoo.com (engl.). 5 DZ mit Duschbad, einfach, aber sehr nett, inkl. Frühstück, auf traumhaft gelegenem kleinen privaten Seegrundstück mit Garten, Terrasse, privatem Bootsanleger, Badestelle und kleinem Restaurant für die Hausgäste; in der Hochsaison unbedingt reservieren!

■ **Guesthouse Lin Zorgi**③ (VP), Tel. (068) 231 96 10, pellumbkola@gmail.com. 5 sehr gute Zimmer mit Duschbad, eigenes Restaurant.

■ **Neli Resort**②, in Alleinlage direkt am Seeufer, von der Hauptstraße 1 km nach Buqezë, dann noch etwa 1,5 km zum See, Tel. (069) 428 97 87, neliresort@yahoo.com, facebook. Kleines, idyllisch und absolut ruhig gelegenes charmantes Seehotel mit dem Flair vergangener Zeiten. Die schlichten, sauberen DZ mit Duschbad (Duschkabine) sind nicht „retro", sondern original altertümlich eingerichtet und so sehenswert, dass man hier durchaus über-

nachten sollte, bevor vielleicht demnächst renoviert wird. Balkon, AC, WLAN, inkl. Frühstück, schöner, gepflegter Kiesstrand, flaches, kristallklares Wasser, ideal für Kinder und für Spaziergänge und Erkundungen der Umgebung. Auch Stellmöglichkeit für Womos auf dem Hotelparkplatz.

■ Weitere private Unterkünfte sind auf **www.albanian-mountains.com** beschrieben (Foto) und zu buchen.

Selca (Selcë)

Die Fahrt nach Selca ist ein interessanter Abstecher auf einer alten Karawanenroute ins **Quellgebiet des Shkumbin,** auf der man zwei sehr schöne, gut erhaltene osmanische Brücken passiert. Die Gräber von Selca sind ein idyllischer Picknickplatz.

Selca ist eine nur zu geringen Teilen ausgegrabene illyrische Stadt, von der Archäologen vermuten, dass sie vielleicht das noch nicht identifizierte antike

alba065 mg

Ostalbanien

Pelion sein könnte. Sie gehörte zu den befestigten illyrischen Siedlungen, die im Laufe der Eisenzeit an strategisch wichtigen Punkten um das Gebiet des Shkumbin-Flusses entstanden, der bereits in der Frühgeschichte ein bedeutender Verkehrsweg von der Adria in die Gebiete des östlichen Balkans war. Die reichen Eisen- und Buntmetallvorkommen in den Mokra-Bergen machten die Stadt wahrscheinlich zu einem wichtigen **wirtschaftlichen und kulturellen Zentrum.** Das gesamte Siedlungsgebiet erstreckte sich über acht Hektar der hügeligen Hochebene, die auch heute noch intensiv landwirtschaftlich genutzt wird. Der nach allen Seiten bewaldete, steil abfallende Höhenrücken war Sitz der Akropolis und wurde im Laufe der letzten vorchristlichen Jahrhunderte ummauert und auch terrassiert, da sich die Siedlung in ihrer Blütezeit bis auf die ebenen Gebiete ausdehnte. Aus dieser Zeit stammen die fünf einzigartigen monumentalen **Felsen-Grabkammern,** letzte Ruhestätten illyrischer Könige.

Rundgang (links – rechts): Bei den Ausgrabungen 1968 bis 1972 entdeckte man in der sonst geplünderten Anlage in **Grab II** eine geheime Kammer, die verschüttet hinter dem ersten Grab mit dem reichen Säulenschmuck und dem Wandrelief eines Stierkopfes lag. In der unversehrten Grabkammer standen drei Ruheliegen mit geschnitzten Beinen und Resten von textilen Auflagen, zu den reichen Grabbeigaben gehörte hochwertige Keramik und Schmuck illyrisch-griechischer Machart, unter dem sich auch Granat-Ohrschmuck mit dem Kopf eines Afrikaners befand. Die berühmten Funde sind heute im Nationalmuseum in Tirana zu sehen.

Das tonnengewölbte **Grab I** auf der linken Seite besitzt einen kleinen Vorraum für Grabzeremonien und zwei Steinliegen, auf denen einmal die Toten gebettet waren. **Grab III** sieht aus wie ein kleines Privattheater mit zwei Sitzreihen und einem Orchester, unter dem der Platz für die Graburnen vorgesehen war. Wie alle Gräber ist auch der weiche Sandstein von **Grab IV** außen stark verwittert, in den sieben eingemeißelten Nischen der 70 Meter langen Außenfassade haben sich noch Reste von Grabinschriften erhalten. Durch einen tempelartigen Eingang gelangt man in eine tonnengewölbte Kammer, deren Wände mit Fresken geschmückt waren. In der Mitte steht ein Sarkophag aus Steinplatten. Über eine Vorkammer kommt man in das aus Steinquadern gefertigte **Grab V,** in dem sich noch Reste von drei Steinsarkophagen erhalten haben, die aussehen wie große Schlafsessel.

Anfahrt: In einem Ortsteil von Përrenjas etwa 10 km westlich vom Ohrid-See (kein Schild) geht es links nach Katje und Golik; an der ersten osmanischen Steinbrücke (Ura i Golikut) folgt man links einer alten Karawanenroute den Shkumbin aufwärts bis zur zweiten osmanischen Brücke, der Ura i Terziut; bei der nächsten Abzweigung geht es links bergauf noch 4 km bis nach Selca e Poshtmë (Schilder sucht man vergeblich); 300 m nach dem Dorfende geht es in einer Kurve auf der Passhöhe rechts über Wiesen hinauf zu den Resten des antiken Selca.

◁ Fischverkäufer am Ohrid-See

8

Region Librazhd

Librazhd ist eine **Hochgebirgsregion** im Osten Albaniens und dank des Shkumbin-Tales seit urgeschichtlichen Zeiten ein **Durchgangsgebiet von West nach Ost.** Auch die Via Egnatia der Römer folgte alten Hirtenwegen der illyrischen Stämme und ihrer Vorgänger am Shkumbin-Ufer entlang. Vom Mittelalter bis in die Neuzeit lagen hier wichtige europäische Karawanenverbindungen, in den Weltkriegen betätigten sich die Italiener im Straßenausbau. Heute ist die gut ausgebaute Strecke durch die Region Teil des Paneuropäischen Verkehrskorridors VIII und der albanischen Eisenbahnlinie Durrës – Pogradec. Die abwechslungsreiche Fahrt vom **Thanas-Pass** (937 m) am Ohrid-See durch das enge Tal des Shkumbin mit immer neuen Ausblicken in die umliegenden Gebirgsregionen ist nicht weniger beeindruckend als die dahinter liegenden Bergregionen, die wegen ihrer landschaftlichen Unberührtheit und Schönheit als Wandergebiete für den Tourismus sicher eine wachsende Rolle spielen werden.

Südlich des Shkumbin liegt das einsame Bergland des **Mali i Potosit,** östlich davon das **Morava-Gebirge,** das Quellgebiet des Shkumbin. Der 1973 erbaute Eisenbahnviadukt über die Bushtrica kurz nach Librazhd ist 47 Meter hoch und damit die höchste – und auch längste – Brücke Albaniens.

In Librazhd zweigt die Gebirgsstraße durch die abgelegene Çermenika-Gebirgsregion Richtung Norden zur SH6 nach Peshkopia in der Region Dibra ab, die in das touristisch noch sehr wenig erschlossene **Grenzgebirge des Malësia e Shebenikut** führt – ein stark zerfurchtes, sehr waldreiches und nur schwer zugängliches Hochplateau, aus dem zahlreiche Flüsse nach Süden in den Shkumbin abfließen: der Rapun mit seinen Nebenflüssen Kopon und Qarrishte bei Librazhd, der Hotolisht, die Sheja, die Bushtrica, die Dushna und die Radicina. Hier liegt der erste grenzüberschreitende albanisch-mazedonische Nationalpark, der Parku Kombëtar Shebenica-Jablanik.

Librazhd

Librazhd, ein bescheidenes Landstädtchen mit 16.500 Einwohnern, ist Kreisstadt, **Verkehrsknotenpunkt** und Verwaltungsstandort. Einige stillgelegte Bergwerke sind Relikte aus der kommunistischen Zeit.

Praktische Infos

Informationen/Nützliches
■ **Qendra e Informacionit** (privates Infozentrum Shebenica-Jablanik), s.u.
■ **Gezim Hidri „Stoneslave Company",** multibegabter Steinbildhauer aus Librazhd, dessen Werkstatt definitiv einen Besuch wert ist, Tel. (069) 632 60 70, gezim.hidri@stoneslave.com, www.stoneslave.com.

Unterkunft/Essen und Trinken
■ **Hotel Hasa**①, einfache Unterkunft mit ordentlichen Zimmern und Kamin in Fushë-Studen/Stebleve, 25 km nach Librazhd an der Straße nach Dibra (türkis-rosafarbenes Gebäude), Tel. (068) 215 84 75, hotel.hasa@gmail.com. Bar, Restaurant, Minimarkt und Tankstelle.

■**Odessa**②, modernes Hotel am Thanas-Pass, Tel. (042) 210 17, info@hotelodessa.al, www.hotel-odessa.al. Pool, Sauna, Fitness, Bar, Restaurant, Tankstelle.

■**Vila Zeneli**②, moderne Hotelvilla 5 km östlich von Librazhd in Murrash, Tel. (069) 392 15 01, parku.shebenik@gmail.com.

■**Kalaja Bala,** typisch albanisches Burg-Restaurant zwischen Librazhd und Elbasan, mit viel Stein und Holz erbaut, schöne Terrasse direkt am Shkumbin, albanische Küche und Grill.

Parku Kombëtar Shebenica-Jablanik

🦋 Der **albanische Teil des Shebenik-Jablanica-Nationalparks** liegt im östlichen Librazhd in der grenzüberschreitenden Bergregion zwischen Albanien und Mazedonien nordwestlich des Ohrid-Sees. 2008 auf Initiative der albanischen NGO PPNEA (Preservation and Protection of Nature Environment in Albania, s.u.) mit Unterstützung der Deutschen EuroNatur (Konstanz) gegründet, umfasst er ein Gebiet von Strebleva im Norden bis Rraja im Süden (340 km²).

Das **Jablanica-Gebirge** bildet den Grenzverlauf zwischen beiden Ländern in Nord-Süd-Richtung, das **Shebenica-Gebirge** verläuft parallel auf albanischem Gebiet; die höchste Erhebung ist der Shebeniku mit 2.253 Metern.

Der Park gehört zu den großen Naturkostbarkeiten des Landes, denn bis 1990 war das Gebirge Teil eines militärisch abgeriegelten jugoslawisch-albanischen Sperrgebietes, sodass sich eine sehr **artenreiche Flora und Fauna** erhalten konnte. Besonders beeindruckend sind die Buchenwälder und alpinen Bergwie-

sen. Auch Tannen, Kiefern und Eichen wachsen, an den Nordhängen trifft man auch auf größere Weißtannenbestände, Birken und Ahorn. 14 glaziale Seen, mehrere Canyons, faszinierende Bergflüsse und zahlreiche Höhlen gehören zum Naturreichtum. Zu den bedeutendsten endemischen Pflanzenarten zählen das Balkan-Veilchen, die Jablanica-Lichtnelke, die Albanische Zistrose, das Albanische Stiefmütterchen und die Albanische Lilie.

Am 21. April 2011 kam PPNEA der bedrohte und sehr seltene **Balkanluchs** vor die versteckte Kamera und konnte so für dieses Gebiet erstmals nachgewiesen werden. Die Region ist auch natürliche Heimat für Wölfe, Braunbären, Wildschweine, Gämse, Fischotter und Forellen, auch Goldadler, Auer- und Haselhuhn fühlen sich wohl. Eine Gefahr stellt die Überweidung durch Ziegenherden dar, auch illegale Jagd ist ein Problem. Der junge Bär, der auf der Strandpromenade von Saranda an einer Kette mit Nasenring vorgeführt wird, wurde im Frühjahr 2011 im Nationalparkgebiet aus einem Zwillingswurf entführt. Umso wichtiger ist es, vor Ort **Aufklärungs- und Informationsarbeit** mit einheimischen Behörden und den Bergbewohnern zu leisten. Die Bevölkerung steht dem Nationalparkmodell und auch dem **Naturschutz** und damit verbundenen Nutzungsverzicht sehr aufgeschlossen gegenüber. Das Land hat in den letzten 20 Jahren so viel Raubbau und Entwaldung durch illegalen Holzeinschlag mafioser (auswärtiger) Firmen hinnehmen müssen, dass die Bevölkerung inzwischen sensibilisiert ist. Man erhofft sich natürlich auch Einnahmen aus dem Tourismus.

Grünes Band Balkan

Wildbiologen schätzen, dass in den gebirgigen Waldgebieten der Grenzregion zwischen Albanien und Mazedonien neben Braunbären und Wölfen auch etwa 100 **Luchse** leben, die stark vom Aussterben bedroht sind. Die **deutsche Naturschutzstiftung Euro-Natur** baute in diesem Gebiet bis zum Jahr 2006 zusammen mit albanischen NGOs, den Universitäten von Tirana und Skopje (Mazedonien) sowie Schweizer Luchsexperten ein grenzüberschreitendes Großschutzgebiet auf, um den Tieren diesen wichtigen Rückzugsort zu erhalten. In Anlehnung an das Grüne Band Europa, mit dem in den (abgelegenen) Grenzgebieten der ehemaligen Blockstaaten ein durchgehender Naturschutz-Korridor für bedrohte Wildtiere aufgebaut wird, wurde das Projekt Grünes Band Balkan genannt. Während auf der mazedonischen Seite die Berge dicht mit natürlichem Eichen- und Buchenwald bewachsen sind, sind in Albanien deutlich die Folgen des illegalen Holzeinschlags zu erkennen; die natürliche Bewaldung konnte sich nur an abgelegenen Hängen und in der Kernzone des heutigen Schutzgebietes erhalten.

alba14-034 es

Im Mai 2011 wurde der albanische Teil des **grenzüberschreitenden Wanderwegenetzes** mit vier markierten Wegstrecken offiziell freigegeben, auch der mazedonische Anschluss ist fertig. Im Nationalpark sind folgende **NGOs und Förderer** engagiert, über die man sich weiter informieren kann: PPNEA (s.u.), MES (Macedonian Ecological Society), KORA (Koordinierte Forschungsstelle für Großraubtiere in der Schweiz), EuroNatur (s.u.), MAVA-Stiftung, Bundesamt für Naturschutz und Vaude (Outdoor-Ausrüster).

Der 160 km² große **mazedonische Teil des Nationalparks** liegt westlich des Ohrid-Sees und des Crni-Drim-Tals mit einer Nord-Südausdehnung von 45 Kilometern und einer Weite von 25 Kilometern. Die höchste Erhebungen sind hier der Crni Kamen (2.256 m) und der Stizek (2.233 m). Bedeutend sind die südlichste Ausdehnung der Esskastanie in Rückzugsgebieten am Crni Drim und große Heideflächen in den Hochgebirgszonen sowie die überaus große **Artenvielfalt** mit über 1.250 Blütenpflanzen, Farnen und Koniferen. Über 100 Pilzarten wurden gefunden, davon 86 essbar, 22 giftig. Hinzu kommen 107 Schmetterlingsarten, 130 verschiedene Laufkäfer, vier davon endemisch, 40 Schneckenarten, 17 davon nur hier beheimatet. 13 verschiedene Amphibien haben im Jablanica ihr südlichstes Verbreitungsgebiet, 27 Reptilienarten, darunter die seltene weiße Balkanschlange, und weit über 100 Vogelarten. Jablanica ist auch ein wichtiger Korridor für die Luchsbewegungen nach Albanien.

Ostalbanien

Grenzüberschreitende Wanderungen im Nationalpark

Die Daten bis Seite 424 wurden uns mit freundlicher Genehmigung von **Euro-Natur** (www.euronatur.org) und **PPNEA** (www.ppnea.org) zur Verfügung gestellt.

Tour 1

■ Fushe Studa – Fshati Letmi (Dorf Letmi) – Kosharishta Geshtnjas/Shpella e Kosharishtës (Kosharishta-Höhle) – Fusha e Hasanit (Ebene von Hasan) – Maja e Kudënishtit (2.015 m) – Maja e Shebenikut (2.218 m).

■ **Ausgangspunkt:** Straße Librazhd – Stebleva, rechte Seite des Taleinganges des Fushe-Studa-Tales (1.129 m), lat. 41°32'20", long. 20°40'54"; Gesamtlänge: 30 km.

Nördlich dieser bewaldeten Region liegt die an Blumen und Kräutern reiche Hochebene **Fusha e Letmit.** Von hier führt der Pfad nach Osten durch eine abwechslungsreiche Kiefern-Birken-Vegetation zur **Qafa Shapkës,** nach Fusha e Kuqe und Fusha e Hasanit, wo sehr viele Wildtiere anzutreffen sind (Braunbär, Wolf, Kaninchen, Hirsch, Luchs, Wiesel, Waldschnepfe, Spechte, Falken und Adler). Weiter geht es nach Süden auf das drei Hektar große Hochweidengebiet **Darkat e Librazhdit,** wo viele Wildkräuter und Heilpflanzen wachsen (Wacholder, Weißer Stechapfel, Linde, Salbei, Thymian, Minzen). Geradeaus nach Süden erreicht man den **Maja e Kudënishtit,** lat. 41°22'72", long. 20°43'77", mit den glazialen Seen des Shebeniku und einem großartigen Panorama auf Maja e Reshpesh und Maja e Shebenikut, lat. 41°20'75", long. 20°47'00", in nordwestlicher Richtung. Von hier überblickt man das gesamte Shkumbin-Tal mit dem Waldgebiet von Dardha-Xhyrea, die alpinen Wiesen des Mali i Polisit bis nach Sopot (Mali Plak) und Xhaferi. Vom Gipfel des Shebenik sieht man das Bushtrica-Tal mit den glazialen Seen von Rrajca und seinen Wäldern. Von Rrajca nach Rajca Bardha und Skënderbej sind es noch etwa 2½ Std. Oder man geht vom Gipfel nach Buturak, zur **Qafa e Dallëndyshes** oder Osman Gjure, wo das Gebirge eine natürliche Grenze zwischen den Tälern der Bushtrica und des Rinas bildet (Qarrishtë: lat. 41°26'83", long. 20°43'91"). Die 150 Jahre alten Waldgebiete und die Almen dieser Region bilden das Herz des Nationalparks. Anschluss nach Mazedonien über einen Pfad in östlicher Richtung.

Tour 2

■ Shtegu „Qafa e Gjashte Lisave – Qafa e Ibrahimit (2.025 m) – Liqenet (Seen) e Rajcës – Maja e Shebenikut (2.218 m)".

■ **Ausgangspunkt:** Rajce-Skënderbej auf der linken Seite der Bushtrica (1.235 m), lat. 41°14'81", long. 20°55'50", entlang des Govateve (1.222 m) in nordwestlicher Richtung; Gesamtlänge 11 km.

Bis zum **Faqja e Bredhit** (Weißtannen) geht es steil bergauf, nach drei Kilometern passiert man die Hänge von Fusha e Skroskës und Mali i Larte und dann die **Qafa e Ibrahimit** (2.086 m), lat. 41°17'38", long. 20°48'62". Von dort erreicht man in 2 Std. die glazialen **Seen von Rajca** (1.900 m), lat. 41°18'78", long. 20°48'80", wegen der landschaftlichen Schönheit eines der beeindruckendsten Gebiete der Region. Nach der Maja e Fursit (2.144 m), lat. 41°19'45", long 20°48'10", und der Qafa e Liqenit të Kuq (2.026 m), lat. 41°20'29", long. 20°48'07", biegt der Pfad in nordwestliche Richtung

8

zum **Gipfel des Shebeniku** ab (2.218 m), lat. 41°20'72", long. 20°47'01".

Tour 3

■ Shtegu „Kryqëzimi i Gjashtë Lisave – Qafa e Gjashtes Lisave – Rajcë Skenderbeu – Kisha e Bardhë".

■ **Ausgangspunkt:** Rajce-Skénderbej auf der linken Seite der Bushtrica (1.235 m), lat. 41°14'81", long. 20°55'50"; Gesamtlänge: 21 km.

Der Weg führt durch Skënderbej über einen schmalen Pfad nach **Policaes** und führt dann über die Bergalmen von Ruen an der mazedonischen Grenze. Der Weg verläuft nun links von Kisha e Bardhe (1.501 m) entlang der **Faqja e Shqipes** (Adlerberge) die meiste Zeit parallel zum Bushtrica, der mit 22 Kilometern Länge der wichtigste Zufluss des Shkumbin ist. Über einen reichen Bergwaldbestand von Eichen, Feldahorn, Weiden, Schwarz- und Balkankiefern erreicht man nach 2,5 Kilometern die **Schlucht von Shkallë** (1.639 m) und dann den **Qafa e Qenit**. Von hier folgt der Weg kontinuierlich über alpine Wiesen dem Bushtrica-Tal bis zur Grenze nach Mazedonien (1.930 m), lat. 41°23'27", long. 20°51'81".

Tour 4

■ Shtegu „Gryka e Draganit – Liqeni i Draganit – Maja e Katrafilit (1.662 m) – Kufiri Shipëri/Maqedoni" (albanisch-mazedonische Grenze).

■ **Ausgangspunkt:** Schlucht Gryka së Draganit, 500 Meter vom Dorf Fushe Studa, rechts der Straße nach Stebleva (1.250 m), lat. 41°32'48", long. 20°44'35"), an einem offenen Gebiet mit jungen Buchen; Gesamtlänge 15,5 km.

Nach drei Kilometern liegt rechts der **Maja e Osojt** (1.555 m), der Weg führt weiter durch den Wald von Dragani mit einigen kleineren Gewässern und Weiden von großer Artenvielfalt; folgt man der Schlucht, liegt 50 Meter vom Weg entfernt der 0,3 Hektar kleine glaziale **See von Dragan** mit Wasserlilienvorkommen. Weiter geht es durch das reizvolle Einzugsgebiet des Kusari mit Buchen-Weißtannenbestand, zahlreichen Hochweiden und Bächen. Der Quelle des Baches Gurra e Zeze folgt man ins **Tal von Ganiu.** Am Anfang des Jablanica-Gebirgszuges liegen an der östliche Seite die Quellen des Rrapo, die vom Gura e Zeze gespeist werden. Dort finden sich auch die **Seen von Sal Xyres** und die alpinen Weiden von Vishoricea, die sich bis zur Staatsgrenze nach Mazedonien erstrecken. Vom **Maja e Zeze** hat man einen weiten Rundblick über das Gebirge bis Ofbelica in Mazedonien sowie auf weitere eiszeitliche Seen. Der Weg endet am Mali i Shebenikut.

Wanderungen in Mazedonien

Tour 1

■ Jablanica – Strižek – Podgori; **Ausgangspunkt:** Jablanica (970 m), GPS: 464950/4573680 UTM 34T; höchster Punkt: Strižek (2.233 m); Endpunkt: Podgori (942 m), 466179/4567581 UTM 34T; Gesamtlänge: 28 km; Höhenmeter: 4.800; Gehzeit: 10 Std.; Schwierigkeitsgrad: einfach.

Der Weg führt über Lakavica zum Gebirgsmoor von Ezerca, von dort unterhalb des Kamenjar bergauf bis nach Nevestin Grob zum Gipfel des **Strižek** (2.233 m). Von **Nevestin Grob** geht es über einige Schafhürden abwärts nach Labuniški Bačila, wo man auch gut zelten kann. Über Podgorečki Bačila gelangt man ins Dorf Podgori.

Ostalbanien

Tour 2

● Podgori – Ajdarova Livada – Vevčani; **Ausgangspunkt:** Podgori (942 m), 466179/4567581 UTM 34T; höchster Punkt: Ajdarova Livada (2.135 m); Endpunkt: Vevčani (904 m); Gesamtlänge: 20,13 km; Höhenmeter: 3.600; Gehzeit: 9 Std.; Schwierigkeitsgrad: mittel.

Der Weg führt über Schafhürden nach Podgorečki und Labuniški Bačila und passiert dabei **vier glaziale Seen** (Jablanica-Seen, Gorno- und Dolno-See). Über den höchsten Punkt in Ajdarova Livada geht es dann gemächlich hinunter zum tiefen **Vevčani-See;** über Golina (1.700 m) gelangt man nach Vevčani.

Tour 3

● Vevčani – Crni Kamen – Višni; **Ausgangspunkt:** Vevčani (904 m), 465553/ 4565454 UTM 34T; höchster Punkt: Crni Kamen (2.257 m), 459954/ 4566209 UTM 34T; Endpunkt: Višni (1.064 m), 466257/4560359 UTM 34T; Gesamtlänge: 24 km; Höhenmeter: 4.100; Gehzeit: 11 Std.; Schwierigkeitsgrad: mittel bis schwierig.

Von den Quellen bei Vevčani geht es über Golina (1.700 m) zum Vevčani-See und dann hinauf zum höchsten Gipfel des Jablanica auf den **Crni Kamen.** Der Abstieg erfolgt über das artenreiche Berggebiet von Krstec nach **Gora Belica,** wo man übernachten kann (Zelt/privat), und dann zurück nach Višni.

Tour 4

● Višni – (St. Spasa) – Čuma – Radolišta (Kališta); **Ausgangspunkt:** Višni (1.064 m), 466257/ 4560359 UTM 34T; höchster Punkt: Čuma (2.125 m), 459980/4564033 UTM 34T; Endpunkt: Kališta (695 m), 470612/4560359 UTM 34T; Gesamtlänge: 36 km; Höhenmeter: 4.800; Gehzeit: 13 Std.; Schwierigkeitsgrad: schwierig.

Der Weg beginnt in Višni, wo in der Schlucht von Sučica die Felsenkirche St. Spasa liegt. Über Gorna Belica und Krstec steigt man zum **Čuma** auf. Entlang der Grenze geht es weiter über den Kokalo, Beličo Brdo, Mečkina Dupka nach Tri Šiljka. Von dort beginnt der Abstieg über die Waldquelle in Studenec nach **Radolišta** und weiter nach Kališta am Ohrid-See.

Praktische Informationen

● **PPNEA** (Protection and preservation of Natural Environment of Albania), ppnea.alb@gmail.com, www.ppnea.org, Tirana, Bvl. Zogu I. 97/1/7. Wanderkarten.

● **Macedonian Association of International Mountain Guides,** uvpmakedonija@yahoo.com, info.dode@gmail.com, Tel. (00389) 75 44 22 48, (00389) 71 36 92 80, (00389) 70 93 41 74. Bergführerervereinigung in Ohrid.

● **Mountaineering Sport Club „Magaro",** spkmagaro@yahoo.com, www.spkmagaro.com (nicht zuverlässig).

● **EuroNatur,** www.euronatur.org. Wanderkarten (engl.).

● **Qendra e Informacionit** (privates Infozentrum Shebenica-Jablanik), Iridion Bahati, Rr. Kancelari Bahati, Librazhd, Lagjia 2, Pal. 19, Tel. (069) 392 15 01, parku.shebenik@gmail. al, www.shebenik.com. Übersichtskarten und Fotos.

● **Unterkunft:** Auf albanischer Seite gibt es außer dem Hotel Hasa bei Fushe Studa keine offizielle Unterkunft. Natürlich kann man in jedem Dorf nach einem privaten Bett fragen. Es wird davon ausgegangen, dass wild gezeltet wird. Im Sommer hat man an den Rajca-Seen eine einfache Übernachtungsmöglichkeit in Berghütten. In Mazedonien findet man ausreichend ausgewiesene Zeltplätze und Privatunterkünfte auf den Routen.

Die Via Egnatia und ihre Spuren in Albanien

Als die Römer in der zweiten Hälfte des 2. Jahrhunderts v.Chr. nach drei römisch-makedonischen Kriegen auch Makedonien als Provinz in ihr Reich eingliedern konnten, wurde der damalige Prokonsul Makedoniens *Gaius Egnatius* damit beauftragt, eine Straße zu bauen, die Rom mit Konstantinopel verbinden sollte. Die Strecke verlief damals durch die römischen Provinzen Illyrien, Makedonien und Thrakien und liegt heute auf dem Gebiet Albaniens, Makedoniens, Griechenlands und der Türkei. Im heutigen Albanien war ihr **Beginn** der **Hafen von Dyrrhachium (Durrës).** Von dort führte sie durch die Ebene in das Shkumbin-Tal über die **Wegstationen** Clodiana (Peqin), Ad Quintum (Bradashesh), Scampis (Elbasan) nach Treiecto (Mirakë), wo sie die weniger steigungsreiche Variante über den Oberlauf des Shkumbin nahm. Dort konnte sie von der illyrischen Stadt Selca erreicht werden, bog aber vorher schon bei Tres Tabernas (Qukës) in Richtung Thanas-Pass und weiter nach Lychnidus (Ohrid) zum Ohrid-See ab. Ein späterer Zubringer der Via Egnatia führte von der griechischen Kolonie Apollonia (bei Fier) über Lushnjë nach Clodiana auf die Hauptstrecke.

Die Via Egnatia war die erste planmäßig gebaute Straße auf dem Balkan und am Ende ihrer Bauzeit (146–120 v.Chr.) über **1.200 Kilometer** lang. Wie auch andere römische Heerstraßen war sie durchgehend mit großen Steinen gepflastert. Um auch Fahrzeugen ein reibungsloses Passieren zu ermöglichen, sind schon damals Steigungen genau berechnet worden. Alle 1.000 Schritte oder nach einer römischen Meile wurde ein Meilenstein errichtet, auf dem der Abstand zum nächsten Ort und die Lage genau benannt waren. Die Via Egnatia führte immer

durch Siedlungen, Städte und Militärlager hindurch, deren Tore nachts verschlossen wurden, sodass die Straße durchgehend kontrollierbar war. An solchen Verkehrsknotenpunkten war sie stellenweise bis zu zehn Meter breit, um den ganzen Verkehr aufnehmen zu können. In regelmäßigen Abständen gab es **Pferdewechselstationen, Tavernen** zur Einkehr und Übernachtung und sogar **Thermen** zur Erfrischung.

Eines der Militärlager war **Castrum Scampis,** dessen Reste heute im Stadtzentrum von Elbasan liegen. Die Pferdewechselstation **Ad Quintum** kann man westlich von Elbasan nahe des Dorfes Bradashesh besichtigen. **Sichtbare Abschnitte** der Via Egnatia liegen in der Nähe des Dorfes Dardha bei Librazhd, wo die Pflasterung eine Breite von 1,20 Meter hat, und zwischen Dardha und Xhyra, wo sie bis über vier Meter breit ist. Am besten haben sich abgelegenere Bergpassagen erhalten, die man auf der Strecke zwischen Treiecto (Mirakë) und Tres Tabernas (Qukës) verfolgen kann. Vor Tres Tabernas wird die Trasse fast sieben Meter breit. Die bedeutendste römische Brücke lag in der Nähe von Elbasan. Sie überspannte den Shkumbin mit 15 Pfeilern auf einer Länge von 450 Metern.

Outdoor

Nach mehreren Jahren Vorarbeit wurde 2011 ein **80 Kilometer langer Wanderweg** auf dem albanischen Teil der Via Egnatia von einer niederländischen NGO und Studenten der Universität Elbasan durchgehend markiert; auf der Strecke gibt es genügend private Unterkunftsmöglichkeiten in den Dörfern. Ein Wanderführer (engl.) ist über die Via Egnatia Foundation zu beziehen (www.viaegnatiafoundation.eu).

Ostalbanien

■Aufgrund der Höhenlage ist im Winter (November bis März) mit Schnee zu rechnen. Im Sommer benötigt man eventuell Wasservorräte. **Vorsicht mit offenem Feuer!**

■**Bergrettung: Rotes Kreuz Ohrid,** nur für Mazedonien, Tel. (00389) 71 34 22 48; Rettungsfahrzeug, Tel. 194 (aus mazedonischem Netz); **Polizei,** Tel. 192 (aus mazedonischem Netz).

■**Anfahrt:** Der Nationalpark ist von zwei Seiten erschlossen: Über die Bergstraße von Librazhd nach Norden Richtung Dibra und von Süden über die Straße nach Skënderbej. Die Züge auf der Strecke Durrës – Pogradec halten in Mirake, Librazhd, Xhyre, Qukës und Perrenjas. Busverbindungen über Librazhd Richtung Pogradec existieren von allen großen albanischen Städten. Auf der Straße nach Dibra verkehren Minibusse ab Librazhd.

Region Elbasan

Die Region Elbasan dehnt sich **um den mittleren Talabschnitt des Flusses Shkumbin** aus, der Albanien fast in seiner ganzen Breite von Ost nach West durchfließt. Nach den langen Schluchtpassagen durch Çermenika-Gebirge und Mali i Shpatit gelangt man auf die von drei Seiten von Bergen umschlossene Ebene von Elbasan, auf der auch die gleichnamige Kreisstadt mit heute etwa 126.000 Einwohnern liegt. Von hier geht es nordwärts in steilen Serpentinen hinauf zum Krraba-Pass und weiter durch das mittelalbanische Bergland nach Tirana oder Richtung Süden über Gramsh an der Rückseite des Mail i Tomorrit entlang bis nach Maliq in der Korça-Ebene. In südwestlicher Richtung kommt man durch die geologisch interessante karstige Hügel- und Seenlandschaft des Dumreja-Plateaus über Cërrik und Belsh nach Lushnjë oder Fier und weiter in die Mittelgebirgsgebiete der Regionen Shkrapar und Berat. In westlicher Richtung öffnet sich das Flusstal bis zum Schwemmland der Myzeqe.

Elbasan

Als Durchgangsort im Shkumbin-Tal, **Verkehrsknotenpunkt** und Handelszentrum sieht Elbasan auf den ersten Blick nicht unbedingt nach einem touristisch nennenswerten Ziel aus. Zumal die Stadt auch ein gigantisches **Stahlkombinat** aus der kommunistischen Zeit geerbt hat, das jahrzehntelang einer der größten Luftverschmutzer im Land war und immer noch zu Teilen in Betrieb ist. Im Stadtzentrum wurde viel gebaut: Wohnblocks der kommunistischen Arbeiterviertel mischen sich heute mit modernen Bauten und den traditionellen Häusern der osmanischen Wohnviertel. Seit Langem weiß man, dass unter der Altstadt von Elbasan eine komplette spätantike Stadt begraben liegt. Ausgrabungen brachten bereits zwei frühchristliche Kirchen mit wertvollen Fußbodenmosaiken zum Vorschein, aber es fehlt wie überall das Geld, um die Funde angemessen zu präsentieren. Auch in der Umgebung der Stadt gibt es eine Vielzahl interessanter antiker Plätze, denn die gesamte Region stand schon immer unter dem Einfluss der Handelswege am Shkumbin-Tal.

Unverwechselbar ist Elbasan wegen des römischen **Kastells Scampis** aus dem 2. Jahrhundert v.Chr., von dem sich mitten im Stadtzentrum die beeindruckende Südseite und große Teile der

8

Westwände erhalten haben. Parallel zur antik-osmanischen Südfassade ließen die kommunistischen Stadtplaner den kilometerlangen doppelspurigen **Bulevard Qemal i Stafa** mitten durch die Altstadt anlegen, der den großen kommunistischen Paraden diente. Damals war der Boulevard mit seinen großzügigen Grünflächen auch ein Erholungsareal für die Arbeiter, private Pkws gab es ja nicht. In Elbasan liebt man diese Grünanlagen – immer noch treffen sich dort die Pensionäre im Schatten der hohen alten Palmen und spielen Domino. Typisch für Elbasan sind die vielen **großbürgerlichen Stadthäuser** aus dem 18. Jahrhundert, die auf großen Gartengrundstücken stehen, zum Beispiel an der Rr. K. Kristoforidhi, der Rr. Rinia und der Rr. 11. Nëntori.

Die schlichte **Xhamia e Nazereshtës** (Nazireshe-Moschee) außerhalb des Zentrums an der Umgehungsstraße Çeriçiz Topulli zählt zu den ältesten Bauwerken aus der osmanischen Zeit in Albanien.

Stadtgeschichte

Im frühen 4. Jahrhundert n.Chr. errichteten die Römer an der Via Egnatia bei einem Dorf namens Scampis ein mit steinernen Mauern befestigtes **Militärlager,** das eine ganze Legion aufnehmen konnte und der Kontrolle des Verkehrs von Rom nach Konstantinopel diente. Nach der Konstantinischen Wende im Jahr 313 (Toleranz des Christentums) entstand in Tepe (türk.: Hügel) westlich des heutigen Stadtzentrums die erste christliche Basilika dieser Region. Trotz der Überfälle westgotischer Stämme war

Scampis im 5. Jahrhundert eine wichtige Militärbasis, ein gut frequentierter Handelsplatz und **Bischofssitz.** Keramikfunde belegen Handelsbeziehungen ins östliche Mittelmeer und nach Afrika. Während der Zerstörungen der Völkerwanderungszeit durch die Ostgoten ließ Kaiser *Justinian* die Festung Scampis ausbessern. Im 9. Jahrhundert wurde die Stadt von den Bulgaren geplündert, dann fällt lange Zeit Dunkel auf die Geschichte.

Als Sultan *Mehmet II.* gegen *Skanderbeg* vor Kruja kämpfte, erkannte er die gute strategische Lage an der West-Ost-Verbindung und ließ die Festung 1466 als Stützpunkt für seine Expansion nach Westen aus den antiken Resten zu einem **Garnisonslager** ausbauen. Von nun an hieß der Ort **Il-Basan,** was so viel wie Zwingburg bedeutet. Im 17. und 18. Jahrhundert wurde die Stadt ein Verwaltungszentrum des Osmanischen Reiches und kam wie viele Orte im Land durch Handel zu großer **wirtschaftlicher Blüte.** Die Silberschmiede, Seidenweber, Schuhmacher und Holzschnitzer Elbasans waren weithin bekannt. Ende des 17. Jahrhunderts zählte man in Elbasan über 1.100 Häuser und einen Basar mit über 900 Läden. Nach dem Tod *Ali Paschas* ließen die Türken die Festung aus strategischen Gründen im 19. Jahrhundert bis auf die Südfassade und Reste an der Westseite **niederreißen.** Der ehemalige Mauerverlauf und die osmanische Altstadt lassen sich aber bis heute anhand der alten Bebauung noch gut nachvollziehen.

In der Zeit der albanischen Unabhängigkeitsbewegung legten Philologen aus Elbasan die ersten Grundlagen für eine einheitliche **albanische Schriftsprache.**

alba068 mg

Elbasan war der geeignete Ort dafür, denn die Stadt liegt genau auf der Sprachgrenze zwischen gegischem Nord- und toskischem Süddialekt, die der Shkumbin bildet. Auch heute sagt man, dass nirgendwo im Land ein reineres Hochalbanisch gesprochen werde als in Elbasan.

Die wichtigsten befestigten Straßen und auch einige Stadthäuser aus den ersten Jahrzehnten des 20. Jahrhunderts stammen von den **Italienern,** die auch die ersten waren, die in den Bergen der Umgebung Chrom und Nickel zur Stahlherstellung abbauten.

Im **Kommunismus** war Elbasan das mittelalbanische Zentrum des Mandarinen- und Zitrusfrüchteanbaus, gleichzeitig aber auch durch den Rohstoffreichtum im Bergland (Kalk, Gips) ein wichtiger Baustoffproduzent. Das riesige **Stahlwerk** mit dem vielsagenden Namen

Çeliku i Partisë (Stahl der Partei) wurde in den 1950er Jahren von russischen Technikern geplant und mit Hilfe der Chinesen gebaut und produzierte bis zu 600.000 Tonnen Stahl im Jahr. Bis zur Werksschließung 1990 waren dort etwa 12.000 Arbeiter beschäftigt; die Stadt profitierte auch vom Zuzug vieler Techniker und Fachleute. Mit dem Aus für die Stahlproduktion verschwand auch die gelbe Dunstglocke, unter der die Stadt jahrzehntelang lag. Obwohl 1997 große Teile der Anlage illegal demontiert und ins Ausland verschoben wurden, eröffnete das Werk 1999 erneut unter türkischer Regie. Die 50 Jahre alte Industrieruine produzierte zuletzt 100.000

⌂ Seit 1999 erneut in Betrieb: das Stahlwerk aus kommunistischer Zeit

0 ▬▬▬ 200 m © REISE KNOW-HOW 2014

_Albanien_12

Castrum Scampis
(Kalaja e Elbasanit)

Rinia Park

Librazhd

Stadion

Pädagogische Hochschule

Tirana, **Kraba-Pass**

Sheshi Gensher

Sheshi Valmi

Tirana, **Kraba-Pass**

Rathaus

Prätektur

Librazhd

E 852

Bahnhof

Cërrik

Dhimitër

© **Xhamia e Nezeredhës**

Gramsh

■ **Sehenswürdigkeiten, Museen, Gotteshäuser**
1 Shën Mërisë
2 Kunstgalerie
3 Mbret-Moschee (Königsmoschee)
5 Denkmal Ausgrabungen
6 Denkmal Aleksander Xhuvani
8 Denkmal Engel der Bildung
11 Altes Hamam
12 Çamen-Denkmal

14 Ausgrabung Bezistan-Kirche
15 Denkmal Aqif Pasha Biçaçiu
16 Denkmal Isuf Myzyri
17 Denkmal Aleksander Xhuvani
18 Ethnografisches Museum
21 Denkmal Konstandin Kristoforidhi

■ **Übernachtung**
4 Kolombo
7 Real Scampis
13 Skampa
20 Guri 2
23 Imperial

■ **Essen und Trinken**
7 Real Scampis
9 Aurora
10 Valmi
19 Piazza
22 Brothers

Tonnen Stahl, wahrscheinlich jenseits alle EU-Normen. Probleme mit der Einhaltung der Umweltschutzauflagen gibt es immer wieder.

Kalaja e Elbasanit

Im 4. Jahrhundert n.Chr. legten die Römer das **Castrum Scampis** direkt auf der Via Egnatia an und kontrollierten so den Menschen- und Warentransport auf der Ost-Westachse von Rom nach Konstantinopel sowie in die Ebene bis ans Meer nach Dyrrhachium (Durrës). Die befestigte Anlage hatte die Ausmaße von **348 x 308 Meter** und umfasste insgesamt eine Fläche von zehn Hektar. 26 Türme ragten etwa alle 50 Meter zehn Meter weit aus der Mauerflucht hervor. Auf der etwa neun Meter hohen und drei Meter dicken Mauer verlief ein hölzerner, nach vorne geschlossener Wächtergang. In der römischen Zeit war die Anlage von einem breiten Wassergraben umgeben. Heute sind die **Haupteingänge** der Ost-West-Achse mit ihren großen Doppeltürmen nicht mehr erhalten, aber auch der Nebeneingang an der Südseite zur heutigen Stadt hin gibt eine Vorstellung von der damaligen Situation, wenn auch das Bodenniveau heute durch den Schutt der Zeit gut vier Meter über dem antiken Niveau liegt. Das ist gut auf der Ausgrabung an der Innenseite der Südwestecke zu sehen, wo sich auch ein kleiner Nebeneingang befindet.

Innerhalb der Burgmauern

Charakteristisch für die Stadtentwicklung albanischer Städte im 16./17. Jahrhundert war die Errichtung von Uhrtürmen auf den Marktplätzen, eine aus Mitteleuropa eingeführte Idee, um den Tagesablauf und die Handelszeiten zu regeln. Der 47 Meter hohe **Uhrturm** aus dem Jahr 1899 ist heute eines der Wahrzeichen der Stadt.

Folgt man dem Hauptweg entlang der weiß verputzten niedrigen Häuser geradeaus, kommt man zur **Mbret-Moschee** (Königsmoschee), die noch im Originalzustand erhalten ist und nach

den täglichen Gebetszeiten besichtigt werden kann. Sie zählt zu den ganz alten Moscheen Albaniens und wurde der Stadt 1464 von Sultan *Mehmet II.* gestiftet. Ursprünglich war der Bau vollständig bemalt und mit religiösen arabischen Schriften geschmückt. Die einfache, flach gedeckte Halle hat eine schlichte Holzdecke und einen überdachten Eingangsbereich. Den Kommunismus überlebte die Moschee als politischer Versammlungsraum. Im Außenbereich befinden sich neue Waschanlagen und ein schöner gepflegter Garten.

Weiter geradeaus überquert man die Ost-Westachse des Castrums (heute Rr. Egnatia) und gelangt zur orthodoxen **Kirche Shën Mërisë.** Die auf 1833 datierte große dreischiffige Kuppelbasilika mit einem Portikus an der Südseite überlebte in den engen Gassen die kommunistische Zeit als Militärlager. Sie ist vor allem wegen der reich geschnitzten Ikonostase eines Meisters aus Dibra in Nordalbanien einen Besuch wert. Rechts und links der königlichen Pforte sieht man in dem kunstvollen Schnitzwerk schöne Medaillons mit Szenen aus dem Alten Testament. Im Garten befindet sich der steinerne Sarkophag von *Konstandin Kristophoridhis* (s.u.).

Sehenswert ist das ehemalige **Wohnhaus von Aleksander Xhuvani** (s.u.) am nördlichen Ende der Festung an der Rr. Ptolome Xhuvani, in dem in einer **Kunstgalerie** über 200 plastische Werke einheimischer Künstler gezeigt werden.

Der **Hotelkomplex Real Scampis** an der Südwestecke des Castrums ist eine weitere Elbasaner Überraschung. Sehr gelungen wird hier alte kunsthandwerkliche Tradition mit modernen Elementen kombiniert. Das Gebäude mit vielen

Terrassenebenen steht über einer antiken Ausgrabungsfläche, die zu besichtigen ist.

In der tief im Gelände liegenden Süd-Westecke der Festung, bei einem Nebeneingang, bekommt man eine Vorstellung von der früheren Mauerhöhe. Hier lassen sich anhand der verschiedenen **Mauertechniken** die Bauperioden der Spätantike, der byzantinischen Ausbesserungen und des osmanischen Neuaufbaus „ablesen".

Die südliche Altstadt

Der große **Boulevard** erinnert an den in Elbasan geborenen **Qemal Stafa** (1920–42); seinem Namen begegnet man auf vielen albanischen Straßenschildern und Plätzen. Er war Gründungsmitglied der Kommunistischen Partei und Führer der Jugendorganisation und wurde von italienischen Faschisten am Stadtrand Tiranas ermordet. Man vermutet, dass *Enver Hoxha* ihn aus dem Weg räumen ließ. Sein Todestag wurde nach dem Krieg zum Tag der Märtyrer.

Welches Potenzial in Elbasan noch unter der Erde liegt, sieht man auf der Schautafel einer Ausgrabungskampagne der **Bezistan-Kirche** aus dem Jahr 2007. Archäologen vermuten, dass es sich bei dem spätantiken Bau des 4. bis 6. Jahrhunderts um die Bischofskirche St. Peter und Paul handelt, die in einer vatikanischen Quelle von 519 erwähnt wird. Unter den Sandabdeckungen liegen Fußbodenmosaike mit eucharistischen Themen, dargestellt in einer farbenprächtigen Tier- und Pflanzenwelt. Archäologisch sehr bedeutend ist ein gut erhaltenes Wandfresko aus dem 5. Jahrhundert.

Das **Muzeu Etnografik** befindet sich im Wohnhaus einer wohlhabenden Familie aus dem 18. Jahrhundert und hat unter den Plünderungen 1997 schwer gelitten. Am interessantesten sind die historischen Schautafeln, die die Ausgrabungen und die Bedeutung der Elbasaner Handwerksgilden vom 17. bis 19. Jahrhundert dokumentieren (englisch). Öffnungszeiten: Rr. 28 Nëntori, Shedhi Aqif Pasha, tägl. außer Sa 9–16 Uhr, Eintritt: 200 Lek.

Hinter dem Hotel Skampa befindet sich das sehr gut erhaltene **Alte Hamam** mit schönen gefliesten Kuppeln auf den ziegelgedeckten runden Dächern. Es war traditionell für Männer bestimmt und wird schon 1672 von dem türkischen Reiseschriftsteller *Evliya Çelebi* an diesem Ort beschrieben. Das Bad lag früher im Stadtzentrum in der Nähe des Basarviertels und wurde bis in die Mitte des 19. Jahrhunderts genutzt und dann als Kulturdenkmal geschützt. Heute befindet sich in den Räumen ein Restaurant.

Denkmäler am Bulevard Qemal Stafa

In der kommunistischen Zeit stand im Zentrum von Elbasan keine Enver-Hoxha-Statue und auch kein Heldendenkmal, sondern im Jahr der Hinwendung zu China, 1962, ehrte man in der Stadt mit **Konstandin Kristoforidhi** (1827–95) den Wegbereiter der albanischen Schriftsprache, der die erste Übertragung des Neuen Testaments ins Albanische verfasste. Die Bronzeplastik stammt von *Kristaq Rama* und *Mumtaz Dhrami*.

▷ Die westliche Burgmauer

8

Der Philologe, Lehrer und Politiker **Aleksander Xhuvani** (1880–1961) wird einmal auf dem Steinrelief geehrt, das an die Gründung der ersten albanischen Schule am 8. August 1908 erinnert, zum anderen zeigt ihn ein Bronzerelief lesend inmitten seiner Schüler; dort heißt es übersetzt: „Albanien wird niemals etwas lernen, wird niemals erleuchtet werden und schon gar nicht in fremden Sprachen zivilisiert werden, außer in seiner Muttersprache (1888)."

Jeder Albaner kennt die Volkslieder des großen Musikers **Isuf Myzyri** (1881–1956), die auf keinem großen Fest fehlen dürfen.

Ein interessantes Denkmal neueren Datums erinnert an die große Bedeutung der **Bildung** in der Stadt, die am Boulevard als engelsgleiche Frauenfigur mit einem gestutzten Flügel und einem Kleid aus aufgeblätterten Buchseiten mit den Porträts wichtiger Gelehrter der Stadt symbolisiert ist.

Aqif Pasha Biçaçiu (1860–1926), Rechtswissenschaftler und Weggefährte *Ismail Qemalis,* steht in Elbasan in türkischer Tracht, mit langem Säbel auf dem Boulevard schreitend, übergroß in Bronze gegossen. Er hisste hier die erste albanische Fahne in der Stadt, engagierte sich für die albanische Spachschule und protestierte 1913 auf der Konferenz von London gegen die neuen Grenzen Albaniens.

Am Bulevard Qemal Stafa wird auch der **Vertreibung der Çamen** gedacht, von denen viele nicht nur mit der großen Migrationswelle im Jahr 1913 aus Nordgriechenland in die Stadt kamen,

alba141 mg

sondern auch 1944/45, weil die Hochschule und die Gastfreundschaft der Stadt einen besonders guten Ruf hatten.

Praktische Infos

Informationen/Nützliches

■ **Kommunale Touristeninformation,** Kiosk auf der linken Seite vor dem Hotel Skampa.

■ **Polizei:** Notruf Tel. (042) 19, Auskunft Tel. (042) 129, 126.

■ **Krankenhaus,** Tel. (042) 17.

■ **Feuerwehr:** Notruf Tel. (042) 18, Service Tel. (042) 128.

■ **Bank: Raiffeisenbank,** Rr. 11. Nëntori, zwei Geldautomaten auf der linken Seite in der Innenstadt Richtung Westen.

■ **Bibliothek: Biblioteka Qemal Boholli,** Blv. Qemal Stafa, Stiftung eines Elbasaner Bürgers aus dem Jahr 1935; unter den 200.000 Büchern sind 20.000 fremdsprachige.

■ **Post,** Rr. 11. Nëntori/Ecke Rr. 25. Nëntori.

Unterkunft

■ **Skampa**②, das alte Turizmi-Hotel am Blv. Qemal Stafa, Tel. (054) 526 61, früher mit fast 100 Betten, z.Z. Zimmer nur im 4. und 5. Stock, der Rest Büroräume und Renovierung. Original kommunistischer solider Charme, DZ mit einfachem Duschbad, gutes Panorama, großes Restaurant im EG, inkl. Frühstück. Aber kein Fahrstuhl!

■ **Guri 2**③, weiße Gründerzeitvilla schräg gegenüber dem Guri 1 an der Rr. Rinia. Gehobene italienische Ausstattung, DZ mit komfortablen Duschbädern, AC, WLAN, TV, inkl. Frühstück. Mit Restaurant. Das ehemalige Hotel Guri 1 wird inzwischen als privates Wohnhaus genutzt.

■ **Kolombo**③, ruhiges Stadthotel am Blv. Qemal Stafa Richtung Westen an der Ura e Zaranikes, 10 Min. zu Fuß ins Zentrum, Tel. (068) 405 91 59, 373 73 33, info@hotel-colombo.com. 8 DZ mit Duschbad, TV und AC, inkl. Frühstück.

■ **Imperial**③, modernes Konferenzhotel für die Durchreise, 4 km außerhalb Richtung Librazhd, Tel. (054) 25 30 51, i.hoxha@imperialih.al. 20 funktionelle DZ mit Duschbad, TV, AC, WLAN, 7 EZ, 8 Suiten mit Whirlpool, Hamam-Besuch für Hotelgäste frei. Diskothek, Kino, Gymnastikraum.

■ **Univers Hotel**③, modernes Stadthotel, Rr. Emin Batraxhiu an der Ura e Bakallit, Tel. (054) 561 93, 553 55. Wohnliche Zimmer mit Duschbad, Fön, TV, AC. Netter Pool, gutes Restaurant.

■ **Real Scampis**④, großzügiges Resort auf einer Fläche von 3000 m² in der Süd-Westecke der Festung mit Blick auf die alte Mauer, schöne Gartenterrassen über einer Ausgrabung, Blv. Qemal Stafa, Tel. (042) 24 01 62, 25 55 75, scampisreal@yahoo.com, www.stafa-co.al. Sehenswert ist die kunsthandwerklich schöne Ausstattung des Restaurants. Die 7 DZ sind großzügig geschnitten, haben allen Komfort, Duschbad, AC, Kabel-TV, WLAN. Suiten mit Whirlpool, gutes Frühstück.

Essen und Trinken: Spezialitäten

In der muslimisch geprägten Küche Elbasans dominieren **Fleischgerichte** mit Lamm, Zicklein oder Geflügel wie Truthahn oder Huhn: Gegrillt oder als Auflauf mit Ei, Mehl und Joghurt überbacken als *tavë kosi* oder mit verschiedenen Gemüsen, z.B. *tavë me pestil*. Typisch sind auch süße Kuchen zum Frühstück wie *bugaçet*, **Süßspeisen** aus Weizenmehl und Zucker wie *ballokume* oder Haferbrei mit Truthahn, Nüssen und Butter, der *qulli me arra* heißt.

Restaurants

■ **Aurora,** albanische Küche auf einer etwas zurückgesetzten Terrasse gegenüber dem zentralen Busparkplatz bei der Präfektur.

■ **Brothers,** direkt am Fußballstadion, beliebte Adresse zum Pizzaessen.

▷ Kisha Shën Mërisë in Elbasan

■**Divino,** Blv. Qemal Stafa, Pallati 12 katesh, im 12. Stock des Hochhauses neben dem Pallati i Sportit, Tel. (069) 208 61 35. Italienische Küche auf einer Aussichtsterrasse.

■**Piazza,** Rr. Ali Avllazagaj, links vom Ethnografischen Museum, günstige und einfache albanische Küche.

■**Real Scampis,** Restaurant im gleichnamigen Hotel, Küche mit Elbasaner Spezialitäten und italienischem Einschlag; Tipp: die Tagesempfehlung des Kochs. Auf den Außenterrassen nur Bar/Café, gute heiße Schokolade.

■**Valmi,** direkt am Hotel Skampa, albanische Gerichte in den kleinen Kuppelräumen des alten Hamam.

Busse

Busse fahren ab dem frühen Morgen, **Minibusse** nach Bedarf. Ab dem Fußballstadion: Minibusse **in alle Richtungen** nach Bedarf; ab dem Pallati i Sportit, Sheshi Valmi südöstlich des Hotels Skampa: große Busse in alle Richtungen; ab Rr. Thoma Kaleri (Straße Richtung Gramsh): große Busse in alle Richtungen; Hotel Skampa: kurzer Halt für Minibusse nach Tirana.

Bahn

■Der **Bahnhof** liegt südwestlich des Zentrums an der E852/Rr. Shefikat Sefa.

■**Verbindungen:** Nach Pogradec 10.11 Uhr ab, 13.33 Uhr an; nach Durrës 17.09 Uhr ab, 20 Uhr an, weiter von Durrës nach Tirana 20.15 Uhr, Ankunft in Tirana 21.15 Uhr.

Feste, Festivals, Veranstaltungen

■**14./15. März:** Dita e Verës (Tag des Sommers), ein Stadtfest sehr alten Ursprungs, an dem mit Umzügen, Paraden und Vorführungen das Ende des Winters und der Beginn der warmen Jahreszeit gefeiert wird. Auf der gleichnamigen Handelsmesse im Sportpalast präsentieren über 50 Betriebe Produkte aus traditioneller Herstellung.

■**April, Mai:** Maratona e këngës popullore, Volksmusik-Festival im Stadtzentrum.

alba142 mg

■ **August:** Maratona rinore, Talentshow der Jugend im Stadttheater.

■ **Oktober:** Festivali nërkombëtar i teatrove, Theaterfestival mit der Teilnahme von Gastländern im Skamp-Theater.

Sport

■ **Stadium Ruzhdi Bizhuta,** am Ende des Blv. Qemal Stafa, Fußballspiele des KS Elbasani.

■ **Kompleksi Sportiv Ajek,** beliebtes Sport- und Freizeitcenter am südlichen Stadtrand Elbasans, Rr. Ligor Cjapi, Tel. (054) 246 278. Gepflegter großer Pool, Tennis, Bowlingcenter, Bars, Restaurant, Live-Musik.

Sonstiges

■ **Einkaufen: Basar** entlang der Rr. Tomar Kalefi Richtung Gramsh, vor dem Fußballstadion am Ende des Blv. Qemal Stafa.

■ **Kino:** Das **Millennium Cinema** aus dem Jahr 1966 mit 600 Sitzen überlebte bis heute und zeigt Filme mit albanischen Untertiteln.

■ **Konzerte:** Im Sommer gibt es an den Wochenenden u.a. Konzerte des Stadtorchesters oder des traditionellen Ensembles „Isuf Myzyri".

⌄ Berglandschaft am Krraba-Pass

alba140 mg

Ostalbanien

Südlich von Elbasan

Byshek

Das **Ausflugsrestaurant** am Shkumbin 9 km südlich der Stadt an einer großen Karstquelle unter alten Platanen, aus der 70 Liter Wasser in der Sekunde hervorsprudeln, ist einer der beliebtesten Ausflugsorte der Elbasaner.

Thermalquellen von Llixhat

Die seit der Antike bekannten Thermalquellen sprudeln das ganze Jahr über mit 56 Grad an die Erdoberfläche. Das Wasser ist glasklar, riecht infolge seines **Schwefelgehalts** etwas nach faulen Eiern und hilft bei Leiden wie Rheuma, Arthritis, Nervenproblemen, Hautkrankheiten oder einfachem Muskelkater. Auf den bewaldeten Hügeln rund um das Kurhotel Iliria haben sich einige kleinere private Hotels angesiedelt.

■ **Hotel Iliria**③, sympathisches, gepflegtes kleines Kurhotel 12 km von Elbasan mit Thermalquellen, Tel. (058) 38 01 38, (068) 207 89 10, www.termailiria.com. Renovierte DZ mit angenehmen Holzmöbeln und Duschbad; einfache neue Holzbungalows mit Doppelbett und Duschbad. Restaurant.

Mali i Shpatit

Die Region zwischen dem Shkumbin und dem Selta südöstlich von Elbasan ist wegen der bescheidenen Infrastruktur und dem kaum erschlossenen Hinterland der sich südlich anschließenden Bergregionen weniger bekannt. Sie war aber durch die Lage an dem antiken Straßenkreuz schon früh kultiviert und birgt eine Vielzahl alter Wege, Befestigungen und frühchristlicher Kirchen. Aufgrund der **landschaftlichen Vielfalt** nennt man das Bergland hier auch „Kleines Europa".

Besonders reizvoll ist das Gebiet bei **Gjinar** um den Mali i Bukanikut (1.831 m). In dem Bergdorf **Shelcan,** nur 14 Kilometer von Elbasan entfernt, steht eine der sehenswertesten Kirchen Albaniens. Der kleine einschiffige Bau aus Schächtelmauerwerk wird in das 14. Jahrhundert datiert und wurde wahrscheinlich 1554 von *Onufri*, dem bedeutendsten Kirchenmaler Albaniens, ausgemalt. Die in vier Zonen unterteilten farbenprächtigen Wände zeigen im unteren Bereich stehende Heilige, darüber Medaillons mit Heiligenporträts, dann die Lebens- und Leidensgeschichte Jesu angefangen von der Verkündigung bis zum Pfingstfest und zum Abschluss Porträts von Propheten.

Westlich von Elbasan

Ad Quintum

Die noch erstaunlich gut erhaltene **Pferdewechselstation** war sicher ein herbeigesehnter Ort auf dem beschwerlichen Weg eines Reisenden, der in der Antike auf der gebirgigen Strecke der Via Egnatia unterwegs war. Die von Gras und Gestrüpp immer wieder zugewachsene Anlage liegt auf einer in Ost-West-Richtung ausgerichteten Terrasse und hat eine Fläche von 130 m². Sie war nur für eine kleinere Zahl von Gästen ausgelegt, die hier ein heißes Bad nahmen und sich eine Weile entspannten, um dann mit einem frischen Pferd weiterzureiten. Im Osten der Anlage wurden die **Reste des Badehauses** ausgegraben: ein großer Umkleideraum, zwei Warmbaderäume, ein Schwitzraum, ein Heißbaderaum in einem halbrunden Anbau und das Kaltwasserbecken, in das man über Treppen im Eingangsbereich gelangen konnte. Die Fußbodenheizung und die Tonröhren, die die heiße Luft an die Wände abgaben, sind noch gut zu sehen. Das Wasser kam über Zuleitungen direkt aus

dem Berg und speiste auch die Tränken unterhalb der großen Terrasse.

Anfahrt: 7 km von Elbasan entfernt, 2 km nach der Abzweigung zum Krraba-Pass in Bradashesh von der Schnellstraße unmittelbar nach dem Stahlwerk abbiegen und ein kleines Stück zurückfahren oder gleich die alte Landstraße nehmen. An der westlichen (letzten) Dorfstraße parken und bergauf gehen, in der Rechtskurve weiter geradeaus (über einen kleinen Bach) ins Gelände, dort liegen die antiken Reste. Keine Beschilderung, keine Infrastruktur.

Manastiri Shën Gjon Vladimiri

Das **Kloster** war über sieben Jahrhunderte ein sehr wichtiges Zentrum für die Region und hatte großen Einfluss auf das kulturelle Leben in Elbasan. **Karl von Thopia** (1335–88), ein mächtiger regionaler Herrscher in Mittelalbanien, brachte Ende des 14. Jahrhunderts die Gebeine des *Hl. Gjon Vladimiri* an diesen Ort und gründete das Kloster, um das unzählige Legenden kreisen.

Anfahrt: In der ersten großen Kehre an der Straße zum Krraba-Pass bei dem Dorf Shijon.

Liqenet e Dumresë

Dumreja nennt sich die offene Karsthochebene zwischen Shkumbin, Devoll und Seman, die im Einflussbereich des Shkumbin-Tals seit der Antike besiedelt ist. In Europa eine wohl einzigartige geologische Erscheinung sind die bis zu 90 kleinen und größeren **Karstseen von Dumreja,** die sich in den hügeligen Absenkungen aufgrund des dichten Untergrundes aus Gipsschichten bilden. Die flacheren verlieren im Sommer ihr Wasser und füllen sich wieder im Winter.

In **Gradishta** liegen die Reste einer illyrischen Festung und der dazugehörigen Siedlung, in **Seferan** die Ruinen eines der Aphrodite geweihten Tempels. Die Fundstücke aus dem Fürstengrab von **Belsh,** unter anderem ein sehr gut erhaltener illyrischer Helm und Grabbeigaben von hoher Kunstfertigkeit, gehören zu den bedeutendsten Exponaten im Nationalmuseum in Tirana.

Region Gramsh

Eine viel zu wenig beachtete Nebenstrecke führt von Elbasan in die Region Gramsh und weiter **dem Lauf des Devoll folgend** durch den Westen der Region Korça bis in die Ebene von Maliq. Auf den ersten 40 Kilometern bis zum Schlucht-Durchbruch des Devoll in die Ebene bei Gramsh ist die Strecke asphaltiert, dann geht es über 80 Kilometer streckenweise nur langsam voran, die Straße wird aber regelmäßig instand gehalten.

Die **Kreisstadt Gramsh** ist mit rund 15.000 Einwohnern das Zentrum der Region und ein belebter Handelsplatz. Rundherum erstreckt sich ein bäuerliches Bergland mit kleinen Dörfern, deren weiß getünchte Steinhäuser kleine Gärten haben und eng zusammenstehen. Der Besitz einer Familie (ca. 0,2 ha) liegt meist über einige kleinere Flächen verstreut, in den Bergen wird jedes halbwegs ebene Stück Land für Felder und

Äcker genutzt. Angebaut werden Weizen, Tabak, Nüsse, Mandeln, Kastanien, Kakis, Granatäpfel und alle Sorten von Obst und Gemüse. Schweine sieht man hier nicht, denn die überwiegende Zahl der sehr gastfreundlichen Bewohner sind **muslimische Bektashis.** Dafür gibt es viel Geflügel, das überall frei herumläuft. Man lebt hier noch sehr traditionell, die Familien sind kinderreich.

Abseits der Durchgangsstraße gibt es nur **Schotterstraßen,** vielfach ist man hier noch mit dem Maultier unterwegs. Die wald- und felsenreiche Region ist ein hervorragendes Ziel für jede Art von Naturtourismus, wobei es auch kleinere prähistorische und illyrische Fundplätze, vor allem Burgen, zu entdecken gibt.

Das Gebiet auf der **Ostseite des Tomorr** (2.214 m) ist sehr wasserreich, es gibt Wasserfälle, ergiebige Quellen, zahlreiche Heilwasser und Gletscherseen (Liqenet e Lukovës), einige interessante Canyons und Höhlengebiete.

Sehr beeindruckend ist der unregulierte Flusslauf des **Devoll** mit weiten Schotter- und Sandablagerungen, die sich strömungsbedingt immer wieder verändern. Im Sommer beeindruckt der regelmäßig trocken liegende Stausee **Liqeni i Banjës,** landschaftlich beeindruckend und geologisch interessant ist auch der schluchtreiche letzte Streckenabschnitt am Oberlauf des Devoll.

9 Praktische Reisetipps A–Z

Strandidylle in Gjipe an der albanischen Riviera-Küste

Anreise

Anreise mit dem Flugzeug

Der einzige internationale Flughafen Albaniens ist der Aeroport Nënë Tereza (Flughafen Mutter Teresa) in Tirana/Rinas 17 Kilometer außerhalb des Stadtzentrums Richtung Nordwesten. Eine **Direktverbindung** von Deutschland nach Tirana gibt es ganzjährig nur mit Lufthansa ab München (Flugzeit 2 Std.) oder in den Sommermonaten mit Adria Airways ab Frankfurt. Als Alternative für direkte Flüge kommen noch Billigfluglinien in Frage (s.u.). **Verbindungen mit Stopps** in Rom, Wien und Ljubljana gibt es bei Alitalia, Austrian und Adria Airways (Flugzeit ca. 4 Std.).

Nach Nordalbanien kommt man bequem auch über **Podgorica** (Flughafen mit zügiger Passagierabfertigung, gute Straßenverbindung nach Shkodra).

Flugpreise

Ein **Economy-Ticket** von Deutschland, Österreich oder der Schweiz hin und zurück nach Tirana bekommt man je nach Jahreszeit und Aufenthaltsdauer **ab etwa 170 Euro** (einschließlich aller Steuern, Gebühren und Entgelte). Kinder unter zwei Jahren fliegen ohne Sitzplatzanspruch für zehn Prozent des Erwachsenenpreises, für ältere Kinder werden die regulären Preise je nach Airline um 25 bis 50 Prozent ermäßigt. Ab dem 12. Lebensjahr gilt der Erwachsenentarif.

Buchung

Für die Tickets der **Linien-Airlines** kann man bei folgendem zuverlässigen Reisebüro meistens günstigere Preise als bei vielen anderen finden:

■**Jet-Travel,** In der Flent 7, 53773 Hennef, Tel. (02242) 868 606, www.jet-travel.de. Buchungsanfragen oder Onlinebuchungen auf der Website unter der Auswahl „Flüge".

Billigfluglinien

Preiswerter geht es mit etwas Glück nur, wenn man bei einer „Billigairline" **sehr früh online bucht.** Es werden keine Tickets ausgestellt, sondern man bekommt nur eine Buchungsnummer per E-Mail. Zur Bezahlung wird in der Regel eine Kreditkarte verlangt, was mit einem Preisaufschlag verbunden ist. Im Flugzeug gibt es oft keine festen Sitzplätze, sondern man wird meist schubweise zum Einstieg aufgerufen, um Gedränge weitgehend zu vermeiden. Verpflegung wird extra berechnet, bei den meisten Fluggesellschaften auch aufgegebenes Gepäck. Für die Region interessant sind:

■**Easy Jet,** www.easyjet.com. Fliegt zu sehr günstigen Konditionen ganzjährig nach Prishtina (Kosovo) und Thessaloniki (Griechenland), von wo es gute Busverbindungen nach Albanien gibt.

■**Germanwings,** www.germanwings.com. Von Köln/Bonn nach Tirana (nur in der Sommersaison). Eine Alternative und ein schöner Einstieg ins Land ist der Flug (acht Abflugsorte) nach Korfu/Kerkyra Airport mit kurzem Fährtransfer nach Saranda, wo man am Hafen einen Mietwagen vorbuchen kann.

Mini-„Flug-Know-how"

Check-In

Nicht vergessen: Ohne einen gültigen Reisepass oder Personalausweis für EU-Staatsbürger und Schweizer kommt man nicht an Bord. Kinder benötigen einen eigenen Reisepass.

Bei innereuropäischen Flügen sollte man mindestens eine Stunde vor Abflug am Schalter der Airline eingecheckt haben. Je nach Fluggesellschaft kann man den Check-In ab 23 Stunden vor Abflug auch vorab **zu Hause** im Internet erledigen und muss am Flughafen nur die ausgedruckte Board-Karte vorlegen und sein Gepäck am entsprechenden Schalter abgeben. Manche Fluglinien bieten auch die Übermittlung des Board-Karten-Barcodes aufs Handy oder Smartphone an – interessant für Passagiere, die nur mit Handgepäck reisen.

Das Gepäck

In der **Economy Class** darf man pro Person in der Regel ein Handgepäckstück bis zu 7 kg in die Kabine mitnehmen (nicht größer als 55 x 40 x 20 cm) und bei Bedarf zusätzlich ein Gepäckstück bis zu 23 kg einchecken. In der **Business Class** sind es pro Person meist zwei Handgepäckstücke (insgesamt nicht mehr als 12 kg) und ein Gepäckstück bis zu 30 kg zum Einchecken.

Aufgepasst: Bei sogenannten **Billigfluggesellschaften** wie z.B. Ryanair gelten andere Gewichtsklassen. Man sollte sich beim Kauf des Tickets über die Bestimmungen der Airline informieren.

Beim Packen des **Handgepäcks** sollte man darauf achten, dass man Getränke oder vergleichbare Substanzen (Gel, Parfüm, Shampoo, Creme, Zahnpasta, Suppe, Käse, Lotion, Rasierschaum, Aerosole etc.) nur in geringen Mengen bis zu jeweils 100 ml mit ins Flugzeug nehmen darf. Diese Substanzen muss man separat in einem durchsichtigen Plastikbeutel (z.B. Gefrierbeutel) transportieren, den man beim Durchleuchten in eine der bereitstehenden Schalen auf das Fließband legen sollte. Auch das Notebook oder Smartphone muss in eine solche Schale gelegt werden, ebenso Gürtel mit einer Schnalle aus Metall.

Aus **Sicherheitsgründen** dürfen Nagelfeilen sowie Messer und Scheren aller Art, also auch Taschenmesser, nicht im Handgepäck untergebracht werden. Diese Gegenstände sollte man unbedingt daheim lassen oder im aufzugebenden Gepäck verstauen, sonst werden sie bei der Sicherheitskontrolle einfach weggeworfen. Darüber hinaus gilt, dass leicht entzündliche Gase in Sprühdosen (Schuhspray, Campinggas, Feuerzeugfüllung), Benzinfeuerzeuge und Feuerwerkskörper etc. nicht im Koffer oder dem Handgepäck transportiert werden dürfen.

alba14-035 mg

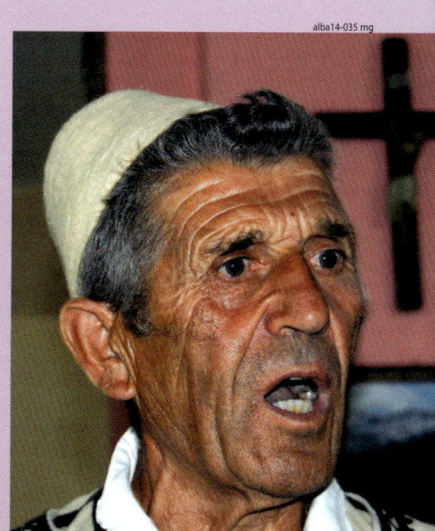

■ **Ryanair,** www.ryanair.com. Im Sommer z.B. von Hahn im Hunsrück, Bremen oder Weeze am Niederrhein nach Korfu, von dort Fährtransfer nach Saranda/Südalbanien.

Last Minute

Wer sich erst im letzten Augenblick für eine Reise nach Albanien entscheidet oder gern pokert, kann Ausschau nach Last-Minute-Flügen halten, die von einigen Fluggesellschaften mit deutlicher Ermäßigung **ab etwa 14 Tage vor Abflug** angeboten werden. Diese Flüge lassen sich nur bei Spezialisten buchen:

■ **L'Tur,** www.ltur.com
■ **Lastminute,** www.lastminute.de
■ **5 vor Flug,** www.5vorflug.de
■ **Holiday Check,** www.holidaycheck.at

Ankunft am Flughafen

Der **Aeroport Nënë Tereza** (www.tirana-airport.com, englisch) bei Rinas ist mit dem Pkw in 20 Min. einfach über die Stadtautobahn Tirana – Durrës zu erreichen (30 Min. Sicherheitszugabe zur Fahrzeit wegen Staus auf der Unaza-Stadtumfahrung). Zum Passagier- und Gepäcktransfer kann man bis zu 4 Minuten kostenlos („kiss & fly") in den Schrankenbereich fahren.

Busse der Linie Rinas Express fahren täglich 8–19 Uhr zur vollen Stunde ab Flughafen/Haupteingang (hinter den Kurzzeitparkplätzen) ins Stadtzentrum

▽ Tirana: Blick vom Sky Tower
auf das Café Taiwani und das Stadtzentrum

alba14-062 ob

und ab Tirana/Rr. Durrësit zum Flughafen. Die Endhaltestelle befindet sich in der Rr. Ded Gjo Luli hinter dem Historischen Nationalmuseum mitten im Zentrum. Die einfache Fahrt kostet 250 Lek (ca. 1,80 Euro).

Lizensierte gelbe Taxis mit dem roten ATEx-Logo und Wagennummer warten am Taxistand vor dem Eingang, die einfache Fahrt kostet 2000 Lek (17 Euro), nachts 2500 Lek (21 Euro), Tel. (068) 204 95 98, 207 03 11.

Die **Fahrer nicht-lizensierter Taxis** sind teilweise extrem aufdringlich. Sie bieten niedrigere Preise an und versuchen die erste Orientierungslosigkeit der Reisenden auszunutzen; Vorsicht auch bei überzogenen Preisforderungen, wenn sich die Fahrstrecke nur unwesentlich ändert.

Die **Passkontrolle** und Formalitäten am Flughafen erfolgen in der Regel zügig und ohne Probleme, bei Hochbetrieb im Juli und August kann es zu kürzeren Verzögerungen kommen.

■**Informationen und Flugzeiten:** www.tirana-airport.com (englisch), info@tirana-airport.com, Vermittlung: Tel. (042) 379 053, Gepäckstelle: Tel. (042) 381 68, (069) 206 66 26.

■**Öffnungszeiten:** Die Shops im Flughafenbereich haben täglich 3.30–20.30 Uhr geöffnet, die Cafés und das Restaurant täglich 3.30–0.30 Uhr.

■**Touristeninformation:** Freundlicher Infodesk des Çelsin-Verlags in der Ankunftshalle, an dem es Stadtpläne und das Magazin „Tirana in your pocket" gibt (engl.); nicht zuverlässig geöffnet.

■**Internet** ist im gesamten Flughafenbereich über WLAN frei zugänglich.

■**Mietwagen:** Acht verschiedene Autovermietungen im Ankunfts- und Ausgangsbereich des Flughafens, Infos über die Airport-Website www.tirana-airport.com (englisch).

Unterkunft am Flughafen

■**Airport**④, gehobenes Cityhotel 200 m vom Flughafen, Tel. (044) 500 190, (068) 200 42 43, www.hotel-airportirana.com, info@hotel-airportirana.com. Ruhige, geräumige DZ mit ansprechender Ausstattung, Duschbädern und allem Komfort. Balkon, gutes Frühstücksbüffet und Restaurant, Pool, angenehme Außenanlagen, Flughafenshuttle rund um die Uhr.

■**Verzaci**②, 400 m vom Flughafen entfernt (großes Schild), Tel. (069) 559 74 64, booking@hotel-verzaci.com. Ruhige, günstigste Übernachtungsmöglichkeit, einfache saubere Zimmer im albanischen Stil, modernes Duschbad, AC, Zentralheizung, einfaches albanisches Frühstück, Flughafenshuttle rund um die Uhr.

■**Vila Airport**③, verrückt designtes Hotel, das aussieht wie ein silbernes Flugzeug, das 1 km vom Flughafen entfernt an der Flughafenzufahrt gelandet ist, Tel. (068) 207 70 98, www.vilaaeroport.com, info@vilaaeroport.com. Großzügige DZ mit allem Komfort, gute Bäder, Balkon, Pool, Frühstücksbüffet, kleine Disco im UG.

Weiterreise mit dem Linienbus oder Minibus (Furgon)

Tirana hat keinen zentralen Busbahnhof, sondern jede Linie nutzt bestimmte Abfahrtsplätze und Routen durch die Innenstadt. Wenn man dem Busfahrer die genaue Zieladresse nennt, wird für den richtigen Ausstieg gesorgt.

Anreise mit dem Auto

Von Mitteleuropa gibt es **zwei Varianten:** die Fahrt **durch Italien** zu einem Fährhafen oder den Landweg **über den Balkan.** Für den Landweg gibt es wiederum zwei Möglichkeiten: Entweder man fährt die landschaftlich sehr reizvolle Strecke an der Küste entlang über Slowenien, Kroatien, Bosnien-Herzegowina und Montenegro oder man nimmt den langweiligen Autoput nach Belgrad und Mazedonien und weiter über den Kosovo auf die Autobahn Kukës – Durrës. Für den Kosovo muss man an der Grenze einen Pkw-Versicherungsschein lösen, da die Grüne Versicherungskarte nicht anerkannt wird (30 Euro). Für die Fahrt sind mindestens zwei Tage zu rechnen. Abhängig davon, wie günstig man die Fähre bucht, liegen beide Varianten preislich und zeitlich ungefähr gleich.

Interessant ist auch eine Einreise nach Ostalbanien über Skopje mit guter Busanbindung nach Korça. Südalbanien erreicht man über Korfu.

Anreise mit der Fähre

Fährverbindungen von Italien gibt es ab Ancona, Triest und Bari nach Durrës oder von Brindisi nach Vlora. Eine interessante Alternative ist die zweitägige Fahrt von Ancona oder Venedig nach Igoumenitsa in Griechenland, auf der man über Südalbanien ins Land kommt. Übrigens: Nach der bequemen Überfahrt auf der Fähre ist der Kulturschock im Ballungsraum Tirana-Durrës vorprogrammiert, doch keine Sorge, außerhalb der Ballungsräume ist Albanien ein nur wenig besiedeltes Gebirgsland.

Fähren/Fährlinien
- www.agemar.it
- www.cemar.it
- www.directferries.com
- www.aferry.de
- www.ferriesalbania.com

Häfen in Albanien

Von Durrës gibt es tägliche Verbindungen zu den italienischen Häfen in Bari, Brindisi, Ancona, Triest und nach Koperin in Slowenien. Die Fährbüros befinden sich direkt am modernen Hafen.

Von Saranda bestehen tägliche Verbindungen nach Kerkyra/Korfu (siehe bei Saranda).

Von Vlora gibt es das ganze Jahr hindurch täglich Verbindungen nach Brindisi und Otranto.

Anreise mit dem Bus

Es gibt einen Anbieter mit einer guten Busverbindung von Deutschland nach Tirana. Abfahrt in Deutschland: Jeden Do **ab Kassel Hbf** um 13 Uhr, über Dortmund, Essen, Düsseldorf, Köln, Frankfurt, Mannheim, Karlsruhe, Stuttgart, Ulm, München und Bari nach Durrës bzw. Tirana, Ankunft Samstag 10.30 Uhr; Rückfahrt jeden Samstag ab Tirana 18.30 Uhr, Ankunft in Kassel Montag 12.30 Uhr. Die einfache Fahrt kostet je nach Einstiegsort zwischen 100 und 130 Euro. Das Fährticket für die Überfahrt über die Adria von Bari nach Durrës kostet zusätzlich 35 Euro pro Person. Auch eine Variante über Prishtina oder Skopje ist im Internet buchbar (www.iliria-agentur.com).

Anreise mit der Bahn

Trotz zahlreicher Ansätze in der Vergangenheit wurde bis heute keine Eisenbahnstrecke gebaut, mit der eine durchgehende Zugfahrt nach Albanien möglich wäre. Dennoch ist es kein Problem, mit der Bahn nach Albanien zu reisen. **Zwei Varianten** bieten sich an: die Balkan-Route und die Italien-Route.

Die Balkan-Route

Es gibt zahlreiche Kombinationen, um per Bahn in die Nähe Albaniens zu gelangen. Die am ehesten taugliche geht zunächst tagsüber in die ungarische Hauptstadt **Budapest,** zum Beispiel ab Hamburg 6.30 Uhr, ab Berlin 8.45 Uhr, ab Köln 8 Uhr, ab Zürich 10.40 Uhr.

Dort angekommen, nimmt man um 22.30 Uhr den Nachtzug ins serbische **Belgrad,** das am frühen Morgen erreicht wird. Zum Kauf der jetzt noch nötigen Fahrkarte für die restliche Strecke, für ein Frühstück in der Bahnhofsgaststätte und zum Auffangen eventueller Verspätungen stehen drei Stunden zur Verfügung, bevor man von einem kaum schlagbaren Superlativ erwartet wird: Der Express-Zug, der gegen 9 Uhr Belgrad in Richtung der montenegrinischen Hauptstadt **Podgorica** verlässt, wird auf seiner Fahrt die nach Kennermeinung **schönste Eisenbahnstrecke Europas** durcheilen. Allein für sich betrachtet wäre dies schon eine Reise wert. Die Ankunft in Podgorica erfolgt bei dieser Variante laut Fahrplan um 19.24 Uhr, in der Realität aber meist deutlich später. Weil um diese Zeit kaum jemand das nun noch fehlende Stück bis Albanien fahren will, legt man in der Stadt eine **Übernachtung** ein, bevor man am nächsten Tag mit einem Taxi oder dem Bus bis zur Grenze fährt (25 km).

Die Übernachtung in Podgorica kann auch vermieden werden: Man verlässt seinen Heimatbahnhof gegen Abend, besteigt dort oder unterwegs einen Nachtzug Richtung Zagreb oder Budapest, fährt dann tagsüber das restliche Stück bis Belgrad und von dort erneut mit einem Nachtzug (Abfahrt Belgrad 20.10 Uhr) bis Podgorica, Ankunft gegen 7 Uhr. Allerdings entgeht einem bei dieser Variante der Genuss der oben erwähnten Strecke.

Für die **Fahrpreise** vom Heimatort bis Belgrad gilt generell: Wer früh bucht, zahlt am wenigsten. So ist mit etwas Glück und unter Vermeidung der Hauptreisetage die Fahrt von Berlin oder

Freiburg nach Belgrad schon für weniger als 100 Euro zu haben. Wer es im Nachtzug etwas komfortabler will, lässt einen Platz im Liege- oder Schlafwagen reservieren. Tickets für die Weiterfahrt ab Belgrad Richtung Montenegro sind derzeit außerhalb Serbiens nicht zu bekommen. Es ist aber kein Problem, sich diese in Belgrad am Schalter oder noch im Zug zu besorgen.

Die Italien-Route

Diese Variante ist eine **Kombination aus Zug- und Schiffsreise.** Täglich ab Bari um 23 Uhr gibt es eine Fähre der Reederei Adria Ferries, die den albanischen Hafen **Durrës** nach einer achtstündigen Überfahrt erreicht. Um nach **Bari** zu kommen, wählt man eine Tag-Verbindung bis Bologna (z.B. ab Köln gegen 9 Uhr, ab Hamburg gegen 7 Uhr, ab Berlin gegen 6 Uhr, Zürich 15 Uhr) und dann weiter über Nacht nach Bari. Den Tag dort zu verbringen, bis abends die Fähre geht, wird angesichts der vielen Sehenswürdigkeiten in dieser alten Hafenstadt nicht schwerfallen.

Alternativ besteht die Möglichkeit, bis München anzureisen und von dort über Nacht bis **Rom** (Ankunft gegen 9 Uhr) und weiter gegen 15 Uhr nach Bari zu fahren (an 19 Uhr).

Auch für diese Variante gilt: Der frühe Vogel fängt den Wurm – oder eben die besten **Preise.** Wer außerhalb der Spitzentage reist und sich frühzeitig und gut beraten lässt, schafft es durchaus für unter 100 Euro nach Bari; die Fähre schlägt dann noch mal mit rund 50 Euro zu Buche. Für entsprechende Aufpreise kann man sich die Reise mit dem Komfort eines Schlafwagen-Abteils im Zug und einer Kabine auf dem Schiff verschönern.

Buchung

Die komplizierteste und meist teuerste Art, so eine Reise zu buchen, führt über den Schalter einer der beteiligten Bahnen oder über deren Internetseite: Jede Bahn listet nur ihre eigenen Angebote vollständig auf – die der anderen Bahnen dagegen oft gar nicht oder ohne jegliche Sonderpreise.

Wer sich also nicht selbst durch den Dschungel der Bahntarife und Fahrpläne schlagen und trotzdem Geld sparen will, erhält bei **spezialisierten Bahn-Agenturen** kompetente Beratung – und auf Wunsch die Tickets an jede gewünschte Adresse in Europa geschickt. Die hier genannten Informationen wurden uns von der Freiburger Bahn-Agentur Gleisnost zur Verfügung gestellt (www.gleisnost.de, Tel. 0761-205 51 30).

Grenzübergänge in die Nachbarländer

Nordalbanien

Murriqan-Sukobina (vom Shkodra-See nach Montenegro Richtung Ulçin, muriqan@mrp.gov.al, Tel. (026) 290 070 (24 Std.); **Hani i Hotit** (von Shkodra nach Montenegro Richtung Podgorica, hanihotit@mrp.gov.al, Tel. (026) 290 070 (24 Std.); **Gusinje** (von Vermosh im Këlmend nach Montenegro Richtung Gusinje-Plava Gucia, bis 22 Uhr); **Kasaj**

(von Bajram Curri in Tropoja in den Kosovo Richtung Morina, bis 22 Uhr).

Ostalbanien

Qafë Prush (von Letaj in den Kosovo Richtung Djakovica, bis 22 Uhr); **Morina** (von Kukës in den Kosovo Richtung Prizren), morine@mrp.gov.al (24 Std.); **Bllata** (von Peshkopia und Bulqiza nach Mazedonien Richtung Debar), pkkbllade@mrp.gov.al (bis 22 Uhr); **Qafë Zana** (von Librazhd nach Mazedonien Richtung Struga, Tel. (083) 261 66, qafethane @mrp.gov.al (bis 22 Uhr); **Gorica** (von Gorica nördlich des Großen Prespa-Sees nach Mazedonien Richtung Resen, Pogradec oder Ohrid, goric@mrp.gov.al (bis 19 Uhr); **Sveti Naum** (von Tushemisht und Pogradec nach Mazedonien Richtung Ohrid, tushemisht@mrp.gov.al (bis 22 Uhr); **Kapshtica** (von Korça nach Griechenland), pkkapshtic@mrp.gov.al (24 Std.).

Südalbanien

Tre Urat (von Përmet nach Griechenland Richtung Konitsa), treurat@mrp.gov.al (bis 22 Uhr); **Kakavija** (von Gjirokastra nach Griechenland Richtung Ioannina, kakavije@mrp.gov.al (24 Std.); **Qafë Boti** (von Konispol nach Griechenland Richtung Sagiada) Tel. (026) 290 070 (bis 22 Uhr).

Grenzüberschreitende Buslinien

Tirana – Tetova, über Qafë Thana nach Mazedonien; **Tirana – Prishtina** und andere Städte im Kosovo, über Morina; **Korça – Thessaloniki,** über Kapshtica nach Griechenland; Tirana – Athen, über Kakavija nach Griechenland; **Tirana – Sofia – Istanbul** über Qafë Thana nach Bulgarien und in die Türkei.

Zentrale Auskunft der **Grenzpolizei** (z.B. Anmeldung zum Überschreiten der grünen Grenze für Wandergruppen): Tel. (042) 279 256, policiakufitare.migracioni@mrp.gov.al, www.moi.gov.al, Ministerium für Innere Angelegenheiten.

Ausrüstung und Kleidung

Falls man zu Hause etwas Wichtiges vergessen hat, sind die großen **Shopping-Center** mit modernen Supermärkten und einer deutschen Drogeriekette außerhalb von Tirana die beste Möglichkeit, danach zu suchen.

Nützliches

Sinnvoll sind ein **Wörterbuch** (z.B. der Kauderwelsch-Sprachführer „Albanien – Wort für Wort", REISE KNOW-HOW Verlag), eine starke **Taschenlampe** zur Erkundung von Höhlen und Festungskellern, ein **Fernglas** zur Vogelbeobachtung, evtl. ein Verlängerungskabel und Leselampen (oft gibt es an den Betten keine zusätzliche Beleuchtung). Runde Schukostecker passen nicht in die schmalen albanischen Standardsteckdosen, daher Adapter mitnehmen. Sinnvoll sind auch eine Stofftasche zum Einkaufen sowie eine Europakarte mit Deutschland und seinen Nachbarländern zur Kommunikationsaufnahme auf dem Land. Gummibärchen sind auf dem Land unbekannt und machen Kindern große Freude (wenn man sich bedanken möchte). Camper und Caravaner könnten eine einfache **Angel** mit Forellenhaken fürs Gebirge oder Blinkern für das Küstenangeln mitnehmen, denn Angeln ist überall erlaubt.

Schwarztee wird in Albanien sehr selten getrunken und ist auch zum Frühstück oder in Cafés fast nie zu haben. Man bekommt ihn nur in großen Supermärkten, deshalb einen guten Vorrat mitnehmen und heißes Wasser *(uje të ngrohtë)* zur Zubereitung im Hotel bestellen.

Im Hochsommer

Normale Sommerkleidung wie man sie sonst in südlichen Urlaubsländern trägt, ist auch in Albanien die richtige Wahl: ärmellose Tops, leichte Shirts, kurze Hosen/Röcke, dazu unbedingt ein Sonnenhut oder Tuch. Eine leichte lange Hose und eine dünne Jacke sind im Hochsommer für kühlere Abendstunden völlig ausreichend. Junge Albanerinnen und Albaner sind sehr modebewusst. Besonders zum Ausgehen in Restaurants oder beim abendlichen Spaziergang (Xhiro) auf der Strandpromenade wird freizügige Kleidung getragen, sodass man als Ausländer eher wegen seiner zweckmäßigen Freizeitkleidung, niemals aber wegen Verletzung von Kleiderregeln auffallen wird. Die Mitnahme eines etwas eleganteren Kleidungsstückes wird auf keinen Fall von Nachteil sein. Albaner halten sehr wenig von muslimischen Kleidervorschriften, die man nur in den Moscheen einhält.

An den Stränden sind Strand- und eventuell Badeschuhe als Schutz vor Seeigeln praktisch. Sonnenschutzmittel sind an der Küste nicht in gewohnter Auswahl und nicht mit hohem Lichtschutzfaktor (50) erhältlich – hiermit sollte man sich schon zu Hause reichlich eindecken, ebenso mit Mückenschutz, den man überall dort braucht, wo es Lagunengebiete gibt.

Auch **in den Bergen** benötigt man wegen der hohen Sonneneinstrahlung unbedingt eine Kopfbedeckung. Natürlich sind für Wanderungen im Gebirge feste, hohe Schuhe unerlässlich (auch wegen der Gefahr von Schlangen), doch auch bei Besichtigungsfahrten sollte man festeres Schuhwerk mit rutschfestem Profil dabeihaben. Im Bergland ist man in den Dörfern und auch in den Städten meist auf Natursteinpflaster unterwegs, das bei Regen extrem rutschig werden kann. Auch auf den Ausgrabungen ist oft nicht gemäht und man läuft durch hohes Gras oder das ein oder andere Buschwerk. Was **Schlangen** anbelangt: Je nach Region und Höhenlage gelten Mai und Juni, wenn der Schlangennachwuchs schlüpft, als die „bissigsten" Monate.

Im Winter

Im Winterhalbjahr von November bis März sollte man mit richtig **warmer Kleidung** Vorsorge treffen. Ein Wintermantel, Handschuhe und Winterschuhe sind durchaus angebracht. In den Bergen kann es kräftige Minustemperaturen ge-

9

ben. Gebäude, öffentlich oder privat, werden viel weniger geheizt als wir es gewohnt sind. Privathäuser auf dem Land haben oft nur einen einzigen richtig beheizten Raum, in dem sich die Familie aufhält.

Landkarten/Stadtpläne

Die **Landkarte „Albanien"** im Maßstab 1:220.000 aus dem REISE KNOW-HOW Verlag/world mapping project ist aktuell und zuverlässig – sie wird in Abstimmung mit diesem Reiseführer regelmäßig überarbeitet.

Messtischblätter mit sowjetischer ober albanischer Beschriftung aus der kommunistischen Zeit, wie sie manchmal noch durch die Literatur geistern, sind aus dem Verkehr gezogen worden, Nostalgiker können sie aber im Internet downloaden (s.u.).

Stadtpläne sind zu Shkodra, Durrës, Vlora, Saranda, Korça, Berat und Gjirokastra im Handel. Der beste Stadtplan von Tirana ist die City Map Tirana, die auch die öffentlichen Buslinien enthält und in der Touristeninformation frei erhältlich ist.

■ **Straßenatlas Balkan Süd,** Freytag & Berndt 2014, 1:500.000.

■ **www.vektor.al,** moderne (aber nicht besonders gute) Straßen-, Regions-, Kreis- und Ortskarten, auch Theth und Valbona, wachsendes Angebot.

■ **www.bunkertrails.org,** Website von Mitarbeitern des American Peace Corps, die wichtig für alle ist, die die alten sowjetischen topografischen Karten downloaden wollen. Das ist derzeit die einzige kostenlose Quelle, seit die Universität Berkeley ihre Seite vom Netz genommen hat. Zur Verfügung stehen eine geopolitische GPS-Basiskarte, zwei Kartensammlungen im Maßstab 1:50.000, eine im Maßstab 1:1.000.000.

■ **www.lib.utexas.edu/maps/albania.html,** Linkliste der Universität Texas zum Herunterladen einer umfangreichen Kartensammlung.

■ **www.geospatial.com,** einer der führenden amerikanischen Anbieter für Geodaten und Geoinformationssysteme; für Albanien gibt es topografische Karten einzeln in den Maßstäben 1:25.000, 1:50.000 und 1:100.000 zu kaufen, allerdings nicht ganz billig; auch andere Albanien-Karten sind im Angebot.

■ *Zindel, Christian; Zimmermann, Barbara:* **Nordalbanien. Thethi und Këlmend.** Wanderkarte im Maßstab 1:50.000. Huber Verlag 2008.

■ **Peaks of the Balkan – Cross border hiking Albania-Kosovo-Montenegro.** Länderübergreifende Wanderkarte, www.peaksofthebalkans.com.

■ **Këlmend – the land of living past,** www.kelmend-shkrel.org. Wanderkarte mit 30 Touren, sollte im Tourismusbüro in Tamara erhältlich sein.

■ Google stellt inzwischen Aufnahmen von ganz Albanien in ausgezeichneter Auflösung zur Verfügung. Auch die Informationen von **Google Maps** (oder **Wikimapia**) sind zuverlässig. Das ersetzt zwar keine Karte, kann aber sehr gut zur Reisevorbereitung dienen.

Autofahren

Allgemeines

Die einfachste und wichtigste Regel auf Albaniens Straßen lautet: Unbedingt **langsamer fahren, als man es von zu Hause gewohnt ist!**

Die **Höchstgeschwindigkeit** in Ortschaften beträgt 40 km/h, außerorts 60 bis 90 km/h, auf der Autobahn 120 km/h. An unfallträchtigen Stellen oder bei Straßenschäden gelten häufig andere Begrenzungen. Der Verkehr läuft in der Regel langsam, die Autofahrer sind umsichtig und vorausschauend. Drängler gibt es vor allem in den Sommermonaten, wenn die Urlauber nach Hause kommen.

An **Fahrzeugpapieren** sind für ausländische Touristen ein Internationaler Führerschein und der Fahrzeugschein mitzuführen.

Es wird auch **tagsüber mit Abblendlicht** gefahren. Bzgl. Alkohol gilt die **Null-Promille-Grenze!** Es herrscht **Anschnallpflicht!** Telefonieren mit dem Handy ist während des Fahrens nicht erlaubt.

Ist man nicht der **Fahrzeuginhaber,** muss man eine Kopie des Fahrzeugbriefes und eine vom Pass des Autobesitzers mit Vollmacht dabeihaben. Vollmachten von Automobilclubs sind nur theoretisch gültig und werden in der Regel nicht akzeptiert! Das ist besonders bei Grenzübertritten sehr wichtig.

Mietwagen sind in den Städten erhältlich (Bezahlung/Kaution mit Kreditkarte oder bar, Mindestalter 18 Jahre); der Mietvertrag ist im Auto mitzuführen. Grundsätzlich ist es kein Problem, mit dem in Albanien gemieteten Pkw auch in die Nachbarländer zu fahren. Dazu ist eine extra Versicherung nötig (etwa 20 Euro für 15 Tage).

Ohne **Grüne Versicherungskarte** geht nichts. Ein **Auslandsschutzbrief** mit Europadeckung für Albanien (Kostenübernahme für Rücktransport, Abschleppdienst, Unfall- und Pannenhilfe, Mietwagen usw.) ist unbedingt zu empfehlen.

Reist man von Albanien in den **Kosovo** ein, muss eine zusätzliche Versicherungskarte (ca. 30 Euro) erworben werden, da die Grüne Versicherungskarte nicht anerkannt wird. Aktuelle Informationen auf der Seite des Auswärtigen Amtes: www.auswaertiges-amt.de/DE/Laenderinformationen.

Verkehrskontrollen können häufig vorkommen, gerade im Sommer, wenn auf Nationalstraßen im Abstand von etwa zehn Kilometern, besonders an Kreisverkehren und Brücken, regelmäßig mit Laserkameras geblitzt und auch gleich kassiert wird. Bei Touristen wird im Falle geringer Verfehlungen oft ein Auge zugedrückt, noch hält das Tourismusministerium seine schützende Hand über sie. Ausländische Fahrzeuge werden in der Regel auch nicht routinemäßig kontrolliert, wenn ja, sind Führerschein und Fahrzeugschein vorzuzeigen. Bei offensichtlichen Verkehrsverstößen, die ja in der Fremde auch leichter passieren können, als man glaubt, wird man in der Regel angehalten und ermahnt.

Straßen

Das Netz der Autobahnen und Nationalstraßen befindet sich in einem fortgeschrittenen Ausbaustadium. Viel ist in den letzten Jahren passiert, die **Qualität** der Straßen hat sich rasant **verbessert,** sodass Reiseführer und Straßenkarten kaum mit der Entwicklung mitkommen. Für die ersten, auch umfassenderen Erkundungen braucht man schon länger kein Allradfahrzeug mehr. Es gibt ein gutes Netz an Durchgangsstraßen (Nationalstraßen), von dem sich einige Abschnitte noch im **Ausbau** befinden, aber generell ist das Vorankommen kein Problem. An den Baustellen wird der Verkehr auf nicht asphaltierte Trassen geleitet; das ist dann eine langsame und staubige Angelegenheit. In Nordalbanien ist der Ausbau der gesamten Infrastruktur und auch der Straßen weniger weit vorangeschritten wie in Mittel- und Südalbanien. Aber auch dort sind in den letzten zwei Jahren wichtige Verbindungsstrecken fertiggestellt worden, auf denen man Panoramafahrten durch großartige Naturlandschaften unternehmen kann. Die (einzige) Autobahn **A1** zwischen Durrës bzw. Rreschen und Morina (Kosovo) wurde 2008 eröffnet. Viele, auch kleinere Durchgangsstraßen und Dorfzufahrten entlang der großen Straßen

wurden in den letzten Jahren asphaltiert. Wo/wann eine befahrbare Straße aufhört und eine nicht befahrbare beginnt, liegt im eigenen Ermessen bzw. hängt vom Auto ab. Albaner fahren mit alten Pkws auf fast allen Strecken sehr langsam und umsichtig. Für reine Berglandfahrten in entlegene Täler und auf Strecken quer durchs Land wird ein **Allradfahrzeug** jedoch noch viele Jahre unentbehrlich sein. Dieser Reiseführer ist so angelegt, dass alle Ziele bis auf wenige Ausnahmen mit einem normalen Pkw erreichbar sind. Wenn nicht, werden alternative Varianten beschrieben.

Die Straßenbenutzungsgebühr ist abgeschafft worden, auch auf der Autobahn A1 fällt **keine Maut** an. Auf www.mppt.gov.al, der Website des Ministeriums für Transport und Infrastruktur, finden sich alle Informationen über Albaniens Straßen, z.B. die aktuelle Karte der geplanten Ausbaustrecken in sehr guter Auflösung.

Die wichtigsten langfristigeren **Behinderungen** auf touristisch interessanten Strecken sind folgende:

SH4 Lin – Pogradec: Die Strecke befand sich im Frühjahr 2014 im Ausbau.

SH5 Shkodra – Kukës: Die alte Kosovo-Strecke ist teilweise in schlechtem Zustand. Sie ist durch die A1 ersetzt worden.

SH6 Milot – Peshkopia: Bis auf die Ortsdurchfahrten von Peshkopia, Bulqiza und Burrel ist die Straße neu asphaltiert oder repariert, aber auf weiten Abschnitten schmal, sehr kurvig und sehr zeitaufwendig. In Zukunft soll es einen Anschluss weiter nach Tirana geben, der die Hauptstadt mit Mazedonien verbindet. Die nördlich der Strecke gelegene Landstraße von Peshkopia nach Burrel über die Qafa e Murrës ist im letzten Abschnitt nicht mit dem Pkw befahrbar.

Cerenec – Librazhd: Die Verbindungsstrecke befand sich im Frühjahr 2014 in schlechtem Zustand und teilweise im Ausbau.

Fier – Berat: Die Strecke befand sich im Frühjahr 2014 im Ausbau.

Përmet – Korça: Die Bergstrecke ist nicht ausgebaut, weist teilweise größere Straßenschäden auf und ist zeitintensiv, aber im Ganzen gut befahrbar.

SH8 Fier – Vlora: Hier geht es teils über die halb fertige Autobahntrasse und die holprige Landstraße, der Streckenabschnitt der Autobahn durch die Narta-Lagune ist bereits in Betrieb. Vorsicht, besonders im Dunkeln! Am Teilstück durch die Narta-Lagune vor und nach der Autobahnbrücke sind tiefe Bodenwellen zu meistern.

Orientierung

Die Zeiten ohne Schilder an den großen **Überlandstraßen** sind weitgehend vorbei, auch wenn im Internet vereinzelt noch andere Informationen kursieren. Abseits der Hauptstraßen in den ländlichen Regionen allerdings sind die neuen Beschilderungen oft noch nicht angekommen.

Die (bislang einzige) **Autobahn A1** in Albanien ist grün gekennzeichnet; es ist die Kosovo-Strecke von Durrës am Mittelmeer nach Morina (Grenzübergang) mit mehreren Abfahrten; sie ist gleichzeitig die Europastraße E851. Alle Beschilderungen erfolgen in weißer Schrift auf grünen Tafeln. An der zweiten Autobahn von Tirana nach Tepelena (A2) wird gebaut.

Nationalstraßen (SH1 bis SH9) haben blaue Schilder, entsprechend erfolgt die Beschilderung auf blauen Tafeln mit weißer Schrift. Einige Nationalstraßen (SH1 bis SH4, SH9) sind gleichzeitig Europastraßen und auf Karten mit einem grünen Schild mit weißem E und der jeweiligen Nummer gekennzeichnet. Ungewöhnlich ist, dass diese manchmal autobahnähnlich ausgebauten Straßen in der Nähe größerer Orte keine Ein- und Ausfahrten haben, sondern von großen Kreiseln unterbrochen werden, an denen die Höchstgeschwindigkeit drastisch auf 40 km/h abgesenkt wird.

Ortsnamen sind ausgeschildert, nur auf Nebenstrecken noch nicht, da die Beschilderung mit dem Ausbau der Straßen einhergeht.

Der Verkehr läuft weitgehend ohne **Verkehrsschilder,** die aber ansonsten den unsrigen entsprechen. Einprägen sollte man sich das Wort „kujdes", es bedeutet Vorsicht.

Die meisten **Straßen in Städten** und Ortschaften haben einen Namen, dabei bedeuten: Rr. *(rruga)* = Straße, Blv. *(bulevard)* = Boulevard, Ljg. *(lagjia)* = Stadtteil.

Vorsicht vor den staatlichen rostroten Hinweistafeln für **Kulturdenkmäler:** Sie stehen flächendeckend über das Land verteilt, manchmal wird auf 20 Sehenswürdigkeiten gleichzeitig an einem Platz hingewiesen. Doch die Orte müssen weder nahe beieinander liegen noch müssen es Ziele sein, die überhaupt über Straßen erreichbar sind. Manche Plätze können mehr als eine Stunde vom Standpunkt des Schildes entfernt sein und weitere Ausschilderungen zu den Endzielen fehlen, sodass man an der nächsten Kreuzung, die auf keiner Karte verzeichnet ist, nur noch vor Fragezeichen steht.

An dieser Stelle auch ein Wort zu **Adressen:** Sie geben die Straße, die Hausnummer, das Stockwerk und oft auch das Stadtviertel an. In Hochhäusern und Wohnblocks stehen zusätzlich die Wohnungsnummern an Türen oder Wänden. Namen an der Haustür wird man sehr selten finden, eher bei Geschäftsadressen. Manchmal erfolgt zur Adresse noch die Angabe eines markanten Platzes oder Ortes zur besseren Lokalisierung.

☑ Piste nach Çiflik in Südalbanien

Gefahren

Die A1 und auch die Nationalstraßen haben kein so hohes Verkehrsaufkommen, dass es zu Staus kommen könnte. Die vorgeschriebenen, relativ niedrigen Geschwindigkeiten sind unbedingt nötig, um auf **unvorhersehbare Hindernisse** reagieren zu können. Auch auf der A1 sind manchmal Geisterfahrer unterwegs, nachts auch ohne Licht. Da die Dörfer in der Nacht nicht beleuchtet sind, können Überlandfahrten dann (auch) wegen der Dunkelheit sehr anstrengend sein, zudem muss man damit rechnen, auf Hindernisse (Fahrzeuge, Kurven, Baustellen) zu treffen, die nicht gekennzeichnet sind.

Die Ein- und Ausfahrten von Schnellstraßen werden als Bushaltestellen genutzt. **Personen** können auf allen Stre-

alba14-037 mg

cken zu Fuß unterwegs sein, weil die neuen Straßen alte Wege abgeschnitten haben. Auf den Nationalstraßen können einem neben Fußgängern auch Fahrradfahrer, Fuhrwerke, streunende Hunde oder Schafherden begegnen, auch in entgegenkommender Richtung. An den Brücken befinden sich Busstopps, die auch als inoffizielle Verkaufsstellen genutzt werden. Entlang der Nationalstraßen gibt es zahlreiche **wilde Ein- und Ausfahrten** zu Privatgrundstücken und Siedlungen, die teilweise ausgebaut werden. All das gilt auch für Landstraßen, die auch in neu ausgebautem Zustand Straßenschäden und ungesicherte Baustellen aufweisen können. In den Gebirgen sind die Durchgangsstraßen in der Regel gut gesichert. **Brücken** an kleineren Straßen haben oft kein Geländer oder Abgrenzungen und liegen dazu in scharfen Kurven – hier ist absolute Vorsicht geboten!

Tanken

An **Tankstellen** herrscht kein Mangel. Tankservice ist üblich (ohne Trinkgeld), im Angebot sind **Benzin (bleifrei), EuroDiesel und Super.** Die Preise liegen etwas niedriger (bis zu 20 Cent) als in Deutschland. Wer wegen der Benzinqualität sicher gehen will, tankt an großen Tankstellen. Bei kleineren Tankstellen kann es zu Verwirrung kommen, da die Zapfsäulen Euro statt Liter und keine Preise in Lek anzeigen, da sie gebraucht aus dem Ausland stammen. Der Service ist aber korrekt. In Euro zu zahlen ist immer möglich (mit Wechselkursgewinn für den Tankwart). In modernen Tankstellen gibt es auf Anfrage eine Quittung,

Kartenzahlung ist nur bei ganz großen Anlagen möglich. Bei langen Fahrten auf Gebirgsstrecken sollte man nicht auf den letzten Tropfen fahren, manchmal gibt es an abgelegenen Orten nur Diesel.

Unfall und Panne

Im Gegensatz zu Deutschland sind Abschlepp- und Werkstattkosten in Albanien niedrig. **Ersatzteile** werden, wenn nötig, innerhalb von ein bis zwei Tagen aus Tirana beschafft. Im strukturschwachen Nord- und Nordostalbanien ist es empfehlenswert, bei sich anbahnenden größeren Problemen in den **Kosovo** zu fahren, wo die Infrastruktur wesentlich besser ist. Ein intakter Reservereifen sollte natürlich immer an Bord sein.

Hilfe ist z.B. für ADACPlus-Mitglieder oder ÖAMTC-Mitglieder teilweise kostenlos. Man kann sich auch direkt an seinen **Automobilclub** wenden. Hier die drei größten für Deutschland, Österreich und die Schweiz:

■ **ADAC,** (D-)Tel. (089) 22 22 22 bei Fahrzeugschaden (man wird verbunden mit Deutsch sprechenden Mitarbeitern der ADAC-Notrufstation in Spanien), (D-)Tel. (089) 76 76 76 für medizinische Notfälle.

■ **ÖAMTC,** (A-)Tel. (01) 251 20 00 oder (A-)Tel. (01) 251 20 20 für medizinische Notfälle.

■ **TCS,** (CH-)Tel. (022) 417 22 20.

Trampen

Auf dem Land ist es (unter Albanern) **selbstverständlich,** Menschen, die zu Fuß unterwegs sind, im Auto mitzunehmen. An Abzweigungen geben Männer deshalb öfter Handzeichen. Auf kleineren Straßen wird man des Öfteren Frauen und Kindern begegnen, schwere Einkaufstaschen tragend und auf dem Weg von der Bushaltestelle in ihr oft noch Kilometer entfernt liegendes Dorf. Eine Handbewegung des Fahrers mit den Worten „Ulu!" (Setz' dich!) ist die Aufforderung zum Einsteigen.

Für **Backpacker** gilt: Trampen ist möglich und funktioniert in der Regel auch, denn Albaner sind gesellig und nehmen gerne jemanden mit.

Bahn und Busse

Bahn

Gleich eingangs sei klargestellt: Die **albanische Bahn Hekurudhë ë Shqipërisë,** kurz **HSH,** betreibt ein **reines Inland-Streckennetz** ohne grenzüberschreitenden Verkehr. Eisenbahnfreunde, die aus dem Ausland kommen, müssen die Anschlussstrecken also mit Bus oder Taxi überbrücken, was durchaus machbar ist. In Albanien erreicht man mit der Bahn die touristisch relevanten Orte Shkodra, Lezha, Tirana, Durrës, Elbasan und Vlora.

Die Strecke **Librazhd – Pogradec** ist auf unbestimmte Zeit wegen des Ausbaus der SH3 entlang des Ohrid-Sees stillgelegt.

Zur Zeit dürfte **Tirana** wohl weltweit die einzige Landeshauptstadt ohne eigenen **Bahnhof** sein. Der Hauptbahnhof wurde im September 2013 abgerissen und macht einer Erweiterung des Blv. Zogu I. in Richtung Norden Platz. Der neue Bahnhof entsteht in Laprak im Nordwesten Tiranas als Drehscheibe des gesamten öffentlichen Nahverkehrs, inklusive neuem Straßenbahnnetz, das die Außenbezirke mit dem Zentrum verbinden soll. Bis auf Weiteres fahren alle Züge erst ab Durrës (siehe dort).

Die Strecken, die Loks und die Waggons sind schon erheblich **in die Jahre gekommen.** Das Streckennetz wurde im Kommunismus zwischen 1947 und 1985, vielfach mit Arbeitseinsätzen von Schülern und Studenten, errichtet. Im Einsatz sind schwere tschechische Dieselloks aus den Jahren 1960 bis 1980 sowie italienische und österreichische Waggons, die entgegen dem, was oft zu lesen ist und behauptet wird, in akzeptablem und sauberem Zustand sind – es gibt auch keine kaputten Scheiben. Zu den Fahrgästen gehört offensichtlich nur der ärmere Teil der Bevölkerung. Die **Reisegeschwindigkeit** beträgt **höchstens 40 km/h,** dafür kostet die fünfeinhalbstündige Fahrt von Vlora nach Vorë keine 2 Euro.

Fahrkarten müssen vor Reiseantritt auf dem Bahnhof gekauft werden, denn das Zugpersonal kann keine Tickets ausstellen; ist man ohne Billet im Zug, muss man die Fahrkarte im nächsten Bahnhof nachlösen und evtl. 50 Lek (36 Cent) Strafe bezahlen. Keine Distanz in Albanien kostet über 3 Euro. Bahnhöfe sind nicht beleuchtet und nachts evtl. schlecht zu finden. Abfahrtszeiten werden i.d.R. auf die Minute pünktlich eingehalten.

■ Für Fans der (albanischen) Eisenbahn: Ein sechsseitiger Artikel der Zeitschrift **„Lokreport"** über die HSH in deutscher Sprache aus dem Jahr 2007 steht unter www.desiro.net/Bahn-Albanien.pdf.

Busse

Noch aus kommunistischer Zeit hat sich ein sehr **gut funktionierendes und zuverlässiges Busnetz** aus großen Buslinien und kleinen Privatanbietern erhalten, deren Minibusse auch *Furgone* genannt werden. Während Minibusse vom frühen Morgen bis zum Nachmittag immer dann abfahren, wenn genügend Fahrgäste zusammengekommen sind, gelten für die großen Buslinien Fahrpläne. Die Abfahrtszeiten sind allen Einheimischen bekannt, aber nicht veröffentlicht. Zur Erleichterung für die Reiseplanung sind sie in diesem Reiseführer für jeden größeren Ort genannt.

Camping

Noch ist das **Angebot** an Campingplätzen **klein,** aber es hat sich herumgesprochen, was ausländische Touristen erwarten, und modern ausgestattete Plätze mit den üblichen Standards sind im Kom-

alba14-038 wm

men. Campingausrüstung und -zubehör muss mitgebracht werden.

Camping definieren die Albaner anders als wir. Auf einem *Kamping,* vor allem an der Küste, findet man komplett aufgebaute Zelte mit Matratzen und Decken vor. Die sanitären Anlagen sind sehr einfach, gekocht wird in einer zentralen Küche, der Aufenthalt wird mit **Halb- oder Vollpension** angeboten, die Preise inkl. Komplettversorgung, in der oft auch ein Sportprogramm enthalten ist, beginnen bei 7 Euro pro Tag. Bei diesen Zeltplätzen handelt es sich um **Jugendcamps,** in denen im Sommer Partystimmung herrscht. In der Vor- und Nachsaison können diese einfachen Plätze durchaus einen gewissen Charme entfalten. Auch Hotels und Restaurants stellen sich auf die Nachfrage ein und bieten einfache Übernachtungsmöglichkeiten mit gleichzeitigem Restaurantbesuch zum Festpreis an. **Wild campen** ist generell kein Problem und auch nicht verboten, aber nicht weit verbreitet. In der Nähe von Hirten oder Häusern sollte man sich vorher vorstellen, um Erlaubnis fragen und erklären, was man vorhat.

Campingplätze

Nordalbanien

■ **Camping in Theth:** Auf den Grundstücken der Gästehäuser mit Vereinbarung von HP oder VP und Nutzung der sanitären Anlagen.

■ **Kamping Bar Restaurant Kapllaj Dedaj:** auf dem Weg nach Razem, Boge oder Theth, ganzjährig, www.camping.info/albanien.

■ **Kamping Boge:** In Boga, neben dem Dorfrestaurant, rechte Talseite, ganzjährig.

■ **Lake Shkodra Kamping:** Omare/Vrake (Shkodra), März bis Nov., www.lakeshkodraresort.weebly.com.

■ **Kamping Albania:** Bushati/Barbullush (Shkodra), ganzjährig, www.camping-albania.eu.

■ **Riviera Shëngjin:** Shëngjin (Lezha), www.rivierashengjin.com, ganzjährig.

◁ Bus oder Limousine gefällig?

9

■ **Kamping Oasi alla Chiesa:** Burrel (Mat), www.campingallachiesa.com, ganzjährig.

■ **Nord Park:** Fushë Kruja, www.nordpark.al, ganzjährig.

■ **Kamp Fest:** Gjiri i Lalzit (Durrës), www.facebook.com/KampFest, ganzjährig.

■ **Camping Mali I Robit:** Golem (Durrës), www.hotelcampingmr.webs.com, ganzjährig.

Mittelalbanien

■ **Hotel Restaurant Baron:** Sauk (Tirana), www.hotelbaron.al, ganzjährig.

■ **Kamping Paemer:** Kavaja (Durrës), www.kampingpaemer.com, ganzjährig.

■ **Albania Berat Caravan Camping:** Berat, www.albaniancaravancamping.com.

Ostalbanien

■ **Camping Peshku:** Hudenisht (Pogradec), ganzjährig, www.camping.info/albanien.

■ **Farma Sotira:** Leskovik (Korça), www.farmasotira.com, Mai bis Sept.

■ **Drilon Camping Arbi,** neben dem Ausflugspark Drilon, Ausbau für 2014 geplant.

■ **Victoria Camping:** Memelisht, 4 km östlich von Pogradec, www.pogradec.info/victoriahotel.htm.

Südalbanien

■ **Kamping Borsh:** Mai bis Sept.

■ **Kamping Totoreto Dhërmi:** Mitte Mai bis Ende Sept., www.camping.info/albania.

■ **Kamping Livadh:** Livadh (Himara), www.campinglivadh.com, Mai bis Sept.

■ **Kamping Himara:** Himara, www.himaracamping.com, Mai bis Sept.

■ **Kamping River Air Bunec:** Lukova, Mai bis Sept., www.camping.info/albania.

■ **Ksamilcaravankamping:** Ksamil (Saranda), www.ksamilcaravancamping.com, das ganze Jahr über.

Diplomatische Vertretungen

In Deutschland

■ Friedrichstr. 231, 10969 **Berlin,** Tel. (030) 259 30 40, www.botschaft-albanien.de.

In Österreich

■ Prinz-Eugen-Str. 18/1/5, 1040 **Wien,** Tel. (01) 328 86 56, embassy.vienna@mfa.gov.al.

In der Schweiz

■ Pourtalèsstr. 45a, 3074 **Muri bei Bern,** Tel. (031) 952 60 10, www.mfa.gov.al.

In Albanien

■ **Deutsche Botschaft:** Rr. Skënderbej 8, Tirana, info@tira.diplo.de, Tel. (042) 274 505 und in dringenden notfällen Tel. (068) 202 91 09. Geöffnet 8–17 Uhr, Sa/So geschlossen.

■ **Österreichische Botschaft:** Rr. Frederik Shiroka 3, Tirana, tirana-ob@bmeia.gv.at, Tel. (042) 274 855 oder 274 856. Geöffnet 10–12 Uhr, Sa/So geschlossen.

■ **Österreichisches Honorarkonsulat:** Lagja Vasil Shanto, Rr. Vaso Kadia 170, Shkoder, Tel. (022) 247 014 und in dringenden Fällen (068) 205 02 67, gjergjleqejza@shkodra-honorarkonsulat.com.

■ **Schweizerische Botschaft:** Rr. Ibrahim Rugova 3/1, Tirana, Tel. (04) 223 48 88; alle Konsularangelegenheiten werden seit dem 1. April 2011 jedoch nur noch in Prishtina/Kosovo bearbeitet: Adrian Krasniqi 11, Tel. (00381) (0)38 248 090. Geöffnet 9–11 Uhr, Sa/So geschlossen.

■ **Niederländische Botschaft:** Rr. Asim Zeneli 10, tir@minbuza.nl, Tel. (042) 240 828 und in dringenden Notfällen (069) 404 662, www.mfa.nl/tr. Geöffnet 8–17 Uhr, Sa/So geschlossen.

Einkaufen und Souvenirs

Basar

In jeder größeren Stadt gibt es ein Basarviertel, in dem unter freiem Himmel, in Ständen oder im Schutz enger Gassen **alle Dinge des täglichen Bedarfs** verkauft werden und in dem es sich nach Herzenslust stöbern lässt. Für Obst und Gemüse ist die Auswahl auf dem Basar am besten. Geöffnet sind die Basare 7–14 Uhr. Der vielfältigste und schönste Basar ist der in Korça (siehe dort).

Minimarkets und Kioske

Sie sichern die Grundversorgung mit dem täglichen Bedarf, sie sind die **Tante-Emma-Läden,** die wir nicht mehr haben. Neben einem Grundsortiment führen sie eine bunte Mischung nützlicher Waren, die je nach Region variieren können. Auch in abgelegensten Regionen ist man nicht ohne Versorgung. In jedem noch so kleinen Dorf ist irgendwo in einem Privathaus ein Minimarket zu finden. Brotwaren werden in Bergregionen in der Regel vom mobilen Bäcker gebracht. An den Überlandstraßen stehen Verkaufsstände, besonders im Sommerhalbjahr.

Supermärkte

In allen Städten gibt es inzwischen Filialen der großen europäischen Supermarktketten (Conad, Euromaxx, Carrefour), in denen man ein EU-orientiertes Warenangebot findet.

Souvenirs

Wie immer und überall reicht die Auswahl von Billigkitsch bis zu schönem Kunsthandwerk. **Kitsch** zu finden ist kein Problem. Der mischt sich in den einschlägigen Souvenirläden mit all den Gegenständen aus der osmanischen und kommunistischen Zeit, die zum Verkauf angeboten werden.

Gleich eingangs ein Wort zum Feilschen bzw. **Aushandeln des Preises:** Bei Antiquitäten und Trödel auf dem Basar ist Handeln durchaus üblich. Ansonsten sollte man es angesichts der niedrigen Löhne und Einkommen unterlassen.

Kunsthandwerk

Ein Paradies zum Stöbern ist der **Basar von Kruja,** auf dem man die weit größte Auswahl an Geschäften mit Kunsthandwerk findet, daneben aber auch Antiquitätenläden und Teppichgeschäfte.

9

Kunsthandwerkgeschäfte führen ein wahres **Sammelsurium:** Handwebwaren, Weißstickereien und Strickwaren, Holzschalen aus Olivenholz, Silberwaren, kleinere Steinmetzarbeiten, die heute in wenigen Werkstätten hergestellt werden. Daneben werden Gebrauchsgegenstände aus der osmanischen Zeit angeboten (z.B. Kupferwaren), Holzgegenstände wie Spinnrocken *(furka),* Kaffeedarren und -mühlen, traditionelle Trachten und Stoffe, Schmuck, Musikinstrumente, Grammophone, Schellackplatten, Orden und Bücher und vieles mehr.

Der Verkaufsort mag ungewöhnlich sein, aber im **Historischen Museum in Tirana** lassen sich sehr schöne ausgewählte Antiquitäten erstehen.

In **Gjirokastra** arbeitet eine albanische NGO mit sichtbarem Erfolg daran, fast verloren geglaubte handwerkliche Künste wiederzubeleben und Familien, besonders Frauen, ein zusätzliches Einkommen zu verschaffen. Hier findet man zum Beispiel Handwebteppiche, Holzschnitzkunst, einen Steinbildhauer und Weißstickwaren. Ende September findet traditionell ein großer Kunsthandwerkermarkt statt.

Auch in dem neuen Basar in **Shkodra** und auf der Burg von **Berat** kann man mit etwas Glück schöne Handarbeiten entdecken. Vorsicht in Tirana vor Billigwaren aus der Türkei!

☑ Kulinarisches Mitbringsel: Nüsse aus der Region Korça

alba14-039 mg

Websites/Adressen/Kontakte

■ **www.artizanati.com**
Kunsthandwerker in Shkodra

■ **www.artizanaleqotaj.com**
Kunsthandwerk in Zagaj/Shkodra

■ **www.artizanetekukesit.org**
Kunsthandwerk in Kukës

■ **www.visit-korca.com**
Kunsthandwerk in Kukës; unter „publications" Verkaufskatalog von Handarbeiten aus Ersëka und Flyer zu Handarbeiten aus Voskopoja mit Kontaktadressen.

Regionale Produkte

Mit dem Kauf regionaler Produkte kann man kleine **Erzeuger direkt unterstützen** und erhält zumeist auch sehr gute Qualität. An Straßenständen sind die angebotenen Kostbarkeiten gegen sehr geringe Beträge erhältlich, und die meist jungen Verkäufer freuen sich, ihre Englischkenntnisse anwenden zu können. Regionale Mitbringsel sind zum Beispiel Raki (in Nordalbanien auch mit Likör versetzt), Kognak der albanischen Firma Skënderbeu, Fruchtkonserven aus Përmet, Nüsse, Mandeln, Oliven, Olivenöl, Kräuter, Bergtee *(Çaj i malit)*, Akazien- und Bergblütenhonig, Schafskäse (besonders der aus der Meierei von Saranda) oder Zitrusfrüchte und Tomaten, die viel besser schmecken als bei uns.

Elektrizität

220 V/50 Hz, teils instabil, in den heißen Sommermonaten kann es v.a. in Nordalbanien zu **Stromausfällen** kommen.

Schukostecker (Stecker mit rundem Querschnitt) passen nicht in die albanischen Standardsteckdosen, daher einen Adapter mitnehmen. Ein Verlängerungskabel kann ebenfalls gute Dienste leisten.

Essen und Trinken

Spezialitäten

Jede Region Albaniens hat ihre Spezialitäten, nach denen man in traditionellen Restaurants fragen und die man durchaus probieren sollte. In diesem Reiseführer werden sie direkt vor den Restaurant-Tipps zu den einzelnen Orten erläutert. Im ganzen Land beliebt sind **Süßspeisen/Gebäck (ëmbelsira);** überall locken kleine Geschäfte mit hausgemachten Torten, Kuchen und Desserts. Süßes wird auch gern abends während des täglichen Xhiro (Spaziergangs) genossen.

Getränke

Da ist zuerst einmal der **Raki,** der meist aus Trauben oder Maulbeeren gebrannt ist und wesentlich hochprozentiger sein kann, als unsere einheimischen Schnäpse. Auf dem Land – und nicht nur dort – gehört er zu jedem geselligen Essen, er kann aber auch mit verschiedenen Kräutern versetzt sein und wird so zu einem weit verbreiteten naturheilkundlichen Mittel. In Nordalbanien trifft man auch auf Raki, der mit Likör versetzt und sehr süffig ist. Weniger hochprozentig ist der **Konjak,** der in der Marke „Skanderbeg" die kommunistischen Zeiten überdauert hat und in ganz Albanien erhältlich ist.

Albanisches **Bier (birra)** ist mild, würzig und in der großen Sommerhitze ein beliebtes Getränk. Man sollte auf jeden Fall nach einheimischen Biersorten wie „Korça", „Tirana" und „Kaon" fragen. Manchmal wird auch Bier aus Peja im Kosovo angeboten, das ebenfalls sehr gut schmeckt. Eine Flasche deutsches Bier im Koffer sorgt bei entsprechender Gelegenheit für eine nette Überraschung und ist auch als kleines Gastgeschenk gut geeignet.

Wein wird in Albanien verhältnismäßig wenig getrunken. Er wird im Land angebaut, aber selten professionell. Das Ergebnis ist oft essigsauer und ungenießbar, aber es gibt Ausnahmen (z.B. Weine aus Shkodra und Përmet).

Albanien ist ein Bergland und reich an Wasser – auch an sehr schmackhaftem **Mineralwasser,** das sehr günstig ist und auf jeden Fall ausländischen Importen vorzuziehen ist.

Essen in Gaststätten

Albanien ist ein Land, in dem **kein Mangel an Bars, Cafés und Restaurants** herrscht, denn Albaner lieben es, sich zu einem morgendlichen *ekspres, kafe turke* oder *kafe shpejt* in einem Café zu treffen, gemeinsam ein Bier in der Kneipe zu trinken oder zusammen essen zu gehen – für geschäftliche Termine einen Bürotermin auszumachen, ist fast undenkbar, da man sich ja wesentlich angenehmer in einem der zahlreichen Cafés verabreden kann. Natürlich gibt es wie überall die bewährten guten Adressen an besonderen Plätzen, aber die interessantesten

Lokale liegen oft versteckt in Seitenstraßen, Hinterhöfen oder auf Dachterrassen, können aber in der nächsten Saison schon wieder in einer anderen Variante oder gar nicht mehr existieren.

An Sommerwochenenden wird in größeren (meist ländlichen) Restaurants oft **Live-Musik** geboten und der Abend mit Volkstanz *(muzik popular)* eingeleitet. Das ist die Zeit, zu der gerne Raki getrunken wird.

Zu einem **Essen für zwei Personen** könnten ein oder zwei Portionen Fleisch oder Fisch gehören, *patate* (frittierte Kartoffeln), ein Teller *salcë kosi* (mildes Tsatsiki) und je nach Hunger ein Salat und eine Gemüseplatte. Es ist üblich, zunächst eher weniger zu bestellen und dann während des Essens nachzuordern (es wird zügig serviert, denn an Servicekräften herrscht kein Mangel). Speisekarten sind meist nur auf Albanisch abgefasst. Auch in Bars wird in der Regel einfaches Essen serviert, kleinere Restaurants auf dem Land haben meist keine Karte, weil sie nicht angemeldet sind oder jeder sowieso weiß, was es gibt.

Gehen Albaner essen, stehen **soziale und kommunikative Aspekte** viel mehr im Vordergrund als zum Beispiel in Deutschland. Man trifft sich mit der Großfamilie, der sich auch der Freundeskreis anschließen kann (familiäre Feste werden gern und oft gefeiert), und auch ein guter Geschäftsabschluss wird oft im Restaurant besiegelt. Das Essen selbst steht dabei nicht so sehr im Mittelpunkt, man isst eher beiläufig und mit

▷ Guten Appetit!

Unterbrechungen, wichtiger sind Gespäche und die Pflege sozialer Beziehungen. Traditionell einigt man sich auf diverse Fleisch- und Fischplatten, zu denen Beilagen ausgewählt werden. Alles kommt zusammen auf den Tisch, und jeder bedient sich, wie er möchte. Was besonders beliebt ist, wird zügig nachbestellt.

Bei größeren Gruppen übernimmt in der Regel der die **Rechnung,** der es sich leisten kann/will. Wer das ist, wird unter den Männern ausgemacht, was oft zu freundschaftlichen Rangeleien führt. Wie in anderen südlichen Ländern ist es **nicht üblich, einzeln abzurechnen.** In Anwesenheit von Albanern wird es Ausländern (als Gästen) nahezu unmöglich sein, selbst zu zahlen. Am besten ist es, bei anderer Gelegenheit nach einer Geste des Ausgleichs zu suchen.

Service

In der Regel sind Kellner **flink, bemüht und aufmerksam,** vielleicht nicht immer in höchstem Maße professionell, aber das wird durch Freundlichkeit wettgemacht. Im Süden und in den touristischen Zentren ist der Service versierter als im Norden.

Preise

Die Preise in Restaurants bewegen sich in der Regel **zwischen 6 und 15 Euro pro Person** (mit Getränken), in Lokalen der gehobenen Klasse ist es nur geringfügig teurer, sodass in diesem Reiseführer auf Preisangaben bei Restaurants verzichtet wurde.

alba14-040 mg

Albanisch kulinarisch

Im Restaurant/Café/Imbiss

Einen Tisch für zwei bitte –
   Një tavolin për dy, ju lutem
Wenn man den Kellner braucht –
   (o) çuni (Junge)! Kamarier! (Kellner)
Die Speisekarte bitte – Menune ju lutem
Ich hätte gerne – Do të doja
Könnte ich haben – A mund të kem një
Wenn man zahlen möchte – Faturën, ju lutem!
Wenn man die Toilette sucht –
   Dua një banjo/tualet?

Mëngjesi – Frühstück
Drekë – Mittagessen
Darkë – Abendessen

Gotë/a – Glas
Thikë/a – Messer
Pirun/i – Gabel
Lugë/a – Löffel
Pjatë/a – Teller
Çakmak(u) – Feuerzeug

Pilaf – Reisportion mit Fleischsoße (auf dem Land)
Byrek – Blätterteigtasche,
   meist mit Spinat oder Schafskäse
T(r)ahana – Getreidegries
   mit getrocknetem Joghurt
Kos – Joghurt, Kos dele – Schafsjoghurt

Mëngjesi (Frühstück)

Bukë – Brot, Bukë misri – Maisbrot
Kulaç – kräftiges rundes Landbrot
Gjalp – Butter
Rëçel – Marmelade:
   qershi – Kirsche, pjeshk – Pfirsich

Mjalt – Honig
Djath i Bardhë – Schafskäse
Djath Kaçkavall – Kuhkäse
Sallam – Wurst, Salami
Omëlet veze – Eieromelett
Veze te skuqur sy – Spiegelei (Auge)
Veze të ziera – gekochtes Ei

Pijet (Getränke)

Ujë me gaz/i gazuar –
   Mineralwasser mit Kohlensäure
Ujë pa gaz/naturel/pa gazuar –
   Mineralwasser ohne Kohlensäure
Birra Korça, Tirana, Kaon – einheimische Biersorten
Lëng – Saft, mollë – Apfelsaft,
   dardhë – Birnensaft, qershi – Kirschsaft,
   pjëshk – Pfirsichsaft
Kafe ekspres (dopio) – Espresso (doppelt)
Kafe turke – türkischer Kaffee (mit Kaffesatz)
Çaj i malit – Bergtee, Kamomille –
   Kamillentee, Çaj i zi – Schwarztee
   (gibt es fast nie), Çaj i limoni – Zitronentee
Verë fshati – Landwein
Verë e kuqë – Rotwein,
   e bardhë – Weißwein, e hapur – offen
Raki rrushi – Traubenschnaps
Qumësht – Milch
Kakao – kaltes Kakaogetränk
Çokollate e nrohte –
   Heiße Schokolade (dickflüssig)
Salep – Heißgetränk mit Milch,
   Vanille und Orchideenwurzelpulver
Frape – Frappée
Lëng shtrydhur fllad portokalli
   (lëng të freskët portokalli) –
   frisch gepresster Orangensaft

alba111 mg

Supat (Suppen)

Supë me perime – Gemüsesuppe
Supë mish – Fleischsuppe
Supë pule – Hühnersuppe
Supë turke – Mehlsuppe mit Zitrone
Paçe koke – Suppe vom ausgekochten
    Schafs-/Ziegenkopf mit Kopffleisch
Fasule – dicke Bohnensuppe
    mit ganzen weißen Bohnen
Burani – grüne Bohnensuppe
Turli – dicke Gemüsesuppe,
    mit und ohne Fleischeinlage
Tarator – kalte Gurkensuppe
Lakër – Kohlsuppe

Sallata (Salat)

(Vorspeisen sind auf Speisekarten meistens unter
den Salaten zu finden)

Sallatë Jeshile – Grüner Salat
Sallatë Mikse – Gemischter Salat
Sallatë Greke/Sallatë Fshati – griechischer Salat
    (Tomaten, Schafskäse, Gurken, Paprika, Ziebeln)

Sallatë Turshi – Mixed Pickles
Sallatë Ruse – Russischer Salat
Perime zgare – gegrilltes Gemüse
    (Bohnen – fasule; Zucchini,
    Blumenkohl – lulelakër,
    Karotten – karotë, Zwiebeln – qepë)
Perime të ziera – gekochtes Gemüse
    (Paprika, Zucchini, Auberginen, Ziebeln)
Sallatë me Ullinj – Oliven
Patate të skuqura – frittierte Kartoffeln
    (oder an der Küste Pommes Frites)
Lakra – Sauerkraut

Të tjera (Sonstiges)

Dhjathë i bardhë i pjekur – Schafskäse
Djathë kaçkavall i pjekur – Kuhkäse
Salcë kosi – Quark, milde Joghurt-Zubereitung
Tavë kosi – Joghurt aus dem Ofen mit Ei

⌃ Gegrillte Schafsköpfe

9

Të mbushura (Gefülltes)

Speca të mbushura – gefüllte Paprika
Patëllxhan të mbushura – Auberginen
Musaká – Kartoffel- und Hackfleischauflauf

Brumërat (Eierspeisen/Reis/Pasta)

Makarona me Gjalpë – Spaghetti mit Butter
Makarona me Salcë – mit Tomatensoße
Makarona Bolonjese/me Kima –
    mit Hackfleisch, me Fruta Detit –
    mit Meeresfrüchten
Pastiço – Teigwaren mit Milch,
    Ei und Käse im Ofen überbacken
Petulla – leicht süßer Brühteig in Öl
    gebacken, mit Honig und Käse

Zubereitungsart

të ziera – gekocht
të skuqura – frittiert
zgare – gegrillt (auf dem Holzfeuer)
i fërguar – gebraten
mixe – gemischt

Gjellët (Fleischgerichte)

Mish deli – Schaffleisch
Mish keci – Zicklein
Mish derri – Schweinefleisch
Mish viçi – Kalbfleisch
Biftek – Hackfleischbraten
Qofte me lëng – Fleischbällchen in Soße
Fërgesë Tiranë – Leber, Ricottakäse, Eier,
    Knoblauch in der Auflaufform überbacken
Tavë dheu – Ricotta-Auflauf mit Lammleber
Shishqebap – Fleischspießchen
Tasqebab – dünnes Rindfleischgulasch
    auf Reis (auch Frühstück)

Gjellët Tradicionale/ Bendshme (Innereien)

Gjuhë – Zunge
Mëlci – Leber
Zemra – Herz
Veshka – Nieren
Shpretka – Milz
Tru – Gehirn
Kokë – Kopf
Kukurec – klein geschnittene, in Milch ein-
    gelegte Schaf- oder Ziegendärme in Soße
(H)Arapash – dicker Brei aus Maismehl,
    oft mit gekochter Leber, in Milch
    eingelegtem Darm, Wildkohl
Paçe kokë – ausgekochtes Kopffleisch

Peshk/Fruta deti (Fisch/Meeresfrüchte)

Barbunjë – Seebarbe
Troftë – Forelle
Koran – Ohrid-Forelle
Krap – Karpfen
Levrek – Seebarsch
Kocë – Goldbrasse
Merluc – Seehecht, Seedorsch
Midhje – Muscheln
Karkalec – Shrimps
Kallamari – Tintenfisch

Embëlsira (Nachspeisen)

Krem Karamele – Creme Karamel
Tri leçe – Bisquit mit Karamelguss
    in süßer Sahne getränkt
Zupa – Cremespeise
Puding – Vanillepudding
Fruta – Früchte
Arra – Walnüsse
Llokume – aromatisierter getrockneter Zuckersirup

Trinkgeld

Auch in Albanien ist es üblich, den Rechnungsbetrag aufzurunden. **Eine festgelegte Trinkgeldkultur gibt es nicht,** aber es gilt, dass immer ein paar Münzen auf dem Tisch bleiben sollten. Daher gibt man so viel, wie man für richtig hält oder auch das Kleingeld gerade hergibt. Bei einer größeren Rechnung für mehrere Personen kann man bis 15 Prozent der Rechnungssumme dazulegen, sonst rundet man mit maximal zehn Prozent auf, sodass die Summe glatt ist. Einen Kaffee für 50 Lek oder ein Erfrischungsgetränk für 100 Lek zahlt man passend und lässt (eventuell) eine kleine Münze auf dem Tisch/Tresen liegen. Auch Bedienstete im Hotel (Zimmerservice) freuen sich am Ende des Aufenthaltes über einen kleinen Betrag, den man bei Abreise im Zimmer zurücklässt, wenn man zufrieden war. Grundsätzlich erwartet wird das jedoch nicht. Trinkgeld im Servicebereich ist kein Bakschisch, um bessere Leistungen zu bekommen.

Mahlzeiten und Küche

Das albanische **Frühstück** ist relativ kräftig und besteht aus Brot, Butter, Schafskäse und einfacher Marmelade. Gebratene Würstchen, Tomaten, Spiegeleier oder ein Omelett können optional dazu bestellt oder nachgeordert werden. Kaffee und Tee ist im Hotel meistens separat zu zahlen. Dort, wo überwiegend ausländische Gäste übernachten, wird immer häufiger ein kontinentales Frühstücksbüffet angeboten. Das **Mittagessen** fällt, besonders im Sommer, eher dürftig aus, denn die wichtigste Mahlzeit ist das warme **Abendessen** gegen 20 Uhr.

Die albanische Küche ist eine **leichte, gut gewürzte Mittelmeerküche** mit wenig Knoblauch, je nach Region spielen türkische, griechische oder italienische Einflüsse eine Rolle. Vegetarier haben es in Albanien leicht, denn jeder Teil der Speise wird einzeln auf kleinen Tellern und Platten serviert, sodass man sein Menü völlig frei gestalten kann. Tellergerichte gibt es nur in den wenigen Restaurants, die ausschließlich von ausländischen Gästen besucht werden. Zum Essen wird Bier, Wein oder einheimisches Tafelwasser getrunken.

Tipps für Allergiker

(Chemische) Zusatzstoffe sind in Albanien so gut wie nie ausgewiesen. Wer auf bestimmte Stoffe oder Lebensmittel allergisch reagiert, kann sich im Restaurant mit diesem Text verständigen:

Jam alergjik i gatimeve me ...
Ich bin sehr allergisch auf ...
Ju lutem mos me shërbeni me ... gatimet tuaja.
Ich bitte Sie, mir kein/e ...
   in ihren Gerichten zu servieren.
Faleminderti! Danke!

Eier – *vezë*
Erdnussöl – *vaj kikirik*
Fisch – *peshk*
Krebstiere – *karavidhe*
Milch/Laktose – *qumësht/laktoza*
Nüsse – *arrat*
Senf – *mustardë*
Soja – *sojë*
Weizen/Gluten – *grurë/gluten*

Einreise-bestimmungen

> **Hinweis:** Da sich die Einreisebestimmungen kurzfristig ändern können, raten wir, sich kurz vor Abreise beim Auswärtigen Amt (www.auswaertiges-amt.de bzw. www. bmeia.gv.at oder www.dfae.admin.ch) oder bei der jeweiligen Botschaft zu informieren.

Zur Einreise reicht für EU-Bürger und Bürger von Schengen-Staaten (Schweiz) der **Personalausweis bzw. Reisepass.** Für einen Aufenthalt von über drei Monaten ist grundsätzlich ein Reisepass erforderlich (bleibt man länger als 30 Tage, muss man sich bei der zuständigen Polizeistelle oder Ausländerbehörde im Aufenthaltsort anmelden; bleibt man länger als 90 Tage, muss man ein Visum beantragen). Kinder benötigen seit dem Jahr 2012 ein eigenes Ausweisdokument mit Lichtbild. Alle Personaldokumente müssen am Tag der Einreise noch **mindestens drei Monate Gültigkeit** haben. Bei einem Direktflug aus Europa sind keine Impfungen vorgeschrieben.

Die **Einfuhr** von Drogen, Waffen und Pornografie ist verboten, größere Bargeldbeträge sind anzumelden.

Der **illegale Handel mit Kunst und Kulturschätzen** (auch deren Ausfuhr) wird streng geahndet – es können Freiheitsstrafen bis zu 15 Jahren verhängt werden.

Nähere **Informationen** zu allen Bestimmungen bei der albanischen Botschaft (www.botschaft-albanien.de).

Einreise ins Heimatland

Bei der **Rückeinreise** gibt es auch auf europäischer Seite **Freigrenzen, Verbote und Einschränkungen.** Folgende Freimengen darf man in die EU und die Schweiz zollfrei einführen:

■ **Tabakwaren** (für Personen ab 17 Jahren): 200 Zigaretten oder 100 Zigarillos oder 50 Zigarren oder 250 g Tabak oder eine anteilige Zusammenstellung dieser Waren.

■ **Alkohol** (für Personen ab 17 Jahren) in die EU: 1 l Spirituosen (über 22 Vol.-%) oder 2 l Spirituosen (unter 22 Vol.-%) oder eine anteilige Zusammenstellung dieser Waren, und 4 l nicht-schäumende Weine, und 16 l Bier; in die Schweiz: 2 l bis 15 Vol.-% und 1 l über 15 Vol.-%

■ **Andere Waren** (in die EU): 10 l Kraftstoff im Benzinkanister; für See- und Flugreisende bis zu einem Warenwert von insgesamt 430 Euro, über Land Reisende 300 Euro, alle Reisende unter 15 Jahren 175 Euro (bzw. 150 Euro in Österreich); (in die Schweiz): neu angeschaffte Waren für den Privatgebrauch bis zu einem Gesamtwert von 300 SFr. Bei Nahrungsmitteln gibt es innerhalb dieser Wertfreigrenzen auch Mengenbeschränkungen.

Wird die Wertfreigrenze überschritten, sind **Einfuhrabgaben** auf den Gesamtwert der Ware zu zahlen und nicht nur auf den die Freigrenze übersteigenden Anteil. Die Berechnung erfolgt entweder pauschal oder nach dem Tarif jeder einzelnen Ware zzgl. sonstiger Steuern.

Einfuhrbeschränkungen bestehen u.a. für Tiere, Pflanzen, Arznei- und Betäubungsmittel, Feuerwerkskörper, Lebensmittel, Raubkopien, verfassungswidrige Schriften, Pornografie, Waffen und Munition; in Österreich auch für Rohgold und in der Schweiz auch für CB-Funkgeräte.

Nähere Informationen

■ **Deutschland:** www.zoll.de
oder unter Tel. (0351) 44 83 45 10.
■ **Österreich:** www.bmf.gv.at
oder unter Tel. (01) 514 33 56 40 53.
■ **Schweiz:** www.ezv.admin.ch
oder unter Tel. (061) 287 11 11.

Feste und Feiertage

Für Weihnachtsfeiertage gilt eine sehr spezielle Regel: Fallen sie auf Samstag und/oder Sonntag, werden sie an den folgenden Werktagen nachgeholt. Muss an einem gesetzlichen Feiertag gearbeitet werden, gibt es einen Lohnzuschlag von 50 Prozent pro Tag. Liegt der Feiertag mit einem Werktag vor oder nach dem Wochenende, kann es einen **Brückentag** geben (bitte bzgl. eventueller Schließung staatlicher Einrichtungen bedenken).

Die **islamischen Feiertage** werden wie das christliche Osterfest nach dem Mondkalender berechnet und verschieben sich jährlich. Je nach Region kann es an Bairam (Opferfest) zu Einschränkungen der Öffnungszeiten von Geschäften und Restaurants kommen. **Katholische und orthodoxe Ostern und Weihnachten** werden durch die unterschiedliche Kalenderberechnung an verschiedenen Tagen gefeiert (s.u.).

⌄ Festtagsschmuck (fotografiert in Elbasan)

alba14-041 wm

Feiertage

- **1. Januar:** Neujahr
- **7. Januar:** orthodoxes Weihnachtsfest
- **14./15. März:** Frühlingstag
- **22. März:** Nevruz-Fest (islamisches Frühlings-fest)
- **März/April:** Karfreitag und Ostermontag der katholischen und orthodoxen Kirche
- **1. Mai:** Tag der Arbeit
- **19. Okt.:** Seligsprechung von Mutter Teresa
- **28./29. Nov.:** Tag der Unabhängigkeit (Nationalfeiertag)
- **30. Nov.:** Tag der Befreiung (von den italienischen und deutschen Truppen Ende des 2. Weltkriegs)
- **6. Dez.:** Tag der Jugend
- **25./26. Dez.:** katholisches Weihnachtsfest

- **Kleiner Bairam** (Ende des islamischen Fastenmonats Ramadan) und **Großer Bairam** (islamisches Opferfest): wechselnde Termine, die sich nach dem islamischen (Mond-)Kalender richten

Fotografieren

Fotoapparate und Zubehör (digital und analog) sind in den großen Einkaufszentren in Shkodra, Durrës, Fier, Vlora und in Tirana in den Neptun-Märkten (eine Kopie der Saturn-Kette) erhältlich.

⌄ Putenverkauf am Tag
vor dem islamischen Opferfest Bairam

alba14-042 mg

Eine **handliche Kamera** ist oft die bessere Wahl. Für die große Anzahl seltener Insekten und Blütenpflanzen lohnt die Mitnahme eines Makro-Objektivs.

Von Fremden möchte niemand gerne fotografiert werden, besonders Frauen nicht und schon gar nicht ungefragt und in Arbeitskleidung. Männer sind etwas gelassener und präsentieren sich besonders auf dem Land noch gerne. Kinder sind meist unkompliziert und neugierig.

Geld

Währung ist der **Albanische Lek = 100 Qindarka.** In der Praxis haben Qindarka wegen des geringen Wertes keine Bedeutung; Preise werden nur in Lek angegeben. Banknoten gibt es zu 5000, 2000, 1000, 500, 200 und 100 Lek, Münzen im Wert von 1, 5, 10, 20, 50 und 100 Lek.

Der **Euro** ist in Albanien definitiv keine Zweitwährung, kann aber an manchen (touristischen) Orten zum Einsatz kommen, vor allem bei Zimmerbuchungen oder in Taxis. Wenn man in Euro zahlt, ist immer ein Wechselkursverlust dabei. An touristischen Plätzen ist es kein Problem, das Rückgeld in Euro zu erhalten, besser ist es jedoch, kleine Euro-Scheine zu haben. Grundsätzlich ist zu empfehlen, sich mit Lek einzudecken und mit dem Wechselkurs vertraut zu machen.

Nur in großen Hotels, Supermärkten wie Conad oder Euromaxx und an großen Tankstellen kann man mit **EC-Karte** (Maestro) zahlen.

Kreditkarten sind nur in Business-Hotels und bei Mietwagenfirmen üblich, sonst aber keine zuverlässige Option.

Reiseschecks können nur in Tirana eingelöst werden. Ihr Gebrauch ist in Albanien absolut unüblich.

Geldwechsel

Bargeld wechseln **Banken** oder offizielle **Wechselstuben,** die längere Öffnungszeiten als Banken haben. **Freie Geldwechsler** stehen gerne an großen Kreuzungen oder Parks. Sie sind keine unseriösen Geschäftemacher, sondern gehören in Albanien zum normalen Dienstleistungsspektrum, da durch die Auslandsmigration und Western-Union-Überweisungen in vielen Familien auch Euros im Geldbeutel sind.

Bankautomaten sind inzwischen in den Städten flächendeckend verbreitet. Abhebungen sind mit Kreditkarte und an Automaten mit Maestro-Zeichen auch mit Bankkarte möglich. Nicht alle Bankautomaten funktionieren mit Maestro-Bankkarte, Geldkarten mit dem V-PAY-Logo sind gar nicht nutzbar! Am zuverlässigsten sind erfahrungsgemäß die Geräte der Raiffeisenbank und der Procreditbank (mit deutschsprachigen Menüführungen). Bankautomaten geben neben Lek auch Euro heraus. Das Ausgabelimit beträgt in der Regel 400 Euro. Nach mehreren Abbuchungen kann es passieren, dass die Karte aus Sicherheitsgründen gesperrt wird; eine Ersatzkarte ist von Vorteil. Mehr als 20.000 Lek (140 Euro) geben Geldautomaten pro Ziehung und Tag meist nicht aus. Bei Geldausgabeproblemen hilft manchmal auch ein Gespräch in der Bank.

Ob und in welcher Höhe **Kosten für die Barabhebung** anfallen, hängt von der Bank ab, die die Karte ausstellt, und von der Bank, bei der die Abhebung erfolgt. Man sollte sich daher vor der Reise bei seiner Hausbank informieren, mit welcher Bank sie vor Ort zusammenarbeitet. Im ungünstigsten Fall wird pro Abhebung eine Gebühr von bis zu ein Prozent des Abhebungsbetrags per Geldkarte mit Maestro-Logo oder gar 5,5 Prozent des Betrags per Kreditkarte

berechnet. Es gibt inzwischen Banken, die einen kostenlosen weltweiten Service für das Geldabheben anbieten.

■ **Wechselkurs:** Der Kurs für **1 Euro** liegt seit Jahren um **140 Lek** (ALL), 100 Lek sind entsprechend etwa 70 Cent; für 1 SFr. gibt es ca. 115 Lek, 100 Lek sind etwa 0,85 SFr. wert. Für die tägliche Praxis ist die Formel **5 Euro = 700 Lek** sehr hilfreich.

Western Union

Geldüberweisungen von Auslandsalbanern kommen über Western Union ins Land, wenn sie nicht im Sommerurlaub bar mitgebracht werden. Wer sich im **Notfall** Geld schicken lassen will, findet in allen größeren Orten Filialen (siehe www.westernunion.de). Je nach Höhe der Summe muss der Absender eine bestimmte Gebühr zahlen.

Verlust von Geldkarten

Bei Verlust oder Diebstahl der Kredit- oder Bankkarte sollte man diese umgehend sperren lassen. Für deutsche Karten gibt es die einheitliche **Sperrnummer 0049 116 116** und im Ausland zusätzlich 0049 30 40 50 40 50. Für österreichische und schweizerische Karten gelten:

■ **Maestro-Karte/Bankomat,** (A-)Tel. (0043) 1 204 88 00; (CH-)Tel. (0041) 44 271 22 30, UBS: (0041) 800 888 601, Credit Suisse: (0041) 800 800 488.

■ Für **MasterCard, VISA, American Express und Diners Club** sollten Österreicher und Schweizer sich vor der Reise die Rufnummer der kartenausstellenden Bank notiert haben.

Alte und neue Lek (Lekë të vjetra und Lekë të reja)

Albaner haben eine seltsame Marotte, die sie selbst immer wieder durcheinanderbringt und Verwirrung stiftet. Bei einer **Währungsreform** in den 1960er Jahren wurde der Lek **um den Faktor 10** aufgewertet, dadurch fiel eine Null weg und aus 1000 alten Lek wurden 100 neue Lek. Im Alltag, z.B. auf dem Basar und bei handschriftlichen kleineren Rechnungen, werden die Preise fast immer noch in alten Lek angegeben. Ein Espresso kostet so 500 Lek, gemeint sind natürlich 50. Es kann passieren, dass man für 5000 (neue) Lek tanken möchte, und einem der Tankwart auf die Anweisung hin nur für 500 Lek Benzin gibt, was gerade einmal vier Liter sind. Wichtig ist, dass es sich bei diesen Missverständnissen niemals um Betrugsversuche handelt, sie gehören einfach zum Leben. Auch junge Leute, die das alte System gar nicht mehr erlebt haben, benutzen ganz selbstverständlich die alte Zählweise.

Gesundheit und Hygiene

Eine individuelle Gesundheitsvorsorge ist vor der Reise mit dem **Hausarzt** zu besprechen; die nachfolgenden Hinweise sind dafür kein Ersatz und ohne Gewähr. **Leitungswasser** (meist leicht gechlort) kann man in der Regel trinken.

Impfungen

Für Reisen nach Albanien sind **keine Impfungen vorgeschrieben.** Das Auswärtige Amt empfiehlt eine Überprüfung der Standardimpfungen nach dem deutschen Impfkalender (spez. Tetanus und Diphterie) nach Vorgabe des Robert-Koch-Instituts (www.rki.de), bei einem Langzeitaufenthalt über vier Wochen eine Impfung gegen Hepatitis A, evtl. auch gegen Hepatitis B, Tollwut und FSME (Zecken). Eine Schnellimmunisierung gegen Hepatitis A und B ist bis spätestens vier Wochen vor Reiseantritt möglich.

Reiseapotheke

Die persönliche Reiseapotheke sollte mit dem Hausarzt abgesprochen werden. Zur **Grundausstattung** gehören Verbandsmaterial, Wunddesinfektionsmittel, Pinzette, Fieberthermometer, Gel für Prellungen und Verstauchungen, Insektengel und -schutz, eine antibakterielle und antifungide Salbe, Schmerz- und Erkältungsmittel, evtl. Breitbandantibiotikum sowie Durchfall-Prophylaxe und Durchfallmittel, bei Bedarf auch Ersatzbrille und Ersatz-Kontaktlinsen. Auch an die angemessene Ausstattung des Verbandskastens im Auto sollte man denken.

Medizinische Versorgung in Albanien

Eine medizinische Grundversorgung ist in den Städten gewährleistet. Man sollte sich aber trotzdem immer vergegenwärtigen, wo man eventuell Hilfe bekommen kann. Erste Anlaufstellen sind die Hotelrezeption oder eine örtliche Apotheke, in der man in der Regel Englisch spricht und die Gegebenheiten vor Ort kennt. In Krankenhäusern ist es wichtig, vorher anzurufen. Hierbei kann es hilfreich sein, einen Einheimischen zu bitten, mitzukommen, oder man ruft ein Taxi. **Bei kleineren Problemen** (Platzwunden nähen, lokale Entzündungen, anhaltender Durchfall, Seeigelstachel) kann man ein örtliches Krankenhaus aufsuchen. In Krankenhäusern wird auf jeden Fall Englisch gesprochen, aber auch jemand, der Deutsch spricht, wird sich allermeistens zum Übersetzen finden. **Bei größeren Komplikationen** wendet man sich an eine Privatklinik in Tirana. Im südlichen Albanien sind die Krankenhäuser auf Korfu und in Ioannina (beides Griechenland) eine gute Alternative. In Ostalbanien erreicht man im Notfall Ohrid in Mazedonien, in Nordalbanien Prishtina im Kosovo oder Pogradec in Montenegro.

■ **Ambulanz** (landesweit): Tel. 117

Apotheken

Es gibt im Land ausreichend Apotheken. Auch viele Medikamente bekannter Hersteller sind erhältlich (vor allem in den größeren Orten), aber **oft** gibt es Ersatzmedikamente, die **Billigimporte** zweifelhafter Herkunft und Wirksamkeit sind. Viele Arzneien, die bei uns rezeptpflichtig sind oder keine Zulassung haben, sind in Albanien und den Nachbarländern frei erhältlich. Packungen werden auch geöffnet und der Inhalt nur stückweise verkauft. Ein Gang zum fachkundigen Apotheker ersetzt oft den (teuren) Arztbesuch. Da sie i.d.R. gut Englisch sprechen, kann man von Apothekern auch guten Rat erhalten, wenn man ein Krankenhaus aufsuchen muss.

Eine deutsche Unternehmensgruppe hat kürzlich eine führende albanische Pharmafirma aufgekauft und baut momentan die Produktion von Arzneimitteln nach EU-Standards für den albanischen Markt aus.

Hygiene

Um Durchfallerkrankungen vorzubeugen, sollte frisches Obst vor dem Verzehr gründlich gewaschen werden. Vorsicht vor dem Genuss von Softeis. **Häufiges Händewaschen** ist wichtig und reduziert die Infektionsgefahr erheblich. Toilettenpapier und Hygieneartikel sind in der Regel in guter Qualität erhältlich. Kommunale **Abwasserleitungen** haben in Albanien einen geringen Querschnitt und so die Eigenschaft, schnell zu **verstopfen.** Deshalb gehören Klopapier und gebrauchte Hygieneartikel immer in den im WC bereitgestellten Eimer. An sehr einfachen Plätzen sind in der Regel **Stehklos** zu erwarten, die aussehen wie flache Duschwannen mit Trittspuren. Ist die Spülung nicht integriert, findet man in einer Wassertonne eine Kanne zum Nachspülen.

Informationen

Nationales Fremdenverkehrsbüro

■ Rr. Abdi Toptani, Nr. 4, Al-1010 **Tirana,** Albania, Tel. 0355 (04) 273 778, info@albaniantourism.com.

Das Land im Internet

■ **www.albaniantourism.com,** Homepage des albanischen Tourismusministeriums.
■ **www.inyourpocket.com,** topaktuelle Städte-Infos zum Downloaden (englisch).
■ **www.albanien.ch,** Homepage der Albanien-Informations- und Koordinierungsstelle für Albanien. Erste deutschsprachige und beständige Infoquelle, manchmal keine aktuellen Einträge, aber dennoch informativ.
■ **www.icaa.org.al,** Überblick des International Centre of Albanian Archaeology (ICAA) über die archäologische Arbeit (englisch).
■ **www.artizanati.com,** Zusammenschluss der Kunsthandwerker von Shkodra. Hier bekommt man einen guten Eindruck von der Vielfalt und Kunstfertigkeit des albanischen Kunsthandwerks (englisch).
■ **www.euronatur.de,** Informationen zu Naturschutzprojekten in Ost- und Nordalbanien.
■ **www.albanien-dafg.de,** die Deutsch-Albanische Freundschaftsgesellschaft e.V. (DAFG) organisiert seit Jahren Kontakte zur Förderung freundschaftlicher Beziehungen zwischen Deutschen und Albanern.

alba14-043 sg

■ **www.suedosteuropa-gesellschaft.com,** private gemeinnützige Vereinigung von Wissenschaftlern, Politikern, Vertretern der Wirtschaft und der Medien, die die wissenschaftlichen, politischen, wirtschaftlichen und kulturellen Beziehungen zu den südosteuropäischen Ländern fördern und die Kenntnisse über historische und gegenwärtige Entwicklungen in dieser Region vertiefen will.

Aktuelle Reisehinweise

Aktuelle Reisehinweise zu allen Transitländern neben Hinweisen zur allgemeinen Sicherheitslage erteilen:

■ **Deutschland:** www.auswaertiges-amt.de (Reise & Sicherheit), Tel. (03018) 17 20 00.
■ **Österreich:** www.bmeia.gv.at (Bürgerservice), Tel. (05) 011 50 44 11 (05 muss immer vorgewählt werden).
■ **Schweiz:** www.dfae.admin.ch (Vertretungen), Tel. (031) 323 84 84.

Internet

In der Hauptstadt loggt man sich bereits bei der Ankunft am Flughafen kostenlos ins **WLAN** ein (in Albanien = Wifi). Es gibt immer mehr Bars und Cafés, die ihren Gästen diesen Service anbieten. In Hotels wird Wifi oft versprochen, das Signal ist dann aber doch nur im Umfeld der Rezeption stark genug. Zuverlässig kann man sich vor allem in Hotels einloggen, die ausschließlich von Ausländern genutzt werden. Auch Hostels und Campingplätze können eine gute Adresse sein. Selbst in abgelegenen Dörfern trifft man auf Internetnutzer. **Internet-**cafés findet man flächendeckend in allen größeren Orten; 1 Stunde Surfen kostet zwischen 100 und 150 Lek.

Öffnungszeiten

In Albanien öffnen die **Geschäfte** früher als bei uns und schließen oft erst in den späten Abendstunden. Im Winter ist die Mittagspause kürzer (13–15 Uhr), einige Geschäfte in den touristischen Zentren haben dann sogar nur vormittags geöffnet oder abends nur bis 18 oder 20 Uhr. Im Sommer kann die Mittagspause länger sein (13–16/17 Uhr), dafür ist dann am Abend bis 22/22.30 Uhr geöffnet. Auch Supermärkte können Mittagspause machen, Kioske nutzen die Lücke und sind durchgehend geöffnet ebenso wie die großen Einkaufszentren.

Museen öffnen im Sommer oft schon um 8 Uhr, spätestens um 9 Uhr, machen eine Mittagspause und sind dann je nach Jahreszeit wie die Geschäfte nachmittags geöffnet. Ruhetag ist meist der Montag, es kann aber auch das komplette Wochenende geschlossen sein!

Banken sind Montag bis Freitag 8–16 Uhr geöffnet, manchmal auch am Samstag 8–12 Uhr.

Verschlossene Türen? – S'ka problem! (Kein Problem!)

Kleinere **Kirchen** findet man meistens abgeschlossen vor. Der Schlüssel befindet sich garantiert nicht weit entfernt in einem der umliegenden Häuser, in der Regel weiß jeder darüber Bescheid. Am besten spricht man ältere Leute an oder fragt in einem Supermarkt oder in einer Bar nach: *Mirdita! Si jeni? Me falni, kush e ka çelësin e kishes?* (Guten Tag, wie geht es Ihnen? Entschuldigen Sie, wer hat den Schlüssel der Kirche?) In der Regel wird man Sie dann zum Schlüsselbesitzer führen oder ihn sogleich suchen.

Manchmal sind **Museen** trotz offizieller Öffnungszeiten verschlossen. Dann gibt es mehrere Möglichkeiten: Entweder ist der Zuständige kurz einen Kaffee trinken, oder er hat noch einen zweiten Arbeitsplatz, oder er macht Besorgungen, weil er vielleicht keine Besucher erwartet. Vielleicht lässt sich das Problem dann mit einer der im Buch angegebenen Telefonnummern lösen. Auch bei verschlossenen Türen gilt die albanische Regel: Nichts ist unmöglich – also nicht gleich aufgeben.

Staatliche Einrichtungen haben an den zahlreichen staatlichen Feiertagen und manchmal an Brückentagen geschlossen, worauf nicht extra hingewiesen wird.

alba14-044 mg

Outdoor/Sport

Allgemein

■ **www.outdooralbania.com,** größter Outdooranbieter und Marktführer.

■ **www.berati-tours.com,** erfahrener Touren-Spezialist für die Region Berat und Shkrapar, Wandern, Rafting, Radtouren (ab 2015) auf Anfrage.

Tipp! **www.zbulo.org,** engagiertes, ambitioniertes und fachkundiges Team (dt./alb.) zur Realisierung aller Outdoor-Pläne in Albanien (Theth, Valbona, Peaks of the Balkans), Montenegro und Kosovo. Planung von individuellen Gruppentouren und Touren in Eigenregie.

■ **www.tiranahostel.com,** Wanderung zur Pellumba-Höhle und Baden am Erzen-Fluss, Mountainbike-Touren rund um den Dajti, Bergtour in den Kruja-Bergen, auch in Tiranas Umgebung kann man tief in die unberührte albanische Natur eintauchen.

■ **High Albania,** Rr. Barrikadeve, Pall.tek ish Kinema 17, Nëntori kati 3/13, Tirana, Tel. (069) 403 12 32, www.highalbania.com. Professioneller Anbieter für Trekking in Nordalbanien (Theth), tolle Bildergalerie auf der Website, nicht nur für Alpinisten.

Trekking/ Wandern/Klettern

In **Nordalbanien** spielt der Wandertourismus eine immer größere Rolle. Seit in den drei großen Talregionen umfangreiche Wandermöglichkeiten erschlossen wurden, werden die Albanischen Alpen zunehmend als noch sehr ursprüngliches und hervorragendes Wanderziel bekannt.

Albanien ist ein perfektes Land für **Wanderungen in Eigenregie.** Dabei könnte man so vorgehen, dass man einen Teil der Strecke mit dem Bus oder der Bahn zurücklegt und dann in landschaftlich besonders reizvollen Regionen Streckenwanderungen oder Passüberquerungen unternimmt. Grundsätzlich gilt, dass man auf dem Land niemals „verloren" ist. Die Bevölkerung ist ausgesprochen gastfreundlich. Da man es gewohnt ist, in einfachen Verhältnissen zurechtzukommen, ist Hilfsbereitschaft etwas Selbstverständliches. Neben dem Zelt oder der Unterkunft in privaten Zimmern bieten sich ländliche Gästehäuser an; hier gewinnt man auch einen Einblick in das Leben der Gastgeber. Durch die weit verbreitete Migration sollten sich in jedem Dorf freie Zimmer finden und jemand, der eine Fremdsprache spricht.

■ **www.endritstrail.blog.com,** tolle Website mit vielen erprobten Wandervorschlägen.

■ **www.palmtreeproduction.com,** mit viel Freude hat hier eine weitgereiste amerikanische Familie viele gute Informationen zum Thema Wandern und Bergsteigen zusammengetragen (engl.).

■ **www.bunkertrails.org,** zwei Wanderungen geben einen guten Eindruck, wie einfach man Wanderrouten gestalten kann.

■ **www.tiranahash.com,** viele Aktivitäten, vor allem Wanderungen rund um die Hauptstadt, bei denen auch Gäste aus aller Welt gerne gesehen sind (engl.).

Kanu/Kajak

■ **www.visitpermet.com,** schöne Fotos, Selbstvermarkteradressen und die wichtigsten Infos zur empfehlenswerten Wanderregion Përmet.

■ **www.alban.hu,** ungarische Seite (engl.) mit fünf Tourenbeschreibungen und Fotos.

■ **www.blog.tapir-store.de,** Anregung für eine Wander- und Paddeltour im kosovarisch-mazedonisch-albanischen Grenzgebiet.

■ **www.kanusport.at,** Beschreibung von Touren auf sieben albanischen Flüssen.

■ **www.kajakchallenge.de,** die Kajakschule Essen ist aktiv in Albanien unterwegs und ein guter Kontaktpartner mit erfahrenen Leuten.

■ **www.steilwände.at,** tolle Fotos und schönes Beispiel einer Tour von Butrint nach Karaburun.

Paragliding

■ **www.albaniaopen.com,** die beste Seite zum Flugsport in Albanien von *Alket Islami*.

Radtouren

Wegen des hohen Verkehrsaufkommens empfiehlt es sich, die Küstenebenen und die **Ballungsräume Durrës und Tirana** zu **meiden.** Die Straßen durch das mittelalbanische Bergland sind oft noch nicht instand gesetzt, eng, sehr hügelig und zeitaufwendiger zu fahren, als es auf der Karte ausschauen mag.

Die Eisenbahnlinien Shkodra – Vorë, Vorë – Librazhd oder Vorë – Vlora könnten eine Möglichkeit sein, das Fahrrad streckenweise zu transportieren und sich auf die landschaftlich schönen Streckenabschnitte zu konzentrieren. Der **Fahrradtransport** per Bus (z.B. über den Llogara-Pass, 1.027 m) ist unproblematisch. Bei einer Nord-Süddurchquerung des Landes könnte man auch die Route über Nordostalbanien in Betracht ziehen. Schöne Fahrten erlauben auch die Rivieraküste (Vlora – Saranda) und weiter über Ostalbanien (Gjirokastra – Përmët – Korça) nach Pogradec sowie

alba159.eg

● **www.hrk.de/de/download/dateien/EULIM-NOS-Tourismus_-_Radwanderkarte.pdf,** Radwanderkarte zu Albanien/Montenegro (engl.).
● Viele Berichte über Fahrradtouren finden sich im Internet, aber auf Aktualität achten! Tour von Korfu nach Wales mit einer Kontaktadresse für Interessierte unter **www.highpath.net/highpath/touring/europe.**
● **Discover Albania by Bike,** Radwanderkarte, Huber Verlag, 1:225.000.

Tauchen

Bekannte Tauchreviere sind die Bucht von Vlora, die Halbinsel Karaburun, die Bucht von Porto Palermo, die Küste zwischen Saranda und Lukova und natürlich die ganze Riviera-Küste. Allerdings berichten Taucher immer wieder von fischleeren Küstengewässern durch illegales Fischen mit Dynamit.

Post

Posta Shqiptarë

Öffnungszeiten der Ämter landesweit: Mo bis Fr 8–17 Uhr, Sa 8–13 Uhr.

Gebühren für Postsendungen unter 20 g (Postkarten und einfache Briefe): Albanien 20 Lek, Europa 40 Lek, außerhalb Europas 60 Lek. Eine Postkarte nach Deutschland ist gut eine Woche unterwegs.

Informationen zu weiteren Serviceleistungen unter www.postashqiptare.al (englisch).

entlang der albanischen Seeseite des Ohrid-Sees.

Die **Gastfreundlichkeit** und Offenheit der Menschen sowie die Möglichkeit, überall **frei** zu **zelten** (in der Nähe von Häusern ist es gut, sich vorzustellen und zu fragen) und die gute Versorgung mit günstigem Essen machen Albanien insgesamt zu einem tollen Reiseland für Radfahrer.

⌃ Die Autorin auf Erkundungsfahrt

Reisen mit Kindern

Reisevorschläge

Reiserouten

Wie überall im Süden, ist man auch in Albanien **sehr kinderfreundlich einge-stellt.** Im Sommer tummeln sich viele Kinder am Strand, Freundschaften sind schnell geschlossen. Kinder übernachten in der Regel im Zimmer der Eltern un-entgeltlich. Die niedrigen Preise in Res-taurants und Eisdielen schonen die Rei-sekasse erheblich: Eine Cola kostet ca. 80 Cent, eine Kugel Eis 15–20 Cent. Klein-kinder benötigen in Albanien unbedingt einen starken Sonnenschutz mit Faktor 50+ (von zu Hause mitnehmen) und am Meer Badeschuhe. Eine gute Kopfbede-ckung ist sowohl an den schattenlosen Stränden als auch im Gebirge wirklich unerlässlich, sonst droht ein Sonnen-stich. Strandutensilien, Schwimmtiere, Matratzen, Strandtücher etc. kauft man besser und billiger überall an der Küste als in Deutschland. Windeln und Baby-nahrung gibt es in guter Qualität in gro-ßen Supermärkten und Einkaufszentren. Im Gebirge ist der direkte Kontakt mit der Natur ein besonderes Erlebnis. Wie aus einer anderen Welt scheinen Hirten und Ziegenherden, Esel und Maultiere, Pferdefuhrwerke oder das Einkaufen in kleinen Läden oder auf Märkten. Ein Pa-radies (nicht nur) für Kinder ist ein Ur-laub in Theth. Dort gibt es keine Autos, tolle Bademöglichkeiten an Bächen und Wasserfällen, dazu schöne Ausflugs-möglichkeiten und genügend Dorfkin-der, die Englisch sprechen.

Verlängertes Hauptstadt-Wochenende in Tirana

Tirana punktet mit interessanten, guten und dabei günstigen **Restaurants** und preiswerten Übernachtungsmöglichkei-ten. Auch das **Nachtleben** kann sich se-hen lassen: Viele Szene-Bars, Clubs und Cafés gehen auf wie Kometen am Him-mel, andere bleiben über Jahre gute Adressen. Die Zahl großartiger Sehens-würdigkeiten hält sich in Grenzen, so-dass der Spaß- und Entspannungsfaktor deutlich überwiegt. **Ausflüge** könnte man zum Beispiel nach Kruja, auf die Burg Petrela und den Berg Dajti unter-nehmen. Ein Aufenthalt in Tirana ist auch für kleinere Gruppenreisen sehr gut geeignet.

Erkundung Südalbaniens

Flug nach Korfu (Sommerhalbjahr), Transfer mit der Fähre nach **Saranda.** Von dort mit dem Leihwagen oder Bus nach Butrint, Syri i Kaltër, Gjirokastra und an die Riviera-Küste.

Gut geeignete Orte für einen mehrtägigen Aufenthalt

Zur Erkundung Albaniens **von einem Standort** aus sind zum Beispiel Berat, Gjirokastra, Saranda und Korça, Dhër-mi/Drymades an der Riviera-Küste und die Dörfer Theth, Valbona, Vermosh oder Tamara in den Albanischen Alpen zu empfehlen.

8-tägige Rundreise Südalbanien
Tirana – Apollonia – Vlora – Riviera-Küste – Saranda – Butrint – Gjirokastra – Byllis – Berat – Kruja – Tirana.

14-tägige Rundreise Süd- und Ostalbanien
Tirana – Elbasan oder Durrës – Berat – Apollonia – Byllis – Vlora – Riviera-Küste – Saranda – Gjirokastra – Përmet – Erseka – Korça – Prespa-Seen – Ohrid-See – Pogradec – Lin – Elbasan – Tirana.

Nordalbanien
Die Strecken in Nordalbanien sind fast ausschließlich Fahrten mit **großartigen Landschaftserlebnissen** und bieten kulturell wenig. Nordalbanien eignet sich gut für Wanderferien. Wegen der mühsamen Anfahrtszeiten kommen auf jeden Fall längere Aufenthalte infrage, zum Beispiel in Vermosh, Theth oder Valbona. Nachdem die wichtigsten Durchgangsstraßen asphaltiert wurden, bietet sich folgende **dreitägige Panoramarundfahrt** durch Nordalbanien an: Tirana – Autobahn von Rrëshen nach Kukës (Übernachtung in Kukës oder auf dem Weg nach Peshkopia) – oberhalb des Drin-Tals nach Peshkopia (Übernachtung) – Rückfahrt über Bulqiza/Burel/Mat-Durchbruch nach Tirana.

Feste
Manche Feste sind so großartig, dass es sich ohne Frage lohnt, seinen Reisetermin nach ihnen auszurichten. Dazu hört auf jeden Fall das Bierfest in Korça (2. August-Wochenende), das Volksmusikfestival in Gjirokastra (alle fünf Jahre), das Volkstanzfest Llogu i Bjeshkëve im Këlmend in Nordalbanien (2. August-Wochenende) oder das Folkfestival in Bashtova. Die genauen Termine dieser Festivitäten muss man per Mail über die örtlichen Touristeninformationen bzw. die Zentrale in Tirana erfragen.

Kultur-Reiseziele

Der eine begeistert sich eher für Zyklopenmauern illyrischer Festungen in eindrucksvoller landschaftlicher Lage, der andere für osmanische Wohnkultur oder verwunschene byzantinische Kirchen – in Albanien ist alles zu haben. Die folgenden Vorschläge, von Nord- nach Südalbanien gegliedert, sind als Orientierung für die Planung einer Kulturreise gedacht und sollen einen Überblick über die wichtigsten Kulturdenkmäler **aus den verschiedenen Epochen** geben.

Vor- und Frühgeschichte (100.000 bis 6. Jh. v.Chr.)

Albanien war bereits in der Altsteinzeit besiedelt. Die **Siedlungsplätze** haben sich in zahlreichen Höhlen und späteren eisenzeitlichen Befestigungsanlagen erhalten.

Shkodra/Historisches Museum; Tirana/Historisches Nationalmuseum, Archäologisches Museum; Durrës/Archäologisches Museum; Korça/Archäologisches Museum; Vlora/Archäologisches Museum; Tumulus von Kamenica; Höhle von Tren.

Illyrische Zeit, griech. und römische Antike (7./6. Jh. bis 300 n.Chr.)

Die Reiseziele aus dieser Epoche liegen oft in ausgesprochen schönen oder sogar

großartigen Naturlandschaften, die den Besuch zu einem besonderen Erlebnis machen. Die Ausgrabungsstätten werden vom albanischen Tourismusministerium mit Hochglanzbildern beworben und dienen auch der nationalen Identitätsstiftung. Doch für einen angemessenen Unterhalt scheint sich die Regierung nicht verantwortlich zu fühlen. Einheimische Besucher trifft man auf den oft nur mühsam zu erreichenden Plätzen sowieso sehr selten. Hat man als Tourist nicht das Glück, dass gerade das albanische Fernsehen zu Dreharbeiten vor Ort war oder sich hochrangige Politiker angekündigt haben, die dann auf gemähten Wegen von Spezialisten geführt werden, muss man damit rechnen, seinen Weg durch hohes Dornengestrüpp, Disteln oder anderen Pflanzenfilz schlagen zu müssen – falls man sich überhaupt zurechtfindet. Anspruchsvollere Beschilderungen suchen ausländische Touristen fast überall vergeblich, ebenso wie Informationsmaterial in den staatlichen Touristenbüros. Festes Schuhwerk (auch wegen Schlangen) ist obligatorisch, an abgelegenen Orten gibt es keine Gastronomie oder irgendwelche Hinweise.

Shkodra/Festungsmauern auf der Burg Rozafa, Historisches Museum; Lezha (Lissus)/Stadtbefestigung und Toranlage; Durrës (Durracchium)/antike Stadtbefestigung mit zwei Stadttoren, Amphitheater aus der römischen Kaiserzeit und Marktplatz; Tirana/ Historisches Nationalmuseum, Archäologisches Museum; Elbasan/römisches Kastell, Reste der Via Egnatia, römisches Pferdewechselstation Ad Quintum; Selca/illyrische Königsgräber; Apollonia/antike Stadtanlage einer griechischen Kolonie, Stadtmauern, Marktplatz mit verschiedenen Gebäuden; Byllis/illyrische Stadtanlage oberhalb der Vjosa, Stadt-

mauern, Theater, Marktplatz; Olympia/illyrische Höhensiedlung, antike Mauerreste; Amantia/ illyrische Stadt, Stadtmauern, Sportstadion; Butrint (Buthrothum)/antike Stadt mit eindrucksvollen griechischen und römischen Resten, Theater, Thermen; Finiq (Phoenike)/illyrische Höhensiedlung, Stadtmauern, Toranlagen, Theater, verschiedene Gebäude; Sofratika (bei Gjirokastra)/römisches Theater; Antigonea/illyrische Höhensiedlung mit verschiedenen Gebäuden, Stadtmauern.

Frühes Christentum und byzantinische Zeit (300 n.Chr. bis 8. Jh.)

Die farbenprächtigen und erzählfreudigen **Mosaikarbeiten** stellen einen ganz besonderen Schatz frühchristlicher Kunst in Albanien dar. Die meisten Mosaike liegen aber nur während Ausgrabungskampagnen offen, in der übrigen Zeit sind sie aus Sicherheitsgründen mit Sand bedeckt. Bis auf die Basilika von Butrint sind von den Kirchengebäuden auf den Ausgrabungen nur die Fundamente sichtbar.

Tirana/Historisches Nationalmuseum (Mosaik von Mesaplik), Mosaik im Stadtzentrum; Durrës (Durracchium)/ kleine Kapelle im Amphitheater mit einem frühchristlichen Wandmosaik; Durrës-Arapaj/ Ausgrabung einer Kirche in einem Wohngebiet mit einem der schönsten Fußbodenmosaike Albaniens; Lin/Ausgrabungen einer frühchristlichen Kirche mit Fußbodenmosaiken, kleineres Baptisterium mit einem Taufbecken; Byllis/zwei frühchristliche Basiliken mit Fußbodenmosaiken; Saranda (Onchesmos)/ Reste einer antiken jüdischen Synagoge, die in der Spätantike christianisiert wurde; Butrint/in großen Teilen erhaltene Ruine einer frühchristlichen Basilika und ein Baptisterium mit einem komplett erhaltenen Fußbodenmosaik.

Byzantinische Zeit (8. Jh. bis 1501)

In diesem Zeitabschnitt wurde das Gebiet des heutigen Albanien komplett von den Osmanen erobert. Einige sehr frühe **christliche Kirchenbauten** haben sich erhalten, die teilweise beeindruckende mittelalterliche Ausmalungen und Ausstattungen haben.

Apollonia/Klosteranlage mit der Kirche Shën Mërisë; Berat/sehr gut erhaltene Mauern der Stadtbefestigung mit einer Haupttoranlage, die Kirchen Shën Triadhës, Shën Mëri Vllahernës, Shën Mëhill; Perondi (bei Berat)/Kirche Shën Koll; Kakome (Lukova)/Klosterkirche Shën Merisë; Mesopotam/ Kirche Shën Koll; Labova e Kryqit (bei Gjirokastra)/Kirche Shën Mërisë; Përmet-Leuse/Kirche Shën Mërisë; Mborja (bei Korça)/Kisha e Ristozit, Festungen; Kruja/Burg; Voskopoja/Kirche Shën Koll.

Osmanische Zeit (16. Jh. bis 1912)

Kunst und Architektur Albaniens standen in dieser Zeit stark unter dem Einfluss der über 500 Jahre andauernden osmanischen Besatzung und entwickelten sich weitgehend **unabhängig von der übrigen europäischen Kulturgeschichte.** Die Altstadt von Berat und die von Gjirokastra stehen als Gesamtanlagen unter Denkmalschutz und sind Teil des UNESCO-Weltkulturerbes. Mit dem langsamen Zerfall des Osmanischen Reiches und dem Beginn der Freiheitsbestrebungen in den von den Türken unterdrückten Gebieten im 19./20. Jahrhundert hielten westliche Lebensart und

⌄ Drachenrelief in Mesopotam

alba14-045 mg

Wohnkultur immer mehr Einzug in Albanien.

Kirchen
Ardenica/Kloster Shën Mërisë; Berat/Kloster Shën Mërisë; Elbasan/Shën Mërisë; Voskopoja/Shën Koll; Vithkuq/Shën Mëhillit.

Moscheen
Shkodra/Bleimoschee; Tirana/Et'hem Bey; Elbasan/Mbret, Nazireshe; Berat/ Königsmoschee, Moschee der unverheirateten Männer; Vlora/Muradie; Korça/ Mirahor.

Tekken (Klöster des Bektashi-Ordens)
Kruja/Dolma; Berat/Tekke der Helvetii-Derwische; Tekke von Melan.

Burgen und Festungen
Shkodra/ Festung Rozafa; Elbasan/Festung Il Basan; Festung von Berat; Festung von *Ali Pascha* in Porto Palermo; Gjirokastra; Tepelena.

Osmanische Wohnhäuser
Shkodra/Haus der Familie *Oso Kuka;* Kruja/ Wohnhaus (Ethnografisches Museum), Altstadt auf der Burg; Tirana/wenige osmanische Wohnhäuser im Stadtzentrum; Elbasan/großbürgerliche Stadthäuser des 18. Jh. im Zentrum, osmanisches Wohnhaus (Ethnografisches Museum); Vlora/osmanisches Wohnhaus (Ethnografisches Museum), Rr. Justin Godard; Dukat-Fshat (Vlora)/mittelalterlicher Wohnturm; Berat/osmanisches Wohnhaus (Ethnografisches Museum), die komplette Altstadt; Gjirokastra/Zekati-Haus, Skënduli-Haus, die komplette Altstadt; Korça/zahlreiche ehemalige osmaische Bürgerhäuser in der Altstadt; einfache befestigte Wohnturmhäuser sind besonders in Nordalbanien in vielen Dörfern zu sehen.

Osmanische Brücken
Shkodra/Brücke von Mesi; Tirana/Tabak-Brücke; Librazhd/Ura e Golikut, Ura e Terziut; Berat/Gorica-Brücke; Gjirokastra/Ura e Kordhoces; Përmet-Benje/Ura e Benjes (Umschlagbild).

Osmanische Basarviertel
Kruja, Berat (Rekonstruktion im Ethnografischen Museum), Korça.

Osmanischer Han (Karawanserei)
Korça.

Europäisch beeinflusste Kunstdenkmäler bis Ende des 2. Weltkriegs

Shkodra/Uhrturm, Café Grand, Präfekturpalast, altes Gymnasium, Stadtviertel Gjuhadol, Marubi-Fotothek; Tirana/Regierungsviertel, italienische Villen und faschistische Architektur *Mussolinis* südlich der Lana, Nationale Gemäldegalerie; Durrës/Villa von König *Zogu;* Korça/ Stadtvillen im Gründerzeit-Stil.

Kommunismus (1946–1991)

Bunker, Heldendenkmäler und sonstige Relikte des Sozialistischen Realismus versetzen hauptsächlich Touristen in Begeisterung. *Lenin* und *Stalin* hat man etwas unauffällig hinter der Staatlichen Kunstgalerie in Tirana aufgestellt, viele andere ihrer Zeitgenossen fristen ihr Dasein in Magazinkellern oder wurden gleich zersägt.

Shkodra/Migjeni-Theater, Rozafa-Hotel, Denkmal der fünf Helden (Heldenfriedhof); Lezha/Skanderbeg-Gedenkstätte; Kruja/Skanderbeg-Denkmal, Skanderbeg-Museum; Tirana/Kulturpalast, Skanderbeg-Denkmal, Piramida (abrissgefährdetes Mausoleum für *Enver Hoxha*), Hotel Dajti, Wohnhaus *Enver Hoxhas,* Heldenfriedhof, Ausstellungen im Historischen Nationalmuseum und in der Kunstgalerie, Qyteti Studenti; Vlora/Unabhängigkeitsdenkmal; Përmet/Heldendenkmal; Borova/Gedenkstätte; ehemalige Turizmi-Hotels außerdem in Elbasan, Vlora, Berat, Korça, Gjirokastra, Peshkopia; Bunker siehe im Kapitel zur Riviera-Küste; Partisanendenkmäler finden sich in fast jedem Dorf.

Moderne Architektur

In der **Hauptstadt** setzen die Neue Katholische Kirche Shën Paul, ein futuristischer Wolkenkratzer im Stadtzentrum und die Neue Orthodoxe Kirche moderne Maßstäbe einer anspruchsvollen Stadtarchitektur. In **Durrës** überzeugt der harmonische Entwurf der Neuen Moschee im Stadtzentrum.

Reisezeit

Winter

Im Winter ist Albanien ein **sehr ruhiges Land.** Die im Ausland arbeitenden Albaner sind außer Landes, viele Familien nutzen die Zeit, um ihre Kinder und Enkel im Ausland zu besuchen. In den Dörfern und Städten spielt sich das Leben nicht wie im Sommer auf der Straße ab, sondern in den Häusern. Von November bis April kann es ausgiebig regnen. In den Bergen fällt von Dezember bis März regelmäßig Schnee, Pässe sind dann nicht passierbar und manche Regionen für Wochen oder gar Monate von der Außenwelt abgeschnitten. An der Küste sinken die Temperaturen zwar selten unter den Gefrierpunkt, aber wenn man mitteleuropäische Standards und beheizte Räume gewohnt ist, wird man den gewohnten Komfort schnell vermissen. Hotels sind häufig geöffnet, weil ihre Besitzer selbst dort wohnen, aber die Heizsysteme sind nicht immer perfekt. Öffentliche Gebäude werden meist gar nicht beheizt, und auch in Restaurants und Cafés kann es kalt sein. Museen sind geöffnet, aber mit leicht eingeschränkten Öffnungszeiten.

Sommer

Die **schönste Reisezeit** liegt in Albanien zwischen Mitte Mai und Mitte Juli. Im Mai kann noch der letzte Regen fallen, es kann aber auch schon so heiß wie im Sommer sein, die Landschaften sind aber noch saftig und grün. Die Öffnungszeiten von Restaurants, Hotels und Strandbars richten sich im Mai noch nach dem Wetter, aber spätestens Ende des Monats wird die **Saison** eröffnet. Dann konzentriert sich der Tourismus auf die Küste und wenige Städte im Landesinneren. Wenn in Europa nach und nach die Sommerferien beginnen, füllt sich das Land mit Auslandsalbanern, die ihren Urlaub in der Heimat verbringen. Im August sind die (guten) Hotels und Privatunterkünfte in touristischen Zentren oft ausgebucht. In Ost- und Nordalbanien ist es zwar nicht ganz so heiß wie an der Küste und im Süden, Wanderungen sollte man aber trotzdem nicht in den Hochsommer legen. Die regenfreie Zeit dauert bis mindestens Ende September und zieht sich oft bis in den Oktober hinein. Fahrten ins Gebirge sind im **Herbst** besonders reizvoll, wenn die Sicht wieder klar wird und in den Wäldern eine intensive Herbstfärbung einsetzt. Tirana hat im Sommer ein besonderes Flair, denn dann ist das Leben öffentlich, die Cafés und Straßen werden zu Schaubühnen, die großzügigen Plätze und Grünanlagen in der Stadt entfalten ihren Reiz.

Sicherheit

Entgegen landläufigen Vorstellungen bestehen in Albanien für Touristen **keine besonderen Risiken.** Wenn man sich an die normalen Vorsichtsmaßnahmen hält, den „gesunden Menschenverstand" walten lässt und seinen „westlichen" Reichtum in Form von teuren Uhren, großen Kameras und funkelndem Schmuck nicht leichtsinnig zur Schau stellt, ist (Klein-)Kriminalität kein Problem. In Tirana sollte man bei bettelnden Roma, besonders in Begleitung von Kindern, wegen der Gefahr von Taschendiebstahl vorsichtig sein.

■ **Polizei** (landesweit): Tel. 129

Frauen allein auf Reise

Als die Engländerin *Edith Durham* Albanien Anfang des 20. Jahrhunderts auf dem Maultier durchquerte, zog sie es vor, in Männerkleidern zu reisen. Das hatte *Marion Gräfin Dönhoff,* die sich in den 1930er Jahren von Ostpreußen nach Tirana aufmachte, schon nicht mehr nötig. Heutzutage können Frauen **in der Regel problemlos** allein das Land bereisen, ohne Anmache zu befürchten. Eine Ausnahme sind die Sommermonate in den belebten Küstengebieten, wo wie überall im Mittelmeerraum Freizügigkeit bei Ausländerinnen als Aufforderung zur Kontaktanbahnung verstanden wird. Albanische Mädchen und unverheiratete Frauen sind so gut wie immer nur in Gruppen unterwegs!

Am Rande sei angemerkt, dass die Verfasserinnen des französischen, englischen und dieses deutschen Albanien-Reiseführers alleinreisende Frauen sind.

Tipp **Infos** für allein reisende Frauen unter www.girlabouttheglobe.com/destinations/europe/albania.php, make solo travel easier.

Sprache und Verständigung

Albanisch gehört der indogermanischen Sprachfamilie an und geht möglicherweise auf das Illyrische zurück, von dem aber keine Schriftsprache überliefert ist, da die Illyrer unter griechischem Kultureinfluss das Griechische übernahmen. Illyrische Wörter haben sich besonders in Eigennamen erhalten, zum Beispiel von Bergen und Flüssen. Die über zwei Jahrtausende hinweg ständig wechselnden Herrschaftsverhältnisse im Land brachten zahlreiche **Lehnwörter** ins Albanische, vor allem aus dem romanischen, slawischen, türkischen und germanischen Sprachraum.

Das erste albanische **Alphabet** wurde erst 1908 rechtsverbindlich. Es ist ein Verdienst der Kommunisten, dass die noch Anfang des 20. Jahrhunderts größtenteils analphabetische Bevölkerung von einem rein mündlichen Sprachge-

Sprachhilfe Albanisch

Zahlen

0	zéro
1	një, nji (Südalbanien)
2	dy
3	tre
4	katër
5	pesë
6	gjashtë
7	shtatë
8	tetë
9	nëntë
10	dhjetë
11	njëmbëdhjetë
12	dymbëdhjetë
20	njëzet (Ausnahme!)
30	tridhjetë
40	dyzet (Ausnahme!)
50	pesëdhjetë
100	njëqind
1.000	njëmijë

Kleiner Wortschatz

Grundbegriffe/Redewendungen

Po – Ja
Jo – Nein
Faleminderit/
    Ju Faleminderit (höflich) – Danke
Ju lutem (formal)/Ti lutem (persönlich) – Bitte

Mirëmengjes(i) – Guten Morgen (bis 11 Uhr)
Mirëdita – Guten Tag (bis 18 Uhr)
Mirëbrëma– Guten Abend (ab 18 Uhr)
    plus Begrüßungsformel:
    Si jeni?/Si je?/Mirë jeni?/Mirë je?
    = Wie geht es Ihnen/dir?
Përshëndetje! – Hallo!

Mirupafshim – Auf Wiedersehen (tagsüber)
Natën e Mirë – Gute Nacht oder
    Auf Wiedersehen (zur Nacht)
Gezúar! – Prost!
Rrugë të mbarë! – Gute Reise!
Diten e mirë! – Einen schönen Tag!
Punë të mbarë! Sukses! – Alles Gute!
Sa kushton?/Sa është? – Was kostet?
Me falni (formal), me fal (persönlich) –
    Entschuldigung!

Djathtas – rechts
Majtas – links
Drejt – geradeaus

S'ka gje! S'ka problem! – Das macht nichts!
Ngadalt, ngadalt!/Vash a vash! –
    Langsam, langsam!

Ndalohet – verboten
Orari – Öffnungszeiten
Hapur – offen
Mbyllur – geschlossen
Hyrje – Eingang
Dalje – Ausgang
Nisje – Abfahrt
Mbërritje – Ankunft
Doganë – Grenzübergang
Shën – Heilig

Unterwegs/Reisen

Unë jam nga/ne jemi nga … –
    Ich komme/wir kommen aus (der) …
    Gjermania – Deutschland,
    Austria – Österreich, Svizer – Schweiz
Ku është … – Wo ist …?/Wo befindet sich …?
Restoranti – Restaurant
Hoteli – Hotel
Dhoma të qera/dhoma të plazhi – privates Zimmer

Minimarket – Einkaufsladen
Çelsin për një kishën – Kirchenschlüssel
Muzeu Etnografik – Ethnografisches Museum
Muzeu Arkeologjik – Archäologisches Museum
Muzeu Historik – Historisches Museum
Muzeu i Artëve – Museum der Künste
Kisha – Kirche
Garage – Autowerkstatt
Gomisteri – Reifenwechsel
Stacioni i trenit – Bahnhof
Vend/qëndrim taksish – Taxistand
Autobusi (minibusi/furgoni)/
    rruga për ne – Bus/Straße nach
Hospitali – Krankenhaus
Farmacia – Apotheke
Bankomat – Geldautomat

Am Meer

Breg – Küste
Dhoma (me qera), Dhoma Plazhi –
    Privatzimmer zu vermieten
Gjiri – Bucht
Kepi – Kap
Laguna – Lagune
Limani – Hafen
Plazhi – Bucht
Porti – Hafen

Im Gebirge

Breg – Hügel
Bjeshk – Alm, Bergweide
Fusha – Feld, Ebene, Tal
Grop – Tal, Senke, Kessel
Kalá/ja – Burg, Festung
Kulla – Wohn-/Wehrturm
Lug/lugina – Tal
Lumi – Fluss
Malësia – Gebirge
Mali – Berg
Mulli – Mühle
Pyll – Wald
Qafa – Bergpass
Rrasa – Steinplatte

Shpella – Höhle
Stan – Pferch, Unterstand
Topi – Gipfel, Spitze
Ura – Brücke
Vendbanim – Siedlung

In der Stadt

Bulevard – Boulevard
Bashkia – Rathaus
Farmaci – Apotheke
Garage – Autowerkstatt
Gomisteri – Reifenhandel
Harta – Stadtplan
Kisha – Kirche
Lagjia – Stadtviertel
Lavazh – Autowäsche
Qënder – Zentrum
Rruga – Straße
Shtëpia – Haus
Stacioni i Trenit – Bahnhof
Sheshi – Platz
Teqe/ja – Tekke
Xhamia – Moschee

alba14-046 wm

Aussprachehinweise

Alb.	Deutsche Aussprache	Beispiel	Alb. Beispiel	Übersetzung
c	z	zu	mác(ë)	Katze
ç	stimmloses tsch	Peitsche	çaj	Tee
dh	stimmhaftes englisches th	wie englisch think	Dhërmí	-
ë	offenes ö oder offenes unbetontes **eam** Wortende unbetont	öffnen Gabe	ështe	er/sie/es ist
e	offenes kurzes ä	Fett	pelikán	Pelikan
gj	Stimmhafter Laut von Zunge und Gaumen gebildet, zwischen dj und gj	wie ungarisch magyar	gjalp	Butter
ll	Gerolltes Zungen- l	wie im Kölner Dialekt, oder engl. all	Llogará	-
n	n, vor g und k als ng	wie Zunge	Vangjel	-
nj	wie spanisch ñ	niño	bánjo	Bad
o	offenes o	Locke	bór(ë)	Schnee
q	Stimmloser Laut von Zunge und Gaumen gebildetzwischen tj und kj	-	Qeparó	-
rr	gerolltes Zungen-r	wie im Italienischen	rreth	Kreis
s	stimmloses s	Eis	si	wie
sh	stimmloses Sch	Schiff	peshk	Fisch
th	stimmlos, think	wie englisch th	Theth	trocken
v	w	wo	Vlora, Vunó	-
x	stimmhaftes ds	wie italienisch mezzo	xéro	Null
xh	stimmhaftes dsch	wie englisch John	xhep	Tasche
y	ü	Müsli	yll, dy	Stern, zwei
z	stimmhaftes s	Sonne, Rose	blúzë	Bluse
zh	stimmhaftes sch	wie französisch journal	zhúrm(ë)	Lärm

9

brauch zu einer einheitlichen albanischen Schriftsprache geführt wurde und so die Voraussetzungen für Lesen und Schreiben geschaffen wurden. 1980 erschien das erste moderne Wörterbuch der Albanischen Sprache. Allerdings hat das Albanische in Orthografie und Grammatik mindestens so viele Ausnahmen wie Regeln.

Der **Fluss Shkumbin** ist eine alte natürliche **Sprachgrenze,** die die albanische Sprache in zwei große Hauptdialekte teilt: das Gegische in Nordalbanien und das Toskische in Mittel- und Südalbanien. „Hochalbanisch" spricht man in Elbasan.

Mit **Fremdsprachen** kommen Albaner schon als Kind in Berührung, denn ausländische Filme laufen nur mit albanischen Untertiteln. Die Jugend spricht Englisch, oft recht gut Italienisch, auch Deutschkurse werden belegt, um die Berufschancen zu verbessern. Da viele Albaner in der EU arbeite(te)n, sind italienische, griechische und auch deutsche Sprachkenntnisse häufig, besonders bei Männern. Es kann passieren, dass man in den Bergen einen Hirten trifft, der Deutsch mit Kölner Akzent spricht, weil er dort jahrelang im Straßenbau gearbeitet hat. In Südalbanien ist Griechisch geläufig, auch wegen der griechischen Minderheit, von Vlora bis in den Norden ist eher Italienisch die Zweitsprache.

Trotzdem öffnet man die Herzen der Menschen, wenn man als Tourist ein paar Wörter in der Landessprache kann. Dazu mag die **Sprachhilfe** auf den Seiten zuvor beitragen, sehr hilfreich, praxisnah und alltagsbezogen ist auch der **Kauderwelsch-Sprachführer „Albanisch – Wort für Wort"** aus dem Reise Know-How Verlag.

Sprachhilfe

Im Gegensatz zu den Sprachen in den Nachbarländern schreibt sich das Albanische mit **lateinischen Buchstaben** und punktet auch noch damit, dass alle Wörter wortlautgetreu so geschrieben wie sie gesprochen werden. Man muss sich nur mit ein paar ungewohnten Buchstaben und ihrer Aussprache vertraut machen. Das albanische Alphabet hat **36 Buchstaben,** von denen etwa die Hälfte nicht wie die deutschen Buchstaben ausgesprochen wird. Wenn man diese Hürde genommen hat, bringt das Sprechen der albanischen Sprache richtig Spaß.

Schreibweise

So wie das Wort ausgesprochen wird, wird es 1:1 in Buchstaben umgesetzt, auch aus anderen Sprachen, z.B. *taksi* (Taxi), *pica* (Pizza), *kamping* (Camping), *Zhan* (Jeanne), *portret* (Porträt), *bazar* (Basar), *benzin* (Benzin) und für Geübte: *Xhorxh W. Bush.*

Betonung

Die meisten Wörter werden **auf der vorletzten Silbe** betont, z.B. Tirána und Gjirokástra, aber es gibt auch zahlreiche Ausnahmen, die auf der letzten Silbe betont werden, z.B. Elbasán, Berát, Llogará, pelicán, telefón, kalá (Festung), babá (Vater).

Telefonieren

In Albanien gibt es **vier große Mobil-funk-Provider: AMC Mobil** (Vorwahl 068), **Eagle** (069), **Plus** (066) und **Voda-fone** (067). Das eigene Mobiltelefon lässt sich somit problemlos nutzen. Wegen hoher Gebühren sollte man allerdings auf der Website seines Anbieters nachschauen, welcher der **Roamingpartner** günstig ist und diesen per manueller Netzauswahl voreinstellen. Nicht zu vergessen sind die Kosten der Rufweiterleitung ins Ausland, die der Empfänger bezahlt (also Mailbox evtl. abstellen). Der Empfang von SMS ist in der Regel kostenfrei.

Besonders gewarnt seien Nutzer von **Smartphones,** denn die Nutzung des Datapacks im Nicht-EU-Ausland ist mit horrenden Kosten verbunden: Eine einzige E-Mail per Smartphone schlägt leicht mit 60 Euro zu Buche. Empfehlenswert und preiswert ist das Nutzen von **Skype** zum Telefonieren z.B. in Internet-Cafés mit DSL oder auch die **Internetverbindung** per Handy über eine kostenlose Wifi-Verbindung im Hotel oder Café.

Falls das Mobiltelefon SIM-lock-frei ist, also keine Sperrung anderer Provider vorhanden ist, und man innerhalb Albaniens viele Gespäche führen will/muss, kann man sich eine örtliche **Prepaid-SIM-Karte** besorgen, die es ab ca. 600 Lek (4 Euro) gibt. Wichtig ist die PIN-Nummer, die man zum Neuanschalten des Handys braucht, sie ist aber auch im Shop abfragbar. Zum Kauf eines Handys braucht man den Reisepass und eine lokale Adresse (es geht auch die Hotel-adresse oder zur Not die Heimatanschrift). Hat man albanische Bekannte, sollte man sich vorher erkundigen, welcher Provider von ihnen genutzt wird. Sehr beliebt ist der Vodafone-Club, bei dem Mitglieder untereinander große Vergünstigungen erhalten. Am einfachsten ist es, das Guthaben direkt im Shop aufladen zu lassen. Natürlich kann man sich auch einen Internetzugang freischalten lassen. In den Shops wird gut Englisch gesprochen.

Viele Albaner sind ohne Umweg über das **Festnetz** ins Handyzeitalter eingestiegen. Festnetznummern werden genutzt, um über Billiganbieter ins Ausland zu telefonieren, und sind vor allem für Hotels, Restaurants und öffentliche Einrichtungen eine Möglichkeit, eine zuverlässige Nummer anzubieten, da sich Handynummern ja bekanntlich schnell ändern können.

Vorwahlen

- **Deutschland:** 0049
- **Österreich:** 0043
- **Schweiz:** 0041
- **Albanien:** 00355
- **Montenegro:** 00382
- **Kosovo:** 00381
- **Mazedonien:** 00389
- **Griechenland:** 0030
- **Italien:** 0039

9

Uhrzeit

Albanien liegt in der gleichen Zeitzone wie Deutschland (**MEZ**) und hat ebenfalls die Sommerzeit. Im Sommer wird es zwischen 20 und 20.30 Uhr dunkel. Achtung bei der An-/Abreise über Griechenland wegen der Zeitverschiebung (minus 1 Stunde).

Unterkunft

Die Unterkunftsmöglichkeiten in Albanien sind vielfältig. Im **Campingbereich** gibt es nur wenige Plätze mit mitteleuropäischem Standard, dafür aber komplett eingerichtete einfache Zelte mit Halboder Vollpension; freies Zelten in der Natur ist erlaubt. Die nächste Stufe sind einfache **Zimmer in Privathäusern,** die als *Dhoma* oder *Dhoma plazhi* angeboten werden, inklusive einer gewissen Nähe zum Familienleben. Groß im Kommen sind private ländliche **Gästehäuser,** die in der Regel mit dem englischen Begriff *Guesthouse* bezeichnet oder manchmal auch albanisch *Han* genannt werden. **Hotels** können kleine Familienhotels (*Hotel familjare*) mit Apartments oder Zimmern sein, Anlagen mit Ferienbungalows aus Holz in allen Kategorien, Hotels in alten traditionellen Häusern (im Bergland), moderne Strandhotels an der Küste mit albanischem oder mitteleuropäischem Standard, Business-Hotels oder große Hotel- und Apartmentanlagen, die von Albanern als „Mafia-Hotels" bezeichnet werden, da sie Geldwäscheobjekte sind. Ob man nun in einem Mafia-Hotel zu günstigem Preis eine unverhofft luxuriöse Ausstattung genießt oder sich in einem Guesthouse von den Besitzern mit traditionellen Speisen verwöhnen lässt – alle Unterkünfte sind relativ neu und meist erst in den letzten zehn Jahren entstanden. Ausnahmen sind die ehemaligen staatlichen Touristenhotels in den größeren Städten, kurz *Turizmi* genannt, die mit ihrem „Charme" aus kommunistischen Zeiten zu einem niedrigen Preis einfachsten Standard bieten.

An der Küste spricht die überwiegende Zahl der Unterkünfte albanische Sommertouristen an, sowohl aus dem Inland als auch aus den albanischsprachigen Regionen der Nachbarländer und aus dem sonstigen europäischen Ausland. Die Häuser sind modern, gerne verwendet man Marmor, Glas und starke Farben, der Service ist unkompliziert, die Duschbäder sind meist einfach, das Frühstück ist landestypisch.

Ausländische Touristen besuchen meist die Orte Gjirokastra, Berat, Korça und Saranda. Hier ist man schon aus kommunistischer Zeit mit der Beherbergung ausländischer Gäste vertraut und hat sich auf deren Wünsche eingestellt. Zu empfehlen sind besonders Unterkünfte in alten traditionellen Wohnhäusern der osmanischen Zeit, die einen interessanten Einblick in die Landeskultur geben. Hier trifft man auf Touristen aus aller Welt, aber nicht auf Albaner.

In den letzten fünf Jahren gibt es parallel zu den für Albaner oft angebotenen Privatzimmern **immer mehr Guesthouse-Angebote,** zumeist von ausländischen NGOs initiiert, um für den Auslandstourismus interessante Gebiete touristisch zu entwickeln. Diese Projekte sind auch als Anstoß für andere Regionen gedacht, Ähnliches zu entwickeln – Tourismus ist eine Möglichkeit, die Migration aus wirtschaftlicher Not zu verhindern.

Ist man wandernd oder mit dem Fahrrad oder Motorrad unterwegs, bleibt außer dem Zelt die Alternative, nach einer **privaten Unterkunft** zu fragen. Am besten erkundigt man sich in einem Supermarkt oder in der Dorfbar.

Familien verfügen traditionell oft über Gasträume, und gerade auf dem Land stehen Zimmer leer, da immer irgendein Familienmitglied im Ausland ist oder die Kinder das Haus verlassen haben. In den Regionen, in denen es bereits Gästehäuser für Touristen gibt, ist die Bezahlung für die Übernachtung klar geregelt; in vielen abgelegenen Gebieten ist das noch nicht der Fall. Für viele traditionell lebende Familien ist es bis heute nicht vorstellbar, für eine Übernachtung Geld

alba14-047 mg

anzunehmen. Eine Bezahlung wird man mit Händen und Füßen abwehren, denn der Schutz und das Wohlbefinden des Gastes sind Ehrensache. Dazu ist ein Besuch eine erfreuliche Abwechslung. In solchen Fällen hinterlässt man vor der Abreise einen 1000-Lek-Schein im Schlafzimmer – das ist auf jeden Fall korrekt und angemessen.

☑ Einfache Hotels sind überall zu finden

Frühstück

Hotels bieten immer öfter auch ein „kontinentales" Frühstück an und stellen sich so auf die Bedürfnisse der ausländischen Gäste ein. **Kaffee** muss oft extra gezahlt werden, ein Übel aus alten Zeiten. **Schwarztee** ist meist nicht im Angebot, weil kein übliches Getränk; andere Teesorten gibt es. Bei Bedarf kann man einen Schwarzteebeutel mitbringen und nach heißem Wasser fragen.

Albanisches Frühstück

Oft kommt nur Brot mit etwas Marmelade auf den Tisch. Unerfahrene Gastgeber sind sich manchmal nicht sicher, was der ausländische Gast erwartet und mag. Albaner bestellen morgens einfach, wonach ihnen ist (aber nicht alles auf einmal): gebratene Würstchen (Wurstaufschnitt und Schinken sind, auch wegen des Klimas, nicht üblich), Spiegeleier, gekochte Eier, Butter, Marmelade, Honig, Kuh- oder Schafskäse, Caj i Mali, Orangensaft oder Kaffee. Der sprachunkundige Gast bekommt manchmal nur ein mageres Frühstück, obwohl in der Küche alles zubereitet wird. Deshalb entsprechend bestellen!

Service

Unabhängig von der Hotelkategorie, die sich in Albanien die Hotels ja auch immer noch selber geben, kann der Service **Überraschungen** bereiten. In den besseren Hotels ist guter Service inzwischen selbstverständlich. Doch außerhalb der Zentren herrscht weiterhin ein Mangel

Duschbäder und Toiletten in Albanien

Ungewohnt sind für die meisten ausländischen Touristen die **Duschbäder,** die in der Regel keine abgetrennte Duschkabine haben, wodurch beim Duschen zwangsläufig das gesamte Bad (evtl. sogar Apartment …) unter Wasser gesetzt wird. Daher auch die überall anzutreffenden Plastiklatschen (oft unter den Betten zu finden). Albaner sehen das locker: Erstens ist es sowieso warm, und bei geöffnetem Fenster trocknet das Bad schnell ab. Zweitens wird so auch gleich die **Toilette** mit gereinigt. In einfacheren Wohnverhältnissen benutzt man oft einfach nur die Duschbrause zum Reinigen auf dem WC. Manchmal fehlt WC-Papier einfach auch aus diesem Grund.

Um das besser zu verstehen, muss man etwas in die **Geschichte** zurückblicken. Schaut man heute z.B. in einem der früheren kommunistischen (damals hochmodernen) grauen Wohnblocks in einer noch nicht renovierten Wohnung in ein Bad hinein, sieht man dort einfachste flache Wannen, die als Dusche und Stehtoilette gleichermaßen funktionierten (Toilettenpapier war Mangelware). Sie konnten auch noch mit einer einfachen Waschmaschine kombiniert werden, das sogenannte chinesische Modell.

Welchen **Standard** man wo antrifft, weiß man nie genau. So kann es ein „Edelbad" mit Duschkabine, Bidet und goldenen Armaturen in einem abgelegen Bergdorf sein, weil der Besitzer in Griechenland bei einer Sanitärfirma arbeitet, oder aber der einfache Vorhang in einem sonst durch und durch ordentlichen Hotel.

an (gut) ausgebildeten Servicekräften. So kann selbst ein teures Investorhotel Personal haben, das in den Sommermonaten aus den Bergen zum Arbeiten an die Küste kommt und im Schnelldurchgang angelernt wurde. Manchmal dauern Dinge dann unbegreiflich lange, weil zum Beispiel in der Küche diskutiert wird. Coca Cola kommt im Weinglas, der Wein im Wasserglas, an Büffets fehlt jegliche Ordnung, Handtücher werden nicht gewechselt oder das Zimmer nicht angemessen gereinigt, die Badewanne ist dreckig etc. Dem Gast gegenüber tritt man in der Regel sehr freundlich und aufmerksam auf. **Freundlichkeit** sollte auch für den Touristen Trumpf sein, denn so erreicht man viel eher etwas, als sich lange zu ärgern und zu schimpfen.

Unterkunftspreise

Bei der Beschreibung von Unterkünften **in diesem Buch** ist die Preisklasse durch **Ziffern** angegeben (s.u.). Dabei ist immer der Doppelzimmerpreis (Belegung mit zwei Personen) in der Hauptsaison maßgeblich. In der Nebensaison können die Preise deutlich sinken. Zimmer werden in den allermeisten Fällen nur als Doppelzimmer (DZ) vermietet, d.h., für Einzelreisende, wenn überhaupt, nur sehr geringfügig reduziert. Ein Zustellbett für Kinder ist oft frei, das 3-Bett-Zimmer kostet meist 5 Euro zusätzlich.

DZ-Preise für 2 Personen
① bis 10 Euro
② 10–15 Euro
③ 15–20 Euro
④ 20–40 Euro
⑤ ab 40 Euro

Verhaltenstipps

Die Umgangsformen sind allgemein herzlicher als in Mitteleuropa. Freundschaftlicher Körperkontakt ist völlig normal, auch unter Männern.

Begrüßung

Zur Begrüßung gibt man sich in Albanien die **Hand.** Kennt man sich etwas besser, ist die herzlichere Variante des französischen **Wangenkusses** üblich, auch unter Männern. Bei der familiären und vertrauteren Variante wird dabei hörbar geschmatzt. Die **Frage nach dem Wohlbefinden** – „Si je?" oder „S'kemi?" (Wie geht's?) – gehört auch bei kürzesten Begegnungen zum guten Umgangston. Die Antwort „Jam mirë" (Mir geht's gut) erfreut jeden Albaner. Auf dem Land oder im Dorf ist es immer angebracht, freundlich zu grüßen, eventuell auch anzuhalten und zu versuchen, ein paar Worte zu wechseln.

Frauen

In abgelegenen, streng **muslimischen Regionen** in Ost- und Nordalbanien und im Inneren des zentralen Berglandes (und nur dort) kann es passieren, dass Frauen fluchtartig das Gelände verlassen, wenn ihnen männliche Touristen allein begegnen. Oft sind männliche Einheimische nicht fern und werden zur Begrüßung kommen. Hier auch vorsichtig sein mit dem Fotografieren bzw. ganz unterlassen.

Zu Gast im Haus

Das **Ausziehen der Schuhe** an der Haustür, wie es bei Muslimen üblich ist, ist in ganz Albanien, sowohl in der Stadt als auch auf dem Land, und bei allen Konfessionen wichtig; man schlüpfe in die bereitgestellten Pantoffeln. Auf dem Land werden dem Gast meist türkischer Kaffee mit einem Glas Wasser, Bonbons und Obst angeboten. Ein einfaches Gespräch bereitet große Freude.

Ist man zu Gast bei einer **Hirtenfamilie,** werden sich in der (beheizten) Stube zu Beginn nur die Männer aufhalten, denn die Frauen sorgen in der Küche für das Essen. Traditionelle Familien empfangen ihren Gast am Kamin, rechts sitzt der Gast, links der Hausherr. Wird zu Ehren des Gastes ein Zicklein geschlachtet, gebührt ihm der Vorzug, das kurz in der Glut gegrillte Herz zu essen. Auch die Leber wird angeboten, denn Innereien gelten als das Beste vom Tier. Die Speisen werden auf einer Vielzahl von Tellern rund um den Kamin auf einer Decke serviert. Dabei ist ersichtlich, dass die besten Stücke dem Gast zustehen oder zugereicht werden. Die Portionen sind üppig bemessen, damit nicht der Eindruck entsteht, der Gast müsse Mangel leiden. Es muss also nicht aufgegessen werden, denn die Reste sind für die Frauen und Kinder gedacht, die entweder in der Küche bleiben oder sich gegen Ende des Essens in gewissem Abstand auf dem Boden niederlassen. Zu jedem Essen gehört starker Raki und am Ende eine Süßspeise mit einem türkischen Kaffee. Danach wird man sich zur Nachtruhe begeben, denn auf dem Land steht man in der frühen Morgendämmerung auf.

Gastgeschenke

Herzliche Gastfreundschaft sollte honoriert werden, aber bitte **nicht mit Geld,** einem „Overkill" an Mitbringseln oder (gut gemeinten) Hilfeleistungen – das kann die Ehre der Familie verletzen. Hier eignet sich alles Alkoholische – auch in kleinen Flaschen, denn es geht um die Geste. Eine Flasche Rotwein ist ein großes Geschenk und kommt auch bei der Hausfrau gut an. Eine Postkarte aus dem Heimatort oder Fotos sind eine gute Kommunikationshilfe. Besonders auf dem Land freuen sich Kinder über Gummibärchen oder einen Luftballon. Seifenblasen sind auf dem Land noch unbekannt und machen viel Freude (der Transport klappt allerdings nicht bei großer Hitze), ebenso Fußballfanartikel (v.a. von Bayern München) für Jungs so-wie Glitzeraufkleber, Haarspangen und -gummis, Plastiksonnenbrillen oder kleine Geldbeutel für Mädchen. Es darf auch eine Tüte mit Kleinigkeiten sein, zum Beispiel Saft, Kekse oder Schokolade.

In der Regel wird ein Gastgeschenk entgegengenommen und nicht groß besprochen. Das darf man auf keinen Fall persönlich nehmen. Seinen **Ursprung** dürfte dieses Verhalten in der Zeit haben, als es üblich war, bei einem Verwandtenbesuch einen Beitrag oder Ausgleich zu dem zu leisten, was man verzehrte. Denn dem Gast wird in Albanien traditionell alles gegeben, auch wenn einem selbst kaum mehr etwas bleibt. Das ist eine Frage des Gastrechts und schlicht der Ehre.

☑ Impressionen aus Albanien

alba14-048 wm

Es ist übrigens **nicht üblich,** bei Einladungen **Blumen** mitzubringen. Macht man es trotzdem, ist die Überraschung perfekt und die Freude groß, denn Albaner lieben Blumen über alles.

Ja und Nein

Mit dem **Kopfschütteln** sollte man sich zurückhalten, doch irgendwann wird es unweigerlich zu Missverständnissen kommen. Seitliches Kopfschütteln heißt Ja, Heben und Senken dagegen bedeutet Nein und wird gerne durch einen Schnalzlaut oder – besonders streng – mit einer kurzen Zeigefingerbewegung unterstrichen.

Versicherungen

Zunächst ein Tipp: Für alle abgeschlossenen Versicherungen sollte man die **Notfallnummern** notieren und mit der **Policenummer** gut aufheben! Bei Eintreten eines Notfalles sollte die Versicherungsgesellschaft sofort telefonisch verständigt werden!

Der Abschluss einer **Jahresversicherung** ist in der Regel kostengünstiger als mehrere Einzelversicherungen. Günstiger ist auch die Versicherung als Familie statt als Einzelpersonen. Hier sollte man nur die Definition von „Familie" genau prüfen.

alba14-049 wm

Auslands-krankenversicherung

Die Kosten für eine ärztliche Behandlung in Albanien werden von den gesetzlichen Krankenversicherungen in Deutschland und Österreich nicht übernommen, daher ist der Abschluss einer privaten Auslandskrankenversicherung **unverzichtbar.**

Bei Abschluss der Versicherung – die es mit bis zu einem Jahr Gültigkeit gibt – **sollte auf einige Punkte geachtet werden.** Zunächst sollte ein Vollschutz ohne Summenbeschränkung bestehen, im Falle einer schweren Krankheit oder eines Unfalls sollte auch der Rücktransport übernommen werden. Diese Zusatzversicherung bietet sich auch über einen Automobilclub an, insbesondere wenn man bereits Mitglied ist. Die Versicherung bietet den Vorteil billiger Rückholleistungen (Helikopter, Flugzeug) in extremen Notfällen.

Wichtig ist auch, dass im Krankheitsfall der Versicherungsschutz über die vorher festgelegte Zeit hinaus automatisch verlängert wird, wenn die Rückreise nicht möglich ist.

Schweizer sollten bei ihrer Krankenversicherungsgesellschaft nachfragen, ob die Auslandsdeckung auch für Albanien inbegriffen ist. Wenn nicht, kann man sich kostenlos bei Soliswiss (www.soliswiss.ch) über mögliche Krankenversicherer informieren.

Zur **Erstattung der Kosten** benötigt man ausführliche Quittungen (mit Datum, Namen, Bericht über Art und Umfang der Behandlung, Kosten der Behandlung und Medikamente).

Andere Versicherungen

Ist man mit einem Fahrzeug unterwegs, ist der **Europaschutzbrief eines Automobilclubs** eine Überlegung wert. Wird man erst in der Notsituation Mitglied, gilt die Mitgliedschaft nur für das betreffende Land, und man ist in der Regel verpflichtet, fast einen Jahresbeitrag zu zahlen, obwohl die Mitgliedschaft nur einen Monat gilt.

Ob es sich lohnt, **weitere Versicherungen** abzuschließen (Reiserücktritts-, Reisegepäck-, Reisehaft-, Reiseunfallversicherung), ist **individuell abzuklären.** Gerade diese Versicherungen enthalten viele Ausschlussklauseln und machen nicht immer Sinn.

Die **Reiserücktrittsversicherung** für 35–80 Euro lohnt sich nur für teure Reisen und für den Fall, dass man vor der Abreise einen schweren Unfall hat, schwer erkrankt, schwanger wird, gekündigt wird oder nach Arbeitslosigkeit einen neuen Arbeitsplatz bekommt, die Wohnung abgebrannt ist u.Ä. Nicht gelten hingegen: Terroranschlag, Streik, Naturkatastrophe etc.

Die **Reisegepäckversicherung** lohnt sich seltener, da z.B. bei Flugreisen verlorenes Gepäck oft nur nach Kilopreis und auch sonst nur der Zeitwert nach Vorlage der Rechnung ersetzt wird. Wurde eine Wertsache nicht im Safe aufbewahrt, gibt es bei Diebstahl auch keinen Ersatz. Kameraausrüstung und Laptop dürfen beim Flug nicht als Gepäck aufgegeben worden sein. Gepäck im unbeaufsichtigt abgestellten Fahrzeug ist ebenfalls nicht versichert. Die Liste der Ausschlussgründe ist endlos … Überdies deckt häufig die Hausratsversicherung schon Einbruch, Raub und Beschädigung von Eigentum auch im Ausland. Für den Fall, dass etwas passiert ist, muss der Versicherung als Schadensnachweis ein Polizeiprotokoll vorgelegt werden.

Eine **Privathaftpflichtversicherung** hat man in der Regel schon. Hat man eine **Unfallversicherung,** sollte man prüfen, ob diese im Falle plötzlicher Arbeitsunfähigkeit aufgrund eines Unfalls im Urlaub zahlt. Auch durch manche (Gold-)Kreditkarten oder eine Automobilclubmitgliedschaft ist man für bestimmte Fälle schon versichert. Die Versicherung über die Kreditkarte gilt aber meist nur für den Karteninhaber!

Zeitungen und Medien

Im Kommunismus war die **Presse** fest in der Hand der KP, es gab zwei überregionale Tageszeitungen und Blätter für Sport, Kultur, Armee und andere Bereiche. Heute zählt Albanien zu den europäischen Ländern mit den niedrigsten Zeitungsauflagen; gedankt ist das vor allem den zahlreichen Fernsehsendern, aber auch der fehlenden Bereitschaft zum Lesen – nach Jahrzehnten der Zensur und Gleichschaltung. „Shekulli", „Zëri Popullit" und „Tema" gehören zu den eher linksgerichteten Blättern, „Rilindja Demokratike" und „Republika" sind rechts anzusiedeln, „Shqip" und „Shqipëria. com" in der Mitte.

Zu kommunistischer Zeit war TVSH Radio Televisioni Shqiptar der einzige

große **TV- und Radiosender** neben einigen kleinen Lokalsendern. Nach 1990 entstanden zahlreiche neue Rundfunk- und Fernsehstationen, heute hat jede Region drei oder vier private Sender. Generell sind die „linken" Sender wie „Top Channel" oder „Vision Plus" kritischer als zum Beispiel der rechts orientierte Sender „TV Clan". Gut beobachten kann man das in links regierten Städten wie der Hafenstadt Vlora, wo es auch einige sehr kritisch orientierte Lokalsender („Radio Vlora") gibt, während im (katholischen) Shkodra die Lokalsender eher konservativ berichten. „News 24" sendet rund um die Uhr Nachrichten.

Tipp www.radiodardania.com/v2: Balkanbeat in Endlosschleife

Wer auf **Nachrichten aus der Heimat** oder seine gewohnte Zeitungslektüre nicht verzichten mag, sollte sich am besten vor der Reise ein internetfähiges Handy zulegen oder gleich mit dem Laptop online gehen. Nur am Flughafen in Rinas/Tirana und in der Internationalen Buchhandlung am Skanderbeg-Platz in der Hauptstadt gibt es täglich ab 4 Uhr morgens die Online-Ausdrucke von FAZ und NZZ, andere deutsche Druckerzeugnisse sind bisher nicht verbreitet.

10 Land und Natur

◁ Brücke über den Vjosa-Fluss bei Mbrezhan

Geografie

Albanien liegt **im Westen der Balkan-halbinsel** an der Adriaküste und dem Io-nischen Meer und hat eine Küstenlinie von 362 Kilometern Länge. Mit **28.748 km²** Landesfläche ist es etwa so groß wie das Bundesland Brandenburg und ge-hört damit flächenmäßig zu den kleins-ten Staaten Europas. Albanien grenzt mit den Albanischen Alpen im Norden und Nordwesten an Montenegro und im Nordosten an den Kosovo, im Osten lie-gen der Ohrid-See und der Große und Kleine Prespa-See an der Grenze zu Ma-zedonien, im Südosten bildet die mäch-tige Gramoz-Kette den albanisch-grie-chischen Grenzverlauf und auch nach Süden hin ist die Grenze zu Griechen-land von Gebirgen geprägt. Das Land liegt auf der gleichen geografischen Brei-te wie Madrid, Mallorca, Cagliari, der Absatz des italienischen Stiefels, die grie-chische Insel Thasos und Istanbul. Zwei Drittel der Landesoberfläche des medi-terranen Berglandes bestehen aus Ge-birgslandschaften, ein Drittel aus fla-chem Küstenschwemmland.

Das **Nördliche Bergland** erstreckt sich von den Ufern des Drin mit seinen Stauseen bis zur montenegrinischen Grenze. Der größte Teil dieses Landes-teils besteht aus den **Nordalbanischen Alpen.** In den Bergregionen des Dukag-jin, des Malësia e Madhe und des Malë-sia e Gjakovës findet man zerklüftete karstige Hochgebirgslandschaften, deren bizarre mächtige Zinnen aus der Ferne stark an die Dolomitenketten erinnern. Von den Almwiesen und steilen Straßen schaut man in Schluchten, wo die Ne-

benflüsse des Drin in der Tiefe rauschen, die von zahlreichen wilden Gebirgsbä-chen gespeist werden. Imposante Was-serfälle stürzen zwischen Felsen in die Täler. Die Menschen wohnen auch heute noch in weit auseinanderliegenden Sied-lungen mit jahrhundertealten Wehr-turmhäusern, die in weiter Distanz zuei-nander liegen, und in großen Wohnhäu-sern, die in den langen Wintern mit ih-

alba072 mg

ren tief heruntergezogenen Dächern Schutz vor den Schneemassen bieten und ganz eigentümlich an die großen Eindachhöfe des südlichen Schwarzwaldes erinnern.

In der Region Dibra, im Grenzgebiet zu Mazedonien, erhebt sich der **Korab** (2.764 m), der höchste Berg Albaniens. Die höchste Erhebung der Nordalbanischen Alpen ist die **Maja e Jezercës** (2.694 m). Das übrige Gebiet wird **Zentrales Bergland** genannt und unterteilt sich noch einmal am Verlauf des Shkumbin in das Nördliche Bergland und das Südliche Zentrale Bergland, das

⌄ Wildes Kurvelesh

bis zur griechischen Grenze reicht. Dieser Landesteil ist von großen Gebirgsketten geprägt, die das Land in nordwestlicher Richtung durchziehen.

Im Landesinneren gibt es nur wenige, weit auseinanderliegende große Städte, die Straßen verlaufen entlang der langen **Flusstäler,** die einen mit ihren großen, unregulierten Flussläufen und wilden Flussschotterfeldern auf den meisten Erkundungen durch das Land begleiten.

Typisch für das Bergland sind die weit verstreut liegenden kleinen Dörfer, in denen auf den kleineren und großen Hochflächen zwischen den Bergen und in den Tallandschaften eine einfache Landwirtschaft betrieben wird. Die großen **Hochplateaus** der Gebirge werden von den Menschen seit Urzeiten als Weideflächen für Ziegen- und Schafherden genutzt.

Die großen Gebirgsketten Albaniens werden von großen Flusssystemen durchbrochen, die in den Gebirgen entspringen und in die Adria abfließen. Sie bilden das andere Drittel der Landoberfläche, ein weites ebenes **Küstenschwemmland,** das sich südlich von Tirana bis zur großen Myzeqe-Ebene ausdehnt. An der südalbanischen Riviera-Küste reicht die Küstengebirgskette des Ceraunischen Gebirges bis ans Meer und wird über den imposanten Llogara-Pass von Norden her erreicht. An der Spitze ihres südlichen Ausläufers, der Halbinsel Karaburun, liegt die Grenze zwischen Adria und Ionischem Meer.

Die bekanntesten **Gebirge** im Nördlichen Zentralen Bergland sind das Bergland von Mirdita, die Gebirgsstöcke der Lura-Kette und das Korab-Gebirge an der Grenze zu Mazedonien in Nordost-

alba123 mg

albanien, das sich südlich anschließende Martanesh- und Çermenika-Bergland sowie das hochalpine Shebenik westlich des Ohrid-Sees. Im Südlichen Zentralen Bergland liegen südlich des Shkumbin-Tals am Westufer des Ohrid-Sees die Mokra-Berge. Eines der markantesten Gebirge des Landes ist das Tomorr-Massiv (2.416 m), das auch „Olymp Albaniens" genannt wird und bei klarer Sicht sogar von der Adriaküste aus zu sehen ist. Das mächtigste Gebirge Südostalbaniens ist die Gramoz-Kette an der griechischen Grenze. Die Ketten des Dhëmbelli- und Lunxhëria-Gebirges trennen das Vjosa- und das Drinos-Tal. Nordwestlich davon erstrecken sich die großen Hochebenen und Wiesenflächen des Kurvelesh.

Mit 282 Kilometern ist der **Drin** der längste Fluss des Landes. Als Schwarzer Drin entspringt er dem Ohrid-See und vereinigt sich bei Kukës eindrucksvoll mit dem aus dem Kosovo kommenden Weißen Drin. Er durchfließt dann in westlicher Richtung mehrere große Stauseen, vereinigt sich bei Shkodra mit dem Kir und fließt schließlich in die dem Shkodra-See entsprungene Buna. Mündungsgebiet der Buna ist das große Naturschutzgebiet Bujana-Buna-Delta an der albanisch-montenegrinischen Küste. In nordsüdlicher Richtung folgen der Mat, der Erzen bei Tirana und der Shkumbin. Der Osum entspringt im äußersten Südostalbanien, fließt dann nördlich von Berat in Mittelalbanien in den Devoll und als Seman bei Fier in die Adria. Das südlichste Flusssystem des Landes ist das der Vjosa, die in Südalbanien mit dem Drinos (dem griechischen Aoos) zusammenfließt und bei Vlora in die Adria mündet.

Durch den Wasserreichtum in den Schwemmlandebenen haben sich an den Mündungsgebieten der Flüsse einige große **Lagunengebiete** ausgebildet, die wichtige Naturreservate sind. Südlich der Drin-Bucht folgen dem Bujana-Buna-Delta die Lagunen von Shëngjin und Patok an der Rodon-Bucht, die große Karavasta-Lagune bei Lushnje, die Narta-Lagune und die Lagune von Orikum bei Vlora und der große Lagunen-See im Butrint-Nationalpark.

An den Schwemmlandebenen sind die **Strände** sandig, aber von grauer und gelblicher Farbe, bedingt durch die Schwemmsande der Flüsse. An der felsigen Riviera-Küste präsentieren sich die Strände feinkiesig, sandig und steinig wegen des schneeweißen Kalksteins des Küstengebirges. Das türkisfarbene Wasser ist dort kristallklar und sauber.

Neben den Lagunen hat Albanien einen Reichtum an **Binnenseen** der verschiedensten Arten. Der flache, 368 km² große Shkodra-See gilt als größter See der Balkanhalbinsel. Der Kleine und Große Prespa-See und der tiefe Ohrid-See im Osten des Landes sind erdgeschichtlich sehr alt. **Gletscherseen** findet man in Nordostalbanien im Lura-Gebiet und im Shebenica-Gebirge, eine Vielzahl kleiner **Karstseen** prägen die Landschaft der Dumreja südlich von Elbasan.

◁ Albanische Bukolik

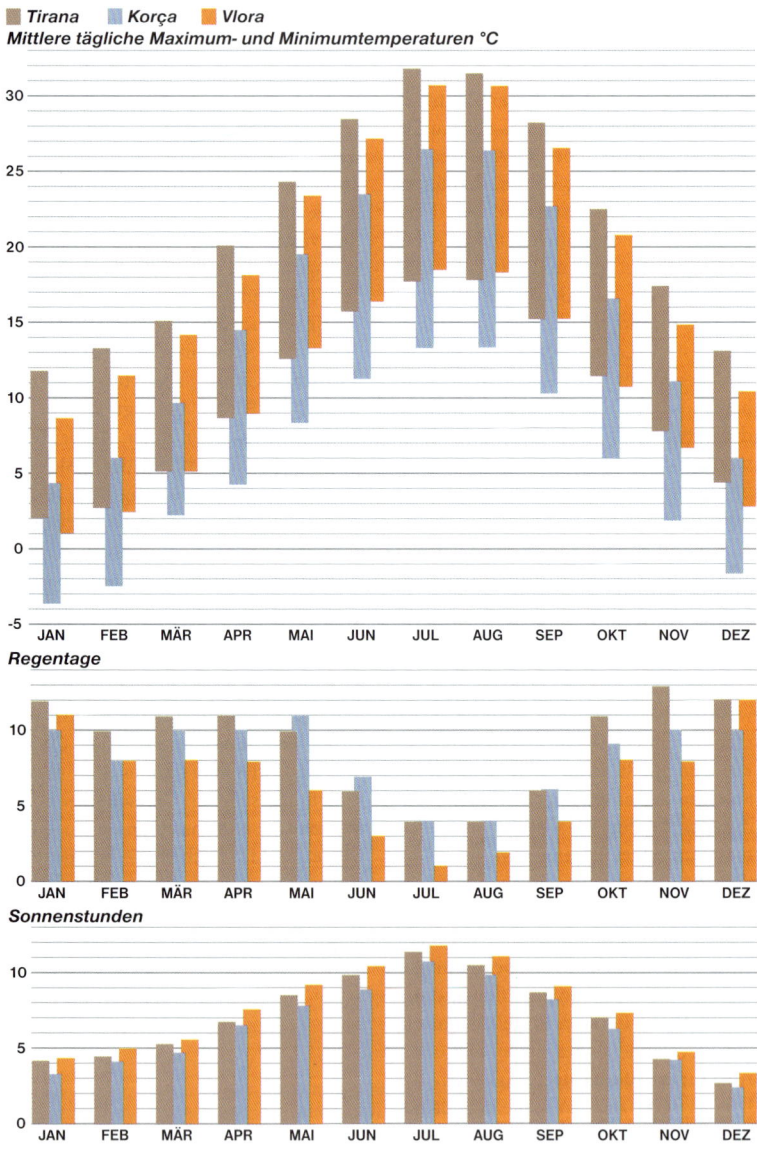

■ Tirana   ■ Korça   ■ Vlora
Mittlere tägliche Maximum- und Minimumtemperaturen °C

Regentage

Sonnenstunden

10

Aufgrund des großen Wasserreichtums wurden in der Zeit des Kommunismus in Albanien zahlreiche Flüsse gestaut, die den wichtigsten Beitrag zur Stromgewinnung im Land ausmachen und zur Bewässerung genutzt werden. Die größten **Stauseen** liegen in Nordalbanien. Der Drin wird dreimal gestaut und bildet die Stauseen Fierza, Koman und Vau Dejes, der Mat bildet den Shkopet- und Ulza-Stausee, Stauprojekte gibt es auch am Devoll und an der Vjosa.

Klima

Etwa ein Drittel der Oberfläche Albaniens gehört zur Küstenregion, zwei Drittel besteht aus Gebirgen, die sich in Mittel- und Hochgebirgsregionen unterscheiden. Daher unterscheidet man auch **Küsten- und Gebirgsklima.** Die mittlere Jahrestemperatur beträgt 16 C°, dazu fallen 1.200 Millimeter Niederschlag pro Quadratmeter. In den östlichen Regionen ist es aufgrund des kontinentalen Einflusses kälter als in den übrigen Landesteilen.

Küstenregion

In den Küstenregionen des Landes herrscht ein ausgeprägtes **Mittelmeerklima,** das in den Sommermonaten vom Azorenhoch dominiert wird. Die Sommer sind zuverlässig heiß und niederschlagsarm. Besonders hohe Temperaturen werden an der Riviera-Küste erreicht, wo die Küstenkette das Land zum Gebirge abschirmt. In Saranda zählt

man über 300 Sonnentage pro Jahr. Im Winter bleiben die Temperaturen mild und frostfrei, aber es kann immer wieder ausdauernde Niederschläge geben.

Bergland

In den Hochgebirgen wird es durchschnittlich nicht so warm, aber durch die starke Sonnenintensität, -einstrahlung und Reflexionen in der felsigen Landschaft kann es trotzdem heiß werden. Bergfallwinde sorgen auch im Sommer für angenehme Kühlung. Im Winter fallen die Temperaturen deutlich in den Minusbereich und es kommt zu lang anhaltenden heftigen Schneefällen. Abgelegene Bergregionen können mehrere Monate von der Außenwelt abgeschnitten sein.

Flora und Fauna

Pflanzenwelt

Im Verhältnis zu seiner geringen Fläche besitzt das Land aufgrund seiner Vielzahl verschiedener Ökosysteme eine überaus **große Pflanzenvielfalt** mit 3.250 Arten, wobei 25 Prozent zur Balkanflora, 24 Prozent zur mediterranen Flora und 18 Prozent zur allgemeinen europäischen Flora gehören. Mit elf verschiedenen Artenvorkommen im Durchschnitt pro Hektar liegt Albanien weit über dem europäischen Durchschnitt, der weniger als eine Art pro Hektar beträgt. Neben den mediterranen Kulturpflanzen sind außerdem noch

Einwanderer aus historischer Zeit und neue Einwanderer durch die zunehmende Klimaerwärmung aus Süditalien, anderen südosteuropäischen Ländern und Kleinasien zu finden.

In den **Küstenebenen** und den angrenzenden Hügellandgebieten von geringer Höhe (400 bis 1.000 m) findet man die typische **Mittelmeervegetation,** zu der Pflanzen gehören, die an die große Hitze und Trockenheit im Sommer angepasst sind und nur geringen Frost im Winter tolerieren. Ein besonderes Erlebnis ist daher eine Reise im zeitigen Frühjahr, wenn die Bergwiesen in einem Blütenreichtum förmlich explodieren, was wir uns in mitteleuropäischen Breiten kaum vorstellen können. In Kalkgebieten trifft man auf große Orchideenwiesen. Die häufigsten Bäume der Küstenregion sind Steineichen, Olivenbäume, Pinien, Aleppokiefern und Strand-

kiefern. Beeindruckend sind große Zypressen und Bergulmen. An feuchte Standorten trifft man auch auf Eukalyptusbäume, die orientalische Platane (der albanische Rrapi) und auf Lorbeerwald. Natürlich gibt es auch Palmen, alle Sorten von Zitrusbäumen, Kakis, Nektarinen und Pfirsiche. Die bis vier Meter hohe Macchia besteht aus Zistrosen, Myrten, Ginster- und Erdbeerbäumen, Baumheiden, Wachholder, Stechpalmen und Mastixsträuchern. Wilder Thymian, Rosmarin und Salbei sowie Sideritis (Bergtee, der albanische *Çaj i Malit*) auf einer Höhe ab 800 Metern gehören zu den wichtigsten Bergkräutern.

▷ Nashornkäfer

⌄ Gottesanbeterin

alba073 mg

Die **mediterrane Eichenwaldzone** (800 bis 1.250 m) zählt in Albanien zu den Kulturlandschaften, die stark durch Kultivierung und Terrassierung beeinflusst sind. Viele der hier typischen Baumarten sind vor allem in abgelegenen Rückzugsgebieten, besonders in den waldreichen Nationalpark-Gebieten vorhanden. Beispiele für die häufigsten Baumarten sind Traubeneiche, Pflaumeiche, Orientalische Weißbuche oder der Feldahorn, in höheren Lagen auch Schwarzkiefer und Weißtanne. Kultiviert werden vor allem Äpfel, Birnen und Steinobst, Esskastanien und Walnüsse.

In den **Hochlagen der Buchenzone** (1.700 bis 1.900/2.000 m) sind Baumgesellschaften von Buchen, Pinien und Tannen beheimatet, auf den Hochweiden und alpinen Almen artenreiche Süßgräser, Zwiebelgewächse, Leguminosen und Lippenblütler (Ginster).

Tierwelt

Ebenso artenreich ist Albaniens Fauna. Am stärksten vertreten sind **Insekten** mit 3.850 Arten, davon allein 900 verschiedene Schmetterlinge; Gottesanbeterinnen und Nashornkäfer gehören zu den skurrilen Vertretern, auf die man häufiger treffen kann.

320 **Vogelarten** kommen vor. Im Herbst sieht man große Schwärme von Singvögeln, an den Küsten Watvögel, Rohrdommeln, Enten, Gänse und in den Lagunen seltene Seidenreiher. In der Macchia ist der Wiedehopf noch recht häufig anzutreffen. In Ostalbanien gibt es Steinadler, andere Greifvögel wie Falken und Milane sind in den felsigen Gebirgsregionen heimisch. Am bekanntesten sind die Krauskopfpelikan-Populationen an der Karavasta-Lagune und den Ufern des Großen Prespa-Sees.

Land und Natur

alba074 mg

313 **Fischarten** zählt man in den Gewässern, vier sind endemisch, der Koran im Ohrid-See ist der bekannteste und kommt in den Restaurants immer häufiger aus Fischzuchtbetrieben. An den Küsten Südalbaniens leben Thunfische, Tümmler und auch wenig scheue Delfinverbände.

Die waldreichen Hochlagen sind Rückzugsgebiete für **Braunbären, Wölfe** und den seltenen Balkanluchs, den Goldschakal trifft man in den Küstenebenen an. Die uns vertrauten Waldbewohner wie Wildschwein und Fuchs gehören in Albanien zu den seltenen Vertretern der insgesamt 84 Säugetierarten.

Unter den 37 **Reptilienarten** stechen vor allem die bunten Eidechsen hervor, Karettschildkröten breiten sich neuerdings auch an den Flussmündungen Nordalbaniens aus, mit griechischen Landschildkröten wird man häufig überraschende Bekanntschaft machen. Amphibien gehören durch die Renaturierung der Lagunen zu den Gewinnern.

All diese Zahlen dürfen nicht darüber hinwegtäuschen, dass es in den letzten 20 Jahren in vielen Ökosystemen einen drastischen **Artenrückgang** gegeben hat, bei einigen reduzierten sich die Vorkommen durch menschlich bedingte Einflüsse bereits auf mehr als die Hälfte.

Umwelt- und Naturschutz

In den 50 Jahren kommunistischer Herrschaft veränderten sich große Teile des Landes durch landwirtschaftliche Entwicklungsprogramme. Aus den großen Sumpfgebieten des Küstenschwemmlandes und im Maliq-Gebiet bei Korca in Ostalbanien entstand fruchtbares, intensiv genutztes **Ackerland.** So verschwanden riesige Sumpflandschaften, die aber auch gefürchteter Herd für Malaria waren. Wo es möglich war, terrassierte man in dieser Zeit die an die Ebenen angrenzenden Hügellandregionen, um Oliven- und Zitrusbäume anzupflanzen. Die für diese Region typischen Steineichenwälder konnten nur in schwer zugänglichen Gebieten überdauern.

Da Albanien nicht an der touristischen Entwicklung im Mittelmeerraum seit den 1950er Jahren teilnahm, blieben die **Küstengebiete** mit ihren großen Flussmündungsgebieten und Lagunenlandschaften weitgehend von Veränderungen verschont, sodass sich dort eine einzigartige Flora und Fauna erhalten konnte, die in den mediterranen Nachbarländern schon längst zerstört ist.

Durch die Abschottung Albaniens zu den Nachbarstaaten blieben die Grenzgebirgsregionen in **Nord- und Ostalbanien** von Menschen weitgehend unberührt, auch im übrigen Bergland gibt es eine Fülle unterschiedlicher und kaum erschlossener Naturlandschaften, die als Weidegebiete genutzt werden.

Seit der Wende von 1990 sind die einzigartigen **Ökosysteme an der Adria** permanent in Gefahr, Opfer wirtschaftlicher Interessen zu werden. Mit Schrecken musste man erleben, wie sich die Küstenregion durch illegale planlose Bebauung veränderte. In dem rechtsfreien Raum politischer Willkür, von Machtkämpfen und Mafiapräsenz stellte sich gar nicht erst die Frage nach Erkenntnissen aus den Bausünden an den spanischen und südfranzösischen Küsten, hier kam es zu einer unvorstellbaren Eigendynamik. Andere Regionen hatten Glück. Die Küste der einzigartig schönen **Albanischen Riviera** war jahrelang durch fehlende Infrastruktur geschützt. Jetzt sieht es so aus, als ob der Coastal Management Plan von 2008 zum Schutz der Küstenlandschaft mittels strenger Bauvorschriften tatsächlich umgesetzt wird. In den Sommermonaten fehlt es an den Küsten an einer umweltfreundlichen Besucherlenkung, bis zu 6.000 Menschen wurden an einem Sommertag am Strand von Kavaja an der Karavasta-Lagune gezählt.

An den **Stränden und Flussmündungen** Nord- und Mittelalbaniens ist die Wasserverschmutzung durch fehlende Kläranlagen ein echtes Problem. Immerhin wird an den großen Seen bereits wieder europäischer Standard bei der Wasserqualität erreicht, zahlreiche kommunale Projekte sind in diesem Bereich am Laufen. Erfolgreich war die Verbesserung der Wasserqualität durch Zuleitung von Frischwasser in Lagunengebieten.

Besorgniserregend ist das Ausmaß der **illegalen Vogeljagd,** das das Ansehen ganz Albaniens im Ausland beschädigt. Hier sind vor allem Jäger aus Italien mit von der Partie. Abseits staatlicher Kontrollen machen hier albanische Behörden und Hotels gute Geschäfte.

Einheimische Fischer an der Küste klagen über „Wochenendtäter" aus den Städten, die mit Duldung der örtlichen Behörden die **Fischbestände** mit Dynamit ausrotten und ihnen so die Existenz nehmen.

In den Weidegebieten der Gebirge trifft man auf **Bodenerosion** durch zu hohe Herdenzahlen. Das traditionelle Abbrennen von Weideflächen wird immer noch betrieben. Die illegale **Abholzung** von Waldflächen im großen Stil scheint durch den Druck der Öffentlichkeit weitgehend zum Stillstand gekommen zu sein.

Überhaupt herrscht kein Mangel an Vorschlägen zu umweltpolitischen Maßnahmen durch NGOs aus dem In- und Ausland, doch fehlt es hier ganz offensichtlich an politischem Willen und Durchsetzungskraft – es regieren **Korruption** und Rechtsbeugung.

2010 endete eine Umweltkampagne der Berisha-Regierung, deren sichtbares Ergebnis vor allem die tägliche Reinigung der Stadtzentren war. Plastikmüll ist nach wie vor dort zu finden, wo sich niemand für die Entsorgung zuständig fühlt. Der **Müll** wird in zentralen Müllcontainern abtransportiert, landet aber letztendlich doch nur auf Großdeponien und wird keiner Verwertung zugeführt. Illegal verkippter Müll liegt nach wie vor in Flüssen, auch viele Strände sind verdreckt. Es ist immer noch üblich, Müll zu verbrennen, im privaten wie im kommunalen Bereich, was durch den hohen Plastikanteil extrem giftige Dioxine freisetzt. Müllvermeidung ist nach wie vor kein Thema.

In Tirana liegt die Belastung durch **Smog und Verkehrslärm** weit über der Grenze des Erträglichen.

Nationalparks und Naturschutzgebiete

Über die Naturschutzgebiete und Nationalparks gibt es **nur sehr wenig detaillierte Informationen** und wenn, dann handelt es sich eher um Untersuchungen ausländischer NGOs und Naturschutzverbände, die Bestandsaufnahmen von Flora und Fauna gemacht haben oder mit albanischen Behörden gezielte Schutzprojekte in den Gebieten durchführen. Der Staat selbst unterhält keine offiziellen Infozentren, Infomaterial und Karten sind nur selten erhältlich, ebenso gibt es keine touristische Infrastruktur. **Zelten und Übernachten** sowie Angeln ist für Touristen in diesen Gebieten ohne Einschränkungen möglich.

Parku Kombëtar Butrint (Nationalpark Butrint)
Region Saranda/Südalbanien
- Größe: 8.591 ha, Gründung 2005
- Sehenswertes: UNESCO-Weltkulturerbe Butrint (antike Stadt), RAMSAR-Feuchtgebiet um den Vivari-Kanal und den Butrint-See
- Erreichbarkeit: Pkw, Minibus Saranda – Butrint

alba14-051 mg

Parku Kombëtar Dajti (Nationalpark Dajti)
Region Tirana/Mittelalbanien
- Größe: 29.217 ha, Gründung 1966
- Sehenswertes: Bewaldetes Berggebiet um die Gipfel Dajti und Priska
- Erreichbarkeit: Pkw, Gondel-Bahn, Stadtbus Tirana (Linie Porcelani)

Parku Kombëtar Divjakë-Karavasta (Nationalpark Divjaka-Karavasta)
Region Lushnjë/Mittelalbanien
- Größe: 1.250 ha, Gründung 2008
- Sehenswertes: RAMSAR-Schutzgebiet Karavasta-Lagune und Pinienwälder
- Erreichbarkeit: Pkw

Parku Kombëtar i Bredhit të Drenovës (Nationalpark Tannen von Drenova)
Region Korça
- Größe: 1.380 ha, Gründung 1966
- Sehenswertes: Bergwald mit Weißtannenbeständen, wasserreiches Quellgebiet des Devoll, bedeutende Braunbärenpopulation
- Erreichbarkeit: Pkw bis Drenova, dann Allrad, Wandern

Parku Kombëtar Bredhi i Hotovës-Dangelli (Nationalpark Hotovës-Dangelli)
Region Kolonja, Frashëri/Südostalbanien
- Größe: 34.361 ha, Gründung 2008
- Sehenswertes: Bergwald mit bedeutendem Bestand an Mazedonischen Kiefern
- Erreichbarkeit: Pkw (Allrad), Trekking

Parku Kombëtar i Llogarasë (Nationalpark Llogara)
Region Vlora/Südalbanien
- Größe: 1.010 ha, Gründung 1966
- Sehenswertes: Bergwald mit Kiefern und Buschwald am Nordhang des Llogara-Passes
- Erreichbarkeit: Pkw, Bus Vlora – Saranda, Wandern

Parku Kombëtar Lura (Nationalpark Lura)
Region Dibra, Mirdita/Ostalbanien
- Größe: 1.289 ha, Gründung 1966
- Sehenswertes: Bergwaldgebiet mit 14 Gletscherseen an der Lura-Bergkette
- Erreichbarkeit: Pkw (Allrad), Trekking

Parku Kombëtar Prespa (Nationalpark Prespa)
Region Korça/Ostalbanien
- Größe: 27.750 ha, Gründung 1999
- Sehenswertes: Albanischer Teil des Kleinen und Großen Prespa-Sees und der Einzugsgebiete
- Erreichbarkeit: Pkw, Minibus Korça –Liqenas, Korça – Gorica e Madhe

Parku Kombëtar Qafë Shtama (Nationalpark Qafë Shtama)
Region Kruja/Nordalbanien
- Größe: 2.000 ha, Gründung 1996
- Sehenswertes: Bewaldetes quellreiches Bergwaldgebiet mit mehreren Seen
- Erreichbarkeit: Pkw (Allrad), Minibus ab Kruja, Wandern

Parku Kombëtar Shebenik-Jabllanicë (Nationalpark Shebenik-Jabllanica)
Region Librazhd/Ostalbanien
- Größe: 33.927 ha, Gründung 2008
- Sehenswertes: Hochgebirgsgebiet, Gletscherseen, Bergwaldgebiete, Almwiesen mit endemischen Arten, Abschnitt des Grünen Bands Balkan (Grünes Band Europa)
- Erreichbarkeit: Pkw (Allrad), Minibus ab Librazhd, Trekking

Parku Kombëtar Thethi (Nationalpark Theth)
Region Shkodra/Nordalbanien
- Größe: 2.630 ha, Gründung 1966
- Sehenswertes: Hochgebirgstal und -gebirge mit endemischen Pflanzen um das Bergdorf Theth
- Erreichbarkeit: Pkw (Allrad), Minibus ab Shkodra, Trekking

Parku Kombëtar Mali i Tomorrit (Nationalpark Tomorr)
Region Berat, Çorovoda/Mittelalbanien
- Größe: 4.000 ha, Gründung 1996
- Sehenswertes: Bergmassiv des Tomorr, Grabstätte des Bektashi Abbas Ali
Erreichbarkeit: Pkw (Allrad), Trekking

Parku Kombëtar Lugina e Valbonës (Nationalpark Valbona-Tal)
Region Tropoja/Nordalbanien
- Größe: 3.237 ha, Gründung 1996
- Sehenswertes: Hochgebirgslandschaft auf der Südseite der Mali Jezerce
- Erreichbarkeit: Pkw (Allrad), Fähre Koman-Stausee, Minibus ab Bajram Curri, Trekking von Theth

Parku Kombëtar Zall Gjoçaj (Nationalpark Zall Gjoçaj)
Region Mirdita, Dibra/Ostalbanien
- Größe: 149 ha, Gründung 1996
- Sehenswertes: Quellreiches Bergwaldgebiet
- Erreichbarkeit: Pkw (Allrad), Trekking

Parku Kombëtar Detar Karaburun-Sazan (Maritimer Nationalpark Karaburun-Sazan)
Region Vlora
- Größe: 12.428 ha, Gründung 2010
- Sehenswertes: Meeresflora und -fauna
- Erreichbarkeit (Karaburun): Wanderung, Bootstour; Sazan ist militärisches Sperrgebiet

In der Dauerkritik als größte Umweltverschmutzer stehen die **Erdöl- und Erdgasförderanlagen** der Mallakastra und die großen **Zementwerke** Nordalbaniens. In diesen Regionen und in den ehemaligen Bergwerksregionen leiden viele Menschen an Gesundheitsproblemen durch Luftverschmutzung und Altlasten im Boden.

Kritik und Aufklärung in den Medien sind die einzige Möglichkeit, **Druck auf die Regierung** auszuüben. Auch in den Schulen tut sich etwas, die Kinder lernen einen verantwortlichen Umgang mit der Natur, in der gymnasialen Oberstufe wird der Umweltschutz diskutiert.

Und es gibt Städte wie Delvina und Përmet, die auch deshalb einen Besuch

alba14-052 es

wert sind, weil kommunale Stadtverwaltung, örtliche NGOs und eine engagierte Bürgergemeinschaft ein gutes Beispiel der Zusammenarbeit geben, um die Lebensqualität für alle Bürger zu erhöhen. Die schlechte albanische **Umweltpolitik** ist auch einer der Gründe, warum es mit der EU-Mitgliedschaft Albaniens nur schleppend vorangeht. Die verschiede-

nen Regierungen haben bisher etliche Abkommen unterzeichnet, aber kein einziges davon ratifiziert.

⌄ Schäferhütte in der Region Kolonja

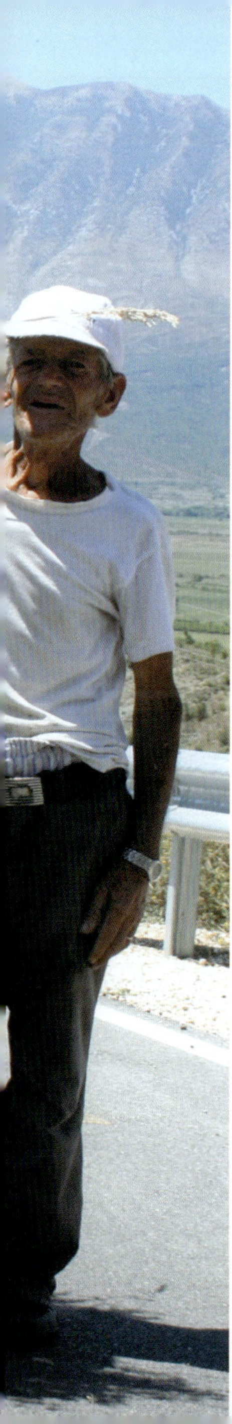

alba085 mg

11 Staat und Gesellschaft

Maultiere sind auf dem Land immer noch ein wichtiges Transportmittel

Geschichte

Erste illyrische Siedlungen und Hirtenkulturen

Die **Besiedlungsgeschichte** des heutigen Albanien beginnt irgendwann im Dunkeln des frühen 2. vorchristlichen Jahrtausends, als über einen langen Zeitraum indogermanische Stämme aus dem Osten nach Kleinasien und auf den Balkan einwanderten und sich nach und nach mit der dort ursprünglich ansässigen Bevölkerung vermischten. Der Siedlungsraum dieses als **Illyrer** bezeichneten Volkes umfasste damals weite Gebiete auf dem westlichen Balkan, zu denen auch das heutige Albanien und das südliche Italien an der Adriaküste gehörten. Die abgelegenen Bergregionen mit ihren langen bewaldeten Tälern waren bis in die frühe Neuzeit von **Hirtenkulturen** besiedelt, während dort, wo gute ebene und fruchtbare Flächen vorhanden waren, eisenzeitliche **bäuerliche Siedlungen** entstanden und an den Küsten eine einfache **Küstenschifffahrt** betrieben wurde. An strategisch wichtigen Punkten waren Siedlungen bereits befestigt, was zeigt, dass die Verhältnisse zu den Nachbarn nicht immer friedlich gewesen sein dürften.

Illyrische und griechische Antike

Als im 6. Jahrhundert v.Chr. die Griechen beginnen, in den westlichen Mittelmeerraum vorzustoßen, kommt es an der albanischen Küste zur **Gründung von Apollonia, Dyrrhachium (Durrës) und Lissos (Lezha).** Im illyrisch besiedelten, geschützten bergigen Hinterland steigen die ersten Stammeskönigtümer und städtischen Aristokratien auf, die eigene Münzen prägen. Der Einfluss der Griechen wird immer stärker, deren Kultur und Waren sich im gesamten Mittelmeerraum verbreiten; griechische Luxuswaren werden zu wichtigen Prestigegütern der illyrischen höheren Gesellschaft, die sogar die griechische Sprache übernahm, aber außer einer Handvoll Wörtern in griechischen und römischen Quellen kaum schriftliche Spuren hinterlassen hat.

Der griechische Einfluss scheint erst im 4. Jahrhundert wieder zurückzugehen, als die griechischen Kolonien im Attischen Seebund gegen Sparta in den Peloponnesischen Kriegen kämpften. In dieser Zeit kamen die illyrischen **Stadtkulturen von Lissos, Byllis und Amantia** zu ihrer großen Blüte. Unter den Taulantiern entstand unter König *Glaukias* zum ersten Mal ein **illyrisches Großreich,** das ein Gebiet von der Mat-Region bis zum Drin-Tal umfasste. Ab dem 4. Jahrhundert v.Chr. drängten aber auch die **Mazedonier** nach Westen vor und machten den Illyrern und den Molossern (Volk in Epirus) immer wieder die Vorherrschaft über ihre Siedlungsgebiete streitig. Im 3. Jahrhundert konnten sich unter König *Agron* und Königin *Teuta* neue bedeutende regionale Herrschaften etablieren, aber wahrscheinlich waren es

▷ Bodenmosaik in der Synagoge von Saranda

die ausgedehnten Tallandschaften und großen, unwegsamen Berggebiete, die eine stabile Staatenbildung der Illyrer verhinderten; es kam immer wieder zu Zersplitterungen und neuen kriegerischen Bündnissen.

Die Illyrer sollen auch berüchtigte Piraten gewesen sein. Als griechische Kolonien im 2. Jahrhundert v.Chr anfingen, bei Rom Schutz zu suchen, nahmen die **Römer** dies zum Anlass, den ersten Brückenkopf an der dalmatinischen Küste zu errichten. 168 v.Chr. wurde mit König *Gentios* der letzte illyrische Herrscher geschlagen. Die illyrischen Gebiete wurden nach und nach romanisiert und unter *Caesar* als **Provinz Illyricum** in das aufstrebende Römische Reich eingegliedert. Das griechische Apollonia konnte seine Eigenständigkeit bewahren und blieb auch in den folgenden Jahrhunderten ein bedeutendes Wirtschafts- und Kulturzentrum, in dem auch eine illyrische Bevölkerung lebte. Die großen Häfen waren auch die Einfallstore der **Missionare,** die entlang der Handelswege und an der Küste die ersten christlichen Gemeinden gründeten.

Teilung des Römischen Reiches und Völkerwanderung

Ein folgenreiches Schlüsseldatum der albanischen Geschichte ist für viele Historiker das Jahr **395 n.Chr.,** als es zur Teilung des Römischen Reiches in ein Ost- und ein Westreich kam. Im Norden der illyrischen Provinz reichte der Einfluss Roms bis in die Region von Shkodra und Lezha, und diese Gebiete sind auch heute noch katholisch, während der Rest des Gebietes von nun an zum äußersten Rand des byzantinischen Rei-

alba14-054 mg

ches gehörte und von Byzanz aus regiert wurde. Auf den Ruinen der antiken Städte erblühten in der byzantinischen Spätantike nochmals christlich geprägte Zentren, die jedoch im 5./6. Jahrhundert zugrunde gingen, als **Westgoten und Ostgoten** aus dem Osten in diesen Siedlungsraum einfielen. Im Zuge der **slawischen Invasion** im 7. Jahrhundert scheinen die Reste der illyrischen Bevölkerung in den heutigen Südwesten des Landes zurückgedrängt worden zu sein.

Mittelalter

Im frühen Mittelalter weiteten die **Bulgaren** ihr Großreich bis an die Adria aus und unterwarfen zuerst die Slawen und dann auch die albanische Bevölkerung. Erst Anfang des 11. Jahrhunderts gelang Byzanz die Rückeroberung der albanischen Gebiete. Während sich in dieser Zeit die süditalienischen **Normannen** an den Küstengebieten behaupteten, entstand mit Kruja das erste souveräne albanische Fürstentum, dem weitere folgten. Albanien blieb jedoch ein in **kleine Fürstentümer** zersplittertes Territorium, auf dem sich kein starkes überregionales Königtum herausbilden konnte.

Im 12./13. Jahrhundert wurde Albanien ein wichtiger Stützpunkt der **Kreuzfahrer** auf dem Weg nach Jerusalem. Im 14. Jahrhundert expandierten die **Serben** als neue Macht in Richtung Westen und unterwarfen die albanischstämmigen Gebiete, während die **Venezianer** von Norden her ihren Einflussbereich auch auf die albanischen Küstengebiete ausweiteten und nach und nach bis um das Jahr 1400 die gesamte albanische Küste bis nach Butrint besetzten.

Osmanische Invasion und Besatzungszeit

Ende des 15. Jahrhunderts kam es zu einer ganz neuen Bedrohung, als zum ersten Mal die **Türken** bis nach Albanien vorstießen und die venezianischen Küstenbefestigungen und albanischen Burgen im Landesinneren angriffen. In dieser Zeit gelang es dem bis heute verehrten **Volksheld Skanderbeg,** die albanischen Stämme zu einigen und den osmanischen Vormarsch 25 Jahre lang aufzuhalten. Doch als *Skanderbeg* 1468 in Lezha starb, war das Land von dem jahrzehntelangen Widerstand ausgeblutet, die Bevölkerung dezimiert und große Landesteile verwüstet. Mit dem Fall der Festungen von Shkodra, Lezha und Drinisht zogen sich die Venezianer von der albanischen Küste zurück und Albanien wurde wie auch die übrigen heutigen Balkanstaaten in das osmanische Großreich eingegliedert.

Alle Landesteile, die auf Straßen erreichbar waren, wurden von nun an von den Türken politisch und wirtschaftlich kontrolliert und sukzessive **islamisiert.** Davon ausgenommen waren der äußerste Norden des Landes mit der Region um Shkodra, der immer katholisch blieb, und die unzugänglichen Gebiete in den Albanischen Alpen, in die sich die albanischen Stämme zurückzogen, sowie manche Regionen an der Rivieraküste bis nach Saranda, wo mehrere Dörfer bis in die Neuzeit orthodox blieben und die Türken mit erhöhten Abgaben zufriedengestellt wurden.

Die Repressalien durch die osmanischen Besatzer und die schlechten Lebensbedingungen hatten über die Jahrhunderte große **Fluchtwellen** in das benachbarte Italien zur Folge. Noch heute gibt es an der süditalienischen Adriaküste ganze Dörfer, die mehrheitlich von den albanischen Arbëreschen bewohnt sind. Erst im 17./18. Jahrhundert hatte sich das Land so weit erholt, dass in den Städten ein wirtschaftlicher und auch kultureller Aufschwung in Gang kam.

Albanische Wiedergeburt und Jahrzehnte des Stillstands

Ende des 19. Jahrhunderts wurde auch Albanien von der nationalen Zeitströmung erfasst. Die **Rilindja-Bewegung** setzte sich ursprünglich für die Wiedererlangung der albanischen kulturellen Identität ein, zu der vor allem die albanische Sprache gehörte, kam aber bald in den Sog der politischen Ereignisse. Und als mit dem endgültigen Zerfall des osmanischen Großreiches die totale Aufteilung Albaniens an die Nachbarstaaten drohte, erklärte eine kleine Gruppe politisch engagierter Intellektueller Albanien **1912** für **unabhängig.** Die ersten demokratischen Bewegungen im Land wurden schnell niedergeschlagen, als unter der Herrschaft des albanischen Königs *Zogu I.* von 1928–39 das faschistische Mussolini-Italien Einfluss auf das Land nahm. 1939 kam es zur Besetzung Albaniens durch Italien, 1943 übernahm das Deutsche Reich dann die Besatzerrolle. Nationale und kommunistische Partisanen wehrten sich in einem zähen **Befreiungskampf,** der auch viele zivile Opfer und erneute Zerstörungen mit sich brachte. 1944 wurde Albanien befreit.

1946 begann mit der Proklamation der **Volksrepublik Albanien** durch Kommunistenführer **Enver Hoxha** ein

40 Jahre währender Sonderweg, der in der kompletten Isolation und mit dem wirtschaftlichen Ruin des Landes enden sollte.

Zunächst vollzog das neue Regime an seinen politischen Gegnern radikale „Säuberungsaktionen", denen Tausende Albaner zum Opfer fielen. In den Folgejahren setzte man **nach sowjetischem Vorbild** auf die vollständige Kontrolle der Bürger und eine Eliminierung aller (potenziellen) politischen Gegner. Ganze Familien wurden durch Sippenhaft aus dem normalen Leben gerissen, die Bevölkerung war systematisch durch das **Spitzelsystem** der Sigurimi, des albanischen Geheimdienstes, unterwandert. Die politischen Opfer wurden zwar nach 1991 von der Regierung entschädigt, doch die Geschichte der politischen Verfolgung, der Foltergefängnisse und Arbeitslager, wo es zu unvorstellbaren Grausamkeiten kam, ist bis heute öffentlich nicht aufgearbeitet worden.

Spätestens 1968, als das albanische Regime sich von der UdSSR lossagte, und zehn Jahre später, als es mit China brach, war Albanien **international komplett isoliert,** politisch in einer Art Steinzeitkommunismus gelandet und wirtschaftlich am Ende. Erst mit dem Tod *Enver Hoxhas* 1985 und dann vollends mit den Protesten im Februar 1991 begann ein politischer Demokratisierungsprozess, der sich bis heute zäh und sehr langwierig gestaltet.

Wichtige Geschichtsdaten

Altsteinzeit bis Eisenzeit

500.000–12.000: Höhlen, befestigte Siedlungen in Shkodra, Feuersteinwerkzeuge von Xarrë (südalbanische Küste)

2500–1900: Ackerbau und Viehzucht

1600–800: Die illyrischen Stämme entstehen

800–450: Ausbau der illyrischen Höhensiedlungen und bäuerlichen Dorfgemeinschaften, Gründung von Buthrothum (Butrint)

627 v.Chr.: Griechische Kolonisation, Gründung von Dyrrhachium (Durrës)

585 v.Chr.: Gründung von Apollonia

5.–2. Jh. v.Chr.: Illyrisches Königtum, Ausbau der illyrischen Städte, Königin *Teuta,* illyrisch-römische Kriege

168 v.Chr.: Niederlage des illyrischen Königs *Genthios* gegen die Römer, Ende des Illyrisches Reiches

Römisches Reich

48 v.Chr.: Römischer Bürgerkrieg, *Caesar* und *Pompeius* vor Durrës

um 30 n.Chr.: Romanisierung der Illyrer

14–395: Ausbau der Provinzstädte, Bedrohung der Donaugrenze durch einfallende Völker, strategische Schlüsselrolle der römischen Provinz Illyrien, römische Kaiser illyrischer Herkunft

Ende 4. Jh.: Christentum als Staatsreligion, älteste Kirchenbauten

395: Albanien untersteht dem Oströmischen Reich

Völkerwanderungszeit

395–565: Einfälle der Westgoten und Ostgoten, Zerstörung von Durrës und Butrint, Rückgang der Bevölkerungszahl durch Kriege und Seuchen

Slawische Einwanderung

655–850: Slawische Völker verdrängen die illyrische Restbevölkerung in den Südwesten des heutigen Albanien

Bulgarisches Großreich

850–1018: Bulgaren unterwerfen die Slawen auf dem Balkan und die Albaner; Übertritt der Bulgaren zum Christentum mit Gründung einer eigenen slawisch-orthodoxen Kirche; das Bistum Ohrid tritt an die Stelle des Bistums Durrës

Byzantinisches Reich

1018–1224: Die albanischen Gebiete fallen zurück an Byzanz; Errichtung bedeutender Kirchen und Klöster

1081: Landung der süditalienischen Normannen unter *Robert von Guiscard*

1096: Erster Kreuzzug, Albanien wird Durchzugsgebiet der Kreuzzüge ins Heilige Land

Ende 11. Jh.: Erster albanischer Feudalstaat Fürstentum Arbanon, Bau von Festungen, erste Erwähnung der Bevölkerung von Durrës als Albanoi

Albanien zwischen Venedig und dem Osmanischen Reich

1272–1282: Besetzung der albanischen Küstengebiete durch das normannische Königreich unter *Karl von Anjou* (in Nachfolge der Staufer)

Ende 13. Jh. bis Mitte 15. Jh.: Herrschaft der albanischen Familie der *Muzaka* zwischen Korça, Berat und Vlora

1343–47: Albanien wird Teil des serbischen Königreichs unter Zar Dušan

1385: Erste Niederlage der Albaner gegen die Osmanen

1389: Schlacht auf dem Amselfeld (heutiges Kosovo), Serben und Nordalbaner unterliegen gemeinsam den Osmanen

1400: Venedig besetzt die albanische Küste zwischen Shkodra und Korfu/Butrint

1444: Liga von Lezha, Allianz der Fürsten Mittel- und Nordalbaniens unter der Führung von *Skander-*

beg gegen die Osmanen, Widerstand gegen dieselben

1468: Zerfall der Liga von Lezha mit dem Tod *Skanderbegs*

1478: Eroberung von Kruja durch die Osmanen

1480: Venedig gibt die Herrschaft über die Küstenstädte an die Osmanen ab

Türkische Besatzungszeit

ab 1501: Ganz Albanien unter osmanischer Herrschaft, Kampagnen zur Islamisierung der Bevölkerung, Unterdrückung der albanischen Kultur und Sprache; Butrint bleibt venezianisch, Himara und größere Teile Nordalbaniens widersetzen sich erfolgreich der osmanischen Kontrolle und bleiben über 500 Jahre weitgehend autark

16.–17. Jh.: Zerstörung und Niedergang der Städte, Widerstand der Bevölkerung und mehrere Emigrationswellen, Einteilung des Landes in Sandschaks (Verwaltungsbezirke) und größere Paschaliks (Herrschaftsbereiche)

18.–19. Jh.: Blütezeit der Städte, von Kultur und Handwerk unter osmanischem Einfluss

18. Jh.: Erstarken der örtlichen Pashas, *Ali Pasha von Tepelena* (1785–1822) in Ioannina und Berat, Familie der *Bushatli* in Shkodra und Nordalbanien

1830: Massaker an 500 albanischen Beys in Monastir (Bitola/Mazedonien) durch einen Hinterhalt osmanischer Truppen zur Schwächung albanischer Unabhängigkeitsbewegungen

1839: Die nationaltürkische Erneuerung (Tansimat-Reform) wird in Albanien als nicht ausreichend abgelehnt

Rilindja – albanische Bewegung zur Nationalen Wiedergeburt

1830–1850: Beginn der albanischen Nationalbewegung, initiiert durch muslimische albanische Intellektuelle in Istanbul

1876: Aufstand der Mirditen (Nordalbanien)

1878: Neuregelung der Grenzen Albaniens, das Land bleibt unter osmanischer Herrschaft; Gründung der Liga von Prizren (heutiges Kosovo) zur Vertretung albanischer Interessen vor dem Ausland; die Nationalbewegung entdeckt die eigene Sprache und die eigenen Traditionen, eine Flut albanischer Schriften erscheint, *Abdyl, Naim* und *Sami Frashëri* werden durch ihre Werke berühmt

1887: In Korça eröffnet die erste Schule, in der Albanisch unterrichtet wird

1908: Kongress von Monastir, die albanische Sprache erhält das erste Mal eine moderne Orthografie in lateinischen Buchstaben, die bis heute gültig ist

Anfang 20. Jh.: Erneutes Aufflammen der Aufstände gegen die Osmanen; Albanien ist das einzige Land in Europa unter vollständiger osmanischer Besatzung und erhält keine politische Hilfe von den europäischen Staaten

1912, 1913: Erster und Zweiter Balkankrieg

Erster albanischer Staat

28.11.1912: Der Nationalrat von Vlora ruft die albanische Unabhängigkeit aus, *Ismail Qemali* wird der erste albanische Präsident

1913: Anerkennung Albaniens durch die Botschafterkonferenz in London

1914: Prinz *Wilhelm von Wied* wird in Kontrollfunktion als Fürst von Albanien eingesetzt

1914–18: 1. Weltkrieg, Besetzung Albaniens durch Griechenland, Serbien, Italien, Frankreich, Montenegro und Österreich-Ungarn; Serbien und Griechenland planen die Aufteilung Albaniens; Bau von Militärstraßen und Ausbeutung von Rohstofflagern durch die Besatzungsmächte; Albanien ist ein reines Agrarland fast ohne öffentliche Infrastruktur, in den Ebenen dominiert Großgrundbesitz mit mittelalterlichen Feudalstrukturen, der Großteil der Bevölkerung lebt auf der untersten Stufe von Subsistenzwirtschaft

1920: Kongress von Lushnjë, Bildung einer provisorischen Regierung, Tirana wird Hauptstadt Albaniens

1922: Die orthodoxe Kirche Albaniens erhält ihre Selbstständigkeit

1922–24: *Ahmed Zogu* wird albanischer Premierminister

1924: Sturz *Zogus,* Neubildung einer reformorientierten Regierung unter *Fan Noli* und *Gurkuqi*
1924/1925–28: Staatsstreich durch *Zogu,* Alleinherrschaft
1928–1939: *Zogu* erklärt sich zum König, Gründung des Königreichs Albanien

2. Weltkrieg
1939–1943: Italien besetzt Albanien, König *Zogu* geht ins Exil
ab 1941: Organisierter Partisanenwiderstand der Balli Kombëtar (Nationale Befreiungsfront) und der Kommunisten
1941: Großalbanien entsteht durch den Anschluss Kosovos, Westmazedoniens und Teilen Nordgriechenlands unter italienischer Regie
8.11.1941: Gründung der Partia Komuniste Shqiptarë (KP Albaniens)
1941: Die deutsche Wehrmacht besetzt Griechenland und Jugoslawien mit der Unterstützung Italiens und Ungarns
März 1943: *Enver Hoxha* wird Generalsekretär der Kommunistischen Partei
Mai 1943: Deutschland verliert durch die Kapitulation Italiens seinen Verbündeten im Mittelmeerraum, bleibt aber mit seinen Truppen in Albanien
9.9.1943: Besetzung Albaniens durch die deutsche Wehrmacht
Juli bis Oktober 1943: Einsatz gegen griechische und albanische Partisanen, Zerstörung von 201 Ortschaften und 4500 Häusern, Massaker an etwa 2000 Zivilisten durch Vergeltungsaktionen; Gründung der Albanischen Nationalen Befreiungsarmee; zeitweise Kollaboration der Balli Kombëtar mit der deutschen Wehrmacht gegen die Kommunisten
4.12.1944: Rückzug der Deutschen aus Albanien; der 30.11. ist heute Tag der Befreiung und nationaler Feiertag

Volksrepublik Albanien
11.1.1946: Proklamation der Volksrepublik Albanien, *Enver Hoxha* wird Ministerpräsident und übernimmt alle wichtigen Regierungsämter

1948: Abbruch der diplomatischen Beziehungen zu Jugoslawien; 1. Parteitag der KP, *Enver Hoxha* wird Generalsekretär der Partei
1950: Proklamation Albaniens zum Arbeiter- und Bauernstaat, entschädigungslose Enteignung der Beys und Großgrundbesitzer
1952: 2. Parteitag, Einführung der Fünfjahrespläne mit dem Ziel der Umwandlung Albaniens in einen modernen Agrar- und Industriestaat
1955: Beitritt in UNO und Warschauer Pakt
1956: 3. Parteitag, Kollektivierung der Landwirtschaft
1957: Gründung der ersten Universität Albaniens in Tirana
1961: Abbruch der diplomatischen Beziehungen zur UdSSR, erste Wirtschaftsbeziehungen zu China
1967: Religionsverbot, Albanien wird der erste atheistische Staat der Welt; politische „Säuberungsmaßnahmen"
1968: Austritt aus dem Warschauer Pakt; Abschluss der Elektrifizierung Albaniens
1978: Abbruch der diplomatischen Beziehungen zu China
1981: Angeblicher Selbstmord des Ministerpräsidenten *Mehmet Shehu*
1982: *Ramiz Ali* wird Ministerpräsident
1985: Tod *Enver Hoxhas* mit 76 Jahren (geb. 1908 in Gjirokastra) an Herzversagen

Demokratisierungsprozess – aktuelle Politik
1989–90: Beginn des politischen Umbruchs durch antikommunistische Studentendemonstrationen, 6000 Albaner flüchten in westliche Botschaften
12.12.1990: Gründung der Demokratischen Partei (Partia Demokratike)
20.1.1991: Sturz der Enver-Hoxha-Statue in Tirana, Massendemonstrationen in allen Städten
8.8.1991: 10.000 Menschen flüchten von Vlora mit einem Frachter nach Bari; Freilassung der politischen Gefangenen
4.11.1991: Erster öffentlicher katholischer Gottesdienst seit 1967 in Shkodra; die Kommunisten gewinnen die ersten freien Wahlen; Dauerproteste er-

zwingen den Rücktritt *Ramiz Alias;* die KP wird zur Sozialistischen Partei (SP)

1992: Die Demokratische Partei unter *Sali Berisha* gewinnt die Neuwahlen, *Berisha* wird erster demokratischer Staatspräsident; Beginn der humanitären Hilfe, Verhaftung von *Nexhmie Hoxha*

1993: Erste Privatisierungsmaßnahmen, Einführung der freien Marktwirtschaft und eines Banksystems; *Fatos Nano* (Vorsitzender der SP) und *Ramiz Alia* werden vor Gericht angeklagt

1996: Die Demokratische Partei gewinnt die Parlamentswahl haushoch unter Kritik ausländischer Wahlbeobachter

Januar 1997: Der Pyramiden-Skandal, für den die Demokratische Partei verantwortlich gemacht wird, löst den Zusammenbruch des Staatssystems und Anarchie aus; immense Schäden durch Plünderung und Zerstörung staatlicher Einrichtungen; Stationierung einer multinationalen Schutztruppe in Albanien

Juni 1997: Vorgezogene Parlamentswahlen unter Aufsicht der OSZE, die die Sozialisten gewinnen; *Rexhep Majdani* wird Staatspräsident, *Fatos Nano* Premierminister

1998: *Azem Hajdari,* Führungsmitglied der Demokratischen Partei, wird erschossen, gewalttätige Unruhen in Tirana, *Nano* tritt zurück

1998: *Pandeli Majko* wird Premierminister

1999: *Illir Meta* löst *Pandeli Majko* ab; im Nov. Inkrafttreten der neuen albanischen Verfassung

1998/99: Kosovo-Krieg, bewaffnete Auseinandersetzungen zwischen der UÇK (Befreiungsarmee Kosovos) und der Armee der Bundesrepublik Serbien; Menschenrechtsverletzungen der jugoslawischen Streitkräfte (Massaker) gegen die albanische Zivilbevölkerung im Kosovo; NATO-Luftangriffe auf das Territorium der jugoslawischen Teilrepublik Serbien ohne UN-Mandat; 450.000 Kosovo-Flüchtlinge erreichen Albanien

2001: Die Sozialisten gewinnen erneut die Parlamentswahlen

2002: Rücktritt *Metas, Fatos Nano* wird erneut Ministerpräsident, *Alfred Moisiu* Staatspräsident

2005: Die oppositionelle Demokratische Partei unter *Sali Berisha* gewinnt die Parlamentswahlen, aber ohne parlamentarische Mehrheit

2009: *Sali Berisha* gewinnt mit einer Mitte-Rechts-Koalition erneut die Parlamentswahlen mit knapper Mehrheit

2010–2011: Politische Dauerkrise durch den Boykott der Parlamentsarbeit unter Führung *Edi Ramas,* Scheitern aller Vermittlungsmaßnahmen des Auslands

Mai 2010: Hungerstreik 19 sozialistischer Abgeordneter mit 200 Anhängern im Zentrum von Tirana wegen strittiger Wahldaten

Dez. 2010: Albanische Staatsbürger dürfen ohne Visum in die Schengen-Staaten einreisen; der Aufenthalt ist auf drei Monate begrenzt, keine Arbeitserlaubnis

Januar 2011: Korruptionsvorwürfe gegen den stellvertretenden Ministerpräsidenten und Minister für Wirtschaft, Handel und Energie *Ilir Meta,* Rücktritt und Anklage; 20.000 Menschen demonstrieren in der Innenstadt Tiranas; beim Versuch den Präsidentensitz *Berishas* zu stürmen, werden drei Demonstranten erschossen, 46 Polizisten verletzt, 113 Demonstranten verhaftet und 27 verurteilt; die Verantwortlichen für die Todesschüsse werden jedoch nicht zur Rechenschaft gezogen

Mai 2011: Die Kandidaten der Demokratischen Partei gewinnen mit knapper Mehrheit die Kommunalwahlen

Juni 2012: *Bujar Nishani* von der Demokratischen Partei wird Staatspräsident

2013: Die Allianz für ein Europäisches Albanien (Aleanca për Shqipërisë) gewinnt unter der Führung der Demokratischen Partei die Parlamentswahlen. *Edi Rama* wird neuer Ministerpräsident, die Regierungsumbildung bringt zahlreiche neue, junge Politiker ins Amt. *Berisha* geht als Präsident des landesweiten Straßenausbaus in die Geschichte ein.

2014: Das Jahr beginnt mit dem Abriss zahlreicher illegaler Hotelbauten an der Küste, im Mai folgt die Umsetzung der neuen Parkverordnung in der Hauptstadt.

Politik

Neuanfang

Nach dem Tod *Enver Hoxhas* 1985 begann die **Transformation** der albanischen Politik und Gesellschaft **hin zu demokratischen Strukturen.** Doch es dauerte Jahre, bis sich in Albanien wieder geordnete Verhältnisse abzeichnen sollten. 1992, als die ersten freien Wahlen stattfanden, war das Bruttoinlandsprodukt um über 50 Prozent gesunken. Chaotische Massenfluchtwellen nach Griechenland und Italien waren mit dem Verlust von zigtausenden von Arbeitsplätzen einhergegangen, da die veralteten Industrieanlagen marode und nicht mehr wettbewerbsfähig waren. Da

es nach dem Umbruch zu keiner radikalen personellen Erneuerung kam, fanden sich in den zwei großen **Blockparteien,** der SP (Sozialistische Partei) als verkappter Nachfolgepartei der Kommunistischen Partei, und der neuen DP (Demokratische Partei) genau die Politiker wieder, die vor dem Zusammenbruch des kommunistischen Systems in der Politik dominiert hatten. Und die beiden programmatisch nur schwer unterscheidbaren Parteien waren nichts anderes als Interessenvertretungen zweier großer Clans und der von ihnen abhängigen Klientelgruppen, an die sich verschiedene kleinere Splitterparteien anhingen. Unter Führung der DP **Sali Be-**

⌄ Das Grab Enver Hoxhas
auf dem Friedhof in Sharra (Tirana)

alba079 mg

rishas fanden dann erste Strukturreformen zur Einführung einer sozialen Marktwirtschaft statt, aber ein echter Demokratisierungsprozess kam in den letzten 20 Jahren nur schwer in Gang, da er immer wieder durch die Politik(er) behindert wurde.

Pyramiden-Skandal

In den ersten Jahren des neuen albanischen Staates kamen durch **Auslandsüberweisungen** der 400.000 im Ausland arbeitenden Albaner große Geldmengen ins Land, die aufgrund des unterentwickelten Bankenwesens zu Hause aufbewahrt wurden. Die ersten Betrugsfälle ereigneten sich bereits 1991. Dabei boten unseriöse Investment-Firmen, die nach außen hin wie Banken operierten, den in Geldangelegenheiten völlig unerfahrenen Albanern sehr hohe Zinsgewinne von 20 bis 50 Prozent an. Die Rendite wurde jedoch nicht real erwirtschaftet, sondern existierte ausschließlich auf dem Papier. Das so im ganzen Land gesammelte Geld floss vor allem in **Geldwäsche-Objekte** wie luxuriöse Hotelbauten, wie man sie heute insbesondere an der Küstenregion findet, oder wurde in **Drogengeschäfte** oder **Waffenschmuggel** investiert. Obwohl der Internationale Währungsfond sehr früh vor den katastrophalen Folgen für die Anleger und das Land warnte, schritt die Regierung nicht ein, sodass die Politiker bis heute unter dem Verdacht stehen, sich im großen Stil an den illegalen Geschäften bereichert zu haben. Zwei Drittel der Albaner investierten oft ihr gesamtes Vermögen in der Hoffnung auf satte Gewinne, sogar Häuser und Grundstücke

wurden verpfändet. Zunächst wurden die Gewinne noch zum Schein ausgezahlt, was den Zulauf zum Geschäftsmodell noch verstärkte. Doch als 1996/97 die ersten Investmentbanken zusammenbrachen, konnten weder die versprochenen Zinsen noch die Einlagen zurückgezahlt werden. Das Geld war längst in dunkle Kanäle abgeflossen. Die komplexen Beziehungen zwischen den beteiligten Firmen, die teilweise heute noch existieren und unbehelligt ihren Geschäften nachgehen, wurden bisher von keiner Regierung aufgeklärt. Die Summe der Einlagen wurde damals auf etwa 1,2 Mrd. US-Dollar geschätzt, ohne die angefallenen Zinserträge. Es gab kaum eine Familie im Land, in der nicht mindestens ein Mitglied finanziell ruiniert wurde. Bei vielen Albanern sitzt das Misstrauen in das Bankensystem noch so tief, dass sie ihr Geld lieber zu Hause aufbewahren.

Doch neue Abzocke und Leichtsinnigkeit machen sich breit: Mit dem **Lotto-Toto-Geschäft** – Wettcafés bzw. Fußballbars finden sich in den Städten in jeder zweiten Straße – hat sich eine vielleicht noch viel raffiniertere Methode ausgebreitet, den Menschen das (wenige) Geld aus der Tasche zu ziehen; Hunderttausende von Spielern, meist sind es arbeitslose junge Männer, sind geradezu süchtig nach den Wetten – und verlieren viel Geld.

Der Bürgerkrieg von 1997

Nachdem das Pyramidensystem zusammengebrochen war, begannen die **Massenproteste** gegen die Regierung und den gesamten Staat im Februar 1997 in

11

Staatssymbole

Flagge

Seit 1992 hat Albanien eine **rote National-flagge** mit einem schwarzen zweiköpfigen Adler in der Mitte, dessen beide Köpfe jeweils nach außen zeigen. Die Flügel schmücken 25 einzelne Federn, die ein Symbol für die 25 Schlachten *Skanderbegs* gegen die Türken sind. Die Flagge leitet sich von einem Siegel *Skanderbegs* ab, das auf byzantinische Vorbilder zurückgeht. Offiziell wird der 28. November 1912 als **Tag der Fahne** gefeiert, da an diesem Tag zum ersten Mal in der Geschichte des Landes die albanische Fahne gehisst wurde, als die Führer der Nationalbewegung öffentlich die Unabhängigkeit Albaniens proklamierten.

Staatswappen

Rotes Schild mit goldenem Rand, auf dem sich der albanische Doppeladler befindet; darüber schwebt der goldene Helm *Skanderbegs.*

Nationalvogel

Steinadler, der heute noch im Shebenika-Gebirge in Ostalbanien vorkommt.

alba001 sg

Vlora und weiteten sich schnell auf Südalbanien und dann das ganze Land aus. In Südalbanien brach die öffentliche Ordnung zeitweise vollständig zusammen. **Kriminelle Banden** plünderten die Waffenlager des Militärs, sodass im ganzen Land Schusswaffen in Umlauf kamen. In blinder Wut richteten sich die gewalttätigen Ausschreitungen vor allem gegen staatliche Einrichtungen, aber auch Museen, Kindergärten und sehr viele Schulen wurden geplündert und verwüstet. Im März hatte die zwischenzeitlich gewählte Übergangsregierung die politische Kontrolle über Albanien verloren und nur sieben Jahre nach dem Zusammenbruch des Kommunismus herrschten im Land Bürgerkrieg und **anarchische Zustände.** Das öffentliche Leben und die Versorgung lagen brach, die Straßen waren nicht mehr sicher. Die deutsche Bundeswehr evakuierte im März 1997 insgesamt 98 in Albanien lebende und stark gefährdete Ausländer, darunter 21 deutsche, elf österreichische und drei Schweizer Staatsbürger. Auf Bitten der albanischen Regierung übernahm am 16. April 1997 eine 6.000 Mann starke **internationale Friedenstruppe** vorübergehend die Führung im Land und stellte die öffentliche Sicherheit wieder her und begann mit der Entwaffnung der Bevölkerung. Die internationale humanitäre Hilfe musste bald ein zweites Mal in Albanien anlaufen, in einem Land, in dem selbst die einfachsten Verwaltungs- und Infrastrukturen fehlten. Die Anteilnahme der europäischen Bevölkerung war zu dieser Zeit sehr groß, sodass sich aus privatem Engagement heraus unzählige Hilfsorganisationen bildeten, die teilweise bis heute lebensnotwendige Aufbauhilfen leisten.

Aktuelle Politik

In Albanien sind in den letzten 20 Jahren tiefgreifende **Reformen** zur Modernisierung des Landes auf den Weg gebracht, aber oft nicht umgesetzt worden. Denn oft fehlt der politische Wille, und zwar auf allen Ebenen, von der Regierung bis in die kommunale Ebene. Eine ineffektive Verwaltung tut ihr Übriges. Hinzu kommt flächendeckende **Korruption** in allen Bereichen von Politik, Wirtschaft und Gesellschaft. Das Engagement staatlicher und nicht-staatlicher Organisationen (NGOs) aus dem Ausland, in Zusammenarbeit mit albanischen Fachkräften, ist für den Aufbau des Landes nach wie vor sehr wichtig.

In der **Außenpolitik** gelangen bedeutende Schritte hin zu einer internationalen Integration. 2006 unterzeichnete Albanien ein Assoziierungsabkommen mit der EU, 2009 folgte der formelle Antrag auf eine Vollmitgliedschaft, im April 2009 erfolgte die Aufnahme in die NATO, im Dezember 2010 kam es zu der im Land lange erwarteten Visafreiheit albanischer Bürger für die Schengen-Staaten.

Verhältnis zu den Nachbarländern

Albaner mögen es nicht, wenn man sie mit den **Kosovaren** in einen Topf wirft, vor allem nicht in der Hauptstadt, wo man sich modern gibt und über die ländlichen, konservativen Muslime, die meist aus dem Kosovo kommen, den Kopf schüttelt.

Die albanische Regierung hat in den letzten Jahren allen **Separationsbestrebungen** in den durch die Grenzziehun-

gen nach dem 2. Weltkrieg abgeschnittenen, überwiegend albanisch besiedelten Gebieten **Mazedoniens, Griechenlands und Montenegros** eine Absage erteilt. Dadurch hat sich das Verhältnis zu den Nachbarländern wesentlich entspannt. Grundsätzlich aber konzentrieren die Albaner ihre Sympathien lieber auf die Staaten Mitteleuropas.

Eine gewisse Hassliebe pflegen sie zu den **Griechen,** was auch von deren Seite gilt, denn die Albaner haben als Servicekräfte im griechischen Fremdenverkehr ein extrem niedriges Ansehen. In Griechenland sind diskriminierende Albanerwitze weit verbreitet. Die Gebietsansprüche Griechenlands in Südalbanien sind zwar heute kein großes Thema mehr, auf beiden Seiten gibt es aber immer noch Probleme bei Ansprüchen von Privatbesitzern jenseits der Grenzen. Auch die Vertreibung der çamischen muslimischen Minderheit nach dem 2. Weltkrieg und 1990 aus Nordepirus ist in Albanien nicht vergessen. Als die anerkannte griechische Minderheit in Albanien EU-Pässe erhielt und dadurch in den Genuss griechischer Rentenansprüche und Reisefreiheit kam, führte das zu Unstimmigkeiten mit den Albanern.

Wahl 2009

Nach Einschätzung nationaler und internationaler Wahlbeobachter verliefen die Parlamentswahlen am 28. Juni 2009 **so korrekt wie noch nie zuvor** – vorausgegangen waren eine Reihe von Verfassungsänderungen und Reformen des Wahlrechts. Bei den Wahlen erreichte die **Demokratische Partei** (DP) unter Führung **Sali Berishas** mit 70 Sitzen genau die Hälfte aller Abgeordnetensitze. Die DP verbündete sich umgehend mit der „Sozialistischen Allianz für Integration" und bildete die „Allianz der Veränderung"; so war mit 74 Sitzen eine tragfähige Regierungsmehrheit gegeben. Die Opposition unter Führung des sozialistischen Bürgermeisters von Tirana, *Edi Rama,* erkannte das Ergebnis der Wahlen nicht an und boykottierte geschlossen die Mitarbeit im Parlament. Auch intensive Vermittlungsbemühungen in Straßburg blieben erfolglos. Doch *Ramas* Vorliebe für medienwirksame Aktionen wie ein 19-tägiger Hungerstreik auf dem Hauptboulevard Tiranas war nicht nur für den Fortschritt des Landes insgesamt, sondern auch für seine eigene Sozialistische Partei (SP) und ihn selbst von Nachteil. Nach vielem Hin und Her kehrte die Opposition schließlich nach zweijähriger Abstinenz im September 2011 wieder ins Parlament zurück. Bei den letzten Kommunalwahlen wurde *Rama* nach 20 Jahren als Parteiführer durch *Lulzim Basha* abgelöst, der ein Ziehkind *Sali Berishas* ist.

Wahl 2013

Bei den letzten Parlamentswahlen am 23. Juni 2013 standen sich erneut die zwei großen Blöcke der „Allianz für Arbeit, Wohlfahrt und Integration" um die Demokratische Partei von *Sali Berisha* („Wir sind der Wandel – Vorwärts!") und die „Allianz für ein Europäisches Albanien" („Völlige Wiedergeburt!") unter *Edi Rama* gegenüber. 62 der 66 existierenden Parteien hatten sich einem der beiden großen Bündnisse angeschlossen. Kurz vor der heißen Wahlkampfphase

wechselte *Irir Meta* (LSI) die Seite und wurde so zum Königsmacher. Staatchef *Berisha,* der zuletzt nur noch von der Eröffnung eines neuen Straßenabschnitts zum nächsten geeilt war, aber weder eine Besserung der wirtschaftlichen noch der sozialen Situation erreichen konnte, wurde deutlich abgestraft. Nach einem Wahlkampf, den auch **Edi Rama** äußerst primitiv und unsachlich geführt hatte, der jede politische Kultur vermissen ließ, bescherten erdrutschartige Verluste der Sozialisten den Demokraten mit 57% der abgegebenen Stimmen und 84 von 140 Sitzen im Parlament eine deutliche Mehrheit (bei einer Wahlbeteiligung von nur 53%). *Berisha* gestand die Niederlage ein und machte den Platz für *Rama* frei. Mit der Ära *Berisha* endet nun ein altväterlicher Führungsstil mit autokratischem Machtanspruch, der in der modernen Politik Europas schon längst keinen Platz mehr hat. Zu den publikumswirksamsten Amtshandlungen *Ramas* gehörten eine landesweite Müllsammelaktion im Herbst 2013 und der Stopp einiger extrem in der Kritik stehender illegaler Hotelprojekte an der Küste – mit der Ankündigung, diese Maßnahmen konsequent fortzusetzen. Ebenso steht eine große **Steuerreform** an, die von der bisher üblichen Einheitssteuer zu einem moderneren System verschiedener Steuerklassen führen soll. Noch ist die neue Regierung intensiv mit der Einarbeitung des neuen Personals beschäftigt, das wie nach jeder Wahl komplett ausgetauscht wurde. Der politisch schon mehrfach

▷ Rentner beim Dominospiel – eine Generation der Betrogenen mit einer staatlichen Monatsrente von 70 Euro

totgesagte **Irir Meta,** der 1999–2002 schon einmal das Amt des Ministerpräsidenten innehatte, wurde zum neuen Parlamentspräsidenten gewählt.

Internationale Beobachter schätzten den Ablauf der Wahlen als **frei und weitgehend fair** ein.

Nachdem die **EU** bereits dreimal den Beitrittsgesuch Albaniens abgelehnt hatte, äußerte sich die Europäische Kommission im Herbst 2012 aufgrund der stabilen politischen Lage erstmals positiv. Im Sommer 2014 soll über das weitere Vorgehen entschieden werden.

Politikverdrossenheit

Obwohl Albanien seit über zwei Jahrzehnten auf dem Weg ist, ein demokratischer Staat zu werden, sind das Volk und die politische Führung bzw. Elite immer noch zwei streng getrennte Blöcke ohne große Schnittmengen.

Die meisten Bürger sind derart mit ihrer **Existenzsicherung** beschäftigt, dass politisches Engagement oder ein Einsatz für die Gesellschaft zurücktreten. Bei vielen Älteren ist die schlechte Erfahrung kommunistischer Bevormundung und der Arbeit im Kollektiv unvergessen, sodass sich viele Menschen lieber ins Privatleben zurückziehen. Viele Albaner verhalten sich politisch passiv, haben **innerlich resigniert** und warten auf einen Generationswechsel in der politischen Klasse. Wahlen sind immer noch von Unregelmäßigkeiten geprägt, und es dauert in der Regel Wochen oder Monate, bis verbindliche Ergebnisse vorliegen. Am Ende bleibt für die meisten Albaner der Eindruck, dass nicht seriös gewählt wurde. Bei den Kommunalwahlen 2011 verkauften Wähler ihre Stimmen und er-

alba080 mg

Humor ist, wenn man trotzdem lacht

Eine absolut sympathische Eigenschaft der Albaner ist ihre Fähigkeit, über die kleinen und großen Schieflagen und Katastrophen in Politik, Gesellschaft und Alltag auch lachen zu können. Im Fernsehen sind Satireshows ein Renner. Den Anfang machte **„Fiks Fare"**, eine Show, die seit 2002 immer nach den Hauptnachrichten bei Top-Channel auf Sendung ist. Moderator *Saimir Kodra* und *Gent Pjetri*, bekannt als „doktori", thematisieren die tägliche Korruption, die Betrügereien und Rechtsbeugungen durch Politiker und Beamte, Menschenrechtsverletzungen und sonstige Missstände im Land so gekonnt, dass die Sendung inzwischen ein fester Bestandteil der öffentlichen Meinungsbildung geworden ist. **„Portokalli"** heißt eine andere Show, in der Politiker nachgeahmt werden, vor allem Ministerpräsident *Berisha,* die dann von den „Sorgen" ihres Alltags berichten. *Portokalli* heißt übersetzt Orange, meint aber nicht die Frucht, sondern die Farbe der Straßenampel als Symbol für den Stillstand der Gesellschaft, in der es weder vor noch zurück geht.

Tipp: Witzige Situationen aus dem albanischen Alltag sind auf der Website www.facebook.com/cudirashqiptare („Erstaunliches über Albanien") zu sehen.

alba081 mg

hielten in mehreren Orten bereits fertig ausgefüllte Stimmzettel, die sie dann vor dem Urnengang mit den echten Formularen austauschten. Bei Wahlen ist die Stimmung sehr gereizt und nicht selten, besonders auf dem Land, kommt es zu körperlichen Auseinandersetzungen und deswegen zu hoher Polizeipräsenz.

Politische Kultur

Im Fernsehen nehmen politische Talkshows und Diskussionsrunden, die von Showeinlagen leicht bekleideter Pop-Sängerinnen unterbrochen werden, viel Sendezeit ein. Wahlkämpfe werden nicht sachlich und mit Argumenten, sondern meist als persönliche **Machtkämpfe** ausgetragen. Dabei unterscheiden sich Auftreten und Rhetorik oft gar nicht wesentlich von denen ihrer kommunistischen Vorgänger. Bei einem Altersdurchschnitt der Bevölkerung von gerade einmal 30 Jahren erscheint die momentane politische Klasse abgelebt und überaltert. Wirkliche politische Identifikationsfiguren fehlen oder werden am Aufstieg gehindert. Nachdem in den letzten 20 Jahren fast eine ganze Generation den Anschluss an das westliche Bildungsniveau und die Chance auf ein geregeltes Berufsleben durch eine dramatisch hohe Arbeitslosigkeit verpasst hat, sind Albaniens Hoffnung vor allem die heranwachsenden jungen Leute, die immer mehr Zugang zu Bildung haben, ins Ausland reisen können und vielleicht auch einmal politisch tätig werden.

Wirtschaft

Osmanische Zeit bis 2. Weltkrieg

Als die Kommunisten unter *Enver Hoxha* nach dem 2. Weltkrieg die Macht übernahmen, standen Wirtschaft und Gesellschaft Albaniens vor großen Herausforderungen. Der größte Teil der Bevölkerung hatte in den 500 Jahren osmanischer Herrschaft als **einfache Bauern** in Abhängigkeit von reichen Grundherren gelebt, in einem Verhältnis, das durch die Jahrhunderte vom Widerstand gegen die von den Türken erzwungenen Abgaben, von großer **Armut und Migration** geprägt war. Das Handwerk konzentrierte sich in seiner Blütezeit im 18./19. Jahrhunderts auf die wenigen Städte. Auch eine moderne Rechtsprechung hatte nicht Fuß fassen können. Seit dem Mittelalter war das Zusammenleben durch das Gewohnheitsrecht und *Süleimans* Gesetzgebung geregelt; die fatalsten Auswirkungen für die albanische Zivilgesellschaft waren über Generationen hinweg ausgetragene Blutrachefehden sowie Rechtlosigkeit und Unterdrückung der Frau. Den Beginn einer industriellen Entwicklung hatte das Land Ende des 19. Jahrhunderts durch den Zusammenbruch der osmanischen Herrschaft verpasst. Dazu hatten die neuen Grenzziehungen im Balkan wichtige historisch gewachsene Wirtschaftszentren in Nord- und Ostalbanien voneinander getrennt. Die wenigen einfachen Durchgangsstraßen des Landes waren erst von den europäischen Großmächten ausgebaut worden, deren Industrien auf eine Ausbeutung der reichhaltigen Rohstoffvorkommen des Landes gehofft hatten.

Wirtschaftlicher Aufbau Albaniens (1945–1991)

Die kommunistische Regierung enteignete die Großgrundbesitzer und führte in mehreren Schritten eine umfassende **Landreform** durch, bei der alle Flächen über 40 Hektar zu Staatseigentum wurden. Die Entwicklung der Dörfer und der wenigen Städte wurde flächendeckend durch Schulen, eine dezentrale Gesundheitsversorgung und kulturelle Zentren gestärkt. Mit einem umfassenden Alphabetisierungsprogramm konnte die Analphabetenrate von über 97

alba14-055 mg

▷ Im Basar von Gjirokastra

Prozent nach dem 2. Weltkrieg auf wenige Prozent gesenkt werden. Das Verbot des mittelalterlichen Gewohnheitsrechts und der Blutrache setzte eine grundlegende Veränderung der Gesellschaft in Gang. Damit änderte sich auch die Stellung der albanischen Frau, die nun zumindest dem Gesetz nach dem Mann gleichberechtigt gegenüberstand und in den Fabriken als Arbeitskraft ein neues Rollenverständnis fand.

Der **Ausbau des Verkehrswegenetzes** konzentrierte sich auf die Erschließung der immensen Rohstoffvorkommen. Privat zu nutzende Straßen waren auch gar nicht erforderlich, denn im ganzen Land gab es nur etwa 300 Pkws, Privatautos waren nicht zugelassen. Das albanische Eisenbahnnetz wurde errichtet und verband die Städte mit den wichtigsten neuen Wirtschaftszentren. Große **Schwerindustriebetriebe,** Kohle-, Eisenerz-, Kupfer- und Chrombergwerke in Mittel- und Nordalbanien entstanden, die albanischen Erdölgebiete in der Mallakastra wurden erschlossen. Mit sowjetischem und chinesischem Know-how wurden die ersten Wasserkraftwerke gebaut, um den steigenden Energiebedarf zu decken. Bis 1974 hatten alle Dörfer im Land erstmalig eine elektrische **Stromversorgung.** Viele Projekte wurden jedoch durch den Bruch mit der Sowjetunion und den Austritt aus dem Warschauer Pakt 1968 und die Abwendung von China 1978 verzögert oder gar nicht verwirklicht.

Im Zuge der großen Landwirtschaftsprogramme der 1970er Jahre wurden die versumpften **Schwemmlandebenen entwässert,** die Myzeqe- und die Korça-Ebene wurden so zu den größten landwirtschaftlichen Flächen. **Programme zur Terrassierung** der Hügelzonen schufen Anbaugebiete für Oliven und Zitrusfrüchte.

Oft wird heute hervorgehoben, dass durch die Industrialisierungs- und landwirtschaftlichen Erschließungsmaßnahmen jeder Albaner einen Arbeitsplatz besaß. Da es kaum potente landwirtschaftliche Maschinen gab, wurden auch Schüler und Studenten in **Arbeitsbrigaden** beim Eisenbahnbau und für Ernteeinsätze organisiert. Nicht vergessen darf man, dass Tausende von politischen Häftlingen in Bergminen, Kohlegruben und bei der Urbarmachung der Sümpfe unter unmenschlichen Bedingungen zur Arbeit gezwungen wurden und dabei ums Leben kamen. Die irrwitzige Idee, sich mit **700.000 Bunkern** gegen eine Invasion der Nachbarstaaten schützen zu müssen, verschlang in den letzten Jahren der völligen politischen und wirtschaftlichen Isolation riesige Mengen an Beton und Stahl, die dringend für andere Infrastrukturmaßnahmen benötigt worden wären.

Die albanische Wirtschaft heute

Landwirtschaft

Schon während der ersten Privatisierungswelle in den frühen 1990er Jahren kam es durch politische Versäumnisse zu grundlegenden Fehlentwicklungen, die die (land)wirtschaftliche Entwicklung bis heute hemmen. Um die Ansprüche der vielen besitzlosen Landarbeiter zu befriedigen und die Massenflucht aufzuhalten, wurden die Agrarflächen der ehemaligen staatlichen Agrargenossenschaften aufgelöst; es kam aber zu der fatalen Entscheidung, diese in einer Größe abzugeben, die gerade das Existenzminimum einer Familie sichern konnte. Bis heute sind über 90% aller landwirtschaftlichen Betriebe kleiner als zwei Hektar, was eine effiziente Bewirtschaftung und den Einsatz größerer Maschinen verhindert.

Gleichzeitig stehen ungeklärte Bodenbesitzverhältnisse, illegale Landbesetzungen und das Fehlen von Grundbüchern dem Aufbau einer modernen Landwirtschaft im Wege. Vor allem Geschäftsleute mit entsprechenden politischen Verbindungen haben sich mit **illegalen Grundstücksgeschäften** bereichert, viele Menschen können bis heute ihre Ansprüche auf Grund und Boden nicht geltend machen. In den letzten Jahren hat die Regierung zahlreiche Programme ins Leben gerufen, um Existenzgründungen zu beschleunigen und die Investitionssicherheit zu erhöhen. Die neue Regierung *Rama* will mit einer Steuerreform zur Reduzierung der Schattenwirtschaft und Schwarzarbeit beitragen, doch so lange das gesamte Regierungssystem so stark von Korruption durchtränkt ist, wird das Vertrauen der Menschen nur gering bleiben.

Etwa 40 Prozent der Erwerbstätigen sind in der Landwirtschaft tätig, und 70 Prozent der landwirtschaftlichen Betriebe arbeiten noch in **Subsistenzwirtschaft** auf kleinsten Flächen. Das hat zur Folge, dass 40 Prozent der Nahrungsmittel in Albanien trotz bester Boden- und Klimabedingungen immer noch aus dem Ausland importiert werden müssen. Vermarktungsstrategien fehlen. Da Albanien nicht Mitglied der EU ist, hat die Landwirtschaft keine Chance gegen die subventionierten Produkte der EU-Nachbarn, was besonders bei Oliven(öl) und Zitrusfrüchten deutlich wird. Der Staat setzt auf den Ausbau von Sonderkulturen, z.B. Nüsse, Granatäpfel und Heilkräuter. Angesichts der schwierigen Gesamtumstände fehlen für mittlere und kleinere Betriebe in Albanien auch die Anreize für Investitionen und verstärktes Engagement.

Klientelwirtschaft

Ein großes Problem ist die völlig altertümliche und noch aus osmanischen und kommunistischen Zeiten stammende Klientelwirtschaft, die faires und freies Wirtschaften nach allgemeingültigen Regeln behindert. Immer noch steht an erster Stelle das Eigeninteresse und das der wirtschaftlichen Partner auf Kosten aller anderen, gesetzliche Vorschriften kommen erst danach. Auf allen Ebenen wirtschaftlichen und administrativen Handelns kommt es zu unvorstellbaren **Rechtsverletzungen und Korruption.** Das Motto, nach dem vorgegangen wird, lautet: Es gibt nichts, was in Albanien nicht geht. Junge Leute kommentieren diese Missstände mit dem Satz: „Willkommen im Dschungel". Es ist gang und gäbe, offene Stellen nur mit Familienmitgliedern oder nach dem Parteibuch zu vergeben. Die Vergabe nach Qualifikation erfolgt hauptsächlich durch (ausländische) Hilfsorganisationen, die tendenziell wiederum Frauen bevorzugen, weil diese erfahrungsgemäß weniger korruptionsanfällig sind als Männer. Nach Wahlen wird meist das gesamte Personal bis in die kommunalen Ebenen

Wirtschaftliche Eckdaten (Quelle: CIA, The World Factbook, 2013)

BIP	18,873 Mrd. Euro
BIP/Kopf	5890 Euro
BIP/Landwirtschaft BIP/Industrie BIP/Dienstleistungen	16,1 % 15,3 % 67,2 %
Erwerbstätige Landwirtschaft Industrie Dienstleistungen	1,053 Mio. 47,8 % 23 % 29,2 %
Arbeitslosenquote	12,9 %
Gini-Index	34,5 (2008)
Investitionen	31 % des BIP
Staatseinnahmen	2,572 Mrd. Euro
Staatsausgaben	2,923 Mrd. Euro
Haushaltsdefizit	-4,2 %
Staatsverschuldung	60 %
Inflationsrate	3,9 %
Wachstumsrate Industrie	3 %
Export	1,226 Mrd. Euro
Import	4,115 Mrd. Euro
Export Elektrizität	0 kWh
Import Elektrizität (35 % Produktions- verlust Verlust durch Ineffizienz, Diebstahl)	1,621 Mrd. kWh
Energieproduktion	7,481 Mrd.
Export Öl	1.004 Barrel/Tag
Import Öl	22.880 Barrel/Tag
Export Gebrauchsgüter (Textilien, Schuhe, Asphalt, Metalle, metallische Erze, Rohöl, Gemüse, Obst, Tabak)	Italien 51,1%, Kosova 6,2 %, Türkei 6,3 %, Griechenland 4,4 %, China 6,4 %
Import Gebrauchsgüter (Maschinen und Ausrüstungen, Lebensmittel, Textilien, Chemikalien)	Italien 31,9 %, Griechenland 9,5 %, China 6,3 %, Türkei 5,6 %, Deutschland 5,6 % (12/2010)

ausgetauscht, was eine kontinuierliche und verlässliche Arbeit öffentlicher Behörden und Institutionen fast unmöglich macht.

Wirtschaftskrise

Die weltweite Wirtschaftskrise seit 2008 macht sich in Albanien nicht wie in anderen Ländern durch das Wegbrechen von Exportmärkten, eine sinkende Industrieproduktion oder den Einbruch der Binnennachfrage bemerkbar. Das Land verfügt über fast keinen Außenhandel und auch keine nennenswerte Industrie, und wo wenig produziert und verkauft wird, kann es auch keinen dramatischen Rückgang geben. Es sind vor allem die **ausbleibenden Geldüberweisungen** aus dem Ausland, die für die Bevölkerung spürbar sind. Der Geldfluss vor allem von Albanern aus Italien und Griechenland sank von 12–15% des BIP vor der Finanzkrise auf 7% des BIP im Jahr 2012. Zudem befürchtet man die Rückkehr vieler Auslandsmigranten, 600.000 Albaner leben allein im wirtschaftlich schwer angeschlagenen Griechenland, in Italien sind es etwas weniger. Offiziell liegt die **Arbeitslosenquote** bei 13%, bei den Jugendlichen dürften es aber bis zu 70% (!) sein, mindestens 18% der Menschen leben unter der **Armutsgrenze;** nach Moldawien ist Albanien das zweitärmste Land Europas.

Kirchliche **Hilfsorganisationen,** oft auch aus Österreich, Deutschland oder der Schweiz, trifft man immer dort an, wo die soziale Not am größten ist, das heißt, in den Ballungsräumen von Tirana und Shkodra oder in den Bergregionen Nord- und Ostalbaniens.

Infrastruktur

Mit Hilfe der EU wurde das albanische **Straßennetz** auf den Hauptstrecken ausgebaut, wenn auch mangelnde Qualität durch Schlamperei und abgezweigte Gelder in naher Zukunft schon wieder neue Kosten für Reparaturen verursachen wird. Auch der Ausbau der Eisenbahnstrecken wird in Angriff genommen. Im **Energiesektor** sollen ein Wärmekraftwerk in Vlora sowie Vernetzungen mit dem Stromnetz in Kosovo und Mazedonien und weitere Investitionen in die Wasserkraft die immer noch auftretenden Energieengpässe vermeiden helfen.

Tourismus

Ein echter **Wachstumsmarkt** ist inzwischen der Tourismus. 2011 besuchten über 2,3 Mio. Menschen das Land, 29 Prozent mehr als im Jahr 2009. Im Dienstleistungssektor werden heute fast 70 Prozent des **Bruttoinlandsproduktes** von knapp 19 Mrd. Euro erwirtschaftet. Auch viel schmutziges Geld wird in diesem Sektor investiert, wie die großen Hotelanlagen an der Küste erahnen lassen. Wählt man als Tourist zur Übernachtung einen Familienbetrieb, ein Gästehaus oder eine kleine Privatunterkunft, unterstützt man die „einfachen" Leute und nicht dubiose Geschäfte und ihre Hintermänner.

Gesundheits-
wesen

Während im Kommunismus jede noch so abgelegene Region eine funktionierende medizinische Grundversorgung hatte und es auch in kleineren Orten Ärztestationen gab, ist die medizinische Versorgung in den letzten 20 Jahren sehr **stark zentralisiert** worden. In Albanien gibt es keine niedergelassenen Ärzte! Entsprechend groß ist der Unterschied zwischen Stadt und Land. Während man in Tirana perfekt ausgestattete Privatkliniken mit modernster Technik findet – die sich allerdings nur ein sehr kleiner Teil der Bevölkerung leisten kann –, gibt es in abgelegenen Tälern und Bergregio-

nen oft nur einen zentralen ambulanten **Notdienst** für Erstversorgung oder Nachsorge. Ein Kranken- und Verletztentransport existiert nicht. Daher muss man auf dem Land sehr weite Wege, oft mit öffentlichen Verkehrsmitteln, auf sich nehmen, um ins nächste Krankenhaus zu gelangen. In den Kreisstädten wurden meist mit Hilfe ausländischer NGOs oder kirchlicher Organisationen kleine Krankenhäuser mit modernem Standard eingerichtet. Entbindungsstationen gibt es nur in großen Städten, Schwangerschaftsvor- und -nachsorge oder Praxen für Kinder so gut wie gar nicht. Kosten für ärztliche Behandlung oder Krankenhausaufenthalte übernimmt, wenn es geht, die Großfamilie. Oft schließt Armut medizinische Hilfe ganz aus, was auch zur Folge hat, dass die Akzeptanz von Krankheiten (und

alba107 mg

den damit verbundenen Einschränkungen) wesentlich höher ist als bei uns. **Selbstmedikation** und das Wissen um den Einsatz von Naturheilmitteln sind weit verbreitet. Sehr viele Menschen sind nicht ausreichend über gesundheitliche Themen aufgeklärt, Aberglaube ist nicht nur in Bergdörfern anzutreffen. Von der schlechten Versorgung sind besonders alte, arme und nicht mobile Menschen betroffen, was vor allem für die ländlichen Regionen gilt, denn hier leben etwa 70 Prozent der Bevölkerung.

natürlich nur wohlhabenden Familien offensteht. Fatal wirkt sich aus, dass viele albanische Jugendliche keine Vorstellung vom westlichen Bildungsniveau haben. Nicht selten kehren Albaner mit einem abgebrochenen Auslandsstudium zurück, weil sie trotz hoher Motivation neben den wirtschaftlichen Schwierigkeiten auch an den Bildungsstandards in den EU-Staaten scheitern.

Bildungswesen

Das albanische Bildungswesen bedarf immer noch grundlegender Reformen, vor allem Berufsfachschulen und Ausbildungsplätze im Handwerk fehlen. Ein Hochschulstudium gilt immer noch als bester Einstieg ins Berufsleben, produziert aber hauptsächlich junge arbeitslose Akademiker, die sich mit unqualifizierten Jobs durchschlagen. Niveau und Ausstattung der staatlichen Universitäten sind vielfach noch sehr unzureichend. Dozenten warten manchmal monatelang auf ihr Gehalt. Abschlüsse an albanischen Hochschulen werden in der EU nicht anerkannt. Über 40 private Universitäten unterschiedlichster Qualität bieten teure, international anerkannte Studiengänge an, eine Möglichkeit, die

◁ Beim Barbier in Shkodra

alba103.tug

12 Mensch und Kultur

Landwarenhandel und Bar in Tërbac

Bevölkerung

In den letzten Jahren ist es in Albanien zu starken demografischen Verschiebungen gekommen. Die **Einwohnerzahl** sank um sieben Prozent auf knapp **2,9 Mio.** Während im Kommunismus Dörfer und Kleinstädte durch kulturelle und soziale Einrichtungen gestärkt wurden, kam es nach der politischen Wende 1990/91 zu einer Abwanderung in die Ballungsräume an den Küsten und in die Hauptstadt sowie zu einer verstärkten Auslandsmigration. Wahrscheinlich lebt zum ersten Mal in der Siedlungsgeschichte des Landes nur noch eine Minderheit (etwa 40 Prozent) der Bevölkerung auf dem Land. Die Lebensqualität ist in Kleinstädten oft höher als in der Hauptstadt. Obwohl die 15- bis 30-Jährigen momentan die bevölkerungsstärkste Gruppe stellen, liegt die **Geburtenrate** von 1,48 Kindern pro Frau sogar unter dem europäischen Durchschnitt. Tirana hat dabei mit einem Kind je Frau den wohl niedrigsten Wert unter den großen europäischen Städten. Noch 1990 war Albanien das Land mit der höchsten Geburtenrate Europas.

Ethnische Zusammensetzung

Albaner

90 Prozent der Bevölkerung sind Albaner, damit ist Albanien nach Griechenland das Land mit der homogensten Bevölkerung Europas. Traditionell teilen sich die Albaner in zwei Volksgruppen, die sich bezüglich Aussehen, Sprache und Kultur deutlich unterscheiden. Die **Gegen** in Nordalbanien lebten bis weit ins 20. Jahrhundert hinein in der Tradition der alten Stammeskultur. Shkodra, die einzige große Stadt des Nordens, hat eine venezianische Geschichte und ist auch heute noch durch die kulturellen Verbindungen mit Italien und die katholische Kirche geprägt. Die **Tosken** im Süden und Südosten des Landes sind viel mehr durch die Kultur der muslimischen osmanischen Besatzer geprägt. Hier liegen auch alle kulturell bedeutenden Städte.

In den Bergregionen zwischen Vlora und Gjirokastra in der Labëria leben traditionell die **Laben,** die für ihre ausgeprägte Hirtenkultur, große Musikalität und den polyphonen Gesang bekannt sind. In der südöstlichen Grenzregion, in der Çamëria, sind die **Çamen** zu Hause, die einst in ganz Nordepirus siedelten und aus Griechenland weitgehend vertrieben wurden. Auch aufgrund der wirtschaftlichen Vorteile hat sich aus dieser Volksgruppe nach 1990 ein großer Teil zur griechischen Minderheit bekannt, zahlreiche von ihnen tauschten ihren albanischen Namen gegen einen griechischen und damit oft auch den Islam gegen die orthodoxe Religion.

Griechen

Die Küstenregion zwischen Vlora und Saranda, Delvina und das Drinos-Tal bis Gjirokastra werden traditionell von einer griechisch-orthodoxen Minderheit bewohnt, deren Zahl **zwischen 50.000 und 100.000** schwankt; 40 bis 70 Prozent sind bereits nach Griechenland ausgewandert. Ortsnamen sind griechisch-albanisch geschrieben, es gibt griechischen Schulunterricht und ein griechisches Konsulat in Gjirokastra, man grüßt gerne mit *jassu* und verbringt meist nur den Sommer in Albanien und lebt sonst privilegiert mit EU-Pass, griechischer Rente oder Arbeitsstelle in Athen.

Roma und Balkan-Ägypter

Diese zwei ethnisch nicht verwandten Volksgruppen leben **gesellschaftlich diskriminiert** und in **Armut.** Die Zahl der in Albanien lebenden Roma schätzt man auf bis zu 100.000, was einem Bevölkerungsanteil von vier Prozent entspräche. Die Balkan-Ägypter definieren sich gemäß eigener Überlieferung als Nachkommen ägyptischer Söldner, die mit der Armee *Alexander des Großen* ins Land kamen. Sie haben eine schwarzbraune Hautfarbe und oft hellbraune bis blonde Haare und sind wie die Roma Christen. In Albanien wird diese Volksgruppe als **Jevgjit** (Zigeuner) bezeichnet oder als **Arixhinjtë,** was so viel bedeutet wie „die Leute, die mit Bären umherreisen" (*ari* = Bär). Jevgjit sind vor allem in Süd- und Südostalbanien anzutreffen, südlich von Durrës und in Shkodra. Wie die Roma, die die Ballungszentren bevorzugen, leben sie als fliegende Händler, vom Betteln und dem Handel mit Wertstoffmüll.

☑ Die Minderheit der Roma: arm und ausgegrenzt

alba090 mg

Typisch albanisch – Xhiro und Nachtleben

Überall im Land beginnt der **Abend** mit dem **Xhiro**. Das ist die **Zeit, zu der man das Haus verlässt,** um nach der Arbeit einen kleinen Spaziergang zu machen, Freunde und Bekannte zu treffen und vielleicht einen Kaffee, eine Limo oder ein Bier zu trinken, manchmal auch Wein, bei Raki sitzen meist ältere Männer zusammen. In den heißen Sommermonaten füllen sich gegen 19.30 Uhr schlagartig die Straßen. Flaneure ziehen ihre festgelegten Runden, Familien erscheinen mit ihren Kindern, die zwischen den Caféstühlen spielen, jetzt tauchen auch Frauen auf, die tagsüber kaum in der Öffentlichkeit zu sehen sind. Jeder ist gut angezogen, die Jugend stylt sich, und deutlich ist zu sehen, wie Jungen und Mädchen getrennt in Gruppen unterwegs sind. Es gibt keinen besseren Platz, als in einem Café oder Restaurant zu sitzen und das abendliche Treiben entspannt zu verfolgen.

Familien mit Kindern und Mädchen verschwinden dann Schlag 22 Uhr von der Bildfläche, jetzt kommt die Stunde der Ehe- und Liebespaare. Restaurants haben bis 23 Uhr geöffnet, dann ist Schluss und der Tag zu Ende.

Dem Xhiro folgt das **Nachtleben.** In der Hauptstadt gibt es einige gute Bars und angesagte Clubs, die bis 4.30 Uhr morgens geöffnet sind. An der Küste heizen in jedem größeren Ort Stranddiscos ein, in denen bis zum frühen Morgen durchgetanzt wird. Öffentlicher Alkoholkonsum ist nicht zu sehen, weiche Drogen (Haschisch) sind relativ offen in allen großen Städten und Strandorten im Umlauf (aber verboten!).

Aromunen

Die Volksgruppe der Aromunen oder auch **Walachen** spricht eine eigene, dem Rumänischen verwandte Sprache. Die untergegangene Handelsstadt Voskopoja, aromunisch Moscopole, in Südalbanien bei Korça war in der osmanischen Zeit ein bedeutendes kulturelles orthodoxes Zentrum. Heute leben in allen größeren Städten Süd- und Mittelalbaniens Aromunen unbekannter Anzahl, vor allem im Raum Korça und in Tirana.

Slawische Mazedonier

In Liqenas **am Großen Prespa-See** sind fast alle der 4.000 Bewohner Slawen, die Autos haben oft bulgarische Kennzeichen, die Ortsnamenschilder sind in dieser Region mazedonisch, griechisch und albanisch geschrieben. Angehörige dieser als ethnische Minderheit anerkannten Volksgruppe finden sich entlang der ganzen albanischen Grenze bis nach Peshkopia und zum Kosovo.

Kleinere Gruppen meist albanisch assimilierter **Serben, Montenegriner und Goranen** (islamische Südslawen) trifft man an der nordalbanischen Grenze.

Familie und Geschlecht

Familie in Albanien bedeutet **Großfamilie:** Dazu zählen Großeltern, Eltern und Kinder sowie alle näheren und fernen Verwandten, die man auch persönlich kennt und regelmäßig besucht. Geschwister wachsen in der Regel sehr eng und innig mit ihren Cousinen und Cousins auf und fühlen sich ein Leben lang verbunden. So haben die meisten Familien Verwandte im ganzen Land.

Auch heute noch verläuft das Leben **nach Geschlechtern getrennt,** besonders im ländlichen Raum. Über 500 Jahre osmanisch-patriarchalischer Strukturen und Gesetze haben tiefe Spuren hinterlassen. Im Kommunismus wurde die Gleichberechtigung der Frau konsequent durchgesetzt. Beispielhafter Mutterschutz und die Öffnung von Ausbildung und Arbeitsmarkt führten damals zu einer hohen Erwerbstätigkeit bei (jungen) Frauen, die die Fabrikarbeit im Kollektiv unter Frauen zu schätzen wussten, um aus der Enge der Familienverhältnisse herauszukommen und auch eine gewisse finanzielle Selbstständigkeit zu erlangen. Doch zu Hause blieben in den allermeisten Familien die alten patriarchalischen Strukturen erhalten.

Auch heute noch fällt die Abwesenheit von **Frauen** im öffentlichen Raum auf. Nachdem sie die frühmorgendlichen Einkäufe getätigt haben, gehen die Frauen zur Arbeit und/oder kümmern sich um Haushalt, Kinder und das Kochen. Junge Mädchen gehen im Schutz der Gruppe aus. Dabei darf die moderne, zum Teil sehr freizügige Kleidung nicht darüber hinwegtäuschen, dass die Sitten immer noch sehr streng sind. Mit einem Freund auszugehen, geschieht in den meisten Fällen immer noch heimlich, in der Regel mit Wissen und Schutz der Cousinen oder Mutter und ohne das Wissen des Vaters. Im heiratsfähigen Alter ist auch heute noch der Druck, eine feste Bindung einzugehen, sehr hoch. Ist der Freund erst einmal im Haus der zukünftigen Schwiegerfamilie gewesen und hat sich dem Vater vorgestellt, sind Verlobung und Heirat vorprogrammiert.

Unverheiratet zu sein, ohne Familie und Kinder, ist auch heute für die meisten Albanerinnen undenkbar; das Singledasein junger Frauen gilt als äußerst unschicklich. Besonders für junge Frauen, die im Ausland studiert und freiere Sitten kennengelernt haben, ist es schwer, wieder nach Hause in die Familie zurückzukehren.

Hochzeiten werden traditionell ein Jahr vorher auf einer der vielen Hochzeiten im Leben einer Familie verabredet, denn da sind auch die im Ausland lebenden Verwandten in ihren Sommerferien im Land. Gefeiert wird mindestens drei volle Tage: Am ersten Tag (getrennt nach Familien) der Abschied des Mannes vom Junggesellendasein und der Auszug der Braut aus dem Elternhaus; am zweiten Tag folgt die eigentliche Hochzeit; der dritte Tag ist dann der Tag der Freunde und jüngeren Verwandten, die zusammenkommen und feiern. Das Ankleiden der Braut mit einem glamourösen weißen Kleid, das aufwendige Frisieren und Schminken durch enge Freundinnen

☑ Traditionelles Spinnen

und Cousinen dauert vom frühen Morgen an Stunden; das maskenhaft überschminkte Gesicht lässt die meist blutjungen Bräute um Jahre älter aussehen. Mit einem Zeremoniell vor der Haustür der Schwiegerfamilie erfolgt die Übergabe der Braut an die Familie des Mannes, wobei es sehr ernst und emotional zugeht und nicht selten Tränen der Rührung und des Abschiedsschmerzes fließen – auch wenn die Braut nur in die nächste Straße zieht. Mit einem Imbiss und Süßem werden die Gratulanten willkommen geheißen, enge Freunde und Nachbarn und alle, die zum Gratulieren kommen wollen. Das Fest am Abend ist dann der „engeren" Familie vorbehalten, zu der nicht selten weit über 100 geladene Gäste zählen. Konvois

hupender Autos auf dem Weg zum Restaurant gehören in den Sommermonaten im ganzen Land zum Straßenbild. Am Abend sitzen Braut und Bräutigam an einem exponierten Tisch und nehmen auch hier wieder Gratulationen und Geschenke entgegen, während das Hochzeitspublikum ausgelassen speist und feiert. Die Musik ist laut, getanzt wird viel, vor allem auch traditionell, bis in den frühen Morgen. Eine wichtige Rolle während der ganzen Hochzeit spielt ein meist aus der Familie zusammengestelltes Team, das für die Planung der Hochzeit, die Zeremonien, das offizielle Fotoshooting und vor allem auch für das oft hochprofessionell hergestellte Hochzeitsvideo zuständig ist. Viele Hochzeiten ufern in der Nacht mit der Entführung der Braut und wilden Verfolgungsjagden aus, was nicht immer zur Freude der Braut geschieht, die dann über Stunden ihr Hochzeitsfest verpasst.

⌃ Abschied der Braut im Elternhaus am Vorabend der Hochzeit

Traditionell gehört die Frau mit der Hochzeit zur Familie des Mannes, wo sie sich mit einer immer präsenten Schwiegermutter arrangieren muss, die weiterhin die erste Stelle im Haushalt innehat. Selbstverständlich verbleiben alleinstehende Elternteile in der Familie und sorgen mit für die heranwachsenden Enkelkinder. Viele **modern** eingestellte Ehepaare versuchen dieser Situation zu entgehen und suchen sich eine eigene Wohnung. Doch hohe Arbeitslosigkeit, geringe Einkommen und ein Mangel an günstigem Wohnraum stehen diesem Wunsch oft im Weg.

Scheidungen sind auch heute eher die Ausnahme und werden durch die engen familiären Bindungen als Drama empfunden, bei dem vor allem die Frau, aber auch die Familie insgesamt das Ansehen verlieren.

In traditionellen katholischen und muslimischen Gebieten ist das **frühe Versprechen** der Töchter immer noch üblich, sodass es immer noch viele junge Frauen gibt, die gerade einmal ihren Schulabschluss vor der Heirat schaffen. In den Städten sind junge Leute selbstbewusster und zögern das Heiraten nach der Verlobung oft über Jahre hinaus, um erst für die richtigen Gegebenheiten zu sorgen. Am starken Rückgang der Geburtenrate ist das deutlich erkennbar.

Älteren Menschen gebührt in Albanien außerordentlich viel Respekt und Achtung. Bei einer staatlichen Rente von nur 70 Euro im Monat springt hier vor allem die Großfamilie ein, doch Altersarmut ist eines der großen sozialen Probleme im Land und trifft gerade die Menschen, die während der kommunistischen Zeit ein Leben voll schwerer Arbeit hatten.

Wie die Hochzeit ist auch die **Beerdigung** ein großes Fest, an dem die ganze Sippschaft teilnimmt und nicht selten sogar Verwandte aus Übersee anreisen, um dem Toten die letzte Ehre zu geben. Bis zum Tag der Bestattung ist es üblich, den zurückbleibenden Ehepartner nicht allein zu lassen und Tag und Nacht bei ihm Wache zu halten. In Südalbanien sind tagelange Trauergesänge (Totenklagen) am Bett des Verstorbenen auch heutzutage üblich.

Religionen

In Albanien gibt es keine offizielle Statistik zur Religionszugehörigkeit, doch ist davon auszugehen, dass **60 Prozent** der Bevölkerung **Muslime** sind. Sie verteilen sich auf zwei Glaubensgemeinschaften, den sunnitischen Islam (40%) und den schiitischen Bektashi-Orden (20%). Seit 1991 wird die in der kommunistischen Zeit völlig zerstörte **Orthodoxe Autokephale Kirche** von Albanien wieder aufgebaut, die heute mit etwa 20 Prozent der Gläubigen die zweitgrößte Religionsgemeinschaft ist. Der **Römisch-Katholischen Kirche** gehören etwa 500.000 Gläubige in zwei Kirchenprovinzen und sechs eigenständigen Diözesen an. Der Baptistenbund zählt acht Gemeinden, Protestanten unbekannter Zahl leben in einigen Städten.

Da Albanien heute ein überwiegend muslimisches Land ist, wird oft übersehen, dass das Christentum schon verhältnismäßig früh in das antike Illyrien kam. Historiker vermuten, dass die ersten **Missionare** im Hafen von Durrac-

Albanische Heiligen-Namen

- **Shën Angjelizmoit/Vangjelizmoit** –
Hl. Verkündigung an Maria
- **Shën Athanas/Thanas** – Hl. Athanasius
- **Shën Dimitrit/Mitrit** –
Hl. Demetrius von Thessaloniki
- **Shën Gjergji** – Hl. Georg
- **Shën Gjin/Gjon/Joan Pagëzorit** –
Hl. Johannes der Täufer
- **Shën Ilias** – Hl. Elias
- **Shën Koll/Nikolas** – Hl. Nikolaus
- **Shën Konstandin** – Hl. Konstantinus
- **Shën Kozma** – Hl. Kosmas
- **Shën Lezhderit** – Hl. Alexander
- **Shën Mëhill/Milli** – Hl. Michael
- **Shën Mërisë** – Hl. Maria
- **Shën Naum** – Hl. Naum von Ohrid
- **Shën Ndou/Shnou** – Hl. Antonius
- **Shën Prëmte /Premtja/Parashqevia** –
Hl. Veneranda (Hl. Freitag)
- **Shën P(j)etrit** – Hl. Petrus
- **Shën Prodhomit/Prodromos** –
Hl. Johannes Prodromos
- **Shën Sotir** – Hl. Sotiris
- **Shën Thodrit** – Hl. Theodor
- **Shën Triadhës** – Hl. Dreifaltigkeit
- **Shën Varvara** – Hl. Barbara
- **Shën Vazil** – Hl. Basileus
- **40 Shënjtorët** – 40 Heilige

alba095 mg

chium (Durrës) an Land gingen und entlang der großen Handelsstraßen und an der Küste die ersten christlichen Gemeinden aufbauten. In den Paulusbriefen an die Römer schreibt der Apostel: „So habe ich von Jerusalem an im Umkreis bis nach Illyrien die Frohe Botschaft von Christus zu Ende geführt" (Römer 15,19), weswegen man vermutet, dass **Paulus** selbst der erste Missionar im damaligen Illyrien gewesen sein könnte. Auch auf den großen Konzilen im 4. und 5. Jahrhundert waren Bischöfe der illyrischen Küstenstädte anwesend.

Muslime verteilen sich aufs ganze Land, überproportional sind sie in den Bergregionen vertreten, Bektashi in Südalbanien. Orthodoxe Christen leben vor allem in Süd- und Südostalbanien, einschließlich der ethnischen orthodoxen Minderheiten, Katholiken im Raum Shkodra und in den nordwestlichen Alpengebieten. Bemerkenswert ist das friedliche Zusammenleben dieser so unterschiedlichen Gruppen auf einem relativ kleinen Staatsgebiet – die **religiöse Toleranz,** historisch gewachsen, ist typisch für Albanien und einmalig auf dem Balkan.

Mit der **Ausrufung zum ersten atheistischen Staat der Welt im Jahr 1968** war jede Form von Religionsausübung in Albanien verboten. Hunderte von religiösen Einrichtungen aller Glaubensgemeinschaften wurden systematisch zerstört oder zu Warenlagern, Sporthallen, Viehställen oder Bars umfunktioniert. Nur wenige abgelegene Gotteshäuser überstanden diese Zeit ohne Schaden. Gläubige wurden verschleppt und ermordet oder in Arbeitslagern ausgebeutet. Besonders zahlreich waren die Verfolgungen im katholischen Norden.

In Shkodra wurde so die katholisch geprägte bürgerliche Stadtkultur vernichtet. Bis 2012 hat die Orthodoxe Kirche Albaniens 145 Kirchen neu erbaut, 60 Kirchen und Klöster renoviert und restauriert und 158 Kirchen nach alten Plänen rekonstruiert.

In der Verfassung aus dem Jahr 1998 ist Albanien als **laizistische Republik** definiert, Religionsfreiheit wird garantiert. Wie in Frankreich sind Staat und Kirche klar voneinander getrennt, Religionsunterricht und Aufwendungen für den Unterhalt von Kirchen müssen vollständig von den Glaubensgemeinschaften getragen werden. Zuwendungen für den Bau von Gotteshäusern und sonstige Unterstützung nehmen alle Religionsgemeinschaften gerne an.

Vielen Menschen ist Religion nicht (mehr) besonders wichtig, die Glaubensinhalte sind in großem Ausmaß verloren gegangen. Meist beschränkt sich die **religiöse Praxis** auf traditionelle Feste, deren Hintergründe nicht mehr im Bewusstsein der Menschen verankert sind, während gleichzeitig viele auf der Suche sind nach Antworten auf religiöse und Sinnfragen.

Auf die religiöse Toleranz im Land wurde schon hingewiesen. So werden Moscheen und christliche Kirchen nebeneinander gebaut, Kindergärten oder soziale Einrichtungen der einen werden auch von der anderen Religionsgemeinschaft genutzt. Religiöse Feste werden oft gemeinsam begangen, auch bei der Heirat hat die **Konfession kaum** eine **Bedeutung.** In eindeutig muslimischen Familien kann man ohne Weiteres auch einem Jesusgemälde über dem Sofa begegnen. Auch bei Muslimen ist die „Hochzeit in Weiß" Tradition, ein feierliches Hochzeitsritual im Restaurant eingeschlossen. Die Abneigung der Albaner gegen eine allzu große Vereinnahmung und Einschränkung des privaten Lebens durch die Religion wird bei den Muslimen dadurch deutlich, dass sie sich weder für die schiitischen Missionierungsversuche aus dem Iran noch für strenge arabische Auslegungen des Islam erwärmen können. Ein Kopftuch oder gar einen Schleier zu tragen, wäre für die meisten (modernen) albanischen Muslima undenkbar.

Die Bektashi

Zu den sonderbarsten Erfahrungen mit Religion in Albanien gehört der Besuch einer Bektashi-Ordensgemeinschaft, über deren Lehre bis heute ein geheimnisvoller Schleier schwebt und deren undurchschaubare Verknüpfungen mit der Politik für viel Legendenbildung sorgen. Die Geschichte des Ordens geht auf seinen Gründer **Hadschi Bektasch Wali** zurück, der im 13. Jahrhundert in Anatolien lebte, von wo sich die Lehre mit der Ausdehnung des osmanischen Reiches und den Janitscharen-Truppen im Laufe des Mittelalters bis nach Europa verbreitete. Der legendäre und wundertätige Bektashi-Heilige *Sari Salltek* soll in Albanien bereits im 16. Jahrhundert verehrt worden sein. Die **Glaubenslehre** hat ihre Wurzeln in den alten Religionslehren des Nahen Ostens und steht inhaltlich in enger Verbindung sowohl mit dem schiitischen und alewitischen Islam als auch dem Christentum. So findet man in der Bildtradition und Symbolik der Bektashi immer wieder uns aus der christlichen Überlieferung vertraute Elemente. Die Anschauung, Gott nehme in der Natur und im Menschen Gestalt an, ist dem Bereich des Mystischen verhaftet und undurchschaubar. Allah, *Mohammed*, der Imam *Ali* sowie dessen Frau *Fatima* und Söhne *Hassan* und *Hussein* gehören zu den zentralen Figuren der Lehre. Wie in westlichen Ordensgemeinschaften haben auch die Bektashi hierarchische Strukturen, religiöse Glaubensgrundsätze, sie pflegen besondere Riten und Religionspraktiken, die sich deutlich von denen des sunnitischen Islam unterscheiden.

In den **Klöstern (Tekke)** sind vor allem Derwische anzutreffen, die man an ihrer weißen Kopfbedeckung, dem Tadsch, und ihren weiten, weißen Gewändern erkennt. Sie haben wie Mönche ein Glaubensversprechen abgelegt, studieren die Lehre, geben Religionsunterricht und leben von Zuwendungen der Gemeinschaft.

Mit dem Übertritt des **Ali Pascha von Tepelena** (1741–1822) zum Bektashi-Glauben nahm die Zahl der Ordensanhänger stark zu. Es gelang den Bektashi, ihre bäuerlichen Anhänger von einem Teil der erdrückenden Steuerlast zu befreien. Ihre liberale Haltung in Fragen der Religionspraktiken und Glaubenslehre zog die einfachen frommen Menschen an, denen mit der Natur verbundene rituelle Praktiken mehr zusagten als die Einhaltung strenger Regeln. Die Bektashi sahen sich auch als Friedensstifter zwischen den Religionen, sodass auch gemischte Ehen mit orthodoxen Ehepartnern toleriert wurden.

Als Sultan *Mahmut I.* 1826 alle Tekken im Osmanischen Reich schließen ließ, konnten die Anhänger der Bektashi in Albanien unter schwierigen Umständen weiter ihrem Glauben nachgehen; Anfang des 20. Jahrhunderts war etwa ein Viertel aller Moslems in Land Bektashi. Ihre Tekken waren wie die christlichen Klöster wichtige Bildungseinrichtungen, in denen auch die albanische Sprache gelehrt wurde. Während des Balkankrieges und des 1. Weltkrieges verwüsteten **griechische Truppen** nahezu alle Tekken in Südalbanien und ermordeten ihre geistlichen Führer, was noch heute im Bewusstsein der muslimischen Bewohner ist, deren alte Kulturplätze damit unwiederbringlich verloren gingen. Bis zum Verbot aller muslimischen Orden in der Türkei durch *Atatürk* im Jahr 1925 hatten die Bektashi ihren Sitz in Anatolien, danach in Tirana. Vor dem 2. Weltkrieg sollen in Albanien etwa 280 Babas (Tekke-Vorsteher) und Derwische gelebt haben, nach dem 2. Weltkrieg gab es noch etwa 50 Tekken und 80 Derwische. Als sich das **kommunistische Albanien** zum atheistischen Staat erklärte, gehörten die Bektashi-Führer und -Anhänger wie auch die katholischen Christen zu den besonders brutal verfolgten Gläubigen, an denen schwere Massaker verübt wurden. Viele Geistliche starben in Arbeitslagern. Mit Hilfe vor dem 2. Weltkrieg in die USA immigrierter Bektashi aus Detroit wurde nach der Aufhebung des Religionsverbots 1990 das internationale **Hauptquartier des Ordens in Tirana** wieder aufgebaut. Inzwischen sind neben dem Studienzentrum in Vlora an vielen Orten Albaniens neue Tekken entstanden, zuletzt 2012 in Saranda.

▷ Die Dorfkirche Shën Mërisë in Labova e Kryqit

Juden in Albanien

Während des 2. Weltkriegs gelang es den Nationalsozialisten nicht, die albanischen Juden, die hauptsächlich in Delvina und Vlora ansässig waren, zu deportieren, da sie von ihren Mitbürgern geschützt und versteckt wurden. So war Albanien **im 2. Weltkrieg** zusammen mit Bulgarien das einzige Land, in dem die Juden **überleben konnten.** Nachdem die meisten Juden nach dem 2. Weltkrieg und dann nach dem kommunistischen Zusammenbruch nach Israel auswanderten, gibt es heute wieder eine kleine, junge jüdische Gemeinde in Tirana. Am Historischen Nationalmuseum erinnert eine zweisprachige Plakette an 33 Albaner, die verfolgten Juden zur Hilfe kamen, ein freier Platz darunter steht für die vielen namenlosen Lebensretter.

Tekken, Moscheen, Kirchen

Tekke

Eine Tekke (alb.: *teqe*) ist das **Kloster der Ordensgemeinschaft der Bektashi.** Die Klöster sind Besuchern gegenüber sehr offen und gastfreundlich eingestellt. Im traditionell grün gestrichenen Besuchsraum begrüßt ein Derwisch oder sogar der **Baba** (Vorsteher) persönlich die Gäste, meist auf rot gefärbten Flokati-Teppichen. Oft werden dem Gast Bonbons oder auch ein Getränk angeboten.

Der **Gebetsraum,** die **Semahane,** hat wie in der Moschee eine gewölbte Kuppel und ist der architektonisch am meisten betonte Raum der ganzen Anlage. Bei den Bektashi wird der Tag in der Regel nicht von Gebeten unterbrochen, sondern man betet am Abend nach geta-

alba083 mg

ner Arbeit. Dabei wird sehr viel gesungen und getanzt, auch Verse werden rezitiert. Der Gesang wird von lautenähnlichen Instrumenten begleitet, die oft sehr schnell gespielt werden und eine sinnliche und mystische Stimmung erzeugen, die bei der gesamten Glaubensausübung eine zentrale Rolle spielt. Auffallend ist, dass ganze Familien und Menschen aller Altersklassen und auch sozialer Gruppen ohne Unterschied zur Gebetsfeier zusammenkommen. Dort haben Frauen eine gleichberechtigtere Stellung als sonst im Islam. Sie beten und singen mit den Männern gemeinsam und tragen kein Kopftuch.

Das größte Heiligtum der Tekke ist das **Mausoleum des Baba,** das **Turba** (Türbe) genannt wird und meistens ein einzeln stehender achteckiger Bau ist, in dem neben der steinernen Tumba (Grabmal) des Baba auch meistens noch die Särge von anderen hohen Mitgliedern des Konvents stehen. Die mit grünen, glänzenden Tüchern abgedeckten Tumben dienen aber nur der Verehrung, die Bestattungen erfolgen tief in der Erde. Gläubige unterziehen sich vor jedem Besuch der Türbe einem besonderen Ritual, das immer mit den rituellen Waschungen der Füße und Hände an einem Brunnen beginnt. Beim Eintreten in die Turba wird zur Abwehr böser Kräfte mit der rechten Hand die rote Hand an der Eingangstür berührt, und es wird darauf geachtet, das Grabgebäude zuerst mit dem rechten Fuß zu betreten. Dann wird das Grabmal dreimal andächtig ohne eine Körperwendung umrundet, wobei bei jeder Runde die vier Ecken des Sarges in Verehrung geküsst werden. Der Besuch des Heiligtums endet mit dem Schlussgebet, das kniend auf dem Gebetsteppich gesprochen wird. Der Raum wird rückwärts gehend, den linken Fuß zuletzt aufsetzend, verlassen, um das Heiligtum nicht mit dem Anblick der menschlichen Kehrseite zu beleidigen.

Moschee

Auch in den Moscheen begegnet man allen Besuchern gegenüber sehr freundlich. Allerdings findet man sie häufig verschlossen vor. Die beste Möglichkeit für einen Besuch ist nach den offiziellen Gebetszeiten. Es gibt fünf **rituelle Pflichtgebete,** die sich nach dem Stand der Sonne am jeweiligen Ort richten: das Morgengebet zwischen Morgendämmerung und dem Sonnenaufgang, das Mittagsgebet, das Nachmittagsgebet und das Nachtgebet. An Ramadan verlängern sich diese Zeiten.

Vor dem **Betreten einer Moschee** werden immer die Schuhe ausgezogen, um den Boden nicht zu verunreinigen. Frauen sollten ihre Haare bedecken, oft werden dafür am Eingang Tücher bereitgelegt, oder man fragt danach. Frauen beten meist auf einer Empore im oberen Stock. Manchmal gibt es auch keinen eigenen Frauenraum, dann nimmt man als Frau hinter den Männern im Hauptraum Platz. Meist werden Besucher gar nicht beachtet.

Auf den **arabischen Inschriften** an der Eingangstür ruft die rechte Schrift *Allah* an, die linke den Propheten *Mohammed.* Die Wand gegenüber der Tür zeigt nach Mekka. In ihr befindet sich der **Mihrab,** die Gebetsnische der Moschee, die den Gläubigen die Gebetsrichtung anzeigt. **Minarette** waren früher von Fackeln erhellte Wachtürme und der erhöhte Platz für den Gebetsrufer (Muezzin), heute wird der Aufruf zum Gebet auch in Albanien über Lautsprecher übertragen.

Katholische Kirche

Die katholischen Kirchen in Nordalbanien wurden besonders schwer von den Verwüstungen des Kirchensturms betroffen und mussten wieder neu aufgebaut werden. An hohen kirchlichen Feiertagen wie Ostern, Pfingsten oder an den Marienfeiertagen einen Festgottesdienst mitzuerleben, ist ein beeindruckendes Erlebnis, besonders in den alten orthodoxen Kirchen, in denen die Liturgie sehr feierlich zelebriert wird (s.u.), aber auch in den katholischen Kirchen des Nordens, wo die **Volksfrömmigkeit** noch sehr stark ausgeprägt ist. Vielfach kann man noch traditionell gekleidete Albanerinnen sehen. Touristen sind überall gern gesehene Gäste.

Orthodoxe Kirche

Besonders in Süd- und Ostalbanien haben sich trotz der Zerstörungen einige sehr schöne orthodoxe Kirchen mit **prachtvollen alten Ausstattungen** erhalten, deren Besichtigung zu den Höhepunkten einer Albanien-Reise gehört, auch wenn sie meist noch nicht restauriert sind. Die Priester sprechen neben Albanisch (nur) Griechisch oder etwas Italienisch, sodass sich die Verständigung schwierig gestalten dürfte.

In einer orthodoxen Kirche kommt man zuerst in den **Narthex,** die meist im Westen gelegene Vorhalle der Kirche. Sie war ein wichtiger Ort für liturgische Aufgaben, wie die Taufe oder Versöhnungszeremonien, und ist der Ort, an dem sich die noch nicht vollständig für den Gottesdienst vorbereiteten Katechumen während der Eucharistiefeier aufhalten müssen. Der Boden diente früher Pilgern auf ihren Reisen als Schlafstätte.

Im geistigen Verständnis ist die Kirche als **Abbild des gesamten Kosmos** zu verstehen, der aus einem sichtbaren und einem unsichtbaren Teil besteht. So gehört der Deckenbereich mit Christus, den Erzengeln, Evangelisten und Propheten der himmlischen Kirche, der untere Teil der Heilsgeschichte, die sich auf der Erde verwirklicht. Beide Teile werden während des Gottesdienstes durch die heilige Liturgie verbunden.

Vom Narthex gelangt man in den quadratischen **Hauptraum,** über dem sich eine große Kuppel wölbt, die der höchste Punkt der Kirche ist. Von dort segnet Christus das Kirchenvolk. Unterhalb der Kuppelfenster befinden sich die vier Erzengel *Gabriel, Michael, Raphael* und *Uriel,* in den Zwickeln folgen die vier Evangelisten mit ihren Attributen: *Matthäus* (Engel), *Markus* (Stier), *Lukas* (Löwe), *Johannes* (Adler). Auf dem meist fenstergeschmückten Kuppelsockel, dem Tambur, ist der Platz für die Propheten. In alten orthodoxen Kirchen sind die Wände des Gemeinderaums immer fast vollständig ausgemalt und können Bildfolgen mit mehreren hundert Figuren haben. Das ist der Grund, warum an den Figuren meist Namensschildchen in griechischer Schrift zur besseren Orientierung zu finden sind.

Auf den oberen Wandzonen des Gemeinderaumes wird der **Festtagszyklus** abgebildet, der die zwölf hohen Kirchen-

feste dargestellt: Verkündigung, Geburt, Darstellung im Tempel, Taufe, der Einzug in Jerusalem, die Auferweckung des Lazarus, Verklärung auf dem Berg Tabor, Kreuzigung, Höllenfahrt, Himmelfahrt, Pfingsten und Marientod. Oft werden hier Szenen aus dem Leben des Heiligen beigefügt, dem die Kirche geweiht ist, oder zusätzlich Begebenheiten aus dem Leben *Marias* oder Wundergeschichten aus dem Leben Jesu erzählt.

In der orthodoxen Kirche spielt die Verehrung der (ausschließlich männlichen) Heiligen die wichtigste Rolle im Alltagsglauben. So zeigen die unteren Wandflächen der Kirchen großformatige **Heiligendarstellungen,** die je nach Zeitgeschmack und Vorlieben der Stifter und Erbauer ausgewählt wurden. Hier findet sich auch der jeweilige Familienheilige, der von Generation zu Generation über die männliche Linie vererbt wird. Besonders an ihn richten sich die Gebete der jeweiligen Familie, er ist auch Adressat von Spenden. Die räumliche Nähe der Heiligen zum Kirchenvolk

Schwache an den Seitenwänden. Auch Orgeln wird man nicht finden. Im Verständnis der orthodoxen Kirche und ihrer Liturgie ist die menschliche Stimme das einzige Instrument, das würdig ist, Gott zu preisen. Das auffälligste Element im Kirchenraum ist die Ikonostase aus Holz; sie besteht aus floralem und vergoldetem Schnitzwerk mit Tieren und Figuren und ist mit Ikonen geschmückt. Der Raum hinter dieser Trennwand ist der Altarraum und der heilige Bereich, der allein dem Priester vorbehalten ist. Wenn genug Platz ist, hat die Ikonostase bis zu drei Türen, die die Gläubigen vom Altar trennen und das Mysterium der Eucharistie verhüllen, gleichzeitig aber auch dank der Durchsichtigkeit des Schnitzwerkes preisgeben. Die mittlere Tür ist die Goldene Pforte, durch die der Priester Christus, den König der Ehren, in Form des Evangelienbuches und des Allerheiligsten zur Gemeinde bringt. Während der Feier des Abendmahls ist diese Tür geöffnet und der Altar sichtbar. Bei allen anderen Handlungen werden die seitlichen Türen genutzt.

Ikonen spielen eine ganz wichtige Rolle im Glaubensritus. Sie werden beim Besuch der Kirche gegrüßt und geehrt, indem man sich bekreuzigt oder vor ihnen niederwirft. Die Bilder werden auch geküsst, aber das Gesicht der Figur dabei niemals berührt. Anders als im Verständnis der katholischen Kirche werden Heilige nur verehrt, aber nicht angebetet. Anbetung kommt im orthodoxen Verständnis allein Gott zu.

drückt aus, dass auch sie nur aus Fleisch und Blut waren und jeder Gläubige auf seine Weise in seinem Leben als Heiliger wirken kann.

Zur weiteren **Kirchenausstattung** gehören die meist reich geschnitzte Kanzel, der Ambo für Lesungen und das vergoldete Bischofsgestühl. In der orthodoxen Kirche ist das Stehen die angemessene Haltung, die der aktiven Teilnahme am Geschehen entspricht und auch den sogenannten Kirchenschlaf verhindert. Sitzbänke gibt es nur für Alte und

Darstellung des Fegefeuers in der Kirche von Leuse bei Përmet

Volkskultur

Kunsthandwerk

Die ethnografischen Museen des Landes bieten eine Fülle von Ausstellungsstücken, die die kunsthandwerkliche Tradition Albaniens in der osmanischen Zeit dokumentieren, die besonders im 18./19. Jahrhundert in den Städten zu großer Blüte kam. Hervorzuheben sind vor allem die kostbaren **Stickereien** wertvoller Trachtenkleidung und **Silberwaren,** seien es Waffen und Zubehör oder Schmuck, der zu den Trachten getragen wurde. Aus **Kupfer** wurden viele Gebrauchsgegenstände hergestellt, sie finden sich in großer Stückzahl in Antiquitäten- und Souvenirläden. Hervorzuheben sind auch handgewebte Teppiche mit vielfarbigen Mustern sowie Holzschnitzarbeiten, die einem in großer Kunstfertigkeit sowohl bei Alltagsgegenständen als auch in orthodoxen Kirchen begegnen.

In der kommunistischen Zeit wurden in der staatlichen Teppichweberei in Kruja handwerklich exzellent gearbeitete **Teppiche** hergestellt. Diese Tradition wird heute auf dem Basar von Kruja fortgeführt. Ältere Teppiche sind oft farbenfroh und mit floralen Motiven, stilisierten Herzen, Vögeln oder Früchten versehen. Heute gibt die touristische Nachfrage die Richtung vor, und Teppiche werden vor allem in den schwarz-roten Nationalfarben hergestellt, mit eingewebten stilisierten schwarzen Adlern, deren lange Schwanzfedern die unter *Skanderbeg* geeinten Stämme symbolisieren.

Kenntnisse in **Handarbeiten** wie Weben, Sticken und Häkeln, der Weißnäherei und dem Klöppeln sind auf dem Land noch weit verbreitet. Für Folkloreveranstaltungen, aber auch für Hochzeiten werden kostbare Trachten hergestellt. Silber-Filigranarbeiten findet man vor allem in Shkodra. Außerordentlich fantasiereich und kunstfertig sind die Albaner bei allen Natursteinarbeiten; die Steinmetzkunst lebt heute an einigen Orten ebenso wie die Schnitzkunst wieder auf. Auch die Mosaikkunst hat in Albanien seit der Antike bis über die kommunistische Zeit eine lange Tradition.

Volkstrachten

Eine Besonderheit der albanischen Volkskultur ist ihr **Reichtum an Volkstrachten (Veshjet Popullore Shqiptare),** der sich in dem kleinen Gebirgsland über Jahrhunderte ausbilden konnte. Bis in die 1950er Jahre hinein war das Tragen der Tracht im (ländlichen) Alltagsleben weit verbreitet, bis sich allmählich die praktischer zu handhabende westliche Kleidung durchsetzte.

Früher hatte **jede Volksgruppe,** jeder Stamm, ja in Nordalbanien sogar jedes Tal, **eigene Trachten,** die sich in Farbgebung, Machart und besonderen Details unterschieden, sodass man anhand der Verzierungen genau sagen konnte, aus welchem Dorf der/ die Träger/in stammte. Im 18. und 19. Jahrhundert erreichte die Stoffverarbeitung und feine Seidenstickerei mit Gold- und Silberfäden in den Städten höchste kunsthandwerkliche Perfektion. Je prächtiger die Stickereien auf den Samtwesten, -jacken und -mänteln waren, umso wohlhabender ihre Besitzer. Besitzstand und soziale Stellung waren dabei für jedermann sogleich durch die Anzahl und Pracht verschiedener applizierter goldener Ornamente erkennbar, wobei man sich in der Stadt in Geschmack und Stoffwahl wesentlich stärker an der türkischen Mode aus Istanbul orientierte, als bei den bäuerlichen Trachten auf dem Land. Die Tracht der Katholiken und auch der Orthodoxen, besonders der Frauen, unterschied sich dabei nochmals deutlich von der der Muslime; in Shkodra waren auch die katholischen Frauen verschleiert.

Das änderte sich Mitte des 19. Jahrhunderts, als die Mittel- und Oberschicht in den Städten begann, die **europäische Mode** zu übernehmen. Mit Beginn der Unabhängigkeitsbewegung wurden Straßenanzug und Kostüm in der Oberschicht zum Symbol patriotischer Gesinnung, während die Volkstracht für eine konservative Grundhaltung stand. Nach 1912 war in den albanischen Städten immer mehr industriell gefertigte europäische Kleidung zu sehen. Das Tragen eines **Schleiers** wurde bereits 1929 unter König *Zogu* verboten, doch auf dem Land hielten sich die Traditionen länger, wenn auch die Trachten insgesamt einfacher und oft mit zweckmäßigen neuen Kleidungsstücken kombiniert wurden.

In den katholischen Gegenden Nordalbaniens sieht man auch heute noch ältere Albanerinnen in traditionellen Gewändern, in den abgelegenen Regionen von Has, Dibra und Bulqizë tragen die Frauen noch schön gearbeitete Kopftücher und die Männer die typische traditionelle weiße Filzkappe, die *Qeleshë*. In vielen Familien haben die Erbstücke früherer Generationen überlebt, und so

manches gute Stück landet heute auch im Souvenir- oder Antiquitätenladen, wo alte Kleidung und Schmuck oft zu erstaunlich günstigen Preisen angeboten werden. Besonders kostbare Kleidungsstücke kann man in den Ethnografischen Museen, auf regionalen Trachtenfesten oder Tanz- und Musikveranstaltungen bewundern. Als bedeutendste Privatsammlung gilt die **Volkstrachtensammlung** von *Linda Spahiu,* für die seit 2002 Tausende von Einzelteilen in den Bergdörfern zusammengetragen wurden. Mit großem Kapitaleinsatz und Engagement widmet man sich besonders den komplizierten Restaurierungstechniken und auch der wissenschaftlichen Dokumentation der wertvollen Stücke, die durch unsachgemäße Lagerung und Insektenbefall gefährdet sind. Zu sehen bekommt man die Kostbarkeiten zurzeit allerdings nur in großen Fernsehshows, in denen sie von albanischen Top-Models vorgestellt werden, oder auf anderen kommerziellen Events und temporären Ausstellungen, die zur Finanzierung des kostspieligen Projektes beitragen sollen. Gute Souvenirläden führen auch den 2011 erstmalig erschienenen beachtenswerten Jahreskalender dieser Sammlung.

Die Tracht der Frauen

Die traditionelle **Grundkleidung** der Frau bestand aus einem langen, meist bis an die Waden reichenden weißen Leinenhemd *(Këmishë),* zu dem ein meist hüftlanger Mantel aus Filz oder Wolle *(Xhoka)* getragen wurde, der je nach Region und Jahreszeit mit einem knielangen offenen Filzmantel *(Dollama)* oder einem langen, schmal geschnittenen

Sakko *(Mintan)* ergänzt werden konnte. Dazu gehörte eine breite, in der Regel bunte Schärpe *(Brez)* und eine Schürze *(Përparëse)*, die manchmal durch eine zusätzliche, nach hinten gebundene zweite Schürze ergänzt wurde. Zu vielen Trachten gehörte auch eine verzierte Weste *(Jelek)* und natürlich **Schmuck,** der nicht nur am Körper getragen wurde, sondern auch die Kleidung verzierte. In katholischen Gegenden war Schmuck mit christlicher Symbolik sehr verbreitet, sehr beliebt waren Medaillons *(Haimali)*, die persönliche Inschriften enthielten, und Münzen, die auch an die Kleidung angenäht sein konnten und so manches Mal als Notgroschen dienen mussten.

Zur **Kopfbedeckung** gehörten die Kappe aus Samt *(Kapele)* und natürlich Tücher in verschiedenen Formaten und Farben, die ebenfalls oft mit kleinen Goldmünzen verziert waren. In Mittelalbanien bevorzugten die Frauen oft eine Art türkischer Pluderhose *(Brekushe)*, die an den Füßen mit dicken, amphorenförmigen Wollstrümpfen *(Çorape)* zusammengehalten wurde, oder einen weiten, nach vorne offen geschnittenen Rock *(Mbështjel-lëse)*, der von einer breiten Schärpe zusammengehalten wurde. Als Fußbekleidung waren einfache, mit Riemen gebundene Lederschuhe *(Opingat)* am meisten verbreitet.

▷ Ein Kleidungsstück wie aus einer anderen Welt: die Xhubleta

alba097 mg

Eine bemerkenswerte Sonderform der Frauentracht ist die **Xhubleta,** die ausschließlich im albanischen Hochland und den angrenzenden, albanisch besiedelten Gebieten verbreitet war. Es handelt sich um einen steifen Glockenrock, der nach unten hin breiter gearbeitet war, gefertigt aus Filzstreifen und geflochtenen Filzschnüren. Die Xhubleta war im 20. Jahrhundert meist schwarz, in älteren Röcken waren oft farbige Streifen und Schnüre eingearbeitet. Wenn die etwa 30 Einzelteile zusammengenäht waren, konnte ein stattliches Exemplar bis zu 30 Kilogramm wiegen, was beim Tragen einige Beschwernisse bereitet haben dürfte. Gehalten wurde das starre Gebilde von zwei über den Rücken verlaufenden gefilzten Trägern und einem steifen breiten Filzgürtel *(Kërdhokla).* Kombiniert wurde der Rock mit einer kurzen Bluse *(Gryka),* einer Weste mit Wollfransen *(Kraholi),* zwei vorne und hinten getragenen trapezförmigen Schürzen und einem langärmeligen, schmal geschnittenen Sakko. Die Xhubleta ist eine sehr alte Kleidungsform, wahrscheinlich ein Relikt der illyrischen Tracht.

Zur **Mitgift einer Braut** gehörten drei bis sieben verschiedene Trachten, darunter die tägliche Arbeitskleidung, die aufwendig gearbeitete Festagstracht, das Brautkleid, das so prächtig ausgestattet war, wie man es sich nur leisten konnte, und auch schon das Totenkleid, ein ebenfalls kostbares Kleid, in dem die Frau bestattet wurde. In ärmeren Verhältnissen wurde die Innenseite der Kleider zum Arbeiten oft nach außen gestülpt, während die wertvolle Außenseite bei besonderen Anlässen zum Einsatz kam.

Die Tracht der Männer

Die Männer waren allgemein „einfacher" und nicht so farbenfroh gekleidet. Man könnte auch sagen, dass die Frauen besonders stark Besitz und Reichtum, aber auch die Konfessionszugehörigkeit repräsentierten, während die männliche Kleidung eher **Auskunft über Rang und Status** gab. Dazu diente zum Beispiel die über dem langen weißen Hemd getragene Weste *(Jelek).* Sie war mit gefilzten, länglichen Knöpfen verziert, deren Farbe und Zahl den sozialen Rang ihres Trägers zum Ausdruck brachte. Das Hemd wurde mit einer gebundenen Schärpe zusammengehalten, die auch zum Einstecken der Waffe oder anderer Dinge des täglichen Gebrauchs diente. Oft trugen die Männer auch spezielle Gürtel, an denen in Silber gearbeitete Dosen für Schnupftabak oder Schießpulver befestigt waren. Oder aufwendig gestaltete Patronengurte, denn die verzierte Waffe trug der Mann stets bei sich.

Das am weitesten verbreitete Kleidungsstück war die **Fustanella,** ein weiter Faltenrock mit viel Stoff und meist vielen schmalen Falten, den die Albaner als „ihre" ureigene Erfindung betrachten. Bis zum Beginn des 20. Jahrhunderts war der weiße Faltenrock in ganz Albanien verbreitet, kurz getragen wurde er vor allem von Knaben, in manchen Gegenden war er bevorzugt in der Oberschicht in Gebrauch. In Shkodra avancierte der Rock derart zum Statussymbol, dass die Stofffülle für die Männer kaum mehr „tragbar" war. *Edith Durham* bemerkte dazu 1913: „Der Rock der Barbaren hat sich in Albanien zu einem weiten, unbeweglichen Kilt entwickelt, und der mohammedanische Bey torkelt

Mensch und Kultur

in einer unpraktischen Fustanella, die bis zu seinen Knien geht, durch die Gegend. Er kann nicht arbeiten, solange er die Fustanella trägt, und man sagt, dass er die Fustanella trägt, gerade damit er nicht arbeiten muss. Vierzig Meter Stoff sind für das kolossale und lächerliche Gewand nötig." Als zu Beginn des letzten Jahrhunderts auch in Albanien die europäische Mode Einzug hielt, blieb die Fustanella als traditionelles Kleidungsstück für Hochzeiten und festliche Anlässe erhalten.

Die andere übliche **Beinbekleidung** war eine enge **Filzhose (Tirq),** die aus weißer, brauner oder manchmal auch schwarzer Wolle gefilzt war. Ihre Nähte und Hosentaschen waren mit den typischen schwarzen, breiten Streifen besetzt, die sehr aufwendig dekoriert sein konnten. Wie bei den Frauen wurden gerade in Mittelalbanien auch sehr weite Hosen *(Brekushe)* getragen oder auch die türkische Pluderhose *(Shallvare).* Zu dieser meist als Arbeitskleidung getragenen Tracht gehörte auch der *Xhurdia,* ein halblanges verziertes **Sakko,** das mit wollenen Trotteln besetzt war. Vor allem die orthodoxen Bauern Südalbaniens trugen eine Kombination aus einem groben, langen weißen Hemd, einem langen bestickten Filzmantel und einem engen Sakko aus Filz oder Wolle oder in Südalbanien den *Cibun,* einen weiten Wollmantel, der nach unten deutlich breiter wurde. Die oft weiten Hosen wurde zusammen mit dem Mantel durch eine breite Schärpe zusammengehalten. In Südalbanien trugen die Männer kürzere weite Kniebundhosen aus weißem Stoff oder Filz, die manchmal auch aus dunkelblauen Stoffen gefertigt waren, mit blauen, glänzenden Westen und den typischen weißen, hohen Filzkappen *(Qylafë),* die die sonst einfachere, runde weiße Filzkappe *(Qeleshe)* ersetzten.

Volksmusik

Anders als in unseren mitteleuropäischen Breiten ist in Albanien die traditionelle Volksmusik **(Muzike Popullore)** quer durch alle Bevölkerungsschichten ein **selbstverständlicher Teil des Alltagslebens.** Ob auf der Fahrt mit dem Überlandbus, im albanischen Fernsehen, Radio oder auf dem Basar, traditionelle Musik wird einem auf einer Albanien-Reise in allen Lebenslagen begegnen. Typisch für das Land ist, wie alte Formen bewahrt, gleichzeitig aber Neues mit Leichtigkeit integriert wird. Eine wahre Fundgrube albanischer **Kreativität** sind die unzähligen auf Youtube eingestellten Videoclips, die oft auf fantasievolle Weise historische Inhalte musikalisch darstellen und dabei alte Melodien mit neuen Texten kombinieren oder traditionelle Instrumente mit moderner Technik – oft gepaart mit einer guten Portion Patriotismus und Heimatliebe.

Im Sommer gibt es in größeren Ausflugsrestaurants an den Wochenenden besonders in Mittel- und Südalbanien gut besuchte **Live-Musik-Veranstaltungen,** und so mancher Abend endet dort mit Volkstanzrunden, bei denen ganz selbstverständlich Alt und Jung, Bekannte und Fremde zusammenkommen und gemeinsam die allseits bekannten Tänze zum Besten geben.

Zu den bekanntesten albanischen **Volksmusikern** gehören heute *Qazim Ademi, Laver Bariu* (Klarinette), *Eli Fara, Merita Halili, Ismet Peja, Irini Qirja-*

ku, Fitnete Rexha, Parashqevi Simaku, Fatime Sokoli, Bujar Qamili und Demir Vlonjati.

Die albanische Volksmusik teilt sich wie auch die albanische Sprache am Fluss Shkumbin in die nördliche Gruppe der **Musik der Gegen und** in die südliche **der Tosken,** die den Landschaften entsprechend sehr unterschiedlich ausfallen. Nördlich des Shkumbin ist der Gesang traditionell einstimmig und wird mit lauter Stimme vorgetragen. Die **Lieder des Nordens** sind archaische, oft heroische epische Dichtungen. Ihre mythologischen und historischen Motive speisen sich zum Teil aus antiken Quellen. Themen sind Tapferkeit, Ehre, Gastfreundschaft, Verrat oder Rache, neuere Lieder berichten zum Beispiel von den Kämpfen Skanderbegs gegen die Türken. Begleitet werden sie von der Lahuta, einer einsaitigen Laute, dem traditionellen Instrument der nordalbanischen Hirten. In Ostalbanien, in der Region Dibra, verwendet man eine zweisaitige Mandoline, die Çiftelia, bei der eine Saite für die Melodie und die andere für die Begleitung verwendet wird. Bei Tanz- und Hirtenliedern wird die Çiftelia oft zusammen mit der Defi, einer einfachen Rahmentrommel, mit oder ohne Schellen, und der Sharkia eingesetzt, die größer als die Çiftelia ist und mit mehreren Saiten gespielt wird. In Nordalbanien trifft man ebenso auf eine ungewöhnliche Form einer Klarinette, die Zumarja, die für ihren klagenden, melancholischen Ton bekannt ist. Die sogenannten Kënge Maje Krahi, ursprünglich ersonnnen, um Hirten zu ermöglichen, Botschaften über weite Distanzen zu vermitteln, sind ein wichtiger Bestandteil des nordalbanischen Volksliedes.

Ganz anders die **Musik der Tosken in Südalbanien:** Sie ist polyphon, meist heiter und sanft, humorvoll und lebensfroh und vielfach von der griechischen Musik aus Nordepirus beeinflusst. Typisch für Südalbanien sind volkstümliche Liebeslieder (z.B. Barbaro Vasiliko, Irini Qirjaku), die sich in Rhythmus und Harmonien frei entfalten. Ganz anders dagegen die strengen Klagegesänge bei Beerdigungszeremonien.

Im Süden begleiten den Gesang oft **Instrumental-Ensembles,** wobei zumeist Klarinette, Violine, Akkordeon und die Sharkia zum Einsatz kommen. In der Labëria trifft man auch auf eine archaische, einfache lange Holzflöte, die Fýell, die nur aus einem einfachen Rohr mit mehreren Löchern besteht und zum Spielen melancholische Hirtenweisen benutzt wird.

Literatur

Obwohl die Albaner zu den ältesten Völkern Europas zählen, fand ihre Kultur bis Mitte des 16. Jahrhunderts keinen schriftlichen Niederschlag. Neben der langen Unterdrückung der albanischen Sprache während der fünf Jahrhunderte andauernden osmanischen Besatzungszeit liegt die Ursache der **späten und langsamen Entwicklung der albanischen Schriftkultur** auch darin, dass das Albanische als einzige indogermanische Sprache in diesem Raum kaum von den romanisch-, slawisch- oder germanischsprachigen Nachbarn oder Besatzern zu erlernen war, was zusätzlich durch die **zahlreichen regionalen Dialekte** er-

Mensch und Kultur

schwert wurde. Selbst heute gibt es nur wenige Nicht-Muttersprachler, die das Albansiche so weit beherrschen, dass sie albanische Poesie und Prosa in andere Sprachen übertragen könnten. Albaner mussten schon immer andere Sprachen lernen, um zu kommunizieren, und sich auch über andere Sprachen bilden, was sie bis heute mit erstaunlicher Leichtigkeit praktizieren.

Albanisch wurde nicht nur im albanischen Kernland gesprochen, sondern seit der Spätantike auch in albanischen Siedlungen der Arvaniten in Griechenland, dazu in Bulgarien und Rumänien, vor allem aber bei den **Arbëreschen** in Süditalien. Sie spielten bis zur albanischen Freiheitsbewegung Rilindja im 19. Jahrhundert eine wichtige Rolle für die Verbreitung der albanischen Schriftsprache, da sie in Italien ihre sprachliche Kultur frei entfalten konnten.

Bis zu den großen Alphabetisierungsprogrammen der kommunistischen Regierung in den 1960er/70er Jahren konnten in Albanien nur der kirchliche Klerus und eine hauchdünne Oberschicht lesen. Dagegen existierte eine überaus reiche und sehr bemerkenswerte **mündliche Überlieferung** archaischer lyrischer und epischer Lieder, Balladen, Legenden und Märchen, aber auch heiterer Erzählungen, von Rätselsprüchen und Sprichwörtern in albanischer Sprache. Diese wurden erst im Zuge der Nationalbewegung im 20. Jahrhundert gesammelt und aufgeschrieben

und stellen ein großartiges Zeugnis der albanischen oralen Volkskultur dar, die natürlich auch die albanische Schriftkultur beeinflusste. Noch heute sind im albanischen Bergland ausgesprochen poetisch veranlagte und erzählfreudige Menschen anzutreffen.

Anfänge in osmanischer Zeit

In den fünf Jahrhunderten der osmanischen Besatzung waren Türkisch und Arabisch die Verwaltungssprachen, während man in der Oberschicht schöngeistige Literatur auf Persisch und Griechisch las. In der sog. **Bejtexhinj-Literatur** pflegten islamisch-albanische Autoren sogar albanischsprachige Poesie

alba097 mg

> Liebeserklärung in Përmet

in der Tradition persischer Dichtkunst. Die Entwicklung einer eigenständigen albanischen Kultur erstickten die Türken jedoch schon im Keim. Bis Anfang des 20. Jahrhunderts war es weder erlaubt, albanischsprachige Literatur zu publizieren, noch in den Schulen in der albanischen Muttersprache zu unterrichten, was die Albaner um die Entwicklung einer eigenen Schriftkultur brachte.

Mitte des 16. Jahrhunderts begannen **katholische Priester** in Nordalbanien kirchliche Literatur für den Messgebrauch vom Lateinischen ins Albanische zu übersetzen, um den in Latein und Italienisch unzureichend ausgebildeten albanischen Geistlichen die Vermittlung der Glaubensinhalte zu ermöglichen. *Gjon Buzuku* übersetzte im Jahr 1555 das erste Messbuch *(Meshari)* ins Albanische und ersuchte in Rom vergeblich um Hilfe für die religiös und politisch unterdrückte katholische Minderheit Nordalbaniens. *Pjetër Budi* (1566–1622) übertrug neben religiöser Poesie auch zeitgenössische albanische Dichtungen und versuchte zudem politischen Widerstand gegen die Besatzer zu organisieren. Der Priester *Frang Bardhi* (1606–43) verfasste das erste lateinisch-albanische Wörterbuch. *Pjetër Bogdani* (1630–89) gilt mit dem im reinsten Barockstil verfassten Werk „Cuneus Prophetarum" (Band der Propheten) von 1685 als „Vater der albanischen Prosa". Im Süden des Landes stellte sich die kulturelle Situation etwas entspannter dar, da es den orthodoxen Kirchen erlaubt war, Schulen zu betreiben und auch eigenständig Bücher zu drucken. Das geschah meist in griechischer Sprache, die ersten albanischen Schriften erschienen in Voskopoja und Elbasan im 18. Jahrhundert.

Literatur der Nationalen Wiedergeburt (Rilindja)

Mit dem beginnenden Zerfall des osmanischen Großreiches im 19. Jahrhundert weckte die im Bürgertum Mitteleuropas entstandene Freiheitsidee auch den **patriotischen Geist** in Albanien. Es bildete sich die Bewegung der Rilindja (Wiedergeburt) mit dem Ziel, einer autonomen albanischen Nationalkultur zu ihrem Recht zu verhelfen. Zu ihren bedeutendsten Vertretern, die literarisch und politisch aktiv waren, gehörten neben *Kristoforidhi* (1827–95) vor allem die **Frashëri-Brüder** *Abdyl* (1839–92), *Naim* (1846–1900) und *Sami* (1850–1904). Sie hatten nicht nur eine hervorragende (literarische) Ausbildung genossen, sondern verfügten auch über die technischen Mittel, sich mittels Presse- und sonstigen Druckerzeugnissen Gehör zu verschaffen. Die Anhänger der Rilindja gründeten patriotische **Heimatvereine,** die albanische Kulturgüter zusammentrugen (das Ethnografische Museum in Vlora ist ein einzigartiges Zeugnis dieser Zeit), erste Zeitungsverlage entstanden, die erste freie, patriotisch beeinflusste Poesie und Prosa wurde publiziert, es kam zur Gründung albanischsprachiger Schulen.

Anschluss an die europäische Moderne

Mit der Unabhängigkeit des Landes 1912 und der **Einführung des lateinischen Alphabets** fand die albanische Literatur Anschluss an die europäische Moderne. Besondere Beachtung finden die vielfältigen Werke des Franziskanerpaters *Gjerg Fishta* (1871–1940), darunter der Versepos „Lahuta e Lalzit" (Die Laute des Hochlandes). *Fan Noli* (1882–1965) machte sich als Politiker, Historiker, Publizist und Übersetzer europäischer Weltliteratur einen Namen. In Südalbanien bedeutend waren *Asdeni* aus Korça, der u.a. die erste Schulfibel auf Albanisch verfasste, der patriotische Poet *Andon Zako Çajupi* aus der Zagoria südlich von Gjirokastra, der Literat und Verleger *Faik Konica,* der albanische Literatur erstmals in Mitteleuropa bekannt machte, ferner die Poeten *Migjeni,* der jung verstarb, und *Lasgush Poradeci* (1899–1987) mit seinen stimmungsvollen Gedichten. Autoren wie *Sterjo Spasse* (1918–89), *Ernest Koliqis* (1903–75), *Haki Stërmilli* (1895–1953) und der Dramatiker *Ethëhem Haxhiademi* (1902–89) knüpften mit ihren Prosawerken erfolgreich an die europäische Literaturtradition an.

Verfolgung und Gleichschaltung im Kommunismus

Diese Entwicklung nahm mit der Machtübernahme der Kommunisten ein jähes Ende. Schon kurz nach dem 2. Weltkrieg begann man unter der Regie *Enver Hoxhas* mit der Verfolgung der kulturellen Elite. Hunderte von Intellektuellen aller Konfessionen verließen fluchtartig das Land. Verfolgt wurden besonders Schriftsteller. Allein die Tatsache eines früheren Auslandsaufenthaltes konnte reichen, um der Kollaboration mit den faschistischen Gegner beschuldigt zu werden. Die Strafen waren willkürlich und reichten vom **Berufs- und Publikationsverbot** bis zur Todesstrafe.

Ismail Kadare

Ismail Kadare (geb. 1936) ragt als Schriftsteller über alle albanischen Autoren hinaus. Meisterhaft vermag er Vergangenheit und Gegenwart zu verweben, und das in einer bildhaften, dichten Sprache. Wer mit kulturhistorischem Interesse reist, sollte zumindest eines seiner fesselnden Werke lesen. Seine Schilderungen sind oft von beispielloser **Härte und Brutalität,** dann wieder **hinreißend poetisch,** womit er das Wesen Albaniens wie kein anderer trifft. Seine Bücher wurden in viele Sprachen übersetzt, sein deutscher Übersetzer ist *Joachim Röhm. Kadare* wurde vielfach mit internationalen Literaturpreisen ausgezeichnet und ist immer wieder auch ein Anwärter für den Literatur-Nobelpreis. Aus Protest gegen den (zu) langsamen Demokratisierungsprozess unter *Ramiz Alia* emigrierte er mit seiner Familie 1991 nach Paris; seit 1999 lebt er auch wieder in Tirana.

Während der Diktatur schrieb er eine lange Reihe großer Romane, mit denen er auch im Ausland bekannt wurde. Es gab keinen Schriftsteller damals, der mit seinen Anspielungen und doppeldeutigen Erzählungen in seiner Kritik am politischen System so weit ging/gehen durfte wie *Kadare*. In einmaliger Symbiose schützte ihn sein Ruhm vor Verfolgung durch die Partei, die ihn wiederum als Vorzeigeautor der zeitgenössischen albanischen Literatur präsentierte.

Seinen Durchbruch hatte *Kadare* 1964 mit seinem Roman „Der General der Toten Armee", der gleich mehrfach verfilmt wurde. Ihm folgten über 20 weitere Titel, wobei die **Romane** aus der Zeit des Kommunismus wie „Die Festung" (1970), „Chronik in Stein" (1971), „Doruntinas Heimkehr" (1979) oder „Die Schleierkarawane" (1984) zu seinen beliebtesten Büchern zählen und ein guter Einstieg in sein Werk sind.

In den Haftanstalten und Arbeitslagern herrschten barbarische Zustände, Folter und schwere Zwangsarbeit in der Landwirtschaft und in Bergwerken führten oft zum Tod. Besonders brutal waren die Verfolgungen in Shkodra im katholischen Norden, wo sogar bekannte Priester hingerichtet wurden. De facto wurde eine ganze Generation von Autoren ausgelöscht, sodass das literarische Leben bis in die 1960er Jahre zum Erliegen kam.

Zur gleichen Zeit betrieb die Kommunistische Partei eine sehr erfolgreiche **Alphabetisierungspolitik,** deren Adressat das einfache Volk war. In allen größeren Orten wurden Bibliotheken eingerichtet, und es erschien eine Schwemme von Büchern, Zeitschriften und Zeitungen, die vom sozialistischen Geist durchdrungen waren. Westliche Literatur unterstand der Zensur. 1954 wurde die **Universität Tirana** gegründet und mit ihr die Albanische Akademie der Wis-

senschaften. Studiert wurde, bis zur politischen Isolation Albaniens, im sozialistischen Ausland, besonders in der Sowjetunion. Einen intensiven literarischen Austausch pflegte man mit der DDR, was ein Grund dafür ist, dass die deutsche Sprache in Albanien so präsent ist und einen eigenen Lehrstuhl an der Universität besitzt. Seit 1961 erschien wöchentlich die vom albanischen Schriftstellerverband herausgegebene Zeitschrift „Drita" (Licht), in der junge Autoren der neuen Generation vorgestellt wurden.

Nach den Verfolgungen im Norden dominierten vor allem linientreue **Autoren** aus dem toskischen Süden des Landes die Literaturszene, die auch nach der Wende ihre literarische Arbeit unter

☑ Literaten und Freiheitskämpfer: die Brüder Frashëri

alba098 mg

neuen Vorzeichen fortsetzten. *Ismail Kadare* (siehe Exkurs) und *Fatos Kongoli* (geb. 1943) gelten als die bedeutendsten albanischen Schriftsteller der Gegenwart. *Sabri Godo* (1929–2011), *Dritëro Adolli* (geb. 1931), *Naum Prifti* (geb. 1932), *Teodor Laço* (geb. 1936), *Sulejman Mato* (geb. 1942), *Nezat Tozaj* (geb. 1943) gehören zu den bekannten Buchautoren und Publizisten, die teils heute noch veröffentlichen. Sie alle stammen aus Südalbanien. *Petro Marko* (1913–91) aus Dhërmi war zehn Jahre wegen seiner Auslandsaufenthalte interniert, arrangierte sich dann mit der Partei und hinterließ eine Reihe zeitgeschichtlich interessanter und beliebter Romane. Zu den wichtigsten Exilautoren zählen *Arshi Pipa* (1920–97) in den USA, der sich zeitlebens für einen Erhalt der literarischen Kulturtradition außerhalb Albaniens engagierte, und der Dichter und Wissenschaftler *Martin Camaj* (1927–92), der ab 1960 an der Ludwig-Maximilians-Universität in München tätig war und von 1971–90 den Lehrstuhl für Albanologie innehatte. Der Dissident *Fatos Lubonja* (geb. 1951), der 19 Jahre seines Lebens inhaftiert war, 13 davon in Einzelhaft im Arbeitslager, verfasste seinen ersten Roman auf Zigarettenpapier in Haft und ist immer noch ein äußerst kritischer Zeitgenosse in der intellektuellen Szene Tiranas. In Deutschland publiziert bis heute der aus einer von den Kommunisten verfolgten Familie stammende *Ferdinand Laholli* (geb. 1951). In Italien und Frankreich wurde die in Italien lebende *Ornela Vorpsi* (geb. 1968) ausgezeichnet. *Mimoza Ahmeti* (geb. 1963) gilt als die bekannteste und leidenschaftlichste Autorin und Künstlerin der albanischen Gegenwart, die sich schonungs-

los radikal mit der albanischen Gesellschaft auseinandersetzt.

Die **Literaten des Kosovo** hatten nach dem Bruch Albaniens mit Jugoslawien keinen Austausch mit ihren Landsleuten. Nach ersten Jahrzehnten der Verfolgung hatten die Autoren dank *Titos* neuer Kosovo-Politik ab den 1960er Jahren deutlich bessere Publikationsbedingungen, sodass sich 1970 bereits eine sehr produktive Elite herausgebildet hatte. Als zentrale Figur gilt hier *Rexhep Qosja* (geb. 1936), der sich bis heute den nationalen und politischen Fragen Kosovos und Albaniens widmet.

Kunstgeschichte

Illyrische Kunst

Die antike illyrische Kunst findet bis heute in der europäischen Kunstgeschichte **wenig Beachtung** und wird oft fälschlicherweise mit der griechischen gleichgesetzt. Die archäologischen Sammlungen in Albanien zeigen einige bemerkenswerte Stücke von hoher künstlerischer Qualität, die sich trotz früher Einflüsse aus Korinth und Korfu ab dem 6. Jahrhundert v.Chr. deutlich von hellenistischen Importen abheben und einen **eigenständigen Stil** zeigen. Zentren waren vor allem Apollonia und Dyrrhachium (Durrës). Unter den Kunstgegenständen fallen vor allem plastisch sehr schön ausgeführte Figuren aus Terrakotta und Bronze auf sowie hochwertige bemalte Keramiken, die in rot-schwarzen Farben mythologische Szenen und athletische Wettkämpfe zeigen. Ebenso kunstfertig sind die Darstellungen auf in illyrischen Städten geprägten Münzen, Schmuckgegenstände und plastische Steinarbeiten. Während nach der römischen Okkupation in der Kunst eine deutliche Romanisierung einsetzt, sehen albanische Archäologen im Alltagsleben der Bevölkerung ein deutliches Festhalten und Fortleben illyrischer Traditionen.

Mosaikkunst

Albanien hat eine sehr alte Tradition der Mosaikkunst, die bis heute von Bedeutung ist. Das **früheste Mosaik aus farbigen Kieselsteinen** wurde in Durrës gefunden (heute im Historischen Nationalmuseum in Tirana) und wird ins **4. Jahrhundert v.Chr.** datiert. Es zeigt eine anmutig schöne Frauengestalt, die auch als „Schöne von Durrës" (Bukuroshja e Durrësit) bekannt ist. In Durrës und Saranda (Archäologisches Museum) sind aus privaten antiken Wohnbauten weitere Kieselsteinmosaike bekannt, die bis zum 1. Jahrhundert n.Chr. in Albanien ihre Blütezeit erlebten. Der Großteil dürfte unwiederbringlich unter dem Beton der modernen Bebauung verloren gegangen sein, zumal es bis heute keine funktionierende staatliche Kontrolle bei Bauarbeiten in sensiblen Bereichen gibt. Und auch in antiken Siedlungen, die noch nicht (komplett) ausgegraben wurden, kann man sich noch zahlreiche Mosaike vorstellen.

Unter den Römern ging man dazu über, Mosaike aus Marmorstückchen, Glas, Steinplättchen oder gebranntem Ton herzustellen, wobei die späteren Arbeiten weniger frei und symmetrisch angeordnete größere Bildflächen mit grafisch gestalteten Ornamentbändern rahmen. Man findet sie vor allem in den zahlreich ausgegrabenen **Fußbodenmosaiken** byzantinischer **Kirchen** des spätantiken 5. und 6. Jahrhunderts, die von außerordentlicher Farbigkeit sind und durch ihre naive Erzählfreudigkeit einen großen Bekanntheitsgrad in Albanien haben. Es gibt handwerklich einfachere Arbeiten wahrscheinlich lokaler Künstler, zum Beispiel in Byllis, Saranda, Mesaplik oder Antigonea, aber auch künstlerisch hervorragende Entwürfe, wie in Butrint, Durrës-Arapaj oder Lin. Eindeutig christliche Szenen aus dem

alba14-057 nog

> Geheimisvolle illyrische Zeichen

Alten und Neuen Testament vermied man, da man sie zwangsläufig mit Füßen be-/getreten hätte. Deshalb waren vor allem **Tierdarstellungen** mit profanen Szenen aus dem Hirtenleben oder dem Fischfang, aber auch Jagdszenen mit wilden Tieren beliebt. Die meisten Mosaike in Albanien sind mit einer schützenden Sandschicht bedeckt, sodass sich die Betrachtung auf Abbildungen beschränkt – wenn man nicht außerordentliches Glück hat und die Bilder vor Ort gerade für eine Dokumentation oder zu Grabungszwecken aufgedeckt sind.

Die einzigen **Wandmosaike** aus der Spätantike haben sich in einer Kapelle des Amphitheaters von Durrës erhalten. Von besonderem Interesse für die byzantinische Kunstgeschichte ist eine Mariendarstellung in der Tradition der weströmischen Kirche als Himmelskönigin, die aber im Stil einer oströmischen Kaiserin gekleidet ist und hier genau an der Nahtstelle beider Reiche gesehen wird.

Spätbyzantinische und mittelalterliche Malerei

In der spätbyzantinischen Kunst tritt vor allem die Malerei (**Kirchen, Ikonen**) in den Vordergrund. Die wenigen erhaltenen Reste wurden durch mutwillige Zerstörungen und Zweckentfremdungen im kommunistischen Kirchenkampf 1967 stark in Mitleidenschaft gezogen. Dasselbe gilt für die katholischen Kirchen im Norden des Landes, die byzantinisch (Vau i Dejës, 14. Jh.) oder weströmisch beeinflusst (Rubik, 1272) sein konnten. Durch Kriege und Brandschatzungen gingen auch wertvolle Klosterbibliotheken verloren. Die bekanntesten mittelalterli-

chen **illustrierten Handschriften,** der Codex Beratinus (Purpurcodex) und der Codex Aureus Antimi aus Berat (heute Tirana, Nationalbibliothek) geben einen Eindruck von der Entfaltung der damaligen Kultur. Zu den ganz außergewöhnlichen Zeugnissen mittelalterlicher Kunst in diesem Zusammenhang gehört das **Altartuch von Gllavenica** (1373) mit einer Darstellung des von Engeln umgebenen gekreuzigten Christus, das in einem Privathaus in Ballsh gefunden wurde (heute Tirana, Historisches Nationalmuseum).

Nachbyzantinische Malerei in der osmanischen Zeit

In der Zeit zwischen 16. und 18. Jahrhundert entstanden die künstlerisch wertvollsten Werke. Herausragend und auch international bekannt war der **Maler Onufri,** der ab 1547 für mehrere Jahre in Berat arbeitete, aber auch in den Nachbarländern Albaniens, vor allem in Griechenland, malte und einen unverkennbaren persönlichen Stil entwickelte. Aus der byzantinischen Kaiserzeit übernahm *Onufri* die sanften Farbskalen, wobei ein einzigartiger Rotton sein besonderes Kennzeichen ist; daneben den goldenen Hintergrund, die felsigen Landschaften und architektonischen Formen, die stilisierten Vorhänge, die raffiniert gefälteten Gewänder seiner Figuren mit der glänzenden Goldzeichnung sowie die große Zahl von Figuren aus biblischen Szenen. Kennzeichnend für seine Figuren sind die feine Ausgestaltung sowie der etwas düster-tragische und starre Blick. Der kretischen Schule entstammen die muskulös gezeichneten

Körperteile und die Rüstungen seiner Kriegerheiligen, die venezianischen Reliefs auf den Sarkophagen und Mauern sowie die typischen gemusterten Metallbleche, mit denen seine Ikonen hinterlegt sind. Daneben gibt es unzählige Merkmale, die den gotischen Einfluss aus Mitteleuropa zeigen, wie zum Beispiel gotische Architekturversätze oder die Darstellungen der vier Apostel Matthäus, Markus, Lukas und Johannes als Engel, Löwe, Stier und Adler. *Onufri* hinterließ in Albanien auch **Wandmalereien:** Eindeutig ihm zuzuordnen sind die Ausmalungen der Kirchen von Shelcan und Valesh (beide Elbasan). Sein Sohn *Nikolla* (16. Jh.) übernahm seinen Stil, der auch seine Nachfolger wie *David Selenica, Konstandin Shpataraku,* die Brüder *Konstandin* und *Athanas Zografi* oder die Familie *Kastro* im 18. Jahrhundert beeinflusste. Ihre wichtigsten Werke sind im Museum für Mittelalterliche Kunst in Korça, im Onufri-Museum in Berat und im Historischen Nationalmuseum in Tirana zu sehen.

Kunst zur Zeit der Nationalen Wiedergeburt (Rilindja)

Im 19. und 20. Jahrhundert waren Paris, London, Rom, Wien und Berlin die Zentren der Klassischen Malerei. Auch Gemälde mit meist folkloristischen Szenen aus dem albanischen Alltagsleben wurden ausgestellt. *Corot* (1796–1875), *Delacroix* (1798–1863) oder *Edward Lear* (1812–1888) zählen zu den bekanntesten europäischen Künstlern, die sich mit Albanien beschäftigten. Vor diesem Hintergrund nimmt in der zweiten Hälfte des 19. Jahrhunderts mit Beginn der

albanischen Unabhängigkeitsbewegung auch die albanische **Malerei** ihren Anfang. Zahlreiche Künstler sind noch der romantischen Epoche zuzuordnen, andere folgen dem klassischen Realismus oder beginnen auch die wirkliche Realität nachzuempfinden. Als bedeutendster Vertreter der frühen Periode ist *Kolë Idromeno* (1860–1939) aus Shkodra zu nennen. Unter dem Einfluss von *Pjetër Marubi* (siehe Shkodra) kam er zur Fotografie und so zur detailgetreuen Darstellung historische Ereignisse, des Alltags und von Menschen. Die „Hochzeit in Shkodra" (Dasma Shkodrane, 1924) und „Unsere Schwester" (Motra Tone, 1883) zählen zu den bekanntesten Werken dieser Epoche. Weitere bedeutende Künstler sind *Ndoc Martini* (1860–1916), *Simon Rrota* (1887–1961), *Andrea Kushi* (1884–1959), *Zef Kolombi* (1907–49), *Abdurrahim Buza* (1905–1986). Als „Poet der albanischen Landschaftsmalerei" gilt *Vangush Mio* (1891–1957) aus Korça, der auch der erste Impressionist Albaniens ist.

In der Zeit der nationalen Identitätsfindung wird die **patriotische Darstellung von Skanderbeg** zum vorherrschenden Thema historisierender albanischer Kunst. Die bedeutendsten Gemälde sind ein Skanderbeg-Porträt (Portreti i Skënderbeut, 1883) von *Jorgji Panariti* und der dramatisch inszenierte *Skanderbeg* auf einem Schimmel (Skënderbeu) von *Spiro Xega* (1876–1953).

Als erster bedeutender **Bildhauer** gilt *Murat Toptani* (1866–1917), der etliche Werke mit patriotischen Themen schuf. Besonders bekannt die beiden 1888 und 1917 entstandenen Skanderbeg-Büsten, die heute noch oft kopiert werden. *Odhise Paskali* (1903–89) aus Përmet gilt als

der herausragendste albanische Bildhauer. Seine ausdrucksstarken Arbeiten sind an vielen Orten im Land anzutreffen.

Die erste nationale Kunstausstellung fand im Mai 1931 in Tirana statt. Sie führte bereits im folgenden Jahr zur Gründung einer Malschule, in der junge Künstler von bekannten Meistern unterrichtet wurden. Aus diesem Umfeld stammen auch die ersten sozialkritischen **Karikaturen,** wie zum Beispiel von *Ali Bej Dino* (1889–1938), *Mehmet Frashëri* (1850–1918) und *Qenan Mesarea* (1889–1964).

Kunst im Kommunismus

Mit der Machtübernahme der Kommunisten wurde die künstlerische Produktion des Landes unter staatliche Regie gestellt und der **„Sowjetische Realismus"** zur maßgeblichen Richtlinie für das Schaffen aller Künstler des Landes. Bereits 1946 eröffnete die erste Staatliche Kunstmittelschule in Tirana, der weitere in den Bezirkshauptstädten folgten. Hier wurden Maler, Bildhauer und Musiker ausgebildet, die dann meist an Kunstakademie der UdSSR ihre Ausbildung fortsetzten. 1954 feierte die staatliche Nationale Kunstgalerie in Tirana ihre Eröffnung. Durch jährlich stattfindende staatliche Ausstellungen und Wettbewerbe kontrollierte der Staat nicht nur die Ausbildung, sondern auch die künstlerische Produktion, sodass Staat und Partei die Hauptauftraggeber der Künstler waren und ein freier Kunstmarkt im kommunistischen Albanien so gut wie nicht vorhanden war. Grafiken, Bilder, Textil- und Glaskunst sowie Bühnenbilder für Theater und Oper wurden in staatlichen Kombinaten und Ateliers hergestellt, in denen besonders für Frauen neue Arbeitsplätze geschaffen wurden. Typisch für Albanien sind **Kunstobjekte im öffentlichen Raum,** mit denen zu kommunistischer Zeit Plätze, Parks, Grünflächen und öffentliche Gebäude gestaltet wurden. Dabei entstanden großflächige Gemälde und monumentale Plastiken aus Stein und Bronze, Steinreliefs und Mosaike, allesamt Träger ideologischer Botschaften.

Themen waren natürlich die **Glorifizierung des Kommunismus** und der **Personenkult.** Sehr häufig trifft man auf Darstellungen froh gestimmter oder heroischer Menschengruppen – ein Motiv, das besonders beliebt war, um die Arbeit im Kollektiv zu verherrlichen. Zahlreiche Standbilder und Büsten erinnern an die Verdienste historischer Personen.

Der **Skanderbeg-Kult** zur kommunistischen Zeit gipfelte in den monumentalen Reiterstandbildern, die noch heute als Miniaturkopien in allen Souvenirläden zu finden sind. Es versteht sich, dass kritische Darstellungen oder solche, die Wirklichkeit und Wunschdenken kontrastierten, unerwünscht waren. Künstler waren wie alle Bürger der staatlichen Willkür ausgesetzt, ihnen drohte nicht nur der Ausschluss aus dem Künstlerverband, sondern Verfolgung und Gefängnis. Mit der totalen politischen Isolation des Landes ab Anfang der 1970er Jahre waren die albanischen

◁ Edel, selbstlos und mutig sei der Mensch: Büste einer Partisanin von Odhise Paskali

Künstler auch von der europäischen Kunstentwicklung und einem Austausch mit ausländischen Künstlern ausgeschlossen.

Abdurrahim Buza (1905–87), *Sadik Kaceli* (1914–2000), *Kel Kodheli* (1918–2006), *Sali Shijaku* (geb. 1933), *Naxhi Bakalli* (geb. 1937) und *Skënder Kamberi* (geb. 1938) gehören zu den bekannten Malern dieser Epoche. Als erfolgreiche albanische **Künstler** der albanischen Diaspora seien der Maler *Abedin Dino* (1913–93) im Umfeld *Picassos* in Paris, der Kubist *Ibrahim Kodra* (1918–2006) in Italien und *Catin Saraçi* (1902–74), der mit *Oskar Kokoschka* befreundet war, genannt.

Zu den bedeutendsten bildhauerischen **Werken** gehören das Skanderbeg-Reiterstandbild (1959) von *Janaç Paço* (1914–89) in Kruja, das Reiterstandbild von *Skanderbeg* (1968) am Sheshi Skënderbeu in Tirana von *Odhise Paskali*, *Andrea Mano* und *Janaç Paco* sowie das Unabhängigkeitsdenkmal (1972) in Vlora, das von *Kristaq Rama*, *Mumtaz Dhrami* und *Shaban Hadëri* geschaffen wurde.

Architektur

Für viele Reisende in das kulturell so unbekannte Albanien zählt die **Fülle an Kulturmonumenten** aus den unterschiedlichen Zeitepochen zu den größten Überraschungen ihres Urlaubs. Da sind die Reste der über 2000 Jahre alten illyrischen Festungen und Höhensiedlungen mit ihren massiven Zyklopenmauern und Toranlagen, wie zum Beispiel Byllis, Amantia, Antigonea oder Phoenike. Auch die landschaftliche Schönheit dieser Orte fasziniert den Besucher. In den folgenden Jahrhunderten hinterließen alle **Eroberer und Einwanderer** ihre (architektonischen) Spuren. Zuerst waren es die griechischen Kolonisatoren von Kerkyra (Korfu) und Korinth, die an den Küsten Hafenorte wie Apollonia, Dyrrhachium (Durrës) und Orikos (Orikum) gründeten, deren Überreste auf den staatlichen Ausgrabungen zu bewundern sind. Danach kamen die Römer, die die Städte weiter ausbauten. Die gut erschlossene und dokumentierte Ausgrabung des antiken Buthrothum (Butrint) und seiner Umgebung gehört zu den großen archäologischen Highlights des Landes. Die ersten frühchristlichen Kirchen des spätantiken 4. und 5. Jahrhunderts, wie zum Beispiel in Ballsh, Arapaj, Byllis oder Butrint, waren im Inneren aufwendig mit farbig gefassten Kassettendecken, Wandmalereien oder Wandmosaiken und Marmorverkleidungen ausgestattet. Zahlreiche farbenprächtige Fußbodenmosaike haben sich erhalten.

Im Mittelalter entstanden ab dem 12. Jahrhundert byzantinische Kirchen und Klosteranlagen mit figurenreichen Wandmalereien, Ikonen und kostbaren Schnitzarbeiten. Sie bestanden auch während der osmanischen Zeit, allerdings ohne Glockentürme, da das Läuten der Glocken unter islamischer Herrschft verboten wurde. Auch wurden neue Kirchen in dieser Zeit nicht mehr aufwendig als Kreuzkuppelkirchen, sondern als schmucklose Basiliken erbaut. Daneben existierten Moscheen und Klöster (Tekken, alb. *teqe*) des muslimischen Bektashi-Ordens.

Für viele dieser Bauten kam das Ende, als die kommunistischen Machthaber im Jahr 1967 vor allem junge Leute dazu anstifteten, die religiösen Kulturgüter des Landes zu zerstören. Trotz der verheerenden Schäden dieser Zeit haben sich eine Reihe **sehenswerter Gotteshäuser** erhalten: Byzantinische Kirchen findet man vor allem in Berat, in Voskopoja bei Korça und rund um Gjirokastra, die bedeutendsten Moscheen in Tirana, Berat und Korça.

Weniger bekannt ist, dass Albanien auch ein Land der **Burgen und Festungen** ist. Kaum ein Bergpass oder exponierter Hügel, der nicht befestigt ist. Viele der Burganlagen blicken auf eine lange Geschichte seit der illyrischen Zeit zurück, zum Beispiel Lezha, Berat oder Gjirokastra. Kruja und Berat sind einzigartige Beispiele für bewohnte städtische Festungen aus dem Mittelalter. Unzählige Burgen wurden im 14. Jahrhundert gebaut oder wieder befestigt, als *Skanderbeg* mit seinen Truppen 30 Jahre gegen die Osmanischen Besatzer standhielt. Andere wie die Festung Porto Palermo entstanden zur Zeit *Ali Paschas* im 19. Jahrhundert, die wie die Festung von Gjirokastra bis in die kommunistische Ära zu militärischen Zwecken und als Staatsgefängnis genutzt wurden.

In den Dörfern trifft man auf **Kullas,** Wehrturmhäuser aus Stein mit kleinen Fensteröffnungen wie Schießscharten, die ihren Bewohnern Schutz vor der im Land verbreiteten Blutrache boten.

Zu den kulturellen Höhepunkten einer Albanien-Reise gehört der Besuch der bereits zu kommunistischer Zeit als „Museumsstädte" unter besonderen Schutz gestellten osmanischen Städte **Berat und Gjirokastra** – beide zählen

zum UNESCO-Weltkulturerbe. Die Handwerkerhäuser, die Burgsiedlung und das religiöse Zentrum um die alte Moschee in Berat sind wie die mächtigen, kostbar ausgestatteten Wehrturmhäuser Gjirokastras einzigartige Zeugnisse osmanischer Stadtkultur des 18. und 19. Jahrhunderts. Aber auch an zahlreichen anderen Orten finden sich interessante Überreste der osmanischen Epoche, darunter der alte Basar von Shkodra mit einem originalen Han oder Steinbrücken entlang der alten Karawanenwege, deren bedeutendstes Beispiel die Brücke von Mes bei Shkodra darstellt.

Nicht zu übersehen sind die Spuren der **europäischen Besatzer** in Albanien. In Shkodra, Durrës und Vlora ist italienische Architektur anzutreffen, in Korças Innenstadt stehen bürgerliche Villen im Stil der Gründerzeit und des Jugendstils aus der Zeit des französischen Protektorats, Tiranas Innenstadt ist auch heute noch stark von der monumentalen Stadtarchitektur aus der Ära des italienischen Faschismus *Mussolinis* geprägt. Und hinzu kommen natürlich in allen größeren Orten kommunistische Plattenbauten und öffentliche Gebäude im Stil des Sowjetischen Realismus.

Die Öffnung des Landes **nach der kommunistischen Diktatur** im Jahr 1990 hatte einen Boom meist illegaler Betonbauten zur Folge: Weite Gebiete der Küste wurden ohne Raumordnungs- und Bebauungspläne zersiedelt. In der Hauptstadt Tirana machte der Bürgermeister *Edi Rama* von sich reden, der der Stadt einen bunten Anstrich verpasste. Für die Zukunft ist eine grundlegende Neugestaltung von Teilen der City zu erwarten; mit den bereits neu entstandenen Bürotürmen wie dem TID-Tower und der fantasievollen neuen Orthodoxen Kirche wurde bereits ein Anfang gemacht.

Ein Wort noch zu den Tausenden von unfertigen **privaten Wohnhäusern,** die – oft nicht mehr als ein Betongerippe – das Land übersäen. Sie sind ein Zeichen von Migration und Armut in der albanischen Gesellschaft. Gedacht als Mehrgenerationenhäuser, stehen die Gebäude (oder ein Teil davon) jetzt leer, weil die Kinder ihr Geld im Ausland verdienen, die Großeltern weiter im Dorf wohnen und die Enkelgeneration nicht einziehen will oder kein Geld hat.

Der albanische Film

Im Jahr **1912** eröffnete der Maler und Fotograf *Kolë Idromeno* in Kooperation mit der österreichischen Firma Stauder das **erste Filmtheater Albaniens.** Kurze Zeit später folgten auch in Korça die ersten Filmvorführungen, wo sich bis heute das alte Kino im Stil des Art déco erhalten hat. In der Pionierzeit des albanischen Films dominierten Dokumentarfilme zu politischen Themen wie der Unabhängigkeitsbewegung, während der italienischen Besatzungszeit entstanden Dokumentationen wie „Ari i Zi" (Das Schwarze Gold, 1942) oder „Ullishtat e Vlorës" (Die Oliven Vloras) aus dem Jahr 1942.

Nach dem 2. Weltkrieg entwickelte die kommunistische Regierung das Medium zu einem **Mittel der Propaganda.** Bereits 1945 wurden die Albanischen Filminstitute gegründet, aus denen 1952 die Kinostudios Shqipëria e Re (Neues Albanien) hervorgingen. In Tirana, direkt an der gleichnamigen Bushaltestelle, liegt heute noch das „Kinostudio", einst ein sechs Hektar großes Gelände, auf dem bis zu 1000 Mitarbeiter beschäftigt waren. Handverlesen parteikonform waren die Filmemacher, vorgegeben die Themen und Ausführung der Filme. Über 200 Streifen wurden produziert, die in den etwa 450 damals schon veralteten Kinotheater liefen.

Heute erleben die alten Movies im Fernsehen eine wahre **Renaissance.** Kanal T oder das albanische Pay-TV senden sie den ganzen Tag über. Und (meist illegal produzierte) Kopien der beliebtesten Filme sind überall im Land erhältlich. Besonders die idyllischen Landschafts- und Städteaufnahmen des kommunistischen Bauernstaates aus der Zeit, bevor das Land aus seiner Rückständigkeit gerissen wurde, erzeugen vielfach Wehmut. Die kommunistische Zeit erlebt man hier nicht mit Verbitterung, sondern eher mit einer gewissen Heiterkeit, besonders dann, wenn die sozialistischen Parolen und Botschaften überdeutlich flach herüberkommen.

Die sowjetisch-albanische Koproduktion „Lufretari i Madh i Shqipërisë Skënderbeu" (Der große Kriegsheld Skanderbeg), ein actionreicher Historienschinken aus dem Jahr 1953 und heute ein Kult-Film, wurde auf den Filmfestspielen in Cannes ausgezeichnet. Nach wie vor beliebte **Filme** sind der erste rein albanische Kurzfilm „Femijet e saj" (Ihre Kinder, 1957), das Drama „Tana" (1958), das die erste Kussszene des albanischen Films enthält, das Kriegdrama „Toka Jone" (Unser Land, 1964) oder der Kriegsfilm „Duel i Heshtur" (Stilles Duell, 1967).

Während in den Gefängnissen in den 1960er Jahren zahlreiche Partisanen der ehemaligen Balli Kombëtar (Nationalen Befreiungsfront) ihre lebenslangen Haftstrafen verbüßten, drehte man im Kinostudio munter einen **Partisanenfilm** nach dem anderen: auf der einen Seite edel und heldenhaft die Kommunisten für die Freiheit Albaniens kämpfend, auf der anderen Seite die Partisanen als Kollaborateure der italienischen und deutschen Besatzer – eine glatte Geschichtsfälschung, hatten doch Nationalisten und Kommunisten zunächst gemeinsam für die Befreiung des Landes gekämpft.

Mit dem **Umbruch der frühen 1990er Jahre** setzten sich nach der jahrelangen Bevormundung unzählige Fachleute ins Ausland ab, um endlich frei arbeiten zu können. Aus dem monopolistischen Kinostudio wurden kleine private Produktionsfirmen, die jedes Jahr von Neuem ums Überleben kämpfen. Einer von denen, die im Land blieben, war *Kujtim Çashku,* der mit „Colonel Bunker" (1996) und „The Magic Eye" (2005) auch international Erfolg hatte. Im Jahr 2004 machte er sich zur Rettung der albanischen Filmlandschaft auf und gründete in Anlehnung an die große albanische Fotografenfamilie *Marubi* aus Shkodra die private **Filmschule** Marubi Academy of Film & Multimedia in Tirana. Pro Jahr schließen heute etwa zehn Regisseure und 20 Schauspieler ihre Ausbildung ab – und finden dann oft keine Arbeit. Einer der ausländischen Partner *Çashkus* ist die Deutsche Filmschule in Köln – denn ohne staatliche Unterstützung fehlt es dem neuen alba-nischen Film vor allem an finanziellen Mitteln und mehr Professionalität. Woran es nicht mangelt, sind Enthusiasmus und Ideenreichtum. Um die Kinolandschaft in Tirana zu beleben, bietet die Marubi-Filmakademie bei freiem Eintritt ein empfehlenswertes und abwechslungsreiches Programm mit Klassikern und ausländischen Filmen.

☑ Halo Canaj, ehemaliger Partisan der Balli Kombëtar

13 Anhang

◁ Alter Militärposten in den ostalbanischen Bergen

Literaturtipps

Die hier angegebenen Bücher (und Filme) sind eine **persönliche Auswahl der Autorin** zur eingehenderen Beschäftigung mit dem Reiseland oder auch als Reiseliteratur zum Mitnehmen gedacht. Die nur antiquarisch erhältlichen Titel (A) sollten mit etwas Geduld unter www.zvab.com oder www.amazon.de erhältlich sein. Aktuelle albanische und englischsprachige Literatur über Albanien findet man am einfachsten im Adrion International Bookshop in Tirana.

Abenteuer

● *Durham, Mary Edith:* **Durch das Land der Helden und Hirten.** Balkan-Reisen zwischen 1900 und 1908. Promedia Edition Frauenfahrten, Wiener Verlag 1995; dies.: **High Albania** (Illustrated Edition), englischer Originaltext mit Illustrationen der Autorin, Taschenbuchausgabe, Verlag Echo Lib. 2009. Als Download auf http://digital.library.upenn.edu/women/durham/albania/ albania.html.

● *Dönhoff, Friedrich von* (Hg.): **Marion Gräfin Dönhoff.** Reisebilder. Fotografien und Texte aus vier Jahrzehnten. Hoffmann und Campe 2006.

● *Karohl, Karl:* **Durch Albaniens Schluchten.** Eine besinnliche Faltbootfahrt quer durch das Land der Schkipetaren und eine kurz gefaßte Geschichte des Landes. Brücke Verlag 1939 (A).

Belletristik

● *Alicka, Ylljet:* **Les Slogans de Pierre,** Pyramidon Verlag 2010 (franz.). Roman über einen Lehrer in einem rückständigen nordalbanischen Bergdorf zur Zeit des Kommunismus von 1999. Der Roman zusammen mit der Verfilmung von *Gjergj Xhuvani* (franz./ engl.) bei www. renaud-bray.com.

● *Ferra, Ilir:* **Rauchschatten.** Edition Atelier der Wiener Zeitung, 2010. Sensibler Einblick in eine Familie, das Leben in Durrës und Albanien unter dem Schatten der Diktatur der 1980er Jahre in bildreicher Sprache. Adalbert-von-Chamisso Preis 2012.

● *Jones, Lloyd:* **Der Mann, der Enver Hoxha war.** Carl Hanser Verlag 1993 (A). Brillant geschriebener Roman, der die Stimmung und die Lage im Land in der ersten Zeit nach der Öffnung Albaniens zum Thema hat.

● *Kadare, Ismail:* **Die Festung.** Dtv 1991. Minutiöse Schilderung der Belagerung von Kruja.

● *Kadare, Ismail:* **Die Chronik in Stein.** Fischer Verlag 2012. Geschehnisse in *Kadares* Geburtsort Gjirokastra zur Zeit des 2. Weltkriegs aus der mystischen, abergläubischen Sicht seiner Bewohner.

● *Kadare, Ismail:* **Die Schleierkarawane.** Erzählung des Karawanenführers *Hadschi Milet,* der 500.000 Schleier nach Albanien bringen soll, um die albanischen Frauen zum ersten Mal zu verschleiern. Spektrum Verlag 1987.

● *Kadare, Ismail:* **Doruntinas Heimkehr.** Residenz Verlag 1998. Düstere literarische Fassung der Legende um die mysteriöse Heimkehr einer Tochter.

● *Kadare, Ismail:* **Der zerrissene April.** Fischer Verlag 2003. Roman um die Geschichte der Blutrache.

● **www.joachim-roehm.de,** ausgewählte albanische Literatur auf der Seite des Übersetzers.

● *Zucchelli, Christine* (Hg.): **Europa erlesen Albanien.** Unterstützt von der Österreichischen Kulturvereinigung, Wieser Verlag 2013. Liebevoll zusammengestellte Textbeispiele albanischer Literatur vom 19. Jahrhundert bis heute. Pocketformat.

Geschichte

● *Bartl, Peter:* **Albanien. Vom Mittelalter bis zur Gegenwart.** Verlag Friedrich Pustet 1995. Allen Reisenden, die geschichtlich interessiert sind, sei dieses gut lesbare und sehr verständlich geschriebene Buch empfohlen.

■ *Bickert, Matthias:* **Welterbestädte Südosteuropas im Spannungsfeld von Cultural Governance und lokaler Zivilgesellschaft.** Untersucht am Beispiel Gjirokastra. Bamberg 2014.

■ *Buschati, Ahmet:* **Prison of Hell (Prison Memories),** Shtëpia Botuese Rozafat, 2. Aufl. Shkodra 2011 (engl.). Subtile Schilderungen und Reflexionen aus dem siebenjährigen Gefängnisaufenthalt des damaligen Studenten und heute über 80-jährigen Autors.

■ *Caesar, Julius:* **Der Bürgerkrieg** (Commentarii Belli Civilis). Reclam, Stuttgart. Im dritten Buch wird ausführlich der albanische Part des Römischen Bürgerkrieges mit heute noch nachvollziehbaren Originalschauplätzen beschrieben.

■ *Gershman, Norman:* **Besa. Muslims who saved Jewish in World War II.** Syracuse University Press 2008, 160 S. 66 eindrucksvolle SW-Porträts des großen Fotografen und ebenso viele berührende Texte. Ein Buch, das den vielen unbekannten Rettern und Geretteten ein Gesicht gibt und Juden, Muslime und Christen zusammenbringt.

■ **Der Kanun:** Das albanische Gewohnheitsrecht nach dem Lekë Dukagjini/kodifiziert von *Shtjëfen Gjeçovici;* ins Deutsche übersetzt von *Marie Amelie Freiin von Godin,* mit einer Einführung von *Michael Schmidt-Neke,* herausgegeben mit Vorwort und Bibliografie von *Robert Elsie.* Dukagjini Publishing House 2003. Der Originaltext (270 Seiten) als Download unter www.dafg.de/2010/kanun.pdf.

■ *Kaser, Karl, Pichler, Robert* und *Schwandner-Sievers Stephanie* (Hrsg.): **Die weite Welt und das Dorf.** Albanische Emigration am Ende des 20. Jahrhunderts. In: Zur Kunde Südosteuropas. Albanologische Studien, 3. Band Böhlau, Wien 2002.

■ *Kleineidam, Christina; Fatos Lubonja* (Vorwort): **Albania in Transition 1991–2011.** Benteli Verlag 2012. Anschaulicher und kritischer Text zu Albaniens Entwicklung in den letzten 20 Jahren (engl.). *Kohl, Christine von:* **Albanien.** Beck 1998. Die Texte der Journalistin beruhen auf den Berichterstattungen für das Internationale Komitee für Menschenrechte in Wien 1990–1994.

■ *Kretsi, Georgia:* **Verfolgung und Gedächtnis in Albanien.** Eine Analyse postsozialistischer Erinnerungsstrategien. Balkanologische Studien Bd. 44, Harrasowitz Verlag Wiesbaden 2007.

■ *Lubonja, Fatos:* **Second Sentence, Inside the Albanian Gulag.** I. B. Tauris 2009. Erzählung aus dem politischen Gefangenenlager, engl. Übersetzung aus dem Albanischen. Weitere Literatur von *Lubonja* bei *Joachim Röhm.*

■ *Meyer, Hermann Frank:* **Die 1. Gebirgsdivision im Zweiten Weltkrieg.** Christoph Links Verlag 2008. 800 Seiten Gesamtgeschichte der 1. Gebirgsjägerdivision der Deutschen Wehrmacht, samt Lebenslauf eines deutschen Kommandeurs, anhand jahrelanger Recherchen originaler Quellen und Augenzeugenberichten aufgearbeitet; www.christoph-links-verlag.de.

■ *Niegelhell, Anita; Ponisch, Gabriele:* **Wir sind immer im Feuer.** Böhlau 2001. Eindrückliche Dokumentation über Leben und Schicksal Tausender politischer Strafgefangener im Hoxha-Regime auf der Basis persönlich geführter Interviews.

■ *Schmitt, Jens Oliver:* **Der Albaner: Eine Geschichte zwischen Okzident und Orient.** C.H. Beck 2012. Für den tieferen Einstieg in die Hintergründe der wechselvollen Geschichte der Albaner mit Blick auf den ganzen Balkan.

■ *Schmitt, Jens Oliver:* **Skanderbeg.** Der neue Alexander auf dem Balkan. Verlag Friedrich Pustet 2009. Ein Beitrag zur Skanderbeg-Diskussion.

Landeskunde

■ *Bernatzik, H. A.:* **Albanien. Das Land der Schkipetaren.** Wien 1930 (A).

■ *Dankoff, Robert; Elsie, Robert* (Hg.): **Evliya Çelebi in Albania and Adjacent Regions (Kosovo, Montenegro, Ohrid).** Leiden 2000. Reiseberichte des türkischen Reiseschriftstellers *E. Çelebi* mit vielen Detailinformationen zu Albanien (engl.).

● *Daum, Werner:* **Albanien zwischen Kreuz und Halbmond.** Begleitbuch zur Ausstellung. Staatliches Museum für Völkerkunde München 1989 (A).

● *Graf, Marianne:* **Albanien nördlich des Shkumbin.** Ein Stück vergessenes Südeuropa. Wunderschöner Bildband mit ausgesuchten Texten und Gedichten. Vertrieb: www.albania-austria.com.

● *Islami, Akmet:* **Albania from the Air.** Vol. 1, Vol. 2. Zwei beeindruckende Bildbände mit Luftaufnahmen des bekannten Paragliders. Nur in Albanien erhältlich (Internationale Buchhandlung, Tirana).

● *Louis, Herbert:* **Albanien. Eine Landeskunde.** Vornehmlich aufgrund eigener Reisen. J. Engelshorns Nachf. Stuttgart 1927 (A).

Kunst/Kultur/Archäologie

● **Albanian Folk Costumes 1–3:** drei Fotobände zu den albanischen Volkstrachten, z.Z. nur antiquarisch in Albanien (engl.) (A).

● **Albanien. Schätze im Land der Skipetaren.** Katalog zur Ausstellung. Verlag Phillip von Zabern 1988. Umfassende Veröffentlichung zu illyrischer Kunst (A).

● *Ceka, Neritan:* **Archeological Treasures from Albania.** Band 1 und 2. Migjeni Verlag, Tirana 2011. Zwei Bildbände mit großformatigen, beeindruckenden Fotos und Infos zu den wichtigsten antiken Fundplätzen Albaniens.

● *Hudhri, Ferid:* **Albania and Albanians in World Art.** Athen 1990 (engl.) (A).

● **Ikonen aus Albanien.** Sakrale Kunst des 14.–19. Jahrhunderts. Katalog zur Ausstellung. Staatliches Museum für Völkerkunde München 2001 (A).

● *Koch, Guntram:* **Albanien. Die Kunst und Kultur im Land der Skipetaren.** DuMont Kunst-Reiseführer 1989. Immer noch unverzichtbar und so aktuell wie vor 20 Jahren, leider nur antiquarisch (A).

● *Stiller, Adolph* (Hg.): **Tirana, Planen, Bauen, Leben.** Architektur im Ringturm XXII, Verlag Müry Salzmann, 2010. Kompakter Überblick zur Stadtentwicklung Tiranas mit interessanten Fotos.

● **www.elsie.de:** Unerschöpfliche Lesequelle des Historikers und Übersetzers *Robert Elsie,* die zu weiteren Seiten über albanische Kunst, Literatur, Geschichte und Fotografien führt, mit Originalquellen in Bild, Schrift und Ton und vielen Detailinfos.

Natur

● *Baumann, Helmut:* **Die griechische Pflanzenwelt in Mythos, Kunst und Kultur.** Reise und Studium, Hirmer Verlag 1999. Mehr als ein Pflanzenbestimmungsbuch und auch in Albanien gut zu gebrauchen.

● *Fremuth, Wolfgang:* **Albania. Guide to Natural Treasures.** Verlag Herwig Klemp. Kompakt und sehr lesenswert mit wunderschönen Naturaufnahmen (engl.) (A).

● *Liebscher, Maik:* **Griechenland Naturreiseführer** (auch in Albanien anwendbar), Verlag Natur und Tier, 2003.

● *Schwaderer, Gabriel; Spangenberg, Anette:* **Uralte Seen und unentdeckte Gebirge am Grünen Band Balkan.** Naturschätze Europas (www.euronatur-shop.com).

Märchen

● *Beck, Jürgen:* **Märchen aus Albanien.** Verlag Jazzbee Publishing 2001. 66 Märchen oder 241 KB zum Download für unterwegs.

● *Camaj, Martin; Schier-Oberdorffer, Uta* (Hg.): **Albanische Märchen.** Eugen Diederichs Verlag 1974 (A).

● *Lampertz, Dr. Maximilian* (Hg.): **Die geflügelte Schwester und die Dunklen der Erde.** Albanische Volksmärchen. Erich Röth-Verlag 1952 (A). Ders.: **Albanische Märchen.** Zwischen Drin und Vjosa. Salzwasser-Verlag 2011.

● **Die Schöne der Erde.** Albanische Märchen und Sagen. Reclam, Leipzig 1985 (A).

13

Sprachführer/-kurse

■ *Jaenicke, Christiane* und *Axel:* **Kauderwelsch Albanisch – Wort für Wort.** Reise Know-How Verlag 2009. Auch als digitaler AusspracheTrainer.

■ *Bega, Batjar* und *Sokol:* **Let's learn Albanian.** A Modern Reference for Students, Teachers and Scholars. With answers to selected exercises. Pegi Verlag, Tirana 2007 (engl.-alb.). Dies.: **Albanian verbs – the art of conjugation.** Pegi Verlag 2007 (engl.-alb.).

■ **Albanisch-Sprachkurs.** Anfänger, Wiedereinsteiger, Fortgeschrittene. Sprachenlernen24.de. Mit MP3-Audio CD, Niveau A1 und A2.

Filmtipps

■ **L'Amerika:** Ein junger Italiener will in Albanien mit Subventionsgeldern eine Scheinfirma aufbauen und wird dabei mit den katastrophalen korrupten Bedingungen der albanischen Geschäftswelt konfrontiert. DVD, ital., mit engl. Untertiteln, von *Gianni Amelio.*

■ **Balkan-Express Albanien, Mazedonien:** 2. DVD der fünfteiligen Dokumentation über die Balkanstaaten. Gewinner des Erasmus Euro Media Award.

Honeymoons: Melodramatische Komödie über ein serbisches und ein nordalbanisches Paar, die versuchen, ihrer Vergangenheit auf dem Weg der Emigration zu entkommen. DVD, Infos: www.trigon-film.org.

Kolonel Bunker: Lebensdarstellung des Oberst *Muro Neto,* der 1974 von *Enver Hoxha* den Auftrag erhält, Albanien mit 800.000 Bunkern gegen den unsichtbaren Feind zu schützen und darüber paranoid wird. Zahlreiche auf die Geschichte bezogene Themen wie Arbeitslager, Hinrichtungen oder Atheismus werden parallel behandelt. Erster albanischer Film nach der Wende (1996).

Magical Butrint 3D: 3500 years story of the city of beauty, health and pleasure. DVD. Engl. und alb. Untertitel, inkl. sieben Postkarten, sollte im Adrion Bookshop, im Nationalmuseum in Tirana und in Butrint erhältlich sein.

Albanien
individuell, pauschal oder in der Gruppe

- Badeurlaub
- Städte/Kunst/Kultur
- Outdoor/Wandern/Natur
- Geführte Rundreisen
- Pkw-Rundreisen

© Shutterstock / Photobank Gallery

Reiseveranstalter – Buchungsplattform – Informationsbörse

www.touralbanien.de

Tel. +49 (0)89-1271 3255 info@touralbanien.de

Register

Die Autorin

Meike Gutzweiler (siehe Abbildung auf Seite 480) wurde in der Nähe von Hamburg geboren. Schon als Kind faszinierten sie Schwarzweiß-Fotografien von den albanischen Bergen. Sie studierte Kunstgeschichte, Archäologie, Geschichte und Mediävistik in Tübingen und Freiburg und lebt heute in Freiburg. Dort arbeitet sie im Bereich der Kulturvermittlung, macht Projektarbeit zur touristischen Entwicklung in Albanien und ist im Land auch als Studienreiseleiterin unterwegs.

Danke!

Dass dieses Reisehandbuch immer in Bewegung und Entwicklung bleibt, verdanke ich vielen namentlich nicht genannten Menschen und Begegnungen im Land. Ihnen gilt für alle Gespräche und geschenkte Zeit mein besonderer Dank! Ebenso möchte ich auch allen Lesern der ersten Ausgabe danken, die sich mit mir austauschten, mir zahlreich ihre Reiseerfahrungen mitteilten und so mithalfen, dieses Reisehandbuch für die nächsten Albanienentdecker kreativ weiterzuentwickeln. Ich freue mich auch weiterhin über E-Mails, Briefe oder Fotos! Unbeschwerte Sommertage an der Riviera-Küste ohne Arbeit verdanke ich meinen Töchtern *Franziska, Elisabeth* und *Johanna. Ornela & Matthias Bickert* waren immer da, wenn ich ihre Hilfe brauchte und halfen mir besonders mit kritischer Textdurchsicht und Korrekturen für die 2. Auflage. Wenn man viel unterwegs ist, ist es schön, nach Hause zu kommen. Dafür danke ich besonders meinen Freundinnen *Shyrete Kujxhiu, Aida Berhami, Shpresa Shkalla* und *Tomi Kapo*.